首届中国特色社会主义理论与实践论坛

2014

中国特色社会主义与全面深化改革

中国特色社会主义理论研究会 编

李君如 主编

中国社会科学出版社

图书在版编目(CIP)数据

中国特色社会主义与全面深化改革/李君如主编.—北京：中国社会科学出版社，2015.8
ISEN 978-7-5161-6769-4

Ⅰ.①中… Ⅱ.①李… Ⅲ.①体制改革—研究—中国 Ⅳ.①D61

中国版本图书馆 CIP 数据核字（2015）第 175814 号

出 版 人	赵剑英
责任编辑	赵　丽
责任校对	李　楠
责任印制	王　超

出　　版	中国社会科学出版社
社　　址	北京鼓楼西大街甲 158 号
邮　　编	100720
网　　址	http://www.csspw.cn
发 行 部	010-84083685
门 市 部	010-84029450
经　　销	新华书店及其他书店
印刷装订	三河市君旺印务有限公司
版　　次	2015 年 8 月第 1 版
印　　次	2015 年 8 月第 1 次印刷
开　　本	710×1000　1/16
印　　张	52.75
插　　页	2
字　　数	892 千字
定　　价	188.00 元

凡购买中国社会科学出版社图书，如有质量问题请与本社营销中心联系调换
电话：010-84083683
版权所有　侵权必究

目　录

高层论坛

邓小平打开了中国特色社会主义的全新战略道路
　　——在首届中国特色社会主义理论和实践论坛上的
　　演讲 …………………………………………… 郑必坚（3）
坚持和发展中国特色社会主义 ……………………… 李忠杰（11）
中国改革新出发，新在何处？ ……………………… 陈　晋（18）
邓小平对中国特色社会主义做出的历史贡献 ……… 李　捷（23）
把中国特色社会主义这篇大文章写下去
　　——首届中国特色社会主义理论和实践论坛上的总结
　　讲话 …………………………………………… 李君如（30）

专题一　当代中国的主题和中国特色社会主义的基本问题

关于中国特色社会主义道路的历史、理论与理念定位 ……… 薛广洲（45）
中国特色社会主义理论的哲学基础 ………………… 刘毅强（54）
论中国特色社会主义的理论逻辑和历史逻辑 ……… 李振宇（64）
深刻理解和把握中国特色社会主义理论体系的活的灵魂 … 姜华有（71）
深刻理解和不断丰富中国特色社会主义的特色 …… 吴家华（81）
中国特色社会主义的和平属性探源 ………………… 明庭权（87）
邓小平对中国特色社会主义制度形成的历史贡献 … 肖　勇（95）
论邓小平对中国特色社会主义道路的开创性探索 … 齐爱兰（103）

邓小平领导开创中国特色社会主义道路的认识路线和思想方法
　　——兼论中国道路的精髓和真谛 …………………… 包心鉴（112）
永远践行邓小平的马克思主义观
　　——兼论中国共产党人的永恒主题 …………………… 魏胤亭（126）
"摸着石头过河"的哲学基础是"实践唯物主义"
　　——纪念邓小平诞辰110周年 ………………………… 欧阳英（139）
论"两个飞跃"思想的现实意义
　　——纪念邓小平诞辰110周年 ………………………… 赵智奎（148）
习近平中国特色社会主义思想初探
　　——学习习近平总书记关于坚持和发展中国特色社会主义
　　　重要论述 ……………………………………………… 王存福（158）
习近平关于推进科学发展新论断的几点解读 ………… 张伟平（166）
坚持和发展中国特色社会主义的科学指南
　　——学习习近平总书记关于坚持和发展中国特色社会主义的
　　　重要论述 ……………………………………………… 亓　利（175）
中国特色社会主义内在统一性研究 ………… 吴荣生　李　芳（180）

专题二　全面深化改革的重点、难点和着力点问题

中国特色社会主义的突破性环节 ……………………… 胡振平（191）
邓小平：坚定性与灵活性相统一的改革战略家 …… 张卫良　龙运杰（199）
全面深化改革的辩证法
　　——学习习近平同志关于改革必须坚持科学的方法论的
　　　重要论述 ……………………………………………… 李抒望（210）
全面深化改革对象辨析 ……………………… 钟爱军　张　天（218）
全面深化改革需要进一步处理好改革与开放的关系 …… 吕洪良（224）
全面深化改革必须紧紧依靠人民群众的智慧和力量 …… 梁　亮（233）
习近平全面深化改革思想的方法论特征及其启示
　　……………………………… 北京市委党校项目课题组（237）
全面深化改革是推进中国特色社会主义的必由之路 …… 李　勇（248）
全面深化改革语域下预防腐败机制构建的思考 …… 吴大兵　李　钰（255）
改革创新是加强社会建设的根本动力 ………………… 郭正礼（263）

专题三 深化经济体制改革问题

如何认识市场在资源配置中起决定性作用 …………… 宫玉选（279）
中国宏观调控的实践探索与理论总结
　　——中国特色社会主义市场经济的理论创新 ………… 张　勇（285）
全面深化改革中的我国小微企业发展与政府职能转变 …… 文丰安（294）
邓小平同志社会主义工业化思想研究………………………王明前（301）
生产力与生产关系矛盾视阈下我国城乡关系变迁研究 …… 张　晖（311）

专题四 民主政治与法治国家问题

审判权运行机制的实践逻辑与改革图景
　　——以案件审批制改革为起点 ………………………… 朱晓明（325）
中国特色社会主义行政体制：概念、演进与实践路径 …… 王　婷（336）
全面深化改革必须坚持和完善中国特色社会主义制度 …… 唐洲雁（351）
中国特色权力清单制度研究 …………………………………蓝蔚青（357）
协商民主：中国特色社会主义对人类政治文明的贡献 ……… 倪　迅（373）
社会主义协商民主发挥贯彻群众路线重要渠道作用研究 …李　罡（381）
国家治理体系关系社会主义成败
　　——从"以俄为师"到"以苏为鉴" ………………………… 董　瑛（391）
毛泽东与新中国第一部宪法 ……………………………… 刘　源（404）
中国特色社会主义制度创新的几点思考 ………阎树群　张艳娥（413）
新型信访应以推进政府治理创新为最终目标 ………… 孙兰英（420）
农村基层社会治理创新中的乡—村管理体制变革 ……… 李勇华（431）
互联网监督在中国特色社会主义民主政治中的困境
　　与完善 ……………………………………………………… 吕桂萍（443）

专题五 现代文化建设与中华文化发展问题

论中华民族精神家园建设与马克思主义大众化 … 岳云强　胡慧敏（451）

诠释学视野下马克思主义哲学中国化的走向研究
　　　　　　　　　　　　　　　　　　　　…………………… 杨东东　刘　岱（456）
关于马克思主义与中国优秀传统文化相契合的思考
　　　　　　　　　　　　　　　　　　　　…………………… 房广顺　崔明浩（466）
习近平与中国传统文化 ……………………………………… 张巨成（474）
我国现代化建设思想的历史演进与最新发展 ……………… 路云辉（482）
完善和发展中国特色社会主义文化制度 …………………… 王桂泉（492）
社会主义核心价值观充分体现马克思主义指导
　　地位和社会主义本质属性 …………………………… 李　明（499）
论社会主义核心价值体系认同的现实路径 ………………… 吴少进（507）
论市场经济条件下社会主义核心价值观建设 ……………… 刘能杰（516）
改革创新是实现中国梦的精神动力 ………………………… 宋善文（526）
关于中国梦的理论框架与逻辑解构 ………………………… 汪玉奇（532）
知识分子与"为人民服务"探论 ……………………………… 雷家军（539）
道德二维视域中的高校诚信教育路径之思 ………………… 方建斌（553）

专题六　社会分层与社会公平问题

新型城镇化进程中社会救助制度建设研究 ………………… 满新英（563）
中国共产党探求和谐社会的理论与实践 …………………… 刘　琳（576）
关于中国特色社会主义公平正义理论和实践的思考 ……… 刘　会（584）
邓小平的改善民生思想研究 ……………………… 韩喜平　庞　晶（594）

专题七　环境保护与生态文明问题

物质文明与生态文明的冲突与协调 ………………………… 王小元（607）
中国的生态文明建设基本路径选择 ………………………… 滕明政（615）

专题八　政党政治与党的现代化建设

试析实践党的实事求是思想路线的当代命题 ……………… 杨　奎（629）
参政党民主监督的政治学分析 ……………………………… 冯　霞（636）

论中国特色多党合作制的三维结构特征 …………………… 黄小钫（646）
把践行群众路线贯穿于全面提高党的建设科学化水平
　　全过程 ……………………………………………………… 李兴元（655）
"精神党建"与中国特色政党伦理的重构 ………………… 朱宪臣（670）
健全改进作风常态化制度的成效、问题及对策研究 ……… 周敬青（679）
关于新形势下严明党的政治纪律的研究 …………………… 钦建军（692）

专题九　当代中国与世界

社会主义社会发展动力与中国改革开放的世界历史意义 …… 余品华（707）
东方风来的伟大启迪
　　——纪念邓小平同志诞辰110周年 ……………………… 田鹏颖（721）
全球化视野下的中国特色社会主义道路研究评述 ………… 雷江梅（732）
中国共产党理想人格的时代要求
　　——深入领会习近平系列重要讲话的思想精髓与精神
　　　品格 …………………………………………………… 奚洁人（749）
全面深化改革，加强国防和军队建设
　　——论习近平"以强军目标引领国防和军队改革"的理论
　　　指导意义 ……………………………………………… 崔向华（758）
习近平改革观对邓小平改革观的继承与发展 ……………… 高云坚（774）
胡锦涛经济发展伦理思想的三个维度 ……………………… 沈昊驹（780）
"中国特色"视角下"西藏特点"的理论建构 ……………… 王东红（788）

观点综述

首届中国特色社会主义理论与实践论坛综述 …… 孙雅芳　谢　诺（811）
2014年中国特色社会主义理论研究综述 ………………… 迟晓蕾（819）

后记 …………………………………………………………………（834）

高层论坛

邓小平打开了中国特色社会主义的全新战略道路
——在首届中国特色社会主义理论和实践论坛上的演讲

郑必坚

（2014年8月21日稿）

1. 历经改革开放36年取得举世瞩目伟大成就的当代中国，今天迎来了改革开放总设计师邓小平同志诞辰110周年。前几天，习近平总书记在纪念邓小平的座谈会上指出："邓小平同志留给我们的最重要的思想和政治遗产，就是他带领党和人民开创的中国特色社会主义，就是他创立的邓小平理论。"面对邓小平理论所开启的当代中国历史大变动，面对中国共产党和中国人民的伟大新觉醒，我们比以往任何时候都更加深切地体会到：中华民族和中国人民能有今天，我们党和人民的事业能有今天，离不开邓小平打开的中国特色社会主义的全新战略道路。我们对邓小平的最好纪念，就是坚定不移沿着这条道路继续前进，开拓更为广阔的发展前景。

在打开全新战略道路的艰难战斗历程中，邓小平理论应运而起

2. 邓小平的一生是辉煌的，而其中最辉煌的一段则是以党的十一届三中全会前后为新起点的最后20年。在这20年中，他为党和人民做出了两大历史性贡献。一是拨乱反正，领导全党正确总结新中国成立以来的历史经验，彻底否定"文化大革命"，同时科学评价毛泽东的历史地位和毛泽东思想的指导意义；二是改革开放，领导全党和全国人民成功打开了建设中国特色社会主义的全新战略道路，并在这个艰难战斗和伟大创新历程中创立了邓小平理论。

邓小平说过："没有毛主席，至少我们中国人民还要在黑暗中摸索更长的时间。"① 今天我们又应当说,没有邓小平,我们党和人民可能至今还要在贫穷落后中挣扎苦斗。

3. 从毛泽东到邓小平直到今天,贯穿于我们党全部指导理论的一条红线是马克思主义中国化。正是在马克思主义中国化进程中,中国共产党实现了两次历史性飞跃,产生了两大理论成果。第一次飞跃的理论成果,是毛泽东思想。第二次飞跃的理论成果,是今天指导中国改革开放和社会主义现代化建设的科学理论,即以邓小平理论为奠基、在新历史条件下创立和发展的中国特色社会主义理论体系。

4. 伟大的理论根源于创新的、战斗的实践。邓小平理论之所以能够产生,最根本的还是由于面对中国国内大局和国际大局这两个大局在20世纪最后20年的大变动,经过艰难战斗和深刻反思,而形成和确立起来的。在这里,没有什么一帆风顺,没有什么轻而易举,更没有什么一蹴而就。一句话,是在大变动中应运而起的。

5. 先来看国内大局。最突出的,就是那20年中的两大历史关头。第一个历史关头,是20世纪70年代末,在经过"文化大革命"十年内乱之后,中国向何处去的问题尖锐地提到党和人民面前。当人们普遍束缚于"两个凡是",对党和国家前途命运迷茫困惑之时,邓小平坚定地支持"真理标准大讨论",有力地推动了党和人民的思想大解放。由此而来的,是全党工作重心从以阶级斗争为纲转到以经济建设为中心,是"一个中心、两个基本点"的基本路线逐步确立,是几年之内就从根本上扭转党和国家在政治经济上的困难局面,并由此启动了整个20世纪80年代的中国大发展。

第二个历史关头,是10年后,也就是20世纪80年代末90年代初,国内政治风波,加上国际苏东剧变,中国向何处去的问题又一次尖锐地提到党和人民面前。是走资产阶级自由化的邪路,是走封闭僵化的老路,还是坚定不移继续走中国特色社会主义的新路?面对复杂情势,邓小平又以他一贯的坚定信念、非凡胆略和远见卓识,强调稳定压倒一切,随后又发表了著名的南方谈话。这个谈话,从根本上澄清了关系中国社会主义事业前途命运的一系列重大政治是非、思想是非和理论是非,并从而强有力地推动了改革开放和社会主义现代化建设新一轮举世瞩目的大发展。

---

① 《邓小平文选》第 2 卷,人民出版社 1994 年版,第 345 页。

6. 再来看国际大局。最突出的，就是关于和平与发展成为时代主题这一重大战略判断的提出和确立。早在20世纪70年代后期到80年代中期，邓小平就敏锐地注意到世界范围新科技革命的日新月异发展。同时，注意到由于美国在越南战争失败和苏联在阿富汗受挫，有资格打世界大战的两个超级大国的全球战略部署都未能实现。而发展中国家谋求发展，必定成为时代大潮。邓小平由此断言："国际上有两大问题非常突出，一个是和平问题，一个是南北问题。"① 而南北问题即发展问题。正是基于这一重大战略判断，邓小平提出全党注意抓住难得机遇，集中精力搞建设、谋发展。

尔后在20世纪80年代末90年代初，面对复杂国际形势，邓小平又清醒把握大局，指出和平与发展仍是时代主题，并且进一步提出了"冷静观察、稳住阵脚、沉着应对、韬光养晦"的战略方针。他这样说："世界上矛盾多得很，大得很，一些深刻的矛盾刚刚暴露出来。我们可利用的矛盾存在着，对我们有利的条件存在着，机遇存在着，问题是要善于把握。"② 同时审时度势，提出"有所作为"，倡导打出上海这张"王牌"，以开发开放浦东等重大举措带动长江三角洲以至全局的发展，一举打破了西方七国联手对我国实行的经济制裁，由此扭转了一时阴霾漫天的国际环境。

7. 就是这样，在党的十一届三中全会以后20年艰难的创新的实践基础上，邓小平理论形成和发展起来。如果再加上对新中国成立以来直到党的十一届三中全会以前近30年经验教训正式作出"历史问题决议"，那就还应当说，邓小平理论是以近半个世纪的深厚历史经验为基础而形成和发展起来的。

8. 历史的回顾，现实的发展，反复有力地表明：邓小平理论应运而起，这是我们党在新时期启动大变动、新觉醒的强大精神动力和智力支持。拥有这样的精神动力和智力支持，实在是党之大幸，国之大幸，中华民族之大幸。

赶上时代是改革要达到的目的，关键在于"三个解放"

9. 邓小平在1987年5月作过一个鲜明对比，他说："'文化大革命'

---

① 《邓小平文选》第3卷，人民出版社1993年版，第96页。
② 《邓小平文选》第2卷，人民出版社1994年版，第354页。

期间,那时'四人帮'当权横行,人民心情沉闷,甚至可以说是在忧虑之中,整个社会处于停滞状态。'文化大革命'结束以后,还有两年徘徊。中国真正活跃起来,真正集中力量做人民所希望做的事情,还是在1978年底党的十一届三中全会以后。"① 在这里,通过这样一个对比,邓小平把问题集中到一点上来——究竟是要"沉闷停滞",还是要"中国真正活跃起来,真正集中力量做人民所希望做的事情"。

事实就是这样:中国改革开放36年来的最重大最深刻变化,正是这个从"沉闷停滞"到"真正活跃起来",把全社会潜在的巨大生机和活力解放出来了。

10. 那么,这样的生机和活力,是怎样解放出来的呢?

打开中国改革开放的编年史、思想史,邓小平领导改革开放的开篇之作,就是《解放思想,实事求是,团结一致向前看》。众所周知,这是党的十一届三中全会的主题报告。在这篇报告中,邓小平开宗明义地指出:"解放思想是当前的一个重大政治问题。"② "只有思想解放了,我们才能正确地以马列主义、毛泽东思想为指导,解决过去遗留的问题,解决新出现的一系列问题,正确地改革同生产力迅速发展不相适应的生产关系和上层建筑,根据我国的实际情况,确定实现四个现代化的具体道路、方针、方法和措施。"③

这段话所反映出的,实质上就是我们党历史上马克思主义中国化第二次飞跃的伟大起点。面对十年"文革"内乱及其造成的严重恶果,要把中国人民、中国社会、中国社会主义制度的内在活力激发出来,首先就要打开总开关,放出"源头活水",解放人们的思想,特别是解放全党的思想。

11. 而解放思想的根本目的,在于解放生产力。邓小平正是这样,他从来都是把解放思想的要求,坚决、彻底、鲜明地集中到生产力的进一步解放和发展上来。并且从来都是把解放和发展生产力,作为解放思想的根本出发点和落脚点。

他把问题提到这样的高度:"整个社会主义历史阶段的中心任务是发展生产力,这才是真正的马克思主义。"④

---

① 《邓小平文选》第3卷,人民出版社1993年版,第232页。
② 《邓小平文选》第2卷,人民出版社1994年版,第141页。
③ 同上。
④ 《邓小平文选》第3卷,人民出版社1993年版,第254—255页。

他还这样说："贫穷不是社会主义，发展太慢也不是社会主义，否则社会主义有什么优越性呢？"①

在邓小平的理论思考和创新实践中，还把"解放社会活力"，作为联结"解放思想"和"解放生产力"的重要一环。由此而来的，就是"三个解放"：解放思想，解放和发展生产力，解放和增强社会活力。这是改革开放36年带根本性的成功经验。

而这也正是党的十八大和十八届三中全会最新作出的明确结论，是以习近平同志为总书记的新一届中央领导集体的明确结论。就在几天前的中央财经领导小组会议上，习近平同志还这样强调："我们必须认识到，从发展上看，主导国家发展命运的决定性因素是社会生产力发展和劳动生产率提高，只有不断推进科技创新，不断解放和发展社会生产力，不断提高劳动生产率，才能实现经济社会持续健康发展。"

12. 改革开放36年的历史进程，反复地证明了解放思想和解放社会活力，都必须落实到生产力的解放和发展以及人民生活水平的提高上来。说到底，人类社会发展无止境，解放和发展生产力的要求也必然是无止境的。

13. 再就生产力问题本身来说。我们党和人民的生动实践反复说明，解放生产力，关键是要解放"三个力"。一是创新活力，集中体现在科技生产力的大发展；二是创业活力，集中体现在公有制为主体、多种所有制经济的大发展；三是抵御风险的能力与活力，集中体现在真正强有力地应对自然风险和社会风险，包括国内和国际的种种可以预料和难以预料的巨大风险和挑战。这"三个力"不可分地紧密相联，当前就是要在前36年改革发展成就基础上，通过全面深化改革，从量和质两方面尤其是质的方面，实现这"三个力"的新飞跃。只有这样，我们才能在世界范围新一轮科技革命和工业革命的浪潮中大有作为，才能真正推动我国在21世纪第二个10年以至整个21世纪上半叶实现经济社会更高和更大规模的发展和进步，才能实现全面小康以至现代化。

14. 邓小平在1987年有过一个关系全局的精辟论断，他说："我们要赶上时代，这是改革要达到的目的。"② 他还说："现在世界突飞猛进地发

---

① 《邓小平文选》第3卷，人民出版社1993年版，第255页。
② 同上书，第242页。

展,科技领域更是如此,中国有句老话叫'日新月异',真是这种情况。"①

这就是说,中国改革开放和社会主义现代化建设事业本身是在和平与发展为主题的时代大潮中应运而起的,同时又应当努力走到时代潮流的前列,应当对于人类有较大的贡献,并且应当大书一笔地写在人类的历史上。

我们体会,"赶上时代"的要义就在于此,改革开放这场新的伟大革命的真谛就在于此。

脚踏实地、勇于创新,开拓中国特色社会主义新前景

15. 党的十八大、十八届三中全会以来,以习近平同志为总书记的新一届中央领导集体,高度重视并大力倡导脚踏实地和勇于创新。在纪念邓小平诞辰110周年的座谈会上,习近平总书记又一次指出,我们纪念邓小平同志,就要学习他始终坚持实事求是的理论品质,学习他不断开拓创新的政治勇气。

此时此刻,党中央之所以如此突出强调脚踏实地和勇于创新,根本原因是新一轮改革开放和社会主义现代化建设的大政方针已定,关键是要抓好落实。而抓好落实的关键,又在于究竟是以一种什么样的思想方法、工作作风和精神状态来对待我们党肩负的任务和使命。一句话,就是革命风格问题。

16. 对于我们这个有着90多年历史、8000多万名党员的老党、大党来说,对于我们这个已经取得举世瞩目的执政业绩,而又长期面临执政考验、改革开放考验、市场经济考验、外部环境考验这"四大考验",同时面临精神懈怠危险、能力不足危险、脱离群众危险、消极腐败危险这"四大危险"的老党、大党来说,革命风格问题实在太重要了。也许应当说,这可是关系我们全部事业成败的头等重大问题!

中国共产党在90多年历史征程上之所以能够历经磨难而不衰,千锤百炼更坚强,一靠路线正确、政策对头,二靠立党为公、群众拥护,三就是靠脚踏实地、勇于创新这样一种实事求是的革命风格。

17. 要能够真正做到脚踏实地、勇于创新,实事求是而又与时俱进地

---

① 《邓小平文选》第3卷,人民出版社1993年版,第242页。

推进中国改革开放和社会主义现代化建设事业，要能够真正实现邓小平所要求的"赶上时代"，一个重要前提就是把握时代。

综观当代中国和当代世界的发展走势，如果各用一句话来概括，是否可以这样说：（一）以中国特色社会主义伟大事业的和平发展即和平崛起为主题的中国大变动、新觉醒；（二）以世界和平发展（包括中国在内的一批发展中国家共同和平崛起，以及发达国家再发展）为主题的世界大变动、新觉醒。这样的"大变动、新觉醒"，乃是一个前所未有的伟大而又复杂的历史进程。这个进程，在中国可以说从1978年党的十一届三中全会就开始了，在世界则从20世纪70年代越南战争结束之后就逐步启动了。从那时到现在不到40年，中国和世界都发生了新的巨大变动。而这样的大变动肯定还将持续下去，并且仍将以两重性的复杂形态持续下去。

所以，事情不是只有一面，而是正、反两个方面构成的。而且应当说，这种"两重性"乃是历来如此，于今为烈。

所以，"大变动、新觉醒"之后，还应再加一个"两重性"。而这种"两重性"之复杂深刻程度，以及由此而来的当代世界范围种种歧见和异动之纷纭杂沓，可能将远远超出基于经验和常规的判断。这大概也可以说是新的时代条件下，世界范围的"诸子百家"吧。

但是即便如此，"大变动、新觉醒"终归是主流，是大势，仍将不可阻挡地继续前行。中国如此，世界也如此。

从这个意义上说，中国也好，世界也好，"大变动、新觉醒"的"真正大文章"，还在后面。

结束语

18. 在邓小平同志诞辰110周年这个历史时刻，我们回溯邓小平打开中国特色社会主义全新战略道路的战斗历程，重温36年改革开放曲折复杂的历史发展，更深切地体会到：邓小平理论是历史和时代的产物，反过来又对历史和时代发生巨大影响。它对中华民族直到21世纪中叶的伟大复兴，提供着常新的精神动力和智力支持。

正因为这样，以高度自觉，把邓小平理论作为思想武器，作为基本立场和方法，作为指导我们进行新历史条件下艰难战斗和伟大创新的认识工具，从而坚定不移沿着他为中国特色社会主义打开的全新战略道路开拓前进，就是对邓小平的最好纪念。

19. 邓小平在南方谈话结尾，也就是整个《邓小平文选》第三卷结尾时，语重心长地这样说："从现在起到下世纪中叶，将是很要紧的时期，我们要埋头苦干。我们肩膀上的担子重，责任大啊！"① 22 年过去了，面对当今世界日新月异的发展和日趋激烈的竞争，我们对邓小平的这个谆谆嘱托有了更强烈的感受。实在是时间紧、任务重、责任大，时不我待啊！

今天，以习近平同志为总书记的党中央发出了全面推进新一轮改革的宣言书、动员令。我们坚定地相信，在党中央领导下，全党、全军和全国各族人民团结一致，同心同德，脚踏实地、勇于创新，一定能够把中国改革开放和社会主义现代化的伟大事业推向新的高度，一定能够实现我们党提出的"两个一百年"奋斗目标，一定能够实现中华民族伟大复兴的"中国梦"。

---

① 《邓小平文选》第 3 卷，人民出版社 1993 年版，第 383 页。

坚持和发展中国特色社会主义

李忠杰

同志们：大家好！

由君如同志主持的中国特色社会主义理论研究会今天正式成立。这是加强对中国特色社会主义研究的一个重要举措。我对研究会的成立表示祝贺，希望研究会办得越来越好并发挥重要作用。

党的十八大强调，我们一定要毫不动摇坚持、与时俱进发展中国特色社会主义。习近平总书记强调，党的十八大精神，说一千道一万，归结为一点，就是坚持和发展中国特色社会主义。中国特色社会主义理论研究会的任务，顾名思义，说到底，就是围绕坚持和发展中国特色社会主义做好研究工作。所以，我想围绕"坚持"、"发展"这两个词谈一点自己的思考和认识。

第一个词：坚持。

十一届三中全会以来，我们一直致力于建设的，就是中国特色社会主义；我们所赖以成功的，也是中国特色社会主义；我们所取得的成就，归根到底，都是中国特色社会主义的胜利。30多年来的成就，充分证明了中国特色社会主义是当代中国发展进步的唯一选择、唯一旗帜、唯一道路、唯一方向。所以，面向未来，我们必须继续坚持中国特色社会主义。

问题是怎样坚持？怎样才是真正的坚持？我认为：

第一，要坚持最基本的方向、道路、理论、原则不动摇。

在改革开放进程中，我们党形成了基本理论、基本路线、基本纲领、基本经验、基本要求，而且都已记载在历次党代会、中央全会和其他有关的重要文件中。对这些最基本的东西只能坚持，不能否定；只能发展，不能倒退。

邓小平在世时，就经常有人提出我们的路线和政策能不能坚持下去、会不会改变的问题。邓小平一次又一次回答：不能变，也不会变。没有理由变。如果要变的话，只会变得更好。他说："在这短短的十几年内，我们国家发展得这么快，使人民高兴，世界瞩目，这就足以证明三中全会以来路线、方针、政策的正确性，谁想变也变不了。""我们要向世界说明，我们现在制定的这些方针、政策、战略，谁也变不了。""不但我们这一代不能变，下一代、下几代，都不能变，变不了。"而且，他把不变的时间都作了量化，斩钉截铁地说："基本路线要管一百年，动摇不得。"

第二，要处理好变与不变的辩证统一关系。

所谓不变，当然不是绝对的不变。变与不变是辩证统一的关系。随着时代条件的变化，我们的战略方针必然会有所拓展，很多政策举措必然会有所调整，思想理论也必然会与时俱进。一点不变是不可能的。如果真的一点不变，就可能变成新的僵化和停滞了。

所谓不变，应该是指被实践证明正确的最基本的东西不能变。按邓小平的说法："我们有四个不变：坚持四项基本原则不变，一心一意搞四个现代化建设不变，对外开放政策不变，进行经济体制改革和政治体制改革的方针不变。"归结起来，也就是党的基本理论和基本路线不能变，中国特色社会主义的根本方向不能变。在这些最基本的东西上变了，就意味着动摇，意味着倒退，就会给中国带来新的危险，就不能保持党和国家的长治久安。

第三，要用实践成效来解决信心和决心问题。

在当前形势下，坚持中国特色社会主义最实际、最重要的抓手，是把国家发展和群众关心的一些重大问题解决好，在解决实际问题中展示中国特色社会主义的优越性，增强中国特色社会主义的号召力、凝聚力。

改革开放给人们带来了大量实惠，绝大多数人恐怕都不会愿意退回到改革开放前那种状态下去。但老百姓、特别是年轻人，更关心的是当下的现实问题。为什么会出现种种消极腐败的现象？老百姓的民生问题怎样解决？解决方向道路问题，不仅要在政治上坚定信念，最实际、最重要的，还是要把国家发展进步和群众关心期待的一些重大问题解决好。

这些问题，并不是我们现在还不知道，而是早已明明白白地摆在那里，如腐败问题、治安问题、房价问题、堵车问题、就业问题、收入差距问题、司法不公问题、民族宗教问题等。关键是想不想解决？用什么办法解决？怎样尽快解决？有些问题需要有个过程，不是一日之功。有的则可以尽快见效。有的已经在见效。实践是检验真理的唯一标准。如果在这些问题上采取科学有力的措施，逐步甚至很快地见到成效，广大人民群众对中国特色社会主义就会更加认同、更加拥护，坚持中国特色社会主义就能真正做到不动摇了。

第四，要在全面深化改革中坚持中国特色社会主义。

解决实际问题的办法很多，但根本上还是要靠改革开放。习近平总书记强调："改革开放是决定当代中国命运的关键一招，也是决定实现'两个100年'奋斗目标、实现中华民族伟大复兴的关键一招。"改革开放是中国特色社会主义的实践基础。中国特色社会主义是在改革开放中形成的，也要在改革开放中坚持和发展。坚持中国特色社会主义，最重要的就是要全面深化改革。用改革的办法解决现实问题，用改革的办法坚持中国特色社会主义。

30多年来，改革开放取得了巨大成绩，但社会现实中也遇到了很多问题。社会思潮呈现明显的分化趋向。一些人对改革开放滋长了怀疑情绪。社会上和干部队伍中也出现了某种程度的"改革疲劳症"。在这关键的时刻，必须进一步坚定改革的决心和意志。以更大的政治勇气和智慧，不失时机深化重要领域改革。坚持改革不停顿、开放不止步。

与此同时，我认为，在全面深化改革中，要特别注意提高改革开放的科学化水平问题。到目前为止，中央提出要提高党的建设科学化水平，但还没提出要提高改革开放科学化水平。但我认为，党的建设要提高科学化水平，治国理政也要提高科学化水平，改革开放当然也同样要提高科学化水平。改革是好事，但不等于一加上改革的帽子，什么事都可以干、什么措施出台都是完美无缺的了。任何新政策新措施出台，都应该有它的科学性、合理性。为什么社会上会出现"改革疲劳症"现象？原因很复杂，其中或多或少是与一些地方和部门改革的举措政策并不科学有关。因此，我们不仅要讲改革，而且要讲科学改革。不仅要讲科学发展观，而且要讲科学改革观。要提高设计、决策的科学化水平，提高具体政策的科学化水平，还要提高操作实施的科学化水平。一定要使改革开放中的政策制定得科学、合理。不能闭门造车，凭想象办事；不能政策制定时马虎草率，造成很多漏洞；不能事先缺乏研究和预见，等到惹出麻烦再去补救。

第二个词：发展。

为什么要发展？道理可以讲很多。但最根本最彻底的道理在哪里？我认为，就在马克思主义的过程论那里。

什么是过程论？当年，恩格斯在《费尔巴哈论》里面论述马克思对黑格尔辩证法所作变革的时候，曾经指出："世界不是既成事物的集合体，而是过程的集合体，其中各个似乎稳定的事物同它们在我们头脑中的思想映象及概念一样都处在生成和灭亡的不断变化中，在这种变化中，尽管有种种表面的偶然性，尽管有种种暂时的倒退，前进的发展终究会实现。"恩格斯认为，这是一个"伟大的基本思想"。① 在这种思想面前，"不存在任何最终的东西、绝对的东西、神圣的东西；它指出所有一切事物的暂时性；在它面前，除了生成和灭亡的不断过程、无止境地由低级上升到高级的不断过程，什么都不存在。"②

马克思、恩格斯的这一思想告诉我们，整个世界，无论自然物质，还是人类自身，无论社会生活，还是意识观念，说到底，都是作为一种过程而存在的。人类的发展是一个过程，社会的演化是一个过程。国家是一个过程，政党也是一个过程。实践运动是一个过程，理论发展也是一个过程。

我把马克思主义的这一重要思想称作"过程论"。既然任何事物都是一个过程，那我们就不可能追求任何最终的东西、绝对的东西、神圣的东西。一切都处在发展变化中。中国特色社会主义也在发展变化中。用这样的观点来看问题，解放思想问题、与时俱进问题、改革创新问题，都可以从思想方法上彻底解决了。

所以，中国特色社会主义，不能停留在某一个阶段、某一个层面上。它始终要向前发展进步。不仅要坚持，而且要发展。不坚持，就谈不上发展；不发展，就会停滞、僵化，失去它应有的生命力。

那么，怎样发展？怎样科学地发展？在哪些领域和方面发展呢？我认为：

第一，要在全面深化改革中发展。

---

① 《马克思恩格斯选集》第4卷，人民出版社2012年版，第244页。
② 同上书，第217页。

全面深化改革，是一篇大文章，也是一场大考试；是一次大探索，也是一次大创新。改革本身就是创新，就是发展。全面深化改革，要研究很多新问题，探讨很多新思路，提出很多新主张，实行很多新政策。其结果，不仅是促进实践的发展，也必然促进理论的发展。只要改革开放不停步，中国特色社会主义就能不断创新发展。比如，把发挥市场对于资源配置的基础性作用，改为决定性作用，就是一个发展。把生态文明建设列入中国特色社会主义建设的总体布局，就是一个发展。在改革开放全面深化的过程中，这种发展还会不断出现。如果及时科学地加以整理、概括，就能促使中国特色社会主义理论和实践形成一个比较大的发展。

第二，要在继续解放思想中发展。

没有思想解放，不可能有拨乱反正，不可能有改革开放，也不可能有中国特色社会主义。中国特色社会主义是在不断解放思想的过程中创立的，当然也应该在继续解放思想的过程中得到发展。

邓小平说："一个党，一个国家，一个民族，如果一切从本本出发，思想僵化，迷信盛行，那它就不能前进，它的生机就停止了，就要亡党亡国。"这段话过时了没有呢？没有过时。新形势下，思想僵化，迷信盛行，照样就不能前进，照样会亡党亡国。全面深化改革开放，有不少硬骨头要啃，有很多新问题要解决。还要不要继续解放思想？答案当然是肯定的。如果新形势下又处于新的固步自封、抱残守缺的状况，失去创新的精神，阻碍创新的进行，同样会阻碍社会在新的历史条件下的发展进步。十八届三中全会的决定指出，实践发展永无止境，解放思想永无止境，改革开放永无止境。这三个"永无止境"需要我们牢牢记住。

解放思想，不能停留在口头上，而必须落实在行动上。大家都说要解放思想，但不知道在哪些问题上能解放思想，不知道怎样去解放思想，不知道由谁去解放思想，也不知道用什么样的体制机制保障解放思想。如果长期处于这种状态，解放思想就很可能落空，社会的发展和进步仍然难以真正实现。所以，如何把解放思想从口号变为现实，仍然是需要我们切实解决的大课题。

第三，要在完善制度、改善治理中发展。

十八届三中全会把"完善和发展中国特色社会主义制度，推进国家治理体系和治理能力现代化"确定为全面深化改革的目标和任务。这本身就是对中国特色社会主义的一个发展。

总结历史的经验教训,对于制度的重要性,我们已经认识了。邓小平讲的一段话,已经成为我们对制度问题的经典认识。邓小平还设想,到建党100周年时,要争取形成比较完善、比较定型的制度。未来,我们就要在如何完善、如何定性上下功夫。能不能定型,关键看是不是完善。不完善,就难以定型。当然,即使定型,也是相对的。既然改革没有完成时,那定型恐怕也很难有绝对的完成时。中国特色社会主义制度应该在不断改革、不断完善的过程中越来越趋于定型。这种制度越完善、越定型,中国特色社会主义也就越成熟、越健康了。

除了制度,还有治理。制度是规则、约束。治理是依据制度进行管理和控制的活动。有了制度,还要有适当的治理。没有治理,制度就是空的。任何制度的长短优劣,最终都要看治理的效果。而治理效果的好坏,根本上又要取决于制度是否科学完善。因此,发展中国特色社会主义,首先要继续在制度建设上下功夫。与此同时,还要加强治理体系和治理能力的建设,不断完善和发展中国特色社会主义的治理体系,真正把中国特色社会主义的制度优势转化为国家治理的效能。为此,我们要积极寻找加强治理建设的抓手,把推进国家治理体系和治理能力现代化的任务落到实处。

第四,要在中国与世界的双向互动中发展。

"中国特色"已经成为当代中国最常用的词语之一。经济建设要有中国特色,政治建设要有中国特色,文化建设也要有中国特色。归结起来,中国这块土地上的社会主义必须有中国特色。

但与此同时,我们还要记住另外一些词语——全球眼光、世界胸怀、文明水准、国际博弈。为什么?因为"特色"这个词,本身就是在比较中存在的。与谁比较?当然是与世界比较,与其他国家、政党和主义比较。中国特色社会主义,是在中国与世界的双向互动中产生和发展的。把握世界性与民族性、共性与个性、统一性与多样性的辩证关系,是坚持和发展中国特色社会主义极为重要的思想方法。

中国的发展离不开世界,世界的发展也离不开中国。中国走向世界的过程,就是中国与世界双向互动的过程。中国与世界,相互联系、相互影响、相互作用。建设中国特色社会主义,无论忽视哪一个方面都是不应该的。

因此,在坚持和发展中国特色社会主义的过程中,我们必须始终对自身特色充满自信。坚持特色、展示特色、维护特色、发展特色。但与此同时，又不要把"特色"简单化、绝对化，把"特色"变成再一次封闭僵化的借口。不要以为在没有发展起来以前需要学习外国，一旦发展起来，就可以对外部世界和人类文明采取排斥态度了。一定要正确处理好与外部世界的关系，在坚持中国特色的同时拥有全球眼光、世界胸怀和文明水准，善于在与世界各种复杂因素的博弈中坚持和发展中国特色社会主义伟大事业。

（作者单位：中央党史研究室。本文根据录音整理，经本人审定）

中国改革新出发，新在何处？

陈 晋

坚定不移地领导和推进改革，是我们党 30 多年来树立的基本形象。早在 1938 年，中国改革开放的总设计师邓小平就提出，"改革开放要贯穿中国整个发展过程"；党的十八大后习近平总书记强调，"改革开放只有进行时没有完成时"；这两句话展示了我们党对待改革一以贯之的态度。党的十八届三中全会关于全面深化改革的"决定"表明，更加科学地领导和推进改革，将成为我们党进行国家治理的常态化工作；改革的成效也将是考验我们国家治理能力的一个重要标准。

围绕这轮改革新出发的背景和特点，我谈三点认识。

一 中国改革是分阶段展开的过程，这轮改革新出发的突出标志是明确了改革开放的总目标

由于中国改革是一个长时期的历史进程，其向前推进的鲜明特点必然是，以问题为导向，分阶段深化。比如，1978 年提出改革开放决策后，当时，改革的重点是解决农村问题，开放的重点是创办经济特区；1984 年后，重点从农村转向城市，改革开放全面展开；1992 年后，经济改革的目标聚焦到建立社会主义市场经济体制；2003 年开始，改革是围绕科学发展和完善社会主义市场经济体制来展开的。从那以后，十年过去了，又有新的问题需要及时解决。党的十八大后，中国改革被称为新出发，是因为它站在了新的历史起点上面，是根据新的背景形势来进行顶层设计的。从宏观上讲，这轮改革新出发的最突出标志，是明确了中国改革的总目标，这就是，'完善和发展中国特色社会主义制度、推进国家治理体系和治理能力现代化"，并且要求在 2020 年前后，形成系统完备、科学规范、运行有效的制度体系，使各方面制度更加成熟更加定型。党的十八届四中全会，主题是全面推进依法治国，自然会涉及更广泛也更具体的制度和体制问题，可以期待，实现国家治理体系和治理能力现代化这个改革的总目标，将呈现出更加清晰的路线图。

这轮改革为什么要提出并且能够提出这个总目标？为什么明确要求在2020年取得改革的决定性成果？从背景上看，起码有三个方面的考虑。一是邓小平很强调把有成效的改革措施转化为制度，并在1992年表示，我们再过30年也就是说到了2020年前后才会在各方面形成一套更加成熟更加定型的制度。二是党的十八大明确要在建党100周年即2021年，全面建成小康社会，建成的指标，不只是经济上的，还包括政治、文化、社会各方面的要求，没有各方面更加成熟定型的制度体系，全面小康社会是建不起来的。三是经过建立和完善社会主义市场经济体制的实践探索，人们越来越清楚地认识到，经济体制改革只是中国改革的一个重点领域，而不是中国改革的全部，没有其他方面成熟体制的支撑，社会主义市场经济体制很难单独完善起来，只有把经济体制改革和其他领域的改革放在一个大盘子里来统筹设计，整体推进，全面改革才能深化下去，才能形成成熟的和现代的国家治理体系。从这个角度讲，改革新出发明确改革总目标，其意义不亚于1992年提出建立社会主义市场经济体制。

总的来说，中国改革在每个阶段，都是从需要解决的最突出的问题下手，设立具体目标，明确重点任务。这种循序渐进的改革进程，同中国改革的国情背景密切相关。如果说中国共产党领导的改革在创造着当代中国的历史，那么，它不是随心所欲地在创造，而是在它直接碰到的、既定的、从过去继承下来的历史条件下来创造的。中国改革始终由长期执政的中国共产党来领导进行，最终目的是完善和发展社会主义制度。这个特点使中国改革有方向，有原则，总是着眼于长远，分阶段有步骤推进，力求防止大的折腾。从根本上说，这也是一个真正愿意改革，有能力领导改革，并且是为国家发展稳定高度负责来推进改革的政党，所必然选择的改革前进方式。

二 中国改革是不断总结经验的过程，这轮改革新出发既全面又深化的顶层设计，体现了对改革开放前进规律的认识和运用提高到了一个新的水平

中国改革采用分阶段的前进方式，是因为它在整体上是一次前无古人的探索，没有可供查询的手册，没有可为依据的先例。改革的内容很多，不可能一蹴而就，眉毛胡子一把抓往往成不了事，不能不分轻重缓急。对改什么、怎么改，在什么时候改才能改出好的面貌，必然要有一个积累经验和积累共识的过程。事实上，我们从30多年来的中国改革进程中，不难发现，有的改革举措实施后总要沉淀一段时间，才能看出它的实际效果；有的改革举措在实施的时候是必要的，但随着时间的推移，其效用的边界局限就出来了，因此要完善它；有的是这个领域的事情解决了，那个领域的问题又冒出来了；有的是老问题解决了又出现新问题；凡此等等，不一而足，总的来说很复杂。所以中国改革有一个方法论，叫"摸着石头过河"，什么意思呢？可以用邓小平讲的四句话来解释：对的就坚持，不对的赶快改，不足的要加把劲，新问题出来抓紧解决。这四句话讲的就是怎样总结经验。党的十八届三中全会关于全面深化改革的"决定"，正是在总结改革经验基础上的新出发，这个新出发，体现了落实了邓小平这四句话的精神，进而对改革前进规律有了更深刻的认识。

举一个例子。我们在20世纪90年代曾经认为，只要建立起社会主义市场经济体制，促进发展，做大蛋糕，许多社会问题就会迎刃而解。但到了21世纪，随着社会主义市场经济体制的初步建立，经济的高速发展，社会问题却更加频繁和深刻地凸显出来了，诸如老百姓最关心的住房、医疗、教育、拆迁问题，还有政府审批制度的问题，基层民主选举中出现的问题，等等。这表明在我们缺少经验的情况下，曾经更多地关注市场经济的优点，还不可能很清楚地体会到它的弊端。新问题新情况的出现，要求在坚持社会主义市场经济改革方向的同时，必须全面深化改革，在顶层设计上，要有一个全面的配套的改革方案，如果只是在某一个领域、某一个方面单向突进，很难获得良好效果。于是，这轮改革的特点，一是全面，涉及经济、政治、文化、社会、生态文明、国防军队、党的建设各个方面，共有60项改革任务，而且诸多改革措施事实上是同如何发展更加紧密地联系在一起的。二是统筹，比如建立了更高层面的中央全面深化改革领导小组，对全面改革进行协调，而不是靠一个或几个部门在那里力不从心地进行顶层设计。再往下一个层面，为协调京津冀的联动发展，中央还成立了京津冀协同发展领导小组，意在协调三地的利益格局。三是在方法论上，特别强调"摸着石头过河"主要是摸规律，并且要同顶层设计结合起来。这些，都表明我们对改革规律的认识大大深化了，推进和领导改革的自信和能力大大增强了。

正是因为深化了对改革规律的认识，提升了领导改革的能力，这轮改革新出发启动时间虽然不长，却已经出台了不少力度很大的举措。从今年1月到8月，中央全面深化改革领导小组就召开了四次会议，先后审议或通过了文化、司法、财税、户籍、央企高管薪酬、考试招生、传统媒体和新兴媒体融合发展等方面的体制和制度改革方案，并且出台了2014年到2020年改革举措的实施规划，等于是在顶层设计方面有了可以操作的路线图和时间表。据统计，60项改革任务已经启动了39项。比如，在处理政府和市场的关系方面，国务院共取消下放行政审批等事项468项，新设的自贸区对企业还实行负面清单管理方式；在产业结构调整改革方面，河北大量压缩钢铁和其他污染企业，尽管暂时影响了经济发展，今年上半年的GDP增速只有5.8%左右，大大低于全国平均7.4%的GDP增速，但中央和地方都是有精神准备的；在社会领域，户籍制度改革开始打破实行了半个多世纪的城乡二元结构体制，涉及几亿人的利益；在行政管理上，从局级领导干部以下实行公车改革，这事实上触动了绝大多数官员的奶酪；在党的建设上，加大自我净化的力度，加大执行中央巡视制度的力度，打"虎"拍"蝇"铁拳反腐，并提出对一个已经拥有8000多万名党员的政党来说，发展党员必须重质量，防止党员规模"膨胀"和"虚化"。这些，都体现了这轮改革既全面又深化的特点，彰显了中国改革壮士断腕的决心和力度，说明中国共产党通过总结经验，提高了运用改革规律来领导和推进改革实践的能力水平。

三　中国改革是先易后难进行利益调整的过程，这轮改革新出发要突破的难关也是改革的重点，是协调利益分化，破除利益固化，让社会变得更加公平正义

中国改革的历史进程，是一个先易后难，越来越明显地成为调整社会利益格局的过程。我们把中国改革新出发，形象比喻为进入"攻坚期"和"深水区"，意思是这轮改革遇到的难度和复杂程度是此前没有遇到过的。所谓"攻坚"，是从难易角度讲，好改的、见效快的、利益增量式的和普遍受惠的改革，绝大多数都进行了，剩下的大多是难啃的"硬骨头"，涉及体制机制上的顽瘴痼疾。所谓"深水"，是从复杂性上讲，需要改革的内容不少涉及深层次的社会矛盾，根本上涉及对社会群体利益格局进行协调，对业已形成的利益藩篱予以破除。改革新出发，凝聚共识的难度之大，可以想见。

如果说改革初期的难度更多地集中在人们的思想认识，重点是突破思想上的束缚，那么中国改革新出发的难度，则更多地集中在利益调整上面。利益调整为什么是件难事？西方有一句格言说得好："几何公理要是触犯了人们的利益，那也一定会遭到反驳的。"而当今中国社会，事实上出现了利益分化和利益固化的情况。所谓利益分化，是指社会群层多样化了，每个群层都有不同的利益诉求。即使是同一个群层，比如工人，也分国有企业工人、民营企业工人、外资企业工人，在岗工人、下岗工人、退休工人、白领工人、农民工等，虽然都是工人，但他们的利益诉求并不完全相同。所谓利益固化，则是指一些群体获得和维护他们的利益的方式渠道，已经形成相应机制，甚至出现利益群层相对固化的现象。改革初期那种皆大欢喜的普惠式改革，空间已经越来越小了，深化改革必然触动某些部门、某些地方、某些人群的既得利益，甚至触动他们的灵魂。制定和实施一些改革措施，也常常面临两难甚至多难境地。

但是，利益调整这个关口，无论怎样艰险也必须得过，否则，改革就会失去群众支持，改革的意义就会打折扣，改革本身也会停滞下来。对这种情况，事实上邓小平早在1993年就预见到了。他说，发展起来以后的问题不比不发展时少，12亿人口怎样共同富裕，财富怎样分配，将来总有一天要成为中心课题，解决这个问题比解决发展起来的问题还困难，我们要利用各种方法来解决这些问题。中国改革新出发，明确把促进社会公平正义，增进人民福祉作为改革的出发点和落脚点，提出要"破除利益固化的藩篱"，就是为了解决邓小平此前预见到的利益分配和调整这个难题。妥善协调社会各方面的利益，让社会变得更加公平正义，是中国改革新出发的根本目的之一。具体说来，就是要逐步解决在发展、收入分配、教育、就业、社会保障、医疗、住房等方面存在的权利、机会和规则不公平、不正义的问题。只有突破这道难关，才能让发展成果更多更公平惠及全体人民，使每个人都有人生出彩的机会。那时候，中国改革新出发所激荡起来的人民群众的创造活力，就更加可观了，人民群众人生出彩的机会，就更多了。中国改革新出发也就在这种情况下，同人民群众实现中国梦的追求，紧紧衔接起来了。

（作者单位：中共中央文献研究室）

邓小平对中国特色社会主义做出的历史贡献

李 捷

邓小平同志是全党、全军、全国各族人民公认的享有崇高威望的卓越领导人，伟大的马克思主义者，伟大的无产阶级革命家、政治家、军事家、外交家，久经考验的共产主义战士，中国社会主义改革开放和现代化建设的总设计师，邓小平理论的创立者。他为改革开放和中国特色社会主义做出的历史性贡献，集中体现在以下五个方面。

第一，冲破"左"的指导思想的长期羁绊，依靠实事求是和改革开放这两大动力，不断推动实践创新，开创中国特色社会主义正确道路。

"文化大革命"结束不久，最为突出的思想羁绊就是"两个凡是"。邓小平通过支持真理标准大讨论，冲破了"两个凡是"的禁锢和压制，重新恢复了党的实事求是思想路线，为召开党的十一届三中全会奠定了思想基础。

当时还有一个障碍，就是"以阶级斗争为纲"。从1962年党的八届十中全会重提阶级斗争算起，这一指导思想在党内占据统治地位长达16年之久。通过解放思想大讨论和大规模平反冤假错案，到党的十一届三中全会，果断停止使用"以阶级斗争为纲"的口号，作出了把党和国家工作中心转移到经济建设上来、实行改革开放的历史性决策。由此端正了党的政治路线。

再有一个障碍，就是对于社会主义认识上的传统观念束缚。在长期艰难的探索中，我们党既对社会主义传统观念产生过重大突破，为后来开创中国特色社会主义提供了理论源头，也在很多问题上未能突破社会主义传统观念的束缚，致使长期以来对于"什么是社会主义、怎样建设社会主义"没有完全搞清楚。邓小平强调贫穷不是社会主义，社会主义要消灭贫穷；

平均主义大锅饭不是社会主义，要鼓励一部分人、一部分地区先富起来，通过先富带后富，最终实现共同富裕；没有民主就没有社会主义，就没有社会主义现代化，必须使民主制度化、法律化；计划多一点还是市场多一点，不是社会主义与资本主义的本质区别，计划和市场都是经济手段。

总之，邓小平依靠解放思想、实事求是激发出来的思想理论动力，依靠改革开放激发出来的社会生产力和社会活力，冲破了"左"的思想禁锢，开创了中国特色社会主义道路。

第二，高度警惕"左"的思想长期影响，坚决抵制放弃党的领导、放弃马列主义毛泽东思想的各种错误思潮，不断推进实践创新基础上的理论创新，创立了中国特色社会主义理论体系的第一个成果——邓小平理论。

在"拨乱反正"的过程中，在改革开放的过程中，需要不断排除各种错误思潮的干扰。在改革开放过程中，要不断克服"左"的思想长期影响，而纠"左"容易出右，这已成为一条不以人的意志为转移的客观规律。

对于否定党的领导，否定马克思列宁主义、毛泽东思想，否定人民民主专政，否定社会主义的资产阶级自由化思潮，邓小平始终保持着高度警惕，针锋相对地提出要坚持四项基本原则，并且强调坚持党的基本路线和反对资产阶级自由化这两项，都要一百年不动摇。

与此同时，邓小平对于长期以来"左"的错误思想影响，也保持着高度的警惕。他强调："一个党，一个国家，一个民族，如果一切从本本出发，思想僵化，迷信盛行，那它就不能前进，它的生机就停止了，就要亡党亡国。"

邓小平把自己称为"实事求是派"，以此表达了既反"左"又防止右，始终坚持中国特色社会主义的正确方向的坚强决心。他抓住什么是社会主义、怎样建设社会主义这个根本问题，深刻揭示我国正处于并将长期处于社会主义初级阶段，指出：我国还处在社会主义初级阶段，巩固和发展社会主义制度需要我们几代人、十几代人，甚至几十代人坚持不懈地努力奋斗。在此基础上，他还深刻揭示了社会主义的本质，指出：社会主义的本质是解放生产力，发展生产力，消灭剥削，消除两极分化，最终达到共同富裕。邓小平第一次比较系统地初步回答了在中国这样经济文化比较落后的国家如何建设社会主义、如何巩固和发展社会主义的一系列基本问题，创立了邓小平理论，实现了马克思主义与中国实际相结合的又一次历史性飞跃。

第三，科学判断时代主题和时代特征，开启了沿着和平发展道路实现中华民族伟大复兴的伟大历程。

20世纪70年代末至80年代初，整个国际局势发生了重大变化，东西关系与南北关系都出现了前所未有的新特点。与此同时，随着中国对外开放、中美建交、台湾海峡出现和平前景，中国与世界的关系也在悄然间发生着重大调整。在这种情况下，长期以来对国际格局及其特征的基本判断，也需要随之做出改变。

邓小平经过反复研究和慎重观察，于80年代中期提出关于时代主题的判断，即和平与发展是当今世界的两大主题。

形成这一重大判断，源于对国际形势和对外政策的两个转变。在国际形势的分析判断上，改变了原来认为战争的危险很迫近的看法，确认在较长时间内不发生大规模的世界战争是有可能的，维护世界和平是有希望的。在对外政策上，改变了针对苏联霸权主义威胁的"一条线"战略，确认中国不打别人的牌，也不允许任何人打中国牌，树立中国的发展是和平力量的发展，是制约战争力量的发展的国际形象。以此增强中国在国际上的地位，增强中国在国际问题上的发言权。实践证明，这两个变化，既拓展了中国在国际风云变化中的回旋余地，也确保了改革开放赢得良好稳定的国际环境。

关于时代特征和时代主题，邓小平指出：现在世界上问题很多，有两个比较突出。一个是和平问题，另一个是发展问题。和平问题，主要是第二次世界大战后的冷战格局，东西方两大阵营的存在。要争取和平就必须反对霸权主义，反对强权政治。发展问题，即是发达国家同发展中国家的矛盾问题。发达国家越来越富，相对的是发展中国家越来越穷。解决这个问题单靠南北对话还不行，还要加强第三世界国家之间的合作，也就是南南合作。通过南南合作，推动南北合作。这两件事汇合在一起，就是要打破国际政治经济不平等的旧秩序，建立国际政治经济新秩序。这既代表了广大发展中国家的共同利益，也反映了当今世界的时代潮流，是20世纪70年代反对霸权主义思想的新发展。

邓小平的上述重要判断，既为党和国家的工作重点转移到社会主义现代化建设上来奠定了重要基础，也为中国坚定不移走和平发展道路指明了方向。

关于中国和世界的关系，邓小平指出："现在的世界是开放的世界"，

"总结历史经验,中国长期处于停滞和落后状态的一个重要原因是闭关自守。经验证明,关起门来搞建设是不能成功的,中国的发展离不开世界"。

关于坚持走和平发展道路,邓小平提出:"应当把发展问题提到全人类的高度来认识,要从这个高度去观察问题和解决问题。""我们搞的是有中国特色的社会主义,是不断发展社会生产力的社会主义,是主张和平的社会主义。""我们坚持独立自主的和平外交政策,不参加任何集团。同谁都来往,同谁都交朋友,谁搞霸权主义我们就反对谁,谁侵略别人我们就反对谁。我们讲公道话,办公道事。这样,我们国家的政治分量就更加重了。这个政策很见效,我们要坚持到底。"

关于中国永远不称霸,邓小平指出:"中国和所有第三世界国家的命运是共同的。中国永远不会称霸,永远不会欺负别人,永远站在第三世界一边。"同时,"任何外国不要指望中国做他们的附庸,不要指望中国会吞下损害我国利益的苦果"。

第四,科学总结现代化建设的成功经验和教训,通过规划现代化建设总目标和三步走发展战略,开启了全面建成小康社会进而实现社会主义现代化的伟大历程。

实现现代化,是毛泽东等老一辈革命家梦寐以求的目标。但是长期以来,存在着现代化标准过高、要求过急的问题。对此,邓小平在党的十一届三中全会以后,在谋划改革开放的同时,就在考虑对现代化目标和步骤作适当调整的问题。

邓小平指出:"我们开了大口,本世纪末实现四个现代化。后来改了个口,叫中国式的现代化,就是把标准放低一点。"他在同日本首相大平正芳的谈话中进一步提出:"我们要实现的四个现代化,是中国式的四个现代化。我们的四个现代化的概念,不是像你们那样的现代化的概念,而是'小康之家'。"五年之后,1984年,邓小平又对日本首相中曾根康弘说:"我们提出的到本世纪末翻两番的目标能不能实现,会不会落空?从提出到现在,五年过去了。从这五年看起来,这个目标不会落空。翻两番,国民生产总值人均达到八百美元,就是到本世纪末在中国建立一个小康社会。这个小康社会,叫作中国式的现代化。翻两番、小康社会、中国式的现代化,这些都是我们的新概念。"

邓小平所说的"翻两番"、"小康社会"、"中国式的现代化"等核心概念,都是他对中国社会主义现代化发展战略的独特贡献。不仅如此,邓小平还为实现中国式的现代化提出了"三步走"战略。

"三步走"战略的时间跨度为1980年至2049年。在这60年间，第一步，要实现国民生产总值比1980年翻一番，解决人民的温饱问题。这个任务到1987年党的十三大时已经基本实现。第二步，到20世纪末，使国民生产总值再增长一倍，人民生活达到小康水平。这个任务也已经实现。第三步，到21世纪中叶，人均国民生产总值达到中等发达国家水平，人民生活比较富裕，基本实现现代化。

在这个现代化的整体构想中，"小康社会"是一个关键性概念。它犹如一个中转站，把现代化目标和中华民族伟大复兴的奋斗目标有机地联系在一起，把国家富强同人民小康有机地联系在一起。

第五，从毫不动摇地贯彻执行党在社会主义初级阶段总路线的要求出发，提出从严治党、党要管党，全面加强执政党建设。

党的十一届三中全会，不仅掀开了改革开放和现代化建设的新篇章，也掀开了全面加强执政党建设的新篇章。

这个新，首先新在形成了以邓小平为核心的党的第二代中央领导集体。邓小平响亮地提出了走自己的路、建设有中国特色的社会主义的伟大号召，领导中国共产党在新中国成立以来革命和建设实践的基础上，成功地开辟出中国特色社会主义事业新局面。

这个新，还新在形成了"一个中心、两个基本点"的党在社会主义初级阶段的基本路线。它的完整表述是：领导和团结全国各族人民，以经济建设为中心，坚持四项基本原则，坚持改革开放，自力更生，艰苦创业，为把我国建设成为富强民主文明和谐的社会主义现代化国家而奋斗。邓小平不止一次地强调：要坚持党的十一届三中全会以来的路线、方针、政策，关键是坚持"一个中心、两个基本点"。不坚持社会主义，不改革开放，不发展经济，不改善人民生活，只能是死路一条。基本路线要管一百年，动摇不得。只有坚持这条路线，人民才会相信你，拥护你。

这个新，还新在赋予执政党建设新要求。这个新要求包括：第一，要始终坚持党的领导。邓小平强调指出：在中国这样一个大国，没有共产党的领导，必然四分五裂，一事无成。对于党内外任何企图削弱、摆脱、取消、反对党的领导的倾向，必须进行批评、教育以至必要的斗争。这是四个现代化能否实现的关键。第二，要努力改善党的领导。邓小平指出：改革党和国家的领导制度，不是要削弱党的领导、涣散党的纪律，而正是为了坚持和加强党的领导，坚持和加强党的纪律。坚持四项基本原则的核心，就是坚持党的领导。问题是党要善于领导；要不断地改善领导，才能加强领导。第三，要聚精会神地抓党的建设。邓小平语重心长地对以江泽民为核心的党中央第三代领导集体说：这个党该抓了，不抓不行了。他特别强调：我们要反对腐败，搞廉洁政治。整个改革开放过程中都要反对腐败。我们前进的步伐会更稳健，更扎实，更快。我很相信这一点。事实证明，共产党能够消灭丑恶的东西。对干部和共产党员来说，廉政建设要作为大事来抓。

这个新，还新在在改革开放和现代化建设条件下，继续强调群众路线和实事求是不动摇。邓小平指出：培养好的风气，最主要的是走群众路线和实事求是这两条。他强调："群众是我们力量的源泉，群众路线和群众观点是我们的传家宝。党的组织、党员和党的干部，必须同群众打成一片，绝对不能同群众相对立。如果哪个党组织严重脱离群众而不能坚决改正，那就丧失了力量的源泉，就一定要失败，就会被人民抛弃。"邓小平把人民拥护不拥护、人民赞成不赞成、人民高兴不高兴、人民答应不答应作为制定方针政策和作出决断的出发点和归宿，把是否有利于发展社会主义社会的生产力、是否有利于增强社会主义国家的综合国力、是否有利于提高人民的生活水平作为判断一切工作是非得失的标准。邓小平把改革开放的功劳归功于人民群众的创造，指出："改革开放中许许多多的东西，都是由群众在实践中提出来的"，"绝不是一个人的脑筋就可以钻出什么新东西来，是群众的智慧，集体的智慧"。他常说："个人是集体的一分子。任何事情都不是一个人做得出来的。"这样，就把群众第一的观点和实践第一的观点统一起来，把科学决策、民主决策和集体决策结合起来。

邓小平领导改革开放和现代化建设给我们的启示如下。

一是必须实事求是、一切从实际出发，寻找切实可行的道路和解决方案，既不能搞教条主义、理想主义，更不能毕其功于一役。

因此，社会主义必须消灭贫穷，贫穷不是社会主义。但是，社会主义又不能搞"平均主义大锅饭"，平均主义也不是社会主义。因此，社会主义必须追求比资本主义更高的效益，但是又不能没有公平正义，两极分化不是社会主义。这些都是既从中国国情出发，又从马克思主义基本原理出发，得到的科学结论，也是中国特色社会主义重要的理论创新。

二是必须坚持发展是硬道理的战略思想，毫不动摇地坚持以经济建设为中心。

新中国的历史，改革开放的历史，反复证明，发展是硬道理，发展是解决中国当今一切问题的关键。发展之中，一个始终不变的着力点，就是解放和发展社会生产力。这是中国经济社会不断进步的基础和前提。正因为如此，我们必须始终扭住经济建设这个中心不放松。在这个问题上，决不能再犯历史性错误。

与此同时，发展的内涵在不断变化。从粗放式的发展到集约式的发展，从单纯依靠投资、就业、外贸三驾马车拉动的总量扩张型发展到更多依靠科技创新驱动、智力投入、产业转型升级的发展，从突出强调经济发展到经济社会、城市乡村的包容性发展，从高耗能、高污染的发展到绿色节能环保型的发展，从效益优先兼顾公平的发展到统筹公平与效益、逐步实现全体人民共享共富的发展，这些都是我们当今正在面临的在发展问题上的重大调整与转型，是发展的要求，是时代的要求。但是，我们也要清醒地看到，没有当年迈出的勇敢一步，没有粗放式发展、突出强调效益优先的发展，就不可能有今天的转型发展。这就是发展问题上的辩证法。千万不能以今日之是来简单地断昨日之非。

三是必须始终坚持共产主义理想，志存高远，又必须从社会主义初级阶段这个基本国情出发，脚踏实地。

在这个问题上，邓小平既是典型的理想主义者，又是典型的具有高度务实精神的战略家。他从来没有对共产主义信念动摇过，始终对社会主义必然要战胜资本主义、社会主义优越于资本主义抱有坚定的信心。他又深深懂得，共产主义的实现，不是说出来的，而是干出来的。"空谈误国，实干兴邦"。不干，半点马克思主义都没有。

习近平总书记反复强调，中国特色社会主义是党的最高纲领和基本纲领的统一。党员领导干部要坚定理想信念，要补足理想信念之"钙"，决不能得软骨病。同时，党员领导干部又要脚踏实地。如果丢失了我们共产党人的远大目标，就会迷失方向，变成功利主义、实用主义。同时，我们又必须立足党在现阶段的奋斗目标，脚踏实地推进我们的事业。没有远大理想，不是合格的共产党员；离开现实工作而空谈远大理想，也不是合格的共产党员。

（作者单位：《求是》杂志社）

把中国特色社会主义这篇大文章写下去
——首届中国特色社会主义理论和实践论坛上的总结讲话

李君如

我们这次论坛，是在中央召开纪念邓小平诞辰110周年座谈会后，由学术团体发起的学习习近平总书记重要讲话的全国性论坛；是中国特色社会主义理论研究会成立后举办的首届论坛。这个论坛的主题是"中国特色社会主义和全面深化改革"，就是要在全面深化改革中把中国特色社会主义这篇大文章写下去。我国思想理论界的翘楚大多登上了这个论坛，特别是著名的理论家、思想家、战略家郑必坚为我们作了一个富有思想内涵、理论深度和现实针对性的主题报告。求是杂志社社长李捷、中央党史研究室副主任李忠杰、中央文献研究室副主任陈晋、中央编译局局长贾高建等嘉宾出席了论坛。在热烈的小组讨论的基础上，14位专家学者作了大会发言。到目前为止，我们即将完成这个"理论和实践论坛"的"理论"部分。受研究会理事会委托，我对这次盛会做一个小结。

在纪念邓小平同志诞辰110周年座谈会上，习近平总书记满怀深情地说："邓小平同志留给我们的最重要的思想和政治遗产，就是他带领党和人民开创的中国特色社会主义，就是他创立的邓小平理论。""今天，历史的接力棒传到了我们手里，责任重于泰山。全党一定要紧密团结起来，敢于担当、埋头苦干，团结带领全国各族人民，以与时俱进、时不我待的精神不断夺取新胜利，不断完善和发展中国特色社会主义，不断为人类和平与发展的崇高事业作出新的更大的贡献。"因此，这里我以"把中国特色社会主义这篇大文章写下去"为题，讲三个问题。

一　要在邓小平的改革思想指导下推进中国特色社会主义伟大事业步入新的阶段

习近平总书记在纪念邓小平诞辰110周年的座谈会上指出："党的十一届三中全会以后，邓小平同志始终站在时代要求、国家发展、人民期待的高度，同中央领导集体一起，领导我们党作出一系列重大决策，把改革开放和社会主义现代化建设一步一步推向前进。邓小平同志指导我们党系统总结建国以来的历史经验，解决了科学评价毛泽东同志的历史地位和毛泽东思想的科学体系、根据新的实际和发展要求确立中国社会主义现代化建设的正确道路这样两个相互联系的重大历史课题，彻底否定了'文化大革命'的错误实践和理论，坚决顶住否定毛泽东同志和毛泽东思想的错误思潮，为党和国家发展确定了正确方向。"在我们这次论坛所有的论文和发言中，大家都怀着真挚的感情缅怀邓小平在坚持毛泽东思想和开创中国特色社会主义这两大方面的历史贡献。正如郑必坚在主题报告中说的：没有毛主席，至少我们中国人民还要在黑暗中摸索更长的时间；没有邓小平，我们党和人民可能至今还要在贫穷落后中挣扎苦斗。确实如此，没有毛主席就没有新中国，没有邓小平就没有改革开放的当代中国。

对邓小平的纪念，最好的纪念，就是始终坚持和发展他开创的中国特色社会主义，坚持和发展他开创的改革开放。党的十八大吹响了新一轮改革的进军号，党的十八届三中全会制定了新一轮改革的伟大纲领。党的十八大以来的历史证明，以习近平为总书记的党中央提出的全面深化改革的理论和实践，就是对邓小平改革思想的最好坚持。

2012年11月15日，在党的十八届一中全会上，习近平被选为新一届党中央的总书记。在他担当起这一历史重任，发表第一个讲话的时候，向中央委员会提出要突出抓好六个方面工作：一是高举中国特色社会主义伟大旗帜；二是加强中国特色社会主义理论体系学习实践；三是全面推进建设小康社会各项事业；四是着力保障和改善民生；五是全面推进党的建设新的伟大工程；六是深化改革开放。从这六项工作的安排上，我们可以注意到有两个特点：一是坚持以高举中国特色社会主义伟大旗帜为纲，也就是后来他在政治局第一次集体学习时强调的要紧紧抓住坚持和发展中国特色社会主义这条主线；二是坚持深化改革开放，所有工作的落实和推动，归根到底，都靠深化改革开放。因为，按照中国共产党的话语逻辑，像这样的报告或讲话，最后都是以"加强党的建设"结束的，而习近平这个讲话与惯常的话语逻辑不一样，是以"深化改革开放"结束的。这就表明，深化改革开放在他的治国理政思想中具有特别重要的地位。

尤其引人注目的是，2012年12月11日，当选中共中央总书记不到一个月的习近平就南下广东，来到深圳、珠海、佛山、广州。在莲花山公园，他向伫立在山顶的邓小平铜像敬献花篮，感慨地说，我们来瞻仰邓小平铜像，就是要表明我们将坚定不移推进改革开放，奋力推进改革开放和现代化建设取得新进展、实现新突破、迈上新台阶。他在中国改革开放的前沿强调，党的十八大向全党全国发出了深化改革开放新的宣言书、新的动员令，全党全国各族人民要坚定不移走改革开放的强国之路，更加注重改革的系统性、整体性、协同性，做到改革不停顿、开放不止步，为全面建成小康社会、加快推进社会主义现代化而团结奋斗。

从广东回到北京不久，2012年12月31日，习近平在新年到来前夕，主持政治局第二次集体学习，回顾和总结改革开放特别是经济体制改革的历史。习近平在主持学习时强调，历史、现实、未来是相通的。历史是过去的现实，现实是未来的历史。要把党的十八大确立的改革开放重大部署落实好，就要认真回顾和深入总结改革开放的历程，更加深刻地认识改革开放的历史必然性，更加自觉地把握改革开放的规律性，更加坚定地肩负起深化改革开放的重大责任。

习近平在党的十八大后新一届中央委员会开局之际，采取的这些密集的行动，发表的这些引人注目的讲话，集中体现了他对改革开放历史地位的深刻认识，体现了他对邓小平改革思想的坚持。

首先，他强调改革开放是我们党的历史上一次伟大觉醒，正是这个伟大觉醒孕育了新时期从理论到实践的伟大创造。实践证明，改革开放是当代中国发展进步的活力之源，是我们党和人民大踏步赶上时代前进步伐的重要法宝，是坚持和发展中国特色社会主义的必由之路。

其次，他强调改革开放是决定当代中国命运的关键一招，也是决定实现"两个一百年"奋斗目标、实现中华民族伟大复兴的关键一招。

再次，他强调必须坚持社会主义市场经济的改革方向，坚持对外开放的基本国策，以更大的政治勇气和智慧，不失时机地深化重要领域改革，朝着党的十八大指引的改革开放方向奋勇前进。

最后，他强调改革开放是一项长期的、艰巨的、繁重的事业，必须一代又一代人接力干下去。实践发展永无止境，解放思想永无止境，改革开放也永无止境，停顿和倒退没有出路。

这些认识，体现了以习近平为总书记的党中央心中始终有一个主心骨。这个主心骨，就是邓小平奠基和开创的中国特色社会主义，特别是邓小平提出的改革思想。

二 要深入研究以习近平为总书记的党中央的全面深化改革的新思想

中国深化改革，改什么，怎么改，曾经困扰许多中国问题的观察家和中国改革的实践者。为了坚持和发展中国特色社会主义，实现民族复兴的"中国梦"，习近平在党的十八大以来的一系列重要讲话中，提出了"全面深化改革"的重要思想。这一思想对于我国新一轮改革的伟大实践，将产生极其深远的影响。

党的十八大以来，以习近平为总书记的党中央先是在党的十八届二中全会上研究了国务院机构改革问题，并在当年"两会"上审议通过。然后，启动十八届三中全会文件起草工作。为了筹备好这次全会，习近平和其他中央领导同志深入各地开展调查研究。其间，习近平发表了许多重要讲话，强调指出一定要始终把改革创新精神贯彻到治国理政各个环节，推动经济持续健康发展，更好实现党的十八大确定的奋斗目标和工作部署。

习近平关于推进改革开放的这一系列重要举措及其提出的重要论述，既继承了邓小平以来历届党中央的改革思想，又具有新一届党中央的鲜明特色。其最大的特色，是提出了"全面深化改革"的思想。"全面深化改革"就是他说过的"全方位改革"、"综合改革"。

习近平的全面深化改革思想，具有极其丰富的内容，其主要特点表现在以下八个方面。

1. 进入攻坚期和深水区的改革思想

在党的十八大后一系列活动和讲话中，习近平强调，现在我国改革已经进入攻坚期和深水区，我们必须以更大的政治勇气和智慧，不失时机深化重要领域改革。他清醒地指出，改革是一场深刻的革命，涉及重大利益关系调整，涉及各方面体制机制完善。当前改革需要解决的问题格外艰巨，都是难啃的硬骨头，这个时候就要一鼓作气，瞻前顾后、畏葸不前不仅不能前进，而且可能前功尽弃。因此，我们要坚持改革开放正确方向，敢于啃硬骨头，敢于涉险滩，既勇于冲破思想观念的障碍，又勇于突破利益固化的藩篱。这里,"攻坚期"和"深水区"、"啃硬骨头"和"涉险滩"既是习近平领导改革开放的背景,也是习近平全面深化改革思想的特点。

2. 以经济体制改革为重点的各项改革协同配合推进的全面改革思想

应该讲,改革是全面改革,这是邓小平的改革思想,也是历届党中央都强调的重要思想。比如,邓小平说过:"改革是全面的改革,不仅经济、政治,还包括科技、教育等各行各业。""改革是全面的改革,包括经济体制、政治体制改革和相应的其他各个领域的改革。""深化改革,而且是综合性的改革"。习近平不仅坚持了这一重要思想,而且把全面改革作为一个系统工程来部署和推进。

记得在党的十八大召开前,许多媒体发表了一些专家学者对新一轮改革的期待和设想。有的提出,过去的改革以经济体制改革为重点,新一轮改革应该以政治体制改革为重点,有的讲我国政治体制改革条件还不成熟,应该以社会体制改革为重点;在经济体制改革中,有的提出要解决垄断企业的问题,有的希望重点推进财税体制改革,有的认为土地制度改革更紧迫。这种种方案,从思路上说都还是一个改革接一个改革线性推进的全面改革,同时也说明中国的问题不是靠单一改革能够解决的。

因此,习近平强调,改革开放是一场深刻而全面的社会变革,每一项改革都会对其他改革产生重要影响,每一项改革又都需要其他改革协同配合。特别是,他明确提出:"改革开放是一个系统工程,必须坚持全面改革,在各项改革协同配合中推进。"也就是说,他认为"全面改革"不是线性推进的全面改革,而是各项改革协同配合推进的系统工程,要更加注重改革的系统性、整体性、协同性。这是一个非常深刻的思想。

与此同时,我们也要注意到,习近平所说的"全面深化改革"是有重点的全面改革。这个重点,就是经济体制改革。这是因为,我国现在依然处在社会主义初级阶段,我们解决的社会主要矛盾依然是人民日益增长的物质文化需要同落后的社会生产之间的矛盾,我们的国家在国际上依然还是发展中国家。习近平的思路是,只要我国处在社会主义初级阶段这一基本国情没有变,我们各项工作的中心任务依然是经济建设,改革的重点依然是经济体制改革。

党的十八届三中全会明确指出,全面深化改革就是在经济体制改革牵引下,全面推进政治体制、文化体制、社会体制、生态文明体制的改革。在各项改革协同配合下,破除思想观念上的障碍、体制机制上的痼疾、利益固化的藩篱，进一步解放思想，解放和发展社会生产力，解放和增强社会活力。

3. 坚持科学方法论的改革思想

习近平一再指出，改革开放是前无古人的崭新事业，必须坚持正确的方法论，在不断实践探索中推进。

习近平在2013年9月17日召开的党外人士座谈会上说过，改革是由问题倒逼而产生，又在不断解决问题中而深化。我们用改革的办法解决了党和国家事业发展中的一系列问题。同时，在认识世界和改造世界的过程中，旧的问题解决了，新的问题又会产生，制度总是需要不断完善，因而改革既不可能一蹴而就，也不可能一劳永逸。这就从根本上决定了，我们在领导改革时，要有正确的方法论。

习近平强调的"改革方法论"，就是要把"摸着石头过河"与"加强顶层设计"结合起来的方法。有人曾因为中央提出要加强顶层设计，就否定邓小平的"摸着石头过河"。习近平指出："摸着石头过河"是富有中国特色、符合中国国情的改革方法。"摸着石头过河"就是摸规律，从实践中获得真知。这就从哲学方法论上充分肯定了"摸着石头过河"。与此同时，习近平深刻地指出，"摸着石头过河"和"加强顶层设计"是辩证统一的，推进局部的阶段性改革开放要在加强顶层设计的前提下进行，加强顶层设计要在推进局部的阶段性改革开放的基础上来谋划。比如，中央决定在上海建自由贸易试验区，"试验"就是"摸着石头过河"，同时它也是宏观的顶层设计的产物。

4. 按照中国改革的客观规律领导改革的思想

习近平提出"摸着石头过河"与"加强顶层设计"相结合的改革方法论，是为了探索中国改革的内在规律。在中央政治局第二次集体学习时，他就已经提出了要认识改革规律性的问题。

2013年，他在各地调研期间，强调指出："应对当前我国发展面临的一系列矛盾和挑战，关键在于全面深化改革。必须从纷繁芜杂的事物表象中把准改革脉搏，把握全面深化改革的内在规律，特别是要把握全面深化改革的重大关系，处理好解放思想和实事求是的关系、整体推进和重点突破的关系、顶层设计和摸着石头过河的关系、胆子要大和步子要稳的关系、改革发展稳定的关系。"

在这里，他提出要正确认识和处理好五大关系，非常重要。毛泽东曾经对于怎么从中国实际出发建设社会主义，提出过十大关系；江泽民曾经提出过中国推进社会主义现代化建设的十二大关系。习近平提出了中国全面深化改革的五大关系。特别是，他从思想认识上要处理好解放思想和实事求是的关系讲起，讲到要善于处理好改革、发展、稳定这三者关系，提出了一个十分重要的问题。这就是改革要坚定不移地改，社会和国家政局要始终保持稳定。中国和世界各个国家改革的历史证明，这个问题直接关系到改革的成败。习近平在论述要坚持和发展中国特色社会主义的时候，多次把"发展中国"与"稳定中国"联系起来提。在论述全面深化改革的时候，又反复强调稳定是改革和发展的前提，必须坚持改革发展稳定的统一。他要求我们对于深化全面改革过程中可能出现的困难和问题，要有足够的估计和思想准备，要处理好改革、发展与稳定的关系，坚持把改革的力度、发展的速度和社会可承受的程度统一起来，把改善人民生活作为正确处理改革发展稳定关系的结合点。他说，只有社会稳定，改革发展才能不断推进；只有改革发展不断推进，社会稳定才能具有坚实基础。研究改革的规律，必须研究这样重大的规律性问题。

5. 坚持正确方向的改革思想

习近平重视改革的规律性问题，同他强调要始终坚持改革的正确方向是直接相联系的。他反复强调改革开放是一场深刻革命，要把握好改革的正确方向。他强调，在方向问题上，我们头脑必须十分清醒，不断推动社会主义制度自我完善和发展，坚定不移走中国特色社会主义道路。

他多次明确指出，中国是一个大国，决不能在根本性问题上出现颠覆性错误，一旦出现就无法挽回、无法弥补。所谓"根本性问题"，在我国，就是在改革开放过程中，要始终坚持中国共产党的领导，就是要始终密切党群关系。这个问题，在社会主义国家改革的历史上是有教训的，苏东剧变就是这样的"颠覆性错误"。正如习近平指出的，改革发展稳定任务越繁重，我们越要加强和改善党的领导，越要保持党同人民群众的血肉联系，善于通过提出和贯彻正确的路线方针政策带领人民前进，善于从人民的实践创造和发展要求中完善政策主张，使改革发展成果更多更公平地惠及全体人民，不断为深化改革开放夯实群众基础。

6. 以完善和发展中国特色社会主义制度，推进国家治理体系和治理能力现代化为总目标的改革思想

在习近平领导下制定的中国到 2020 年改革的纲领，明确指出：这次

改革的总体目标是完善和发展中国特色社会主义制度，推进国家治理体系和治理能力的现代化。而且很明确地提出，要到 2020 年我国在各方面形成更加成熟、更加定型的一套制度。这里，"更加成熟、更加定型"这八个字是邓小平 1992 年南方谈话提出来的。事实上，这次确定的制度改革目标又超越了邓小平时制定的目标，就是要在国家治理体系和治理能力的现代化上做出一篇好文章来。也就是说，我们的现代化不仅在生产力方面要实现现代化，而且在制度方面也要实现现代化。

按照习近平的论述，对于这个总目标，要有以下科学的认识。

一要正确认识和处理好"完善和发展中国特色社会主义制度"和"推进国家治理体系和治理能力现代化"之间的关系。习近平指出，必须完整理解和把握全面深化改革的总目标，即"完善和发展中国特色社会主义制度、推进国家治理体系和治理能力现代化"这两句话是一个整体。也就是说，我们在以全新的、现代的"治理"理论来推进国家治理体系和治理能力现代化时，不能偏离中国特色社会主义方向；在完善和发展中国特色社会主义制度时，要以推进国家治理体系和治理能力现代化这样的要求来完善和发展我们的制度。

二要正确认识和处理好"国家治理体系现代化"和"治理能力现代化"之间的关系。改革是制度的变革，治理体系与国家制度相联系，这是毫无疑问的。但是，如果只有制度的变革，而没有能力的提升，制度的完善和发展、治理体系的现代化都有可能成为一纸空文，所以，我们要把国家治理体系的现代化与国家治理能力的现代化统一起来推进。习近平明确指出，国家治理体系和治理能力是一个国家的制度和制度执行能力的集中体现，两者相辅相成。只有以提高党的执政能力为重点，尽快把我们各级干部、各方面管理者的思想政治素质、科学文化素质、工作本领都提高起来，尽快把党和国家机关、企事业单位、人民团体、社会组织等的工作能力都提高起来，国家治理体系才能更加有效运转。

7. 以社会主义核心价值观为支撑的改革思想

习近平指出，推进国家治理体系和治理能力现代化，要大力培育和弘扬社会主义核心价值体系和核心价值观，加快构建充分反映中国特色、民族特性、时代特征的价值体系。

也就是说，在全面深化改革的过程中，要正确认识和处理好"国家治理体系和治理能力现代化"和"培育和践行社会主义核心价值观"之间的关系。国家治理体系的现代化特别是治理能力的现代化，与全社会奉行什么样的核心价值观紧密相联系。因为，"治理"与"管理"虽然仅有一字之差，但却是两种不同的国家领导方式和执政方式。简单地说，管理主要是用行政的办法自上而下领导一个国家和社会，治理则根据社会多元化的特点，采用民主和法治的方式自下而上与自上而下结合起来领导一个国家和社会。对于中国这样一个东方大国来讲，用现代治理的制度和方式来领导这个国家，是一个极大的领导方式和执政方式的转型。这就更需要在核心价值观上达成共识。

党中央提出，在国家层面上，我们倡导的价值目标是富强、民主、文明、和谐；在社会层面上，我们倡导的价值取向是自由、平等、公正、法治；在个人层面上，我们倡导的价值准则是爱国、敬业、诚信、友善。提出要培育和践行这样的社会主义核心价值观，对于全面深化改革的总目标来说，就是为了推进国家治理体系和治理能力现代化，完善和发展中国特色社会主义制度。

8. 坚持依法治国的改革思想

在全面深化改革的实践中，中国共产党认识到，一个现代化的中国不仅需要社会主义核心价值观的支撑，还需要健全的法制，实行依法治国。

首先，全面深化改革的过程就是完善民主、健全法制的过程。习近平在党的十八大后发表的系列讲话中明确指出，依法治国是党领导人民治理国家的基本方略，法治是治国理政的基本方式；要全面推进科学立法、严格执法、公正司法、全民守法，坚持依法治国、依法执政、依法行政共同推进，坚持法治国家、法治政府、法治社会一体建设，不断开创依法治国新局面。

其次，在改革中推进国家治理体系和治理能力现代化，也要于法有据。习近平还强调指出，推进国家治理体系和治理能力现代化，就是要适应时代变化，既改革不适应实践发展要求的体制机制、法律法规，又不断构建新的体制机制、法律法规，使各方面制度更加科学、更加完善，实现党、国家、社会各项事务治理制度化、规范化、程序化。要更加注重治理能力建设，增强按制度办事、依法办事意识，善于运用制度和法律治理国家，把各方面制度优势转化为管理国家的效能，提高党科学执政、民主执政、依法执政水平。

最后，在改革的同时要加大反腐败的力度，也要依法办案。习近平指出，在全面深化改革中，要把坚决遏制腐败蔓延势头作为重要任务和工作目标，坚持"老虎""苍蝇"一起打，严肃查处党员干部违纪违法案件，充分发挥震慑力。而要坚持不懈地推进反腐败工作，就要在全面深化改革的进程中，健全和完善党内监督、民主监督、法律监督和舆论监督体系，强化对权力运行的制约和监督，形成不敢腐的惩戒机制、不能腐的防范机制、不易腐的保障机制。

总之，习近平的全面深化改革思想既坚持了邓小平的改革思想，又从新的实际出发形成了自己的特点，发展了邓小平的改革思想。今天，我们坚持邓小平的改革思想，就是要在习近平全面深化改革思想的指引下，协调推进各领域各环节改革，努力把邓小平开创的改革开放大业推向前进。

三 要在中国特色社会主义理论的指导下深化对改革的认识

以习近平为总书记的党中央领导的新一轮改革，在坚持和发展邓小平改革思想的过程中，也使我们深化了对改革的认识。

一是，我们进一步认识到，发展中的问题要靠发展来解决，更要靠改革来解决，要全面协调可持续发展就要全面深化改革。

这几年，我们经常讲，发展中的问题要靠发展来解决。这是对的，但同时我们也认识到，发展中的问题既有生产力方面的问题，更有生产关系阻碍生产力发展的问题。对于前一类问题，可以通过发展来解决，但是对于后一类问题，只有靠改革才能破题解决。这几年，各地因征地、拆迁、污染等问题，发生的一些群体性事件，越闹越大，也引起了我们思考。思考的结果，就是要发展就要改革，要全面协调可持续发展就要全面深化改革。

二是，我们进一步认识到了，改革中的问题不是改革有问题，不能以"反思改革"为名否定改革，同时，改革是体制的根本变革，而不是小修小补的调整。

习近平深刻地指出，中国共产党人干革命、搞建设、抓改革，从来都是为了解决中国的现实问题。我们用改革的办法解决了党和国家事业发展中的一系列问题，同时还有许多问题要解决。这些问题，有的是老问题，有的是新问题，有的是以新的形式出现的老问题。问题不断，改革也不能止步。

但在改革实践中，正是因为有问题，就会有不同的认识。前几年有的以"反思改革"为名否定改革的方向和取得的成就,有的以解决改革中出现的新问题为由头改变改革的方向和路径。因此,在直面问题的时候,要清醒地认识到改革中的问题不是改革本身有问题,不能以"反思改革"为名否定改革。

与此同时,我们也不能在问题面前举棋不定、不思进取,或者用一些小修小补来替代改革,甚至把日常工作都说成改革。邓小平要求我们的改革,从其内涵而言,包括三个重大判断:其一,改革是社会主义的自我完善和发展;其二,改革是一场试验,必须大胆地试,大胆地改,对的就坚持,错的赶快改;其三,改革也是革命,是从根本上改变束缚生产力发展的经济体制的革命。因此,不能把发展等同于改革,也不能用工作上政策上的小修小补来替代改革。也正因为如此,习近平强调我们必须坚定改革信心,以更大的政治勇气和智慧、更有力的措施和办法推进改革;强调全面深化改革,关键要有新的谋划、新的举措;强调要有强烈的问题意识,以重大问题为导向,抓住重大问题、关键问题进一步研究思考,找出答案,着力推动解决我国发展面临的一系列突出矛盾和问题。

三是,我们进一步认识到,改革归根到底要解放和发展社会生产力,保障和改善民生。

改革是为了发展,改革也要有利于发展。对于改革进程中出现的问题以及由此带来的不同声音,邓小平曾经提出"三个有利于"的标准,即"判断的标准,应该主要看是否有利于发展社会主义社会的生产力,是否有利于增强社会主义国家的综合国力,是否有利于提高人民的生活水平"。习近平也指出,全面深化改革,就是要进一步解放思想、进一步解放和发展社会生产力、进一步解放和增强社会活力。这"三个进一步解放"既是改革的条件,又是改革的目的。解放思想是前提,是解放和发展社会生产力、解放和增强社会活力的总开关。没有解放思想,我们党就不可能在"十年动乱"结束不久作出把党和国家工作中心转移到经济建设上来、实行改革开放的历史性决策,开启我国发展的历史新时期;没有解放思想,我们党就不可能在实践中不断推进理论创新和实践创新,有效化解前进道路上的各种风险挑战,把改革开放不断推向前进,始终走在时代前列。由此决定了,解放思想,深化改革开放,归根到底,是要解放和发展社会生产力、解放和增强社会活力。

因此,以习近平为总书记的党中央一再强调,全面建成小康社会,实现社会主义现代化，实现中华民族伟大复兴，最根本最紧迫的任务还是进一步解放和发展社会生产力。就在几天前的中央财经领导小组会议上，习近平同志还这样强调："我们必须认识到，从发展上看，主导国家发展命运的决定性因素是社会生产力发展和劳动生产率提高，只有不断推进科技创新，不断解放和发展社会生产力，不断提高劳动生产率，才能实现经济社会持续健康发展。"我们要通过深化改革，让一切劳动、知识、技术、管理、资本等要素的活力竞相迸发，让一切创造社会财富的源泉充分涌流，解决我国发展面临的一系列突出矛盾和问题，实现经济社会持续健康发展，不断改善人民生活。

与此同时，应该清醒地认识到，在全面深化改革的过程中，我们遇到了毛泽东在延安时说过的"本领恐慌"。党的十八大特别是党的十八届三中全会以来，党中央提出了一系列崭新的理论观点，从媒体的宣传中可以看出，对这些来自实践的新问题我们研究还很不够。比如：

——党中央提出我们全面深化改革的总目标是要完善和发展中国特色社会主义制度，推进国家治理体系和治理能力现代化。请问：什么是现代化的国家治理体系和治理能力？

——党中央提出在经济体制改革中，核心问题是处理好政府与市场的关系，使市场在资源配置中起决定性作用和更好发挥政府作用。请问：市场在哪些方面可以起决定性作用？政府可以发挥哪些作用？

——党中央提出全面深化改革，要敢于啃硬骨头、敢于涉险滩。请问：有哪些"硬骨头"、哪些"险滩"？

——党中央提出要在进一步解放思想中下决心冲破思想观念的束缚、突破利益固化的藩篱。请问：思想观念的束缚、利益固化的藩篱表现在什么地方，有哪些表现？

——党中央指出公有制为主体、多种所有制共同发展的基本经济制度，是中国特色社会主义制度的重要支柱，也是社会主义市场经济的根基。请问：在非公经济比重越来越大的现实情况下，为什么还说我们的经济制度是公有制为主体的制度？

——党中央提出要推进协商民主广泛多层制度化发展，这是我国政治体制改革的重要内容。请问：什么是协商民主？什么叫协商民主广泛多层制度化发展？

——党中央提出要培育和践行24字社会主义核心价值观。请问：这

24字社会主义核心价值观是怎么形成的？其内涵有什么逻辑联系？

——党中央说推进社会事业改革创新，要实现发展成果更多更公平惠及全体人民。请问：什么叫公平？马克思主义的公平观有哪些基本观点？

——党中央说要激发社会组织活力。请问：我们所说的"社会组织"和西方所说的"非政府组织"、"公民社会"是不是一回事？我们为什么不用"非政府组织"、"公民社会"这样的概念？

——现在国际社会十分关注我国南海问题。请问：南海地图上的"九段线"是怎么一回事？指的是什么意思？我们怎样为维护国家主权和领土安全出谋划策？

我列举的这十个问题并不是深奥的问题，还只是基础性的问题，我们是否都已经思考过了呢？是否都已经搞清楚了呢？对于群众来说，这些问题回答不了，影响不会很大。对于我们党的理论工作者来讲，如果也搞不清楚这些问题，难道不是"本领恐慌"吗？因此，我们希望通过这样的论坛，来推进我们的理论研究。这是时代和实践、党和人民对我们的要求，也是我们应尽的责任！

我们作为中国特色社会主义理论的研究工作者和教育工作者，要承担起这一使命和责任，就要加强自身的学习。一要联系实践深入学习马克思主义，特别是中国化的马克思主义；二要以开阔的世界眼光研究人类文明的经验特别是近现代世界历史的经验；三要以务实的态度探讨我国改革和发展面临的挑战和问题，寻找破解这些问题的钥匙和办法；四要以反省的精神思考我们理论工作者自身的不足和局限，培育尊重规律、尊重实践、尊重人民的科学精神和人文精神，以马克思主义的自信完成中国特色社会主义的使命。

（作者单位：中共中央党校）

专题一 当代中国的主题和中国特色社会主义的基本问题

关于中国特色社会主义道路的历史、理论与理念定位

薛广洲

近年来关于中国道路和中国特色社会主义道路的议论成为中国和世界共同关注的热点话题。中国道路，从宏观的视角看，就是中华民族振兴的道路，就是实现现代化的道路，就是中国特色社会主义道路。因而，要真正理解中国道路，就必须深刻认识中国特色社会主义道路。本文试图从历史、理论和理念三个方面，探讨中国特色社会主义道路的定位，以利于深入解读中国道路的未来走向。

一 中国特色社会主义道路的历史定位

所谓中国特色社会主义道路的历史定位，是指其所界定的历史时空，即存在于历史的长度。可以从三个方面来释义。

第一，相对于现阶段我国所处的社会主义初级阶段

中国特色社会主义提出的历史基础是社会主义初级阶段。这一时期，中国社会处于由农业国向工业国迈进的阶段，经济处于向工业化、现代化的发展期。

从近期看，中国特色社会主义道路是基于中国的基本国情，即人口多底子薄而提出来的。尽管从新中国刚成立时的一穷二白经过三十年的社会主义建设奋斗，建立了一个相对完整的工业体系和国民经济体系，又经过三十多年的改革开放，全面进入小康社会建设的阶段，但毕竟中国是一个人口大国，也是一个资源分布、经济基础、发展程度极不平衡的大国，人均国民生产总值和国内生产总值在国际上依然处于排名较后的位置。因而，现代化是中国社会主义初级阶段的基本任务，而要实现中国社会的现代化只有坚持走中国特色社会主义的道路。

新中国成立之时，面临的首要任务就是要彻底"摆脱落后挨打"的历史。如何摆脱？实现现代化是必然的选择。社会主义初级阶段的基本任务就是实现现代化。因为要满足人民群众日益增长的物质文化需要，必须创造更多的社会物质和文化产品，但在相对落后的社会生产状况下要满足这种需求，将会是一个极其艰巨的任务，也是需要较长的历史阶段的。

正是因为实现现代化是初级阶段的基本历史任务，因而，实现现代化之时即是初级阶段的结束之时。而当社会主义初级阶段终结之时，是否还提中国特色社会主义道路呢？

第二，相对于共产主义的世界性和社会主义的一般特征

今天的社会主义国家是处在与资本主义共存的社会阶段。因而，每一个社会主义国家都有自己的特殊性，理所应当都具有社会主义发展的不同模式和道路。

从长期看，自马克思恩格斯创立科学社会主义以来，国际共产主义运动经历了多次曲折，从而表明社会主义要取代资本主义将是一个相当长的过程，其间将可能出现多次反复。因此，在一个相当长的历史时期，将是社会主义与资本主义相互较量、激烈交锋、此消彼长的过程，在这个历史时期，社会主义与资本主义将会有一个共存的阶段。在这样一个历史阶段中，各国的社会主义也将是一个依据本国的基本国情而进行的历史过程，中国特色社会主义道路也将是一个更长的过程。

第三，相对于最终奋斗目标即共产主义来讲，也就是作为共产主义初级阶段的社会主义

从远期看，共产主义是人类社会的理想社会形态，是共产党人奋斗的最终目标。在马克思那里，共产主义将是一个生产力极大发展，物质产品极大丰富，人民生活水平极大提高，消灭剥削、消除私有制和两极分化，阶级、国家消失，最终达到人的自由而全面发展的美好社会。马克思认为，共产主义之前的人类社会只是人的童年，只有共产主义才开始了真正的人的生存。要实现共产主义，需要一个相当长的历史阶段，而社会主义只是共产主义的第一阶段，或叫初级阶段，也称为共产主义的低级阶段。

社会主义是共产主义的初级阶段或第一阶段。从社会发展的形态来看，社会主义是处于资本主义之后的大的社会发展形态，是高于资本主义的社会形态。因此，即便我们已经成功地实现现代化，甚至进入了经济政治文化各个方面都高于资本主义的社会主义之后，仍然处于共产主义社会形态的初级阶段。

从以上三个方面来看，中国特色社会主义的历史定位具有三种可能性，或者说，具有三个相互联系的历史联承。

中国特色社会主义的起点就是新中国的诞生，到社会主义改造的完成，我国的基本政治制度已经确立了，而这个基本政治制度是符合中国特色的。因而，中国特色社会主义的历程就不能限于改革的完成或者是现代化完成之时。这就是说，如果只是认为中国特色社会主义道路是基于社会主义初级阶段的基本国情，而初级阶段的基本任务仅限于现代化的实现，那么现代化的实现之时，即为社会主义初级阶段的结束，则中国特色社会主义道路也即完成，显然不能涵盖中国特色社会主义的全部意义和任务。应该说，中国特色社会主义的历程将要长得多。

二 中国特色社会主义道路的理论定位

什么是中国特色社会主义道路？通常的说法，中国特色社会主义道路是中国共产党对现阶段纲领的概括。具体地说，中国特色社会主义道路，就是在中国共产党领导下，立足基本国情，以经济建设为中心，坚持四项基本原则，坚持改革开放，解放和发展社会生产力，建设社会主义市场经济、社会主义民主政治、社会主义先进文化、社会主义和谐社会、社会主义生态文明，促进人的全面发展，逐步实现全体人民的共同富裕，建设富强民主文明和谐的社会主义现代化国家。

然而，对于究竟什么是中国特色社会主义的本质内涵依然是人们所关注的。中国特色社会主义的社会主义原则体现在哪里？中国特色社会主义的中国特色又应该怎样理解？

中国特色社会主义道路的基本特征，就是既有中国特色又有社会主义的基本原则，就其理论定位来说，就是马克思主义的基本原理与中国的革命、建设和改革的实际相结合。

因而，要把握中国特色社会主义的理论定位，需要注意两点。

第一，中国特色社会主义乃是科学社会主义。科学社会主义的基本原则，一是公有制占主体地位，二是按劳分配是最基本的分配形式，三是共同富裕。前提就是要极大地高于资本主义地解放和发展生产力。

所谓公有制，即生产资料的全社会所有。我国的公有制还不能够达到全社会的生产资料归全社会所有。我国在改革开放之前，公有制的比重虽然已占绝对分量，随着改革开放的深入，公有制的比重逐年下降。随着非公经济的数量、就业人数、GDP和资产总量渐次超过公有制经济，于是关于公有制主体地位的认定成为人们关注的焦点。我国理论界有观点认为，现阶段我国处于社会主义初级阶段，因而公有制经济的主体地位主要体现为：一方面公有资产在社会总资产中占优势；另一方面国有经济控制国民经济命脉，对经济发展起主导作用。而国有经济在国民经济中的主导作用主要体现在控制力上：第一，对关系国民经济的重要行业和关键领域，国有经济占支配地位；第二，国有经济要提高自己的整体质量和竞争力，引导和影响其他所有制经济的发展，并在国内外竞争中不断强大。

所谓按劳分配，其本义是，从生产力发展的现实状况出发，鼓励一切有劳动能力的人都尽其所能地为社会劳动，在社会总产品作出各种必要的扣除后，按每个劳动者向社会提供劳动的数量和质量分配个人消费品，多劳多得，不劳不得。社会主义的"各尽所能，按劳分配"是社会主义制度下分配个人消费品的基本原则，也是社会主义的基本标准之一。按劳分配原则作为社会主义的基本标准，其前提则是建立在生产资料社会主义公有制的基础之上的。随着社会主义市场经济的不断发展，逐步推行了按劳分配与按生产要素分配并行的分配机制。这一变革既基于我国的基本国情，也基于市场经济的逻辑。当然，也存在着对于按劳分配原则作为社会主义的基本标准的合理解读。

所谓共同富裕，是全体人民通过辛勤劳动和相互帮助最终达到丰衣足食的生活水平，也就是消除两极分化和贫穷基础上的普遍富裕。共同富裕是社会主义的本质规定和奋斗目标，也是我国社会主义的根本原则。但是由于中国人多地广，生产力发展极不平衡，因而，共同富裕并不是同时富裕，而应该是普遍富裕基础上的差别富裕，是物质生活和精神生活的全面富裕，是部分到整体的逐步富裕，是一部分人一部分地区先富起来，先富的帮助后富的，逐步实现共同富裕。当然，在实现共同富裕的过程中分配中，既要反对平均主义，又要防止收入差距悬殊。今天中国社会出现的较为严重的收入分配差距，凸显全社会对共同富裕这一社会主义根本原则的高度关注。

在中国特色社会主义道路的建设过程中，我们党始终坚持科学社会主义的基本原则，并向人民承诺，在不断地解放和发展生产力的基础上，消灭剥削、消除两极分化、实现共同富裕。尽管存在着各种现实的历史的主客观原因，但现实中呈现出来的公有制比重不断缩小、分配要素逐渐增加、收入差距日益拉大的现象，还是引起人们对于何为社会主义？中国特色社会主义的社会主义在何处的追问？无疑，这是需要我们给予高度关注的。

第二，中国特色社会主义具有中国特色。中国特色是指符合中国的实际。而中国实际不仅包括中国生产力的发展水平，而且包括中国政治、经济、文化等在内的发展状况和现实，即中国的全部国情。

首先，中国是一个大国，是一个地广人多的国家，地广人多表现出来的丰富多样性，也呈现出差别性和不平衡性。中国又是一个文化传统大国，数千年的传统既有着极其坚韧的自主传承力，也有着容纳百川、消解异质的气度。同时，由于长达数千年的封建社会的超稳定性，使得中国在近代落后于西方国家的资本主义进程。以封建落后的东方农业大国面对科技与资本结合的西方工业帝国，失败是必然的结局。在向西方学习的过程中，先学先进的物质技术、后学典章制度、再学思想文化，只为摆脱落后挨打局面。虽有囫囵吞枣、照抄照搬，但也从未因噎废食，只为中华民族的复兴。

其次，中国在历经旧民主主义革命和新民主主义革命后，建立中华人民共和国，实现了民族解放和民族独立。又历经改革开放前后两个30年的社会主义建设，基本完成了从农业国到工业国的迈进，并开始了全面小康社会的建设历程，实现了民族经济的腾飞。中国共产党是在马克思主义传入中国并与五四运动中第一次作为独立的政治力量登上历史舞台的无产阶级相结合而成立的，她在90余年的奋斗中，既取得了伟大的成就，也出现过严重的曲折失误，但都在20世纪的中国历史和世界历史上写下了辉煌的篇章，即实实在在地书写了中华民族的复兴与振兴的历史。从而，马克思列宁主义，毛泽东思想，中国特色社会主义理论，以及社会主义的革命、改造和建设实践的历史，都构成了现实中国的既有国情。

最后，在经历了民族解放和民族独立奋斗百余年、经历了民族经济腾飞和人民幸福奋斗60余年的中国人民，也同样经历了脱胎换骨式的变革。自鸦片战争中国人民遭受三座大山的奴役开始，历经一百余年，新中国的成立，使得中国人民从奴隶变为主人。人民当家作主，是地位和身份的翻天覆地的变化，也是数千年来人类社会历史和人类生存方式的变化。就中国革命本身的过程而言，是一个经历了长期的反复的革命与反革命的斗争的过程，但就从奴隶向主人的转换来说，又是急剧的瞬间。在这样的瞬间里，中国人民也同样经历着自我意识和自我认同的转化。面对剧烈变动的世界，传统与现代、奴隶与主人、农民与公民、宗法与法制等的对抗与共存，必然出现前进与倒退、进步与反动、革命与复辟、回归与叛离的冲突与纠结。这就是现实的中国人的思想和精神状态，也是现实中国的国情之一。

因此，要建设中国特色社会主义，马克思主义的科学社会主义原则如何适应现实的中国国情，或者说，在特殊的中国国情下如何发展马克思主义，如何运用马克思主义于中华民族复兴的伟大实践，也或者说，马克思主义如何在中国特色社会主义的现实实践中实现其中国化，是中国人民和中国共产党在今天以及未来很长一个历史时期需要面对的历史性课题。可以说，完成这样一个历史任务，唯一的做法，就是坚持马克思主义基本原理与中国具体实际相结合。这一"相结合"的原则，既是毛泽东思想的基本特征，也是中国特色社会主义道路的理论定位。

三　中国特色社会主义道路的理念定位

理念是信仰和理论，但更为确切地说，理念是事物认知的原初和复归，是思想理论学术的根源，是所有政策路线的依据。深度地理解中国特色社会主义道路，不仅要从已经走过的六十年出发，而且要从未来的中国特色社会主义道路如何走出发。

党的十八大提出，改革开放新的总目标是完善和发展中国特色社会主义，实现社会主义现代化。党的十八届三中全会进一步明确提出，改革开放的总目标是完善和发展中国特色社会主义制度，推进国家治理体系和治理能力的现代化。可以说，改革开放是实现中国现代化的必由之路，现代化是中国特色社会主义的首要目标。

三十多年的改革开放，一方面取得了巨大成就，另一方面又累积了一些深层次的矛盾。所以，党的十八届三中全会提出改革进入攻坚期和深水区。攻坚期的"坚"，坚在何处？深水区的"深"，又深到哪里？所谓"坚"，实际上就是改革最艰难、最关键的环节，也是最为根本的目标和任务。会不会攻而不克？"深水区"是最为严峻的区域，会不会涉深而溺？我们不能过于乐观。现在，改革所面临的最大难题是什么？如何克服经济下行和物价上涨的并存压力？此外，还包括诸如收入分配机制的不平衡，社会资源享有的不平衡，以及一些人把打破企业的垄断主要定位在国有企业，等等。

目前，人们更多地是认为改革的阻力主要来自既得利益集团。其实，这都需要作具体分析。

改革之初，改革的对象是当时的利益格局，而非利益集团。因为，当时主要是针对生产力发展的障碍来讲的。这个障碍主要是生产力的结构问题。生产力快速发展，但是生产力的效率不高。效率不高的原因在于机制对生产的促进乏力，最根本的是人们在解决生存问题之后的需求不断提升。而这种需求的提升是由社会不同群体的地位所决定的。因而，要求机制必须覆盖各个社会阶层，必须调动全体人民的积极性。这是改革开放之初所面对的改革对象。

今天所要针对的主要是改革开放的过程中成长起来的利益集团。享有优势地位的利益集团，在短时间内集聚了巨额财富，所暴露出来的问题已到了令人发指、触目惊心的地步。党的十八大后，反贪腐、抓老虎、打苍蝇、清四风、立八项，彰显了新一届中央从严治党、深化改革的决心。

今天改革遇到的问题还有两个重要特征。

一是关于社会主要矛盾的认识。究竟什么是社会的主要矛盾？"四个全面"是针对矛盾提出的措施还是矛盾本身？党的八大提出了社会主义社会的主要矛盾，即人民群众日益增长的物质文化需求和相对落后的社会生产之间的矛盾。党的十二大重新恢复了党的八大关于主要矛盾的提法。这个矛盾是整个社会主义初级阶段的主要矛盾。但是，这个主要矛盾在不同的时期表现形式是不同的。目前这种表现形式已突出地表现为对社会资源分配的极端不平衡。现实生活中出现的各种矛盾和不稳定因素都可以从这个矛盾中找到根源。社会资源分配的不平衡不仅仅指社会资源，还包括政治资源、文化资源等各个领域的资源。

二是关于社会发展的主要难题和症结的认识。这个难题和症结，主要是经济发展的方式和产业结构的调整问题。经济发展方式有一种通俗的说法，即"做大蛋糕"与"分好蛋糕"的孰先孰后或同时的争论。理论上的争论尚无定论，但新一届中央已经明确了在新的历史条件下，坚持维护公平正义是中国特色社会主义的内在要求，坚持走共同富裕道路是中国特色社会主义的根本原则。而产业结构的调整，不仅涉及三个产业的比重，而且涉及发展的目的和理念。不同的理念必然对产业的调整与发展有不同的思路。

在社会全面转型的过程中，中国的马克思主义做出了怎样的贡献呢？毫无疑问，在这一转变中需要中国的马克思主义提供理论的支撑。让中国思想界津津乐道的是真理标准的大讨论。然而，三十多年所呈现出来的轨迹不由得引起我们去设问，三十多年的改革开放和中国特色社会主义道路的探索所依据的理论的哲学基础究竟是什么？

理解这个设问，一个基本的要求，就是改革开放以来所有的路线方针政策出台，所遵循的主线的根本理念。有两个起因：一是由拨乱反正所引发的对个人、个体、主体的人的尊严的高度关注，尊重人、尊重人的个性成为一时风尚；二是由小岗村开启的经济体制改革并推动全方位的社会改革，从而确立经济体制改革的目标即社会主义市场经济体制，以及政治体制改革的目标即党的领导下的民主与法治。

就哲学理念来说，改革开放以来的一切路线方针政策所遵循的主线的根本理念是什么呢？

经济体制是从家庭联产承包责任制，到城市工厂企业承包责任制，到国有企业的改制，到混合所有制的改制，所遵循的基本逻辑就是产权不断地明晰化，乃至具体到人格化。政治体制的改革则存在着从民主与自由，到尊重个性，到以人为本，到以个体为本，再到完全自由的个体。其遵循的基本逻辑就是个性的解放。

中国改革从已经走过和现在正在走的路来看，就是解决政府权力的放与收的关系问题。有人认为，现在的问题是政府太强，社会太弱，所以要有一个弱政府和强社会。它所遵循的逻辑就是"大社会"与"小政府"。

改革开放之初，采用了打破既有法律的范式。一方面这是改革的必然之举，但另一方面却存在着诱发极端化发展的变量。经济体制改革极端化的推演就是走向私有制。思想领域解放的极端化的推演就是全面地释放个性，并追求对一切的自我决定权。政治体制改革的极端化就是全面实现新自由主义的资本主义，而国家治理改革的极端化就是把政府与社会的关系定位在由强变弱的轨道，而弱政府与强社会的推演就是要打破一切权威，包括打破中共的权威。

中国马克思主义研究对于中国社会主义道路的走向应该怎么看？是论证了这样一个实践的历史走向，即启迪了走向个性、个体本位的合理必然性？还是在打破中央权威、打破集体、社会的权威当中，寄望于个性的张扬和个人权利的获得？如果不是，那就要求中国的马克思主义者对此作出切合实际的理论解说。否则，那便反映了中国马克思主义理论界与现实中国道路发展的渐行渐远。

那么，这种以全面释放个性、追求对一切的自我决定权是否能无限地扩大呢？它一定是有限制性的。如何限制？用什么限制？限制到何种程度？都要有一个度的问题。

因而，以个体为本还是以社会为本，以及如何把握两者的节点，是当前中国马克思主义亟须解决的重大现实课题和理论课题。

21世纪的生产力已经到达新的社会整合的阶段。由于生产力的发展使得人类生存所需要的生活必需品得以基本满足，吃穿住行的规模化和集成化成为整个社会生产结构和经济结构转型的动力和标志。在这个前提下，人们的需求日益个性化，从而使生产的个性化成为主要的形式。个性的生产满足了人们的个性化需求，似乎使得社会结构和经济关系的碎片化和私有化成为一种可能。市场经济激活了人们致富的热情，但失控的资本却催化了社会主义社会解构的可能。

以社会为本还是以个体为本？以公有制为本还是以私有制为本？乃是探索中国特色社会主义道路的截然不同的两个理念，也是我们今天思考中国特色社会主义道路的一个基本量器。

社会主义社会走向何处？中国特色社会主义的特色何在？社会主义如何定位？社会主义与市场经济如何结合？中华民族的生存走向是什么？什么是中华民族的伟大复兴？中华文明与西方文明的交汇会形成什么样的文明？这是当前中国马克思主义思想界所需要回答的问题。只有正确地回答了这些，才能使中国的马克思主义得到发展。马克思主义应该认清中国社会走向，重新为国家、民族和全社会建构起中国所需要的价值体系。

（作者单位：中共中央党校教授）

中国特色社会主义理论的哲学基础

刘毅强

"任何真正的哲学都是自己时代精神的精华。"① 中国改革开放 30 多年的实践是在中国特色社会主义理论的指导下展开的，其中充满了唯物辩证法的睿智。

一 中国特色社会主义理论体系形成和发展受益于哲学思维的"三个优先"

（一）实践理念优先

实践观点是马克思主义认识论的首要的基本观点。1845 年春，马克思写了《关于费尔巴哈提纲》（恩格斯评价为无产阶级世界观天才萌芽的第一个文件），在文中马克思通过实践概念完成了对黑格尔、费尔巴哈的批判和超越，故马克思主义哲学又称为"实践唯物主义"。历史有着非常惊人的相似之处，1978 年 5 月 11 日，《光明日报》刊登题为《实践是检验真理的唯一标准》的特约评论员文章。文章论述了马克思列宁主义的实践第一的观点，明确地指出任何理论（包括"最高指示"）都要接受实践的考验。马克思主义的理论并不是一堆僵死不变的教条，它要在实践中不断增加新的内容。这篇文章引发了关于实践是检验真理的唯一标准问题的讨论，当时党内高层有人对讨论加以压制，而邓小平、陈云、胡耀邦等多数同志给予积极支持，讨论在全国逐步开展。从 6 月到 11 月，中央党政军各部门、全国绝大多数省、自治区、直辖市和大军区的主要负责同志都发表文章或讲话，一致认为，坚持实践是检验真理的唯一标准这一马克思主义的原则，具有重大的现实意义。这一讨论为党的十一届三中全会的召开

---

① 《马克思恩格斯全集》第 1 卷，人民出版社 2008 年版，第 121 页。

准备了思想条件。1978年11月10日开始的中央工作会议，真理标准问题成为一个热点。二百多与会者结合实际，阐明了实践是检验真理的唯一标准观点的正确性和重要性，指名道姓地批评了"两个凡是"的错误。与会者以实践为标准，议论了"文化大革命"及此前发生的一些重大案件，议论了一些领导人的功过是非。在与会者讨论的基础上，党中央为"天安门反革命事件"平反，撤销了中央关于批邓的文件，提出为彭德怀、陶铸等同志平反。这次会议解决了许多有关党和国家命运的重大问题。邓小平在中央工作会议结束时发表了《解放思想，实事求是，团结一致向前看》重要讲话。他指出，真理标准问题讨论，是个思想路线问题，是个政治问题，是个关系到党和国家的前途和命运的问题；"一个党，一个国家，一个民族，如果一切从本本出发，思想僵化，迷信盛行，那它就不能前进，它的生机就停止了，就要亡党亡国。"邓小平的讲话，是对这个讨论所作的最好的总结。随后召开党的十一届三中全会，提出全党工作重心由阶级斗争转向经济建设，标志着真理标准问题讨论取得了成功。

"实践是检验真理的唯一标准"，是新时期哲学领域的第一声呐喊。这一口号的提出，并不是单纯地向毛泽东不容置疑的权威提出挑战，而是为新的探索扫平道路。随着"实践是检验真理的唯一标准"这一观念权威性的确立，无数冤假错案得以纠正，一批批的农民分到了土地，自农村起步的改革开始了，人们不再把发家致富当作一种罪恶，越来越多的新生事物让国人眼界应接不暇，当然更重要的是中国人从此踏上了务实的道路。实践理念在中国改革开放中具备两点特定含义：（1）实践探索。"改革是一场试验"，"是一个伟大的试验"；"从世界考察角度讲，也是一个大试验"，是探索"一条新路"、"一条好路"的试验；"没有一点闯的精神，没有一点'冒'的精神，没有一股气呀、劲呀，就走不出一条好路，走不出一条新路，就干不出新的事业。"[①]（2）实践标准。一个政策、一项措施，一个决策，判断它们是不是实事求是，是否正确，我们拿什么作标准，用什么去衡量它们呢？标准只有一个，那就是实践。"实践是检验真理的唯一标准"，成为了改革开放30多年来哲学领域中最响亮、最具关键意义的口号；可谓一句口号，使中国发生了翻天覆地的变化，改变了当代中国人的全部生活。

[①]《邓小平文选》第3卷，人民出版社1993年版，第372页。

（二）特殊性理念优先

对立统一规律是辩证法的实质和核心，特殊性观点体现马克思主义辩证法和矛盾观的精髓。毛泽东反对教条主义的杀手锏就是分析矛盾的特殊性，他不仅分析了矛盾的特殊性，而且建立了一个分析矛盾特殊性的逻辑结构。毛泽东运用这个逻辑结构剖析了中国半殖民地半封建社会的特殊性，使中国革命走出了与俄国革命相反的道路：以农村包围城市，最后夺取全国胜利。在改革开放之初，邓小平告诫全党："过去搞民主革命，要适合中国情况，走毛泽东同志开辟的农村包围城市的道路；现在搞建设，也要适合中国情况，走出一条中国式的现代化的道路。"①

什么是中国搞现代化建设的特殊性？（1）特殊性即具体国情。现代中国的国情，就是正处于社会主义初级阶段。党的十三大报告指出："我国社会主义的初级阶段，是一个什么样的历史阶段呢？它不是泛指任何国家进入社会主义都会经历的起始阶段，而是特指我国在生产力落后、商品经济不发达条件下建设社会主义必然要经历的特定阶段。"从时间上来看，"我国从五十年代生产资料私有制的社会主义改造基本完成，到社会主义现代化的基本实现，至少需要上百年时间，都属于社会主义初级阶段"。漫长的社会主义初级阶段的基本特征有两点：一是人口多、底子薄，地区发展不平衡，生产力不发达的状况没有根本改变；二是社会主义制度还不完善，社会主义市场经济体制还不成熟，社会主义民主法制还不够健全，封建主义、资本主义腐朽思想和小生产习惯势力在社会上还有广泛影响。经过30多年的改革开放，我国的经济建设和社会发展已取得了巨大成就，胜利地实现了现代化建设的前两步战略目标，生产力水平上了一个大台阶，商品短缺状况基本结束，市场供求关系发生了重大变化，即将进入全面建设小康社会。对此，党的十八大报告再次提醒全党：我国仍处于并将长期处于社会主义初级阶段的基本国情没有变，人民日益增长的物质文化需要同落后的社会生产之间的矛盾这一社会主要矛盾没有变，我国是世界最大发展中国家的国际地位没有变。（2）特殊性决定走自己的路。走自己的路，就是敢于走前人没有走过的路。走自己的路与坚持和发展马克思主义并不相悖，对马克思主义经典作家的论述，我们应该作具体的分析：一是有些论述是针对特定的历史条件和具体情况而言的，面对着当今变化了

---

① 《邓小平文选》第2卷，人民出版社1994年版，第163页。

的现实，其论断已不适用了，需要后人加以修正；二是有些论述特别是对未来社会发展的论述，只是作了一般原则上的说明，没有也不可能对细节作详细的描写，这需要后人加以完善和发展；三是随着社会的发展，出现了许多新情况、新问题，这些马克思主义经典作家没有论述，后人只能运用马克思主义的立场、观点、方法加以探索，作出新的概括。1992 年 10 月，在邓小平南方谈话直接影响下的党的十四大宣布：中国经济体制改革的目标是"建立社会主义市场经济体制"。它表明，从 1848 年马克思写下《共产党宣言》开始，经过了马克思主义诞生百年的风风雨雨、经过了中国社会主义数十年的曲折实践和改革开放十几年的惶惑与争论，中国共产党终于彻底摆脱了计划与市场属于社会根本制度范畴的思想束缚，找到了具有中国特色的经济体制改革的目标模式。这是人类经济发展史上一种全新的目标模式，教科书没有记载，经典作家没有论述，它突破了马克思主义诞生百年以来人们思考的"禁区"。中国特色社会主义道路使我们党和老百姓懂得：贫穷不是社会主义，发展太慢也不是社会主义；平均主义不是社会主义，两极分化也不是社会主义；僵化封闭不能发展社会主义，照搬外国也不能发展社会主义；不解放思想搞不成社会主义，超越社会主义初级阶段也搞不成社会主义；没有民主就没有社会主义，没有法制也没有社会主义；不重视物质文明搞不好社会主义，不重视精神文明也搞不好社会主义。只有社会主义能够救中国，中国必须坚持社会主义基本制度。

（三）和谐理念优先

我国的改革开放实质上是一场利益格局的调整。随着改革的深入，经济快速发展自然会引起社会矛盾的"时空压缩"。它涉及土地征用的移民安置、国企改制的工人再就业、高等院校的学生就业；等等，而且利益调整失衡必然会引发社会的仇富、仇官心态，造成某些社会群体的无直接利益冲突闹事。邓小平晚年多次谈到，中国发展起来后的问题要比不发展时的问题更多，矛盾更尖锐更复杂。2006 年 10 月 11 日，党的十六届六中全会及时作出《中共中央关于构建社会主义和谐社会若干重大问题的决定》（以下简称《决定》），《决定》认为目前社会"存在不少影响社会和谐的矛盾和问题"，解决这些矛盾和问题在于"构建社会主义和谐社会"。社会主义和谐社会的要求是："民主法治、公平正义、诚信友爱、充满活力、安定有序、人与自然和谐相处。"其核心是推动社会建设、经济建设、政治建设和文化建设协调发展，走共同富裕道路。《决定》关于"社会和谐是中国特色社会主义的本质属性，是国家富强、民族振兴、人民幸福的重要保证"的重要论断构成了中国特色社会主义哲学基础的重要内容，"和谐"是在党关于社会主义初级阶段基本路线中提出把国家建设成"富强、民主、文明"三项任务的基础上添加的新内容，使其更加完整和全面，也深化了我们党对中国特色社会主义发展规律的认识，同时也使得执政党的使命和任务更加具体和明确。

"和"的思想在中国传统文化中博大精深，古人云："以和为贵"、"和而不同"、"和则两利"、"和实生物"。马克思主义哲学不仅指出事物的对立，也强调事物的统一，对立统一则体现出大千世界的和谐与美好。和谐思想和唯物辩证法在构建"和谐社会"中具有一致性：（1）矛盾辩证法是建构和谐社会的科学方法论。我们党不回避现实社会中存在着明显的矛盾、冲突和危机，如果不能正确处理社会矛盾，不能化解冲突和危机，就会严重影响社会发展；但建构和谐社会不能靠讲和气，讲不争，讲忍让来实现，而是靠实事求是地揭露矛盾、正确地分析和解决矛盾，实质上"构建社会主义和谐社会是一个不断化解社会矛盾的持续过程"。（2）世界多样性（和谐性）也是事物发展的动力。在"左"倾思想占主导地位的年代，人们习惯把"斗争性"当成事物发展的唯一动力，事实上"世界是丰富多彩的。各国文明的多样性，是人类社会的基本特征，也是人类文明进步的动力"。[①] 世界上多种社会制度、多种文明和谐共存，决定了当今世界将会出现"双赢"、"共赢"的局面。（3）社会主义社会的基本矛盾具有"和谐性"。社会主义社会基本矛盾的基本适合是主要方面，是构建和谐社会的基础；不适合是次要的，需要通过改革来"自我完善"。不适合的焦点是劳动和资本的矛盾、社会主义上层建筑和经济基础的矛盾；尤其体制方面的不适应比较突出，比如，部分国有企业的行业垄断，政府机构庞大臃肿和职能缺失，现行福利和分配制度缺陷和不公，等等。建构和谐社会的难点在于对"效率和公平"之间的动态把握，重点在于正确处理新时期人民内部矛盾，这种矛盾是非对抗性的，不能激化，只能化解，要讲究艺术性和策略性。

---

① 《江泽民文选》第3卷，人民出版社2006年版，第523页。

二 中国特色社会主义理论体系的形成和发展贯穿"三点方法论"

(一) 解放思想论

解放思想、实事求是是我们党的思想路线;尤其是解放思想,是发展中国特色社会主义的一大法宝。邓小平说:"我们讲解放思想,是指在马克思主义指导下打破习惯势力和主观偏见的束缚,研究新情况,解决新问题。"[①] "解放思想,就是使思想和实际相符合,使主观和客观相符合,就是实事求是。今后,在一切工作中,要真正坚持实事求是,就必须解放思想。认为解放思想已经到头了,甚至过头了,显然是不对的。"[②] 从1978年算起,伴随我国改革开放与现代化建设事业走过30多年历程的是四次史无前例的思想解放。第一次思想解放("实践是检验真理唯一标准"大讨论、党的十一届三中全会)冲破"两个凡是"的束缚,打破个人崇拜,实现党的工作重心转轨;第二次思想解放(邓小平南方谈话、党的十四大)冲破姓"社"姓"资"的束缚,打破计划经济崇拜,促进中国改革开放再上台阶;第三次思想解放(江泽民5·29讲话、党的十五大)冲破的是姓"公"姓"私"的束缚,打破所有制问题上的公有崇拜,推动社会主义市场经济体制创新;第四次思想解放(2003年胡锦涛在党的十六届三中全会上的讲话)冲破的是"见物不见人"的束缚,打破对GDP的崇拜,中国开始走上科学发展的轨道。这四次思想大解放都起到拨乱反正的作用,使得干部群众打破了精神枷锁,带来思想上的飞跃,促进了生产力大发展。都成为我国改革开放中具有里程碑意义的事件。

解放思想的过程,就是总结经验的过程,就是不断修正错误的过程,就是思想创新开拓新局面的过程。党的十七大提出"继续解放思想",它体现出在新形势新任务下对全党的新要求。第一,我们要继续从我党历史中长期"左"和右的错误思想的禁锢中解放出来,尤其是"左"的观念。第二,我们要继续从经典作家的个别结论和一些所谓"传统正确认识"中解放出来,尤其要防止新时期的教条主义。第三,我们继续从传统的社会主义模式中和对"民主社会主义"的模糊认识中解放出来,抵制抛弃社会主义基本制度的错误主张,坚定继续走中国特色社会主义道路的信念。第

[①] 《邓小平文选》第2卷,人民出版社1994年版,第279页。

[②] 同上书,第364页。

四，我们要继续从改革开放中凡事必问姓"资"姓"社"、姓"公"姓"私"的思维定势中解放出来，着眼于对新情况新问题的研究和解决。归根到底，"继续解放思想"的关键是要推进观念的变革，对于什么是社会主义？什么是社会主义市场经济？什么是好的执政党？什么是好的所有制？什么是中国所需要的发展？都要根据改革的社会实践重新研究，"不断推进马克思主义中国化，坚持并丰富党的基本理论、基本路线、基本纲领、基本经验"。① 为改革开放提供更多体现时代性、把握规律性、富于创造性的理论指导，不断开辟了马克思主义新境界。

（二）生产力论

生产力观点是唯物史观最基本的观点。借鉴我们党在生产力问题上所走过的弯路，坚持生产力观点就是毫不动摇地坚持党在社会主义初级阶段的基本路线（一个中心、两个基本点）。党的基本路线是兴国、立国、强国的重大法宝，是实现科学发展的政治保证，是党和国家的生命线、人民群众的幸福线。以经济建设为中心是兴国之要，是我们党、我们国家兴旺发达和长治久安的根本要求；四项基本原则是立国之本，是我们党、我们国家生存发展的政治基石；改革开放是强国之路，是我们党、我们国家发展进步的活力源泉。

党的基本路线来之不易。它植根于当代中国社会的主要矛盾，即人民日益增长的物质文化需要同落后的社会生产之间的矛盾，这个主要矛盾贯穿我国社会主义初级阶段的整个过程和社会生活的各个方面。坚持党的基本路线的关键是以经济建设为中心，而以"经济建设为中心"的关键就是发展生产力。改革开放30多年来，我们党尊重生产力发展的规律，不断破除姓"社"姓"资"、姓"公"姓"私"等思想束缚，按照"是否有利于发展社会主义社会的生产力，是否有利于增强社会主义国家的综合国力，是否有利于提高人民的生活水平"② 的思路来坚持发展生产力。一是效果论（猫论）。"不管黑猫白猫，抓住老鼠就是好猫"；按照"三个有利于"判断标准，不管采取什么样的手段和形式，只要把生产力搞上去就行。二是信心论（扭论）。发展生产力要坚持不懈（吸取党的八大后对发

---

① 见《党的十七大报告》。
② 《邓小平文选》第3卷，人民出版社1993年版，第372页。

展生产力产生曲折的经验教训），"扭着不放，顽固一点，毫不动摇"。①三是过程论（摸论）。改革开放有风险，必须走一步看一步，及时不断地总结经验，摸着石头过河。"我们现在所干的事业是一项新的事业，马克思没有讲过，我们的前人没有做过，其他社会主义国家也没有干过，所以，没有现成的经验可学。我们只能要在干中学，在实践中摸索。"② 四是勇气论（闯论）。改革开放是一个新生事物，是中国的第二次革命，"改革开放胆子要大一些，敢于试验，不要像小脚女人一样。看准了的，就大胆地试，大胆地闯"。③

（三）人民主体论

人民群众是历史的创造者，是改革开放的主体；改革开放是人民的要求和党的主张的内在统一。共产党的路线就是人民群众的路线。党的群众路线把党的正确主张变为群众的自觉行动，坚持尊重社会发展规律与尊重人民历史主体地位的一致性，坚持为崇高理想奋斗与为最广大人民谋利益的一致性，坚持完成党的各项工作与实现人民利益的一致性。共产党坚持问政于民、问需于民、问计于民；既通过提出和贯彻正确的理论和路线方针政策带领人民前进，又从人民的实践创造和发展要求中获得前进动力。

共产党的利益就是人民群众的利益。邓小平认为，"正确的政治领导的成果，归根结底要表现在社会生产力的发展上，人民物质文化生活的改善上"。④"三个代表"重要思想强调最根本的是"代表最广大人民的根本利益"。党的十七大、十八大都明确提出要"以人为本"、执政为民。但是，在我国经济高速发展过程中却存在着"见物不见人"现象，许多涉及人的发展尤其是民生问题没有解决：一些人把发展片面看作单纯解决经济问题，没有在经济发展的同时，全面解决政治、文化、社会和人的发展问题。一些人忽视社会弱势群体的生存状况，或对群众的基本诉求简单化，做"挤牙膏"式的回应。一些人错误把"以人为本"与深化改革相对立：一是领导与群众的对立，有的领导不关心群众困难和疾苦，认为群众上访是给领导找麻烦，视群众为刁民；二是生命与政绩的对立，有的领导为了出政绩，加官晋爵，漠视群众的宝贵生命；三是人权与资本的对立，有的

---

① 《邓小平文选》第2卷，人民出版社1994年版，第249页。
② 《邓小平文选》第3卷，人民出版社1993年版，第258—259页。
③ 同上书，第372页。
④ 《邓小平文选》第2卷，人民出版社1994年版，第128页。

地方政府强行征地、拆房、为了资本、财政扩张可以不顾一切；四是眼前与未来的对立，有的领导打着为人民服务的旗号，搞短期化行为，搞所谓的"形象工程"、"面子工程"。

改革开放是中国共产党作为执政党引导中华民族走向复兴的伟大事业。胡锦涛在庆祝建党82周年的讲话中指出，"相信谁、依靠谁、为了谁，是否始终站在最广大人民的立场上，是区分唯物史观和唯心史观的分水岭，也是判断马克思主义政党的试金石"。科学发展观的核心"以人为本"赋予了党的群众路线新的时代含义，是我们党的根本宗旨和执政理念的集中新体现。在党的十八大选举产生的新一届中央领导集体与媒体的见面会上，习近平总书记强调，人民对美好生活的向往，就是我们的奋斗目标。我们的党是全心全意为人民服务的政党。每个人的工作时间是有限的，但全心全意为人民服务是无限的。习近平总书记在参观《复兴之路》等多种场合反复讲到，实现全面建成小康社会、建成富强民主文明和谐的社会主义现代化国家的奋斗目标，实现中华民族伟大复兴的"中国梦"，就是要实现国家富强、民族振兴、人民幸福。强调中国梦归根到底是人民的梦，必须紧紧依靠人民来实现，必须不断为人民造福。党的十八届三中全会通过的《中共中央关于全面深化改革若干重大问题的决定》开宗明义：在新的历史起点上，必须锐意推进经济体制、政治体制、文化体制、社会体制、生态文明体制和党的建设制度改革；全面深化改革，就是要以促进社会公平正义、增进人民福祉为出发点和落脚点；全面深化改革的总目标，就是要让发展成果更多更公平惠及全体人民。可以说，"中国梦"就是人民群众的梦，是我们党的"立党为公、执政为民"执政理念的集中新体现：一是"中国梦"坚持发展为了人民，就是要把实现好、维护好、发展好最广大人民的根本利益，要把人民拥护不拥护、赞成不赞成、高兴不高兴、答应不答应作为制定各项方针政策的出发点和落脚点，坚持把人民利益作为衡量一切决策和工作的标准，把发展的目的真正落实到满足人民需要、实现人民利益、提高人民生活水平上。二是"中国梦"坚持发展依靠人民，就是要尊重人民主体地位，发挥人民首创精神，密切联系群众，始终相信群众，紧紧依靠群众，最充分地调动人民群众的积极性、主动性、创造性，最大限度地集中全社会全民族的智慧和力量，最广泛地动员和组织亿万群众投身中国特色社会主义伟大事业。三是"中国梦"强调坚持发展成果由人民共享，就是要走共同富裕道路，把改革发展取得的各方面成果，体现在不断提高人民的生活质量和健康水平上，体现在不断提高人民的思想道德素质和科学文化素质上，体现在充分保障人民享有的经济、政治、文化、生态、社会等各方面权益上，让发展成果惠及广大人民群众。

（作者单位：中共中央党校哲学教研部）

论中国特色社会主义的理论逻辑和历史逻辑

李振宇

一 "逻辑"问题的提出

中国特色社会主义是党和人民长期实践取得的根本成就。习近平总书记指出:"中国特色社会主义,是科学社会主义理论逻辑和中国社会发展历史逻辑的辩证统一,是根植于中国大地、反映中国人民意愿、适应中国和时代发展进步要求的科学社会主义,是全面建成小康社会、加快推进社会主义现代化、实现中华民族伟大复兴的必由之路。"这就是说,中国特色社会主义包含两个内在逻辑,这两个逻辑是我们深化对中国特色社会主义认识的提升点。

中国特色社会主义的"理论逻辑",即是指中国特色社会主义与马克思开创的科学社会主义的逻辑联系。科学社会主义从理论到实践、从一国实践到多国实践、历经高潮与低潮的历史过程表明:建设社会主义没有也不可能有适合各国情况的统一模式,必须把科学社会主义基本原则同各国实际和时代发展进步要求相结合,通过改革,建设有本国特色的社会主义。改革是社会主义的希望所在和内在动力。1890年8月,恩格斯给德国社会活动家奥托·伯尼克的信中指出:"我认为,所谓'社会主义社会'不是一种一成不变的东西,而应当和任何其他社会制度一样,把它看成是经常变化和改革的社会。"[①] 列宁是社会主义改革的先驱,实施的新经济政策,开社会主义改革之先河。1921年,列宁发现俄国十月革命胜利后战时共产主义的余粮收集制不能再适用于社会主义建设的需要,及时提出了的新经济政策以及新政治政策和新文化政策。列宁的改革使社会主义苏联稳

---

① 《马克思恩格斯全集》第37卷,人民出版社1971年版,第443页。

住了阵脚，巩固了社会主义阵地。中国特色社会主义，就是在中国共产党领导下，立足基本国情，以经济建设为中心，坚持四项基本原则，坚持改革开放，解放和发展社会生产力，巩固和完善社会主义制度，建设社会主义市场经济、社会主义民主政治、社会主义先进文化、社会主义和谐社会，建设富强民主文明和谐的社会主义现代化国家。是中国共产党人带领中国人民在改革开放中，以科学社会主义为指南、立足中国国情进行的伟大创造。

中国特色社会主义的"历史逻辑"即是指中国特色社会主义与中国的历史现实的内在的逻辑联系。恩格斯说："历史事件似乎总的说来同样是由偶然性支配着的。但是，在表面上是偶然性在起作用的地方，这种偶然性始终是受内部的隐藏着规律支配的，而问题只是在于发现这些规律。"①"中国梦"是习近平总书记在参观《复兴之路》陈列展时首次提出："现在，大家都在讨论中国梦，我以为，实现中华民族伟大复兴，就是中华民族近代以来最伟大的梦想。""中国梦"表达了新一届中央领导集体执政的新思维、新理念。"中国梦"寄托着无数仁人志士、革命先辈的理想和夙愿，记载着中国的辉煌历史，百年屈辱，独立解放，改革开放，表达了今日中国人的共同心声和愿景。"中国梦"归根到底是人民的梦。国家富强、民族振兴、人民幸福是"中国梦"的内涵和本质属性。

中国特色社会主义是党的最高纲领和基本纲领的统一。中国特色社会主义的基本纲领，概言之，就是建立富强民主文明和谐的社会主义现代化国家。中国特色社会主义现阶段目标和实现共产主义长远目标以及"两个一百年"目标有内在联系。中国梦的提出，把实现中华民族伟大复兴与"两个一百年"奋斗目标有机衔接了起来。中国特色社会主义道路的选择来之不易，它是在中华人民共和国成立60多年持续探索尤其是改革开放30多年的伟大实践中走出来的，是在对近代以来170多年中华民族发展历程的深刻总结和中华民族五千年悠久文明的传承中走出来的，具有深厚的历史渊源和广泛的现实基础。中国梦的提出，是中国共产党在新的历史条件下对奋斗目标理论的重要发展，揭示了中华民族的历史命运和中国未来发展走向的内在联系，是中国特色社会主义理论的丰富和发展。有梦想就有希望，有信念就有力量。实现中国梦的根本途径是中国特色社会主义，

---

① 《马克思恩格斯选集》第4卷，人民出版社1995年版，第247页。

只有社会主义能够救中国，只有中国特色社会主义才能发展中国，这就是中国社会发展的历史逻辑。

二　中国特色社会主义在改革开放中产生发展

改革开放是中国特色社会主义形成的实践基础。1978 年，党的十一届三中全会以来，以邓小平同志为核心的党的第二代中央领导集体坚持解放思想、实事求是，开启了我国改革开放的新时期，明确提出走自己的路、建设中国特色社会主义重大论断，正确指出了我国所处的发展阶段、主要矛盾、根本任务、发展动力，科学制定了我国现代化发展战略，第一次比较系统地回答了中国如何建设中国特色社会主义的一系列基本问题，成功开创了中国特色社会主义。以江泽民同志为核心的党的第三代中央领导集体带领全党全国各族人民坚持党的基本理论、基本路线，继续推进改革开放，确立了社会主义市场经济体制的改革目标和基本框架，开创全面开放新格局，推进党的建设新的伟大工程，成功把中国特色社会主义推向 21 世纪。新世纪新阶段，党中央抓住重要战略机遇期，在全面建设小康社会进程中推进实践创新、理论创新、制度创新，形成了科学发展观重要思想，成功在新的历史起点上坚持和发展了中国特色社会主义。在改革开放 30 多年来的伟大实践中，我们党成功开辟了中国特色社会主义道路，形成了中国特色社会主义理论体系，确立了中国特色社会主义制度，坚定而自信地在中国人民和世界人民面前举起了中国特色社会主义伟大旗帜。实践已经证明，没有改革开放，就不可能有中国特色社会主义。

坚持和发展中国特色社会主义仍然需要改革开放。党的十八大以来，习近平总书记反复强调，要坚定不移深化改革开放，改革开放只有进行时没有完成时。改革开放是坚持和发展中国特色社会主义的活力之源、动力之源。改革开放是我党历史上一次伟大觉醒，是决定当代中国命运的关键一招，也是决定实现"两个一百年"奋斗目标、实现中华民族伟大复兴的关键一招。

改革开放是中国特色社会主义的基本内涵。中国特色社会主义是在新时期形成和发展起来的，而新时期鲜明的特点是改革开放。改革开放不仅是动力、手段、途径，而且已经成为中国特色社会主义道路、理论体系、制度的有机组成部分。在中国特色社会主义道路的内涵中，没有改革开放就没有"一个中心、两个基本点"这个党在社会主义初级阶段基本路线，就不能够解放和发展社会生产力。建设社会主义市场经济、社会主义民主政治、社会主义先进文化、社会主义和谐社会、社会主义生态文明,这本身就是"破"与"立"的改革。促进人的全面发展,逐步实现全体人民共同富裕,建设富强民主文明和谐的社会主义现代化国家,这个宏伟目标既体现了改革开放的精神,也只有经过坚持不懈地改革开放才能实现。在中国特色社会主义理论体系的三大成果中,处处都闪耀着改革开放的光辉思想。邓小平同志被尊称为我国改革开放的总设计师,中国改革开放的伟大事业,是以邓小平同志为核心的党的第二代领导集体带领全党全国各族人民开创的;以江泽民同志为核心的党的第三代领导集体,不断深化改革、扩大开放,引领改革开放的航船沿着正确的方向破浪前进;以胡锦涛同志为总书记的党中央,发扬求真务实、开拓进取精神,在全面建设小康社会实践中坚定不移地把改革开放伟大事业继续推向前进。关于改革开放的紧迫性、改革开放的性质、改革开放的内容、改革开放的重点、改革开放的步骤与方法等重要思想,都是邓小平理论、"三个代表"重要思想、科学发展观的重要内容。历史和现实告诉我们,没有改革开放,就没有中国特色社会主义;在新的历史条件下夺取中国特色社会主义新胜利,我们面临着一系列突出矛盾和挑战,解决这些方面的矛盾和问题,必须进一步推进改革开放。实践发展永无止境,解放思想永无止境,改革开放也永无止境,停顿和倒退没有出路。改革开放是我们党和人民大踏步赶上时代前进步伐的重要法宝,是坚持和发展中国特色社会主义的必由之路。

三 中国特色社会主义是实现中国梦的必由之路

中国特色社会主义为实现中国梦提供旗帜引领、正确道路、理论指导和制度保障。我们讲中国梦,不是用梦想代替现实,而是用科学和理想说明中国梦,通过中国梦的传播,促进马克思主义和中国特色社会主义的大众化。

首先,中国特色社会主义是实现中国梦的基础。实现中国梦要高举中国特色社会主义这面旗帜。旗帜就是方向。方向错了,必然招致失败。在中国建设社会主义必定要打上中国的烙印,这是中国特色社会主义的由来。现在不少人抱着这么一种态度,即不管什么主义,只要能快速实现国家富强、民族复兴、人民幸福就行,喊那么多口号有什么用。社会主义这面旗帜是无数先辈用鲜血和生命换来的,今天的中国决不能断送了社会主义，否则，何谈历史责任感？中国特色社会主义是当代中国共产党人继承革命前辈遗志，结合中国实际高举起的一面引领中华民族走向伟大复兴的光辉旗帜，她凝结着由以爱国主义为核心的民族精神和以改革创新为核心的时代精神构成的中国精神，包含着30多年来开拓出的中国道路，逐步建立和完善起来的制度体系以及逐渐形成的科学理论，必须始终高举，不能动摇。

其次，中国特色社会主义道路是实现中国梦的康庄大道。党的十八大报告科学阐述了中国特色社会主义道路。这是一条坚持社会主义方向，立足基本国情，谋求国家富强、民族振兴、人民幸福之路。坚持社会主义方向就是坚持科学社会主义的基本原则，始终发挥中国共产党的领导核心作用，在中国特色社会主义旗帜引领下向前进。立足基本国情就是指想问题、做决策、办事情必须以当前中国的实际情况为总根据，特别注意国情是时刻动态变化着的，要根据国情变化不断提高认识水平和决策水平。这条道路既是30年来实践的总概括，又是今后实践的总原则。我们既要看到原则的坚定性，又要看到具体实践过程中艰巨的探索任务和实现形式的灵活性。因此，在这条道路上实现中国梦。每一个人都有足够大的空间去发挥聪明才智。

再次，中国特色社会主义理论体系为实现中国梦提供科学理论指导。每一个理论的诞生都不是偶然的，都有很强的现实针对性，她最突出的特点就是面对实际发展需要和现实突出问题而提出的，在指导实践过程中得以检验和完善。中国梦是追求国家富强、民族振兴、人民幸福之梦，在逐梦的路上，我们需要科学理论的指导，不至于偏离方向和目标，走了弯路、错路。中国特色社会主义理论体系分别就什么是社会主义、怎样建设社会主义，建设什么样的党、怎样建设党，实现什么样的发展、怎样发展等新时期中国面临的重大实际问题做出了解答和部署，对当前和今后的发展实践有很强的指导意义。随着实践的不断发展，新情况、新问题将层出不穷，我们需要新的科学理论予以及时地回答和指导，这是我们的一条宝贵经验。

最后，中国特色社会主义制度为实现中国梦提供坚强的制度保障。社会发展必须要有健全的制度做保障。目前，中国特色社会主义制度体系初步建立，保障了中国特色社会主义30年来的快速发展，但是，没有完美的制度体系，只有不断健全和完善的制度体系。她永远是一个动态发展过程，我们的各项制度、体制、机制要与时俱进。这就要求执政者、立法机关、执法机关、司法机关必须审时度势加强制度体系的革新完善，并保证落到实处，切实维护社会公平正义，让广大群众对实现中国梦更有盼头、更有信心，始终充满力量。总之，建设中国特色社会主义，实现中华民族伟大复兴是我们百年来的中国梦，是我们的共同理想。我们要在中国特色社会主义旗帜引领下，坚持科学理论指导，不断完善制度体系，切实加强制度保障，沿着中国特色社会主义道路奋勇前进。

四　用改革开放和中国梦谱写中国特色社会主义新篇章

习近平同志指出："坚持和发展中国特色社会主义是一篇大文章，邓小平同志为它确定了基本思路和基本原则，以江泽民同志为核心的党的第三代中央领导集体、以胡锦涛同志为总书记的党中央在这篇大文章上都写下了精彩的篇章。现在，我们这一代共产党人的任务，就是继续把这篇大文章写下去。"怎样继续写好这篇大文章？在党的十八届一中全会上，习近平同志向全党发出了推进改革开放的号召。习近平认为："中国特色社会主义在改革开放中产生，也必将在改革开放中发展壮大。"他指出，改革开放是我们党的历史上一次伟大觉醒，正是这个伟大觉醒孕育了新时期从理论到实践的伟大创造。没有改革开放，就没有中国的今天，也不会有中国更加美好的未来。英国著名史学家汤因比认为，历史上消亡的文明无一例外的都是由于自身丧失了改革创新的活力而被历史淘汰的，这个观点对我们是一种警示。

坚持和发展中国特色社会主义的逻辑起点就是两个最基本的道理：第一，贫穷不是社会主义。不但国家要富起来，还要让老百姓富起来，人民生活不仅要达到小康，还要全面建成小康社会。第二，我们长期处于社会主义初级阶段。既然是初级阶段就不能搞传统的社会主义。社会主义初级阶段还有一个不可逾越的阶段，就是社会主义市场经济的大发展。这个过程还要持续相当长的时间，相信将来我们探讨的路还是一条通向社会主义的新路，不会再走回头路。长期研究历史的人都有一个体会：历史有惊人的相似之处，但是历史不会重演，更不会走回头路。在这些问题上我们还是要头脑清醒，既防"左"又防右。归到一点，就是中国有一套自身内在的发展逻辑。这套发展逻辑就决定了科学社会主义的东西到了中国以后，必然发展成为现在的中国特色社会主义。这是我们经过了千辛万苦，经过了反反复复不断证明的，这是一个客观的历史规律。这就是习近平同志讲的，中国特色社会主义是社会主义而不是其他什么主义，科学社会主义基本原则不能丢，丢了就不是社会主义。它是科学社会主义的理论逻辑和中国自身发展的逻辑的辩证统一。

坚持和发展中国特色社会主义，是我们党在相当长时期的基本政治纲领，需要在实践中持续不断地探索和开拓。经过新中国成立以来我们党对社会主义建设规律的艰辛探索，特别是经过改革开放30多年的伟大实践，我们对社会主义的认识，对中国特色社会主义规律的把握，已经达到一个前所未有的高度。同时也要看到，我国的社会主义还处在初级阶段，我们还面临很多没弄清楚的问题和待解的难题，对许多重大问题的认识和处理还处在不断深化的过程之中。我们过去取得的实践和理论成果，能够帮助我们更好地面对和解决前进中的问题，但不能成为我们继续前进的包袱。习近平总书记指出：坚持马克思主义，坚持社会主义，一定要有发展的观点。我们的事业越前进、越发展，新情况新问题就会越多，面临的风险和挑战就会越多，面对的不可预料的事情就会越多。我们必须增强忧患意识，做到居安思危。改革是一场伟大的革命，不可能一帆风顺，也不可能一蹴而就。中国的改革已经进入攻坚克难的关键时期，"逆水行舟，不进则退"。要实现中华民族伟大复兴，彰显中华文明、"中国道路"的价值，就必须与时俱进，勇于变革、勇于创新，永不僵化、永不停滞，坚定而清醒地推进改革开放。

中国特色社会主义，承载着几代中国共产党人的理想和探索，寄托着无数仁人志士追求中国繁荣富强的夙愿和期盼，凝聚着千千万万革命先烈的奋斗和牺牲，是近代以来中国社会发展的必然选择。只有社会主义才能救中国，只有中国特色社会主义才能发展中国。今天，中国特色社会主义伟大旗帜由我们这个有着8000多万名党员的世界上最大的共产党高高举起，在我们这个具有五千多年文明历史和13亿多人口的发展中大国高高举起，继续引领中国共产党和中国人民朝着全面建成小康社会的目标、朝着建设富强民主文明和谐的社会主义现代化国家的目标、朝着实现中华民族伟大复兴的中国梦的目标，坚定不移、扎扎实实地不断向前迈进，这是历史赋予我们这一代人的责任和光荣！

（作者单位：中共吉林省委党校政治学教研部）

深刻理解和把握中国特色社会主义理论体系的活的灵魂

姜华有

中国特色社会主义理论体系是由邓小平理论、三个代表重要思想、科学发展观相互联系构成的科学理论体系。这一科学理论体系内容丰富、博大精深。要深刻把握其基本原理，就必须弄清贯穿于其中的活的灵魂。中国特色社会主义理论体系活的灵魂，是贯穿于其中各个组成部分的马克思主义立场、观点和方法。正如胡锦涛指出：坚持中国特色社会主义理论体系，"最重要的是始终坚持贯穿这个科学思想体系的活的灵魂"[1]。中国特色社会主义理论体系是马克思主义中国化的最新成果，深刻理解和把握其"活的灵魂"，是深化认识和深入贯彻落实中国特色社会主义理论体系的迫切要求。

目前国内学术界对于中国特色社会主义理论体系活的灵魂研究，主要有六种观点。第一种观点认为，中国特色社会主义理论体系活的灵魂是实事求是。[2] 实事求是是马克思主义的根本观点，是毛泽东思想的精髓，也是中国特色社会主义理论体系的灵魂。第二种观点认为，由实事求是、群众路线、独立自主三方面构成的毛泽东思想活的灵魂的整体，是中国特色社会主义理论体系的活的灵魂。[3] 因为这些宝贵思想，有许多都是中国特色社会主义理论体系中不可缺少的构成部分。离开这些思想，就不可能有中国特色社会主义理论体系的产生。第三种观点认为，中国特色社会主义

---

[1] 习近平：《深入学习中国特色社会主义理论体系 努力掌握马克思主义立场观点方法》，《求是》2010年第7期。
[2] 黄少琴：《略论中国特色社会主义理论体系精髓》，《广西师范学院学报》2008年第4期。
[3] 田心铭：《关于"中国特色社会主义旗帜"的几点认识》，《军队政工理论研究》2012年第2期。

理论体系活的灵魂是解放思想。①解放思想作为党的思想路线的本质要求，是形成中国特色社会主义理论体系的思想前提，贯穿中国特色社会主义理论体系各个方面，是中国特色社会主义理论体系最鲜明的理论特质。第四种观点认为，中国特色社会主义理论体系活的灵魂是以人为本。②以人为本是邓小平理论的出发点，是三个代表的归宿点，是科学发展观的核心。第五种观点认为中国特色社会主义理论体系活的灵魂是解放思想、改革开放、科学发展和以人为本。其中，解放思想是该理论体系的根本前提，改革开放是该理论体系发展的动力，科学发展是该理论体系的根本指针，以人为本是该理论体系的根本目的。③第六种观点认为中国特色社会主义理论体系活的灵魂是解放思想、实事求是、与时俱进、求真务实。④邓小平理论、三个代表和科学发展观都是在这一灵魂的指导下创立和完善的。以上六种观点归纳起来主要遵循两条路径进行研究：第一、第二种观点实质上是从中国特色社会主义理论体系是对毛泽东思想根本观点的部分或者全部继承视角，探讨其中活的灵魂，缺陷是只看到二者的共同点，忽视了中国特色社会理论体系活的灵魂的与时俱进；第三种至第六种观点是从中国特色社会主义理论体系是对毛泽东思想继承和发展相统一视角，分析其中活的灵魂的。缺陷是这些观点只是部分体现中国特色社会主义理论体系内容上的特点，没有在活的灵魂视域全面展现中国特色社会主义理论体系作为马克思主义中国化最新成果在内容上的理论创新。

作为中国特色社会主义理论体系的活的灵魂，必须具备的基本条件是：其一，必须是贯穿于这个理论体系各部分的最高指导原则。其二，必须是中国特色社会主义理论体系的核心原理和精髓，其他组成部分都是这些原理的展开或具体化。其三，必须是全面集中展现这一理论体系的理论创新，凸显其时代、实践和理论特色。否则将难以理解中国特色社会主义理论体系是马克思主义中国化的最新理论成果。作为马克思主义中国化第

---

① 杨仁忠：《马克思主义中国化研究的深层探讨——第三届"全国马克思主义理论学科博导论坛"综述》，《当代世界与社会主义》2009年第2期。
② 许圣元：《以人为本：中国特色社会主义理论体系的灵魂》，《中共云南省委党校学报》2008年第4期。
③ 刘焕申：《论中国特色社会主义理论体系活的灵魂》，《山东青年政治学院学报》2011年第3期。
④ 孙文山：《论中国特色社会主义理论体系活的灵魂》，《吉林农业科技学院学报》2009年第3期；卢得志：《准确把握科学发展观的精神实质》，《学习时报》2013年1月14日第10版。

二次历史性飞跃的成果是对第一次飞跃成果毛泽东思想的继承和发展。邓小平亲自主持起草的党的十一届六中全会《决议》，科学揭示了毛泽东思想"活的灵魂"：实事求是、群众路线、独立自主，这是毛泽东思想的基本的立场、观点和方法。在改革开放和现代化建设新时期，中国特色社会主义理论体系紧紧抓住这三条，同新的实践相结合，形成了自身活的灵魂：解放思想、与时俱进、求真务实；共同富裕、市场经济、以人为本；改革开放、自主创新、和谐发展。以上中国特色社会主义理论体系活的灵魂，全面集中展现了其作为马克思主义中国化最新成果，与毛泽东思想既一脉相承又与时俱进。

一　解放思想、与时俱进、求真务实

中国特色社会主义理论体系活的灵魂之一是解放思想、与时俱进、求真务实。这是对毛泽东思想活的灵魂实事求是的继承和发展。实事求是是毛泽东思想的精髓。在革命战争时期毛泽东首先确立了实事求是的思想路线，在这一思想路线指引下我们取得了革命和建设的巨大成就。但在探索社会主义建设的过程中，由于坚持以阶级斗争为纲的"左"倾错误路线，背离了实事求是，国家付出了沉重的代价。邓小平在1978年12月党的十一届三中全会的主题报告《解放思想，实事求是，团结一致向前看》中，恢复和发展了党的实事求是的思想路线。邓小平揭示了解放思想与实事求是的辩证统一关系：解放思想是实事求是的前提，实事求是是解放思想的目的。只有解放思想，才能做到实事求是，才能彻底否定以阶级斗争为纲的错误理论和实践，把党和国家工作中心转移到经济建设上来，才能实行改革开放。江泽民指出："坚持党的思想路线，解放思想、实事求是、与时俱进，是我们党坚持先进性和增强创造力的决定性因素。"[①] 在江泽民看来，解放思想是永无止境的过程，推动我们不断解放思想的根源，在于客观世界永无停息的变化发展，因此江泽民揭示了与时俱进是解放思想实事求是的强大动力。胡锦涛在树立和贯彻落实科学发展观的新的历史任务下强调求真务实："树立和落实科学发展观要以求真务实为着力点，用求真

[①] 江泽民：《全面建设小康社会，开创中国特色社会主义事业新局面》，《人民日报》2002年11月7日第1版。

务实的作风落实科学发展观。"①"求真务实，是辩证唯物主义和历史唯物主义一以贯之的科学精神，是我们党的思想路线的核心内容，也是党的优良传统和共产党人应该具备的政治品格。"②这既是对于党的思想路线核心内容的揭示，也是对实事求是思想路线在当代运用中的发展。实事求是，归宿点在"求是"，它侧重认识运动从实践到认识的第一次飞跃，获得"是"，即取得关于事物的规律性认识。求真务实中，落脚点是"务实"，凸显认识运动由认识到实践的第二次飞跃，即认识回到实践中，改造客观世界，并在实践中检验和发展真理。作为落实科学发展观思想路线的求真务实，其中的"实"，一是强调实践、实干，空谈误国、实干兴邦。二是强调重实效、讲实话，反对形式主义，反对虚报数字、政绩造假等弄虚作假损害社会诚信、政府诚信行为。三是强调抓落实。我们经常面临的一个突出问题是，从中央到地方为推进事业发展提出的好思路、好政策、好措施不少，但很多事情往往提出来后，只热闹了一阵，并没有真正落实，也没有达到预期效果。因此习近平总书记指出：关键在于落实。

解放思想、与时俱进、求真务实成为中国特色社会主义理论体系活的灵魂的内在根据在于，三者体现了马克思主义哲学唯物论、辩证法、实践观内在的有机统一；贯穿于中国特色理论体系的始终，是发展中国特色社会主义事业和推动中国特色社会主义理论体系形成和发展的巨大精神动力；是坚持中国特色社会主义理论体系的前提，也为沿着正确的方向实践中国特色社会主义理论体系提供思想路线保障。党的十一届三中全会以来党中央提出的"解放思想是发展中国特色社会主义的一大法宝"、"关键在于落实"、"提高政府执行落实能力"等重要思想，都是三者的具体化或者展开。

二 共同富裕、市场经济、以人为本

中国特色社会主义理论体系活的灵魂之二是：共同富裕、市场经济、以人为本。这是对毛泽东思想活的灵魂群众路线的逻辑发展。历史唯物主义认为，人民群众是历史的创造者。毛泽东根据这一根本观点，总结实践

---

① 胡锦涛：《把科学发展观贯穿于发展全过程》，《人民日报》2004年5月7日第1版。
② 《胡锦涛在中央纪律检查委员会第三次全体会议上的讲话》，《人民日报》2004年1月13日第1版。

结经验，提出了"一切为了群众，一切依靠群众，从群众中来，到群众中去"的群众路线。其中"为了群众""依靠群众"是党的群众路线的核心内容。长期以来在"为了群众"的问题上，我们注重人民群众政治地位的提高，强调人民在政治上翻身得解放、群众的主人翁地位。但在实践中忽视了人民群众的现实利益，特别是经济利益。长期搞计划经济，生产力不发达，人民生活贫穷落后。民生大于天，因此在邓小平看来，"为了群众"首先就要满足人民物质文化生活需要，提高群众生活水平，实现人民群众的共同富裕。邓小平在反思"什么是社会主义、怎样建设社会主义"这个根本问题时，强调最多的是消灭贫穷，大力发展生产力，实现人民的富裕生活。他指出："贫穷不是社会主义，社会主义要消灭贫穷。""文化大革命"搞"贫穷的社会主义"，"结果中国停滞了。这才迫使我们重新考虑问题。考虑的第一条就是要坚持社会主义，而坚持社会主义，首先要摆脱贫穷落后状态，大力发展生产力"。"社会主义最大的优越性是共同富裕。"那么怎样消灭贫穷，实现广大人民群众的共同富裕？也要"依靠群众"，这就必须发展社会主义市场经济。社会主义市场经济就是人民群众为发展主体的经济形式。市场经济的重要特性是经济自主性。经济自主性是以广泛群众性为前提，是建立在充分相信人民智慧和依靠群众参与的社会基础之上的。市场经济自主性体现在市场经济生产分配交换消费各个环节。人们可以自主地进入或者退出各类市场领域。在商品交换中，生产经营者和消费者的买与卖是平等的，人们自主抉择生产什么、经营什么、消费什么。伴随社会主义市场经济体制的建立和完善，人民的潜能和才干将能够得到充分发挥。人民广泛而全面参与市场经济，是市场经济发展的关键。社会主义市场经济是建立在以公有制为主体、多种所有制共同发展的基本经济制度基础上，实行以按劳分配为主体，效率优先、兼顾公平的收入分配制度，适当拉开复杂劳动与简单劳动、脑力劳动和体力劳动、贡献大小在收入上的差距，同时又照顾绝大多数人的利益与需要。这样做，破除了以前搞吃大锅饭平均主义的弊端，让一部分地区一部分人通过诚实劳动先富起来，又能有效地避免两极分化，促进经济波浪式发展，最终实现共同富裕目标。

通过以上可知，依靠群众发展社会主义市场经济是消灭贫穷、实现共同富裕的内在要求和有效途径。我们从1978年以后实际上开启的就是以市场为导向的经济体制改革。1992年邓小平在南方谈话中深刻指出：计划多一点还是市场多一点，不是社会主义与资本主义的本质区别。计划经济不等于社会主义，资本主义也有计划；市场经济不等于资本主义，社会主义也有市场。计划和市场都是经济手段。这一精辟论述，为形成社会主义市场经济理论奠定了坚实的基础。根据邓小平这一思想，1992年江泽民在党的十四大正式把建立社会主义市场经济体制作为我国经济体制改革的目标。社会主义市场经济理论是中国特色社会主义理论体系最核心的原理之一。以市场经济与公有制结合的理论与实践，是邓小平提出的建设有中国特色社会主义最显著的成果。在理论上，社会主义市场经济理论，突破了西方经济学和传统马克思主义所共同秉持的公有制和市场经济二者绝对对立的教条，实现了重大突破；在实践上，我国建立以公有制为主体、多种所有制共同发展的社会主义市场经济，乃是前无古人的制度创新。离开社会主义市场经济理论，中国特色社会主义理论体系就失去与毛泽东思想相比，凸显特色、最具创新意义的公有制与市场经济能够结合的这一根本观点。

市场经济的迅速发展，推动社会的不断前进。但是在发展市场经济过程中也出现了单纯追求GDP，"见物不见人"的物本主义偏差，产生了发展不全面、不平衡、不协调的问题。以胡锦涛为代表的中国共产党人转变发展观念破解发展难题，提出了以人为本的科学发展观。以人为本是党在新时期对群众路线的继承和创新，是推进社会主义市场经济健康发展的保障。以人为本就必须解决以什么人为本和以人的什么为本。在"以什么人为本"的问题上，中央提出"发展依靠人民"。问题是伴随市场经济的发展，传统社会阶级和阶层结构发生了重大变化，由改革前的工人、农民阶级和知识分子阶层即"二阶级一阶层"，分化为众多新的社会阶层，整个社会阶层结构呈现向多元化复杂化方向发展的态势，不同社会阶层的社会地位也发生显著变化。在人民内部，由于利益诉求的差异化等因素影响，客观上也存也在着不同的社会群体。当前的突出问题是，社会中强势群体人数不多，却占有着优势社会资源，而弱势群体尽管人数众多，却只拥有数量和质量都居从属地位的社会资源。根据历史唯物主义关于社会发展的全体成员合力论原理，如果弱势群体产生动力衰退，社会进步也就必然动力缺乏，甚至出现仇富杀富非理性心理，破坏社会稳定。因此"以人为本"，首先要解决是以绝大多数人为本还是以少数人为本的问题。必须是以大多数人为本。因而理性调整少数精英组成的强势群体掌控大量社会资源成为当务之急，必须使社会资源向人数众多的弱势群体倾斜。其次在"以人的什么为本"的问题上，改革开放30多年取得的成就举世瞩目，我们实现了温饱，达到了小康，目前我国大多数人的基本物质生活需要已经满足。伴随群众生活水平的提高，教育、社保、文化、民主、生态等问题，人民的关注度日益提升。这说明人们利益的诉求点已经由先前的经济建设扩展到了文化、社会、政治和生态建设，因而在对"以人的什么为本"问题上的解答，必须根据新形势下、新阶段人民群众需求的全面化、丰富化、差异化，统筹处理、合理协调人们的经济、政治、文化、社会和生态利益，实现社会全面进步和人的全面发展。

共同富裕、市场经济、以人为本成为中国特色社会主义理论体系的活的灵魂内在根据在于，共同富裕反映了社会主义的本质要求；社会主义市场经济理论体现了这个理论体系最具创新的内容；以人为本是马克思主义世界观关于人是社会发展主体、人民群众是历史创造者、实现人的自由全面发展等原理的集中体现，是践行党的宗旨的必然要求，深刻回答了中国特色社会主义建设事业的发展，是为了人民群众和依靠人民群众的问题。中国特色社会主义理论体系中，社会主义根本任务是发展生产力；建立健全社会主义市场经济体制以及与之相适应的社会主义民主政治体制；保障和改善民生；坚持全面协调可持续发展等重要思想，都是三者的运用和具体化。

三 改革开放、自主创新、和谐发展

中国特色社会主义理论体系活的灵魂之三是改革开放、自主创新、和谐发展。这是对毛泽东思想活的灵魂独立自主在新时期的拓展创新。作为毛泽东思想活的灵魂的独立自主，有两层含义，其一是把马克思主义普遍真理与中国国情相结合，反对照搬照抄书本和苏联经验，走"中国特色革命道路"。这是独立自主的关键内容。其二是做好中国的事情必须遵循"自力更生为主，争取外援为辅"的原则。邓小平倡导的改革开放，就是抛弃苏联的社会主义模式，独立自主地探索"中国特色社会主义建设道路"的过程。1978年邓小平领导了真理标准问题的大讨论，实现了党的指导思想的拨乱反正，为改革开放廓清了道路。1982年党的十二大提出要全面开创社会主义现代化建设新局面，此后改革开放逐步全面推进。邓小平深刻阐述了改革开放的性质和重大意义。1985年他指出："改革是中国的

第二次革命。""坚持改革开放是决定中国命运的一招。"1992年进一步阐发了"革命是解放生产力，改革也是解放生产力"的理论意义，并特别强调说："不坚持社会主义，不改革开放，不发展经济，不改善人民生活，只能是死路一条。基本路线要管一百年，动摇不得。"通过改革开放，实现了党的工作重点的转移，极大地解放和发展了社会生产力，冲破了束缚发展的体制障碍，推动了社会主义市场经济体制的初步建立，形成了对外开放的全新格局，开辟了中国特色社会主义的伟大道路。

改革开放实践证明，实行对外开放、推动与世界各国的经济科技的交流与合作、积极引进世界先进技术，是加快我国经济和科学技术发展的有效途径。但最先进的技术、特别是核心技术是买不来的。对外开放以来存在重引进、轻消化，重模仿、轻创新，缺乏自主知识产权，普遍存在有制造、无创新的弊端。江泽民深刻总结对外开放的成就和教训，他在1999年全国技术创新大会讲话时就指出，我们在学习国外先进技术时，当然不能一味依赖外国的现成技术，而必须进行自己的探索和创造。"作为社会主义的大国，在一些战略性、基础性的重大科技项目上，必须依靠自己，必须拥有自主创新能力和自主知识产权。靠别人是靠不住的。一味依赖别人，很难维护国家安全。""要在学习、消化、吸收国外先进技术的同时，加强自主创新，加强人才培育，加强创新基地建设，提高企业创新能力，掌握科技发展的主动权，在更高水平上实现技术发展的跨越"。因此江泽民提出必须大力实施自主创新的国家战略。江泽民的自主创新思想并非仅仅局限于经济和科技领域，而是着眼全局的创新，既有经济基础，又有上层建筑，涉及中国特色社会主义建设的各个方面、各个环节，其内容包括有科技创新和文化创新、理论创新、制度创新等。以江泽民为代表的中国共产党人在全面深入分析当今时代特征、全球化发展现状和我国基本国情的基础上，把自主创新放到民族、国家、政党发展的辩证逻辑中进行战略定位和理论分析，深刻地指出："创新是一个民族的灵魂，是一个国家兴旺发达的不竭动力，是一个政党永葆生机的源泉。"江泽民特别强调，实践基础上的理论创新是社会发展和变革的先导，把理论创新放在整个创新体系的首要位置，提出要以理论创新来推动制度创新、科技创新、文化创新等其他各方面的创新。"三个代表"重要思想就是以江泽民为核心的党的第三代中央领导集体重大的理论创新，是江泽民创新思想的核心。

科学发展观是以胡锦涛为代表的中国共产党人对于马克思主义理论创

新的重大成果。科学发展观的本质在于倡导和谐发展。和谐是和而不同，和谐发展是多样性的发展。和谐是"万物并育不相害，道并行而不相悖"。"万物并育"和"道并行"是"不同"；"不相害"、"不相悖"则是"和"。当前，中国正处于社会主义现代化建设的关键时期，经济体制深刻变革，社会结构深刻变动，利益格局深刻调整，思想观念深刻变化。这种空前的社会变革，给我国发展进步带来巨大活力，也必然带来这样那样的矛盾和问题。如何看待这些矛盾和问题，简单地套用传统的对立思维方式显然不行，必须适应时代发展的需要，以"和而不同"的态度，允许差异性和多样性的经济成分、社会组织形式、文化艺术样式以及生活方式的存在，让一切有利于创造社会财富的资源充分涌流，一切有利于社会发展的创造活动竞相迸发。社会和谐发展要求抛弃社会单一要素的发展，而是社会多要素的整体发展。科学发展观从发展布局上看是五位一体的经济建设、政治建设、文化建设、生态建设的全面发展，这是和谐发展多样性的生动体现。和谐发展是具有协同性的发展。和谐是不同事物之间相辅相成、相反相成、互助合作、互利互惠、互促互补、共同发展的关系。科学发展观根本方法统筹兼顾，就是要实现区域之间、经济和社会、国内发展和对外开放、人与自然等社会系统要素之间协调发展，这是和谐发展协同性的具体展现。和谐是矛盾双方或多方共存与协调的理想状态。人类社会是包含多要素的复杂的巨大系统，其运行取向必须以达成和谐为目标，才能存在和发展下去。这就要求存在与社会巨系统的纷繁复杂的社会矛盾相互协同、功能互补、相互促进。从矛盾共居状态来说，和谐发展其哲学视角是凸显矛盾同一性在事物发展中的巨大作用，强调社会前进是社会系统整体内各部分发展的合力。科学发展观就是和谐思维的结果。实现中国的科学发展，实质就是要推进人与人、人与社会、人与自然的和谐发展。

改革开放、自主创新、和谐发展成为中国特色社会主义理论体系活的灵魂的内在根据在于，它是唯物史观关于社会基本矛盾原理、内外因辩证关系原理、社会和谐是人类理想社会内在规定等原理的生动体现；三者是发展中国特色社会主义事业和推动中国特色社会主义理论体系形成和发展的实践动力；中国特色社会主义的其他部分原理如改革开放是强国之路，走新型工业化道路、走中国特色的农业现代化道路，统筹城乡、区域发展、统筹经济社会发展、统筹人与自然发展，以及走和平发展道路、对内构建社会主义和谐社会、对外推动建设持久和平和共同繁荣的和谐世界等重大战略思想，都是这一活的灵魂展开和具体化。

　　解放思想、与时俱进、求真务实；共同富裕、市场经济、以人为本；改革开放、自主创新、和谐发展，是贯穿于中国特色社会主义理论体系各个组成部分的立场、观点和方法，体现了辩证唯物主义和历史唯物主义的世界观和方法论。三者紧密相联、密不可分，构成中国特色社会主义理论体系的灵魂。

（作者单位：中共安徽省委党校哲学教研部）

深刻理解和不断丰富中国特色
社会主义的特色

吴家华

党的十八大报告提出,"发展中国特色社会主义是一项长期的艰巨的历史任务,必须准备进行具有许多新的历史特点的伟大斗争。我们一定要毫不动摇坚持、与时俱进发展中国特色社会主义,不断丰富中国特色社会主义的实践特色、理论特色、民族特色、时代特色"。

这一论断既是对中国特色社会主义的"特色"的完整的科学概括,又指明了正确理解和坚持发展中国特色社会主义的根本途径和要求。

一 在探索拓宽"中国道路"、总结概括"中国经验"中深刻理解和不断丰富中国特色社会主义的实践特色

中国特色社会主义首先是中国共产党领导中国人民在经济文化落后的东方大国实现社会主义现代化的一场史无前例的伟大实践。"摸着石头过河"、"不管白猫黑猫,捉到老鼠就是好猫"、"不搞争论"、"大胆地试,大胆地闯"等流行经典话语,从一个侧面反映了中国特色社会主义"实践先行、理论殿后"的历史,也是其实践特色的写照。中国特色社会主义的实践特色,突出表现为它开辟了一条崭新的社会主义现代化道路(党的十七大把这条道路概括为:"在中国共产党领导下,立足基本国情,以经济建设为中心,坚持四项基本原则,坚持改革开放,解放和发展社会生产力,巩固和完善社会主义制度,建设社会主义市场经济、社会主义民主政治、社会主义先进文化、社会主义和谐社会,建设富强民主文明和谐的社会主义现代化国家")。现代化运动最早发轫于西方,但西方实现的是资本主义的现代化。第二次世界大战后,现代化运动扩展到亚非拉新独立的发展中国家,但大多数国家的现代化运动并不成功。以东

亚"四小龙"为代表的现代化运动虽然取得了较大成功，创立了发展中国家和地区现代化的东亚模式，但其现代化仍然局限于资本主义制度框架内，且具有严重的依附性。以苏联为代表的东欧国家对社会主义现代化道路进行了艰辛探索，创立了社会主义现代化的苏联模式，然而，东欧剧变、苏联解体表明，它并不是一个成功的模式。因此，在经济文化落后的社会主义国家搞现代化，是一个国际共产主义运动和现代化运动历史上都没有解决的历史课题，既没有现成的理论指导，也没有成熟的经验可利用，完全依靠我们在实践中的独立探索和大胆创新。正是在改革开放的实践探索中，中国经济高速增长，成为世界第二大经济大国；人民物质生活水平快速改善，总体达到小康水平，创造了世界经济奇迹。因此邓小平说："我们改革开放的成功，不是靠本本，而是靠实践，靠实事求是。"现在国内外学者都在谈论"中国故事"，探讨"中国道路"，评论"中国经验"，甚至提出"中国模式"，其最深刻的根源和前提，就是中国特色社会主义实践取得巨大成就。"中国道路"是中国特色社会主义的实践特色的根源，"中国经验"是形成中国特色社会主义的实践特色的直接依据。正是在探索"中国道路"和总结"中国经验"的过程中，中国特色社会主义的实践特色才逐步形成；同样，只有在继续探索拓宽"中国道路"、总结概括"中国经验"过程中，才能深刻理解和不断丰富中国特色社会主义的实践特色。

二 在继承发展科学社会主义、借鉴超越苏联社会主义理论、分析批判各种错误社会思潮中深刻理解和不断丰富中国特色社会主义的理论特色

如果说，在改革开放之初，中国特色社会主义实践还没有理论指导，只能"摸着石头过河"，那么，在创立了邓小平理论以后，中国特色社会主义就有了科学的理论指导；而随着"三个代表"重要思想和科学发展观等重大战略思想的形成，中国特色社会主义更是有了比较系统完整的理论指导，进而从实践形态发展为理论形态——中国特色社会主义理论体系。这个理论体系，系统回答了在中国这样一个十几亿人口的发展中大国建设什么样的社会主义、怎样建设社会主义，建设什么样的党、怎样建设党，实现什么样的发展、怎样发展等一系列重大问题，表现了中国特色社会主义的理论自觉和理论自信，也显示了中国特色社会主义的理论特色。问题是：在新世纪新阶段，如何不断丰富中国特色社会主义的理论特色？笔者

以为，除了推动实践创新基础上的理论创新这个根本途径，还要把中国特色社会主义理论体系置于与苏联社会主义理论的比较中以及对各种错误思潮的分析批判中彰显优势和特色。中国特色社会主义理论体系是科学社会主义基本原理的继承、丰富和发展。改革开放30多年来，我们没有丢弃老祖宗，但又说了老祖宗没有说过的新话，根据中国实际和时代特征成功开辟了中国特色社会主义道路，在实践创新基础上创立了包括邓小平理论、"三个代表"重要思想和科学发展观等重大战略思想在内的中国特色社会主义理论体系，提出了社会主义初级阶段理论、社会主义本质理论、社会主义发展战略理论、以人为本的全面协调可持续的发展观、社会主义市场经济理论、社会主义民主政治理论、社会主义先进文化理论、社会主义和谐社会理论、社会主义生态文明思想以及执政党建设理论等创新理论和思想，构成中国特色社会主义的最显著的理论特色。中国特色社会主义理论体系也是苏联社会主义理论的借鉴和超越。以苏为鉴、超越苏联模式发轫于毛泽东20世纪50年代对中国特色社会主义的理论探索和实践探索，成功于新时期中国特色社会主义理论体系的创立和中国特色社会主义道路的开辟与拓展。如果说，在"建设什么样的社会主义"问题上，中国特色社会主义理论体系与苏联社会主义模式之间更多的是同一；那么，在"怎样建设社会主义"的问题上，中国特色社会主义理论体系与苏联社会主义模式之间更多的是差异：苏联社会主义模式坚持通过生产资料单一公有制基础上的经济集中、政治集权、文化控制来快速实现工业化而建设社会主义；中国特色社会主义理论体系强调通过改革开放和实行生产资料公有制为主体的混合所有制的市场经济、民主政治、先进文化、和谐社会以及生态文明建设来建设社会主义。是正因为有理论上的借鉴，才能在理论认识上少走弯路、少犯错误；又因为有理论上的超越，才具备了苏联社会主义理论所没有的优势和特色。中国特色社会主义理论体系又是在与民主社会主义的交锋斗争中形成和发展的。在思想辩驳中成长，在理论交锋中壮大，在思潮激荡中超越，这是思想理论发展的一般规律，也是马克思主义发展的显著特点，中国特色社会主义理论体系的创立并被确立为党和国家的指导思想的过程也体现了这样的特点。党的十一届三中全会前后关于中国"举什么旗、走什么路"的激烈争论，到今天发展为以"一个中心、两个基本点"为根本内核的中国特色社会主义理论体系与主张"西化"的新自由主义思潮、主张人道主义化的民主社会主义思潮以及否定改革开放"左'的思潮的系统的思想理论论争。继承科学社会主义基本原理基础上的发展创新是深刻理解和不断丰富中国特色社会主义的理论特色的根本途径；在比较中借鉴超越苏联社会主义理论，是深刻理解和彰显中国特色社会主义的理论特色的重要方式；分析批判各种怀疑、否定中国特色社会主义的社会思潮是坚持和丰富中国特色社会主义的理论特色的内在规律。

三　在推进马克思主义中国化中深刻理解和不断丰富中国特色社会主义的民族特色

中国特色社会主义是马克思主义中国化的最新理论成果和实践成果。马克思主义中国化是马克思主义基本原理与中国具体实际相结合，是解决"中国问题"和形成具有"中国的特点"、"中国的特性"、"中国作风"和"中国气派"的中国化马克思主义的过程。中国特色社会主义的民族特色是在马克思主义中国化中生成和发展起来的，因而不能离开马克思主义中国化来谈论中国特色社会主义的民族特色。毛泽东思想及其指导下的新民主主义及其向社会主义过渡的实践和中国特色社会主义理论与实践，是充分显示民族特色的中国化马克思主义的两大理论成果。如果说，马克思恩格斯把社会主义、共产主义事业看作世界历史性事业，看作国际无产阶级联合完成的事业，那么，当代中国共产党领导人首先把中国特色社会主义看作由中国人自己努力完成的建设富强、民主、文明、和谐的社会主义现代化国家的事业，而马克思主义的世界性特征转化为中国人解决中国自己发展问题的"世界眼光"、"世界视野"要求和中国特色社会主义的世界性影响。邓小平在党的十二大上首次提出了"建设有中国特色社会主义"的新命题，这成为贯穿改革开放和社会主义现代化建设整个过程的理论主题和实践主题。他申明在中国搞社会主义，"要有中国特色"。江泽民针对经济全球化、政治多极化、文化多样化快速推进的国际新形势及其对我国发展提出的新机遇和新挑战，强调世界的多样性，强调世界上不可能也不应该只有一种文明、一种社会制度、一种发展模式、一种价值观念，各种不同文明彼此尊重，取长补短，在求同存异中共同发展，造就"国际和谐局面"。胡锦涛依据21世纪世情、国情、党情的新变化，从实现中国科学发展的战略出发，充分继承发扬中国传统文化中"天人合一"、"和为贵"、"正心修身"、"协和万邦"等处理天人关系、人际关系、身心关系、国际关系的理念和要求，提出了极具中国特色的建设"和谐社会"与"和谐世界"的新目标和新任务。这些充分体现中国特色社会主义的民族特色的新理念和新命题，是我们党在改革开放新时期大力推进马克思主义中国化过程中提出来的，因而也只有在进一步推进马克思主义中国化过程中得到丰富和发展。

四 在推进马克思主义时代化中深刻理解和不断丰富中国特色社会主义的时代特色

中国特色社会主义准确把握了和平与发展的时代主题，充分反映了和平、发展、合作、共赢的时代要求，初步回答了发展中国家如何实现和平发展、合作发展、超越发展、可持续发展和以人为中心的发展等时代课题，具有鲜明的时代特色。邓小平最先对时代主题的变化作出新的判断，提出并系统阐述了"和平与发展"的新时代主题观，强调"1978年我们制定一心一意搞建设的方针，就是建立在这样一个判断上的"。江泽民敏锐地观察到20世纪90年代以来时代的新变化及其对党的思想理论的深刻影响，要求我们党"正确把握时代要求"、"始终走在时代前列"，并把与时俱进规定为马克思主义的理论品质，把党的思想路线丰富为解放思想、实事求是、与时俱进的思想路线。胡锦涛根据新世纪新阶段世界发展理论与实践的最新趋势和和平、合作、共赢、和谐的时代要求，提出了以人为本、全面、协调、可持续的科学发展观。党的十七届四中全会进一步提出了"马克思主义时代化"的命题，把实现马克思主义时代化作为推进马克思主义中国化的内在要求。正是因为有了对时代主题和要求的新判断，有了对新时期以来世情、国情、党情的新变化和我国发展出现的新情况、新问题的准确把握，我国才能实现从以阶级斗争为纲到以经济建设为中心的战略重点的转移，才能实现从封闭到全面开放、从停滞到根本改革的转变，开辟和不断拓宽中国特色社会主义道路。新世纪新阶段，正确理解和不断丰富中国特色社会主义的时代特色，需要我们更加深入研究时代性质，更加系统把握时代要求。我们这个时代，概括地说，是经济全球化时代，是资本主义与社会主义并存、竞争并逐步从前者向后者转变的时代，是和平与发展代替战争与革命成为时代主题的时代，是市场经济、民主政治、精神文明、社会和谐越来越成为人类共同诉的时代，是改革创新的时代。时代的性质和要求是坚持和发展中国特色社会主义的时代根据。一切合乎时代性质和要求的,就要坚定不移地坚持;一切不合乎时代性质和要求的,就要坚定不移地废止。只有这样,我们才能正确理解和不断丰富中国特色社会主义的时代特色。

(作者单位:安徽大学马克思主义研究院)

中国特色社会主义的和平属性探源

明庭权

中国特色社会主义是一种主张和平、实行和平、发展和平的社会主义，和平是中国特色社会主义的内在属性。中国特色社会主义内在的和平属性，是由其继承和发展的科学社会主义的和平属性所决定的，并受到中国传统文化、现实国情，以及时代主题的共同影响和制约，换言之，科学社会主义的和平属性、中国传统文化的和平性质以及中国现实国情的和平需求、"和平、发展、合作"时代主题的和平要求构成了中国特色社会主义内在和平属性的源头。

一

中国特色社会主义道路之所以完全正确、之所以能够引领中国发展进步，关键在于我们既坚持了科学社会主义的基本原则，又根据我国实际和时代特征赋予其鲜明的中国特色[①]。科学社会主义是"关于无产阶级解放条件"的学说，它以"人类解放"为主题开始了它的历史进程和思想进程。20世纪一些经济文化相对落后的国家虽然取得了社会主义革命的胜利，但是"无产阶级解放的条件"并不充分。尤其在中国，中国共产党还需要领导人民通过建设、改革、发展继续推进这一历史进程。中国特色社会主义的主题仍然是人类解放。中国特色社会主义理论体系是关于中国各族人民在中国共产党领导下继续创造解放条件的学说；是以解放和发展生产力为基本线索，以人的自由全面发展、人与人的和谐相处、全体人民共同富裕为目标构建的观念形态。

---

① 胡锦涛：《中国共产党第十七次全国代表大会报告》（http：//news.xinhuanet.com/news-center/2007—10/24/content_ 6938568_ 1. htm）。

中国特色社会主义不仅坚持了科学社会主义的基本原则，还根据具体的时空条件继承和发展了科学社会主义的和平属性。马克思、恩格斯是从一般意义上论述科学社会主义和平属性的，他们反对资本主义国家为争夺市场、原料和世界霸权而参与的战争，指出它"无疑会造成相当长期的、没有益处的力量衰竭"。① 恩格斯甚至预见到了20世纪资本主义两次世界大战的破坏力，指出"这会是一场具有空前规模和空前剧烈的世界战争。那时会有800万到1000万的士兵彼此残杀，同时把整个欧洲都吃得干干净净，比任何时候的蝗虫群还要吃得厉害"。② 马克思恩格斯反对战争，主张和平，并将和平作为未来社会主义社会的本质属性之一，即和平一直是马克思主义一个突出的价值取向和思想理论传统。

从根本上说，马克思恩格斯所论述的这种和平属性是由社会主义的经济制度、政治制度和无产阶级世界观决定的。社会主义的经济制度是生产资料社会主义公有制，消灭了剥削制度和剥削阶级，从而消灭了对外侵略扩张的社会阶级根源，奠定了和平对外政策的社会经济基础。社会主义国家政治制度的本质特征是人民当家作主，广大人民享有通过各种形式管理国家的权力。以马列主义武装的工人阶级政党是执政党，党和国家工作人员是社会的公仆，是按照人民的意愿办事的，对人民负责，受人民监督。因此，社会主义国家政权已不像过去剥削阶级国家政权那样，对内压迫人民，对外搞侵略扩张，而是对内为人民服务，对外奉行和平的外交政策，反对帝国主义、霸权主义和殖民主义，维护世界和平。社会主义国家是以无产阶级世界观——马克思主义为指导思想的，不存在对外侵略扩张的思想基础。坚持了科学社会主义基本原则的中国特色社会主义，其公有制为主体的经济制度、人民当家作主的政治制度、与马克思主义一脉相承的科学发展观，消除了对外侵略扩张的社会阶级根源、经济基础和思想基础。因此，从这个角度而言，中国特色社会主义继承了科学社会主义的和平属性。

但是，马克思主义的和平观是建立在共产主义在全世界都取得了胜利的基础上的，而历史的发展却使社会主义首先出现在像中国这样落后的东方国家，这就在世界历史上出现了资本主义与社会主义共存的事实。有鉴于此，社会主义国家的和平也就多了另外一重含义，就是在全世界共产主

---

① 《马克思恩格斯全集》第34卷，人民出版社1972年版，第401页。
② 《马克思恩格斯全集》第21卷，人民出版社1972年版，第401页。

义到来之前,在社会主义与资本主义均无法消灭对方而不得不共存的过渡时代,社会主义国家必须依据变化了的国际局势,学会如何处理与资本主义国家的相互关系问题,于是和平共处五项原则、中国和平崛起论、中国倡导和推进的"和谐世界"理论也就应运而生了。

由此可见,第一,和平是科学社会主义理论体系中的应有之义,是由社会主义国家的经济制度、政治制度和指导思想、价值观念所决定了的,和平是社会主义的内在属性。第二,在社会主义与资本主义共处,资本主义向社会主义过渡的时代,我们还要实事求是地认识到,对资本主义的和平政策,完全是社会主义的现实必要。中国特色社会主义的和平性质就包含了这两层含义。因此,中国特色社会主义不仅继承了科学社会主义的和平属性,而且根据新的时空环境赋予科学社会主义的和平性质以现实意义。

二

各民族国家的现代化过程都会承载着自己的历史文化传统,这种历史文化传统浸润到现代化并融入世界文明的过程,就会极大地影响甚至决定这个民族国家的发展模式和路径的选择。中国特色社会主义,就其主要内容而言,首先是中国共产党人运用马克思主义的世界观和方法论对当代中国现代化进程和社会结构变迁这两个方面进行考察的结果。中国特色社会主义内在的和平属性,就是五千年以来中华民族所传承和尊奉的"和平主义"文化影响下的产物。英国哲学家罗素高度赞赏中华民族"和"的品质,他指出"在中国人所有的道德品质中,我最推崇的是他们平和的气质,这种气质使他们在寻求解决争端时更多地是讲究平等公正,而不是像西方人那样喜欢仰仗实力"。[1] 马克斯·韦伯也说,"中国尽管战事频仍,但进入历史时代后,即逐渐成为和平化的世界帝国"。[2] 美国学者费正清则认为中华民族从来不是一个外向型、扩张型的民族。[3]

中国传统文化虽然学派林立、思想各异,但诸多学派之间却有着一个共同的特点,那就是都有和平、仁爱的思想。儒家创始人孔子把"仁"确

---

[1] 罗素:《罗素文集》,改革出版社1996年版,第50页。
[2] 马克斯·韦伯:《儒教与道教》,江苏人民出版社1997年版,第30页。
[3] 张国:《中国新战略》,华夏出版社1999年版,第35页。

立为最高道德原则，核心是爱人，主张"四海之内皆兄弟也"（《颜渊》）。以仁为出发点，孔子主张无论国家还是个人之间，均应"和为贵"。孟子继承了孔子的仁学思想，提出了"老吾老，以及人之老；幼吾幼，以及人之幼"（《梁惠王上》）的博爱思想。在孔子"仁学"的基础上，孟子进一步提出了"仁政"思想，认为"民贵君轻"，赞扬重视百姓利益、以"仁义"治理天下的"王道"，反对凭借武力、权术统治天下的"霸道"。后儒在孔孟思想的基础上，进一步提出了"修身、齐家、治国、平天下"的思想，其本质就在于通过道德教化（修身）的手段，达到国际和平（"平天下"，即"使天下太平"）的目的。

道家始祖老子则提出了通过谦让达到和平的思想："大邦以下小邦，则取小邦；小邦以下大邦，则取大邦。"（《道德经·第六十一章》）即大国对小国谦让，赢得效果尊重；小国对大国谦下，则取得大国的容让。

"兼相爱"是墨家思想的核心，墨子认为之所以发生诸侯国之间的冲突，原因就在于"诸侯各爱其国，不爱异国，故攻异国以利其国"，"察此何自起，皆起不相爱"（《墨子·兼爱上》），若"视人国若视其国"，则"国与国不相攻"。① 由此，墨子进一步提出了具体的国际关系基本原则："大不攻小也，强不侮弱也，众不贼寡也，诈不欺愚也，贵不傲贱也，富不骄贫也，壮不夺老也。是以天下庶国，莫以水火毒药相害也。"（《墨子·天志下》）国家之间应做到不以大压小，以强凌弱……这样天下的国家，都不用水火毒药兵器互相残害了。可以说中国学者在2000多年前提出的处理国际关系的原则主张，与当今《联合国宪章》的"各会员国主权平等之原则"、"各会员国应以和平方法解决国际争端，避免危及国际和平、安全、及正义"以及"各会员国在国际关系上不得使用威胁和武力"② 等基本原则没有什么本质区别，只是表述上的不同。

不仅儒家、道家、墨家思想充满和平、仁爱的思想，即使是兵家的军事思想同样体现着"爱"。孙子说："上兵伐谋，其次伐交，其次伐兵，……杀士三分之一而城不拔者，此攻之灾也。……故善用兵者，屈人之兵而非战也。"③ 其主要含义是战争以运用谋略和外交手段取胜为上策，

---

① 孙诒让：《墨子闲诂》第四卷，中华书局2001年版，第103、101页。
② 王铁崖：《国际法》，法律出版社1995年版，第51—52页。
③ 陈鼓应：《老子注释及评价》，中华书局2001年版，第324页。

最差的手段是军事进攻以致士兵大量伤亡。这就是"爱"在古代军事思想中的体现。上述中国古代思想可以被看作当代"战争法"中的人道主义原则的思想渊源。

由此可见,中华民族历来就是热爱和平的民族,中国传统文化是一种和平的文化。渴望和平、追求和谐,始终是中国人民的精神特征,而这种精神特征不可避免的渗透浸润,为中国特色社会主义和平属性提供了丰厚肥沃的历史文化土壤。

三

中国的国情是制定一切发展战略的根本依据,也是中国特色社会主义和平属性的决定性因素之一。中国最大的国情就是现在处于并将长期处于社会主义初级阶段,新中国成立以来特别是改革开放以来,我国社会生产力有了巨大发展,综合国力大幅增强,人民生活显著改善,实现了由解决温饱到总体上达到小康的历史性跨越。但是,我国人口多、底子薄,城乡发展和地区发展很不平衡,生产力不发达的状况并没有根本改变。[①] 若要与其他大国相比,中国的实力仍有很大差距。中国的GDP总量虽然连续翻番,2009年国内生产总值达到33.5万亿元,若按美元汇率计算,总量达到4.9092万亿美元,但仍然只相当于美国的1/3;若论人均,只能排在世界第96位,只有世界平均数的1/3,发达国家的1/20,甚至还不及发展中国家的平均水平。而在经济社会发展中,一些矛盾和问题表现得越来越突出,比如经济增长内生动力不足,自主创新能力不强,部分行业产能过剩矛盾突出,结构调整难度加大;就业压力总体上持续增加和结构性用工短缺的矛盾并存;农业稳定发展和农民持续增收的基础不稳固;财政金融领域潜在风险增加;医疗、教育、住房、收入分配、社会管理等方面的突出问题亟待解决。[②] 这一基本国情决定了,推动经济社会发展、不断改善人民生活始终是中国特色社会主义必须完成的中心任务,正如邓小平指出的,"我们搞的是有中国特色的社会主义,是不断发展社会生产力的社会主义,是主张和平的社会主义。只有不断发展社会生产力,国家才能一步

[①] 温家宝:《关于社会主义初级阶段的历史任务和我国对外政策的几个问题》,《人民日报》2007年2月27日。

[②] 温家宝:《2010年政府工作报告》(http://www.china.com.cn/policy/txt/2010—03/15/content_ 19612372_ 3. htm)。

步富强起来,人民生活才能一步步改善。只有争取到和平的环境,才能比较顺利地发展"①。

美国著名的政治学家亨廷顿在他的著作《变动社会中的政治秩序》中有个论断:现代性带来稳定,而现代化却带来不稳定。一个国家或地区一旦迈入现代化轨道,其城乡差距、地区差距、居民收入差距将呈扩大趋势,社会矛盾将会处于频发期和高危期。在此期间,如果这些国家和地区政府应对措施得力,就能够促进经济持续快速发展,并为各类社会矛盾的解决创造条件,实现社会和谐。反之,不仅经济发展徘徊不前,还会带来社会的动荡不安。中国是一个超大型社会,又处于社会主义现代化的过程之中。2003年中国人均GDP刚刚达到1000美元,2009年中国人均GDP达到3715美元,正处于现代化带来的高度阵痛期。在中国现代化转型的过程中,其面临的社会矛盾之多,需要处理的矛盾之复杂是举世无双的,诸如:经济增长的资源环境代价过大;城乡和区域、经济社会发展仍然不平衡;农业稳定发展和农民持续增收难度加大;劳动就业、社会保障、收入分配、教育卫生、居民住房、安全生产、司法和社会治安等方面关系群众切身利益的问题日益增多,部分低收入群众生活比较困难;思想道德建设有待加强;党的执政能力同新形势新任务不完全适应,对改革发展稳定一些重大实际问题的调查研究不够深入;一些基层党组织软弱涣散;少数党员干部作风不正,形式主义、官僚主义问题比较突出,奢侈浪费、消极腐败现象仍然比较严重。我们要高度重视这些矛盾和问题,继续认真加以解决。②

由此可见,在解放和发展生产力,极大地增加全社会的物质财富的同时,还必须逐步实现社会的公平与正义,极大地激发全社会的创造活力和促进社会和谐。无论是经济的持续发展还是社会公平与正义的实现,都必须要有一个和平稳定的国内环境和国际环境作为基本保证。我们无法做到、也不可能做到像西方发达资本主义国家的早期现代化那样,把国家社会的进步,把资本财富的累积建立在对内压榨本国人民,对外剥削其他国家和人民的基础上,甚至不惜发动殖民战争和帝国主义战争。中国的现实

---

① 《邓小平文选》第3卷,人民出版社1993年版,第252、328页。
② 胡锦涛:《中国共产党第十七次全国代表大会报告》(http://news.xinhuanet.com/news-center/2007—10/24/content_ 6938568_ 1. htm)。

国情决定了我们在建设中国特色社会主义过程中,只能对内建设和谐社会,创造安定团结的政治局面以逐步解决中国社会内部的诸多矛盾和问题;对外推进和谐世界建设,在与世界其他国家和地区的平等交往中获取我们所需要的资源、能源,营造我们所必需的国际和平环境。这就是中国现实国情对于中国特色社会主义和平属性的最基本规定。

四

时代主题,就是在一定历史时期内国际社会的主要矛盾和主要问题,它是国际社会的主流,并代表着国际社会的发展趋势。时代主题是从最高层次对国际社会的概括。它是我们制定国家战略,处理国际问题,选择发展道路等的重要依据,也就是说,我们分析问题的思维方式和处理问题的具体方法必须与时代主题相适应,并随之变化而变化。[①] 时代主题的切换,不可避免地影响和制约着中国特色社会主义的和平属性。

20世纪上半叶资本主义世界处于激烈的动荡之中,帝国主义国家为争夺世界霸权,发动了两次世界大战,总体力量大为削弱;同时,战争唤醒了世界进步力量,使得社会主义革命和民族解放运动蓬勃兴起。战争与革命相互交织,构成了那个时代的主题,因而也就形成了两个阵营、两极对立的世界格局。20世纪后期,世界面貌开始发生重大变化,"现在世界上真正大的问题,带全球性的战略问题,一个是和平问题,一个是经济问题或者说发展问题"。[②] 世界上几个真正大的问题、带有全球性的战略问题,逐渐转换为和平问题和发展问题。这两大问题相互交织,构成了当今时代新的主题,即革命与战争已换位于和平与发展。在和平与发展的时空环境下,随着世界政治多极化和经济全球化趋势的深入发展,世界各国的经济利益、安全利益已经紧密地交织在一起,使得国际合作成为国家追求利益时不得不考虑的手段。虽然合作并不否认冲突的存在,也不代表国际合作的充分实现,但在世界多极化和经济全球化的强力作用下,合作已构成世界主题的一个重要组成部分。

时代主题的变迁带来了国际政治领域的一系列变化:求和平、促发展、谋合作成为世界各国人民的共同心愿,并在全世界范围内汇聚为一股

[①] 杨守明:《时代主题的演变与中国的和平发展》,《当代世界与社会主义》2006年第5期。
[②] 《邓小平文选》第3卷,人民出版社1993年版,第105页。

不可阻挡的历史潮流。在战争与革命的年代,靠战争与暴力实现自身的发展和崛起是一种常态,并被国际社会认为是应当的和合法的;然而在和平、发展、合作的时代,这种做法有违世界发展潮流,不仅会付出惨重的代价,更不可能实现发展和崛起的目标。

世界多极化和经济全球化集中体现了"和平、发展、合作"的时代主题。随着世界多极化和经济全球化趋势的深入发展,国与国之间的相互依存不断加深,利益相互交织,出现了你中有我,我中有你,谁也离不开谁的复合相互依存局面。这也使当今世界各国间的合作与竞争呈现出新的特征。各国的发展和世界的发展、各国的发展和其他国家的发展紧密相联,任何一个国家,无论其大小强弱,只有在互利共赢的基础上,积极参与国际经济合作与竞争,才能实现自身的发展和壮大。[①] 因此,世界多极化和经济全球化创造了各个国家在经济上融合和在安全上合作的条件。它不仅不会限制新兴国家的发展空间,反而符合它们的发展利益。中国通过参与经济全球化进程,以正常贸易、吸收投资和对外投资等方式实现自身发展所需要的资金、资源和市场。中国30年改革开放所取得的伟大成就说明了,尽管面临着全球化的巨大挑战并为此付出了昂贵的代价,但是中国主动参与并利用全球化所带来的历史性机遇,使得中国成为了全球化的最大受益者之一,而且向世人展示了中国走和平发展道路的美好前景。

中国特色社会主义的和平属性与新的时代主题和世界潮流是相适应的,并受其影响和制约,这就表现在:新的时代主题和世界潮流决定了中国只能以和平的方式实现发展,新的时代主题和世界潮流也提供给了中国以和平方式实现自身发展的相对有利的外部环境,换言之,中国走和平发展道路是必须的也是可行的。

综上所述,中国特色社会主义具有内在的和平属性,主要源于中国特色社会主义对于科学社会主义和平属性的继承和发展,源于中国五千年和平文化对于中国特色社会主义的渗透浸润,源于中国现实国情对于中国特色社会主义的基本性规定,源于新的时代主题和世界潮流对于中国特色社会主义的影响与制约。

(作者单位:中共武汉市委党校马克思主义基础理论教研部)

[①] 《外交部长杨洁篪称和平发展是中国的战略抉择》(http://www.enorth.com.cn)。

邓小平对中国特色社会主义制度形成的历史贡献

肖 勇

邓小平作为中国共产党第二代领导集体的核心，在总结我国社会主义制度建设经验教训和改革开放实践基础上，为创建中国特色社会主义制度进行了全方位的探索，对中国特色社会主义制度的形成做出了极其重要的历史贡献。加强和深化对邓小平中国特色社会主义制度思想的研究，对于指导当今完善和发展中国特色社会主义制度具有极其重要的理论意义和实践意义。

一 着重阐明中国特色社会主义制度的根本性质

邓小平对中国特色社会主义制度形成的一个重要历史贡献是，提出中国必须坚持社会主义制度，奠定了中国特色社会主义制度形成和发展的根本方向。

改革开放以来，中国要不要、能不能坚持社会主义制度？这是改革开放之后国内外广泛关注的一个重大问题。对此，邓小平把这个问题说得清清楚楚。1985年8月28日与津巴布韦非洲民族联盟主席罗伯特·穆加贝会谈时，邓小平指出："在改革中要坚持社会主义方向，这是一个很重要的问题。我们要实现工业、农业、国防和科技现代化，但在四个现代化前面有'社会主义'四个字，叫'社会主义四个现代化'。"[①] 他始终坚持"我们实行改革开放，这是怎样搞社会主义的问题。作为制度来说，没有社会主义这个前提，改革开放就会走向资本主义"[②]，所以"我们希望永远

---

① 《邓小平年谱（1975—1997）》，中央文献出版社2004年版，第1069页。
② 同上书，第1317页。

保持社会主义制度","我们既不能照搬西方资本主义国家的做法,也不能照搬其他社会主义国家的做法,更不能丢掉我们制度的优越性"。① 这就为中国特色的社会制度确定了根本性质。

中国为什么必须坚持社会主义制度,邓小平也作出了旗帜鲜明地回答。

(一) 只有社会主义才能救中国,只有社会主义才能发展中国

改革开放之初,邓小平就指出:"只有社会主义才能救中国,这是中国人民从'五四运动'到现在六十年来的切身体验中得出的不可动摇的历史结论。"② 他还用近代中国历史论证了他的基本观点。正是因为"这个历史告诉我们,中国走资本主义道路不行,中国除了走社会主义道路没有别的道路可走。一旦中国抛弃社会主义,就要回到半殖民地半封建社会,不要说实现'小康',就连温饱也没有保证"。③ 在1984年6月30日会见日本客人时他又重申:"坚持马克思主义对中国十分重要,坚持社会主义对中国也十分重要。对马克思主义的信仰,是中国革命胜利的一种精神动力。中国搞资本主义不行,必须搞社会主义。"④ 在1989年6月16日同江泽民同志谈"六·四政治风波"时再次指出:"这次发生的事件说明,是否坚持社会主义道路和党的领导是个要害。整个帝国主义西方世界企图使社会主义各国都放弃社会主义道路,最终纳入国际垄断资本的统治,纳入资本主义的轨道。现在我们要顶住这股逆流,旗帜要鲜明。因为如果我们不坚持社会主义,最终发展起来也不过成为一个附庸国,而且就连想要发展起来也不容易。只有社会主义才能救中国,只有社会主义才能发展中国。"⑤

(二) 只有社会主义制度才能消除资本主义的腐败和不公正现象

邓小平认为:"社会主义的经济是以公有制为基础的,生产是为了最大限度地满足人民的物质、文化需要,而不是为了剥削。由于社会主义制度的这些特点,我国人民能有共同的政治经济社会理想,共同的道德标准。以上这些,资本主义社会永远不可能有。资本主义无论如何不能摆脱

---

① 《邓小平年谱(1975—1997)》,中央文献出版社2004年版,第567、1210页。
② 同上书,第502页。
③ 同上。
④ 同上书,第985页。
⑤ 同上书,第1281页。

百万富翁的超级利润，不能摆脱剥削和掠夺，不能摆脱经济危机，不能形成共同的理想和道德，不能避免各种极端严重的犯罪、堕落、绝望。"①"我们为社会主义奋斗，不但是因为社会主义有条件比资本主义更快地发展生产力，而且因为只有社会主义才能消除资本主义和其他剥削制度所必然产生的种种贪婪、腐败和不公正现象。"②

（三）只有社会主义制度才能逐步实现共同富裕

还是在改革开放之初，邓小平就提出："社会主义与资产主义不同的特点就是共同富裕，不搞两极分化。"又说："如果导致两极分化，改革就算失败了。"③ 怎样避免两极分化？邓小平认为："在社会主义制度下，可以让一部分地区先富裕起来，然后带动其他地区共同富裕。在这个过程中，可以避免出现两极分化"，"我们搞的四个现代化，是社会主义的四个现代化。只有社会主义，才能有凝聚力，才能解决大家的困难，才能避免两极分化，逐步实现共同富裕"。④ 所以，邓小平更加强调："社会主义最大的优越性就是共同富裕，这是体现社会主义本质的一个东西。"⑤ 显然，邓小平认为实现共同富裕，必须要靠社会主义制度的保证，资本主义制度下是实现不了共同富裕的。

（四）社会主义制度的优势主要表现为集中力量办大事

"社会主义同资本主义比较，它的优越性就在于能做到全国一盘棋，集中力量，保证重点"，"社会主义国家有个最大的优越性，就是干一件事情，一下决心，一做出决议，就立即执行，不受牵扯"。⑥ 对此，邓小平将其归纳为"我们有很多优越的东西，这是我们制度的优势"。⑦

二 对中国特色社会主义制度的主要内容进行了探索和回答

邓小平对中国特色社会主义制度形成的另一个重要历史贡献是，提出中国特色社会主义制度主要内容，奠定了中国特色社会主义制度的基本框架。

---

① 《邓小平文选》第2卷，人民出版社1994年版，第167页。
② 《邓小平年谱（1975—1997）》，中央文献出版社2004年版，第1079页。
③ 《邓小平文选》第3卷，人民出版社1993年版，第123、139页。
④ 《邓小平年谱（1975—1997）》，中央文献出版社2004年版，第1014、1312页。
⑤ 同上书，第1324页。
⑥ 同上。
⑦ 《邓小平文选》第3卷，人民出版社1993年版，第257页。

一方面，邓小平用科学的态度去对待我国已经形成的社会主义制度。邓小平明确提出："我们好的传统必须保留，但要根据新的情况来确定新的政策。过去行之有效的东西，我们必须坚持，特别是根本制度，社会主义制度，社会主义公有制，那是不能动摇的。"① 那些是我们不能动摇的？邓小平认为：第一，我国的人民代表大会制度必须坚持。邓小平表示："整个制度我们同西方不一样，你们叫议会制，我们是人民代表大会制，这个制度不会改变。"② 第二，中国共产党领导的多党合作制不能改变。"在中国共产党的领导下，实行多党派的合作，这是我国具体历史条件和现实条件所决定的，也是我国政治制度中的一个特点和优点。"③ 而"中国由共产党领导，中国的社会主义现代化建设事业由共产党领导，这个原则是不能动摇的；动摇了中国就要倒退到分裂和混乱，就不可能实现现代化"。④ 坚持党的领导是为了更好地坚持社会主义制度。第三，我国的民族区域自治制度不能动摇。邓小平坚持"解决民族问题，中国采取的是民族区域自治的制度。我们认为这个制度比较好，适合中国的情况"，"我们的民族政策是正确的，是真正的民族平等。我们十分注意照顾少数民族的利益。中国一个很重要的特点就是没有大的民族纠纷"。⑤ 正是保留了我国社会主义建设时期形成的这些好的制度，凸显出中国特色社会主义制度历史逻辑。

另一方面，以此为起点，邓小平用马克思主义者勇气去开辟中国特色社会三义制度的新境界。可以说，正是基于对什么是社会主义的正确理解，邓小平在把社会主义制度与中国具体实际相结合的过程中，既继承前人又突破陈规，从而为中国特色社会主义制度最终形成提供了极为珍贵创新。

比如，邓小平在对社会主义制度建设的历史教训深刻反思中得出："我们是社会主义国家，社会主义制度优越性的根本表现，就是能够允许社会生产力以旧社会所没有的速度迅速发展，使人民不断增长的物质文化生活需要能够逐步得到满足。按照历史唯物主义的观点来讲，正确的政治

---

① 《邓小平文选》第2卷，人民出版社1994年版，第399页。
② 《邓小平年谱（1975—1997）》，中央文献出版社2004年版，第438页。
③ 同上书，第571页。
④ 《邓小平文选》第2卷，人民出版社1994年版，第267页。
⑤ 《邓小平年谱（1975—1997）》，中央文献出版社2004年版，第1210、1322页。

领导的成果,归根到底要表现在社会生产力的发展上,人民物质文化生活的改善上。生产力发展的速度比资本主义慢,那就没有优越性,这是最大的政治,这是社会主义和资本主义谁战胜谁的问题。"① 这明确提出中国特色社会主义制度的首要标准是解放生产力、改善人民生活。

再如,邓小平突破了长期以来认为社会主义制度与市场经济不相容的观念,提出市场经济不能说只是资本主义的,社会主义也可以搞市场经济。在南方谈话中首肯计划和市场都是经济手段,市场经济可以与社会主义制度相结合。这无疑是对社会主义制度的一项伟大创举,大大解放了人们的思想。社会主义市场经济体制的提出,使我们对"中国特色社会主义制度"的理解和认识大大迈进了一步,进而为我国最终确立以公有制为主体、多种所有制共同发展的中国特色社会主义经济制度奠定重要理论支撑。

再比如,两个文明都搞好,才是有中国特色的社会主义制度。邓小平说:"我们要在建设高度物质文明的同时,提高全民族的科学文化水平,发展高尚的丰富多彩的文化生活,建设高度的社会主义精神文明。"② 并称之为"我们的真正优势"。"所谓精神文明,不但是指教育、科学、文化(这是完全必要的),而且是指共产主义的思想、理想、信念、道德、纪律,革命的立场和原则,人与人的同志式关系,等等。"③ 他指出,要团结就要有共同的理想和坚定的信念。没有这样的信念,就没有凝聚力。没有这样的信念,就没有一切。邓小平的南方谈话更是把"两个文明"提高到建设中国特色社会主义制度高度上来认识:"广东二十年赶上亚洲'四小龙',不仅经济要上去,社会秩序、社会风气也要搞好,两个文明建设都要超过他们,这才是有中国特色的社会主义。"④

特别值得一提的是,邓小平在马克思主义发展史上创造性地把"一国两制"纳入中国特色社会主义制度之中。这是邓小平中国特色社会主义制度的神来之笔。邓小平以开拓创新的精神气概面对中国统一问题,坚持奉行和平是"真正社会主义的"重要标志,提出了"一国两制"战略构想。他指出:"我们的社会主义制度是有中国特色的社会主义制度,这个特色,

---

① 《邓小平年谱(1975—1997)》,中央文献出版社2004年版,第380页。
② 同上书,第573页。
③ 同上书,第700页。
④ 同上书,第1344页。

很重要的一个内容就是对香港、澳门、台湾问题的处理,就是'一国两制'。"①这充分体现了中国共产党人对社会主义制度的创造性。

简而言之,邓小平从不同角度阐述了中国特色社会主义制度的根本制度、基本制度和具体制度等方面的内容,为中国特色社会主义制度最终形成奠定了理论指导。

三 提出完善和发展中国特色社会主义制度的路径与标准

邓小平对中国特色社会主义制度形成还有一个重要历史贡献,就是提出完善和发展中国特色社会主义制度的路径和标准,为中国特色社会主义制度的进一步发展指明了前进的方向和拓展的空间。

首先,对中国特色社会主义制度建设的长期性、艰巨性作出了充分考量。由于邓小平认为制度建设带有根本性、全局性,所以,中国特色社会主义制度建设不可能一蹴而就。他指出:"我们搞社会主义才几十年,还处在初级阶段。巩固和发展社会主义制度,还需要一个很长的历史阶段,需要我们几代人、十几代人,甚至几十代人坚持不懈地努力奋斗,决不能掉以轻心。"②尽管"每年领导层都要总结经验,对的就坚持,不对的赶快改,新问题出来抓紧解决。恐怕再有三十年的时间,我们才会在各方面形成一整套更加成熟、更加定型的制度。在这个制度下的方针、政策,也将更加定型化"③。所以,推动中国特色社会主义制度的完善,需要树立长期持久思想。

其次,在考虑和设计中国特色社会主义制度完善和发展的过程中,邓小平诠释了其独特而完整的制度改革理论。(1)虽然经过几十年的发展,我们在制度建设方面取得了重大成绩,但社会主义历史不长,不仅生产力方面,而且在制度方面都有许多问题。如果不坚决改革现行制度中的弊端,过去出现过的一些严重问题今后就有可能重新出现。因此,他指出:"我们的国家已经进入社会主义现代化建设的新时期。我们要在大幅度提高社会生产力的同时,改革和完善社会主义的经济制度和政治制度,发展高度的社会主义民主和完备的社会主义法制。"④特别是要在坚持社会主

---

① 《邓小平年谱(1975—1997)》,中央文献出版社2004年版,第1178页。
② 同上书,第1344页。
③ 同上书,第1341页。
④ 同上书,第573页。

基本制度的前提下,对具体制度进行"第二次革命",从而为实现富强、民主、文明的中国特色社会主义现代化目标不断开辟新的制度平台。(2)明确指出:"改革是社会主义制度的自我完善,在一定的范围内也发生了某种程度的革命性变革。这是一件大事,表明我们已经开始找到了一条建设有中国特色的社会主义的路子。"① 改革当然也包含着制度的创新,总体说来不是对社会主义制度的根本变革,而更多的是对其具体制度的改革,也就是体制改革。(3)在《党和国家领导制度的改革》的讲话中,邓小平提出一个很重要的观点:完善中国特色社会主义制度,要"吸收我们可以从世界各国吸收的进步因素"②。在著名的南方谈话中邓小平也提出:"社会主义要赢得与资本主义相比较的优势,就必须大胆吸收和借鉴人类社会创造的一切文明成果,吸收和借鉴当今世界各国包括资本主义发达国家的一切反映现代社会化生产规律的先进经营方式、管理方法。"③ 唯有如此,我们的制度将一天天完善起来,成为世界上最好的制度。(4)他还特别强调大胆吸收和借鉴人类社会创造的一切文明成果"损害不了"社会主义制度,"现在大量吸收国际先进技术,也利用它们的资金。这没有危险,本身不会损害我们的社会主义制度,只能为我们的社会主义制度服务"。"我们要不断研究新情况、解决新问题、寻找新办法、制定新制度,使整个国家的各种体制越来越完善,保证社会主义现代化建设能够顺利进行。"④

最后,邓小平提出了中国特色社会主义制度完善的"三条检验标准":"改革党和国家领导制度及其他制度,是为了充分发挥社会主义制度的优越性,加速现代化事业的发展。当前和今后一个时期,主要应当努力实现以下三个方面的要求:经济上,迅速发展社会生产力,逐步改善人民的物质文化生活;政治上,充分发扬民主;组织上,大量培养、发现、提拔、使用坚持四项基本原则的、比较年轻的、有专业知识的社会主义现代化建设人才。党和国家的各项制度好不好,完善不完善,必须用是否有利于实现这三条来检验。"⑤

---

① 《邓小平年谱(1975—1997)》,中央文献出版社 2004 年版,第 1343 页。
② 《邓小平文选》第 2 卷,人民出版社 1994 年版,第 337 页。
③ 《邓小平年谱(1975—1997)》,中央文献出版社 2004 年版,第 369 页。
④ 同上书,第 810、1078 页。
⑤ 《邓小平文选》第 3 卷,人民出版社 1993 年版,第 322 页。

总之，邓小平中国特色社会主义制度理论包含着十分丰富的内容，对中国特色社会主义制度形成做出了历史性贡献，也必然成为当今指导我们去完善和发展中国特色社会主义制度的思想指南。

（作者单位：中共成都市委党校马克思主义理论教研部）

论邓小平对中国特色社会主义道路的开创性探索

齐爱兰

习近平总书记在第十二届全国人民代表大会第一次会议上的讲话中说："实现中国梦必须走中国道路。这就是中国特色社会主义道路。这条道路来之不易。"邓小平在领导改革开放和现代化建设的过程中，历尽艰辛，不懈探索，为走出一条中国特色社会主义道路做出了开创性贡献。回顾邓小平为开辟中国特色社会主义道路所做的努力，对于我们坚定中国特色社会主义道路自信，更好地开拓中国特色社会主义的未来具有重要意义。

一 在改革开放实践中澄清思想困惑坚持中国特色社会主义道路

中国为什么要走社会主义道路，为什么必须坚持走中国特色社会主义道路，这是伴随改革开放一直争论不休的重大问题。结束十年"文革"，进入改革开放的新时期，中国到底该走什么路，是继续走计划经济的老路，还是走西方资本主义的路，是效仿欧洲的社会福利模式，还是走台湾依附他国发展之路，多种选择摆在人们面前。邓小平认为，首先必须澄清人们的思想困惑，将人们的认识统一到社会主义的旗帜下。只有大家认识一致了，才能做到步调一致。

（一）中国没有共产党的领导、不搞社会主义是没有前途的

按照邓小平的逻辑思路，他是从否定的方面来阐述我们应该走什么样的路，走什么样的路"没有出路"，哪些路"不能走"。1986年12月30日邓小平同胡耀邦等领导谈话时指出："我们执行对外开放政策，学习外国的技术，利用外资，是为了搞好社会主义建设，而不能离开社会主义道路。我们要发展社会生产力，发展社会主义公有制，增加全民所得。我们允许一些地区、一些人先富起来，是为最终达到共同富裕的，所以要防止

两极分化。这就叫社会主义。中国没有共产党的领导、不搞社会主义是没有前途的。"① 为什么说中国"没有共产党的领导""不搞社会主义"就没有出路,邓小平对此做了详细论证。

离开了党的领导"毫无出路"。搞社会主义现代化建设,必须坚持党的领导。1981年7月18日邓小平会见香港《明报》社长查良镛时指出:"'四个坚持'不搞不行,'四个坚持'的核心是党的领导。中国这样一个国家,人口这么多,底子这样薄,怎样取得革命胜利,怎样把国家建设好,离开了党的领导毫无出路。"② 1993年9月16日同弟弟邓垦谈话时说:"我们在改革开放初期就提出'四个坚持'。没有这'四个坚持',特别是党的领导,什么事情也搞不好,会出问题。"③ 离开党的领导,建设"毫无出路",不要党的领导,中国"没有前途",没有党的领导,发展"会出问题",苏东剧变就是从取消党的领导开始的。只有坚持党的领导,才能保持社会主义建设的正确方向。

不搞社会主义"没有出路"。中国近现代历史充分证明,在中国资本主义道路是行不通的。中国共产党带领人民走上社会主义道路是历史的选择,人民的选择。改革不是要改变社会主义制度本身,而是社会主义制度的自我完善和发展。讲改革,不讲社会主义,就离开了中国的发展道路。1990年7月3日邓小平视察国家奥林匹克体育中心场馆时说:"我们实行改革开放,这是怎样搞社会主义的问题。作为制度来说,没有社会主义这个前提,改革开放就会走向资本主义,比如说两极分化。中国有十一亿人口,如果十分之一富裕,就是一亿多人富裕,相应地有九亿多人摆脱不了贫困,就不能不革命啊!"④ 邓小平认为,一旦中国抛弃了社会主义,就会回到半殖民地半封建社会,不要说实现小康,连温饱也无法保证。因此,中国只能走社会主义道路,不搞社会主义没有出路。

不改革开放"没有出路"。改革开放是坚持中国特色社会主义必须的途径,通过改革去除存在的隐患和弊端,会使中国特色社会主义更加健康、快速地发展。邓小平反复强调:"不搞改革,不坚持开放政策,我们的发展战略目标就不可能实现。这是一个关,这个关必须过。开放政策和

---

① 《邓小平年谱(1975—1997)》,中央文献出版社2004年版,第1161页。
② 同上书,第759页。
③ 同上书,第1363页。
④ 同上书,第1317页。

经济改革是要坚持到底的，不会变化。变，就没有出路了。"① "我们必须走改革这条道路，有问题要及时妥善解决，不能停滞，停滞是没有出路的。"② 邓小平的深刻论述，不仅道出了改革开放的必要性和艰巨性，且对坚持走中国特色社会主义道路做了深刻揭示。

(二) 中国不走社会主义这条路，就没有别的路可走

1985 年 10 月 23 日邓小平会见美国高级企业家代表团时指出："现在看得很清楚，实行对外开放政策，搞计划经济和市场经济相结合，进行一系列的体制改革，这个路子是对的。""更重要的是，搞这些改革，走这样的路，已经给我们带来了可喜的结果。中国不走这条路，就没有别的路可走。只有这条路才是通往富裕和繁荣之路。"③ 综合分析邓小平提出的那些"别的路"，大体包括"死路"、"邪路"、"弯路"、"回头路"和"曲折路"等。

决不能走"死路"。"死路"，即对内僵化、对外封闭之路，是改革开放之前中国所走的路，事实证明这条路是行不通的，是"死路"。改革开放就是要冲出死路，找到活路。邓小平指出："我们的经济改革，概括一点说，就是对内搞活，对外开放。对内搞活经济，是活了社会主义，没有伤害社会主义的本质。"④ 针对一段时间人们不敢深化改革、甚至诋毁改革的严重局面，邓小平在 1992 年南方谈话中指出："要坚持党的十一届三中全会以来的路线、方针、政策，关键是坚持'一个中心、两个基本点'。不坚持社会主义，不改革开放，不发展经济，不改善人民生活，只能是死路一条。基本路线要管一百年，动摇不得。"⑤ "死路"就是不通的路，是没有前途的路，走这条路最后必然落得个头撞南墙、头破血流的下场。因此，坚决不能走死路，必须探索出一条活路来，只有找到了活路，才能"活了社会主义"。

决不能走"邪路"。在邓小平的辞典中，"邪路"一词特指资本主义道路。邓小平多次谈到不能走资本主义的"邪路"问题。1985 年 3 月 7 日在全国科技工作会议的即席讲话中指出："社会主义的目的就是要全国人民

---

① 《邓小平年谱 (1975—1997)》，中央文献出版社 2004 年版，第 1060 页。
② 《邓小平文选》第 3 卷，人民出版社 1993 年版，第 260 页。
③ 《邓小平年谱 (1975—1997)》，中央文献出版社 2004 年版，第 1091 页。
④ 同上书，第 1067 页。
⑤ 《邓小平文选》第 3 卷，人民出版社 1993 年版，第 370—371 页。

共同富裕，不是两极分化。如果我们的政策导致两极分化，我们就失败了；如果产生了什么新的资产阶级，那我们就真是走了邪路了。"① 1985年5月20日会见原台湾大学教授陈鼓应时指出："我们大陆坚持社会主义，不走资本主义的邪路。"②"邪路"就是脱离了正确方向的路，走"邪路"，就不能实现全体人民的共同富裕，就会产生两极分化，我们坚决不能走资本主义邪路。

不能走"弯路"。如果有人明目张胆地主张走资本主义邪路，会比较容易地为人们所识破。但如何做到不走"弯路"，则是需要人们十分警惕的一个问题，因为任何道路都不可能一帆风顺，有一些"弯路"是很正常的，纠正过来就是了。但如果纠正不及时，"弯路"走久了，稍不注意就有可能走上"邪路"。如改革初期注重经济建设忽视精神文明建设的现象。邓小平指出："不要以为有一点精神污染不算什么，值不得大惊小怪。有的现象可能短期内看不出多大坏处。但是如果我们不及时注意和采取坚定的措施加以制止，而任其自由泛滥，就会影响更多的人走上邪路，后果就可能非常严重。"③ 1985年9月23日在中国共产党全国代表会议闭幕会上指出："不加强精神文明建设，物质文明的建设也要受到破坏，走弯路。"④ 1986年6月28日在中共中央政治局常委会上指出："开放、搞活，必然带来一些不好的东西，不对付它，就会走到邪路上去。"⑤ 可见，"弯路"其实也是"邪路"的一种表现形式，无论是弯路还是邪路，都是我们必须坚决抵制的。

不能走"回头路"。由于人们对旧体制的留恋，改革中经常会出现走"回头路"的现象，邓小平对此提出严重警告：坚决不能走回头路。1980年12月25日在中央工作会议上的讲话中指出，改革的步骤需要放慢一点，但不是在方向上有任何改变。"已经从各方面证明行之有效的改革措施要继续实行，不能走回头路。"⑥ 1983年6月18日会见外籍专家时指出："我们现在的路子走对了。我们的政策是不会变的。……如果我们走

---

① 《邓小平年谱（1975—1997）》，中央文献出版社2004年版，第1032页。
② 同上书，第1047页。
③ 《邓小平文选》第3卷，人民出版社1993年版，第45页。
④ 《邓小平年谱（1975—1997）》，中央文献出版社2004年版，第1079页。
⑤ 同上书，第1125页。
⑥ 同上书，第700页。

回头路，只能回到落后、贫困的状态。"① 1989年11月10日会见美国前国务卿亨利·基辛格时说："可以肯定地说，谁要走回头路，谁就要垮台。"② 因为走"回头路"人民不答应，谁走"回头路"谁就会垮台。

尽量避免走"曲折路"和"倒退路"。邓小平认为，在前进的道路上出现一些曲折在所难免，甚至发生某些倒退也有可能，关键是我们应当尽量避免曲折和倒退。1980年1月16日在中共中央召集的干部会议上指出："我们在今后的工作中将力求做得比较正确，或者说力求少犯错误，避免大的曲折，大的错误，有了错误尽快纠正。我完全相信，我们党，我们党的中央，一定能够做到这一步，我们是充满信心的。"③ 1987年10月16日会见德国客人时说："总的形势是好的。至少在本世纪九十年代会像现在一样平稳地、速度不算慢地发展。……我们计划连续几十年的发展，要避免曲折，更要避免倒退。总的是要加快步伐，在加快步伐中，头脑要冷静，步子要稳妥。"④ 在整个现代化历史进程中，力求少犯错误，尽量避免重复"曲折"路，坚决防止走"倒退路"。在中国特色社会主义道路上，既要加快步伐，又要稳住步伐，以实现平稳、适度发展。

二 在中外比较中坚定走中国特色社会主义道路

邓小平一方面注重在我国改革开放的实践中不断排除各种错误思想和观念的干扰，坚定人们走中国特色社会主义道路的决心；另一方面还注重从中外各国和地区的发展实践中总结经验教训作为参照系，把准中国特色社会主义前进的方向，提示我们不能走"苏联的道路"、"欧洲道路"，也不能走"台湾的道路"。

（一）不能走"苏联的道路"

邓小平把"苏联的道路"也称作"苏联模式"，其特点是高度中央集权，包括政治、经济、文化各个方面。邓小平对此进行了深入剖析："我们过去照搬苏联搞社会主义的模式，带来很多问题。我们很早就发现了，但没有解决好。"⑤ "我们过去多年搞的是苏联的方式，这是一种僵化的方

---

① 《邓小平年谱（1975—1997）》，中央文献出版社2004年版，第914页。
② 同上书，第1297页。
③ 《邓小平文选》第3卷，人民出版社1993年版，第272—273页。
④ 《邓小平年谱（1975—1997）》，中央文献出版社2004年版，第1212页。
⑤ 同上书，第1232页。

式,实际上是把整个社会和人民的手脚都捆起来了。"① 历史一再证明,"僵化"和"捆住手脚"必然导致封闭、落后,落后就要挨打。苏联后来的衰落乃至最终解体,都与这种僵化的体制有关。所以,我们不能走"苏联的道路",要走出中国独特的社会主义道路。

(二) 不能走"欧洲道路"

战后欧洲一些国家实行的社会福利政策极大地缓解了社会矛盾,也曾令很多国人羡慕不已。中国能否走"欧洲道路"？1992 年 2 月邓小平视察珠海时说："欧洲发达国家的经验证明,没有家庭不行,家庭是个好东西。都搞集体性质的福利会带来社会问题,比如养老问题,可以让家庭消化。欧洲搞福利社会,由国家、社会承担,现在走不通了。老人多了,人口老化,国家承担不起,社会承担不起,问题就会越来越大。我们还要维持家庭。全国有多少老人,都是靠一家一户养活的。中国文化从孔夫子起,就提倡赡养老人。"② 欧洲的社会福利政策曾被标榜为人类的天堂,邓小平则从家庭养老这个侧面,剖析了欧洲"福利社会"造成的国家和社会的不能承受之重,告诫我们不能走欧洲的道路。

(三) 不能走"台湾道路"

"台湾道路"即经济发展不是建立在自己力量的基础上,而是靠"输血",靠"美援",以至经济命脉被他人控制,成为美国的附庸。1980 年 1 月 16 日邓小平在中共中央召集的干部会议上指出："最近有一位华裔学者说,希望中国无论如何不要走台湾的道路,不要像台湾那样搞现代化,那里的经济实际上是美国控制的经济。"③ 历史充分证明,一个国家的现代化建设,不能指望在西方国家的羽翼下进行,不能受人摆布,要有自己独立的工业体系和国民经济体系,有自己独特的发展道路。这不仅关乎一个国家的经济发展问题,也涉及一个民族的主权和尊严问题。主权和尊严是任何时候都不能丢掉的。

三 要敢闯敢试,坚定地沿着中国特色社会主义道路走到底

走中国特色社会主义道路,是中国人民的理性选择,是中国社会发展

---

① 《邓小平年谱 (1975—1997)》,中央文献出版社 2004 年版,第 1077 页。
② 同上书,第 1338 页。
③ 《邓小平文选》第 2 卷,人民出版社 1994 年版,第 262 页。

的历史选择，也是实现现代化的必然选择。一经选择，我们就要沿着这条道路坚定不移地走下去。但这条路"并不平坦"，会遇到许多"关口"，必须做好充分的过关闯滩的思想准备，勇于战胜各种艰难险阻，披荆斩棘，勇敢向前。

（一）要有一点闯的精神，"冒"的精神，杀出一条血路来

开创中国特色社会主义道路需要一种态度、一种精神、一种方法和英雄气概。邓小平1992年南方谈话指出："改革开放胆子要大一些，敢于试验，不能像小脚女人一样。看准了的，就大胆地试，大胆地闯。深圳的重要经验就是敢闯。没有一点闯的精神，没有一点'冒'的精神，没有一股气呀、劲呀，就走不出一条好路，走不出一条新路，就干不出新的事业。"① 邓小平还反复强调，"办事情要有登山不止的精神"②，要"杀出一条血路来"③。为此，必须牢牢谨记"闯"、"冒"、"试"的"箴言"，只有坚持了它，才能"过关斩将"，才会走出一条"好路"、走出一条"新路"。

"闯"就是要"过关斩将"。1988年5月19日邓小平会见朝鲜同志时说："中国不是有一个'过五关斩六将'的关公的故事吗？我们可能比关公还要过更多的'关'，斩更多的'将'。过一关很不容易，要担很大风险。"④ 开路会有很多障碍，过关要担很大"风险"，邓小平反复强调，改革不容易，积习太深，习惯势力大得很。明确表示反对的人不多，但一遇到实际问题触及一些人的实际利益，赞成的人也会变成反对的人。

"冒"就是要"敢冒风险"。开拓新路意味着对旧路的否定，肯定会遇到各种各样的"拦路虎"，邓小平说："十全十美的方针、十全十美的办法是没有的，面临的都是新事物、新问题，经验靠我们自己创造。……我总是告诉我的同志们不要怕冒风险，胆子还要再大些。如果前怕狼后怕虎，就走不了路。"⑤ 要搬掉"拦路虎"，像武松那样敢于打虎上山。这样，才能开拓出中国特色社会主义大路。

"试"就是要"勇于试验"。邓小平总是鼓励在改革中要敢于试验，大

---

① 《邓小平文选》第3卷，人民出版社1993年版，第372页。
② 《邓小平年谱（1975—1997）》，中央文献出版社2004年版，第652页。
③ 同上书，第510页。
④ 同上书，第1232页。
⑤ 同上书，第1233页。

胆地试，奋力地闯。1991年2月6日视察上海途中，当陪同的朱镕基谈到外滩的一些大楼可以租赁给外资银行，但又有顾虑时，邓小平说："我赞成！你们试一试，什么事情总要有人试第一个，才能开拓新路。试第一个就要准备失败，失败也不要紧。"① 实践出真知，凡事都要"试一试"，这是坚持了辩证唯物主义的实践第一标准。"试一试"需要勇气，可能失败。但只有"试一试"，才能"开拓新路"。敢试"第一个"，当好"带头羊"，这是小平同志对上海人民的希望，也是对整个中华民族的希望。

（二）不断排除各种阻力和干扰，坚定不移走自己的路

把我国建设成为富强民主文明的社会主义现代化强国，是中国共产党人为之不懈奋斗的目标，担子重，责任大，要实现这一目标，必须不断排除来自国内外的各种阻力和干扰，坚定不移走自己的路。

20世纪80年代末中国发生了严重的"政治风波"，在邓小平的支持下，我们党采取果断措施，迅速平息了这场风波。西方对中国横加指责，妄加制裁。对此，邓小平指出："整个帝国主义西方世界企图使社会主义各国都改弃社会主义道路，最终纳入国际垄断资本的统治，纳入资本主义的轨道。现在我们要顶住这股逆流，旗帜要鲜明。因为如果我们不坚持社会主义，最终发展起来也不过成为一个附庸国，而且就连想要发展起来也不容易。"② 1989年11月23日会见坦桑尼亚领导人时指出："西方国家正在打一场没有硝烟的第三次世界大战。所谓没有硝烟，就是要社会主义国家和平演变。"对此，邓小平坚决地说："中国坚持社会主义，不会改变。"什么威胁也吓不倒我们。我们这个党就是在威胁中诞生的，在威胁中奋斗出来的。"只要中国社会主义不倒，社会主义在世界将始终站得住"③。

中国要发展，必须有一个安定团结的政治局面，没有社会安定就走不好路。1987年3月8日邓小平会见坦桑尼亚总统时指出："中国不能乱哄哄的，只有在安定团结的局面下搞建设才有出路。"④ "一切反对、妨碍我们走社会主义道路的东西都要排除，一切导致中国混乱甚至动乱的因素都要排除。"⑤ 1990年12月24日同江泽民等中央领导同志谈话时指出："我

---

① 《邓小平年谱（1975—1997）》，中央文献出版社2004年版，第1326页。
② 同上书，第1281页。
③ 同上书，第1302—1303页。
④ 《邓小平文选》第3卷，人民出版社1993年版，第211—212页。
⑤ 《邓小平年谱（1975—1997）》，中央文献出版社2004年版，第1173页。

不止一次讲过,稳定压倒一切,人民民主专政不能丢。你闹资产阶级自由化,用资产阶级人权、民主那一套来搞动乱,我就坚决制止。无产阶级作为一个新兴的阶级夺取政权,建立社会主义,本身的力量在一个相当长时期内肯定弱于资本主义,不靠专政就抵制不住资本主义的进攻。"[①] 对妨碍我们走社会主义道路的资产阶级自由化的"一切东西"、各种动乱的"一切因素"等,邓小平强调都要排除,"坚决制止"。态度之坚决,口气之强硬,没有任何商量的余地,没有任何妥协的可能,坚持了我们的根本立场。

邓小平深信,中国人民一定会沿着中国特色社会主义道路走到底,因为这是历史大趋势,谁也不能阻挡。今天,在新的中央领导集体的带领下,全国人民万众一心,中国特色社会主义道路将越走越宽广。

(作者单位:中国农业大学思想政治教育学院)

[①] 《邓小平年谱(1975—1997)》,中央文献出版社 2004 年版,第 1324 页。

邓小平领导开创中国特色社会主义道路的认识路线和思想方法
——兼论中国道路的精髓和真谛

包心鉴

邓小平作为 20 世纪引领中国社会变革的三位伟大人物之一，其历史性贡献无疑是多方面的。其中最伟大的贡献，莫过于领导党和人民在改革开放中创造性地开拓了中国特色社会主义道路。道路问题是第一位的问题，也是最根本的问题。道路关乎党的命脉，关乎国家前途、民族命运、人民幸福。正是中国特色社会主义道路的果断选择和不断拓展，给人民带来了福祉，给国家带来了富强，给民族复兴带来了希望。习近平深刻指出："中国发展的实践证明，当年邓小平同志指导我们党作出改革开放的决策是英明的、正确的，邓小平同志不愧为中国改革开放的总设计师，不愧为中国特色社会主义道路的开创者。今后，我们要坚持走这条正确道路，这是强国之路、富民之路。我们不仅要坚定不移走下去，而且要有新举措、上新水平。"[①]

邓小平之所以能领导党和人民卓越地选择和开创中国特色社会主义道路，除了时代的变化、实践的发展、人民的诉求以及党的中央领导集体智慧等客观因素外，他本人所一贯坚持的正确的认识路线和科学的思维方法是至关重要的决定性因素。世界观、认识论、方法论是决定正确路线、方针、政策的基础和关键。列宁曾指出：马克思学说所以正确，所以"完备而严密"，所以"具有无限力量"，就是因为"它给人们提供了决不同任何迷信、任何反动势力、任何为资产阶级压迫所作的辩护妥协的完整的世

---

① 《习近平关于全面深化改革论述摘编》，中央文献出版社 2014 年版，第 2—3 页。

界观"。① 今天我们可以说,邓小平理论所以正确,邓小平所以能领导党和人民既不走封闭僵化的老路,也不走改旗易帜的邪路,而是创造性地开拓出一条具有独特科学内涵和巨大时代价值的中国特色社会主义道路,就是因为邓小平具有决不同任何迷信和偏向作妥协的科学世界观、认识论和方法论。这是邓小平留给我们党的最为珍贵的思想财富。继承、发展邓小平领导开创中国道路的认识路线和思想方法,坚定不移坚持和拓展中国道路,是对邓小平这位世纪伟人最好的纪念。

一 把实践作为逻辑起点,在坚持马克思主义基本原理同中国具体实际相结合中开创中国特色社会主义道路

在中国这样一个经济文化十分落后的国家探索国家富强、民族振兴、人民幸福的道路,是极为艰巨的任务。1840年鸦片战争以来170多年的漫长岁月中,中华民族许多仁人志士和英雄儿女,为寻求一条能够实现民族复兴、国家富强、人民幸福的道路,上下求索,英勇奋斗,付出了沉重的代价,也走了许多弯路。历史反复表明,英美国家现代化道路,在中国走不通;"苏联模式"道路,在中国不管用;民主社会主义道路,在中国不合适。唯有中国共产党领导人民在历史传承的基础上、在改革开放实践中开创的中国特色社会主义道路,才是实现国家富强、民族振兴、人民幸福的光明坦途,才是引领中国进步、增进人民福祉的唯一正确道路。

1982年9月,在党的十二大开幕式上,邓小平明确指出:"把马克思主义的普遍真理同我国的具体实际结合起来,走自己的道路,建设有中国特色的社会主义,这就是我们总结长期历史经验得出的基本结论。"② 这一精辟论述,鲜明体现了马克思主义的认识路线,是我们党选择和开创中国特色社会主义道路的根本指南。中国道路选择的精髓在于把马克思主义基本原理同中国具体实际相结合;而有效实现这一"结合"的真谛在于始终把实践作为道路选择的逻辑起点。

马克思主义自诞生之日起,就一直存在着如何理解它和如何对待它的争论以至斗争。在国际共产主义运动史上,既存在着企图修正马克思主义的基本原则,从而背离马克思主义根本指导的倾向,也存在着把马克思主

---

① 《列宁选集》第2卷,人民出版社1995年版,第309页。
② 《邓小平文选》第3卷,人民出版社1993年版,第3页。

义"本本化"、"教条化",抽象地谈论、搬用马克思主义书本上的理论原则或具体结论,从而扭曲马克思主义的本质和生命力的倾向。在同这两种倾向特别是同教条主义斗争中,马克思主义创始人反复提醒人们:马克思主义"不是教义,而是方法。它提供的不是现成的教条,而是进一步研究的出发点和供这种研究使用的方法"。[1] 马克思主义基本原理的实际运用,"随时随地都要以当时的历史条件为转移"。[2]

在经历了种种曲折和错误之后,以毛泽东为代表的中国共产党人清醒地认识到把马克思主义基本原理同中国具体实际紧密结合起来的极端重要性。早在1930年,毛泽东就旗帜鲜明地提出《反对本本主义》,在这部不朽著作中,毛泽东明确指出:"马克思主义的'本本'是要学习的,但是必须同我国的实际情况相结合。我们需要'本本',但是一定要纠正脱离实际情况的本本主义。"[3] 1938年10月,毛泽东在党的六届六中全会上第一次明确提出"马克思主义中国化",这一科学命题,是把马克思主义基本原理同中国具体实际紧密结合起来的重要纲领。坚持马克思主义中国化,不仅成为夺取中国革命伟大胜利的根本法宝,而且成为在新的历史条件下坚持和发展马克思主义、探索社会主义建设道路的根本选择。20世纪50年代,我们党在实践中逐渐发现苏联模式的弊端,为此,毛泽东明确提出搞社会主义不一定全照搬苏联那套公式,不能教条主义地学习苏联经验。在这一正确思想指导下,我们党对中国社会主义建设道路进行了艰辛探索,形成了一系列正确的社会主义建设指导方针。可惜这一探索未能长期坚持下去,50年代后期发生了严重失误,以至形成严重背离社会主义本质的"左"的理论和"左"的路线。产生这一挫折有多方面原因,其中一个根本原因,就是没有选择好马克思主义基本原理同中国具体实际相结合的逻辑起点。这一时期,尽管毛泽东也不断地强调要继续做"结合"的文章,但是这种结合更多的是从本本出发、从原则出发,企图在马、恩、列、斯书本中和社会主义抽象原则中寻求理想化社会的方案和解决现实问题的路径,严重地忽视了中国国情,由此导致关于社会主义的理念期待与现实状况之间的强烈反差,导致脱离具体的现实条件加快社会主义进程的

---

[1] 《马克思恩格斯选集》第4卷,人民出版社1995年版,第742—743页。
[2] 《马克思恩格斯选集》第1卷,人民出版社1995年版,第248页。
[3] 《毛泽东选集》第1卷,人民出版社1992年版,第111—112页。

路线和政策，乃至在什么是社会主义、怎样建设社会主义这一根本问题上，陷入了迷惘和困惑。

失误和挫折教育了全党，使我们党在马克思主义中国化的道路上更加成熟起来。在新的历史时期，在把马克思主义基本原理同中国具体实际相结合这一原则问题上，邓小平的独特贡献在于，明确强调必须改变在马克思主义经典著作中寻找社会主义答案、把"本本"作为"结合"的逻辑起点的倾向，坚持一切从实际出发，走自己的路，把实践作为"结合"的逻辑起点和根本依据。这是我们党选择中国特色社会主义道路所解决的首要的也是最关键的问题。

把实践作为逻辑起点，就要把马克思主义一般原理放到特定的时代条件下和具体的实践中加以正确理解和灵活运用。邓小平精辟指出："多年来，存在着一个对马克思主义、社会主义的理解问题。""马克思去世以后一百多年，究竟发生了什么变化，在变化的条件下，如何认识和发展马克思主义，没有搞清楚。绝不能要求马克思为解决他去世之后上百年、几百年所产生的问题提供现成答案。列宁同样也不能承担为他去世以后五十年、一百年所产生的问题提供现成答案的任务。真正的马克思列宁主义者必须根据现在的情况，认识、继承和发展马克思列宁主义。"邓小平特别强调，"世界形势日新月异，特别是现代科学技术发展很快。现在的一年抵得上过去古老社会几十年、上百年甚至更长时间。不以新的思想、观点去继承、发展马克思主义，不是真正的马克思主义者"。[①]

在着眼时代变化和实践发展坚持与发展马克思主义方面，邓小平为当代马克思主义者做出了光辉榜样。一方面，邓小平非常重视对冷战之后世界新格局的梳理和时代新主题的揭示，透过纷繁芜杂的国际事务现象，抓住世界格局新变化的本质，寻求当代中国发展的契机和基点。由此精辟指出，和平与发展的国际格局，给中国带来了非常有利的条件，不仅提供了加快发展的宝贵时间，而且扩大了对外开放的空间。考虑和把握当代中国发展道路问题，必须始终立足于和平与发展的时代背景和时代主题。另一方面，邓小平非常重视从时代变化的高度对我国社会主义历史经验进行深刻总结，从中透析社会主义发展的基本规律，科学把握社会主义所处的历史方位，制定符合中国实际的路线政策。由此得出结论：我国正处于并将

---

① 《邓小平文选》第3卷，人民出版社1993年版，第291—292页。

长期处于社会主义初级阶段，必须始终坚持以经济建设为中心不动摇，同时坚持改革开放、坚持四项基本原则。上述两个方面——提炼时代主题，把握发展方位，一个是认真地分析"世情"，另一个是深透地研究"国情"，也就是马克思主义面向新时代、回答新问题，也就是以实践作为逻辑起点实现马克思主义基本原理同中国具体实际相结合。正是邓小平这种科学的认识路线，领导和保证了中国特色社会主义道路的成功开拓。

二 把规律作为根本依据，在探索社会主义初级阶段改革与发展基本规律中开创中国特色社会主义道路

马克思主义中国化的过程，从本质上说就是不断探索和运用规律的过程。事物是不断发展的，人们对规律的认识是无穷尽的。体现时代性、把握规律性、富于创造性，不断深化对共产党执政规律、社会主义建设规律和人类社会发展规律的认识，是中国共产党领导开创中国特色社会主义道路的最重要经验和最根本依据。

当年毛泽东在提出"马克思主义中国化"命题的时候，就明确强调必须注重规律的探索。他指出："当前的运动的特点是什么？它有什么规律性？如何指导这个运动？这些都是实际的问题。""运动在发展中，又有新的东西在前头，新东西是层出不穷的。研究这个运动的全部及其发展，是我们要时刻注意的大问题。如果有人拒绝对于这些作认真的过细的研究，那他就不是一个马克思主义者。"[①] 从探索和把握规律出发，毛泽东把党的思想路线概括为"实事求是"。他指出：马克思主义的科学态度，就是实事求是。"'实事'就是客观存在着的一切事物，'是'就是客观事物的内部联系，即规律性，'求'就是我们去研究"。他要求全党尤其是党的高中级干部，"要从国内外、省内外、县内外、区内外的实际情况出发，从其中引出其固有的而不是臆造的规律性，即找出周围事物的内部联系，作为我们行动的向导。而要这样做，就须不凭主观想象，不凭一时的热情，不凭死的书本，而凭客观存在的事实，详细地占有材料，在马克思列宁主义一般原理的指导下，从这些材料中引出正确的结论"[②]。毛泽东所反复强调的"实事求是"，洋溢着马克思主义与时俱进的理论品质，渗透着对事物

[①] 《毛泽东选集》第2卷，人民出版社1992年版，第533—534页。
[②] 同上书，第801页。

发展规律不懈探索的求是精神。

在新的历史时期，邓小平正是牢牢把握住了"实事求是"这一"毛泽东思想的精髓"，并且作出创造性的发展，才领导全党在教条主义长期横行的思想荒漠中重新举起马克思主义中国化大旗，开启了马克思主义中国化新局面，开创了中国特色社会主义新道路。邓小平反复强调：实事求是是马克思列宁主义、毛泽东思想的出发点和基本点，我们要坚持的马克思主义，必须是同中国实际相结合的马克思主义。针对影响实事求是思想路线贯彻执行的各种思想障碍，邓小平精辟指出，要坚持实事求是，必须首先解放思想。"解放思想，就是使思想和实际相符合，使主观和客观相符合，就是实事求是。"① 这样，我们党的实事求是思想路线在新的历史条件下得到了新的阐释、丰富和发展，形成了"解放思想、实事求是"的思想路线新内涵。

邓小平坚持以解放思想、实事求是思想路线探索中国特色社会主义道路，突出体现在系统揭示我国社会主义初级阶段改革与发展的基本规律，由此形成一系列具有创新意义的基本理论，成为中国特色社会主义道路不断开拓前进的根本依据。

第一，社会主义本质论。这是对中国特色社会主义道路根本任务和价值目标的科学揭示。"社会主义的本质，是解放生产力，发展生产力，消灭剥削，消除两极分化，最终达到共同富裕。"② 邓小平的这一科学论断，深刻指明了中国特色社会主义道路的本质和方向。社会主义本质决定，中国特色社会主义道路必须始终坚持以解放生产力和发展生产力作为根本任务，始终坚持以经济建设为中心；必须在生产力发展的基础上进行生产关系改革，创造公平、公正的生产关系，逐步消灭剥削和消除两极分化；必须始终确立使全体人民走向共同富裕的价值目标，不断满足人民日益增长的物质文化需要，不断促进人的全面发展。

第二，社会主义发展战略论。这是对中国特色社会主义道路发展步骤和阶段性目标的科学揭示。着眼于我国社会主义初级阶段的基本国情和实现现代化的宏伟目标，邓小平高瞻远瞩地确立了"三步走"发展战略，明确形成实现小康社会的阶段性目标和达到中发达国家水平的现代化目标。

---

① 《邓小平文选》第 2 卷，人民出版社 1994 年版，第 364 页。
② 《邓小平文选》第 3 卷，人民出版社 1993 年版，第 373 页。

"三步走"发展战略的重大现实意义在于,把中国特色社会主义道路的阶段性目标和长远性目标有机结合起来,使全体人民既享受到改革发展带来的实际利益,又不断朝着社会主义现代化的宏伟目标迈进,脚踏实地为实现中华民族伟大复兴共同理想而奋斗。

第三,社会主义改革动力论。这是对中国特色社会主义道路发展动力和鲜明品格的科学揭示。社会主义基本制度确立以后,还要从根本上改变束缚生产力发展的经济体制,建立起充满生机和活力的社会主义经济体制。这种改革不是原有经济体制细枝末节的修补,而是一种革命性变革。在社会主义制度下,不仅要通过巩固和完善社会主义的生产关系保护和发展生产力,而且要通过生产关系的改革进一步解放生产力。革命是解放生产力,改革也是解放生产力。改革是社会主义制度的自我完善和发展,不坚持改革,社会主义就没有出路。社会主义改革是全面的,不仅包括经济体制改革,而且包括政治体制改革,还有相应的其他领域的改革。改革引发开放,要求开放,开放也是改革。社会主义要赢得与资本主义相比较的优势,必须大胆吸收和借鉴人类社会创造的一切文明成果,包括当代资本主义国家创造的文明成果。邓小平关于社会主义改革的这些重要思想,创造性地回答了依靠什么动力推进中国特色社会主义的重大问题,也深刻指明了中国特色社会主义道路是一条改革之路、开放之路,改革开放是中国道路的内在品格和鲜明特色。

第四,社会主义市场经济论。这是对中国特色社会主义道路经济建设规律的科学揭示。市场经济是经济社会发展不可逾越的阶段。经济市场化不仅是资本主义社会化大生产的主要依托,而且也是实现社会主义社会化大生产的必经之路。计划经济不等于社会主义,资本主义也有计划;市场经济不等于资本主义,社会主义也有市场,计划和市场都是经济手段。我们是社会主义国家,必须把市场经济发展建立在以公有制为主体的基本经济制度之上。同时加强全社会精神文明建设,以克服市场自身的弱点和消极方面。社会主义市场经济论,是一个伟大创举,它不仅解决了社会主义制度下有效发展社会生产力的基本途径问题,而且更重要的是为建构新型的社会主义经济制度和经济形态指明了根本方向、提供了理论指南。

第五,社会主义民主法制论。这是对中国特色社会主义道路政治建设规律的科学揭示。没有民主,就没有社会主义,没有社会主义现代化。发展社会主义民主,健全社会主义法制,是我们党长期的坚定不移的目标。

为了保障人民民主，必须加强法制。必须使民主制度化、法律化，使这种制度和法律不因领导人的改变而改变，不因领导人的看法和注意力的改变而改变。制度问题更带有全局性、稳定性和长期性。要发展民主就要加强法制。没有广泛的民主不行，没有健全的法制也不行。加强民主法制建设，必须积极稳妥地推进政治体制改革。政治体制改革的总目标是充分发展社会主义民主，调动广大人民积极性，不断完善和巩固社会主义基本政治制度。邓小平关于民主法制建设的重要思想，为如何全面拓展和推进中国特色社会主义道路提供了理论依据、指明了前进方向。

第六，社会主义精神文明论。这是对中国特色社会主义道路文化建设规律的科学揭示。坚持物质文明与精神文明"两手抓"、两手都要硬，是邓小平的一个重要思想。他反复强调，我们要建设的社会主义国家，不但要有高度的物质文明，而且要有高度的精神文明。不仅经济要上去，社会秩序、社会风气也要搞好，两个文明都要超过资本主义，这才是有中国特色的社会主义。社会主义精神文明建设的核心内容是提高人的全面素质，培养和造就有理想、有道德、有文化、有纪律的社会主义新人。加强社会主义精神文明建设，关键在于发展教育和科学。这些重要思想，为建设中国特色社会主义文化提供了基本遵循，是开拓中国特色社会主义道路不可或缺的重要内容。

上述六大基本理论，揭示了我国社会主义初级阶段改革与发展的基本规律，系统构成了中国特色社会主义道路的基本内涵。我国改革开放30多年的实践雄辩证明，这些基本理论是完全正确的，必须长期坚持。

三 把人民作为主体力量，在实现人民群众利益需求和创造精神有机统一中开创中国特色社会主义道路

人民是历史的主人，是社会主义的主体。"生机勃勃的创造性的社会主义是由人民群众自己创立的"。[①] 坚持以人民为主体，是中国特色社会主义的根本要求，是邓小平领导开创中国特色社会主义道路的根本出发点和落脚点。

群众观点和群众路线，是中国共产党人的伟大创造，是在长期革命和建设进程中克敌制胜、排除万难的根本法宝。毛泽东思想的活的灵魂就是

---

① 《列宁专题文集·论社会主义》，人民出版社2009年版，第399页。

群众路线。毛泽东反复强调，群众是真正的英雄，而我们自己则往往是幼稚可笑的；只要我们依靠人民，坚决地相信人民的创造力是无穷无尽的，因而信任人民，和人民打成一片，那就任何困难都可以克服，任何敌人都可以战胜。他还强调指出，进行一切工作，都必须坚持从群众中来、到群众中去，实行领导和群众相结合的科学方法；这就是说，把群众的意见集中起来，化为系统的意见，又到群众中坚持下去，在群众的行动中检验这些意见是否正确；如此循环往复，就会使领导的认识更加正确、更加生动、更加丰富。正是毛泽东大力倡导并身体力行的群众观点和群众路线，确保了中国革命的成功和社会主义制度的建立。

在新的历史时期，邓小平领导全党认真总结在如何对待群众问题上的经验教训，把马克思主义的人民群众观与我国现阶段的基本国情紧密结合起来，形成了独具特色的群众观点和群众路线，为开创中国特色社会主义道路增添了新鲜内容、提供了根本保证。

把生产力的基础作用和人民群众的主体作用有机统一起来，高度重视和充分发挥人民群众的首创精神，是邓小平坚持群众路线、领导开创中国特色社会主义道路的鲜明特色。一方面，邓小平反复强调，社会主义的根本任务是解放和发展生产力；另一方面，邓小平一贯坚持，社会主义社会生产力发展的根本动力存在于人民群众之中。从解放和发展生产力这一社会主义首要本质出发，邓小平对人民群众的首创精神给予了非同寻常的重视。他非常善于概括人民群众的新鲜经验，并将之上升到理论上来指导实践，根据人民群众的主体愿望和实践指向，敏锐地捕捉和把握中国改革和发展的契机，不失时机地依靠人民群众的主体力量解放和发展生产力，为社会变革和社会发展奠定了坚实的基础。

把解放思想、实事求是的思想武器直接交给人民群众，使蕴藏在人民群众中的积极性如火山般地迸发出来，是邓小平坚持群众路线、领导开创中国特色社会主义道路的独特创造。依靠人民的力量建设社会主义，首先必须使广大群众从陈旧的观念和僵化的体制中解放出来，确立社会主义的新思想、新观念、新思维。思想解放的程度，直接决定着人民群众积极性和创造性的程度，从而决定着社会变革和发展的程度。坚持解放思想、实事求是，关键在于尊重人民群众、依靠人民群众。邓小平对人民群众首创精神的高度尊重，对人民群众实践经验的充分吸纳，对人民群众根本利益的坚决维护，对人民群众进步愿望的热情支持，充分体现了他把解放思想、实事求是思想路线与马克思主义群众路线有机融合在一起的科学世界观和高超方法论。

把生产力标准和人民利益标准融为一体，使中国特色社会主义建立在人民群众实际利益不断满足的基础之上，是邓小平坚持群众路线、领导开创中国特色社会主义道路的重要方法。邓小平把马克思主义唯物史观具体而深刻地运用于中国特色社会主义实践。他在反复强调社会主义的根本任务是解放和发展生产力的时候，几乎无不同时强调生产力的发展归根到底是为了人民群众实际利益的实现，更多更好地惠及广大群众。把人民群众的根本利益作为解放和发展生产力的根本价值标准，作为判断什么是社会主义的根本价值取向，作为选择中国社会主义道路的根本价值尺度，从而使中国特色社会主义愈益获得人民群众的认同和参与而生发了持久的生机与活力。

四 深刻把握中国特色社会主义道路的精髓和真谛，坚定不移沿着这条道路开拓前进

我国新时期波澜壮阔的改革发展历史，从本质上说就是一部选择和开创中国特色社会主义道路的历史。中国道路的选择和开拓，既具有鲜明的现实指向，又具有厚重的历史内涵。正如习近平总结指出："这条道路来之不易，它是在改革开放三十多年的伟大实践中走出来的，是在中华人民共和国成立六十多年的持续探索中走出来的，是在对近代以来一百七十多年中华民族发展历程的深刻总结中走出来的，是在对中华民族五千多年悠久文明的传承中走出来的，具有深厚的历史渊源和广泛的现实基础。"① 正是站在这样一个历史、现实、未来相交汇的制高点上，我们更加感悟到邓小平领导开创中国特色社会主义道路的认识路线和科学方法的丰厚内涵和巨大价值。今天，学习和传承邓小平的认识路线和科学方法，坚定不移沿着中国道路开拓前进，最重要的是要深刻把握这条道路的精髓和真谛。

习近平指出："中国特色社会主义，是科学社会主义理论逻辑和中国社会发展历史逻辑的辩证统一，是植根于中国大地、反映中国人民意愿、适应中国和时代发展进步要求的科学社会主义，是全面建成小康社会、加

---

① 《习近平关于实现中华民族伟大复兴的中国梦论述摘编》，中央文献出版社2013年版，第26页。

快推进社会主义现代化、实现中华民族伟大复兴的必由之路。"① 这一精辟论述，坚持和发展了邓小平开创中国特色社会主义道路的认识路线和思想方法，是我们深刻把握中国道路的精髓和真谛、增强道路自信和道路定力的重要依据。

——中国特色社会主义道路，既坚持马克思主义的基本原理和科学社会主义的基本原则，又坚持一切从中国具体实际出发，把实践作为"结合"的逻辑起点和根本依据，实现了科学社会主义理论逻辑和当代中国社会发展历史逻辑的有机统一。遵循科学社会主义基本原则，中国特色社会主义道路把建设富强民主文明和谐的社会主义现代化作为远大理想和奋斗目标。同时强调必须从中国现实国情出发，解决最紧要最现实的任务，把解放生产力、发展生产力作为现实任务，把不断促进经济建设、政治建设、文化建设、社会建设和生态文明建设作为坚持这条道路的主体内容。中国特色社会主义道路之所以完全正确、之所以能够引领中国发展进步，关键就在于我们既坚持了科学社会主义的基本原则，又根据我国实际和时代特征赋予了其鲜明的中国特色。

——中国特色社会主义道路，既坚持以经济建设为中心，又坚持经济建设、政治建设、文化建设、社会建设和生态文明建设全面推进和全面发展，实现了重点突破与全面推进的有机统一。以经济建设为中心是兴国之要，是我国现代化建设重中之重。但经济建设又不是孤立的，社会主义必须全面发展。中国特色社会主义经济建设的核心是发展社会主义市场经济，中国特色社会主义政治建设的核心是发展社会主义民主政治，中国特色社会主义文化建设的核心是发展社会主义先进文化，中国特色社会主义社会建设的核心是构建社会主义和谐社会，中国特色社会主义生态文明建设的核心是建设美丽中国。只有实现以经济建设为中心与其他各个方面建设协调发展、整体推进，才是真正坚持社会主义。

——中国特色社会主义道路，既坚持四项基本原则，又坚持改革开放，实现了"两个基本点"的有机统一。四项基本原则是立国之本，是我们党、我们国家生存发展的政治基石，是实现社会安定、人民幸福的根本保证；改革开放是强国之路，是我们党、我们国家发展进步的活力源泉，

---

① 《习近平关于实现中华民族伟大复兴的中国梦论述摘编》，中央文献出版社2013年版，第26页。

是发展中国特色社会主义、实现中华民族伟大复兴的必由之路。把四项基本原则和改革开放有机统一于中国特色社会主义道路的实践，从而既有效确保了这条道路的正确方向，又不断增生了这条道路的内在活力。

——中国特色社会主义道路，既不断解放和发展社会生产力，又坚持逐步实现全体人民共同富裕、不断促进人的全面发展，实现了现实任务和远大目标的有机统一。社会生产力发展是社会主义变革和发展的根本基础，实现全体人民共同富裕和人的全面发展是社会主义变革和发展的根本目标。社会主义与资本主义的根本区别，就在于前者以人为主体，以实现人的解放、促进人的发展为己任，把实现"每个人的自由发展是一切人的自由发展的条件"的"联合体"作为远大理想和根本目标。而要实现这一远大理想和根本目标，又必须首先解放和发展社会生产力，创造社会物质文化财富，不断满足人们日益增长的物质文化需要，努力缩小以至消除社会差别，逐步实现全体人民共同富裕。正是在现实任务和远大目标有机统一的基点上，中国特色社会主义道路展示了巨大的生命力和优越性。

——中国特色社会主义道路，既坚持立足中国实际，又坚持面向世界文明，实现了从中国国情出发和顺应时代潮流的有机统一。中国特色社会主义道路是在世界格局发生重大变化、和平与发展时代主题逐步形成的时代背景下逐步开辟的。我们党领导人民在坚持一切从中国国情出发、进行独立自主探索的过程中，坚持以与时俱进的眼光看待世界，紧跟时代发展潮流，积极吸纳人类文明成果，积极借鉴世界各国的成功经验，从而使中国特色社会主义道路既具有了鲜明的民族特色，同时又具有了鲜明的时代特色，在与时代潮流相随和世界文明相伴中不断走向成熟，引领我们的国家和人民始终走在时代前列。

以上五个"有机统一"，堪称中国特色社会主义道路的精髓，是我们坚持这条道路的真谛。历经艰辛成大道。中国特色社会主义道路来之不易、弥足珍贵，必须倍加珍惜、不断拓展。坚定不移沿着中国特色社会主义道路开拓前进，是实现国家富强、民族振兴、人民幸福的最根本保证。

坚定不移沿着中国特色社会主义道路开拓前进，必须始终坚持正确的方向。在前进道路上，我们必须保持清醒的头脑和坚定的步伐，既不为任何干扰所惑，也不为任何困难所惧，既不走封闭僵化的老路，也不走改旗易帜的邪路。当前在"走什么样的路"这一重大问题上，仍然存在着种种偏颇的思潮乃至错误的主张。有的用来自书本上某些原则剪裁现实生活，从而对中国道路产生怀疑；有的仅仅看到前进道路上的困难和问题，从而对中国道路产生动摇；有的脱离中国实际，推崇西方模式，从而对中国道路倍加责难……凡此种种，都与中国特色社会主义道路相背离，必须加以澄清。中国道路包含丰富内涵：它既是社会主义的，具有质的规定性和稳定性，而不是其他什么主义；又是中国特色的，具有道路选择的特殊性，而不是对普遍性、共同性的东西照抄照搬；科学社会主义基本原则和中国现实国情及发展趋势的有机结合，是中国道路的活的灵魂，是坚持中国道路的根本方向。

坚定不移沿着中国特色社会主义道路开拓前进，必须始终坚持党的基本理论、基本路线、基本纲领、基本经验和基本要求。党的基本理论即中国特色社会主义理论体系是当代中国的马克思主义，是不断开拓中国道路的理论指南；党的基本路线即"一个中心、两个基本点"是党和国家的生命线，是不断开拓中国道路的锐利武器；党的基本纲领是经济、政治、文化、社会等方面建设的基本目标和基本政策的集中体现，是不断开拓中国道路的根本依据；党的基本经验是中国特色社会主义实践经验的精辟总结，是不断开拓中国道路的重要鉴戒；而党的十八大提出的八项基本要求，则是根据党的基本理论、基本路线、基本纲领、基本经验，深刻总结60多年来我国社会主义建设特别是中国特色社会主义建设实践提出的，是最本质的东西，是不断开拓中国道路的根本保证。总之，"五基本"是体现规律的东西，集中体现了共产党执政规律、社会主义建设规律、人类社会发展规律，表明我们党对中国特色社会主义规律的认识达到了新水平。始终坚持"五基本"，是始终坚持中国道路的重要关键。

坚定不移沿着中国特色社会主义道路开拓前进，必须始终坚持在勇于变革和扎实奋斗中不断创新。中国特色社会主义道路是改革的产物、创新的成果，勇于改革、锐意创新，是不断拓展这条道路的生命。当前，无论是国际局势还是国内实践，无论是经济社会发展还是人民群众诉求，都发生了许多新的变化。只有密切适应时代新变化、实践新发展、人民新期待，把科学社会主义基本原则同中国实际和时代特征紧密结合起来，进行一系列独立自主、独立思考、原创独创的艰巨探索，中国道路才能不断开拓前进。中国特色社会主义道路是党领导人民进行创造性实践的结晶，勇于实践、扎实奋斗，是不断拓展这条道路的法宝。今天，我们的目标既定，任务既明，关键就在于扎扎实实落到实处。命运从不眷顾那些碌碌无为、安于现状者，生活从不青睐那些不思进取、坐享其成者，机遇和成就只属于那些勇于创新、肯于实干的人们。"空谈误国，实干兴邦"。中国特色社会主义道路的每一步拓展，都离不开筚路蓝缕、手胼足胝的艰苦奋斗。

"敢问路在何方，路在脚下。"只要我们坚定道路自信和道路定力，坚持中国特色社会主义道路不动摇，就一定能沿着这条光明大道推进中国进步、增进人民福祉，达到中华民族伟大复兴的光辉目标！

（作者单位：山东大学，济南大学政治与公共管理学院）

永远践行邓小平的马克思主义观

——兼论中国共产党人的永恒主题

魏胤亭

1. 1984年6月,邓小平在会见日本客人时第一次明确指出:"什么叫社会主义,什么叫马克思主义?我们过去对这个问题的认识不是完全清醒的。"[①] 一年之后,在会见津巴布韦客人时又指出:"我们总结了几十年搞社会主义的经验。社会主义是什么,马克思主义是什么,过去我们并没有完全搞清楚。"[②] 在邓小平和中国共产党人的话语体系中,"什么是社会主义、怎样建设社会主义"和"什么是马克思主义、怎样践行马克思主义"是同一基本问题的两种不同表述方式。正是在理论与实践的结合上不断破解这一基本问题的过程中,邓小平成为了一个伟大的马克思主义者,成为了一个为社会主义矢志不渝、奋斗终生的无产阶级革命家,成为了党和国家享有崇高威望的卓越领导人;也正是在不断破解这一基本问题的过程中,邓小平率领全党和全国人民跨进了中国社会主义改革开放和现代化建设的新时期,开辟了中国特色社会主义新道路,创立了马克思主义与中国具体实践相结合的又一历史新成果——邓小平理论。

邓小平理论承上启下,开辟了中国特色社会主义——当代中国的马克思主义合乎逻辑的发展进程。可以说,邓小平在新时期不断破解"什么是社会主义、怎样建设社会主义"这一基本问题的过程,也是他率领全党和全国人民不断深入思考和审视这一基本问题的另一表述方式,即"什么是马克思主义、怎样践行马克思主义"的过程。邓小平留给我们的最宝贵财

---

① 《邓小平文选》第3卷,人民出版社1993年版,第63页。
② 同上书,第137页。

富就是他创立的邓小平理论和开辟的中国特色社会主义道路,这一宝贵财富是邓小平社会主义观和马克思主义观的有机统一;应该说,邓小平在新时期开创这一伟大历史功绩的时候,"什么是马克思主义、怎样践行马克思主义"即马克思主义观理应是一个更加深层、更为根本的问题。

邓小平指出,"我们马克思主义者过去闹革命,就是为社会主义、共产主义崇高理想而奋斗。现在我们搞经济改革,仍然要坚持社会主义道路,坚持共产主义的远大理想,年轻一代尤其要懂得这一点。但问题是什么是社会主义,如何建设社会主义。我们的经验教训有许多条,最重要的一条,就是要搞清楚这个问题"。[①] 进一步说,继承邓小平的遗志,把邓小平开创的中国特色社会主义伟大事业不断推向前进,必须同时学习和践行邓小平的马克思主义观,必须同时把"什么是马克思主义、怎样践行马克思主义"搞清楚,对于中国共产党人来讲,这是一个更加长远、更具普遍意义的问题。

2. 中国共产党一诞生就是一个以马克思主义为指导的党,是一个极端重视马克思主义理论建设的党,又是一个理论准备相对不足、一诞生就立即投入极端残酷凶险的革命斗争乃至军事斗争的党。这样一个基本事实决定了中国共产党人既要坚定马克思主义的信仰和指导,又只能在实践的锤炼中逐渐学习、理解、运用和发展马克思主义;决定了中国共产党人经常面对的不仅是各色各样、极其强大凶恶的外部敌人,还要经常面对自己内部每逢重大历史关头总要发生的思想理论分歧,而这些分歧又总是经常归结为是对"什么是马克思主义、怎样践行马克思主义"基本问题的不同回答;决定了对这一基本问题的不同回答,事关党和国家的根本前途与命运,绝不是什么小问题、绝不是枝节之论。

如果再考虑到20世纪二三十年代国际共产主义运动的大背景,考虑到中国共产党是在共产国际和苏联布尔什维克党的直接指导和帮助下成立的,很长一段时间都是隶属于共产国际的一个支部,有着组织上领导与被领导的关系,考虑到年轻的中国共产党势必要经历一段真诚但盲目地接受共产国际和苏联党的指挥、领导,不懂得独立自主地解决中国革命各种重大问题的幼稚。我们就能理解,为什么一伙对中国革命的具体实际几乎一无所知,甚至远在国外的所谓"百分之百的布尔什维克"竟然能颐指气使

[①] 《邓小平文选》第3卷,人民出版社1993年版,第116页。

地凌驾于全党之上，一支英雄辈出、将才荟萃的人民军队竟然能让一个所谓的"外国顾问"指挥一切；就能理解为什么年轻的中国共产党内部当年会发生一场关于"山沟里有没有马克思主义"的尖锐分歧和激烈斗争；就能理解对上述争论的教条主义、本本主义的回答一旦在党内占居统治地位，竟会使中国革命陷入绝境、险遭灭顶之灾。

惨痛的失败和血的教训教育了第一代中国共产党人，毛泽东就是在反对教条主义、本本主义的斗争中，第一次提出了党的"从斗争中创造新局面的思想路线"①，把中国共产党人到底应该以一种什么态度对待自己的指导思想——马克思主义，作为一个生死攸关的基本问题摆在全党面前。人们不会忘记，正是经过这场斗争，毛泽东脱颖而出成为了党内正确路线，即以科学的态度学习和践行马克思主义的代表；也正是在这场斗争中，邓小平因坚决拥护和实行毛泽东关于红军反"围剿"作战和根据地建设的正确主张，曾经被划为邓、毛、谢、古所谓"毛派的头子"而遭受排挤和打击，它恰恰从反面标志着邓小平对"什么是马克思主义、怎样践行马克思主义"这一基本问题开始作出了正确回答，标志着邓小平马克思主义观的初步形成。

3. 邓小平马克思主义观包含一系列丰富而深刻的内容，对马克思主义的坚定追求和科学信仰，是邓小平马克思主义观的第一要义。邓小平是伟大的马克思主义者，如果说对马克思主义的坚定追求是邓小平一生的坚守，那么，邓小平对马克思主义的科学信仰则表现为他对"什么是马克思主义、怎样践行马克思主义"这一基本问题的毕生求索。邓小平对马克思主义的追求和信仰是坚定的又是科学的。

1926年1月，邓小平在进入莫斯科中山大学时根据学校党组织要求写的一份自传中，讲述了他走上革命道路的成长经历，表达了自己的革命理想和坚定信念。他说："我能留俄一天，我便要努力研究一天，务使自己对于共产主义有一个相当的认识"，"尤其是要来受铁的纪律的训练，共产主义的洗礼，把我的思想行动都成为一贯的共产主义化"。"我来莫的时候，便已打定主意，更坚决的把我的身子交给我们的党，交给本阶级。从此以后，我愿意绝对的受党的训练，听党的指挥，始终为无产阶级的利益

---

① 《毛泽东选集》第1卷，人民出版社1993年版，第116页。

而争斗。"① 纵观邓小平一生的革命岁月，他对马克思主义、社会主义、共产主义的追求和信仰始终是坚定的科学的，不管时代风云如何变幻、不管革命道路如何坎坷、不管个人处境如何艰难，始终没有一丝一毫的动摇，始终认为，对马克思主义的信仰，是中国革命胜利的一种精神动力。面对社会主义运动的挫折和逆境，邓小平充满信心地告诫我们："别人的事情我们管不了，只讲一个道理：中国的社会主义是变不了的。中国肯定要沿着自己选择的社会主义道路走到底。谁也压不垮我们。只要中国不垮，世界上就有五分之一的人口在坚持社会主义。"② "只要中国社会主义不倒，社会主义在世界将始终站得住。"③ 苏东剧变后的1992年，年逾90岁的邓小平在他的政治交代（即南方谈话）中说："我坚信，世界上赞成马克思主义的人会多起来的，因为马克思主义是科学。它运用历史唯物主义揭示了人类社会发展的规律。""不要惊慌失措，不要认为马克思主义就消失了，没用了，失败了。哪有这回事！"④

值得注意的是，就在我们的一些同志纠缠于"姓社"、"姓资"无谓争论的时候，绝大多数国外学者却在明确肯定着邓小平为代表的中国共产党人对社会主义的历史贡献。斯比奈特认为，中国政治"猫"的"颜色"从未改变，"中国并不是一个慢慢脱去一层层共产主义外衣，悄悄滑入西方国家所准备好的资本主义外套的国家"。德里克认为，"中国领导人从未放弃对马克思主义的理论信奉"，与以往相比，"中国社会主义的性质似乎更加清晰"，这种社会主义具有"超越资本主义视界的前景"，它反映了"为资本主义寻找一种替代的持久冲动"。他们大都认为，苏东剧变后，社会主义已经度过了其最黑暗的时期，社会主义在中国的胜利，将意味着社会主义是人类在21世纪最好、最切实的希望。⑤

4. 学习和践行邓小平的马克思主义观，人们一定不会忘记，邓小平的政治交代就是以总结、阐述他的马克思主义观结束的，这样的精心安排别有深意不是偶然的，值得每一个中国共产党人认真思考。他说："我们讲了一辈子马克思主义，其实马克思主义并不玄奥。马克思主义是很朴实的

---

① 《伟人光辉一生的真实记录》，《党的文献》2014年第5期。
② 《邓小平文选》第3卷，人民出版社1993年版，第320—321页。
③ 同上书，第346页。
④ 同上书，第383页。
⑤ 参见《理论视野》2014年第8期。

东西,很朴实的道理。""实事求是是马克思主义的精髓。要提倡这个,不要提倡本本。我们改革开放的成功,不是靠本本,而是靠实践,靠实事求是。""我读的书并不多,就是一条,相信毛主席讲的实事求是。过去我们打仗靠这个,现在搞建设、搞改革也靠这个。"① 邓小平的谆谆叮嘱清楚地告诉我们,究竟什么是马克思主义,中国共产党人到底应该以什么样的态度践行马克思主义,是一个事关全局的基本问题,他希望中国共产党人首先把这个基本问题搞清楚,他愿意把自己用毕生实践和理论思索锤炼而成的马克思主义观留给后人。只有一个一辈子坚定马克思主义的科学信仰,忠实践行马克思主义的革命家,只有经历了无数艰难坎坷、风雨洗练的社会主义实践家,才能对马克思主义作出如此言简意赅、大道至简式的解读和诠释,才能情真意切、语重心长地留下这些关于马克思主义的思考和嘱托。邓小平不是专门的理论家、哲学家,他本人也从未刻意构造什么专门的理论或哲学体系,然而就是他的这种高屋建瓴、简约精辟的概括为我们留下了一个值得永远牢记和践行的马克思主义观。

实事求是是中国共产党人的思想路线,其主旨说到底就是强调中国共产党人对待自己的指导思想——马克思主义,应当有一种符合马克思主义精髓和本性的科学态度。正如毛泽东当年所指出的,中国共产党人学习马克思主义,不是为了炫耀、好看,也不是因为它有什么神秘,只是因为它是指导中国共产党人和无产阶级革命事业走向胜利的科学。马克思主义的这一基本特征,要求人们在学习它的时候,必须采取有的放矢的科学态度。"的"就是中国革命,"矢"就是马克思列宁主义。我们中国共产党人所以要找这根"矢",就是为了要射中国革命和东方革命这个"的"的。这种态度,就是实事求是的态度,是一个共产党员起码应该具备的态度。邓小平坚持的正是毛泽东开辟的马克思主义必须与中国具体实际相结合的正确方向。他说:"我是个马克思主义者。我一直遵循马克思主义的基本原则。"②"马列主义、毛泽东思想的基本原则,我们任何时候都不能违背,这是毫无疑义的。但是,一定要和实际相结合,要分析研究实际情况,解决实际问题。"③"主要的是要用马克思主义的立场、观点、方法来

---

① 《邓小平文选》第3卷,人民出版社1993年版,第373页。
② 同上书,第173页。
③ 《邓小平文选》第2卷,人民出版社1994年版,第114页。

分析问题，解决问题。马克思主义的活的灵魂，就是具体地分析具体情况。"①

5. 坚持解放思想与实事求是的统一，既是邓小平对党的思想路线的创造性发展，也是邓小平马克思主义观的鲜明特色和时代特征。解放思想是实事求是的题中应有之义。当年，毛泽东在《反对本本主义》一文中，第一次使用"从斗争中创造新局面的思想路线"的提法，并将其与"保守路线"相对立的时候，已经把"解放思想"当成了实事求是的固有之义，认为只有这样，党才可能胜任"创造新局面"的任务。所谓"从斗争中创造新局面的思想路线"包含两个基本内涵：一是尊重实际、特别是尊重中国共产党人以鲜血和生命为代价构成的革命斗争实际，若脱离这一实际，是无论如何想不出好办法、打不出好主意的。二是勇于创造、特别是依靠中国同志了解中国情况而进行的独立创造，若开口闭口"拿本本来"或盲目执行上级指示，将会给革命造成很大损失，也会害了这些同志自己。

如果说毛泽东的历史功绩，是他带领中国共产党的第一代领导集体领导中国人民取得了民族独立、人民解放的伟大胜利，创建了新中国，并开始了社会主义建设道路的艰难探索，根本在于他为我们党提出、确立了实事求是的思想路线，确立了科学的马克思主义观；邓小平的历史功绩，则是他带领中国共产党的第二代领导集体开辟了实现民族振兴、国家富强、人民幸福的中国特色社会主义新道路，根本在于他为我们党重新确立、创造性发展了实事求是的思想路线和中国共产党人的马克思主义观。一句话，邓小平继承了毛泽东的马克思主义观，同时又有创造性的丰富和发展，其突出标志就是将原先内在包含于党的思想路线中的解放思想之内涵，提炼、凸显、与实事求是并列共同概括为党的思想路线，概括为新时期中国共产党人的马克思主义观。

"十年内乱"之后的中国，积重难返、百废待兴，"两个凡是"盛行、万马齐喑，党和国家面临向何处去的重大历史关头。邓小平以马克思主义者的革命胆略和科学态度，冲破"两个凡是"的禁锢，旗帜鲜明地提出实事求是是毛泽东思想的精髓，亲自支持和指导了关于实践是检验真理唯一标准的大讨论，号召全党"解放思想、实事求是"，恢复和发展了党的马克思主义的思想路线。邓小平明确指出，"两个凡是"不符合马克思主义。

---

① 《邓小平文选》第 2 卷，人民出版社 1994 年版，第 118 页。

他认为，这是一个是否坚持历史唯物主义的重要问题。毛泽东的每一指示和决策，在时间、地点、条件等方面均有其针对性，离开这些一味照搬是不行的。一个彻底的唯物主义者，决不能把毛泽东思想庸俗化，决不能搞"两个凡是"。他认为，按照实际情况决定工作方针，这是一切共产党员所必须牢牢记住的最基本的思想方法、工作方法。实事求是，是毛泽东思想的出发点、根本点。一定要继续发扬把马列主义普遍真理同中国革命具体实践相结合的原则，坚持实事求是，一切从实际出发。这决不是什么小问题，而是涉及怎么看待马列主义、毛泽东思想的问题，是关系到根本观点、根本方法的分歧。"不解放思想不行。甚至于包括什么叫社会主义这个问题也要解放思想。"[①] 1978 年 12 月 13 日，邓小平在中央工作会议的讲话中明确提出了"解放思想，实事求是，团结一致向前看"的根本方针。也正是这次讲话，是具有划时代意义的党的十一届三中全会的主题报告，为中国共产党率领中国各族人民进行新的长征奠定了思想基础，指明了正确方向，同时也完成了邓小平马克思主义观的新发展、新概括。

6. 坚持马克思主义的革命精神和批判本质，直面社会主义改革开放和现代化建设的新时代、新情况，说老祖宗没有说过的新话、解决前人没有碰到过的新问题，是邓小平马克思主义观的真谛，也是邓小平"解放思想、实事求是"新发展、新概括的真髓。

当年毛泽东在批判教条主义、本本主义的时候曾形象地指出，我们历史上的马克思主义有很多种，有香的马克思主义，有臭的马克思主义，有活的马克思主义，有死的马克思主义，把这些马克思主义堆在一起就多得很。我们所要的是香的马克思主义，不是臭的马克思主义；是活的马克思主义，不是死的马克思主义。邓小平在新时期带领中国共产党人坚守的就是这种生动、鲜活、充满生机与活力的马克思主义。他说："马克思去世以后一百多年，究竟发生了什么变化，在变化的条件下，如何认识和发展马克思主义，没有搞清楚。绝不能要求马克思为解决他去世之后上百年、几百年所产生的问题提供现成答案。列宁同样也不能承担为他去世以后五十年、一百年所产生的问题提供现成答案的任务。真正的马克思列宁主义者必须根据现在的情况，认识、继承和发展马克思列宁主义。""列宁之所以是一个真正的伟大的马克思主义者，就在于他不是从书本里，而是从实

[①] 《邓小平文选》第 2 卷，人民出版社 1994 年版，第 312 页。

际、逻辑、哲学思想、共产主义理想上找到革命道路，在一个落后的国家干成了十月社会主义革命。中国伟大的马克思列宁主义者毛泽东，并不是在马克思、列宁的书本里寻求在落后的中国夺取新民主主义革命胜利的途径。""世界形势日新月异，特别是现代科学技术发展很快。现在的一年抵得上过去古老社会几十年、上百年甚至更长的时间。不以新的思想、观点去继承、发展马克思主义，不是真正的马克思主义者。""在革命成功后，各国必须根据自己的条件建设社会主义。固定的模式是没有的，也不可能有。墨守成规的观点只能导致落后，甚至失败。"[1]

1984年10月，党的十二届三中全会通过的《中共中央关于经济体制改革的决定》，提出了社会主义经济是公有制基础上有计划的商品经济的新论断。它突破了那种把社会主义和计划经济紧紧捆在一起的旧观念，从根本上拓宽了人们理论探讨和实践运作的视野，为社会主义经济体制改革目标模式的最终确立指明了方向。为此，邓小平评价说，《关于经济体制改革的决定》写出了一个政治经济学的初稿，是马克思主义基本原理和中国社会主义实践相结合的政治经济学，是有历史意义的。因为它解释了什么是社会主义，是真正坚持社会主义；它用我们自己的实践回答了新情况下的一些新问题，说出了我们老祖宗没有说过的一些新话。1987年2月，邓小平对上述这一立足于解决新问题的新话又作了更为明确的引申："为什么一谈市场就说是资本主义，只有计划才是社会主义呢？计划和市场都是方法嘛。只要对发展生产力有好处，就可以利用。它为社会主义服务，就是社会主义的；为资本主义服务，就是资本主义的。"[2] 1992年春邓小平审时度势，根据新的实践进一步深化了他对社会主义根本制度和市场经济体制相互关系的认识。"计划多一点还是市场多一点，不是社会主义与资本主义的本质区别。计划经济不等于社会主义，资本主义也有计划；市场经济不等于资本主义，社会主义也有市场。计划和市场都是经济手段。社会主义的本质，是解放生产力，发展生产力，消灭剥削，消除两极分化，最终达到共同富裕。"[3] 今天，我们欣喜地看到，邓小平这些老祖宗从未说过的新话，早已成为全党和全国各族人民的共识。

---

[1]《邓小平文选》第3卷，人民出版社1993年版，第291—292页。
[2] 同上书，第203页。
[3] 同上书，第373页。

在社会主义改革开放和现代化建设中,以马克思主义为指导,讲新话、解决新问题,不断开辟社会主义伟大实践的新局面,是邓小平的最大心愿,也是他对全党特别是各级领导干部的根本要求。解放思想、实事求是、与时俱进,邓小平为我们树立了光辉的榜样。他说,如果有一天他的"这些讲话失去重新阅读的价值,那就证明社会已经飞快地前进了。那有什么不好呢?"① 邓小平的肺腑之言,不仅体现了一个彻底的唯物主义者的宽广胸怀和高尚品格,也为我们理解邓小平马克思主义观的真谛提供了一个真实、鲜活、感人的样本。

7. 在邓小平看来,马克思主义既是一种揭示了人类社会发展基本规律的科学世界观,也是一种充满着对中国各族人民乃至全人类博大之爱和终极关怀的价值观。我们总结了几十年搞社会主义的经验。社会主义是什么,马克思主义又是什么,过去我们并没有完全搞清楚。为什么没搞清楚,归根结底,是没搞清马克思主义的根本宗旨和终极使命。中国共产党人要胜任领导中国革命、建设、改革的需要,必须学习和践行马克思主义,社会主义改革开放和现代化建设一刻也离不开马克思主义的指导。而这一切,归根结底又是为了什么?正是这些审视和拷问,成为了新时期邓小平回答"什么是马克思主义、怎样践行马克思主义"基本问题的逻辑起点。

回顾新时期邓小平对马克思主义、社会主义的重新审视和拷问,人们一定会发现,邓小平对社会主义的新认识是从一连串否定式的回答开始的。如贫穷不是社会主义,平均主义不是社会主义,两极分化也不是社会主义;僵化封闭不能发展社会主义,照搬外国也不能发展社会主义;没有民主就没有社会主义,没有法制也没有社会主义;不重视物质文明搞不好社会主义,不重视精神文明也搞不好社会主义等。这种以否定的方式,从经济、政治、文化等方面对社会主义进行的一系列分析和判断,排除了长期以来人们对社会主义种种偏颇乃至歪曲的认识,对澄清和逐步提炼社会主义的本质、明确社会主义的根本任务,对中国共产党人真正搞清对马克思主义根本宗旨和终极使命的认识,起了巨大的作用。可以说,在邓小平上述每一个精辟论断的背后,都包含着中国乃至世界社会主义运动的曲折和坎坷,都有值得总结并永远记取的经验教训,其中最值得注意、也最具原点意义的就是他那个振聋发聩、让人永志不忘的朴素命题——贫穷不是

---

① 《邓小平年谱(1975—1997)》,中央文献出版社 2004 年版,第 714 页。

社会主义。

8. 一般认为，新时期邓小平对马克思主义、社会主义的重新审视和拷问源自他对国际共产主义运动中的历史经验和我国"文化大革命"的历史教训[①]，其实不然，真正触动邓小平，让他食不甘味、夜不能寐的是社会主义搞了几十年，人民群众的生活为什么还那么穷、还那么苦、还没有根本的改善?!

每一个从"十年内乱"中走过的中国人都不会忘记，那时国民经济几乎到了濒临崩溃的边缘，人民群众的生活十分艰难，"贫穷"是当时中国社会的主要矛盾，是中国各族人民生活情景的真实写照。更不会忘记，就是在那种贫穷的状态下，"宁要社会主义的草，不要资本主义的苗"之类的论调却甚嚣尘上、一度占据着舆论的主导地位。就是面对这一现实，邓小平第一次提出了质问："怎样才能体现列宁讲的社会主义的优越性？什么叫优越性？不劳动、不读书叫优越性吗？人们生活不是改善而是后退叫优越性吗？如果这叫社会主义优越性，这样的社会主义我们也可以不要。"[②] 他尖锐指出："'四人帮'时期对共产主义的理解，用他们的话说，就是宁要贫穷的共产主义，不要富裕的资本主义。简直荒谬得很！马克思主义又叫共产主义，马克思主义的基本原则是，在社会主义阶段实行'各尽所能，按劳分配'，在共产主义阶段实行'各尽所能，按需分配'。按需分配要物资的极大丰富，难道一个贫穷的社会能够按需分配？共产主义能够是贫穷的吗？"[③] 他认为，社会主义的优越性归根到底表现在社会生产力的发展上，人民物质文化生活的改善上。

1980年5月，邓小平在同几内亚总统杜尔的谈话中指出，根据我们自己的经验，讲社会主义归根到底要看生产力是否发展，人民收入是否增加。空讲社会主义不行，人民不相信。1984年6月，他进一步指出："马克思主义最注重发展生产力。……社会主义阶段的最根本任务就是发展生产力，社会主义的优越性归根到底要体现在它的生产力比资本主义发展得更快一些、更高一些，并且在发展生产力的基础上不断改善人民的物质文化生活。"[④] 不到一年，他再次强调："马克思主义的基本原则就是要发展

---

① 参见《东岳论丛》2014年第6期。
② 《邓小平年谱（1975—1997）》，中央文献出版社2004年版，第250页。
③ 《邓小平文选》第3卷，人民出版社1993年版，第254页。
④ 同上书，第63页。

生产力。……社会主义的首要任务是发展生产力,逐步提高人民的物质和文化生活水平。从一九五八年到一九七八年这二十年的经验告诉我们:贫穷不是社会主义,社会主义要消灭贫穷。不发展生产力,不提高人民的生活水平,不能说是符合社会主义要求的。"①

可见,邓小平关于贫穷不是社会主义的新论断,不仅源自他对马克思主义关于社会主义本质性认识的深刻理解,更源自他对仍处于普遍贫穷中的中国各族劳动群众的深情大爱和终极关怀。为此,他坚定地指出,"社会主义现代化建设是我们当前最大的政治,因为它代表着人民的最大的利益、最根本的利益"。②为了帮助全党牢固地确立这一根本理念,他不厌其烦地反复告诫:"我们党在现阶段的政治路线,概括地说,就是一心一意地搞四个现代化。这件事情,任何时候都不要受干扰,必须坚定不移地、一心一意地干下去。"③一定要始终扭住这个根本环节不放松,集中精力、顽固一点,一天也不能耽误。"除非打起世界战争。即使打世界战争,打完了还搞建设。"④在邓小平的领导下,从党的十一届三中全会到党的十二大,我们终于打通了一条一心一意搞建设的新路。

9. 我是中国人民的儿子,我深情地爱着我的祖国和人民。对人民无比热爱,孜孜以求增进人民福祉,始终是邓小平马克思主义观的出发点和归宿点,也是邓小平马克思主义观的根本属性,体现这一根本属性的点睛之笔就是邓小平的共同富裕理论。社会主义的本质,是解放生产力,发展生产力,消灭剥削,消除两极分化,最终达到共同富裕。"社会主义最大的优越性就是共同富裕,这是体现社会主义本质的一个东西。"⑤从"实践标准"到"生产力标准"再到"三个有利于标准",从贫穷不是社会主义到共同富裕是社会主义本质的新论断,集中体现了新时期邓小平社会主义观和马克思主义观的锤炼过程。

早在1980年邓小平就指出:"社会主义经济政策对不对,归根到底要看生产力是否发展,人民收入是否增加。这是压倒一切的标准。"⑥1987

---

① 《邓小平文选》第3卷,人民出版社1993年版,第116页。
② 《邓小平文选》第2卷,人民出版社1994年版,第163页。
③ 同上书,第276页。
④ 《邓小平文选》第3卷,人民出版社1993年版,第64页。
⑤ 同上书,第364页。
⑥ 《邓小平文选》第2卷,人民出版社1994年版,第314页。

年他又指出:"我们评价一个国家的政治体制、政治结构和政策是否正确,关键看三条:第一是看国家的政局是否稳定;第二是看能否增进人民的团结,改善人民的生活;第三是看生产力能否得到持续发展。"① 1992 年在著名的南方谈话中,邓小平继续深化和提炼了他的上述基本思想,一针见血地指出:"改革开放迈不开步子,不敢闯,说来说去就是怕资本主义的东西多了,走了资本主义道路。要害是姓'资'还是姓'社'的问题。判断的标准,应该主要看是否有利于发展社会主义社会的生产力,是否有利于增强社会主义国家的综合国力,是否有利于提高人民的生活水平。"② 他再三告诫全党,一定要以人民的利益、以人民利益的实现程度为最高标准,不论到什么时候,不论发生什么情况,都要把人民拥护不拥护、赞成不赞成、高兴不高兴、答应不答应作为制定各项方针政策的出发点和归宿点;都要把不断增进人民福祉,实现中国各族人民的共同富裕,作为中国共产党人是否真正践行马克思主义的试金石。

10. 实现社会主义现代化,实现祖国完全统一,实现中华民族伟大复兴,最终实现中国各族人民的共同富裕,让中华儿女真正过上文明、富裕的新生活,是邓小平等老一辈革命家和千百万革命先烈的深切夙愿,也是对邓小平马克思主义观的最好继承。

为了实现中国各族人民的共同富裕,真正体现社会主义的优越性,邓小平不仅为中国共产党制定了一条一心一意致力于社会主义现代化建设的政治路线,而且规划了中国人民的实际生活由"温饱"到"小康"、再到"富裕"的"三步走"战略。即第一步解决温饱问题,让老百姓吃饱穿暖;第二步到 20 世纪末实现小康,主要还是要让老百姓的吃穿用更好一些,而且还要住得更好一些,生活环境更好一些;第三步到 21 世纪中叶,人均国民生产总值达到中等发达国家水平,人民生活比较富裕,基本实现现代化。然后,在这个基础上继续前进,最终实现共同富裕,让中国各族人民真正过上文明、富裕的新生活。

为了让人民群众的生活真正实现由"普遍贫穷"到"共同富裕"的跨越,邓小平提出了一个重要构想:即关于先富和共富的构想。他说:"走社会主义道路,就是要逐步实现共同富裕。共同富裕的构想是这样提出

---

① 《邓小平文选》第 3 卷,人民出版社 1993 年版,第 213 页。
② 同上书,第 372 页。

的：一部分地区有条件先发展起来，一部分地区发展慢点，先发展起来的地区带动后发展的地区，最终达到共同富裕。如果富得愈来愈富，穷得愈来愈穷，两极分化就会产生，而社会主义制度就应该而且能够避免两极分化。解决的办法之一，就是先富起来的地区多交点利税，支持贫困地区的发展。当然，太早这样办也不行，现在不能削弱发达地区的活力，也不能鼓励吃'大锅饭'。什么时候突出地提出和解决这个问题，在什么基础上提出和解决这个问题，要研究。可以设想，在本世纪末达到小康水平的时候，就要突出地提出和解决这个问题。到那个时候，发达地区要继续发展，并通过多交利税和技术转让等方式大力支持不发达地区。不发达地区又大多是拥有丰富资源的地区，发展潜力是很大的。总之，就全国范围来说，我们一定能够逐步顺利解决沿海同内地贫富差距的问题。"①

1993年邓小平继续完善着这一构想："十二亿人口怎样实现富裕，富裕起来以后财富怎样分配，这都是大问题。题目已经出来了，解决这个问题比解决发展起来的问题还困难。分配的问题大得很。我们讲要防止两极分化，实际上两极分化自然出现。要利用各种手段、各种方法、各种方案来解决这些问题。""少部分人获得那么多财富，大多数人没有，这样发展下去总有一天会出问题。分配不公，会导致两极分化，到一定时候问题就会出来。这个问题要解决。过去我们讲先发展起来。现在看，发展起来以后的问题不比不发展时少。"② 面对邓小平的这一构想，每一个中国共产党人都会叹服他的远见卓识，更会感到肩负的沉甸甸的历史责任。

在邓小平马克思主义观的指引下，永远牢记根本宗旨和终极目标，直面当代中国正在出现的、以后仍会不断出现的各种新问题、新挑战，像邓小平当年率领全国各族人民闯出一条建设有中国特色社会主义的新路一样，全面深化改革，卓有成效地破解各种新问题、应对各种新挑战，真正实现社会主义在中国的伟大复兴，实现中华民族的伟大复兴，是对邓小平的最好告慰和纪念，也是中国共产党人的伟大担当和历史使命。

（作者单位：天津商业大学）

---

① 《邓小平文选》第3卷，人民出版社1993年版，第373—374页。
② 《邓小平年谱（1975—1997）》，中央文献出版社2004年版，第1364页。

"摸着石头过河"的哲学基础是"实践唯物主义"
——纪念邓小平诞辰110周年

欧阳英

作为改革开放的重要指导方针,"摸着石头过河"是反映以邓小平为核心的中国共产党第二代领导集体在没有先例可循的情况下奋力开创改革开放局面的重要实践思想,它用生动的比喻把实践先行、勇于实践的道理简明化、大众化。2013年初习近平专门针对"摸着石头过河"提出了新的见解,明确指出"摸着石头过河"是改革方法,并且是"富有中国特色、符合中国国情的改革方法"。据考证,"摸着石头过河"概念的最初提出者是陈云,他在20世纪50年代初就使用了该概念。1950年4月7日,陈云在政务院第27次政务会议的发言中指出:"物价涨不好,跌亦对生产不好。……要摸着石头过河,稳当点好。"在这里陈云通过使用民间谚语摸着石头过河,强调了物价稳当发展的重要性。邓小平并没有直接提出"摸着石头过河"思想,甚至没有明确地说过"摸着石头过河"这个概念,他只是曾经对陈云提出该概念表示了直接的赞同。1980年12月16日陈云在中央工作会议上说:"我们要改革,但是步子要稳。因为我们的改革,问题复杂,不能要求过急。改革固然要靠一定的理论研究、经济统计和经济预测,更重要的还是要从试点着手,随时总结经验,也就是要'摸着石头过河'。开始时步子要小,缓缓而行。"在这里通过使用"摸着石头过河"一语,陈云凸显了改革过程中要既具有探索性,又要有稳当性。正是在这次会议12月25日的闭幕会上,邓小平明确表示完全同意陈云的讲话,并说:陈云的"这个讲话在一系列问题上正确地总结了我国三十一年来经济工作的经验教训,是我们今后长期的指导方针"。由此可见,"摸着石头过河"思想是开放性的,是中国共产党人集体智慧的结晶,这也意味着我们应以开放的态度去深入地理解与把握其在中国特色社会主义理论体系建设中的特殊地位。

从本质上说,"摸着石头过河"是中国特色社会主义理论体系建设的重要基石。之所以这么说,主要是从两个方面来谈的:首先,从实践看,改革开放以来,新时期的中国共产党人凭借着"摸着石头过河"的精神、态度与决心,大胆尝试中国特色社会主义建设的实践道路,取得了令世人瞩目的重大成就,而这些成就已经成为中国特色社会主义理论体系建设的实践基础;其次,从理论看,改革开放以来,凭借着"摸着石头过河"的精神、态度与决心,新时期的中国共产党人对关系中国未来前途和命运的重大理论和实际问题,积极开展理论创新,创立了中国特色社会主义理论体系,第一次初步地、比较系统地、创造性地回答和解决了在中国这样经济文化比较落后的国家,怎样建设、巩固和发展社会主义等一系列重大理论和实践问题,极大地丰富和发展了科学社会主义理论。对此,正像党的十七大报告中所指出的:"改革开放以来我们取得一切成绩和进步的根本原因,归结起来就是:开辟了中国特色社会主义道路,形成了中国特色社会主义理论体系。"

"摸着石头过河"是改革开放的重要指导方针,是"富有中国特色、符合中国国情的改革方法",同时也是中国特色社会主义理论体系建设的重要基石,因此,对于"摸着石头过河"思想,我们绝不能以戏说或简单化的方式来理解其存在及意义。当然正因如此,不断地深入挖掘并阐明其重要的哲学基础这一点便显得极有必要,因为这样一来可以从哲学上进一步增强人们对于这一思想的理论自信。"摸着石头过河"着重强调了实践先行、大胆实践、勇于实践等重大内容,它与以凸显实践重要性而著称的"实践唯物主义"之间的内在联系,是值得深入挖掘与探讨的。尽管实践唯物主义与辩证唯物主义的关系问题目前在我国学术界还存在着争议,但是,可以肯定的是,它已被视为马克思主义哲学本质中不可忽略的重要组织部分。作为马克思主义哲学本质的重要组成部分,"实践唯物主义"对于"摸着石头过河"这一重要的改革方法具有哲学基础的重要意义,对此可以围绕以下三个方面加以展开说明。

第一个方面是,立足于实践唯物主义,人们可以对"摸着石头过河"实践内涵的唯物主义基础有更深刻的认识。马克思主义哲学是改造世界的哲学,这是马克思主义哲学与解释世界的哲学的根本区别。马克思认为:

"实际上，而且对实践的唯物主义者即共产主义者来说，全部问题都在于使现存世界革命化，实际地反对并改变现存的事物。"因此，在实践唯物主义那里，"现存的事物"是被实际地"反对并改变"的对象，物质第一性是必须坚持的基本原则。由此可见，尽管"摸着石头过河"的基本内涵是围绕实践而展开的探索性，但是在把握"摸着石头过河"改革方法的基本精神实质时，人们首先必须正视的应是物质第一性原则。"摸着石头过河"改革方法强调实践但却是立足于物质第一性原则，倘若人们只注意"摸着石头过河"改革方法中所包含的实践内涵而忽略了物质第一性原则，只会在实践中碰壁。正是基于这一点，"摸着石头过河"与"解放思想，实事求是"之间构成相辅相成的关系。邓小平多次提到："我们共产党人是彻底的唯物主义者。"他在总结改革开放之所以取得如此巨大成就时，曾经有句名言："我们改革开放的成功，不是靠本本，而是靠实践，靠实事求是。"从实践唯物主义的角度来看，邓小平通过结合"实事求是"来理解"实践"一词，真正体现出实践唯物主义的精神实质。任何实践都不应抛开物质第一性原则来进行，倘若抛开了物质第一性原则，在客观上势必会导致"人有多大胆，地有多大产"、"只怕做不到，不怕想不到"之类的"主观异想型实践"的出现。邓小平最强调实践并最反对空谈，他曾鲜明地宣布："我是实事求是派"，并且明确提出："四个现代化靠空谈是化不出来的。"

第二个方面是，立足于实践唯物主义，人们可以对"摸着石头过河"实践内涵的唯物史观基础有更深入的理解。实践既是实践唯物主义的基石，也是唯物史观的基石，在实践的基础上实践唯物主义与唯物史观达成统一。在马克思那里，实践唯物主义研究的是实践中的一般，唯物史观研究的是实践中的个别即社会实践，因此，实践唯物主义与唯物史观在把握实践本质的问题上构成相互补充的关系。"摸着石头过河"是社会历史活动，所以，从实践唯物主义的视角来看，它是实践中的个别，人们更应该注重研究与把握的应是其唯物史观基础。只有这样，才能在"摸着石头过河"的过程中不至于走弯路、走歧路。

邓小平指出："按照历史唯物主义的观点来讲，正确的政治领导的成果，归根到底要表现在社会生产力的发展上，人民物质文化生活的改善上。"邓小平的上述提法为我们将"摸着石头过河"改革方法的实践内涵建立在唯物史观的基础之上提供了基本标准。重视实践的唯物史观基础，从根本上说主要包括两层含义：第一层含义是要重视实践的社会性；第二层含义是要重视生产力对于社会历史发展的重要作用。人民群众的集体实践活动是实践社会性的基本表现形式，改善人民群众物质文化是人民群众集体实践活动的主要动力，也是"摸着石头过河"应该确立的具体实践目标；发展生产力是社会实践的基本内容，也是"摸着石头过河"的主要实践内容。因此，从唯物史观的角度来看，"摸着石头过河"改革方法的基本内涵应该涉及邓小平提出的两条基本标准，即改善人民群众物质文化生活与发展生产力。

只有在重视上述两条标准的前提下，"摸着石头过河"改革方法才能真正成为以唯物史观为基础的实践观。当"摸着石头过河"以唯物史观作为其重要的理论基础的时候，它能够真正地体现为思想与行动两方面的统一。这也就是说，一方面，当"摸着石头过河"作为思想认识时，它能够在关注改善群众物质生活水平从而充分调动广大人民群众实践积极性的情况下，真正成为社会历史实践中的重要思想指导；另一方面，当"摸着石头过河"作为实践活动时，它能够在充分发展生产力的情况下，真正成为促进社会历史发展的推动力。从现实来看，上述两个方面如果解决得不好，将会出现人们不愿意看到的两种严峻后果：第一种后果是，当"摸着石头过河"作为思想认识时，由于严重地脱离了人民群众，因此它非但不能指导人们的实践活动，反而会成为一种"戏说"，如认为"摸着石头过河"可能会"摸不着石头掉河里淹死"；第二种后果是，当"摸着石头过河"作为实践活动时，由于不注重发展生产力，因此它非但不能成为社会历史的改造力量，反而只会被视为一种"游戏"，如认为用"摸着石头过河"来指导中国特色社会主义实践，必然会陷入"盲人骑瞎马，夜半临深池"的境地。如果我们将"摸着石头过河"改革方法的实践内涵真正地建立在唯物史观的基础之上，严格地按唯物史观的基本内容行事，不仅可以让"摸着石头过河"改革方法真正在现实中发挥重要作用，还可以避免上述两种后果一语成谶。

第三个方面是，立足于实践唯物主义，人们可以对"摸着石头过河"实践内涵的"以人为本"的精神实质有更深入的理解。在《1844年经济学哲学手稿》中，马克思通过阐述共产主义概念首次表达了自己哲学思想的精髓。并用"实践人道主义"这一术语描述了自己哲学思想的本质特征。马克思认为，新的哲学，即实践人道主义"既不同于唯心主义，也不同于唯物主义,同时又是把这二者结合的真理",是一种"彻底的自然主义或人道主义"。换言之,实践人道主义既不是片面强调自然也不是片面强调人的学说,而是继承了以往唯物主义和人道主义的成果,并使二者在新的基础上统一起来的新的哲学形态。与费尔巴哈的"理论人道主义"不同,马克思的实践人道主义主张通过主体的现实活动扬弃私有财产,改变对象世界的异化状态。在马克思看来,私有财产的本质不在物的形态本身,而是在主体方面的异化之中。扬弃私有财产必须抓住本质,即它是主体对人本身自我异化的扬弃。所以,实践人道主义把扬弃私有财产看作"人的自我异化的积极的扬弃"。实践人道主义因此成为一种"完成了的人道主义",它关注的是扬弃私有财产,改变事物的现状,"按照人的样子来组织世界"。

尽管"实践人道主义"是马克思"实践唯物主义"的雏形,但是,马克思的"实践唯物主义"却是在其"实践人道主义"基础上的重大发展成果。马克思看到了"实践人道主义"力求通过实践而消灭人的异化现象的表面性与局限性,从而明确提出了"实践唯物主义"思想,积极强调通过实践活动改变客观世界从而改变人的生存环境。马克思将"革命的实践"理解为"环境的改变和人的活动或自我改变的一致",这种表述清楚地表明其提出"实践唯物主义"思想在针对"实践人道主义"问题上实现了突破。不过尽管如此,这一点并不影响马克思的"实践唯物主义"对"以人为本"思想的强调。从最初在《1844年经济学哲学手稿》中强调解决人的异化问题,到后来提出应该"为一个更高级的、以每一个个人的全面而自由的发展为基本原则的社会形式建立现实基础",马克思实践唯物主义始终表现出"以人为本"的特点。当我们由此出发分析"摸着石头过河"改革方法时可以看到,"以人为本"是"摸着石头过河"改革方法的精神实质,中国特色社会主义实践活动必须围绕着"以人为本"这个重要前提加以展开。从邓小平的"三个有利于"标准,到江泽民的"全心全意为人民谋利益",再到胡锦涛的"以人为本、执政为民",坚持"以人为本"始终是中国特色社会主义实践活动的中心内容。"以人为本"也是衡量中国特色社会主义实践活动成功与否的重要标准。

总体说来,"摸着石头过河"的哲学基础是实践唯物主义。当然,正因为实践唯物主义是"摸着石头过河"的哲学基础,所以,在"摸着石头过河"思想中实践是第一位的要素,由此以来我们又可以进一步围绕实践而展开对于"摸着石头过河"方法论意义的深入探讨。从方法论角度来看,"摸着石头过河"并不是一种简单的提法而已,它的重要意义在于能够在帮助人们认清中国特色社会主义实践基本特点的过程中使人们掌握实践中的主动权,从而间接地起到了思想认识方法论上的引导作用。

第一,帮助人们进一步认清中国特色社会主义实践的过程性。"摸着石头过河"强调了中国改革实践的探索性与摸索性,因此,在此思想的指导下,人们更应该关注的是中国特色社会主义实践的过程性。这也就是说,首先,对于中国特色社会主义实践过程中所出现的一些问题与困难,人们应该从过程的角度来加以理解,应该认清它们可能只是过程中的阶段性问题与困难,随着中国特色社会主义实践进一步的向前深入,这些问题与困难会得到逐步地解决;其次,对于中国特色社会主义建设实践,人们需要有大的"过程视野",应该着力使之能够实现分阶段、分步骤的展开,而不能企盼一蹴而就的伟大宏业,也就是陈云在20世纪50年代初最早提出"摸着石头过河"以及80年代重新提出"摸着石头过河"一词时均强调"稳当"内容的核心指向。历史证明,任何"急攻冒进"的实践最终都会以失败而告终。邓小平也曾明确说道:"速度过高,带来的问题不少,对改革和社会风气也有不利影响,还是稳妥一点好。一定要控制固定资产的投资规模,不要把基本建设的摊子铺大了。一定要首先抓好管理和质量,讲求经济效益和总的社会效益,这样的速度才过得硬。"在这里,邓小平充分总结了盲目追求速度所带来的不利后果,其最终落脚点就是强调"稳妥一点好"并认为与经济效益与社会效益统一的速度,才是过硬的速度。

第二,帮助人们进一步认清中国特色社会主义实践的探索性。从1982年在党的十二大提出"走自己的路,建设有中国特色的社会主义"的命题以来,我国便开始了中国特色社会主义道路的自觉探索和实践。不断明确中国特色社会主义实践的探索性,对于发展中国特色社会主义道路是至关重要的。邓小平指出:"过去搞民主革命,要适合中国情况,走毛泽东同志开辟的农村包围城市的道路。现在搞建设,也要适合中国情况,走出一条中国式的现代化道路。"同时,他还从"走自己的道路"的意义上将中国式的现代化同中国特色的社会主义并列提出来:"我们搞的现代化,是中国式的现代化。我们建设的社会主义,是有中国特色的社会主义。"无疑,"走出一条中国式的现代化道路的过程"就是一个中国特色社会主义实践的探索过程。就目前来看,中国特色社会主义道路担负着两项任务:

一项是告诉世人，社会主义道路的"中国模式"是成功的；另一项是告诉世人，社会主义道路是成功的。当然，也正因为承担着上述两项重大使用，因此，中国特色社会主义实践的探索之路必须坚定不移地走下去。

第三，帮助人们进一步认清中国特色社会主义实践的目标性。"摸着石头过河"将建设中国特色社会主义作为明确的前进目标，即"过河"，因此，在该思想中建设中国特色社会主义这一目标是极为明确的，这也反映了在社会主义建设实践中无论遇到什么样的困难与问题，坚定不移地发展中国特色社会主义这一宏大目标是不能改变的。邓小平曾明确强调："我们要在中国实现四个现代化，必须在思想政治上坚持四项基本原则。这是实现四个现代化的根本前提。"这四项是："第一条，我们必须坚持社会主义道路"；"第二条，我们必须坚持无产阶级专政"；"第三条，我们必须坚持共产党的领导"；"第四条，我们必须坚持马列主义、毛泽东思想。"这就是著名的"坚持四项基本原则"，它所反映出来的正是对于发展中国特色社会主义道路坚定不移的坚持。

第四，帮助人们进一步认清中国特色社会主义实践的能动性。"摸着石头过河"着力于"摸索"与"探索"，这一点充分说明了其对在中国特色社会主义实践过程中必须充分发挥能动性的大力强调，也是对毛泽东实践思想的重大继承与发展。毛泽东曾经说道："军事家不能超过物质条件许可的范围外企图战争的胜利，然而军事家可以而且必须在物质条件许可的范围内争取战争的胜利。军事家活动的舞台建筑在客观物质条件的上面，然而军事家凭着这个舞台，却可以导演出许多有声有色威武雄壮的活剧来。"因此，对于毛泽东来说，实践对象的客观性是不能轻易否定掉的，应该对实践对象的客观性予以充分肯定。在毛泽东那里，实践对象并没有被当作实现目的的手段来对待，这种认识确立了实践对象的独立存在地位，也为其始终坚持辩证唯物主义立场铺平了道路，奠定了客观基础。从"摸着石头过河"来看，当它着力强调在摸着"石头"的基础上去探索的时候，既强调了必须充分尊重探索的物质基础，同时也强调了必须大力发挥人的主观能动性，大胆去探索。邓小平曾经明确要求全党在改革开放中坚定不移地开拓前进，理论及时对实践进行总结，再回到实践，"以创新实践精神勇于进取，开拓一代伟业"。无疑，这种对实践能动性的强调，大大地促进了中国特色社会主义的建设事业。

第五，帮助人们进一步认清中国特色社会主义实践的工具性。"摸着石头过河"强调了"石头"在中国特色社会主义探索实践中的重要性,这一点充分说明了中国特色社会主义实践具有工具性特征,也就是说人们需要重视手段的重要性。早在1934年1月,毛泽东就在江西瑞金召开的第二次全国苏维埃代表大会的报告中十分精辟地论述了实践手段的重要性。毛泽东说到:我们不但要提出任务,确定目标,而且要解决完成与达到目标的手段。"我们的任务是过河,但是没有桥或没有船就不能过。不解决桥或船的问题,过河就是一句空话"。在这里,毛泽东不仅强调实践目的的重要性,而且还将"桥"或"船"这些实现实践目的的手段明确地予以点明,并且提出了"不解决桥或船的问题,过河就是一句空话"这一至理名言。

那么,在中国特色社会主义实践"摸着石头过河"过程中,究竟哪些是石头呢?总体上说,这里的"石头"包含两方面的内容:一方面是广大人民群众的实践活动;另一方面是改革开放过程中的各种历史机遇。之所以提到这两方面的内容,主要是从内外因的角度来加以理解的。如果说广大人民群众的实践活动是内因的话,那么,改革开放过程中出现的各种历史机遇就是外因。就目前看来,社会主义实践中国模式的逐渐建立是与上述两方面分不开的。

人民群众的实践活动是"摸着石头过河"的生命之源。邓小平在改革之初曾指出:"要坚决批评和纠正各种脱离群众、对群众疾苦不闻不问的错误。群众是我们力量的源泉,群众路线和群众观点是我们的传家宝。"在这里,邓小平不仅提到群众路线,同时还提出了群众观点这一新的思想。在《解放思想,实事求是,团结一致向前看》讲话中,邓小平指出:"在经济政策上,我认为要允许一部分地区、一部分企业、一部分工人农民,由于辛勤努力成绩大而收入先多一些,生活先好起来。一部分人生活先好起来,就必然产生极大的示范力量,影响左邻右舍,带动其他地区、其他单位的人们向他们学习。这样,就会使整个国民经济不断地波浪式地向前发展,使全国各族人民都能比较快地富裕起来。"我国的改革开放就是在通过依靠人民群众的"试点—总结—推广"过程中不断摸索、创新、发现的,走出自己的特色来。根据我国当时的情况,改革从农村承包责任制再扩展到城市,从沿海开放逐步扩展到沿江、内地,随之实施了西部大开发、振兴东北、中部崛起等发展战略。

历史机遇思想是邓小平建设有中国特色社会主义理论的重要组成部分,亦是其哲学思想的独有特色。邓小平为什么对历史机遇问题给予了极大的重视，反复强调要抓住我国发展的历史机遇呢？这是因为：能否抓住历史机遇，是事关我国实现现代化、跻身世界强国行列的根本性战略问题。邓小平是从实现我国的现代化战略目标，提高我国在世界格局中的战略地位着眼，提出历史机遇问题的。在他看来，要在短时期内摆脱我国的贫困落后状态，实现我国的现代化，提高我国在国际上的战略地位，是"非常艰巨的、很不容易的任务"。邓小平基于对国际与国内正反两方面的经验教训的总结，极富远见地提出：为了实现我国的现代化战略目标和提高我国在世界格局中的战略地位，"我们要利用机遇，把中国发展起来"。能否抓住机遇，也是一个关系到我国能否坚持社会主义方向的重大政治问题。像任何事物一样，机遇也有两重性，机遇也是挑战。抓住机遇可以加快我国的发展，社会主义就可以立于不败之地；反之，丧失机遇，不仅会进一步拉大我国与其他国家的差距，社会主义也有被断送的危险。他说："抓住时机，发展自己，关键是发展经济。现在，周边一些国家和地区经济发展比我们快，如果我们不发展或发展得太慢，老百姓一比较就有问题了。"那样一来，我们的社会主义制度就可能无法坚持。反之，如果我们能把握历史机遇解决我国的发展问题，"人民一看，还是社会主义好，还是改革开放好，我们的事业就会万古长青！"而"只要中国不垮，世界上就有五分之一的人口在坚持社会主义"。"只要中国社会主义不倒，社会主义在世界将始终站得住。"

怎样才能抓住我国发展所面临的历史机遇呢？关键是要善于用唯物辩证的观点观察问题，用宏观战略眼光分析问题。邓小平既善于从国际形势和我国周边环境的重大变化中，发现和捕捉我国发展的机遇。例如，他认为"现在世界发生大转折，就是个机遇"。又如，邓小平认为亚洲太平洋地区的崛起对我国的发展也是极其重要的机遇；同时，又善于从对人类历史和社会进步最具影响的重大事件中，发现和捕捉我国发展的机遇。邓小平指出，新科技革命的兴起，是我国发展所面临的又一重要机遇。邓小平以其远见卓识的战略眼光深刻地洞察到，现代乃至未来时代的国际竞争，说到底是综合国力的竞争，关键又是科学技术的竞争。中国要实现现代化的战略目标，提高在国际竞争中的战略地位，必须抓住新科技革命这一重要的历史机遇。

（作者单位：中国社会科学院哲学所）

论"两个飞跃"思想的现实意义

——纪念邓小平诞辰110周年

赵智奎

2020年中国将全面建成小康社会，时间紧迫；2050年中国将建成中等发达国家，在此基础上实现中华民族的伟大复兴，任务艰巨。两者都事关重大，牵动着每个中国人的心，举世瞩目。

事实上，没有农业现代化就没有国家现代化，没有农村繁荣稳定就没有全国繁荣稳定，没有农民全面小康就没有全国人民全面小康。只有坚持把解决好"三农"问题作为全党工作重中之重，坚持农业基础地位，坚持社会主义市场经济改革方向，坚持走中国特色农业现代化道路，坚持保障农民物质利益和民主权利，才能解放和发展农村社会生产力，推动农村经济社会全面发展，才能有全面小康社会和中等发达国家的实现。

要做到上述五个坚持，实践证明只有规模化、高水平的农村集体经济才能真正胜任。换言之，规模化、高水平的农村集体经济是农民致富和维护权益的根本保障，是中国农业发展的根本方向，是加快转变农村经济发展方式的制度变革和路径选择，是实现农业现代化的必由之路。

这些正是邓小平"两个飞跃"思想的核心内容。

一 "两个飞跃"思想的理论价值

考察邓小平"两个飞跃"思想的来龙去脉，有必要追溯到改革开放初期，回顾邓小平的系列讲话内容，重新认识"两个飞跃"思想的重大理论价值。

30多年前，1980年5月31日，针对有人担心实行包产到户会影响集体经济，邓小平在和有关负责同志谈话中指出："我看这种担心是不必要的。我们总的方向是发展集体经济。……可以肯定，只要生产发展了，农村的社会分工和商品经济发展了，低水平的集体化就会发展到高水平的集体化，集体经济不巩固的也会巩固起来。关键是发展生产力，要在这方面为集体化的进一步发展创造条件。"①

20多年前，1990年3月3日，邓小平在与中央负责同志的谈话中说，"中国社会主义农业的改革和发展，从长远的观点看，要有两个飞跃。第一个飞跃，是废除人民公社，实行家庭联产承包为主的责任制。这是一个很大的前进，要长期坚持不变。第二个飞跃，是适应科学种田和生产社会化的需要，发展适度规模经营，发展集体经济。这是又一个很大的前进，当然这是很长的过程"。②

邓小平的上述两次讲话，时间相隔10年。两次讲话的内容，都是"两个飞跃"思想的组成部分。两次讲话从前到后，是循序渐进的逻辑过程。

如今，我们看到，30多年来中国农业、农村、农民已经发生了重大变化，正是沿着邓小平"两个飞跃"思想设计的轨迹在演进着。

2013年11月12日，中共中央在十八届三中全会通过的《关于全面深化改革若干重大问题的决定》明确指出："当前，我国发展进入新阶段，改革进入攻坚期和深水区。必须以强烈的历史使命感，最大限度集中全党全社会智慧，最大限度调动一切积极因素，敢于啃硬骨头，敢于涉险滩，以更大决心冲破思想观念的束缚、突破利益固化的藩篱，推动中国特色社会主义制度自我完善和发展。"在这个新阶段中，我们再次重温邓小平"两个飞跃"思想，进一步认识"两个飞跃"思想的重大理论价值，非常必要。

根据邓小平的阐述，"两个飞跃"思想可以分为"第一个飞跃"和"第二个飞跃"。事实上，"第一个飞跃"（废除人民公社）在中国早已实现，是完成时态，已成现实；"第二个飞跃"（规模经营，发展集体经济）是设想，在等待条件成熟。但是目前在中国局部地区，已部分实现，而且还在继续发展，是进行时态。

"第一个飞跃"的实现，中国农业取得了重大成就。废除人民公社，

---

① 《邓小平年谱（1975—1997）》，中央文献出版社2004年版，第641页。
② 《邓小平文选》第3卷，人民出版社1993年版，第355页。

确立以家庭承包经营为基础、统分结合的双层经营体制,解放了生产力,使农村发生了巨大变化。此后,随着改革开放的不断深入,中国放开农产品市场,取消农业税,对农民实行直接补贴,初步形成了适合国情和生产力发展要求的农村经济体制;粮食生产、农产品供应、农民收入、扶贫开发成效显著,稳定解决了十三亿人口吃饭问题。

"第二个飞跃"虽未实现,但已在进行之中,中国农业正朝着高水平的集体化方向发展,发展的势头不可阻挡。"两个飞跃"思想,都是邓小平理论的重要组成部分。

首先,邓小平坚持马克思主义的唯物史观,运用马克思主义的基本原理,科学地指出中国农业发展的关键是发展生产力。而发展生产力、解放生产力,就需要变革生产关系,使生产关系适应于生产力的发展。废除人民公社,就是使生产力从"一大、二公"的生产关系中解放出来。家庭承包责任制的实施,极大地解放了农村生产力,从而为发展高水平的集体经济打下深厚的基础。

其次,邓小平坚持科学社会主义的基本原理,明确指出了发展方向是发展集体经济,从所有制的根本问题上确定了中国农业改革和发展必须坚持走社会主义道路。体现社会主义本质的基本原则:一是"公有制占主体";二是"共同富裕"。集体经济是生产资料公有制的重要组成部分,集体经济所有制具有社会主义的属性。

再次,邓小平实事求是地指出了集体经济有多种组织形式。这个论断完全符合中国农业改革和发展不平衡的现实。邓小平曾指出:"在生产关系上不能完全采取一种固定不变的形式,看用哪种形式能够调动群众的积极性就采用哪种形式。""在农村,还得要调整基层的生产关系,要承认多种多样的形式。照我个人的想法,可能是多种多样的形式比较好。"①

最后,邓小平"两个飞跃"思想闪烁着唯物主义辩证法的光辉。从"第一个飞跃"到"第二个飞跃"都是很大的前进。是从低水平集体化向高水平集体化的发展。重要的是"第一个飞跃"为"第二个飞跃"准备了条件。没有"第一个飞跃",生产力得不到解放和发展。正因为有了生产力的发展,才有可能继续实现"第二个飞跃"。这里还应该指出,邓小平特别强调"适度"两个字,"适度规模经营"具有条件性,符合辩证法

---

① 《邓小平文选》第1卷,人民出版社1994年版,第323、324页。

思想。

"第一个飞跃"为"第二个飞跃"准备了什么条件？邓小平指出："第一，机械化水平提高了（这是说广义的机械化，不限于耕种收割的机械化），在一定程度上实现了适合当地自然条件和经济情况的、受到人们欢迎的机械化。第二，管理水平提高了，积累了经验，有了一批具备相当管理能力的干部。第三，多种经营发展了，并随之而来的各种专业组或专业队，从而使农村的商品经济大大发展起来。第四，集体收入增加而且在整个收入中的比重提高了。"[①]

邓小平在1980年5月的谈话时，又一次谈到了因地制宜问题。实际上，这才是所谓邓小平"猫论"的真实含义。

邓小平"两个飞跃"思想，具有方向性、科学性、条件性、时间性，是中国社会主义农业现代化建设发展的战略选择，是农业改革和发展的顶层设计，是坚持马克思主义唯物史观对中国农业发展的科学论断和规律性认识。实践是检验真理的唯一标准。今天，我们对邓小平"两个飞跃"思想无论给予多高的评价，都不为过。"两个飞跃"思想闪烁着科学真理的光辉，将始终指导着中国人民在实现全面小康和实现中等发达国家的道路上阔步前进。

二 "两个飞跃"思想的现实意义

如前所述，改革开放以来至今，中国农业的改革和发展，正是按照邓小平"两个飞跃"思想设计的轨迹前进。"两个飞跃"思想具有重要的现实意义。

应该指出，邓小平"两个飞跃"思想，一方面强调废除人民公社、实行家庭联产承包为主的责任制这种低水平的集体经济的必然性、重要性和长期性；另一方面又强调了高水平的集约化、集体化是我国农业改革和发展的必然选择。事实上，就在全国农村推行联产承包责任制之时，就有一些集体经济水平较高的农村，没有走分田到户、联产承包的道路，而是坚持走高水平的集体经济发展之路，直到今天逐步实现了"第二个飞跃"。

例如，河南省新乡县七里营镇的刘庄村。在老书记史来贺的带领下，刘庄创造了集体专业联产承包责任制，实行"集体综合经营、专业分工生

[①] 《邓小平年谱（1975—1997）》，中央文献出版社2004年版，第641—642页。

产、分级承包管理、奖罚联责联产"。1980年成立了农工商联合社,后改为刘庄农工商总公司。全村人形成"走社会主义道路、发展壮大集体经济、实现共同富裕"的共同理想。现在全村物质生活富裕,生活质量优良,初步实现了农业现代化、农村工业化、经济市场化、农民知识化、生活城市化、管理民主化。仅2006—2010年5年间,刘庄上缴国家税金5亿多元。2010年,全村固定资产达20多亿元,农民人均可支配收入达到2.6万元。村民免费住进了集体统一建造的每户472平方米的新村别墅。

又例如,黑龙江省甘南县的兴十四村。该村始终没有分田到户,坚定不移地走共同富裕道路,现已发展成为拥有35家企事业、13亿多元总资产,集农、林、牧、生物制药、农产品深加工、生态旅游、房地产开发和国际贸易于一体的黑龙江富华集团,被誉为"龙江第一村"。2010年总收入实现10.13亿元,利税实现6027万元,村民人均收入实现3.23万元。被称为"东北地区实现小平同志提出的中国农村改革第二次飞跃的成功模式"。

河南省临颍县的南街村是先分后合,倡导集体主义精神,建设共产主义小社区。1991年率先摘取河南省"亿元村"桂冠。现总资产29亿元,每年利税7000万元,蜚声海内外。

江苏省江阴市的华西村一直坚持走集体经济道路。20世纪70年代"造田",实现农业现代化;80年代"造厂",实现农村工业化;90年代"造城",实现农村城市化。从2001年起,吴仁宝和华西人创造性地提出了"一分五统":一分,就是村与企业要分开,把新合并的16个村规划成12个村,合并后的原村委会还是由本村村民自治、选举。五统,一是经济由华西统一管理,二是劳动力在同一条件下统一安排,三是福利由华西统一发放,四是村庄由华西统一规划建设,五是华西村党委统一领导,和周边的16个村一起组成了大华西村,面积由原来的0.96平方公里扩大到30平方公里,人口由原来的2000多人增加到3万多人。华西村是全国农村走共同富裕道路的典型,2004年,华西村人均工资收入12.26万元,同年全国农民人均纯收入2936元、城镇居民人均可支配收入9422元。2009年,华西村入选中国第一村,创造了中国世界纪录协会多项世界之最、中国之最。

从整体上看,全国始终坚持走规模化经营、高水平集体化道路的村庄,不胜枚举。据有关资料显示,全国大约有7000多家坚持走规模化经营、集体化的村庄,[①] 它们分布在不同省份、地区,在不同层次上充当着先进的典型。

实践证明,凡是坚持走规模化集体经济发展道路的,都已经实现或正在实现邓小平提出的"第二个飞跃"。这些已经实现了"第二个飞跃"的村庄,都有几个普遍的特点:土地集体经营,农业现代化程度提高;工业企业构成集体经济的主体和支柱;村、企合一管理,凝聚力号召力增强;发展速度快,发展潜力大;精神文明、民主和法治建设不断加强;促进了农村社会和谐。

总的来看,它们成功的原因也很相似:有一个好的党组织、好的带头人;坚持因地制宜,走自己的路;坚持发展先进生产力,不断提高科技含量;坚持集体经济、规模经营的发展方向,实现共同富裕。

进入21世纪以来,中国的农民专业合作社像雨后春笋一样得到了快速发展。农民们本着自愿联合、利益共享、风险共担、共同发展的原则,实行新的协作和联合。这种协作和联合,显然是在家庭承包的基础上迈上了新的台阶。它的出现和快速发展,足以说明在市场经济条件下,原有的家庭承包已经不适应新形势发展的需要,在产品加工、储藏、销售特别是维护农民利益上,需要发展较高层次的集体经济。农民们已经在新型集体经济组织里面尝到了甜头。因此,我们应该给予新兴起的农民专业合作社较高的评价。当然,它与前述的大型集体经济联合体典型还有较大的距离,但毕竟是在原有的基础上前进了。

现在,中国总体上已进入以工促农、以城带乡的发展阶段,进入加快改造传统农业、走中国特色农业现代化道路的关键时刻,进入着力破除城乡二元结构、形成城乡经济社会发展一体化新格局的重要时期。正是在这种情况下,我们要全面贯彻落实邓小平"两个飞跃"思想,贯彻落实党的十八大精神,为全面建成小康社会固本强基,把城乡发展一体化作为解决"三农"问题的根本途径;必须统筹协调,促进工业化、信息化、城镇化、农业现代化同步发展,着力强化现代农业基础支撑,深入推进社会主义新农村建设。

中国城镇化的发展与农村集体经济发展的关系十分密切。在城镇化进

---

① 参见邱峰《中国农业合作道路的曲折坎坷和坦途——在中国农业合作社首届(北京)高峰论坛上的发言》,资料来源于中红网—中国红色旅游网(www.crt.com.cn, www.xibaipo.com)。

程中统筹城乡发展。城镇化和社会主义新农村建设以及集体经济发展是相互促进的。没有农业和农村的发展，城镇的繁荣与发展就没有基础和保障。城镇化是解决"三农"问题的重要途径。城镇化水平的提高，城市经济实力的提升，可以增强以工补农、以城带乡的能力，有利于改善农村面貌，带动农村经济社会发展。而这一切，农村规模化经营和高水平的集体化，将发挥至关重要的作用。

前面列举的黑龙江省甘南县兴十四村，现在已更名为兴十四镇。从兴十四村到兴十四镇，可以说它是中国农村城镇化的样本。城镇化离不开农业现代化，离不开高水平的集体化。兴十四村就是农业现代化和高水平集体化的样本，全村2.4万亩耕地，依托的是大机械、大水利、大科技，大型喷灌100多台，各类农机500多台，走出了产业化、现代化、集体化道路。在原有136个独栋别墅的基础上，建设村民住宅30栋，中学、幼儿园、医院、邮局应有尽有。目前，正朝着"建设5万人口小城镇"的目标前进。兴十四村的城镇化之路，具有典型意义。

当然我们也要注意到目前农村家庭农场的大量涌现。家庭农场虽然还在较低的水平上，但已经在分田到户承包的基础上有所前进，土地有了一定的整合和集中。只要我们坚定发展集体经济这个总方向不动摇，克服和抵制土地私有化的倾向和行为，就能把"家庭农场"引入健康的轨道。

总之，我们必须坚持一个根本原则，即现在的农民专业合作社、家庭农场、土地流转等，都必须以是否坚持邓小平"两个飞跃"思想为标准，舍此无他。

这里，需要再次强调并呼吁：必须贯彻落实邓小平"两个飞跃"的思想，坚定不移地走集体经济发展之路，这是社会主义新农村建设的制度变革和路径选择，是农民共同富裕的根本出路。集体经济体制决不是旧体制的简单再现，而是社会主义市场经济向纵深发展的必然趋势，它以新的所有制形式受到农民的欢迎。要适应农村改革发展新形势，顺应亿万农民过上美好生活的新期待，抓住时机、乘势而上，努力开辟中国特色农业现代化的广阔道路。

三 问题思考及对策建议

作为马克思主义学者，我们有必要澄清对邓小平理论的误解，特别是对"两个飞跃"思想的错误理解，还历史的本来面貌，回到正确的轨道。

首先，误解邓小平"两个飞跃"思想。一个时期以来，一些地方领导干部和一部分理论工作者，不清楚不了解邓小平"两个飞跃"思想。他们只知道"第一个飞跃"，不知道"第二个飞跃"，误以为邓小平是不主张中国农业走集体经济道路的。这种认识较为普遍。这就显示了两个问题：一是学习邓小平理论浅尝辄止，未能深入，只知其一不知其二；二是受新自由主义影响，不宣传"第二个飞跃"所强调的集体经济发展方向，甚至排斥和诋毁集体经济。

实际上，邓小平非常重视"两个飞跃"。1990年3月阐述了"两个飞跃"思想，两年之后，在审阅中共十四大报告稿时，邓小平又重申了"两个飞跃"思想。1992年7月，在审阅中共十四大报告稿时，邓小平指出，"关于农业问题，现在还是实行家庭联产承包为主的责任制。……在一定的条件下，走集体化集约化的道路是必要的"。"农村经济最终还是要实现集体化和集约化。"①

"两个飞跃"思想，是邓小平根据我国国情和广大农村的实际情况，对我国农村改革和发展步骤进行深入思考而得出的重大理论成果。对我国农村改革和发展具有深远的指导意义。但是为什么会出现上述存在的问题和现象呢？值得我们反思。

其次，借此机会，有必要再为邓小平的"猫论"正名。所谓"猫论"，即"不管黑猫、白猫，抓住老鼠就是好猫"。这句话是邓小平在1962年7月7日总结我国农业发展在生产关系问题上的经验和教训时，提出来的。邓小平在谈到怎样恢复农业生产时说："农业本身问题，现在看来，主要还得从生产关系上解决。这就是要调动农民的积极性。……现在出现了一些新的情况，如实行'包产到户'、'责任到田'、'五统一'等等。以各种形式包产到户的恐怕不只是百分之二十，这是个很大的问题。怎么解答这个问题，中央准备在八月会议上研究一下。现在'百家争鸣'。这样的问题应该'百家争鸣'。大家出主意，最后找出个办法来。"这次谈话中涉及人民公社所有制问题。在谈到生产关系究竟以什么形式为最好时，邓小平指出，"哪种形式在哪个地方能够比较容易比较快地恢复和发展农业生产，就采取哪种形式；群众愿意采取哪种形式，就应该采取哪种形式，不合法的使它合法起来。……"邓小平主张恢复农业生产，要从实际出发。

---

① 《邓小平年谱（1975—1997）》，中央文献出版社2004年版，第1349页。

一切要视情况而定。正如打仗一样，打得赢才算数。在谈话中邓小平幽默地举例说，正如刘伯承经常讲的一句四川话："黄猫、黑猫，只要抓住老鼠就是好猫。"①

所谓著名的"猫论"，就是在这个时候讲的。后来又被人们传为"不管黑猫、白猫，只要抓住老鼠就是好猫"。实际上，邓小平在这里主要是讲要看群众的积极性，要看效果。在生产关系问题上，不能完全采取一种固定不变的形式，看哪种形式能够调动群众的积极性就采取哪种形式。"猫论"的内容和指向非常具体，符合马克思主义的实事求是和具体问题具体分析的基本原理，符合唯物论和唯物辩证法。但是有人为了贬低和诋毁邓小平，不顾"猫论"提出的背景和内容，而用"猫论"来概括邓小平理论和思想，认为邓小平理论就是"猫论"，这种简单武断的概括，不是科学的态度，有贬低和歪曲邓小平理论之嫌。

再次，农业改革和发展要求公正公平地对待集体经济。所谓集体经济，是在所有制的意义上界定，即集体经济所有制。集体经济，属于劳动群众集体所有、实行共同劳动、在分配方式上以按劳分配为主体的社会主义经济组织；集体经济是公有制经济的重要组成部分，分为城镇集体经济与农村集体经济。

如前所述，邓小平"两个飞跃"思想的核心内容是规模化经营和发展集体经济。既然如此，我们对集体经济发展好的农村和城镇企业都应给予充分的肯定。但是，由于受新自由主义的影响，一个时期以来，社会上存在着一种现象，这就是对集体经济发展好的农村冷嘲热讽，对集体主义实行污名化。与此相应，对国有企业的抨击和不实之词也此起彼伏。这些错误需要克服和纠正。

最后，农业改革和发展要警惕和抵制土地私有化倾向。目前社会上有一种"土地私有化"的主张和呼声。应该鲜明地指出这种主张的错误和危险性。这是与邓小平"两个飞跃"思想相悖的，直接关系到中国农业改革和发展的方向。如果土地私有化，那么就肯定会走资本主义道路，而不是社会主义道路。实践早已表明，资本主义道路是走不通的。南墙之痛，应有所戒。在土地流转的过程中，要坚决防止土地私有化。

家庭联产承包责任制是在最重要的农业生产资料——土地归村集体所

---

① 《邓小平文选》第 1 卷，人民出版社 1994 年版，第 323 页。

有的基础上实行的低水平的集体经济实现形式。它是农村废除超越生产力发展水平的人民公社制度的产物，是农民的自发创造和党的政策正确引导的成果。我们应辩证地认识这一成果的历史功绩及其历史局限性。现在，家庭联产承包制虽然在全国某些地方还有一定的生命力，但是总的看来，它已经完成了自己的历史使命，或者说已经走到尽头，是需要进行"第二个飞跃"的时候了。这"第二个飞跃"，就是搞规模化的集体经济。

农村改革和发展要坚持尊重农民首创精神与党的领导的统一，坚定地走社会主义道路。要充分认识到，农村集体经济是有利于农民共同富裕的各种组织形式和经营方式；是我国社会主义基本经济制度的重要组成部分，在我国社会主义革命、建设和改革发展中承担重要使命并占有重要地位；是农村建设社会主义的重要基础，是农民实现共同富裕的根本保证；集体经济道路符合中国特色农业现代化道路要求；集体经济道路符合社会主义市场经济发展的根本要求。

鉴于上述，我们仍须加大对邓小平"两个飞跃"思想的宣传力度。不仅让"两个飞跃"思想家喻户晓，更重要的是正确理解和把握"两个飞跃"思想的精神实质，坚定地走规模经营集体化道路，绝不偏离社会主义方向。

要充分肯定集体经济发展好的村庄的业绩，理直气壮地宣传这些村庄，学习和借鉴他们的宝贵经验。更重要的还需要总结农村集体经济发展的规律。

笔者认为，上述这些正是我们今天纪念邓小平所必须认真面对的。在实现中华民族伟大复兴的历史进程中，邓小平"两个飞跃"思想作为灯塔和指南，生命力永存。

（作者单位：中国社会科学院马克思主义中国化研一部）

习近平中国特色社会主义思想初探
——学习习近平总书记关于坚持和发展中国特色社会主义重要论述

王存福

2012年11月15日,中共十八届一中全会选举习近平同志为新一届中央委员会总书记。在随后进行的新一届中央政治局常委同中外记者见面会上,习近平总书记发表了任职以来的第一个讲话——《在十八届中共中央政治局常委同中外记者见面时的讲话》。之后,习近平总书记把握时代和实践的新要求,把握人民群众的新期待,在许多重要会议、重要活动、重要场合陆续发表了系列重要讲话。截止到2014年7月9日,讲话数量已达180个,内容涉及同心共筑中国梦、始终不渝地坚持和发展中国特色社会主义、全面深化改革、科学发展观、和平发展等诸多内容。习近平总书记的系列讲话集中了全党和全国人民智慧,深刻回答了新的历史条件下党和国家发展的一系列重大理论和现实问题,提出了许多富有创见的新思想、新观点、新论断、新要求。

在习近平总书记的系列讲话中,坚持和发展中国特色社会主义是贯穿其中的鲜明主题,是我们理解和把握系列讲话精神的聚焦点、着力点和落脚点。[①] 2012年11月15日,习近平总书记在党的十八届一中全会上发表讲话指出:全面贯彻落实党的十八大精神要突出抓好六个方面工作。2012年11月17日,习近平总书记在中共中央政治局第一次集体学习时强调:紧紧围绕坚持和发展中国特色社会主义、深入学习宣传贯彻党的十八大精

[①]《始终不渝坚持和发展中国特色社会主义——二论深入学习贯彻习近平总书记系列讲话精神》,《人民日报》2013年12月11日。

神，要从理论和实践的结合上把握好"五个深刻领会"。2013年1月5日，习近平总书记在新进中央委员会的委员、候补委员学习贯彻党的十八大精神研讨班开班式上发表重要讲话强调：毫不动摇坚持和发展中国特色社会主义，在实践中不断有所发现有所创造有所前进。2013年6月25日，习近平总书记在中共中央政治局第七次集体学习会上强调：在对历史的深入思考中更好走向未来，交出发展中国特色社会主义合格答卷，要坚持"五个必须"。在上述关于坚持和发展中国特色社会主义的重要讲话中，习近平总书记提出了一系列重要观点、重大论断，初步形成了自己的中国特色社会主义思想，进一步深化了我们党对中国特色社会主义规律的认识，为我们在新的历史起点上实现新的奋斗目标提供了基本遵循。因此，认真领会并深入贯彻习近平总书记关于坚持和发展中国特色社会主义的精神，对于夺取中国特色社会主义新胜利，意义重大而深远。

一 习近平总书记系列重要讲话深刻揭示了中国特色社会主义的必然性和重要性

中国为什么要走中国特色社会主义发展道路？坚持和发展中国特色社会主义对于中国的发展具有什么样的重大意义？这些问题是关于中国特色社会主义的逻辑起点。习近平总书记在系列重要讲话中从历史和实践逻辑的辩证统一中，得出了毫不动摇地坚持和发展中国特色社会主义的科学结论："在当代中国，坚持和发展中国特色社会主义，就是真正坚持社会主义。"①

（一）从历史的逻辑出发，阐明了我国选择中国特色社会主义道路的必然性

习近平总书记认为，道路问题是关系党的事业兴衰成败第一位的问题，道路就是党的生命。既然道路问题如此重要，那中国为什么会必然走向中国特色社会主义发展之路呢？习近平总书记把这一问题置入历史的逻辑中去阐释，他认为："中国特色社会主义不是从天上掉下来的，是党和人民历尽千辛万苦、付出各种代价取得的根本成就。中国特色社会主义的必然性在于它是历史的选择，它是在改革开放30多年的伟大实践中走出

---

① 《紧紧围绕坚持和发展中国特色社会主义，深入学习宣传贯彻党的十八大精神——习近平总书记在中共中央政治局第一次集体学习时的讲话》，《人民日报》2012年11月19日。

来的，是在中华人民共和国成立 60 多年的持续探索中走出来的，是在对近代以来 170 多年中华民族发展历程的深刻总结中走出来的，是在对中华民族 5000 多年悠久文明的传承中走出来的。"① 马克思主义深刻揭示了人类社会发展的历史规律，成为指导中国走向解放的科学指导思想。在中华民族的发展历程中，尤其近代以来的发展历程中，为解救中国于危难之中，无数仁人志士和多个政治派别纷纷走上历史舞台，但都没有能够实现中国独立富强的梦想。只有中国共产党坚持把马克思主义基本原理同中国具体实际和时代特征结合起来，胜利完成了新民主主义革命、社会主义革命，胜利进行了改革开放新的伟大革命，开创和发展了中国特色社会主义，从根本上改变了中国人民和中华民族的前途命运。由此，习近平总书记认为："中国特色社会主义，是近代以来中国社会发展的必然选择，是历史和人民的选择。中国特色社会主义，是科学社会主义理论逻辑和中国社会发展历史逻辑的辩证统一，是根植于中国大地、反映中国人民意愿、适应中国和时代发展进步要求的科学社会主义，是全面建成小康社会、加快推进社会主义现代化、实现中华民族伟大复兴的必由之路。"②

（二）从实践的逻辑出发，阐明了坚持和发展中国特色社会主义的重要性

习近平总书记认为，坚持和发展中国特色社会主义是党的十八大精神的核心点。"党的十八大精神，说一千道一万，归结为一点，就是坚持和发展中国特色社会主义。"③ 党的十八大之所以把坚持和发展中国特色社会主义作为核心点，习近平总书记认为要从"深刻领会中国特色社会主义是党和人民长期实践取得的根本成就"这一角度来充分认识"只有中国特色社会主义才能发展中国"，从而明确坚持和发展中国特色社会主义的重大意义。中国特色社会主义是改革开放新时期开创的，也是建立在我们党长期奋斗基础上的，是由我们党的几代中央领导集体团结带领全党全国人民历经千辛万苦、付出各种代价、接力探索取得的。"我们党紧紧依靠人民，

---

① 《在对历史的深入思考中更好走向未来，交出发展中国特色社会主义合格答卷——习近平总书记在中共中央政治局第七次集体学习时的讲话》，《人民日报》2013 年 6 月 26 日。

② 《毫不动摇坚持和发展中国特色社会主义，在实践中不断有所发现有所创造有所前进——习近平总书记在新进中央委员会的委员、候补委员学习贯彻党的十八大精神研讨班开班式上的讲话》，《人民日报》2013 年 1 月 6 日。

③ 同上。

从根本上改变了中国人民和中华民族的前途命运,不可逆转地结束了近代以后中国内忧外患、积贫积弱的悲惨命运,不可逆转地开启了中华民族不断发展壮大、走向伟大复兴的历史进军,使具有 5000 多年文明历史的中华民族以崭新的姿态屹立于世界民族之林"。①党和国家的长期实践充分证明,我们要全面建成小康社会、加快推进社会主义现代化、实现中华民族伟大复兴,必须始终高举中国特色社会主义伟大旗帜,坚定不移坚持和发展中国特色社会主义。

二 习近平总书记重要系列讲话进一步阐释了中国特色社会主义的科学内涵

中国特色社会主义从开创到发展,经历了一个长期的发展过程,并形成了丰富的内涵。在党的十七大,尤其是党的十八大对中国特色社会主义这一问题的概括的基础上,习近平总书记在重要系列讲话中进一步阐释了中国特色社会主义的科学内涵。

(一) 正确把握中国特色社会主义的科学内涵,要深刻领会中国特色社会主义道路、理论体系、制度的"三位一体"

1982 年 9 月 1 日,邓小平同志在党的十二大致开幕词的讲话中第一次提出了"把马克思主义的普遍真理同我国的具体实践结合起来,走自己的路,建设有中国特色的社会主义"的命题。②之后,党的十四大确立了邓小平建设有中国特色社会主义理论在全党的指导地位,将其根据为十二个组成部分。党的十五大确立邓小平理论为党的指导思想,将其根据为九大组成部分。党的十七大首次提出了中国特色社会主义内涵的"两个一",即一条中国特色社会主义发展道路、一个中国特色社会主义理论体系。党的十八大则概括了中国特色社会主义内涵的"三个一",即一条中国特色社会主义发展道路、一个中国特色社会主义理论体系、一套中国特色社会主义制度体系。在此基础上,习近平总书记在讲话中对中国特色社会主义的科学内涵进行了进一步的阐释。他认为,中国特色社会主义是实践、理论、制度紧密结合的,既把成功的实践上升为理论,又以正确的理论指导

---

① 《紧紧围绕坚持和发展中国特色社会主义,深入学习宣传贯彻党的十八大精神——习近平总书记在中共中央政治局第一次集体学习时的讲话》,《人民日报》2012 年 11 月 19 日。

② 《邓小平文选》第 3 卷,人民出版社 1993 年版,第 3 页。

新的实践，还把实践中已见成效的方针政策及时上升为党和国家的制度。所以，中国特色社会主义特就特在其道路、理论体系、制度上，特就特在其实现途径、行动指南、根本保障的内在联系上，特就特在这三者统一于中国特色社会主义伟大实践上。① 因此，正确把握中国特色社会主义的科学内涵，就必须从把发展道路、理论体系和制度这三者统一起来，不能割裂开来。

（二）正确把握中国特色社会主义的科学内涵，要深刻领会建设中国特色社会主义的"三个总"，即中国特色社会主义的总依据、总布局、总任务

强调总依据，是因为社会主义初级阶段是当代中国的最大国情、最大实际。我们在任何情况下都要牢牢把握这个最大国情，推进任何方面的改革发展都要牢牢立足这个最大实际。既然社会主义初级阶段是中国特色社会主义的总依据，我们就要把党在社会主义初级阶段的基本路线作为党和国家的生命线，在实践中要始终坚持"一个中心、两个基本点"不动摇，既不偏离"一个中心"，也不偏废"两个基本点"，扎扎实实夺取中国特色社会主义新胜利。② 强调总布局，是因为中国特色社会主义是全面发展的社会主义。我们要坚持以经济建设为中心，但更要在经济不断发展的基础上，协调推进政治建设、文化建设、社会建设、生态文明建设以及其他各方面建设。③ 这是我们党对社会主义建设规律在实践和认识上不断深化的重要成果。强调总任务，是因为我们党从成立那天起，就肩负着实现中华民族伟大复兴的历史使命。我们党领导人民进行革命建设改革，就是要让中国人民富裕起来，国家强盛起来，振兴伟大的中华民族。④ 我们党在不同历史时期，总是根据人民意愿和事业发展需要，提出富有感召力的奋斗目标，团结带领人民为之奋斗。党的十八大提出了实现社会主义现代化和中华民族伟大复兴的总任务，与中国特色社会主义事业总体布局相一致。我们要紧紧扭住这个总任务，一代一代锲而不舍干下去。

---

① 《紧紧围绕坚持和发展中国特色社会主义，深入学习宣传贯彻党的十八大精神——习近平总书记在中共中央政治局第一次集体学习时的讲话》，《人民日报》2012年11月19日。
② 同上。
③ 同上。
④ 同上。

三 习近平总书记系列重要讲话明确了坚持和发展中国特色社会主义的基本要求

习近平总书记在讲话中明确提出了在新的历史条件下夺取中国特色社会主义新胜利必须牢牢把握的基本要求。这些基本要求进一步回答了在新的历史征程上怎样才能夺取中国特色社会主义新胜利的基本问题，对于广大党员干部毫不动摇地坚持和发展中国特色社会主义，积极投身于中国特色社会主义伟大实践具有重要的指导意义。

（一）坚持和发展中国特色社会主义，必须要高举中国特色社会主义伟大旗帜不动摇

习近平总书记在讲话中指出："中国特色社会主义是改革开放新时期开创的，也是建立在我们党长期奋斗基础上的，是由我们党的几代中央领导集体团结带领全党全国人民历经千辛万苦、付出各种代价、接力探索取得的，它承载着几代中国共产党人的理想和探索，寄托着无数仁人志士的夙愿和期盼，凝聚着亿万人民的奋斗和牺牲，是近代以来中国社会发展的必然选择，是发展中国、稳定中国的必由之路。"① 通过 30 多年的中国特色社会主义的伟大实践，我们的国家走向富强，人民生活水平大幅度提高。这些事实足以说明：中国要发展，要实现全面建成小康社会、实现社会主义现代化、实现中华民族伟大复兴这些宏伟的目标，就必须坚定不移高举中国特色社会主义伟大旗帜，团结带领全党全国各族人民，坚定不移地走中国特色社会主义发展道路。

（二）坚持和发展中国特色社会主义，必须要坚持与时俱进，不断丰富发展中国特色社会主义的"四大特色"

习近平总书记认为："中国特色社会主义首先是社会主义而不是其他什么主义，所以，科学社会主义基本原则不能丢，丢了就不是社会主义。"② 当然，坚持科学社会主义基本原则绝不意味着要照抄照搬马克思主义，这样必然导致马克思主义的僵化停滞，最终将失去革命性和指导意义。对待马克思主义的正确态度是结合当代中国发展的实际，与时俱进，把马克思主义中国化，创造出适合中国国情的马克思主义理论创新成果，

---

① 习近平：《在党的十八届一中全会上的讲话》，《人民日报》2012 年 11 月 16 日。
② 《毫不动摇坚持和发展中国特色社会主义，在实践中不断有所发现有所创造有所前进——习近平总书记在新进中央委员会的委员、候补委员学习贯彻党的十八大精神研讨班开班式上的讲话》，《人民日报》2013 年 1 月 6 日。

使中国特色社会主义具备鲜明的中国特色。在改革开放的伟大实践中，党在坚持科学社会主义基本原则的基础上，不断破解发展中遇到的现实问题，创造出了邓小平理论、"三个代表"重要思想、科学发展观等理论成果，并成功推动改革开放事业取得重大成就，体现了中国特色社会主义鲜明的实践特色和理论特色。同时，党把中华民族的优秀文化传统融入中国特色社会主义体系之中，并结合时代发展的要求，不断注入新的时代特征，提出了构建社会主义和谐社会、中国梦、"五有"民生目标等战略思想，体现了中国特色社会主义鲜明的民族特色和时代特色。只有不断丰富发展中国特色社会主义的"四大特色"，才能使中国特色社会主义焕发出勃勃生机，迎来更加广阔的发展前景。

（三）坚持和发展中国特色社会主义，必须要坚定中国特色社会主义共同理想信念

习近平总书记在讲话中指出："革命理想高于天。没有远大理想，不是合格的共产党员；离开现实工作而空谈远大理想，也不是合格的共产党员。共产党员特别是党员领导干部要做共产主义远大理想和中国特色社会主义共同理想的坚定信仰者和忠实践行者。"[①] 广大党员干部要树立中国特色社会主义共同理想，首要的是用中国特色社会主义理论体系武装全党，要按照建设马克思主义学习型政党的要求，深入学习和掌握马克思列宁主义、毛泽东思想，深入学习和掌握中国特色社会主义理论体系，牢固树立辩证唯物主义和历史唯物主义世界观和方法论。通过理论武装，推动全党特别是各级领导干部坚定理想信念，增强为党和人民事业不懈奋斗的自觉性和坚定性，真正做到坚定不移、矢志不渝，从而积极投身于中国特色社会主义建设事业之中，推动中国特色社会主义伟大事业健康快速发展。

（四）坚持和发展中国特色社会主义，必须要坚定中国特色社会主义的"三个自信"

习近平总书记指出："我们说的道路自信、理论自信、制度自信，来源于实践、来源于人民、来源于真理。"[②] 在改革开放的伟大征程中，我们

[①] 《毫不动摇坚持和发展中国特色社会主义，在实践中不断有所发现有所创造有所前进——习近平总书记在新进中央委员会的委员、候补委员学习贯彻党的十八大精神研讨班开班式上的讲话》，《人民日报》2013年1月6日。

[②] 《在对历史的深入思考中更好走向未来，交出发展中国特色社会主义合格答卷——习近平总书记在中共中央政治局第七次集体学习时的讲话》，《人民日报》2013年6月26日。

党紧紧依靠人民，开创了中国特色社会主义，经过30多年的快速发展，我国的综合国力有了大幅度提升，从根本上改变了中国人民和中华民族的前途命运，不可逆转地结束了近代以后中国内忧外患、积贫积弱的悲惨命运，不可逆转地开启了中华民族不断发展壮大、走向伟大复兴的历史进军，使具有五千多年文明历史的中华民族以崭新的姿态屹立于世界民族之林。因此，我们要在深入把握中国特色社会主义的科学性和真理性的基础上增强自信，在领导人民推进改革开放和社会主义现代化建设的进程中继续开拓，按照党的十八大提出的坚持和发展中国特色社会主义的基本要求，不断开创中国特色社会主义事业新局面。

（五）坚持和发展中国特色社会主义，必须要确保党始终成为中国特色社会主义事业的坚强领导核心

中国特色社会主义是我国走向现代化的必由之路，走好这条路必须要有一个坚强的领路者，即要确保党始终成为中国特色社会主义事业的坚强领导核心。对此，习近平总书记认为："我们党担负着团结带领人民全面建成小康社会、推进社会主义现代化、实现中华民族伟大复兴的重任。"[①] 党要承担并完成如此重任，就必须以改革创新精神全面推进党的建设新的伟大工程，全面提高党的建设科学化水平，不断提高党的领导水平和执政水平、提高拒腐防变和抵御风险能力。只有这样，才能使我们党在世界形势深刻变化的历史进程中始终走在时代前列，在应对国内外各种风险和考验的历史进程中始终成为全国人民的主心骨，也才能在坚持和发展中国特色社会主义的历史进程中始终成为坚强领导核心。

（作者单位：中共青岛市委党校政治学教研部）

[①]《紧紧围绕坚持和发展中国特色社会主义，深入学习宣传贯彻党的十八大精神——习近平总书记在中共中央政治局第一次集体学习时的讲话》，《人民日报》2012年11月19日。

习近平关于推进科学发展新论断的几点解读

张伟平

刘云山同志在2013年11月4日省部级干部学习贯彻习近平总书记系列讲话精神研讨班开班式上指出,学习习近平总书记系列重要讲话精神,重在"八个领会"。其中之一就是深刻领会习近平总书记关于推动科学发展的论述,促进经济社会持续健康发展。党的十八大以来,习近平总书记对如何推进经济社会科学发展提出了一系列新思想、新观点、新论断,比如,"解决发展问题、改善民生仍是我们的第一要务","必须坚持发展是硬道理的战略思想,决不能有丝毫动摇","发展仍是解决我国所有问题的关键","发展是解决一切问题的总钥匙",等等。这些新思想、新观点、新论断标志着我们党对经济社会发展规律认识的进一步深化,表明了我们党推进科学发展的坚定意志和坚强决心。

一 习近平关于推进科学发展的主要论断

(一)全面推进经济建设、政治建设、文化建设、社会建设、生态文明建设"五位一体"建设总布局

习近平总书记在党十八届中央政治局第一次集体学习时的讲话中指出:"建设中国特色社会主义,总布局是五位一体。""中国特色社会主义道路,既坚持以经济建设为中心,又全面推进经济建设、政治建设、文化建设、社会建设、生态文明建设以及其他各方面建设;既坚持四项基本原则,又坚持改革开放;既不断解放和发展社会生产力,又逐步实现全体人民共同富裕、促进人的全面发展。""强调总布局,是因为中国特色社会主义是全面发展的社会主义。我们要牢牢抓好党执政兴国的第一要务,始终代表中国先进生产力的发展要求,坚持以经济建设为中心,在经济不断发

展的基础上，协调推进政治建设、文化建设、社会建设、生态文明建设以及其他各方面建设。"在党的十二届全国人大一次会议闭幕会上习近平又谈道："我们要坚持发展是硬道理的战略思想，坚持以经济建设为中心，全面推进社会主义经济建设、政治建设、文化建设、社会建设、生态文明建设，深化改革开放，推动科学发展，不断夯实实现中国梦的物质文化基础。"

（二）把人民利益放在第一位，使发展成果更多更公平惠及全体人民

习近平总书记在墨西哥参议院的演讲指出，发展是增进人民福祉、促进社会进步的根本途径。在2013年中央经济工作会议上的讲话又强调："必须坚持把人民利益放在第一位，进一步做好保障和改善民生工作，使发展成果更多更公平惠及全体人民。"在全面贯彻落实党的十八大精神要突出抓好六个方面工作的讲话中，习近平进一步指出："检验我们一切工作的成效，最终都要看人们是否真正得到了实惠，人民生活是否真正得到了改善。"在党的十二届全国人大一次会议闭幕会上的重要讲话又表示，中国梦归根到底是人民的梦，必须紧紧依靠人民来实现，必须不断为人民造福。他指出，"我们要随时随刻倾听人民呼声、回应人民期待，保证人民平等参与、平等发展权利"，要"不断实现好、维护好、发展好最广大人民根本利益，使发展成果更多更公平惠及全体人民，在经济社会不断发展的基础上，朝着共同富裕方向稳步前进"。在谈到科学发展的考核机制时，习近平在全国组织工作会议上强调："要改进考核方法手段，既看发展又看基础，既看显绩又看潜绩，把民生改善、社会进步、生态效益等指标和实绩作为重要考核内容，再也不能简单以国内生产总值增长率来论英雄了。"

（三）实现实实在在、没有水分的增长和有质量、有效益、可持续的发展

习近平总书记在中央经济工作会议上的讲话指出："保持经济增长，要增强经济增长的内生活力和动力，增长必须是实实在在和没有水分的增长，是有效益、有质量、可持续的增长"，"推动经济持续健康发展，要求的是尊重经济规律、有质量、有效益、可持续的速度，要求的是在不断转变经济发展方式、不断优化经济结构中实现增长"。在谈到如何加快调整产业结构，提高产业整体素质时又指出，"实现尊重经济规律、有质量、有效益、可持续的发展，关键是深化产业结构战略性调整。要充分利用国际金融危机形成的倒逼机制，把化解产能过剩矛盾作为工作重点，总的原

则是尊重规律、分业施策、多管齐下、标本兼治"。同时，就如何实现实实在在没有水分的增长和有质量、有效益、可持续的发展，习近平总书记在中共中央党外人士座谈会上的讲话中提出，"要坚持以科学发展为主题、转变发展方式为主线，把推动发展的立足点转到提高质量和效益上来，把推动发展的着力点转到培育形成新活力、新动力、新体系、新优势上来"。在中央政治局常务委员会研究经济形势和经济工作会议上强调指出，"面对新形势，我们要坚持用两点论看待问题，既要充分肯定取得的成绩，又要清醒看到存在的问题，未雨绸缪，加强研判，宏观政策要稳住，微观政策要放活，社会政策要托底"。

（四）树立尊重自然、顺应自然、保护自然的生态文明理念

习近平总书记多次强调，建设生态文明，关乎人民福祉，关乎民族未来，明确提出大力推进生态文明建设，努力建设美丽中国，实现中华民族永续发展。在中央政治局第六次集体学习时提出："推进生态文明，树立尊重自然、顺应自然、保护自然的生态文明理念，坚持节约资源和保护环境的基本国策，坚持节约优先、保护优先、自然恢复为主的方针，着力树立生态观念、完善生态制度、维护生态安全、优化生态环境，形成节约资源和保护环境的空间格局、产业结构、生产方式、生活方式。""要正确处理好经济发展和生态环境保护的关系，牢固树立保护生态环境就是保护生产力、改善生态环境就是发展生产力的理念，更加自觉地推动绿色发展、循环发展、低碳发展，绝不以牺牲环境为代价去换取一时的经济增长。""最重要的是要完善经济社会发展考核评价体系，把资源消耗、环境损害、生态效益等体现生态文明建设状况的指标纳入经济社会发展评价体系，使之成为推进生态文明建设的重要导向和约束。"

（五）走集约、智能、绿色、低碳的新型城镇化道路

习近平总书记指出，我们要"协调推进新型工业化、新型城镇化，形成新的增长极、增长带、增长面，拓展扩大内需的新空间"。在中央经济工作会议上谈到积极稳妥推进城镇化，着力提高城镇化质量时就指出："城镇化是我国现代化建设的历史任务，也是扩大内需的最大潜力所在，要围绕提高城镇化质量，因势利导、趋利避害，积极引导城镇化健康发展。要构建科学合理的城市格局，大中小城市和小城镇、城市群要科学布局，与区域经济发展和产业布局紧密衔接，与资源环境承载能力相适应。要把有序推进农业转移人口市民化作为重要任务抓实抓好。要把生态文明

理念和原则全面融入城镇化全过程，走集约、智能、绿色、低碳的新型城镇化道路。"习近平在参加 2013 年全国"两会"江苏代表团审议时强调，"要积极稳妥推进城镇化，推动城镇化向质量提升转变，做到工业化和城镇化良性互动、城镇化和农业现代化相互协调"。在中共中央政治局常务委员会研究当前经济形势和经济工作会议上又强调，要"扎实推进城镇化和区域协调发展，推进实施区域发展总体战略，大力实施集中连片特困地区区域发展与扶贫攻坚规划"。

（六）坚持开放的发展、合作的发展、共赢的发展

习近平总书记在党的十八届中央政治局第一次集体学习时谈道："和平发展是中国特色社会主义的必然选择，所以必须坚持开放的发展、合作的发展、共赢的发展，扩大同各方利益会合点，推动建设持久和平、共同繁荣的和谐世界。"在中央政治局第三次集体学习时又强调，走和平发展道路，是我们党根据时代发展潮流和我国根本利益作出的战略抉择。"中国走和平发展道路，其他国家也都要走和平发展道路，只有各国都走和平发展道路，各国才能共同发展，国与国才能和平相处"。在博鳌亚洲论坛开幕式上，习近平对推动亚洲和世界共同发展提出了四点主张：一是勇于变革创新，为促进共同发展提供不竭动力；二是同心维护和平，为促进共同发展提供安全保障；三是着力推进合作，为促进共同发展提供有效途径；四是坚持开放包容，为促进共同发展提供广阔空间。在莫斯科国际关系学院的演讲又进一步阐述了"共同发展"的理念：一是各国和各国人民共同享受尊严，要尊重各国人民自主选择发展道路的权利，"鞋子合不合脚，自己穿了才知道"；二是各国和各国人民共同享受发展成果；三是各国和各国人民共同享受安全保障；四是世界的命运由各国人民共同掌握。

二 时代背景

（一）全面建成小康社会进入决定性阶段

全面建成小康社会是我国现代化进程中的重要阶段性目标，是"两个一百年"奋斗目标的第一步。未来 10 年是我国现代化进程中具有关键意义的历史阶段，是全面建设小康社会的攻坚阶段，决定着我国能否全面建成小康社会。因此，推进经济社会科学发展，必须围绕中国特色社会主义事业的总布局，大力推进政治建设、经济建设、文化建设、社会建设、生态文明建设"五位一体"的全方位建设。必须以更大的政治勇气和智慧，不失时机深化

重要领域改革，坚决破除一切妨碍科学发展的思想观念和体制机制弊端，构建系统完备、科学规范、运行有效的制度体系，使各方面制度更加成熟更加定型。要加快完善社会主义市场经济体制，更大程度更广范围发挥市场在资源配置中的基础性作用，完善宏观调控体系，推动经济更有效率、更加公平、更加可持续发展。加快推进社会主义民主政治制度化、规范化、程序化，从各层次各领域扩大公民有序政治参与，实现国家各项工作法治化。加快完善文化管理体制和文化生产经营机制，基本建立现代文化市场体系，健全国有文化资产管理体制，形成有利于创新创造的文化发展环境。加快形成科学有效的社会治理机制，健全基层公共服务和社会管理网络，建立确保社会既充满活力又和谐有序的体制机制。加快建立生态文明制度，健全国土空间开发、资源节约、生态环境保护的体制机制，推动形成人与自然和谐发展现代化建设新格局。习近平总书记就推进科学发展的新论断为我们如期完成全面建成小康社会任务提供了新的指导思想。

(二) 推进科学发展面临复杂的国内局面

推进科学发展，必须清醒认识到，中国改革进入深水区，发展进入攻坚期。就国内因素而言，前进道路上还有不少困难和问题，主要是：发展中不平衡、不协调、不可持续问题依然突出，科技创新能力不强，产业结构不合理，农业基础依然薄弱，资源环境约束加剧，制约科学发展的体制机制障碍较多，深化改革开放和转变经济发展方式任务还很艰巨。针对我国经济社会发展中的各种深层次矛盾，诸多民生难题牵一发而动全身，资源、环境、生态压力迫在眉睫。面对这些问题，推进经济社会科学发展，必须直面挑战，需要逢山开路、遇河架桥的勇气，也需要管控风险、防守底线。木桶的容量，取决于最短的那块木板。从制定宏观政策、措施到出台解决具体问题的工作方案，都需要准确地找出短板，据此划定底线。习近平总书记的"两点论"和"底线思维"新论断为认清形势，破解复杂局面提供了方法论支撑。

(三) 推进科学发展面临严峻的外部环境

我国仍处于大有作为的重要战略机遇期，但由于世界经济体不同板块此消彼长变化、与主要发达国家力量对比及景气周期差异等原因，我国经济发展的外部环境趋于复杂严峻。首先，世界经济进入长期复杂严峻的低速调整期。不仅国际金融危机持续时间和影响超出预期，危机后的世界经济中长期趋势可能也远比预期的复杂和困难。欧美发达国家债务危机持续发酵，去杠杆化将导致消费需求减缓,难以摆脱增长乏力局面。新兴经济体虽增长前景要好于发达国家,但并不可能摆脱发达国家的影响,世界经济总体进入低速调整期。全球经济不得不进行发展模式、结构和动力机制等新一轮调整。其次,经济全球化进程放缓而国际竞争加剧。随着原有新兴经济体产业持续升级和后续新兴经济体的相继崛起,全球化进程将由原来以收入效应为主的双赢阶段,推进到替代效应凸显的利益分化阶段。美国大力推行的TPP、TTIP等经贸谈判试图重塑发达国家作为全球经济的领导者,发达国家的贸易保护主义趋强,导致全球化进程将趋于放缓,新兴经济体之间的竞争也将加剧。在技术资本密集型产品和领导密集型产品出口方面,我国将同时面临发达国家和后起新兴经济体的双重夹击与挑战。习近平总书记关于和平发展、共同发展的新思想有利于我们在复杂的外部环境中找到解决方案。

三 理论解读

（一）推进科学发展的核心是以人为本

习近平总书记关于科学发展的新论断体现的核心思想是以人为本。以人为本体现了马克思主义历史唯物论的基本原理,体现了我们党全心全意为人民服务的根本宗旨和我们推动经济社会发展的根本目的。以人为本的"人",是指人民群众。在当代中国,就是以工人、农民、知识分子等劳动者为主体,包括社会各阶层人民在内的中国最广大人民。以人为本的"本",就是本源,就是根本,就是出发点、落脚点,就是最广大人民的根本利益。一方面,坚持以人为本,就要始终坚持人民在中国特色社会主义事业中的主体地位,尊重人民首创精神,发挥人民的积极性、主动性、创造性,不断实现好、维护好、发展好最广大人民的根本利益,更加关心人的价值、权益和自由,关注人们的生活质量、发展潜能和幸福指数。另一方面,要把促进经济社会发展与促进人的全面发展统一起来。我们党领导人民进行改革开放和现代化建设的根本目的,是通过发展社会生产力,不断提高人民的物质文化生活水平,促进人的全面发展。经济社会发展是人的全面发展的前提和条件,没有经济社会的发展,人的全面发展就失去了基础和保障;人的全面发展是经济社会发展的根本目的,又是推动经济社会发展的最重要力量,离开了人的全面发展,经济社会发展就失去了目标和动力。经济社会发展和人的全面发展相互联系、相互促进的。

(二) 推进科学发展的方法论是"两点论"和"底线思维"

习近平总书记的"两点论"和"底线思维"重要论述，为推进科学发展提供了新的方法论，具有重要指导意义。《礼记·中庸》有云："凡事预则立，不预则废。"这个"预"就是有备无患、遇事不慌。这是古人对底线思维高度凝练的概括。在现实生活中，有备无患的关键在于"备"。比如，在一些特别敏感问题的处置上，只有做到了"只要有百分之一的可能，就要做百分之百的准备"，才能有惊无险、化险为夷。殊不知，这就是底线思维的辩证法。底线思维的最大特点在于它是一种关注矛盾转化的思维和决策过程，着眼于负面后果，建立防范体系；在防范的同时，更在于积极转化，从坏处准备，向好处努力。因此，凡事做了最坏打算，最终结局经常是最好的收获。底线思维是包括辩证法、实践论在内的系统、科学思维。善用底线思维，以积极的态度前瞻风险、守住底线、防患未然，才能掌握改革实践的主动权。推进经济社会科学发展，犹如一场艰巨的马拉松，唯有树立正确的方法论，凡事未雨绸缪，才能不走弯路、不跌跤，最终跑出好成绩。树立底线思维，对于我们推进科学发展，进而实现"中国梦"，都具有重要的指导意义。我们提倡的"摸着石头过河"，这个"摸"的过程，也是寻找底线的过程。比如，不同阶段、不同领域改革的共性和差异性，不同利益群体对改革的承受力，机构改革的力度、速度与维系正常行政运作的平衡等，都需要认真思考、小心求证，在实践中既锐意进取、大胆探索，又稳妥把握、务求必胜。就各级领导干部而言，如果把底线思维筑牢，把各种可能的因素想深、想细，"想一万、想到万一"，我们就能够从容应对"不测"因素，因地制宜在实践中创新、调整、总结，顺利推进科学发展事业。

(三) 推进科学发展的关键是提高增长的质量和效益

中央经济工作会议在提出2013年经济工作的任务时，首次将经济增长的质量和效益提升到中心位置。当前我国经济正处在增长阶段转换和寻求新平衡的关键期。所谓增长阶段转换实质是增长动力的转换，是原有竞争优势逐渐削弱、新竞争优势逐渐形成的过程，也是原有平衡被打破，需要重新寻找并建立新平衡的过程。从宏观层面讲，提高经济增长质量，主要是提高国民经济投入产出率，提高劳动生产率，提高全要素生产率，提高资源利用率，增强经济增长的可持续性；提高经济增长效益，主要体现在劳动报酬和居民收入增长上，还体现在企业利润和财政收入增加上。以提高经济增长质量和效益为中心，并非不要数量和速度，而是要实现数量和质量、速度和效益的统一。提高经济增长质量和效益，需要保持一定的增长速度，否则提高质量和效益就无从谈起，增加就业、提高居民收入和改善民生就缺乏物质基础。以提高经济增长质量和效益为中心，要求的是有质量有效益可持续的速度，是质量和效益不断提高的速度。提高经济增长质量和效益，要求切实改变重数量轻质量、重速度轻效益的做法。如果不尽快扭转高投入、低质量、低效益的粗放发展方式，发展成本就会越来越高，路子就会越走越窄，即使通过增加投入把速度提升起来，也是不可持续的。

（四）推进科学发展的活力和动力是改革创新

推进科学发展，实现全面建成小康社会奋斗目标的新要求，要求我们把改革创新精神贯彻到治国理政各个环节，不断深化社会主义市场经济体制改革和各方面体制改革创新，不失时机地努力在一些重要领域和关键环节实现改革的新突破，着力构建充满活力、富有动力、有利于科学发展的体制机制。中国改革已经进入攻坚期和深水区，要敢于啃硬骨头，敢于涉险滩，更加尊重市场规律，更好发挥政府作用，以改革创新精神谋求更充足的活力、更强劲的动力和更大的发展空间。坚持向改革要活力、要效率，深化经济、科技、文化、行政、城乡等各领域的改革，坚决破除体制机制弊端，持续释放发展的最大红利和活力。着力增强创新驱动发展新动力，注重发挥企业家才能，加快科技创新，加强产品创新、品牌创新、产业组织创新、商业模式创新，坚持靠创新提质量、提效益。把推进科学发展的重心转向深化改革开放和强化创新驱动，一方面是要以更大的政治勇气深化改革。加快土地、技术、劳动力、资本等生产要素市场化改革，促进生产要素自由流动和优化配置，打破一些行业存在的"玻璃门"和"弹簧门"，强化产权保护，保证各种所有制经济公平参与市场竞争。深化财税和金融体制改革，改革资源环境税费制度，稳步推进利率和汇率市场化改革。另一方面是要实施创新驱动发展战略。把创新驱动作为提高质量和效益的中心环节，加快推进科技与经济的融合，促进市场导向的科技创新，增强科技对提高经济增长质量和效益的支撑能力。特别要注重引导资金、人才、技术等创新资源向企业集聚，加大对中小企业、微型企业技术创新的扶持力度，加快建立高校、科研院所技术向企业转移机制。同时积极探索创新人才的培养和激励机制，强化创新驱动的教育和人才基础。

参考文献

[1] 胡锦涛：《坚定不移沿着中国特色社会主义道路前进　为全面建成小康社会而奋斗》，人民出版社 2012 年版。

[2] 中共中央宣传部：《习近平总书记系列重要讲话读本》，学习出版社、人民出版社 2014 年版。

[3] 何毅亭：《学习习近平总书记重要讲话》，人民出版社 2014 年版。

[4]《"人民群众是我们力量的源泉"——记中共中央总书记习近平》，新华社（http：//news. xinhuanet. com/politics/2012—12/25/c_ 114148683. htm），2012 年 12 月 25 日。

[5] 中共杭州市委宣传部：《习近平总书记一系列重要讲话选编》，2013 年 6 月 18 日。

（作者单位：杭州市委党校）

坚持和发展中国特色社会主义的科学指南
——学习习近平总书记关于坚持和发展中国特色社会主义的重要论述

亓 利

习近平总书记关于坚持和发展中国特色社会主义的论述，是马克思主义中国化的最新成果，进一步丰富了中国特色社会主义理论体系的内涵，进一步深化了对中国特色社会主义的认识，为中国特色社会主义注入了新的时代精神和鲜活力量，是我们进一步坚持和发展中国特色社会主义的科学指南。

习近平在党的十八届中共中央政治局第一次集体学习讲话时指出："党的十八大精神，归结为一点，就是坚持和发展中国特色社会主义。"在中央党校举办的新进中央委员会的委员、候补委员学习贯彻党的十八大精神研讨班上，习近平在讲话中再一次指出："坚持和发展中国特色社会主义是一篇大文章，邓小平同志为它确定了基本思路和基本原则，以江泽民同志为核心的党的第三代中央领导集体、以胡锦涛同志为总书记的党中央在这篇大文章上都写下了精彩的篇章。现在，我们这一代共产党人的任务，就是继续把这篇大文章写下去。"这不仅明确了中国未来发展的主题，也体现了中国共产党人的历史担当。

围绕坚持和发展中国特色社会主义，习近平总书记谈到如下四个方面。

一 中国特色社会主义是社会主义 500 年历史发展的必然

在中央党校举办的新进中央委员会的委员、候补委员学习贯彻党的十八大精神研讨班上，习近平总书记从 6 个时间段分析了社会主义思想从提出到现在的历史过程，内容包括空想社会主义产生和发展，马克思、恩格斯创立科学社会主义理论体系，列宁领导十月革命胜利并实践社会主义，苏联模式逐步形成，新中国成立后我们党对社会主义的探索和实践，我们党做出进行改革开放的历史性决策、开创和发展中国特色社会主义。

从他的讲话中我们体会到，中国特色社会主义是社会主义历史发展的必然。社会主义的发展经历了从空想到科学的发展，正是马克思发现了唯物史观和剩余价值学说，使社会主义由空想变成了科学；经历了由理论向现实的飞跃，正是由列宁领导的十月革命的胜利使社会主义理想得以实现，建立了第一个社会主义国家；经历了凯歌高奏的时期，使社会主义突破一国的疆界变成世界范围的现象；经历了由一种发展模式向多样性模式探索的转变，这是人类历史发展的多样性规律在社会主义发展中的体现。中国特色社会主义正是这种转变的探索者，并取得了成功。

二 "中国特色社会主义，是科学社会主义理论逻辑和中国社会发展历史逻辑的辩证统一"

科学社会主义是马克思主义的核心，是关于人类解放的学说。而中国特色社会主义是中国共产党改造、建设、发展中国的一套系统化的主张和方式，两者之间是辩证统一的。具体体现在以下方面。

首先是人类解放学说与中国两大课题的辩证统一。争取全人类的彻底解放是马克思主义的核心和灵魂，无产阶级不仅要坚持进行政治革命，夺取政权，而且，更重要的任务，是要将这一斗争引至最后实现全人类的彻底解放。而中国近代以来面临的国家独立和民族复兴的历史课题恰是人类解放的组成部分，实现国家独立就是从殖民统治和压迫中解放出来，实现民族复兴就是使中华民族得到经济和社会的解放，使人民获得全面发展和幸福。

其次是普遍原理与具体实践的辩证统一。科学社会主义的基本原理揭示的无产阶级解放斗争及其一般规律的学说，是指导无产阶级革命的行动指南。同时马克思指出：《共产党宣言》中原理的运用随时随地都要以当时的历史条件为转移。正是基于这一点中国共产党成功地开创了马克思主义中国化的历史进程，实现了马克思主义普遍原理与中国革命建设改革的具体实践的有机结合，并形成了马克思主义中国化的两次飞跃。

最后是一般进程与特殊阶段的辩证统一。马克思认为，人类社会向共产主义迈进要经过社会主义再到共产主义这样两个阶段。而这一论断的前提是社会主义建立在资本主义高度发达的基础之上。然而社会主义制度在中国恰恰是建立在相对落后的半殖民地半封建社会之上，带有其特殊性。因而中国的现代化建设必然要经历社会主义的初级阶段，这是由中国特殊的历史及现实国情决定的，也是最大的国情。因此，中国特色社会主义是社会主义一般进程与中国社会主义初级阶段这一特殊阶段的辩证统一。

三 "中国特色社会主义是社会主义而不是其他什么主义，科学社会主义基本原则不能丢，丢了就不是社会主义"

一个国家实行什么样的主义，关键要看这个主义能否解决这个国家面临的历史性课题。历史和现实都告诉我们，只有社会主义才能救中国，只有中国特色社会主义才能发展中国，这是历史的结论、人民的选择。

早在改革开放之初，邓小平就为改革开放确定了原则：老路不能走，要走新路；老祖宗不能丢，要说新话。这里所说的老祖宗不能丢就是指我们无论怎样改革，科学社会主义基本原则不能丢。为此，在1979年1月18日中共中央召开的理论务虚会上，邓小平提出坚持四项基本原则，即：坚持共产党的领导；坚持人民民主专政；坚持马列主义毛泽东思想；坚持走社会主义道路。这是科学社会主义基本原则在开创中国特色社会主义中的具体运用和适合中国特色的表述。这表明，中国共产党所实行的改革开放，从一开始就具有明确的社会主义方向。

今天，习近平总书记再提科学社会主义基本原则不能丢，是有着重大现实意义的。改革开放以来，我们不仅遵循科学社会主义的基本原则取得了巨大的成就，同时也创新发展了科学社会主义的基本原理，既体现了中国特色，又赋予了马克思主义以勃勃生机。习近平总书记讲的科学社会主义基本原则不能丢可以理解为五个方面。

一是人民当家作主的根本制度不能丢。毛泽东曾指出："中国的命运一经操在人民自己的手里，中国就将如太阳升起在东方那样，以自己的辉煌的光焰普照大地。"人民当家作主是社会主义的本质和核心，这不仅是马克思主义唯物史观的基本观点，更为我国社会主义的建设和改革开放的历史所证明。要坚持人民当家作主的根本制度就要坚持人民是决定我们前途命运的根本力量，要坚持全心全意为人民服务的根本宗旨，要保持党同人民群众的血肉联系，要真正让人民来评判我们的工作。

二是以公有制为主体的基本经济制度不能丢。公有制是社会主义生产关系的本质特征，也是社会主义制度的根本基础。改革开放以来，我们党围绕完善社会主义初级阶段的所有制结构，进行了不懈探索。直到1997年，党的十五大科学总结改革开放以来调整所有制结构的成功实践经验，明确提出公有制为主体、多种所有制经济共同发展是我国社会主义初级阶段的基本经济制度。在我国仍处于社会主义初级阶段的基本国情没有变的前提下，必须毫不动摇地巩固和发展公有制，使社会主义经济基础更加巩固。

三是共同富裕的根本目的不能丢。1992年邓小平同志在概括社会主义本质时把共同富裕作为了社会主义的根本目的。党的十八大报告也把逐步实现全体人民共同富裕写在了中国特色社会主义道路的内涵中，"必须坚持走共同富裕道路"也是新时期夺取中国特色社会主义胜利的八项基本要求之一。所以，共同富裕是中国特色社会主义的根本原则，是科学社会主义基本原则在当代中国的体现，是中国特色社会主义的永恒追求。

四是马克思主义的主导地位不能丢。马克思主义诞生160多年来，其科学性、真理性和生命力不断被人类发展的历史所证明，更成为解决中华民族近代以来两大历史课题的指导思想和行动指南，也使之实现了马克思主义中国化的进程。当前，国际上围绕发展模式和价值观的较量日益凸显，各种思想文化交流交融交锋更加频繁，意识形态领域渗透与反渗透的斗争尖锐复杂；意识形态工作环境、对象、范围、方式的新变化，使马克思主义的主导地位面临挑战。为此，习近平讲话强调巩固马克思主义在意识形态领域的指导地位。他指出："历史和现实反复证明，能否做好意识形态工作，事关党的前途命运，事关国家长治久安，事关民族凝聚力和向心力"，"经济建设是党的中心工作，意识形态工作是党的一项极端重要的工作"。马克思主义是社会主义意识形态的旗帜和灵魂，必须坚持和巩固马克思主义指导地位，把马克思主义立场、观点、方法贯穿于意识形态工作的各方面、全过程，坚持用马克思主义中国化的最新成果武装全党、教育人民、指导工作。

五是人的全面发展的终极目标不能丢。马克思在《共产党宣言》中指出："代替那存在着阶级和阶级对立的资产阶级旧社会的，将是这样一个联合体，在那里，每个人的自由发展是一切人的自由发展的前提。"我们称为共产主义社会，这是人类社会发展的终极目标。改革开放以来，我们在不断调整发展的目标，从最初要解决温饱问题到提出达到小康水平，再到提出全面建设和建成小康社会，直到党的十八大把"促进人的全面发展"写在了中国特色社会主义的旗帜上。这表明，中国共产党始终带领人民朝着人类社会发展的终极目标迈进。

四 "道路问题是关系党的事业兴衰成败第一位的问题，道路就是党的生命"

中国共产党的历史就是一部寻路史，在90多年的探索中，党经历了三次重大的选择，一是选择了社会主义，这是一个根本性的选择；二是选择了新民主主义革命道路，从而完成了救中国的任务；三是选择了中国特色社会主义道路，正在实现民族复兴的伟业。习近平总书记在比利时布鲁日欧洲学院的演讲时回顾了这段历史，他讲道："1911年，孙中山先生领导的辛亥革命，推翻了统治中国几千年的君主专制制度。旧的制度推翻了，中国向何处去？中国人苦苦寻找适合中国国情的道路。君主立宪制、复辟帝制、议会制、多党制、总统制都想过了、试过了，结果都行不通。最后，中国选择了社会主义道路。在建设社会主义实践中，我们有成功也有失误，甚至发生过严重曲折。独特的文化传统，独特的历史命运，独特的国情，注定了中国必然走适合自己特点的发展道路。我们走出了这样一条道路，并且取得了成功。"这充分说明了中国特色社会主义道路的历史必然性，也更加坚定了我们的道路自信。

总之，习近平总书记关于坚持和发展中国特色社会主义的论述，不仅让我们更深刻地理解和深化对中国特色社会主义的认识，以坚定道路自信、理论自信和制度自信，是坚持和发展中国特色社会主义的科学指南，我们必须在实践中贯彻和遵循。

（作者单位：中共黑龙江省委党校政治学教研部）

中国特色社会主义内在统一性研究

吴荣生　李　芳

一　引言

在党的十八届中共中央政治局第一次集体学习时，习近平总书记指出，坚持和发展中国特色社会主义是贯穿党的十八大报告的一条主线。中国特色社会主义，承载着几代中国共产党人的理想和探索，寄托着无数仁人志士的夙愿和翘盼，凝聚着亿万人民的奋斗和牺牲，是近代以来中国社会发展的必然选择，是发展中国、稳定中国的必由之路。高举中国特色社会主义伟大旗帜，最根本的就是要坚持中国特色社会主义道路和中国特色社会主义理论体系。改革开放30多年来的实践充分说明了这条"道路"、这个"理论体系"和这个"制度"在中国特色社会主义伟大事业中的历史地位和重要意义，在中国，坚持这条"道路"、这个"理论体系"和这个"制度"，就是高举中国特色社会主义这面伟大旗帜，就是真正坚持了中国特色的社会主义。然而，学术界对中国特色社会主义理论体系的阐释与研究比较深入，取得的研究成果已比较多，但对中国特色社会主义道路的关注相对较少，对"道路"、"理论体系"和"制度"关系的研究与阐发更是缺乏。

中国特色社会主义"道路""理论体系"和"制度"同是中国共产党人将马克思主义与中国建设实践相结合的必然结果，三者作为一个辩证统一的整体，从实践和理论两个方面共同建构了完整意义上的中国特色社会主义。因此，将"道路""理论体系"和"制度"作为统一体来进行整体性研究就显得尤为重要。

二　中国特色社会主义"道路""理论体系"和"制度"产生的历史进程

中国特色社会主义实践和理论创新成果的形成是一个长期的历史进

程。新中国成立之初，在对苏联模式短暂的模仿之后，逐渐认识到了苏联模式的弊端，毛泽东及其当时许多党的领导人较早地注意思索适合中国自己的社会主义建设之路，毛泽东在1956年时曾指出："现在是社会主义革命和建设时期，我们要进行第二次结合，找出在中国怎样建设社会主义的道路"，"前八年照抄外国的经验，但从一九五六年提出十大关系起，开始找到自己的一条适合自己的路线"。这就是中国特色社会主义的早期萌芽和发端。毋庸置疑，第一代中央领导集体关于中国社会主义建设之路脱苏联化的深入思考和实践探索，为改革开放后中国特色社会主义事业的真正开辟和发展，提供了重要的实践基础和理论基础，这其中既有道路的探索，也有理论的总结。

改革开放后，中国特色社会主义道路与理论体系的开辟、发展、成熟及最终形成的历史脉络主要体现在党的几次重要会议上。1978年召开的党的十一届三中全会是改革开放伟大历史进程的开端，它吹响了探索中国特色社会主义的号角；1982年党的十二大，邓小平在开幕词中历史性地首次使用"走自己的路，建设有中国特色的社会主义"，正式开启了"中国特色社会主义"之门；1987年召开的党的十三大，主题报告以"沿着有中国特色的社会主义道路前进"为题，通过对大量实际和理论问题的论述，进一步拓宽了中国特色社会主义探索的深度和广度；党的十四大和十五大，江泽民分别作了《加快改革开放和现代化建设步伐，夺取有中国特色社会主义事业的更大胜利》和《高举邓小平理论伟大旗帜，把建设有中国特色社会主义事业全面推向二十一世纪》的主题报告，大大地丰富了中国特色社会主义的内容，中国特色社会主义的实践和理论探索也开始走向成熟；2002年党的十六大是21世纪召开的第一次党的代表大会，《全面建设小康社会，开创中国特色社会主义新局面》的主题报告将中国特色社会主义的探索和发展推到了一个全新的高度；2007年党的十七大召开，胡锦涛作了《高举中国特色社会主义伟大旗帜　为夺取全面建设小康社会新胜利而奋斗》的主题报告，不仅提出并界定了中国特色社会主义道路与理论体系的概念表述和科学内涵，而且还将中国特色社会主义上升为全党的旗帜。2012年，党的十八大报告对中国特色社会主义的认识达到了新的高度。报告全面总结了中国特色社会主义，并首次将"中国特色社会主义制度"写入党的报告，这是中国特色社会主义进一步走向成熟的标志之一。近期，习近平总书记在一系列重要讲话中指出，中国特色社会主义，是科学社会主义理论逻辑和中国社会发展历史逻辑的辩证统一，是根植于中国大地、反映中国人民意愿、适应中国和时代发展进步要求的科学社会主义，是全面建成小康社会、加快推进社会主义现代化、实现中华民族伟大复兴的必由之路。习近平强调，道路问题是关系党的事业兴衰成败第一位的问题．道路就是党的生命。

质言之，改革开放后党的重要会议，尤其是全党的历次代表大会都将"中国特色社会主义"作为主题报告的核心内容，说明我们党是紧紧围绕着这一明确时代主题来发展的。因此，中国特色社会主义道路、理论体系和制度的形成是中国共产党人推进马克思主义中国化的历史必然。

三 中国特色社会主义"道路""理论体系"和制度的差异性

中国特色社会主义道路、理论体系和制度的形成有其历史必然性，它们是在中国共产党带领全国人民探索社会主义发展道路、总结社会主义建设经验的基础上逐步形成的，是科学社会主义基本原则与中国实际、时代发展相结合的产物。但三者又有许多差异，分属不同的哲学范畴。因此，为了更好的理解中国特色社会主义道路、理论体系和制度的科学内涵，准确分析三者的联系，我们必须先弄清楚三者的差异性之所在。

党的十八大报告对中国特色社会主义道路做了精准的概括："中国特色社会主义道路，就是在中国共产党领导下，立足基本国情，以经济建设为中心，坚持四项基本原则，坚持改革开放，解放和发展社会生产力，建设社会主义市场经济、社会主义民主政治、社会主义先进文化、社会主义和谐社会、社会主义生态文明，促进人的全面发展，逐步实现全体人民共同富裕，建设富强民主文明和谐的社会主义现代化国家。"建设中国特色社会主义，总依据是社会主义初级阶段，总布局是五位一体，总任务是实现社会主义现代化和中华民族伟大复兴。首先，以经济建设为中心、坚持四项基本原则、坚持改革开放的基本路线是我们党在深刻认识中国初级阶段基本国情、准确把握社会主义根本任务的基础上制定的。这一基本路线在中国特色社会主义道路的整体构架中处于基础和根本的地位，具有纲领性的气质特点。其次，中国特色社会主义经济建设、政治建设、文化建设、社会建设和生态文明建设五位一体的总体布局在中国特色社会主义道路整体构架中起到了承上启下的作用，在社会主义建设中解决了特色道路基本内容问题。最后，总任务是实现社会主义现代化和中华民族伟大复兴。它在中国特色社会主义道路的整体构架中处于最高层次的目标理想地位，解决了特色道路的前进方向问题。相互联系、相辅相成，作为一个有机统一体而存在的特色道路分别从低、中、高三个维度构建了中国特色社会主义道路的总纲、基本内容和前进方向，充分体现了"中国特色"和"道路"的实践意义。

同时，党的十八大报告将中国特色社会主义理论体系概括为"包括邓小平理论、'三个代表'重要思想、科学发展观在内的科学理论体系，是对马克思列宁主义、毛泽东思想的坚持和发展"。我们党在马克思主义中国化理论上的探索和创新同样取得了累累硕果，首次提出并明晰了中国特色社会主义理论体系的概念和内涵。中国特色社会主义理论体系"就是包括邓小平理论、'三个代表'重要思想以及科学发展观等重大战略思想在内的科学理论体系。这个理论体系，坚持和发展了马克思列宁主义、毛泽东思想，凝结了几代中国共产党人带领人民不懈探索实践的智慧和心血，是马克思主义中国化最新成果，是党最可宝贵的政治和精神财富，是全国各族人民团结奋斗的共同思想基础。中国特色社会主义理论体系是不断发展的开放的理论体系"。中国特色社会主义理论体系是中国共产党人将坚持马克思主义基本原理与推进马克思主义中国化结合起来，在探索中国特色社会主义道路的伟大实践中，始终围绕"什么是社会主义、怎样建设社会主义"；"建设什么样的党、怎样建设党"；"实现什么样的发展、怎样发展"这三大基本问题，不断总结历史经验，不断进行理论创新而取得的伟大理论成果。中国特色社会主义理论体系具有科学性、完整性、时代性、实践性、开放性等理论特征，凸显了"中国特色"和"理论体系"的思想引领色彩。

此外，党的十八大报告首次将"中国特色社会主义制度"写入党的报告，并将中国特色社会主义制度概括为"人民代表大会制度的根本政治制度，中国共产党领导的多党合作和政治协商制度、民族区域自治制度以及基层群众自治制度等基本政治制度，中国特色社会主义法律体系，公有制为主体、多种所有制经济共同发展的基本经济制度，以及建立在这些制度基础上的经济体制、政治体制、文化体制、社会体制等各项具体制度"。它是从新中国成立后开始建立和形成、改革开放时期逐步丰富和完善的崭新的社会制度体系，是社会主义中国发展进步的根本制度保障，集中体现了中国特色社会主义的性质、特点和优势；是在推进社会主义制度自我完善和发展过程中，在经济、政治、文化、社会等各个领域形成的一整套相互衔接、相互联系的制度体系。

从以上对中国特色社会主义道路、理论体系和制度概念的界定和内涵的分析，我们不难看出三者有着许多的差异性。首先，从三者进行探索的起始时间上考察，对道路的探索始于1956年社会主义改造完成后，以毛泽东为核心的党的第一代领导集体摒弃苏联高度集中的计划经济体制，在社会主义的建设实践中摸索"走自己的路"；而对理论体系的思考和探索，其历史起点一般追溯到1978年以邓小平为核心的党的第二代领导集体以实事求是的态度对真理标准问题的思考。对制度的思考则从新中国成立后开始、改革开放时期逐步完善，并在党的十八大首次明确提出。其次，从三者所处的哲学范畴区分，道路侧重于实践性，属于实践理性的范畴；理论体系和制度则更加注重经验的总结和理论的思索，应当归属于认识理性的范畴。最后，三者在中国特色社会主义事业中所起的作用也不尽相同，中国特色社会主义道路是实现途径，中国特色社会主义理论体系是行动指南，中国特色社会主义制度是根本保障。因此，我们在研究中国特色社会主义，特别是分析中国特色社会主义道路、理论体系和制度的关系时，要准确理解特色道路、特色理论体系和特色制度的概念和内涵，避免在未做认真分析和考察的前提下，笼统地将三者混为一谈，这样才是科学对待马克思主义的正确态度和方法。

四 中国特色社会主义"道路""理论体系"和"制度"的内在统一性

中国特色社会主义道路、理论体系和制度是马克思主义中国化历史进程中所形成的紧密关联的层面，即关于实践探索和理论探索的必然结果。从中国特色社会主义这个意义上讲，三者属于同一层次的概念，虽有许多差异和不同，但更多的是联系和统一。习近平强调，历史和现实都告诉我们，只有社会主义才能救中国，只有中国特色社会主义才能发展中国，这是历史的结论、人民的选择。随着中国特色社会主义不断发展，我们的制度必将越来越成熟，我国社会主义制度的优越性必将进一步显现，我们的道路必将越走越宽广。我们就是要有这样的道路自信、理论自信和制度自信。

中国特色社会主义道路、理论体系和制度有着许多的共同点或相似性质。第一，三者同属于马克思主义中国化进程中所取得的创新性成果。无论是特色道路的实践性探索，还是特色理论体系和特色制度的观念创新，它们所处的时代背景和历史条件是近乎契合的。虽然在起步阶段三者有细微的差异，但在马克思主义中国化的进程中三者始终步调一致。第二，三者在探索过程中所表现出来的逻辑创新机制具有相似性。它们都是在继承前人探索的基础上不断开拓创新，每一次探索成果的取得都凝聚着一代又一代共产党人的心血和汗水，呈现出一脉相承又与时俱进的逻辑创新机制，同时又规定了自身开放性与发展性的特点。第三，三者具有共同的时代主题。中国特色社会主义道路、中国特色社会主义理论体系和中国特色社会主义制度的前面都冠以"中国特色社会主义"的定语，这正是三者所紧紧围绕的共同的时代主题。第四，三者具有共同的理想追求和奋斗目标。中国共产党人历来都是最低目标和最高目标的统一论者，我们当前的奋斗目标正如党的十八大所指出的，"建设富强民主文明和谐的社会主义现代化国家"。而实现共产主义始终是我们的崇高理想和追求。

中国特色社会主义道路和制度为中国特色社会主义理论体系提供了实践基础，主要表现在理论体系形成、实践、检验和发展四个阶段。一是为特色理论体系的形成奠定了深厚的实践基础。恩格斯在《反杜林论》中指出，现代社会主义"就其理论形式来说，它起初表现为18世纪法国伟大的启蒙学者所提出的各种原则的进一步的、似乎更彻底的发展。同任何新的学说一样，它必须首先从已有的思想材料出发，虽然它的根深深扎在经济的事实中"。因此，任何理论体系的形成都要立足于现实实践，否则一切理论都将沦为无源之水。二是为特色理论体系的拓展和实施提供了广阔而肥沃的实践土壤。再好的理论体系只有应用到五彩斑斓的实践活动中去才能一展抱负。因此，实践是理论强大生命力的源泉，理论与实践的有机结合是理论保持创造力的关键。三是为检验特色理论体系的正确与否提供了一个标准。实践是检验真理的唯一标准，任何理论性的东西只有通过实践的反复长期检验才能辨别真伪。作为以中国特色社会主义为主题的特色理论体系，同样必须在中国特色社会主义道路制度的伟大实践中检验自己，使主观与客观相一致，理论与实践相统一。四是推动特色理论体系不断向前发展。实践永无止境，创新永无止境，理论创新的每一次发展都是以实践的向前推进为前提的。因此可以说，中国特色社会主义道路和制度为理论体系提供了一个实践自我、修正自我、发展自我的平台，推动着中国特色社会主义事业的发展。

中国特色社会主义理论体系是中国特色社会主义道路和制度的理论形式。"伟大的实践需要伟大的理论"。中国特色社会主义理论体系是马克思主义中国化历史进程的经验总结和理论创新的伟大成果，其中每一时期的理论成果对于中国特色社会主义道路的开辟、探索以及制度的完善起到了积极而巨大的作用，主要表现在特色理论体系对特色道路和特色制度的理论引领、政治方向保证及精神智力支持等方面。邓小平理论为中国特色社会主义道路和制度的开辟奠定了坚实的思想基础，指明了前进的方向，引领中国特色社会主义事业迈向成功；随着世界的发展和中国特色社会主义事业的不断深入，我国所处的国际环境、国内环境及党的内部情况都发生了深刻变化。以江泽民为核心的第三代中央领导集体顺应这种历史趋势的变化，创造性地提出了"三个代表"重要思想，为这一时期社会主义建设道路的继续探索进行思想和理论上的保驾护航；党的十六大以来，以胡锦涛同志为总书记的党中央审时度势、锐意创新，提出了以科学发展观为核心的一系列重大战略思想，为新时期社会主义现代化建设和发展道路的创新提供了思想武器和理论支撑。习近平总书记则提出科学把握中国特色社会主义是"两个逻辑"辩证统一的科学内涵，不断增强中国特色社会主义道路自信、理论自信、制度自信，坚定不移高举中国特色社会主义伟大旗帜，顽强奋斗、艰苦奋斗、不懈奋斗，朝着"两个一百年"和中华民族伟大复兴中国梦的目标进发，不断夺取中国特色社会主义新胜利。

总之，中国特色社会社会道路、理论、制度是紧密联系、相互依存、不可分割的统一体。中国特色社会主义道路是实现途径，中国特色社会主义理论体系是行动指南，中国特色社会主义制度是根本保障，三者统一于中国特色社会主义伟大实践。这是中国特色社会主义最鲜明的特色。

参考文献

［1］《习近平总书记系列重要讲话读本》，学习出版社、人民出版社2014年版。

［2］胡锦涛：《高举中国特色社会主义伟大旗帜　为夺取全面建设小康社会新胜利而奋斗》，人民出版社2007年版。

［3］吴冷西：《忆毛主席——我亲身经历的若干重大历史事件片断》，新华出版社1995年版。

［4］《建国以来毛泽东文稿》第9册，中央文献出版社1996年版。

［5］刘云山：《毫不动摇地高举中国特色社会主义伟大旗帜——学习党的十七大报告的体会》，《求是》2008年。

［6］《马克思恩格斯选集》第3卷，人民出版社1995年版。

［7］《十三大以来重要文献选编》上卷，人民出版社1991年版。

（作者单位：中共山东省委党校马克思主义研究所）

专题二 全面深化改革的重点、难点和着力点问题

中国特色社会主义的突破性环节

胡振平

2014年是邓小平同志诞辰110周年。人们都在缅怀他为中国人民所做的贡献，特别是缅怀他在建设中国特色社会主义上所起的巨大作用。如果说毛泽东在把马克思主义普遍真理与中国革命的具体实践相结合中实现了第一次历史性飞跃，形成了毛泽东思想，并带领中国人民取得了新民主主义革命和社会主义革命的伟大胜利的话；邓小平则把马克思主义的基本原理与中国建设实际相结合，实现第二次历史性飞跃，开辟了改革开放的新时代，形成了邓小平理论，为中国特色社会主义的建设做出了突破性的贡献。

一

如何看待中国特色社会主义？应当把它放到中国近现代的历史长河中去看，放到整个世界浩浩荡荡的发展潮流中去看。中国虽然有着世界上唯一的未曾中断的五千多年文明史，也曾长期处于世界文明的前列，但是明清以来落伍了。它第一次遇到了一个比自己更加强大的新兴资本主义文明，而且不断在资本主义列强的野蛮侵略面前，节节败退，一次次割地、赔款，签订不平等条约，乃至到了被奴役、被瓜分的悲惨境地。救亡成了中国人的第一等大事。中国向何处去，成了近代乃至现当代中国历史的主题。这是两种文明的冲撞，中国的先进分子在中西古今的文化冲突中苦苦地寻找着出路。中国落后在哪里？从器物到制度到文化，中国先进分子的认识在深化。中国问题如何解决？从洋务运动、金田起义到戊戌变法和辛亥革命，从向西方资本主义学习到以俄为师，中国先进分子终于找到了马克思列宁主义，成立了中国共产党。

中国共产党与过去的改良派、革命派的根本不同之点在于代表着劳苦大众的根本利益，代表着社会发展的方向，它真正把基层群众动员了起来。但是，中国问题的解决不仅要动员最广大的人民群众，还必须找到一条正确的道路。对于中国这样一个有着古老文明又有着自己特殊国情的大国来说，不可能照搬其他国家的模式，否则就会水土不服。马克思列宁主义是科学真理，但是它还必须与中国实际相结合，形成中国的马克思主义，从而找到中国自己革命和建设的道路。这是中国共产党乃至无数先驱者经历了许多惨痛的教训而得到的认识。至此，中国近现代历史的主题"中西古今"之争，才算有了点眉目。复古不行，全盘照搬西方也不行，必须在中西文化的冲突和交融中形成自己的新文化，开辟出一条中国特色的新路。这也就是中国特色社会主义最为基本的历史背景。

对于中国的建设道路探索，也同对于革命道路的探索一样历经艰难。中国共产党早在1936年就提出了马克思主义中国化的问题，新中国成立后在向苏联学习的同时，也一直注意着走自己的建设道路，特别是1956年在《论十大关系》中，毛泽东指出："我们的方针是，一切民族、一切国家的长处都要学，政治、经济、科学、技术文学、艺术的一切真正好的东西都要学。但是，必须有分析有批判地学，不能盲目地学，不能一切照抄，机械搬用"，并且强调"对于苏联和其他社会主义国家的经验也应当采取这样的态度"。[①] 然而，回顾60多年建设的历史，我们还是走了一条否定之否定道路。这是因为对于中国建设这样一个复杂事物的认识，总是要在实践过程中使其内部的各种矛盾比较全面地展开了，我们才能达到全面批判总结的认识高度。我们曾经否定了党的八大关于我国主要矛盾问题上比较正确的判断，走上了"以阶级斗争为纲"的错误道路，甚至发动了"文化大革命"，直到党的十一届三中全会才拨乱反正，回到了以经济建设为中心的道路上来。也正是由于有了前30年的经验教训，在邓小平的带领下，我们又开始了新的探索——走改革开放的道路。这条道路我们已经走了30多年了，也有着曲折和失误，但是由于有了过去的教训，更由于面对实践中出现的问题，我们不断地改革探索，总结新鲜经验，先后形成了邓小平理论、"三个代表"重要思想和科学发展观，从而使我们对于中国建设这个事物的认识达到了比较科学的高度，中国特色社会主义理论逐步走向成熟。其中，邓小平的贡献十分突出，邓小平理论是中国特色社会

[①]《毛泽东文集》第7卷，人民出版社1999年版，第41页。

主义进程中的突破性的环节。可以说，没有邓小平和邓小平理论也就没有中国特色社会主义。

二

中国特色社会主义特在哪里？我们可以举出许多特点，然而最主要的特点就是：从中国社会主义初级阶段的国情出发，突破了传统马克思主义的观点，把市场经济体制拿来为建设中国社会主义所用。众所周知，经济是基础，经济体制的变革直接牵动着整个上层建筑乃至国家与社会的方方面面。从计划经济转变为社会主义市场经济体制，这个重大转变，不仅是马克思主义经典作家没有论述过的，也是世界上包括西方经济学家在内各派学者所不可想象的，因为历来都是把社会主义与计划经济、资本主义与市场经济看成是同一个东西。这一突破的意义非同小可。而这一突破首先归功于邓小平。

在由计划经济向社会主义市场经济转变的过程中，邓小平起了决定的作用。他思考这个问题达十二年之久，论述这个问题达十二次之多。早在改革开放刚刚提出来的时候，1979年11月，他同美国不列颠百科全书出版公司编委会副主席吉布尼等人的谈话中就指出："说市场经济只存在于资本主义社会，只有资本主义的市场经济，这肯定是不正确的。社会主义为什么不可以搞市场经济，这个不能说是资本主义。我们是计划经济为主，也结合市场经济。但这是社会主义的市场经济，虽然方法上基本上和资本主义社会相似，但也有不同，是全民所有制之间的关系，当然也有同集体所有制之间的关系，也有同外国资本主义的关系。但是归根到底是社会主义的，是社会主义社会的，市场经济不能说只是资本主义的。市场经济，在封建社会时期就有了萌芽。社会主义也可以搞市场经济。"[1] 这是我们党领导层中以肯定的、断然的语气讲社会主义有采纳市场经济方法之必要的最早的声音，但当时他的思想还没有成为全党和理论界的共识。

随着改革开放的深入，人们对市场及市场经济的认识有了提高，情况逐步有了改变。党的十二届三中全会《中共中央关于经济体制改革的决定》第一次突破了把计划经济同商品经济对立起来的传统观念，提出了"在公有制基础上有计划的商品经济"。邓小平高度评价了这个文件说"我

---

[1] 《邓小平文选》第2卷，人民出版社1994年版，第236页。

的印象是写出了一个政治经济学的初稿,是马克思主义基本原理和中国社会主义实践相结合的政治经济学"。① 1992年春天,邓小平又第十二次强调:"计划多一点还是市场多一点,不是社会主义与资本主义的本质区别。计划经济不等于社会主义,资本主义也有计划;市场经济不等于资本主义,社会主义也有市场。计划和市场都是经济手段。"② 南方谈话在全党和全国人民中引起了强烈的反响,也受到第二代中央领导集体的高度重视。在广大干部和学者的深入热烈的研讨基础上,以江泽民为核心的中央领导集体于1992年5月28日正式决定,在党的十四大上要对计划与市场的关系作出新的论述。这样才在党的十四大上明确提出社会主义市场经济的经济体制改革目标模式。可以说,至此,我们的中国特色社会主义建设才真正明确了主攻方向。

为什么把市场经济体制拿来为中国社会主义所用?其必要和可能的客观根据主要是:中国社会主义初级阶段的基本国情;和平和发展成为主要问题的国际大环境。前者通过过去30多年建设的经验教训,我们党的许多领导同志都有了共识,党的十三大报告专门论述了社会主义初级阶段的问题。而后者,则又突出体现了邓小平的睿智和洞见,体现出他的理论对于传统思维的突破。

虽然从现在来看,时代特征的变化已经比较明显,但是在改革开放之初,世界尚处冷战之时,要看到时代特征的变化并不是很容易。何况在这个问题上还特别需要巨大的理论勇气和政治勇气。邓小平这方面的伟大贡献在于提出了两个新的重要判断:一是,提出了"和平和发展是当代世界的两大问题"③,揭示了时代特征的重大变化;二是,提出了"科学技术是第一生产力"④,深刻地揭示了当今时代特征发生变化的经济根源。

为了中国现代化建设有个良好的国际环境,邓小平一直十分重视东西南北的关系,"和平问题是东西问题,发展问题是南北问题"⑤,至1984年底和1985年初,他明确形成了"和平和发展是当代世界的两大问题"的思想。后来的形势发展也证明了他这一判断的正确。这是基于国际形势变

---

① 《邓小平文选》第3卷,人民出版社1993年版,第83页。
② 同上书,第373页。
③ 同上书,第105页。
④ 同上书,第274页。
⑤ 同上书,第125页。

化而作出的重要判断,为我们实行开放的政策提供了国际环境的依据。须知邓小平提出的市场经济实际上就是对内对外"两个开放"①的经济,它的运行是与和平与发展的国际环境密切相联的。善于发现国际形势变化的蛛丝马迹,并做出科学判断,为中国以经济建设为中心,搞"两个开放"的政策,奠定国际环境的依据,这是邓小平的又一突出贡献。

还要进一步注意的是他提出"科学技术是第一生产力"的判断。虽然邓小平本人并没有对这个判断进行理论阐发,但是实际上是为时代特征转变做出了理论上的回应。马克思不仅早就指出过科学技术是生产力,并且"把科学首先看成是历史的有力杠杆,看成是最高意义上的革命力量"②。但是过去科学技术,特别是科学本身,向生产力转化很慢,在生产力发展中还没有占主要地位,而被人们忽略了。可是,由于科技成果的积累,特别是19世纪末20世纪初科学上一系列重大突破,各门基础科学趋向成熟,并且产生交叉效应;由于两次世界大战刺激起来的军事研究成果,战后一下子转向为经济生产和社会生活服务;由于世界市场经济上的激烈竞争促使企业千方百计去占领相关科学技术上的制高点;也由于资本主义社会高度工业化带来能源和原材料短缺和环境污染,迫使人们开拓新材料寻找新的干净能源,从20世纪下半叶起,科学技术的发展进入了新时期。全球范围悄悄地发生着一场新科学技术革命。这场新科技革命最突出的特点是学科交叉、发展迅猛,并且和生产结合紧密,科学向技术向生产力转化的速度越来越快,科学技术在推进生产力发展中的作用越来越充分地表现出来。在发达国家中科学技术在发展生产力中的作用已经从20世纪20年代以前的不足20%上升到80年代的80%。它在生产力诸要素中的地位明显上升,从而使社会生产力要素的结构有了明显变化。邓小平正是根据对这些现象的思考形成科技是第一生产力的判断。

科学技术是第一生产力,这一地位的形成不仅表明经济发展更加突出地要依靠科学技术发展,也不仅意味着经济发展将日新月异、一日千里,而且也改变着经济运行的固有形态和社会生活的方方面面。资本主义社会里资本家对工人的剥削压迫是极其残酷的,对殖民地人民的压迫也是极其野蛮的。他们要通过掠夺物质资源、拼命延长工人的劳动时间、提高工人

---

① 《邓小平文选》第3卷,人民出版社1993年版,第113页。
② 转自江泽民《论科学技术》,中央文献出版社2001年版,第144页。

的劳动强度来获取高额利润和保持市场竞争中的优势。现在，资本家仍然是千方百计地要谋取自己的最大利益的，但是，更注重通过发展科技，提高生产的效率和水平，参与国际经济金融的合作和交融，在市场上争取更大的份额来谋取自己利益的最大化。在科学技术发展迅猛、生产效率有很大提高的情况下，为了维护统治秩序和生产秩序，他们不仅拿出部分超额利润改善工人的生活状况，缓和工人的不平和斗争，甚至吸收社会主义的一些具体做法包括采取不少福利政策，来调动工人特别是科技人员的积极性。在国际上，他们也逐步改变赤裸裸地以武力征服和瓜分殖民地的办法，而是在推行霸权主义、强权政治的同时，主要通过跨国经济活动中的经济力、科技力和综合国力的优势，来谋取自身利益最大化。市场经济、科学技术特别是信息产业的迅猛发展，又把世界各国越来越紧密地联结起来，使"地球变小了"。各国间的经济、金融、贸易上的合作、交流、交融乃至相互渗透的趋势越来越明显，经济全球化成为当今时代不可阻挡的潮流。在这个大趋势下，争夺和维护利益的斗争十分激烈，但这种斗争又必然是在相互合作、相互渗透中进行的。利益的相互胶着状态，往往造成和则两利，一方的发展要以另一方的存在和一定程度的发展为前提。相互开放和合作已经成了各国乃至各企业发展的基本前提。正是看到世界经济发展的这种趋势，邓小平对未来五十年中国政策作出了判断："我们的对外开放政策，本世纪内不能变，下个世纪的前五十年也不能变。"[①]

邓小平正是从生产力结构变化这个人类社会的根基上来说明了时代特征变化的深刻原因，从而不仅使我们对于搞两个开放有了坚实的依据，而且对于整个世界的看法有了新的高度。所以，笔者认为邓小平实现了时代的跨越，即把我们从革命和战争的时代带入了和平和发展为主题的时代。中国特色社会主义也是这个时代的产儿。

三

正如对毛泽东不能将他神化一样，对邓小平同样也不能将他神化。邓小平在实践和理论上的贡献，是依托着一个为着中国人民而努力奋斗的党，依托着党领导的亿万中国人民的伟大实践。正如邓小平自己说的"永远不要过分突出我个人。我所做的事，无非反映了中国人民和中国共产党

---

① 《会见香港核电投资有限公司代表团时的谈话》，《人民日报》1985年1月20日。

人的思想，党的这些政策也是由集体制定的"。①

事实上也是如此。中国共产党对于市场的探索并非在改革开放以后。新中国成立之前的根据地和新中国成立以后实行新民主主义政策，本身都包含着对于市场机制的运用。在向苏联学习的热潮中，陈云在党的八大上就根据中国国情和根据地的经验提出了不同于苏联单一计划经济模式的"三个主体和三个补充"的重要思想，自由市场已经作为重要的补充纳入了我国的经济体制中，这个重要观点当时得到了全党的认可，写入了党的八大决议之中。在极"左"思潮泛起的时候，国家曾经把市场等当作资本主义尾巴，要割除，但是受到了群众不同程度的抵制。邓小平的"猫论"就是在那个时候提出来的，它反映了群众的呼声。而在改革开放新的历史时期，群众依然是走在前面。许多向着市场经济体制的步伐是群众首先迈出来的。邓小平在南方谈话中就说："农村搞家庭联产承包，这个发明权是农民的。农村改革中的好多东西，都是基层创造出来的，我们把它拿来加工提高作为全国的指导。"② 这并非邓小平的谦虚，而是因为实践出真知，广大群众则处在实践的第一线。

特别还要指出的是，前30年我们党工作失误乃至严重错误的教训，对于中国共产党人，包括邓小平本人都有着重要的意义。也正是由于这些错误给党、国家和人民带来了极大的损失，从而使广大干部群众幡然醒悟，这才能够比较顺利地走上改革开放的道路。

当然，邓小平之所以能够做出上面所说的伟大贡献，也有着他个人的和历史的原因。其一，他从革命根据地时起就深受毛泽东影响，20世纪30年代初在瑞金，就被当时的一些人称为毛派的头，并受到了党内最后严重警告的处分，直到遵义会议才恢复了领导职务。之后，他虽然历经曲折，但是第三次复出后，坚持科学评价毛泽东和毛泽东思想，紧紧抓住毛泽东思想的精髓——实事求是、群众路线和独立自主，开辟出了改革开放的新时代。他的思想武器就是马克思主义基本原理与中国实际相结合。其二，邓小平长期在中央担任领导工作，特别是在新中国成立后相当长的时期担任总书记的职务，处于领导中国社会主义建设的第一线，积累了丰富的实践经验。其三，他在"文革"中两度受到了冲击，特别是下放到江西

---

① 《邓小平文选》第3卷，人民出版社1993年版，第151页。
② 同上书，第382页。

期间，对于我们党和国家在新中国成立以后的成绩和错误，经验和教训进行了深刻反思。其四，他在第二次复出并于 1975 年主持中央工作期间，大刀阔斧地开展了全国范围的整顿，虽然只有一年时间，但是迅速扭转了"文革"中的混乱局面，并且使得全国人民看到了希望，精神为之一振。这也就为他第三次复出奠定了民意的基础。这次复出是经历了"文革"灾难的民心所向，也是中国共产党人又一次自我反省、自我觉醒的标志。在这样的情况下邓小平作为改革开放的总设计师，就有了大展其思想和抱负的外部条件。

总之，中国共产党人为着民族复兴而前仆后继的奋斗精神、中国社会主义建设的曲折的历史，造就了新的历史时期的伟大领袖人物——邓小平；在邓小平的带领下，中国共产党和中国人民探索出了一条中国特色社会主义的建设道路；而邓小平理论则是中国特色社会主义进程中的突破性环节。

（作者单位：上海社会科学院）

邓小平：坚定性与灵活性相统一的改革战略家

张卫良　龙运杰

邓小平既是我国改革开放的总设计师，也是规划国家发展蓝图的伟大战略家。邓小平领导的改革由于对坚定性与灵活性相统一的坚持而走向成功，并成功渡过了一系列发展过程中的难关。当前中国已进入全面深化改革的深水区，"必须以更大的政治勇气和智慧，不失时机深化重要领域改革，坚决破除一切妨碍科学发展的思想观念和体制机制弊端，构建系统完备、科学规范、运行有效的制度体系，使各方面制度更加成熟更加定型"[1]。重温邓小平改革开放思想，回顾总结邓小平的改革开放理论，对进一步推进新时期我国改革不断向纵深发展具有重要的现实指导和启迪意义。

一　邓小平时代国家发展图式的转换

革命胜利后，党的历史方位发生转换，由革命党正式成为执政党，中共八大提出将党和国家的工作重心转移到社会主义建设上来，这是中国共产党对自身历史任务转换的思考，同时在国家的发展建设上也进行了一系列探索和尝试。尽管苏联作为社会主义阵营的"老大哥"，其集中体制对新中国的发展模式起到了借鉴作用，中共同时也意识到了苏联模式的弊端，并从20世纪50年代开始进行了改革的尝试。但在一系列"左"倾思想的影响下，中国的国家发展逐渐走入"以阶级斗争为纲"的误区之中，国家建设与经济发展均陷入停滞。正是此时，中国开始面临不同的国际环

---

[1] 胡锦涛：《坚定不移沿着中国特色社会主义道路前进　为全面建成小康社会而奋斗》，《人民日报》2012年11月9日。

境与时代背景。

首先在国际形势上,虽然冷战已经持续多年,但东西方对峙已经日趋缓和,苏联由于长期罔顾实际状况投入巨大资源与美国进行争霸,导致经济发展困顿,国力日益削弱,而美国摆脱越战泥潭后开始重新投入经济建设,冷战中的被动地位开始逐渐改变,美苏两国形成战略平衡,双方均意识到不能挑起战争尤其世界大战,为冷战的最终结束埋下了伏笔。美苏关系的缓和,在世界范围内打开了由对抗转向对话、由紧张转向缓和的大门,使得世界各国有信心也有意愿将主要力量由随时备战转移到和平发展上。邓小平以其冷静务实的态度和高瞻远瞩的战略眼光,敏锐地察觉到了战后国际社会的新走向,使得全党对国际形势的认识逐渐从战争不可避免转换为和平可以维护。1985年,邓小平明确指出:"现在世界上真正大的问题,带全球性的战略问题,一个是和平问题,一个是经济问题或者说发展问题。和平问题是东西问题,发展问题是南北问题。"[①] 自此,和平与发展的时代观正式在全党与全国确立起来。

其次在国内层面,由于较长时期内"左"倾错误的影响,特别长达十年的"文革"时期,政府管理工作陷入混乱,经济建设与人民生活均面临严重问题,国家重新进入百废待举的时期。与此同时,东欧社会主义国家则由于苏联打压与固有经济模式的弊端日益陷入僵化和危机,而世界其他国家和地区进入战后经济高速发展期,尤其亚洲四小龙的迅速崛起,以及作为战败国的日本,借新技术革命的机遇进入经济复兴的"黄金时代",这都给中国共产党人带来极大冲击,最终反思的结果则是,"贫穷不是社会主义,发展太慢也不是社会主义"[②]。邓小平更是从我国人口多、底子薄的现状出发,吸取了苏联和早先中国犯下冒进错误的教训,提出了社会主义初级阶段理论。

和平与发展的时代观以及社会主义初级阶段理论的确立,使得中国的国家发展图式由"以阶级斗争为纲"全面转向改革开放、"以经济建设为中心"的道路上来,而邓小平的坚定性与灵活性,则是改革成功的重要保障。

---

① 《邓小平文选》第3卷,人民出版社1993年版,第105页。
② 同上书,第255页。

二 邓小平改革的坚定性

摒弃苏联模式,结合中国现实进行改革,是中国社会主义建设中前所未有的壮举。改革过程中所遭遇的阻力与问题必须依靠坚定的决心与信念才能妥善解决。邓小平在改革过程中对改革目标、改革思想与改革方向的坚持,始终为改革的成功确保着正确航向。

(一)改革目标的坚定性

马克思恩格斯早已指出,生产力是社会发展的根本动力。生产关系必须适应生产力、为生产力的进一步发展创造条件,凡是不能适应生产力发展、阻碍生产力发展的,都将被生产力自身所推翻和抛弃,这是邓小平改革的理论来源,也正是根据这一历史唯物主义的基本观点,邓小平确立了社会主义改革的根本目标,即解放生产力、发展生产力。"社会主义阶段的最根本任务就是发展生产力,社会主义的优越性归根到底要体现在它的生产力比资本主义发展得更快一些、更高一些,并且在发展生产力的基础上不断改善人民的物质文化生活。"① 通过总结新中国成立后数十年社会主义建设的经验教训,并且适应和平与发展的时代主题,邓小平适时地将解放生产力、发展生产力升华到社会主义本质的高度,使之成为社会主义改革的最坚定目标。

解放和发展生产力,是改革的目标和出发点,也是改革的最终落脚点,贯穿于改革的全过程。这一目标要求实事求是、改革现有体制和生产关系中制约生产力发展的因素,要求各项政策和措施以现实条件为依托,与现有生产力水平相适应,并且促进生产力发展。"这场革命既要大幅度地改变目前落后的生产力,就必然要多方面地改变生产关系,改变上层建筑,改变工农业企业的管理方式和国家对工农业企业的管理方式,使之适应于现代化大经济的需要。"② 任何改革措施,都必须以解放和发展生产力为第一要务,任何利益关系的调整,都必须落实到促进生产力发展这一根本问题上来。关于这些问题,邓小平做过大量论述。

通过对生产力与生产关系的辩证分析,邓小平正确认识了社会主义的本质,确立了社会主义改革的坚定目标,并且使之成为一切改革的出发点

---

① 《邓小平文选》第3卷,人民出版社1993年版,第63页。
② 《邓小平文选》第2卷,人民出版社1994年版,第135页。

和归宿。发展生产力这一目标，始终贯穿于邓小平的全部改革过程之中，改革的各项政策与具体措施都是围绕这一坚定的目标展开。邓小平的经济体制改革，是直接服务于解放和发展生产力的需要；其科技和教育体制改革，目的在于通过发展科技和教育，促进生产力的发展；其政治与文化体制改革，首要目标在于清除上层建筑与生产关系中阻碍生产力发展的部分，使之适应巩固经济基础与生产力发展的需要。总之，解放和发展生产力，是邓小平改革中所始终坚持的核心理念与根本目标。

(二) 改革思想的坚定性

马克思主义是邓小平改革的根本指导思想，而解放思想、实事求是则是在改革过程中一以贯之的思想精髓。新民主主义革命年代，中国共产党正是依靠实事求是的原则回答了如何革命的问题，据此成功取得了革命胜利。在毛泽东思想体系中，实事求是主要是作为学风而具有重要价值，邓小平则将这一原则创造性地运用于社会主义的建设实践，针对现代中国所面临的新背景、新形势，以解放思想、实事求是为核心，妥善解决了改革开放与现代化建设问题。社会主义改革既是一场深刻的体制革命，也是一场彻底的思想革命，必须有坚定的指导思想作为其精神保障与智力支持。对坚持什么、纠正什么、改进什么、转变什么等一系列改革过程中面临问题的回答，必须依靠实事求是的原则进行不断的探索。

中国的社会主义是在半殖民地半封建社会的基础上建立起来的。新中国成立初期的社会条件、生产力水平、人民思想修养等与经典马克思主义作家设想的社会主义社会条件有着很大差别，经过数十年的社会主义建设，又产生新的特点、面临新的情况和挑战。中国的特殊国情要求我们从现实情况出发，从中国的实际出发来理解马克思主义、进行社会主义建设。但是在一段时期内，受到苏联模式的影响，我国在社会主义建设实践中存在忽视实际情况、过于拔高社会生产力、对生产关系的调整过于激进等教条主义问题。这种从理论出发建设社会主义给国家和人民带来的困难表明，必须解放思想，破除教条主义的条条框框，以实事求是为出发点，立足中国国情、建立符合中国社会现实与历史需要的优良制度。"我们的现代化建设，必须从中国的实际出发。无论是革命还是建设，都要注意学习和借鉴外国经验。但是，照抄照搬别国经验、别国模式，从来不能得到成功"[①]。

---

① 《邓小平文选》第3卷，人民出版社1993年版，第2—3页。

（三）改革方向的坚定性

社会主义改革，是在中国共产党的领导下，以解放和发展社会主义生产力为根本目标而有序进行的一系列政治、经济、社会层面的深刻变革，这一变革不是要改变社会主义的国家性质，而是社会主义制度的自我发展和完善，是社会主义优越性与自适性的体现。我国的社会主义制度是自清末以来历经一百多年的探索，经过历史的验证而被人民选择的，人民民主专政制度既适应中国国情，又符合中国最广大人民群众的根本利益，社会主义改革必须坚持始终社会主义方向，在党的领导下平稳有序地进行，逐步推进社会主义制度的不断优化。

坚持社会主义改革、变革阻碍生产力发展的生产关系与上层建筑，必须以坚持社会主义制度为前提，只讲变革不讲坚持，就会否定社会主义制度。邓小平多次强调，"我们建立的社会主义制度是个好制度，必须坚持"①，"在改革中坚持社会主义方向，这是一个很重要的问题"②，"中国根据自己的经验，不可能走资本主义道路……只有社会主义制度才能从根本上解决摆脱贫穷的问题。所以我们不会容忍有的人反对社会主义。我们说的社会主义是具有中国特色的社会主义，而要建设社会主义，没有共产党的领导是不可能的。我们的历史已经证明了这一点"。③

在改革中坚持社会主义方向，关键在于坚持改革开放与社会主义制度的内在统一，在制度层面则表现为对一切"左"和右的干扰都必须予以排除。"左"的表现在于脱离中国实际，片面强调集中体制的正确性，以此否定经济领域的变革、否定改革开放，甚至背离"以经济建设为中心"的发展道路；右的表现则在于轻易接受西方观念，思想上搞自由化，不切实际也不负责任地否定社会主义制度、否定党的领导，甚至造成政治动乱。早在1979年，邓小平就明确提出四项基本原则，并指出这是实现四个现代化的根本前提，1987年又进一步指出，"这八年多的经历证明，我们所做的事情是成功的，总的情况是好的，但不是说没有干扰。几十年的'左'的思想纠正过来不容易，我们主要是反'左'，'左'已经形成了一种习惯势力。现在中国反对改革的人不多，但在制定和实行具体政策的时

---

① 《邓小平文选》第3卷，人民出版社1993年版，第116页。
② 同上书，第138页。
③ 同上书，第207页。

候,总容易出现有一点留恋过去的情况,习惯的东西就起作用,就冒出来了。同时也有右的干扰,概括起来就是全盘西化,打着拥护开放、改革的旗帜,想把中国引导到搞资本主义"。① 有"左"反"左",有右反右,要警惕右,但主要是防止"左",坚持社会主义方向贯穿于邓小平整个改革的全过程。

三 邓小平改革的灵活性

坚持以马克思主义为指导、坚持以社会主义方向解放和发展生产力,是改革之所以成功的根本保障;而在改革思维、改革思路与改革策略上的灵活性,则是邓小平改革的最鲜明特征。在坚定性基础上对灵活性的大胆运用,是邓小平改革成功的关键因素。

(一) 改革思维的灵活性

改革作为新时期、新局面下解放和发展生产力、完善社会主义制度的深刻革命,是中国共产党的伟大创举,也是一项前所未有的伟大尝试。"现在我们搞的实质上是一场革命。从另一个意义来说,我们现在做的事都是一个试验。对我们来说,都是新事物,所以要摸索前进。"② 改革既是要改变旧体制,也是要改变旧观念、旧思维,既要善于解决改革中的风险和困难,也要能够摆脱传统思维与观念的束缚;在改革过程中,邓小平多次强调要敢想、敢试、敢闯:"改革开放胆子要大一些,敢于试验,不能像小脚女人一样。看准了的,就大胆地试,大胆地闯。"③

敢想,就是要抛弃旧思想旧思路,抛弃条条框框,结合中国实际情况深入思考问题,敢于想以前不敢想的、敢于想他人不敢想的,只要有利于中国的社会主义建设,都可以想、都可以提,集中一切智力资源,为改革找出新思路、提出新办法。敢试,就是对这些新思路、新办法要敢于尝试,在实践中对这些思路和办法进行检验,"实践是检验真理的唯一标准"④,改革的思路和措施是否能够达到发展社会主义制度、发展社会主义生产力的目标,是否存在问题、存在哪些问题,都需要在社会主义改革的实践过程中一一检验,同时在实践过程中积累经验、吸取教训。敢闯,就

---

① 《邓小平文选》第3卷,人民出版社1993年版,第228页。
② 同上书,第147页。
③ 同上书,第372页。
④ 同上书,第28页。

是解除思想负担,敢冒风险、敢于吃螃蟹。改革是风险与机遇并存的崭新事业,不敢冒风险就会墨守成规、囿于成见。任何新的措施和制度出台,都有可能成功也有可能失败,害怕失败而不敢推陈出新,遇事瞻前顾后疑虑重重,没有冒险精神而只愿做"太平宰相",必然迈不出改革的步伐、创造不出新的事业。"没有一点闯的精神,没有一点'冒'的精神,没有一股子气呀、劲呀,就走不出一条好路,走不出一条新路,就干不出新的事业。"①

邓小平所主张的大胆试、大胆闯与不争论是辩证统一的。其精髓在于,对一些把握不准、有风险的事情,要勇于创造和尝试,不轻易搞姓资姓社的争论,在改革实践中对这些问题进行检验,凡是于社会主义建设有利的,就要坚持。"不搞争论,是我的一个发明。不争论,是为了争取时间干。一争论就复杂了,把时间都争掉了,什么也干不成。"② 敢想、敢试、敢闯,不争论,用实践来检验,在实践中检验,这是邓小平改革思维灵活性的所在。

(二) 改革思路的灵活性

为什么要改革、能不能改革、怎样去改革,是邓小平回答中国社会主义发展这一问题的总体思路。社会主义国家能不能破除苏联体制的迷信,能不能搞商品经济,怎样在高举红旗的同时把市场建起来、搞灵活、发展好,这是邓小平的改革思路中所始终贯穿和围绕的问题。

社会主义国家是20世纪才出现的新兴事物,社会主义革命和建设,除苏联之外没有其他的经验和先例可行,因而新中国成立之后的几十年间,在怎样发展社会主义这一问题上,或多或少地受到了苏联模式的影响,部分体制甚至原样照搬了苏联,这一模式在一段时期内确实促进了中国社会主义发展,但随着历史条件的变化,苏联模式固有的弊病逐渐暴露出来,甚至这种模式的创造者苏联本国也面临深刻危机。同时,由于中国国内长期对阶级斗争的过于重视,导致经济发展产生了问题,党和国家均遭受了严重损失,综合实力和人民生活也都出现了困难。面对这一局面,中国共产党究竟应当如何应对,中国社会主义的优越性应当如何体现?正是邓小平适时提出,以改革开放为切入点,发展经济、发展生产力、发挥

---

① 《邓小平文选》第3卷,人民出版社1993年版,第372页。
② 同上书,第374页。

社会主义优越性、完善社会主义制度。"如果现在再不实行改革,我们的现代化事业和社会主义事业就会被葬送"①,"社会生产力发展缓慢,人民的物质和文化生活条件得不到理想的改善,国家也无法摆脱贫穷落后的状态。这种情况,迫使我们在一九七八年十二月召开的党的十一届三中全会上决定进行改革"。②

改革不仅仅是改变微观经济行为,凡是与社会主义生产力发展需要不相匹配的生产关系、上层建筑,都必须进行革新。由于历史上只有苏联体制这种单一的社会主义模式存在,改革就必定意味着抛弃陈旧的苏联体制。这样的改革会不会动摇中国共产党的领导,会不会背离社会主义道路,是可能存在的疑问。针对这一问题,邓小平一方面提出了四项基本原则作为回答,另一方面创造性地作出了改革是解放生产力、社会主义制度的自我完善这一论断以阐明社会主义改革的可行性:"改革促进了生产力的发展,引起了经济生活、社会生活、工作方式和精神状态的一系列深刻变化。改革是社会主义制度的自我完善,在一定的范围内也发生了某种程度的革命性变革。"③

在坚持社会主义方向的基础上,结合中国现实、灵活运用理论资源,邓小平妥善解决了为什么要改革、能不能改革的问题;而对于怎样改革这一问题,则主要表现在其改革策略的灵活性之中。

(三) 改革策略的灵活性

为了转变全党、全国人民的思想观念,给改革开放创造良好的社会环境,邓小平领导发起了真理标准大讨论,在全国范围内、深入广大基层,对马克思主义的真理标准问题进行了补课。真理标准大讨论,"实践是检验真理的唯一标准"这一论断的提出在思想打开了破除教条主义、拨乱反正的局面,从此,改革措施可不可行、正不正确,都必须用实践结果来证明,用实践结果来说话,为改革开放做足了思想上的准备。

由于长久以来阶级斗争路线的影响,改革初期党内存在部分阻力,部分干部对改革也存有顾虑,怕犯错,工作上较为保守,没有中央明确指示不敢放开手脚,改革步子迈不开。针对这一情况,邓小平在"不争论"的

---

① 《邓小平文选》第3卷,人民出版社1993年版,第150页。
② 同上书,第134页。
③ 同上书,第142页。

同时提出了"允许看",对改革进程并不强求一步到位,而是允许部分有顾虑的干部和地区暂时放慢脚步,由敢闯敢干的干部在部分地区先改革、先试验,同时对这些地区给予经济资源和政治资源上的支持,由他们放手干出成绩,给其他地区起好模范作用,带动其他地区主动学习改革。"我们推行三中全会以来的路线、方针、政策,不搞强迫,不搞运动,愿意干就干,干多少是多少,这样慢慢就跟上来了。"① 邓小平在改革初期对万里等干部的支持和信任,使得联产承包责任制在全国范围内能够很快被推广开,"开始的时候只有三分之一的省干起来,第二年超过三分之二,第三年才差不多全部跟上,这是就全国范围讲的。开始搞并不踊跃呀,好多人在看。我们的政策就是允许看。允许看,比强制好得多"。②

这种形式灵活、循序渐进的改革策略,同样反映于邓小平改革的整体进程之中。在为改革开放做好思想准备的基础上,针对我国经济体制落后、人民生活困难,其他工作难以展开的现实情况,首先通过经济体制改革打开局面,以经济体制改革为基础,不仅发展经济、提高人民生活水平,其次带动政治、文化体制改革,最终促进社会主义生产力的大解放和大发展,是邓小平改革的整体策略。而经济体制改革,则又以农村经济体制改革为突破口,首先解决人民自给自足的问题,振兴第一产业,其次由农村经济改革逐步推进到城市,此时不仅为城市经济改革打破大锅饭积累了经验,同时也为城市工业发展提供了剩余劳动力。在城市的经济体制改革上,邓小平同样采用了办特区、搞试点的方式,从沿海到内地稳步推进,使得经济体制改革始终有条不紊。在经济体制改革取得初步成功的基础上,再进行政治体制、文化体制改革,先发展生产力,再调整上层建筑,这既符合马克思主义的社会运动理论,也是邓小平改革的灵活策略,正是邓小平在改革策略上的灵活性,才使得改革张弛有度、少走弯路。

四 邓小平改革的现实意义

邓小平领导的社会主义改革留下了富有价值的成功经验,对我国当前深化体制改革、深入发展中国特色社会主义具有十分重要的指导意义,为进一步深化改革开放提供了必要的经验和启示。

---

① 《邓小平文选》第 3 卷,人民出版社 1993 年版,第 374 页。
② 同上。

首先，改革必须坚持社会主义方向。我国的社会主义制度经历了历史的选择和考验，即使在经过一些波折之后，社会主义制度仍然被人民所信仰和维护，改革开放作为中国共产党领导下的伟大举措，不能脱离社会主义的发展方向，否则将被历史和人民所遗弃，这一点已被80年代自由化运动的失败所证明。"我们搞四个现代化，是搞社会主义的四个现代化，不是搞别的现代化"①，为了促进社会主义经济健康良好发展，必须革除阻碍生产力的旧有体制和生产关系，但四项基本原则必须得到坚定维护，社会主义的红旗不能倒。改革开放是社会主义的改革，是社会主义制度的自我优化，而不是社会制度的变更，这既是邓小平改革的成功经验，也是戈尔巴乔夫改革失败的教训。

其次，改革必须立足现实国情。"中国的事情要按照中国的情况来办"②，邓小平改革之所以成功，正离不开对中国现实国情的正确认识和深刻掌握。经过数十年的发展，我国从经济建设到政治制度、文化事业都有了长足的进步，相比改革初期，国情产生了很大改变，也面临着新的问题和新的挑战。这仍然要求我们从实际出发，充分认清改革所处的历史背景和现实条件，以实事求是的精神深入认识、正确把握国情社情，为推进改革、谋划发展提供深刻的现实依据，为进一步深化改革措施的制定和实施提供有效的现实保障。

最后，改革必须解放思想。纵观我国革命和改革的全过程，每一次重大理论突破和事业推进，都是以解放思想为先导，都与解放思想分不开。"解放思想，开动脑筋，实事求是，团结一致向前看，首先是解放思想。只有思想解放了，我们才能正确地以马列主义、毛泽东思想为指导，解决过去遗留的问题，解决新出现的一系列问题，正确地改革同生产力迅速发展不相适应的生产关系和上层建筑，根据我国的实际情况，确定实现四个现代化的具体道路、方针、方法和措施。"③ 解放思想的目的在于打破固有体制和观念的束缚，在正确认识中国现实的基础上勇于突破和创新，通过不懈的探索和努力，走出一条适合中国、有中国特色的社会主义建设道路来。改革过程中必须越过和克服所存在的旧思想、旧观念、旧体制，为促

---

① 《邓小平文选》第3卷，人民出版社1993年版，第110页。
② 同上书，第3页。
③ 《邓小平文选》第3卷，人民出版社1994年版，第141页。

进生产力发展构建出良好的生产关系与上层建筑，推进社会主义现代化建设，这都以解放思想为必要前提，只要我们不断坚持解放思想，敢于冲破各种僵化观念，就一定能不断开创各项事业的新局面。

（作者单位：张卫良，中南大学马克思主义学院；龙运杰，东南大学伦理学）

全面深化改革的辩证法
——学习习近平同志关于改革必须坚持科学的方法论的重要论述

李抒望

习近平同志指出，全面深化改革是一项复杂的系统工程，必须坚持科学的方法论。党的十八大以来，无论在党内党外还是国内国外，习近平同志就全面深化改革发表了一系列重要讲话，讲话反复强调：必须从纷繁芜杂的事物表象中把准改革脉搏，把握全面深化改革的内在规律，特别是要把握全面深化改革的重大关系，处理好解放思想和实事求是的关系、整体推进和重点突破的关系、顶层设计和"摸着石头过河"的关系、胆子要大和步子要稳的关系、改革发展稳定的关系，"使各项改革举措在政策取向上相互配合、在实施过程中相互促进、在实际成效上相得益彰"。这是对我国改革实践经验的科学总结，也是全面深化改革必须进一步坚持的重要原则，充分体现了唯物辩证法的基本点，对于我们贯彻落实党的十八届三中全会精神，以更大的政治勇气和智慧全面深化改革具有重要的方法论意义。

一 坚持解放思想和实事求是的辩证统一

解放思想、实事求是，是马列宁主义、毛泽东思想的精髓，也是中国特色社会主义理论体系的精髓。我们说马列主义、毛泽东思想、中国特色社会主义理论体系一脉相承，所谓"一脉"，就是科学的世界观和方法论，即辩证唯物主义和历史唯物主义，用我们中国共产党人的话来说，就叫解放思想、实事求是。

"实践发展永无止境，解放思想永无止境，改革开放也永无止境。"如果说改革开放是中国的第二次革命,那么解放思想就是这场革命的先声。历史已经证明,我们实践上的每一个重大发展,理论上的每一个重大突破,工作上的每一个重大进步,无一不是坚持解放思想的结果。经历了35年的伟大变革,站在全面深化改革新的历史起点上,今天的中国仍然需要以解放思想为先导。习近平同志指出:"冲破思想观念的障碍,突破利益固化的藩篱,解放思想是首要的。"在全面深化改革问题上,一些思想观念上的障碍,往往不是来自体制外而是来自体制内;来自自身内部的思想障碍,其阻力往往都要比外界更强大,更顽固不化。目前,对于全面深化改革重要性和必要性的认识大体是一致的,但由于受形式主义、官僚主义等陋习影响而导致的那些貌似解放、实则僵化的观念,那些因循守旧、故步自封、难以跳出传统增长模式的惯性思维,那些极力维护本部门、本单位利益的小团体主义,仍然不同程度地存在着并时而作祟,很值得警惕,任何时候都不能认为"解放思想已经到头了"。解放思想不是解决当前问题的权宜之计,而是一以贯之的思想路线;对于改革实践而言,解放思想不是一步到位的终点,而是继续前行的起点。我们一定要有自我革新的勇气和胸怀,跳出条条框框限制,克服部门利益掣肘,积极主动地研究和提出改革的具体举措。研究和提出改革的具体举措当然要慎重,要反复研究和论证,但也不能因此就谨小慎微、裹足不前,什么也不敢干不敢试。搞改革,现有的工作格局和体制运行不可能一点都不打破,不可能都四平八稳、没有任何风险。只要经过了充分论证和评估,只要是符合实际、必须做的,该干的就要大胆干。

解放思想,其目的是为了探索规律、追求真理,决不是脱离实际异想天开,也不是闭门造车主观想象,更不是毫无章法莽撞蛮干,必须立足于实事求是的基础之上,按客观规律办事,按辩证法办事。解放思想是"破",破除错误的思想;实事求是是"立",树立正确的思想。不破不立,破字当头,立在其中,两者互为前提和条件,是同一个过程的两个方面,统一于改革开放和社会主义现代化建设的伟大实践中。改革进入深水区、攻坚期,其复杂程度、艰巨程度、敏感程度,丝毫不亚于35年前。啃硬骨头、涉险滩,打赢全面深化改革的攻坚战,必须把解放思想和实事求是结合好,更加尊重客观规律,不断提高改革决策的科学性;更加讲究战略战术,降低改革成本,努力使改革综合效益最大化。

二　坚持整体推进和重点突破的辩证统一

改革作为一场深刻而全面的革命，经济、政治、文化、社会、生态文明和党的建设改革紧密联系、相互交融，任何一个领域的改革都会牵动其他领域，同时也需要其他领域改革密切配合。如果各领域改革不配套，各方面改革措施相互牵扯，全面深化改革就很难推进下去，即使勉强推进，效果也会大打折扣。面对新形势、新要求，习近平同志要求我们："必须加强对各项改革关联性的研判，更加注重探索全面深化改革的系统性、整体性和协同性。"只有统筹兼顾，从全局上谋划，从整体上推进，从更高层次上协调和督促落实，改革才能攻坚克难。党的十八届三中全会确定，要紧紧围绕使市场在资源配置中起决定性作用深化经济体制改革，紧紧围绕坚持党的领导、人民当家作主、依法治国有机统一深化政治体制改革，紧紧围绕建设社会主义核心价值体系、社会主义文化强国深化文化体制改革，紧紧围绕更好保障和改善民生、促进社会公平正义深化社会体制改革，紧紧围绕建设美丽中国深化生态文明体制改革，紧紧围绕提高科学执政、民主执政、依法执政水平深化党的建设制度改革。全会从这六大方面为全面谋划、系统协同、整体推进全面深化改革阐明了基本思路，提供了行动指南。

改革要整体推进，但不是齐头并进，不分重点、遍撒胡椒面，而是要注重抓主要矛盾和矛盾的主要方面，找到突破的重点和关键的环节，环环相扣，步步为营。"没有重点就没有政策"。重点领域的改革，"牵一发而动全身"，关系到改革大局，是改革的重中之重；改革的关键环节，"一子落而满盘活"，关系到改革成效，是改革的有力支点。以重点领域和关键环节的改革为突破口，可以对全面深化改革起到牵引和推动作用。习近平同志在三中全会上强调："经济体制改革仍然是全面深化改革的重点，经济体制改革的核心问题仍然是处理好政府和市场关系，使市场在资源配置中起决定性作用和更好发挥政府作用。"这是立足于我国长期处于社会主义初级阶段这个最大实际，提出的一个重大理论观点。以经济体制改革为重点，必须坚持发展仍是解决我国所有问题的关键这个重大战略判断，始终以经济建设为中心，着力发挥经济体制改革的牵引作用，切实推动生产关系同生产力、上层建筑同经济基础相适应，推动经济社会持续健康发展。发展是硬道理，经济是硬实力；以经济体制改革率先破题的中国改革，必将以经济体制改革的深化不断推动全面深化改革取得新的更大成功。

毛泽东同志说过，要以点带面，面上的工作要先抓好1/3。以点带面、点面结合，坚持整体推进与重点突破的统一，就是坚持两点论和重点论的统一。没有整体推进，难免会顾此失彼，使改革举步维艰；不搞重点突破，也难免会乱了节奏，让改革久推不转。只有整体推进，才能统筹协调，把握改革大局；只有重点突破，才能以点带面，激发改革动力。整体推进是重点突破的最终目的，重点突破是整体推进的必然路径。正确处理好整体推进和重点突破的关系，做到眼前和长远相统筹、全局和局部相配套、治本和治标相结合、渐进和突破相衔接，就一定能够形成推进全面深化改革的强大合力。

三　坚持顶层设计和"摸着石头过河"的辩证统一

随着改革向纵深推进，我们面对着这样的现实：表面问题解决了，深层矛盾凸显了；显性危机化解了，隐性风险浮现了；发展水平提高了，诉求更多种多样了，改革不再是当初皆大欢喜的"帕累托改进"。正如邓小平同志晚年所讲的："现在看，发展起来以后的问题不比不发展时少。"在全面建成小康社会这个极其重要的历史节点上，前后问题叠加，新旧矛盾凸显，既有利益固化藩篱的盘根错节，也有体制机制弊端的顽瘴痼疾，全面深化改革的复杂性、深刻性、艰巨性前所未有。头痛医头脚痛医脚、拆东墙补西墙的方法，难以适应全面深化改革的要求，需要顶层设计来破题。有的改革，不仅要顶层设计，还要顶层推动，全面深化改革拒绝碎片化，拒绝单枪匹马、单打独斗。顶层设计作为一种战略思维，具有系统性、整体性、协同性、前瞻性，着眼于从全局和长远出发确立全面深化改革的正确方向和科学路径，为改革全方位提供指导性方案。党的十八届三中全会通过的《中共中央关于全面深化改革若干重大问题的决定》，就是新形势下中国推进改革的顶层设计。它整体谋划和合理布局了全面深化改革的战略重点、优先顺序、主攻方向、工作机制、推进方式和时间表、路线图，形成了改革理论和政策的一系列重大突破，是全面深化改革的总部署、总动员。

强化顶层设计，并不意味着削弱乃至否定基层创新的重要性。回顾波澜壮阔的改革历程，以邓小平同志为代表的中国共产党人，从改革一开始就选择了渐进式的路径——摸着石头过河。对必须取得突破但一时还不那么有把握的改革，采取试点探索、投石问路的方法，鼓励基层大胆试验、小心试错、勇于突破，取得了经验，形成了共识，看准了，就全面推开。30多年的渐进式改革，让中国经济实现了快速平稳发展，成为世界第二大经济体，取得了举世公认的辉煌成就。这一富有中国智慧的改革方法，符合马克思主义认识论和实践论。正如习近平同志所指出的，"摸着石头过河，是富有中国特色、符合中国国情的改革方法。摸着石头过河就是摸规律，从实践中获得真知"。坚持摸着石头过河，依然是今天全面深化改革的不二选择。所不同的是，今天摸的不仅是市场规律，还有执政规律；不但要摸经济形势，也要摸社会脉动；不但要摸中国国情，也要摸世界大势；不但要摸准摸对，还要顺势而为。习近平同志强调："我们是一个大国大党，决不能在根本性问题上出现颠覆性失误，一旦出现就无可挽回、无法弥补。"所以，重大改革措施必须加强可行性研究，坚持试点先行，取得经验后再逐步推开，积小胜为大胜，积跬步致千里。

强化顶层设计，是改革的大局观，发挥的是制度力量；鼓励摸着石头过河，是改革的群众观，尊重的是基层实践、群众的首创精神。后者是前者的基础，前者是后者的提升。"自上而下"和"自下而上"相结合，良性互动，辩证统一，不可偏废，不可替代。习近平同志强调："推进局部的阶段性改革开放要在加强顶层设计的前提下进行，加强顶层设计要在推进局部的阶段性改革开放的基础上来谋划。"摸着石头过河要在顶层设计的观照之下，不能瞎摸；同时，顶层设计也不能闭门造车，要吸纳摸着石头过河过程中的经验与反思的成果。改革历程告诉我们，经过基层大胆试验、小心试错并予以完善提高之后的顶层设计，基本是符合国情符合民意的；未经实践检验的拍脑袋决策，大多漏洞较大，甚至流弊丛生。开门纳谏、事前调研、反复论证、试点先行、及时调整、总结提高，是提高改革决策科学化水平的必然要求。

四 坚持胆子要大和步子要稳的辩证统一

改革，从来就不是胆小怕事者的事业；改革一起步，就是一场大胆的行动。改革再出发，船入深水区，中流击水，不进则退。在这样的背景下，倘若患得患失、谨小慎微、左顾右盼，没有敢为天下先的勇气，没有一点闯的胆识，缺少攻克难关的魄力，全面深化改革就可能沦为口号，流于形式。习近平同志提醒和要求我们："这个时候就要一鼓作气，瞻前顾后、畏葸不前不仅不能前进，而且可能前功尽弃"；要"敢于啃硬骨头，敢于涉险滩，敢于向积存多年的顽瘴痼疾开刀，切实做到改革不停顿、开放不止步"。今天我们强调胆子要大，需要更大的政治勇气和责任担当，既要勇于自我革命、"壮士断腕"，又要勇于探索、大胆地闯、"撞倒南墙往前走"。实际上，对于一些难关，只要方向明确、措施得当、齐心协力，一冲也就冲过去了。我们应该有这样的改革自觉与改革自信。

强调改革胆子要大，同时也要十分注意改革不能急于求成、盲目蛮干，步子一定要稳，防止欲速不达、事与愿违。习近平同志指出："我们讲胆子要大、步子要稳，其中步子要稳就是要统筹考虑、全面论证、科学决策。"全面深化改革的每一项重大决策和试验，都要进行广泛深入的调查研究，进行严格科学的充分论证，充分估计方案实施可能带来的影响和风险，做好应对各种挑战的预案。对一些重大改革，不可能毕其功于一役，可以提出总体思路和方案，但推行起来还是要稳扎稳打。在改革的具体步骤上要循序渐进、谨慎从事，注意选择恰当的方式和时机，及时总结经验，对的就坚持，不对的赶快改，新问题出来抓紧解决，避免犯大的错误。这样，就可以使改革从易到难、从小到大、从外围到核心、从量变到质变，通过不断努力达到预期目标。

胆子要大，解决的是改革的政治勇气问题；步子要稳，解决的是改革的政治智慧问题。勇于创新、敢冒风险、大刀阔斧、大胆试验，是为勇；权衡利弊、稳妥审慎、戒骄戒躁、三思而行，是为智。有智有勇，智勇结合，把胆子要大和步子要稳统一起来，是对我国改革开放成功经验的深刻总结。例如，基层探索可以大胆，顶层设计必须谨慎；重点突破胆子要大，整体推进步子要稳。如果割裂胆子要大和步子要稳的辩证关系，片面夸大其中一个方面，都会犯错误。因此，无论进行哪项改革，都需要既有无所畏惧、勇往直前的革命气概，又有科学求实、脚踏实地的工作作风。

五 坚持改革发展稳定的辩证统一

改革发展稳定的关系，是老话，也是新课题。"改革是中国的第二次革命"，"发展才是硬道理"，"稳定压倒一切"，作为中国特色社会主义的三个重要支点，邓小平同志当年的这些著名论断，从运动与静止、量变与质变等唯物辩证法范畴上，指明了改革发展稳定在社会主义现代化建设中的重大意义和逻辑关系。35年来，我国改革开放和社会主义现代化建设事业之所以取得巨大成功，正是由于我们对三者关系的正确认识和把握。今天，改革发展稳定彼此交融的态势日益明显，相互作用的趋向更加突出，必须在三者之间找到平衡点，使其结合好，才能确保全面深化改革顺利进发。

党的十八大以来，习近平同志一再强调：改革开放是当代中国最鲜明的特色，也是我们党最鲜明的旗帜；改革开放是决定当代中国命运的关键一招，也是决定实现"两个一百年"奋斗目标、实现中华民族伟大复兴的关键一招。我们的改革，实质上是按照生产力发展要求来调整和优化生产关系，按照经济基础发展要求来调整和优化上层建筑。生产力与生产关系的矛盾运动从根本上推动了人类社会历史发展，也在客观上要求我们必须处理好改革发展稳定的关系，使三者有机统一起来。"改革开放是当代中国发展进步的活力之源"，只有全面深化改革，破除各方面体制机制弊端，才能进一步解放思想、进一步解放和发展社会生产力、进一步解放和增强社会活力，让一切劳动、知识、技术、管理、资本的活力竞相迸发，让一切创造社会财富的源泉充分涌流，让发展成果更多更公平惠及全体人民，也才能有效维护社会稳定。人民日益增长的物质文化需要同落后的社会生产之间的矛盾仍然是我国社会的主要矛盾，这决定了我们必须坚持"发展是硬道理"、"发展是第一要务"、"发展是解决中国所有问题的关键"。毋庸置疑，改革的目的是推动发展，改革发展的前提是稳定，只有社会稳定，改革发展才能不断推进。虽然改革就其引发的社会变革的广度和深度来说也是一场革命，但在本质上它是社会主义制度的自我完善和发展，整个过程必须循序渐进，决不能发生颠覆。总之，改革是动力，发展是目的，稳定是前提，把改革的力度、发展的速度和社会可承受的程度统一起来，动静结合，实现动态平衡，防止大起大落和动荡，始终保持社会稳定，是处理好改革发展稳定关系的底线。

改革发展稳定，连接着国家富强之梦、人民幸福之梦、民族复兴之梦。新形势下坚持改革发展稳定的统一，关键是要正确处理各种利益关系，"把改善人民生活作为正确处理改革发展稳定关系的结合点"。马克思说过："思想"一旦离开"利益"，就一定会使自己出丑。改革是最大红利，但红利如果难以体现在百姓切身利益上，就会丧失动力；发展是硬道理，但发展如果损害了人民群众的根本利益，硬发展就没道理；稳定是硬任务，但稳定不是简单的"搞定摆平"，而是要在正视和化解利益矛盾中实现和谐，在推进各项改革中稳步前行。只要我们坚持以改善人民生活为出发点，正确处理各种利益关系，切实保障和改善民生，使改革发展成果更多更公平惠及全体人民，就能够实现改革发展稳定的有机统一，凝聚起全面深化改革的共识，焕发出13亿人实现中国梦的青春和磅礴力量。

（作者单位：青岛市委党校教务部）

全面深化改革对象辨析

钟爱军　张　天

一　问题提出

关于改革的性质和目的，我们党提出两个基本观点：第一，改革是一场革命；第二，改革是社会主义制度的自我完善和发展。改革是一场革命，是指要对生产关系和上层建筑中不适应生产力的方面进行革命性的变革。改革是社会主义制度的自我完善和发展，则是指改革要在根本肯定社会主义制度的前提下，对其中某些方面进行补充和修正。从改革是一场革命的角度讲，发生革命性变革的对象包括制度；从改革是社会主义制度的自我完善和发展的角度讲，发生革命性变革的对象似乎又不包括制度。

于是，这里生出一个问题：改革或者发生革命性变革的对象到底包不包括制度？进而，我们过去提出的改革和今天提出的全面深化改革，对象到底是什么？搞清这个问题，对于科学总结 30 多年的改革经验，顺利推进全面深化改革有十分重要的意义。

二　全面深化改革涉及社会主义哪些层面

改革或者全面深化改革所涉对象的问题，实质是一个对社会主义作何理解的问题。

在社会主义建设初期，我们将社会主义等同于社会主义制度，并将社会主义制度理解为经济上实行公有制、按劳分配和计划经济，政治上实行共产党领导的无产阶级专政，文化上推行马克思列宁主义和毛泽东思想一元化指导的社会主义、共产主义思想文化。还认为社会主义制度建立以后，生产关系会与生产力相适应，上层建筑会与经济基础相适应，社会主义会顺利发展，共产主义会很快实现。但是，以此指导实践，结果不尽如人意。

正是在此背景下,我们开始了对社会主义的再认识,开始了以再认识为指导的改革进程。改革启动之时,我们认识到要对生产关系和上层建筑不适应生产力发展的方面进行革命,但此时将改革的对象理解为经济体制,实际采取的改革措施也主要是属于经济体制层面的承包责任制。[①] 后来逐渐意识到,只改革经营体制,不触及所有制、分配制和资源配置制,并不能真正解决问题。于是开始突破原有的框框,深入制度层面,对所有制、分配制和计划经济制进行了革命性的调整和变革。例如允许非公有制经济存在,承认市场的作用,提出有计划的商品经济,等等。但是,直到1992年邓小平同志提出社会主义本质论,我们对什么是社会主义的认识实现重大突破后,才对社会主义经济制度和体制的认识实现根本性的突破,正式提出以公有制为主体、多种所有制经济共同发展,以按劳分配为主体、多种分配方式并存,市场在国家宏观调控下对资源配置起基础性作用的社会主义市场经济制度及其实现体制作为经济改革的目标制度和体制。

总结我国改革的历史,可以发现,改革过程是一个不断由体制向制度和本质深入,最终又在本质认识获得突破情况下回归制度和体制的螺旋式上升过程——先是在反思什么是社会主义的基础上提出体制改革,然后在体制改革的实践中将改革推进到制度层面;在体制和制度改革实践中积累认识后,对社会主义本质的认识出现飞跃;然后在新的社会主义本质认识指引下开展社会主义制度和体制的重建。[②]

分析至此,我们可以得出三个基本结论:第一,至少要从本质、制度

[①] 邓小平在1978年10月11日召开的中国工会第九次全国代表大会致词中指出:"中央指出:这(指加快实现四个现代化。本文作者注)是一场根本改变我国经济和技术落后面貌,进一步巩固无产阶级专政的伟大革命。这场革命既要大幅度地改变目前落后的生产力,就必然要多方面地改变生产关系,改变上层建筑,改变工农业企业的管理方式和国家对工农业企业的管理方式,使之适应于现代化大经济的需要。"而在前一天会见联邦德国新闻代表团时则说:"过去行之有效的东西,我们必须坚持,特别是根本制度,社会主义制度,社会主义公有制,那是不能动摇的。"这里所说的社会主义公有制自然是又大又公又纯的公有制。《邓小平文选》第2卷,人民出版社1994年10月第2版,第135、133页。

[②] 循着这一逻辑,我们党对社会主义本质层面的探索取得了一系列新的突破,如提出努力促进人的全面发展是"马克思主义关于建设社会主义新社会的本质要求",提出"人民民主是社会主义的生命"、"社会和谐是中国特色社会主义的本质属性"等观点,使得我们对社会主义本质的认识不断全面和立体,社会主义制度和体制改革也随之不断突破。例如,我们把和谐社会、生态文明作为与经济、政治和文化并列的方面,提出了制度和体制建设的任务并取得了初步成绩。

和体制三个层面来理解社会主义：要搞清楚决定社会主义是社会主义而不是别的主义的本质是什么；将社会主义本质以制度形式准确地概括和体现出来的基本制度是什么；将社会主义基本制度以具体制度体系的形式运转起来的体制是什么。第二，我们党领导的这场改革，毫无疑问包括本质、制度和体制三个层面，既包括对社会主义本质的重新认识，又包括对社会主义制度和体制的重构和优化。第三，改革之所以能够不断实现突破，在于我们党重新回到解放思想、实事求是的轨道，不断突破传统认识的束缚。

进入全面深化改革新阶段，改革的对象有没有改变？或者说，我们对社会主义本质的探索还要不要继续，对社会主义基本制度和体制的改革要不要继续？回答无疑是肯定的。首要的原因，是我们对社会主义本质、制度和体制三个层面认识和实践的突破还只取得初步成功，建设一个对社会主义本质认识比较透彻、社会主义制度和体制比较完备、各方面比较成熟的中国特色社会主义还远没有获得全面成功。退一步说，即便我们获得了成功，我们也仍将在新的历史条件下对社会主义本质、制度和体制进行新的探索和变革。

但是必须注意，将改革对象包括制度和本质，不是要"改旗易帜"，改变社会主义大方向，转向资本主义或其他主义；也不是要将前期已经取得并经过实践检验具有真理性的对于社会主义本质的认识，和能够准确、良好地体现和实现这些社会主义本质认识的制度与体制弃之不用，另起炉灶，而是要在坚持这些成果的基础上，以扬弃的态度更加彻底地发展社会主义，坚持社会主义。

三 社会主义三个层面的哪些主要内容需要改革？

鉴于我们把社会主义又分为经济、政治、文化、社会和生态五大领域，下文就以此为据展开讨论。

经济领域。经过30多年的探索，我们在"解放生产力，发展生产力，消灭剥削，消除两极分化，最终达到共同富裕"的社会主义本质的指引下，已经确定以社会主义市场经济制度和体制代替原来社会主义计划经济制度和体制。我国生产力快速发展、综合国力迅速增强和人民生活水平显著提高的事实，证明这样的认识和做法是正确的。但是，在经济制度和体制层面仍然存在着问题。所有制方面，我们提出以公有制为主体、多种所有制形式共同发展,但实际公有制经济在总量、税收和就业等方面的比重已经不到经济总量的一半;① 分配制方面,我们提出以按劳分配为主体、多种分配方式并存,效率和公平有机结合,但人们的实际收入差距越来越大;② 在资源配置方面,我们新提出市场调节起决定性作用,但是市场和政府的关系并没有完全理顺,政府干预过多、市场调节不畅的情况没有得到根本解决。因此,对所有制、分配制和资源配置的认识还需要进一步深化,现有制度规定需要进一步改革,实现体制需要进一步完善。

政治领域。我们在"没有民主就没有社会主义"、"人民民主是社会主义的生命"的社会主义本质认识的指引下,以人民民主专政制度代替无产阶级专政制度,并对实现体制进行不同程度的改革。例如,我们提出在坚持党的领导、人民当家作主和依法治国的原则下,不断改革和完善人民代表大会制度和政治协商会议、民族区域自治与基层民主自治制度。但总的来看,建立在原来计划经济基础之上、重专政轻民主的政治制度和实现体制,没有完成与社会主义政治本质认识变化以及社会主义经济基础变化相一致的变化。在制度层面,人民民主专政制度中没有及时体现人民内涵和外延的重大变化,改革开放以来出现的日益重要的新社会阶层的地位没有得到相应体现。③ 在体制层面,党的领导如何实现,人民代表如何产生,代表构成如何合理,④ 人民代表大会和"一府两院"的权力如何理顺,以

---

① 在2013年3月7日全国政协十二届一次会议召开的记者会上,全国工商联主席王钦敏报告:据统计,全国非公有制经济对GDP的贡献率超过60%,税收贡献率超过50%,就业贡献率超过80%。王钦敏:《非公有制经济对GDP贡献率超60% 就业率贡献超80%》,人民网(http://lianghui.people.com.cn/2013cppcc/n/2013/0306/c357911—20698578.html)。

② 国家统计局2014年1月20日发布数据,2013年全国居民收入基尼系数为0.473,意味着我国收入接近"差距大"区间的上限。中国新闻网(http://finance.chinanews.com/cj/2014/01—20/5755891.shtml)。

③ 例如,非公有制经济在全国经济中的比重早已超过50%,但最新修正的《中华人民共和国宪法》(2004)仍然只是将包括私营企业主和个体工商户在内的新社会阶层视为统战对象,在传统的工人阶级、农民阶级和知识分子的社会架构中仍然没能有一席之地。

④ 据中国经济网报道,2012年全国就业职工总数76704万人。而全国工商联给出的数据显示同期全国非公有制经济企业超过1000万户,个体工商户超过4000万户,就业贡献率超过80%。可是,在十二届全国人大2987名代表中,非公有制经济代表(225名)和一线工人农民代表(401名)加上专业技术人员代表(610名)等全部非党政干部代表也只占65.12%。相关数据见:《人社部:2012年全国就业人员7.67亿农民工2.6亿》:中国经济网(http://www.ce.cn/xwzx/gnsz/gdxw/201305/28/t20130528_24425822.shtml);《肩负起人民的重托——十二届全国人大代表构成特色分析》:新华网(http://news.xinhuanet.com/politics/2013—02/27/c_114822744.htm)。

及权力如何有效监督和制约等问题,没有得到根本解决。因此,政治领域的全面深化改革,需要在进一步深化对社会主义政治本质认识的基础上,对人民民主专政制度和人民代表大会制度、政治协商制度等进行更深刻全面的改革。

文化领域。文化作为意识上层建筑,要正确反映经济基础,才能对经济基础的发展起积极作用。经过30多年的探索和改革,反映原有经济基础的革命化、一元化的文化制度和体制发生了巨大变化。在本质层面,提出了"社会主义核心价值体系是社会主义意识形态的本质体现"(党的十七大报告)。在制度层面,提出用社会主义核心价值体系引领社会思潮,文化为人民服务、为社会主义服务;在体制方面,提出了"完善扶持公益性文化事业、发展文化产业、鼓励文化创新的政策"的政府引导和市场调节相结合的思路。但是,和变化了的经济基础、社会存在特别是深化了的社会主义文化本质认识相比,制度层面需要进一步明确"尊重差异、包容多样"的问题,体制层面需要切实解决文化发展中党政权力过大、社会和市场权力过小等问题。特别是要从根本上解决一讲马克思主义的指导,就反对文化的和谐发展;一讲文化的和谐发展,就削弱甚至取消马克思主义指导地位的错误。

社会和生态领域。这两个领域是在实践变化的基础上和新的社会主义本质认识的指引下开辟的新领域。我们党对社会主义社会和生态本质的概括是"社会和谐是中国特色社会主义社会的本质属性"。社会主义和谐社会论提出并回答了社会主义社会内部人与人(社会)和谐发展、人类社会与自然关系和谐发展的问题,提出"广大人民共享改革发展成果"的和谐社会制度原则,和人与自然和谐发展的生态文明制度原则,并提出一系列教育、就业、住房、医疗和养老等具体社会建设措施,以及节能减排、保护生态环境的具体生态建设措施。但是,社会领域和生态领域的基本制度仍需进一步明确,具体体制仍需进一步完善。我们在社会和生态领域面临的改革任务是,建立并完善体现社会主义和谐社会本质的社会、生态制度与体制。

另外必须指出的是,经济、政治、文化、社会和生态领域相互联系和依存,共同构成社会主义有机体,任何一个领域发展的滞后都会影响整个社会主义的发展。因此,五大领域改革的协同问题也是改革的重要对象。

四 小结

总之，笔者所理解的改革和全面深化改革是多层面、全领域的改革，包括对社会主义本质认识的进一步全面和深化，对经济、政治、文化、社会和生态五大领域基本制度和实现体制的进一步改革和完善。在改革中，我们既要坚持社会主义方向不动摇，又要在更新对社会主义本质认识的过程中校正社会主义方向，最终建设成功对社会主义本质认识科学、社会主义各方面制度和体制比较完备和成熟的中国特色社会主义。

参考文献

[1]《邓小平文选》第2卷，人民出版社1994年版。

[2]《邓小平文选》第3卷，人民出版社1993年版。

[3] 中共中央文献研究室：《习近平关于全面深化改革论述摘编》，中央文献出版社2014年版。

[4] 何毅亭：《全面深化改革与中国特色社会主义》，《理论视野》2014年第1期。

[5] 贾建芳：《60年对社会主义本质的认识再认识》，《科学社会主义》2009年第5期。

[6] 严书翰：《对社会主义的再思考》，《思想理论教育导刊》2005年第10期。

[7] 田丰：《全面深化改革须掌握哲学方法论》，《南方日报》2014年3月22日第F02版。

[8] 蓝蔚青：《用历史唯物主义观点指导全面深化改革》，《杭州日报》2014年5月22日第A13版。

[9] 李伦：《如何准确理解"全面深化改革"》，《宁波日报》2014年3月11日第A07版。

[10] 贺勇、何勇、袁泉等：《如何理解"全面深化改革"》，《人民日报》2014年3月4日第1版。

[11] 周玉清：《全面深化改革总目标蕴含的三个关系》，《光明日报》2014年6月15日第7版。

（作者单位：钟爱军，北京林业大学人文学院；张天，北京林业大学）

全面深化改革需要进一步处理好改革与开放的关系

吕洪良

党的十八届三中全会通过的《中共中央关于全面深化改革若干重大问题的决定》明确提出，全面深化改革的总目标是完善和发展中国特色社会主义制度，推进国家治理体系和治理能力现代化。让一切劳动、知识、技术、管理、资本的活力竞相迸发，让一切创造社会财富的源泉充分涌流，让发展成果更多更公平惠及全体人民。这段话深刻揭示出了全面深化改革过程中改革与开放之间的关系问题。

一 正确处理好改革与开放的关系是我国改革开放的一条重要经验

"改革"和"开放"并不是新词，"改革开放"却是中国共产党人首创的一个名词。改革和开放本身是密不可分的，但在实际运行中两者既不完全等同，也不会自动结合在一起。因此处理好两者的关系就显得至关重要。在改革开放一开始，邓小平就明确指出："一个对外经济开放，一个对内经济搞活。改革就是搞活，对内搞活，也就是对内开放，实际上都叫开放政策。"从另一方面说，"对外开放也是改革的内容之一，总的来说，都叫改革。""三十几年的经验教训告诉我们，关起门来搞建设是不行的，发展不起来。关起门有两种，一种是对国外；还有一种是对国内，就是一个地区对另外一个地区，一个部门对另外一个部门。两种关门都不行。"

改革和开放都是社会发展的重要动力。两者相辅相成、相互促进。改革是基础，是前提；开放是本质，是核心。改革促开放，开放促发展，是改革开放促进社会发展的基本路径。当然两者的实现机制有所区别。改革主要和政府联系在一起，表现为政府自上而下的行为，追求的是社会整体利益和长远利益，其核心是"制度"，是去除旧制度，建立新制度；而开放主要以企业和个人为主体，表现为企业或个人自下而上的行为，追求的往往是局部利益和短期利益，其核心是"自由"，是无拘无束。因此改革与开放的关系直接表现为"制度"和"自由"的关系。制度过细、过死，不利于开放；制度过松，开放又容易失控。"放和管是两个轮子，只有两个轮子都做圆了，车才能跑起来。"我国改革开放初期出现的"一改就放，一放就乱，一乱就收，一收就死，一死又放，一放又乱，……"就深刻反映出了这种复杂性。20世纪80年代以来，许多发达国家和发展中国家政府都把"改革"和"开放"挂在嘴边，这些国家短期内也取得了一些效果，但持续性都不强，90年代以后还陆续发生了严重的金融危机。没能处理好改革与开放的关系不能不说是其中的重要原因。

在现实中，改革与开放涉及众多不同主体、地域、对象，关系极为复杂。比如在城市和农村，沿海和内地，国内经济和对外经济等不同部分，改革与开放的内容、重点、途径等都存在巨大不同。因此改革与开放的关系背后包含的是一系列复杂关系。正是居于此，20世纪90年代初江泽民同志概括了改革开放和现代化建设过程中的"十二大关系"。进入21世纪初，胡锦涛同志又提出了以"五个统筹"为主要内容的科学发展观。党的十八大以来，以习近平为总书记的新一届中央领导集体对新时期改革与开放的关系进行了新的思考，提出了一系列新战略和新对策。其核心思想集中体现在《中共中央关于全面深化改革若干重大问题的决定》所包括的16大部分和"60项"改革之中，其核心仍然是要处理好各种复杂关系。总结30多年来我国处理改革与开放关系的经验，处理好以下关系是重中之重。

首先是国家与社会的关系。这是处理好一切改革与开放关系的基础。国家是一系列制度、规定的总和，社会则是一系列个人、企业的总和。国家与社会的关系是自国家成立以来就一直存在的命题。此后无论是革命、改革还是发展都无法回避。从国家的起源及其与社会的关系来看，一直都是社会的对立物。正如恩格斯在《家庭、私有制和国家的起源》一书中所说，国家是"从社会中产生但又自居于社会之上并且日益同社会脱离的力量"。当然这是针对以私有制为基础的社会制度而言的。"让每一个人都自由地追求个人利益，公共利益就会因此而得到最大程度的满足。在19世纪，这种观点被称为'自由放任主义'。但是，连金融资本家索罗斯也承认，"它只对了一半。就对私人利益的追求而言，市场是最恰当不过的形式,但是,市场却没有被设计得可以用于维护公共利益"。个人主义的代表人物哈耶克也认为,"真正的个人主义不是无政府主义。真正的个人主义不否认强制力量的必要性,但是都希望限制它,即把它约束在某些范围内,在这些范围内必须有其他人来制止强权,以便将其总量减少至最低限度"。但是资本主义的本质决定了其无法从根本上处理好两者之间的关系。而我国作为社会主义国家,实现好国家利益、集体利益(社会利益)和个人利益的有机统一,是其应有之义。无论是 20 世纪 80 年代邓小平总书记提出的"三步走"战略,还是今天习近平总书记提出的"中国梦",都无不体现着三者的统一。

其次是必须处理好政府和市场的关系。这是改革与开放关系的核心。正如前面所言,改革在本质上是一种政府行为,而开放在经济层面表现为市场行为。在经济学上,市场经济和开放经济常常画等号。因此所有市场经济国家都可以归为开放经济国家,尽管开放的程度不一样。资本主义在本质上反对政府干预,但自 20 世纪 30 年代以来资本主义国家都走上了政府干预经济的道路。这就决定了他们在处理政府与市场的关系上必然磕磕碰碰。我国实行改革开放后对政府与市场关系的认识也经历了一个不断深入的过程。党的十四大之后,通过建立和不断完善社会主义市场经济体制,开始较好地处理了政府和市场之间的关系,较好地发挥了政府和市场、国有企业和非国有企业的积极性。不仅避免了大的金融危机,而且在世界金融危机频发的情况下保持了国民经济的持续健康较快发展。

再次是对外开放与对内开放的关系。这是改革与开放关系的主体内容。开放本来是没有对内对外之分的,只是由于民族国家的存在,人为地给开放设置了各种有形或无形的障碍。中国在改革开放一开始,就坚持把对内开放和对外开放结合起来,并且在不断扩大对内对外开放的过程中尽可能保持两者的协调。具体来说,中国的对内对外开放大致经历了四个阶段:第一阶段,从 1978 年底到 1992 年党的十四大召开,对外开放和对内开放逐步推开;第二阶段,从 1992 年党的十四大到 2001 年底加入世界贸易组织,对外开放和对内开放步伐逐渐加快;第三阶段,从 2001 年加入世界贸易组织到 2003 年党的十六届三中全会召开,对外开放和对内开放均快速发展;第四阶段,党的十六届三中全会之后,对外开放和对内开放开始朝着更加协调的方向发展。

最后是"顶层设计"与"摸着石头过河"的关系。这是改革与开放协调并进的重要保证。在党的十八届三中全会上，习近平总书记提出，进一步深化改革必须处理好"顶层设计"与"摸着石头过河"的关系。其实这是我国改革开放的一条重要经验。我国改革开放的成功从根本上源自于两者的良好结合。所谓"顶层设计"，就是运用系统论的方法，从全局的角度，对某项任务或者某个项目的各方面、各层次、各要素统筹规划，以集中有效资源，高效快捷地实现目标。所谓"摸着石头过河"，就是指在实践中摸索，走一步看一步。这也是马克思主义实践观在我国改革开放中的具体体现。"顶层设计"是实现整体社会发展的需要，"摸着石头过河"是保证个人自由发展的需要，两者的结合就是社会发展与个人发展的有机统一。从我国改革开放的历程来看，无论是从安徽小岗村分田到户到全国农村的家庭联产承包责任制；还是从沿海经济特区到各地的全面开放，都充分体现了两者的结合。

二 当前改革与开放关系的复杂性

随着改革开放进入攻坚阶段和关键时期，改革与开放的关系也更趋复杂化。"攻坚"本来是一个军事术语，比喻对敌人设防坚固的城市、堡垒、阵地、要塞的进攻，后来被引入其他领域，意指集中力量去突破或攻克一些难题。20世纪90年代之后，这个词就越来越多地和改革开放联系在了一起。"国企攻坚"、"扶贫攻坚"等都曾是改革开放的阶段性重点。正是通过一次次"攻坚"，改革开放持续向前推进。今天，改革开放已进入了全面攻坚的阶段，包括国有企业改革、金融体制改革、社会保障制度改革、医疗卫生体制改革、收入分配制度改革，特别是政府管理制度的改革进入了突破性阶段。特别是作为改革组织者、推动者的政府部门，这次成了改革的主要对象，改革的阻力可想而知。30多年前在改革开放开始时，无论是在国内还是国际社会，经历了从"观望"、"期待"到"欢迎"的过程；今天，却出现了越来越多的"质疑"、"戒备"甚至"抵触"。因此笼统说改革开放，不会有人反对。但一旦说到具体领域的改革和开放，分歧就很大。这从深层次上反映的恰恰是改革与开放关系的新变化和复杂化，其突出表现在以下几点。

首先，国家和个人的关系更加复杂。国家与社会的关系今天越来越集中地表现为国家与个人的关系。社会主义改革开放的根本目的是不断地实现好、发展好最广大人民群众的根本利益。但是由于我国人多、人均资源占有率不高、综合竞争力不足以及较大的城乡差距、地区差距在短时期内仍难以改变，国家利益、社会利益、个人利益之间的碰撞，短期利益和长远利益之间的碰撞都将长期存在。这种碰撞当前集中反映在社会财富的分配上。社会主义的本质决定了国家的财富属于人民，但关键是在现实中如何实现好财富增长和财富分配的关系，真正让广大人民群众满意。这就涉及前面说到的改革与开放中的一系列重大关系的处理。

其次，政府和企业的关系更加复杂。政府和市场的关系集中反映在政府和企业的关系上。这里既包括一般意义上的政府和企业的关系，也包括国有企业和非国有企业的关系。随着改革开放的不断推进，适应社会主义市场经济要求的政企关系逐渐理顺，但也还存在诸多不同层次的问题。比如当前政府既存在对企业仍然管得过多的问题，也有服务、监管不到位的问题，还有规则不健全、不透明等问题。我国作为社会主义国家，政府需要从社会整体利益出发控制一部分国有企业并对其他非国有企业进行引导。但是在发展市场经济和开放经济的条件下，如何处理好国有企业和非国有企业的关系，保证各类企业之间的公平竞争，却是一个难题。国有企业的垄断问题也尚待解决。地方之间、企业之间过度竞争、不正当竞争的问题还严重存在。

再次，城市和农村的关系更加复杂。中国改革与开放关系的复杂性也表现在比较大的城乡差距和地区差距上。随着国家一个又一个区域发展规划的实施，中西部地区发展已有比较明确的战略和对策措施，地区差距开始缩小。当前和今后一个比较长的时期改革与开放的关系在区域经济层面将会集中在城乡之间的关系上。诺贝尔经济学奖获得者美国教授斯蒂格利茨说过，21世纪人类最大的两件事情，一个是高科技带来的产业革命，另一个就是中国的城市化。"市场化、工业化、城市化"三者密不可分，但在发展中国家，却是另一回事。包括中国在内的许多国家长期存在"二元社会"，一方面是市场化程度不高、相对闭塞的农村，另一方面则是出现严重的"城市病"。其核心是农村和城市的深度融合和对接问题。现代发展经济学理论认为，社会二元结构的本质是制度性的。中国城乡二元结构至少存在于以下几个方面：户籍制度、粮食供给制度、副食品与燃料供给制度、教育制度、就业制度、医疗制度、养老保险制度、劳动保护制度、人才制度、兵役制度、婚姻制度、生育制度等。

最后，中国和世界的关系更加复杂。改革和开放的关系延伸到国际上就表现为中国和世界的关系。中国改革的过程，就是开放的过程，是对内开放和对外开放相统一的过程，其目标是，对内建设一个共享改革开放成果的和谐社会，对外建设持久和平、互利共赢的和谐世界。后者是前者重要的外部保障。但今天国际社会对待中国的改革开放普遍持一种矛盾的心理。一方面，他们希望看到中国改革开放，特别是中国经济、政治、社会等领域的开放。当然他们的目的是希望通过中国的改革开放，将中国彻底融入西方主导的国际秩序之中。另一方面，他们对中国的改革开放又保持着一定的恐惧心理，担心中国的发展冲击西方主导的国际政治经济秩序。近年来美日和东南亚一些国家频频以中国和一些国家之间的海岛纠纷为借口，企图给我们的改革开放制造麻烦和障碍。

三　全面深化改革，关键是扩大开放

我国30多年的实践表明，改革的本质是下放权力，赋予个人、企业和地方自主权，就是"开放"，核心是对内开放，目标是实现经济社会和人的全面自由发展。这是体现社会主义本质的内容，也是《中共中央关于全面深化改革若干重大问题的决定》的精髓。全面深化改革就是要"进一步解放思想、解放和发展社会生产力、解放和增强社会活力"。这就需要做到以下几点。

（一）把"开放"置于全面深化改革的中心位置

开放不仅是手段，更是改革的本质。"改革开放"把"改革"放在"开放"之前，绝不是表示改革比开放重要。只是说明改革是前提，是条件，而开放才是核心和本质。

一要树立开放型思维方式。中国和世界各国的经验均表明，封闭必然落后，开放才能实现发展。这里说的"封闭"和"开放"不仅指对外，更指对内。要全方位对外开放，更要全方位实现对内开放。发达国家的对外开放和对内开放总体上是统一的。但是发展中国家却常常表现为对外开放、对内封闭。而我国由于长期封建历史和新中国成立后实行计划经济的原因，这一点表现得尤为明显，并集中表现为思想和思维方式的封闭。因此"文化大革命"结束之后，邓小平同志首先提出要解放思想。因为只有思想解放了，行动上才能放开手脚。当然其中的关键又是领导干部。只有领导干部思想和行动解放了，才能带领和实现广大人民群众思想和行动的解放。而衡量领导干部思想是否解放了，恰恰反映在人民群众的思想和行

动是否被解放了出来，因为只有人民群众才是财富的源泉。这也是《中共中央关于全面深化改革若干重大问题的决定》的核心思想。改革不能变成简单的"权力调整"，更不能变成少数人的"权力游戏"。而是政府"削权"和"放权"，"还权以民"。

二要制定开放型政策。就是要从有利于最大限度调动人民群众积极性的角度来制定政策。所有的政策都必须有利于促进开放。检验一项改革政策是否正确，一项重要标准就是要看其是促进开放还是阻碍了开放；不仅看其是否阻碍了对外开放，更重要的是看其是否阻碍了对内开放。看其是增加还是减少了社会的交易成本。正在上海自由贸易区实行的"负面清单制度"就是一种典型的开放型政策。把营造公平竞争环境作为社会主义市场经济体制建设的核心。"经济体制改革的核心问题是处理好政府和市场的关系，必须更加尊重市场规律，更好发挥政府作用。"政府所做的一切均在于给企业、个人和市场发展提供条件，而不是相反。所有针对政府的改革都必须着眼于和有助于开放。因此如果改革只是停留在政府内部，如果改革不能很好地和社会各界进行结合和配合，就达不到开放的目的。如果改革的方向不正确，也可能出现以改革的名义阻碍开放的情况。或者名义上改革力度很大，但实际上没有达到开放的目的，甚至阻碍开放。比如如果改革被少数利益集团控制，就完全可能出现这种情况。

三要致力于建设开放型经济和开放型社会。随着我国改革开放的不断推进，经济和社会的开放度不断扩大，党的十五大报告首次提出了建设开放型经济的目标。这是一种对外开放和对内开放相结合的经济形态。我国作为社会主义国家，建立了社会主义公有制，具备了建设开放经济和开放社会的政治基础。但由于我国现在处于并将长期处于社会主义初级阶段，几千年的封建制度的历史遗留，加上30年计划经济的影响，又为建立社会主义开放经济和开放社会增加了许多障碍。这就要通过不断改革，去破除这些障碍，不断为建设社会主义开放经济和开放社会创造条件。开放的基础是平等、公平，其本质是合作，是你中有我、我中有你。在这种社会之下，人人都是开放社会的一员，每个人的生产、管理和生活都离不开其他人。而这正是社会主义的本质特征之一。要用开放的思维看待世界和社会。首先是各级领导和管理者要有开放的视野和开放的胸怀。这是一种人人平等的开放社会。无论是领导干部、一般管理者还是普通民众，都要有开放心态和开放胸怀。

（二）完善促进开放的各项制度

《中共中央关于全面深化改革若干重大问题的决定》明确提出，全面深化改革的总目标是完善和发展中国特色社会主义制度，推进国家治理体系和治理能力现代化。充分体现了制度在改革和开放中的特殊地位。实践表明，改革与开放的结合，核心是制度。制度是改革与开放的结合点。改革的过程就是不断完善各项具体制度的过程。就我国发展开放开放经济和建设开放社会来说，重点需要完善以下制度。

一是宏观调控和管理制度。在发展社会主义市场经济的过程中，我国政府一直在国民经济中发挥着宏观调控作用。但关键是要不断完善制度。包括各项财税制度、现代金融管理制度、企业管理制度、收入分配制度、社会保障制度等。在开放经济和开放社会下，不仅要求这些制度一方面能让全体社会成员公平公开地受益，另一方面还要能让社会成员便利地受益。这就要求这些制度要尽可能便利化、人性化，以最低的社会成本让百姓受益。通过这些制度，使得社会中的不同企业、不同个人，不论来自什么所有制、什么行业、来自什么地方，都能公平公开地受益。一个无法回避的事实是，国有经济、外资经济与民营经济在市场准入方面仍然存在着政策差异。尽管有些产业领域国家没有明文规定不准民营资本经营，但由于部门或地区垄断经营的存在，民营资本往往很难进入或者充分进入。

二是科技管理制度。开放社会应该是充满创新活力的社会。但是与一些创新型国家相比，我国社会的创新能力还不强，我国政府在促进全社会的科技创新方面的制度方面还存在诸多不足，需要重点在以下两个方面得到加强。一是在科技的支持和奖励制度方面。要淡化政府色彩，强化社会科技界自身的职能。二是在知识产权保护制度方面。对有自主知识产权的产品应该从税收、资金等方面加以支持。对假冒伪劣生产和销售企业实行严厉的制裁和处罚措施。通过一系列制度的实施，在社会上真正形成人人创新，"以创新为荣、以假冒伪劣为耻"的社会氛围。

三是社会管理制度。这是当前改革开放的关键。国内改革与开放的结合点就是就是社会建设。它既是广大人民群众享受改革开放成果的平台，也是广大人民群众平等参与改革开放的舞台。市场有两面性，政府可以弥补市场的不足，但光有政府还不够。"只有社会才能管制权力和金钱，只有赋权与社会，正义才能得到伸张"。当然，社会建设是一项重大而复杂的系统工程，需要政府和全社会共同付出艰苦而细致的努力。特别需要是在中央政府领导下，充分发挥各级地方政府尤其是基层政府的作用。为此，首先在政府机构设置上，要重心下移。社会建设的主要任务在基层，要精简中央和省部级机构的设置和人员构成，大大充实基层机构的力量，提升基层管理人员的素质。在社会政策制定方面，要赋予基层更大的自主权，特别是要多听取来自基层的意见。"国际经验表明，来自公民、企业和社会组织及时的反馈信息将有助于政府发现问题并加以解决，从而提高政府的服务和运营水平"。最后，在资金使用上也应大幅度提升基层社会建设的比重，并尽量减少中间环节和浪费。当然，社会建设的内容事无巨细，也需要在政府的领导下，充分发动社会力量特别是各类社会组织的参与。并且要实现政府管理和社会管理要协调配合。

四是宪法和各项法律制度。法律是社会的底线，是开放社会和开放经济的基础。我国已经确立了"依法治国"的基本方略。宪法和法律是最最规范的制度，宪法则规定了国家的各项根本制度。宪法和法律是开放的基础，也是开放的根本保障。所以首先要坚持和完善宪法和各项法律，要确立宪法和法律的权威。不管是党员还是非党员，是政府工作人员还是一般企事业单位职工，是干部还是一般民众，任何人不能游离于宪法和法律之外。我国已经基本形成了中国特色社会主义法律体系。现在一方面要完善各方面法律的实施细则，另一方面要加大执法的力度，对党员和党员领导干部的违法行为、对各类与法律有关的从业人员的违法行为、对干预法律执行的违法行为，在量刑时应该加大力度。

（作者单位：华中科技大学马克思主义学院）

全面深化改革必须紧紧依靠人民群众的智慧和力量

梁 亮

党的十八届三中全会通过的《中共中央关于全面深化改革若干重大问题的决定》（以下简称《决定》），系统地提出了全面深化改革的目标、路径、原则和要求，是新的历史时期全面深化改革的一个行动总纲领，也是党在新的时代条件下带领全国各族人民进行的新的伟大革命。因此，全面深化改革要紧紧依靠人民群众的智慧和力量。

以人民群众为主体、紧紧依靠人民群众推进改革是马克思主义的基本观点。马克思主义认为人民群众是历史的创造者、推动者，是历史发展和社会进步的主体力量。我们党所领导的革命、建设、改革的全部实践活动也雄辩地证明，不论是革命战争年代还是和平建设时期，人民群众始终都是推动革命事业的主体和推进改革发展的决定力量。全面深化改革是一场触动利益的革命，只有树立人民群众是改革主体的意识，充分尊重人民的主体地位，才能有利于从根本上破解改革过程中面临的各种难题，化解来自各方面的风险和挑战，才能为全面深化改革提供持久动力和坚强保证。为此，党的十八届三中全会中明确提出："人民是改革的主体，要坚持党的群众路线，建立社会参与机制，充分发挥人民群众积极性、主动性、创造性，充分发挥工会、共青团、妇联等人民团体作用，齐心协力推进改革。"并且强调全面深化改革要坚持进一步解放思想、解放和发展社会生产力、解放和增强社会活力。这"三个解放"，归根到底就是要进一步巩固人民群众的主体地位、调动人民群众这一主体的积极性、主动性、创造性。

紧紧依靠人民群众是新的历史条件下全面深化改革、建设中国特色社会主义的题中应有之义。首先，完善和发展中国特色社会主义制度，推进国家治理体系和治理能力现代化，离不开广大人民群众的参与。党的十八届三中全会中提出，全面深化改革的总目标是完善和发展中国特色社会主义制度，推进国家治理体系和治理能力现代化。改革是人民的事业，人民的事业必然离不开人民的积极参与。国家治理的一个突出特点就是强调主体的多元化，其中人民群众是多元主体中的重要一极。习近平总书记指出，一个国家选择什么样的治理体系，是由这个国家的历史传承、文化传统、经济社会发展水平决定的，是由这个国家的人民决定的。只有坚持依靠人民群众，最大限度地把人民群众的智慧和力量凝聚到国家治理上来，才能实现国家治理体系和治理能力的现代化。其次，促进社会公平正义、增进人民福祉是全面深化改革的出发点和落脚点。中国共产党 90 多年的风雨历程和 60 多年执政过程中，尽管有过曲折甚至犯过严重错误，但人民利益这一马克思主义政党的根本立场和观点始终没有变，也永远不会变。我们党是马克思主义执政党，全心全意地为人民服务是党的根本宗旨，是党一切工作的根本出发点和归宿，是无产阶级政党区别于其他政党的显著标志。全面深化改革，必须始终站在人民立场上，把增进人民福祉作为第一考量，从人民利益出发去谋划改革思路、制定改革举措，在更广范围、更深层次上全方位满足人民群众对美好生活的更高期待，实现好、维护好、发展好最广大人民的根本利益，让人民群众生活得更有尊严、更加幸福、更加美好，这既深刻地体现了马克思主义唯物史观的基本原理，也是中国特色社会主义充满生机活力、不断向前发展的强大动力。经过改革开放 30 多年的发展，人民群众生活在经济、政治、文化、社会、生态等各个方面都有了许多新的更高期待。党的十八届三中全会《决定》把促进社会公平正义、增进人民福祉作为全面深化改革的出发点和落脚点，作为全面深化改革的根本方针和基本要求，就是要从人民群众反映强烈的突出问题入手，着眼于创造更加公平正义的社会环境，不断克服各种有违公平正义的现象。这也充分表明全面深化改革的目的是为了更好地造福人民，让发展成果更多更公平惠及全体人民。最后，人民群众是全面深化改革成效标准的设定者和最终评判者。改革思路是否科学正确，改革目标是否实事求是，改革举措是否扎实有效，都直接或间接地影响着人民群众的利益。因此全面深化改革工作的一切成败得失，必须要由人民群众来检验。而检验改革的成效，最直接的办法就是看通过改革，老百姓是否真正得到了实惠、生活是否真正改善了、满意度和幸福指数是否真正提高了。因此要拓宽和畅通人民群众意见反馈渠道，全面了解和把握人民群众对改革工作的真实看法，直面群众最不满意的突出问题，并将此作为突破口，从老百姓最不满意的地方改起，从群众最急、最怨、最盼的事情着手。始终站在群众立场谋划推进改革，以群众受益为价值取向，努力使推出的各项改革措施更能解决实际问题、更加符合群众意愿。要真正让群众评判改革发展成效。按照群众意愿来设定评价指标、决定改革取舍，改变"关门设计、自我评价"的做法，真正以人民群众标准自下而上地倒逼、督促、推动改革。

紧紧依靠人民群众是我们党领导和推进改革的基本经验。回顾我国历史上的重大变革，可以得出这样的结论：凡是以失败而告终的改革都源于脱离人民群众、脱离实际；凡是获得成功的改革都源于依靠人民群众、符合客观实际和客观规律。事实证明，改革是亿万人民自己的事业，只有让社会各阶层都能参与分享，而不是仅仅依靠改革者的强势推行，才能赢得最广大人民群众的衷心拥护和支持，才能推动改革深入持久地进行下去并取得成效。回顾改革开放 30 多年的伟大历程，每一次认识和实践上的突破和发展，都来自亿万人民群众的实践和智慧。邓小平同志说："我们改革开放的成功，不是靠本本，而是靠实践，靠实事求是。农村搞家庭联产承包，这个发明权是农民的。农村改革中的好多东西，都是基层创造出来，我们把它拿来加工提高作为全国的指导。"改革开放之初，无论是农村家庭联产承包责任制，还是城镇居民发展个体私营经济，最初的创意都是人民群众想出来的和在实践中干出来的。我国的改革开放之所以能够取得成功，就是因为一开始就使其深深扎根于人民群众之中，得到广大人民群众衷心拥护和积极参与。因此，党的十八届三中全会指出，要坚持以人为本，尊重人民主体地位，发挥群众首创精神，紧紧依靠人民推动改革。这一重要经验，是在全面深化改革过程中我们党团结带领人民共同奋斗的根本遵循，必须长期坚持、不断完善。

紧紧依靠人民群众是新的历史条件下全面深化改革的基本要求。党的十一届三中全会以来，经历了近 36 年的改革开放，在取得巨大成就的同时，一些制约经济发展、民生改善的体制机制弊端逐步显现。全面深化改革已经成为在新的历史起点上的一场攻坚战，国内外环境更加复杂、阻力更大、协调难度更高。其艰巨和困难程度远远超出历史上的任何一个时期。正如习近平总书记所指出的那样，改革已进入攻坚期和深水区，都是难啃的硬骨头。这是对我们党执政能力的一次重大考验。为此，党的十八届三中全会明确提出，全面深化改革必须充分发挥党总揽全局、协调各方的领导核心作用，提高党的领导水平和执政能力，确保改革取得成功。加强和改善党对全面深化改革的领导是总结正反两方面经验教训得出的必然结论，也是使我国改革开放始终沿着社会主义方向前进的根本保证，更是进一步凝聚共识和增强合力的客观要求。只有充分发挥党总揽全局、协调各方的领导核心作用，才能保证中央全面深化改革的各种政策、措施能够自上而下得到贯彻实施。

全面深化改革必须坚持党的领导，充分发挥党的领导核心作用，搞好"顶层设计"。但同时也要坚持党的领导和人民群众推动的有机结合，充分发动群众、依靠群众，调动亿万人民群众参与改革、支持改革的积极性，建立和完善社会参与机制，把改革建立在"大众参与"的基础之上。特别是在当前改革的复杂性、艰巨性、敏感性前所未有的情况下，更是要根据群众的愿望要求、凝聚群众的智慧创造来完善政策措施，坚持问政于民、问计于民，坚定不移地走党的群众路线，相信人民群众、依靠人民群众，充分发挥人民群众在全面深化改革中的积极性、主动性、创造性，畅通参与渠道、完善参与机制，让人民群众感受到改革不仅仅是党和政府的事情，而是与自身利益休戚相关，以主人翁的精神和态度融入改革、参与改革、监督改革、推动改革，不断夯实全面深化改革的人民群众基础，汲取群众智慧，把蕴藏于人民群众之中的改革力量充分挖掘和释放出来，最大限度凝聚改革共识，最大限度激发群众的创造热情，才能增加改革攻坚的合力，保证全面深化改革顺利进行并取得成功，实现《决定》确定的总目标。

改革的目的就是要在党的领导下调动社会各阶层的力量，努力解决发展中的深层次矛盾，让人民真正共享改革发展成果。全面深化改革的过程就是一个与人民心心相印、与人民同甘共苦、与人民团结奋斗的过程。党的十八届三中全会《决定》已经提出了全面深化改革的六十项任务。"一切为了人民，一切依靠人民，从群众中来、到群众中去"是我们党的生命线和根本工作路线。实现全面深化改革的新目标、新任务，一方面需要党和政府自上而下地推动改革政策落实；另一方面更要注重最大限度激发一切力量，把人民群众紧紧团结在改革的旗帜下，这样才能凝心聚力、不折不扣地把各项改革任务落到实处。紧紧依靠人民群众是落实全面深化改革各项任务的重要保证。

（作者单位：黑龙江省委党校公共管理教研部）

习近平全面深化改革思想的方法论
特征及其启示

北京市委党校项目课题组

习近平指出，改革开放是前无古人的崭新事业，必须坚持正确的方法论，在不断实践探索中推进。他强调，必须从纷繁复杂的事物表象中把准改革脉搏，把握全面深化改革的内在规律，特别是要把握全面深化改革的重大关系。在习近平系列讲话精神中，其全面深化改革思想的方法论特征主要表现为对八个方面关系的辩证把握。

一 坚持改革依靠人民的主体性原则和坚持党的领导的方向性原则的统一

习近平指出，尊重人民主体地位，紧紧依靠人民推动改革是改革开放的一条宝贵经验。他说："改革开放在认识和实践上的每一次突破和发展，改革开放中每一个新生事物的产生和发展，改革开放每一个方面经验的创造和积累，无不来自亿万人民的实践和智慧。"[1] 人民的支持是改革和发展过程中克服各种困难，不断取得成功的必要条件。无论遇到任何困难和挑战，只要有人民支持和参与，就没有克服不了的困难，就没有越不过的坎。可见坚持依靠人民的主体性原则是坚持党的领导的正确方向的根本前提。另外，坚持党的领导是确保实现人民主体地位的根本保障。没有党的坚强领导，人民群众的改革开放事业不可能取得今天的辉煌成就。特别是当前面对复杂多变的国际形势和艰巨繁重的改革发展稳定任务，实现"两个一百年"的奋斗目标，实现中华民族伟大复兴的中国梦，更要在党中央统一部署和领导下，统筹协调、总体推进。改革发展稳定任务越繁重，越

---

[1] 《习近平关于全面深化改革论述摘编》，中央文献出版社2014年版，第138页。

要加强和改善党的领导,越要保持党同人民群众的血肉联系,越要发挥党的主心骨作用,越要把坚持尊重人民首创精神和坚持在党的领导下推进改革统一起来。

要坚持依靠人民的主体性原则和坚持党的领导的方向性原则的统一,首先,要做到一切为了人民,"人民对美好生活的向往,就是我们的奋斗目标",推进任何一项重大改革,都要站在人民立场上把握和处理好涉及改革的重大问题,都要从人民利益出发谋划改革思路、制定改革举措;其次,要做到改革依靠人民,要坚持党的群众路线,建立社会参与机制,提高改革决策的科学性,广泛听取群众意见和建议,鼓励地方、基层和群众大胆探索,及时总结群众创造的新鲜经验,充分调动群众推进改革的积极性、主动性、创造性,把最广大人民智慧和力量凝聚到改革上来,同人民一道把改革推向前进;最后,改革成果要惠及人民,善于通过提出和贯彻正确的路线方针政策带领人民前进,善于从人民的实践创造和发展要求中完善政策主张,使改革发展成果更多更公平惠及全体人民,不断为深化改革开放夯实群众基础。

二 坚持问题倒逼改革与全面深化改革的统一

改革由问题倒逼而产生。[①] 习近平指出,我们中国共产党人干革命、搞建设、抓改革,从来都是为了解决中国的现实问题。35 年前,中国最大的现实问题就是长期实行计划经济体制所带来的生产效率低下、人民生活水平不足温饱。没有这些问题的压力,就不会有改革开放。改革又在不断解决问题中而深化。35 年来,改革正是在回应时代声音、冲破妨碍生产力发展的体制机制桎梏中不断深化的,中国特色社会主义正是在解决发展面临的一系列突出矛盾和问题、促进实现人的全面发展中不断完善和发展的。当前,国内外环境都在发生极为广泛而深刻的变化,我国发展面临一系列突出矛盾和挑战,前进道路上还有不少困难和问题。比如:发展中不平衡、不协调、不可持续问题依然突出,科技创新能力不强,产业结构不合理,发展方式依然粗放,城乡区域发展差距和居民收入分配差距依然较大,社会矛盾明显增多,教育、就业、社会保障、医疗、住房、生态环境、食品药品安全、安全生产、社会治安、执法司法等关系群众切身利益

[①] 《习近平关于全面深化改革论述摘编》,中央文献出版社 2014 年版,第 8 页。

的问题较多，部分群众生活困难，形式主义、官僚主义、享乐主义和奢靡之风问题突出，一些领域消极腐败现象易发多发，反腐败斗争形势依然严峻，等等。解决这些问题，关键都在于全面深化改革。

要坚持问题倒逼改革与全面深化改革的统一，首先，要增强推进改革的信心和勇气。面对未来，要破解发展面临的各种难题，化解来自各方面的风险和挑战，更好发挥中国特色社会主义制度优势，推动经济社会持续健康发展，除了深化改革开放，别无他途。① 从这个意义上说，全面深化改革也是问题倒逼改革，是一系列问题倒逼的必然结果，改革开放中的矛盾只能用改革开放的办法来解决，我们要以更大的勇气和智慧、更有力的措施和办法推进改革。其次，要有强烈的问题意识，以重大问题为导向，抓住关键问题进一步研究思考，找出答案，着力推动解决我国发展面临的一系列突出矛盾和问题。改革开放越往纵深发展，发展中的问题和发展后的问题、一般矛盾和深层次矛盾、有待完成的任务和新提出的任务越交织叠加、错综复杂，因此要抓住重大问题、关键问题，进行规律性和方向性研究，才能带动一系列矛盾和问题的解决。最后，要把握全面深化改革的总目标。全面深化改革的总目标是完善和发展中国特色社会主义制度、推进国家治理体系和治理能力现代化。② 这一总目标不是推进一个或几个领域的改革，而是推进所有领域改革，体现了我们党对改革认识的深化和系统化。实现了国家治理体系和治理能力的现代化，全面深化改革的任务就完成了。

三　坚持改革战略思维与底线思维的统一

改革的战略思维是要把握全面深化改革的社会主义方向，是战略定力和政治定位。习近平指出，"我国的改革面临十分复杂的国内国际环境，各种思想观念和利益诉求互相激荡。要从纷繁复杂的事务表象中把准改革脉搏，在众说纷纭中开好改革药方，没有很强的战略定力是不行的"。③ 改革不是改向，不是对社会主义制度的否定，要始终坚持以我为主，应该改又能够改的坚决改，不应改的坚决守住。要保持政治坚定性，明确政治定

---

① 《习近平关于全面深化改革论述摘编》，中央文献出版社2014年版，第10页。
② 同上书，第23页。
③ 同上书，第18—19页。

位。改革的底线思维是要把原则的坚定性和策略的灵活性结合起来，既不能以原则性损害灵活性，又不能以原则性束缚灵活性。[1] 习近平引述晚清洋务派代表人物张之洞的话："旧者不知通，新者不知本。不知通则无应敌制变之术，不知本则有菲薄名教之心"，认为这就是因把握不好守成和变革的分寸形成的共识之难。[2] 现在党内外对深化改革在思想认识上有较大差异，但越是思想认识不统一就越要善于寻求最大公约数。习近平还要求"各地区各部门要善于把自觉维护中央大政方针的统一性严肃性和因地制宜、充分发挥主观能动性结合起来，既坚决按中央确定的方向、目标、原则办事，又勇于探索、勇于创造。可见坚持底线思维就是要用两点论看待问题，既看到面临的机遇和有利因素，又看到面临的挑战和不利因素，既充分肯定取得的成绩，又清醒认识存在的问题，既全党统一意志，又尊重基层自主性和积极性"。

坚持改革战略思维与底线思维的统一，首先，要坚定道路自信、理论自信、制度自信，百里不同风，千里不同俗，不能照抄照转别人的制度模式，避免因水土不服造成严重后果。要站在战略的高度，以登泰山而小天下的气度和胸襟，把改革方向、抓改革大事、谋改革全局。其次，要善于凝聚改革共识，求同存异，"把最大公约数找出来，最大限度集中群众智慧，把党内外一切可以团结的力量广泛团结起来，把国内外一切可以调动的积极因素充分调动起来，汇合成推进改革开放的强大力量"[3]。最后，要准确把握改革形势，"不改不行，改慢了不行，过于激进也不行"。善于审时度势、未雨绸缪、科学研判，守住底线、不破红线，特别是把住方向的底线和各项改革的边界，防范化解各种风险，并促进形势向好的方向转化，牢牢把握全面深化改革的正确方向和各项工作的主动权。

四　坚持改革解放思想与实事求是的统一

全面深化改革要有新突破，就必须进一步解放思想。习近平说，解放思想是前提，是解放和发展社会生产力、解放和增强社会活力的总开关。一方面，冲破思想观念的障碍，破除体制机制弊端，需要思想解放，领导

---

[1]《习近平关于全面深化改革论述摘编》，中央文献出版社2014年版，第19、150页。
[2] 同上书，第46页。
[3] 同上书，第31页。

改革开放这一前无古人、世所罕见的伟大事业，最要不得的是思想僵化、故步自封。另一方面，突破利益固化的藩篱，同样离不开解放思想。因为在深化改革问题上，一些思想观念障碍往往不是来自体制外而是来自体制内。"思想不解放，我们就很难看清各种利益固化的症结所在，很难找准突破的方向和着力点，很难拿出创造性的改革举措。因此，一定要有自我革新的勇气和胸怀，跳出条条框框限制，克服部门利益掣肘，以积极主动精神研究和提出改革举措"①。可见无论冲破思想观念的障碍，还是突破利益固化的藩篱，解放思想都是首要的。但是解放思想又必须以实事求是为目的和准则，不能脱离客观实际蛮干。研究、思考、确定全面深化改革的思路和重大举措，"刻舟求剑不行，闭门造车不行，异想天开也不行"②。所以解放思想与实事求是是辩证统一的，解放思想就是要从问题出发，寻找答案、探索规律、追求真理；而要做到实事求是，就必须打破束缚、解放思想。这样的解放思想的过程也是统一思想的过程，解放思想的目的是为了更好统一思想。思想统一了，才能最大限度凝聚改革共识，形成改革合力。

坚持解放思想与实事求是的统一，首先，要鼓励解放思想，敢试敢闯。习近平指出，对认识还不深入、但又必须推进的改革，要大胆探索、试点先行。有些改革涉及深层制度因素和复杂利益关系，一时难以在面上推开，要发挥改革试点的侦察兵和先遣队作用，找出规律，凝聚共识，为全面推开积累经验、创造条件。其次，要一切从实际出发，大兴调查研究之风。习近平多次强调调查研究是改革决策科学化的前提，他说："调查研究是谋事之基、成事之道。没有调查，就没有发言权，更没有决策权。"③要按照客观规律办事，扎实工作，一张蓝图绘到底，不能拍脑袋、瞎指挥、乱决策，杜绝短期行为、揠苗助长。最后，要通过体制机制创新，处理好活力和有序的关系。社会发展需要充满活力，但这种活力又必须是有序活动的。"死水一潭不行，暗流汹涌也不行"④。要通过深化改革，建立起充满生机和活力的体制机制，使解放思想与实事求是的统一得到体制机制的保障。

---

① 《习近平关于全面深化改革论述摘编》，中央文献出版社2014年版，第139页。
② 同上书，第37页。
③ 同上。
④ 同上书，第17页。

五　坚持改革整体推进与重点突破的统一

改革的整体推进是党的十八届三中全会提出全面深化改革的重要特点。习近平指出，过去，我们也提出过改革目标，但大多是从具体领域提的。党的十八届三中全会提出全面深化改革的总目标，并在总目标统领下明确了经济体制、政治体制、文化体制、社会体制、生态文明体制和党的建设制度深化改革的分目标。这是改革进程本身向前拓展提出的客观要求，体现了我们党对改革认识的深化和系统化。"这项工程极为宏大，零敲碎打调整不行，碎片化修补也不行，必须是全面的系统的改革和改进，是各领域改革和改进的联动和集成，在国家治理体系和治理能力现代化上形成总体效应、取得总体效果"[1]。但是，整体推进并不意味着没有重点，习近平指出："整体推进不是平均用力、齐头并进，而是要注重抓主要矛盾和矛盾的主要方面，注重抓重要领域和关键环节，努力做到全局和局部相配套、治本和治标相结合、渐进和突破相衔接，实现整体推进和重点突破相统一。"[2]

坚持改革整体推进与重点突破的统一，首先，要整体谋划、配套改革、形成合力。随着改革开放不断深入，改革开放的关联性和互动性明显增强，每一项改革都会对其他改革产生重要影响，每一项改革又都需要其他改革协同配合。要统筹改革的各个方面、各个层次、各个要素，推动各项改革相互促进、良性互动、协同配合，防止畸重畸轻、单兵突进、顾此失彼。其次，要突出重点。党的十八届三中全会提出全面深化改革的方案，是着眼于解决当前的突出矛盾和问题仅仅依靠单个领域的改革难以奏效而提出的。当前的突出矛盾和问题仍然是以经济建设为中心，重点是发展。"只有紧紧围绕发展这个第一要务来部署各方面改革，以解放和发展社会生产力为改革提供强大牵引，才能更好推动生产关系与生产力、上层建筑与经济基础相适应"[3]。最后，要有序推进改革。"立治有体、施治有序"[4]，'该中央统一安排的各地不要抢跑，该尽早推进的不要拖延，该试点的不要面上仓促推开，该深入研究后再推进的不要急于求成，该先得到

---

[1] 《习近平关于全面深化改革论述摘编》，中央文献出版社 2014 年版，第 27 页。
[2] 同上书，第 44 页。
[3] 同上书，第 47 页。
[4] 同上书，第 26 页。

法律授权的不要超前推进。要避免在时机尚不成熟、条件尚不具备的情况下一哄而上,欲速而不达"①。

六 坚持改革顶层设计与摸着石头过河的统一

坚持顶层设计与摸着石头过河辩证统一,是我们党在改革方法论上的重大创新。全面深化改革,需要做好改革的顶层设计。习近平指出:"改革推进到现在,必须在深入调查研究的基础上提出全面深化改革的顶层设计和总体规划,提出改革的战略目标、战略重点、优先顺序、主攻方向、工作机制、推进方式,提出改革总体方案、路线图、时间表。"② 所谓顶层设计,就是要对经济体制、政治体制、文化体制、社会体制、生态体制做出统筹设计,加强对各项改革关联性的研判,努力做到全局和局部相配套、治本和治标相结合、渐进和突破相促进。顶层设计与摸着石头过河不是对立的。一些人认为,改革进入深水区,摸着石头过河的方法过时了。但实际上,尽管我们已经积累了一些改革经验,也从中认识和把握了一些规律,但是实践在不断发展变化,而且我国各地情况差异较大,新情况、新问题层出不穷,制定统一政策的难度增加。在这种情况下,直接从基层一线的探索中得到改革经验的方法不仅没有过时,反而更加重要。习近平认为,摸着石头过河,是富有中国特色、符合中国国情的改革方法。摸着石头过河就是摸规律,符合人们对客观规律的认识过程,符合事物从量变到质变的辩证法。通过试点探索,投石问路,看得很准了再推开,是避免出现无法弥补的颠覆性失误的好方法。

坚持改革顶层设计与摸着石头过河的统一,首先,要将"自上而下"和"自下而上"的改革结合起来,形成顶层决策和基层探索之间的良性互动。在实践中要实现摸着石头过河和加强顶层设计的辩证统一,推进局部的阶段性改革开放要在加强顶层设计的前提下进行,加强顶层设计要在推进局部的阶段性改革开放的基础上来谋划③;顶层设计要在分层对接中实现,基层探索要赋予顶层设计思路与活力,不断把改革开放引向深入。其次,在摸着石头过河中要勇于开拓,探索规律,"多做少说,务求实效",

---

① 《习近平关于全面深化改革论述摘编》,中央文献出版社2014年版,第49页。
② 同上书,第31页。
③ 同上书,第35页。

"要按照已经认识到的规律来办,在实践中再加深对规律的认识,创造可复制、可推广的经验和制度,而不是脚踩西瓜皮,滑到哪里算哪里"。① 最后,要推进国家治理体系和治理能力的现代化。无论是顶层设计还是摸着石头过河,都是对国家治理体系和治理能力的考验。要实现党、国家、社会各项事务治理制度化、规范化、程序化;要更加注重治理能力建设,善于运用制度和法律治理国家,把各方面制度优势转化为管理国家的效能,提高党科学执政、民主执政、依法执政水平。

七 坚持改革胆子要大与步子要稳的统一

胆子要大,就是要坚定改革的决心和勇气。改革开放是决定当代中国命运的关键一招。现在,推进改革矛盾多,难度大,但不改不行。习近平强调,我们要拿出勇气,坚持改革开放正确方向,"敢于啃硬骨头,敢于涉险滩。既勇于冲破思想观念的障碍,又勇于突破利益关系的藩篱"②。步子要稳,就是方向一定要准,行驶一定要稳,③ 要统筹考虑、全面论证、科学决策。习近平指出,下一步改革将不可避免触及深层次社会关系和利益矛盾,牵动既有利益格局变化。全面深化改革涉及面广,重大改革举措可能牵一发而动全身,必须慎之又慎。在越来越深的水中前行,遇到的阻力必然越来越大,面对的暗礁、潜流、旋涡可能越来越多。现阶段推进改革,必须识得水性、把握大局、稳中求进。④ 实践告诉我们,有的政策经过一段时间后发现有偏差,要扭转回来很不容易。我们的政策举措出台之前必须经过反复论证和科学评估,力求切实可行、行之有效、行之久远,不能随便"翻烧饼"。胆子要大与步子要稳相结合,才能既有闯的劲头,又不会犯根本性、方向性的错误。

坚持改革胆子要大与步子要稳的统一,首先,要有"明知山有虎,偏向虎山行"的政治魄力。改革如逆水行舟,不进则退,"在中国这样一个拥有十三亿多人口的国家深化改革,绝非易事","全面深化改革是一场攻坚战,是对我们党执政能力的一次重大考验"。⑤ 中国改革经过30多年,

---

① 《习近平关于全面深化改革论述摘编》,中央文献出版社2014年版,第43页。
② 同上书,第41页。
③ 同上书,第51页。
④ 同上书,第42页。
⑤ 同上书,第147页。

已进入深水区，可以说，容易的、皆大欢喜的改革已经完成了，好吃的肉都吃掉了，剩下的都是难啃的硬骨头。这就要求我们拿出政治勇气来，不怕担风险，坚定不移地干。其次，要有责任担当。深化改革，难免触动一些人的"奶酪"，碰到各种复杂关系的羁绊。要突破既得利益，让改革落地，就需要有勇气、有胆识、有担当。① 不能畏首畏尾，不敢出招，怕得罪人，更不能各取所需、挑三拣四甚至借改革之名强化局部利益。要做好承受改革压力和改革代价的思想准备，做到对历史负责、对人民负责、对国家和民族负责。② 最后，要有扎实细致的改革作风。全面深化改革，全党在看，群众在盼，国际社会也在关注。要以抓铁有痕、踏石留印的劲头，做到言必信、行必果。"天下难事，必做于易；天下大事，必做于细"。一步一个脚印，困难要一个一个克服，问题要一个一个解决，既敢于出招又善于应招，做到"蹄疾而步稳"。③

八　坚持改革发展稳定的统一

关于新时期改革发展和稳定的关系，习近平在很多场合有着详尽的论述和深刻的理解，他说：改革是经济社会发展的强大动力，发展是解决一切经济社会问题的关键，稳定是改革发展的前提。"稳"也好，"改"也好，是辩证统一、互为条件的。一静一动，静要有定力，动要有秩序，关键是把握好这两者之间的度。30多年来，我国社会发生的变革前所未有，同时又保持了安定团结。这充分证明，只有社会稳定，改革发展才能不断推进；只有改革发展不断推进，社会稳定才能具有坚实基础。离开社会稳定，不仅改革发展不可能顺利推进，而且已经取得的成果也会丧失。从世界范围看，许多国家由于政局动荡、社会动乱，不仅失去发展机遇，也给这些国家的人民带来深重灾难。作为中国特色社会主义的三个重要支点，改革发展稳定的关系贯穿改革开放全过程。当前，改革发展稳定相互交融的态势更加明显，改革面临着更深层次的利益调整，发展面临着错综复杂的矛盾和问题，稳定也面临着诸多风险和挑战。这样的复杂环境，对于我们处理好改革发展稳定的关系，提出了更高要求。

---

① 《习近平关于全面深化改革论述摘编》，中央文献出版社2014年版，第152页。
② 同上书，第153页。
③ 同上书，第145、148页。

坚持改革发展稳定的统一，首先，"要把改善人民生活作为正确处理改革发展稳定关系的结合点"①。习近平要求，"在全面深化改革进程中，遇到关系复杂、难以权衡的利益问题，要认真想一想群众实际情况究竟怎样？群众到底在期待什么？群众利益如何保障？群众对我们的改革是否满意？"②他在2013年底中央经济工作会议上的讲话中说，明年的改革，要从时间表倒排的最急迫事项改起，从老百姓最期盼的领域改起，推出一些立竿见影的改革，让老百姓得到实实在在的好处。③这不仅明确指出了改革发展稳定的价值指向，而且为处理好改革发展稳定的关系提供了一把金钥匙。其次，要"把改革的力度、发展的速度和社会可承受的程度统一起来"④。习近平指出，要巩固稳中向好的发展态势，促进经济社会大局稳定，为全面深化改革创造条件。同时要积极推动全面深化改革，以改革促发展、促转方式调结构、促民生改善。要增强改革措施、发展措施、稳定措施的协调性，把握好当前利益和长远利益、局部利益和全局利益、个人利益和集体利益的关系，在保持社会稳定中推进改革发展，通过改革发展促进社会稳定。最后，要引导群众理性合法表达利益诉求，营造安定团结的社会氛围。要通过制度安排，依法保障人民权益，让全体人民依法平等享有权利和履行义务；各级领导干部要提高运用法治思维和法治方式深化改革、推动发展、化解矛盾、维护稳定能力；要积极推进理念创新、手段创新、基层工作创新，特别要把握好舆论引导的时、度、效，提高各级领导干部的思想政治能力、动员组织能力、驾驭复杂矛盾能力。

研究、掌握习近平全面深化改革思想的方法论特征，给予我们思维方法的启示如下：

1. **要形成改革价值论思维**。改革的人民性是其价值所在。改革主体是亿万人民群众，必须坚持一切为了人民，尊重人民群众的首创精神；改革要坚持在党的领导下推进，人民主导改革的价值目标只有在党的领导下才能实现。

2. **要形成改革系统论思维**。改革开放是一个系统工程，党的十八届三中全会做出的全面深化改革决定的重要特点，就是更加注重改革的系统

---

① 《习近平关于全面深化改革论述摘编》，中央文献出版社2014年版，第36页。
② 同上书，第41页。
③ 同上书，第146页。
④ 同上书，第36页。

性、整体性、协同性，全面深化改革就不能挑挑拣拣、避重就轻；同时，改革的协同性又必然要求在推进策略上有重点突破，才能实现改革的全面性和彻底性。

3. **要形成改革过程论思维**。习近平在许多场合说过："改革开放只有进行时，没有完成时。"这就是说，改革是一个长期而又艰巨的过程，要有长期推进改革，持久性攻坚克难的心理准备。"开弓没有回头箭"，改革不能半途而废。改革既要有长期打算，又要有阶段性目标，长期目标是在阶段性成果的实现中完成的。

4. **要形成改革博弈论思维**。改革是改革者与既得利益集团的一场博弈。要敢于迎接挑战，敢于打攻坚战；要善于凝聚改革共识，善于调动一切积极因素。既要有勇，又要有谋；既要有胆，又要有识。只有这样，才能真正在重要领域和关键环节的改革方面取得突破。

5. **要形成改革效益论思维**。不改革死路一条，但是改革需要付出成本。当前改革的着力点，就是要冲破既得利益者的阻挠，分解既得利益者所掌握的特殊资源，为中下层社会民众提供越来越多的享受发展成果的机会和条件，化解由于社会不平等而产生的部分社会民众的相对被剥夺心理。既要坚持改革，又要承受代价、克服阻力，这样的改革才是人民拥护的改革，才是成功的改革。

（作者单位：北京市委党校项目课题组）

全面深化改革是推进中国特色
社会主义的必由之路

李　勇

回首20世纪建立的社会主义国家，虽然政权问题解决了，社会主义制度建立起来了，但发展问题始终没有解决好，长期处于困难和困惑的境地。20世纪90年代初发生"苏东剧变"，致使社会主义在世界范围内出现严重挫折，社会主义国家包括中国在内仅存五个国家。经济文化相对落后的国家，如何建设社会主义成为社会主义运动难以破解的历史难题。中国在充分总结自身和世界社会主义运动脱离国情搞建设的经验教训基础上，把马克思主义的普遍真理同我国的具体实际结合起来，通过改革开放走上中国特色社会主义道路。改革开放30多年，中国所走的道路和所取得的成具，破解了社会主义运动所面临的难题，从理论和实践两方面为世界社会三义国家的发展建设做出贡献。

一　改革开放的成功探索，坚持和发展马克思的历史唯物主义原理

共产党是根据马克思主义理论建立的政党，理论的创新是政党的生命。改苣开放是建设有中国特色社会主义的成功经验，也是党的思想理论创新的核心内容。30多年改革开放，中国特色社会主义的实践探索和所形成的理论，成功地破解了"两个决不会"原理带来的理论困惑，坚持和发展了"两个决不会"原理。

马克思在《政治经济学批判》序言中阐述了历史唯物主义的一个重要原理——"两个决不会"原理，即"无论哪一个社会形态，在它所能容纳的全部乍产力发挥出来以前，是决不会灭亡的；而新的更高的生产关系，在它的物质存在条件在旧的社会的胞胎里成熟以前，是决不会出现的"。中国的国情是先进的资本主义生产力夭折在未成熟的胞胎里，中国选择了

社会主义制度。在生产力极其落后，人们的思想觉悟和文化素质不高的条件下，坚持纯而又纯的计划经济和公有制，社会主义发展的结果是贫穷和落后。贫穷和落后的一个重要原因是违背了"两个决不会"原理。但是，如果放弃计划经济和公有制，搞私有制和市场经济，又违背了马克思在科学社会主义中对社会主义重要特征的论述。中国特色社会主义理论和实践破解了这个束缚中国发展的理论难题。在发展经济手段问题上，邓小平指出，"计划多一点还是市场多一点，不是社会主义与资本主义的本质区别。计划经济不等于社会主义，资本主义也有计划；市场经济不等于资本主义，社会主义也有市场。计划和市场都是发展经济的手段"。在经济体制问题上，邓小平对当时的基本经济制度作了新概括："公有制为主体、多种所有制经济共同发展，是我国社会主义初级阶段的一项基本经济制度。"今天鼓励发展非公经济和混合经济，江、浙地区的民营经济已超过公有制经济。社会主义可以搞市场经济，也可以发展非公有制经济。这样既坚持社会主义道路，又解放和发展生产力，通过借腹生子的途径，既坚持了"两个决不会"原理，又解决生产力水平极其落后条件下建设社会主义的难题。以习近平为核心的新的领导集体，在党的十八届三中全会上明确提出"市场在资源配置上起决定作用"。从党的十一届三中全会提出的"计划经济为主，市场经济为辅"，到党的十四届三中全会提出"建立社会主义市场经济新体制"，发挥市场机制的作用，再到党的十六大提出"市场机制在配置资源方面的基础性作用"，最后到党的十八届三中全会明确市场机制起决定性作用，强调市场在配置资源中的决定性作用。紧紧抓住改革开放这个基本点，历经四代领导集体的成功探索，马克思阐述的历史唯物主义的重要原理——"两个决不会"原理得到坚持和发展，中国特色社会主义建设事业逐步走向辉煌。

中国特色社会主义的理论与实践意义在于恢复了历史唯物主义的本来面目。生产力决定生产关系，这是马克思历史唯物主义的基本规律。单纯从主观愿望和良好动机出发，忽视生产力是社会发展的最终决定力量，夸大人的主观能动性，离开生产力的发展要求而人为地变革生产关系，就要遭到惩罚。违背生产力和生产关系原理，这是一个常识性错误。中国特色社会主义理论在破解"两个决不会"原理的同时，恢复了历史唯物主义的本来面目，巩固了马克思主义哲学的世界观和方法论地位。

二 坚持改革开放，恢复了生产力的至尊地位

中国特色社会主义实践的成功之处在于解放和发展生产力，而解放和发展生产力的成功经验是改革开放。历史表明，那些成功建立社会主义制度的国家大多犯了"超越阶段"的错误，常常不顾主客观条件的限制，提出现阶段无法实现的任务。这种无视经济文化的落后状况，片面追求纯而又纯的公有制，急于宣布建成社会主义，严重制约了生产力发展，影响了人民生活水平的提高，使人们对社会主义的信念产生了动摇。社会主义国家的出路在于通过改革开放来解放和发展生产力，恢复生产力的至尊地位。开放系统经济学研究表明，任何经济实体，在外界不发生作用的情况下，会产生相对静止和经济衰退现象；凡是与外界相互作用的开放经济系统，必定会受到外界影响而产生经济加速度，经济加速度与经济开放度成正比，与经济实体的规模成反比。

总结回顾中国改革开放30多年的历史：改革开放之初，我国处于封闭半封闭的混乱状态，不改革开放就是等待灭亡。中国的改革从解放和发展生产力入手，从改革束缚生产力发展的生产关系入手。改革首先从农村开始，实行土地承包制，将农业生产经营自主权交还给农民，农民按照市场供求关系自行组织生产经营；城市改革从企业入手，将企业生产经营权逐步交还企业，将企业推向市场，随着国企改革的深入和民营、外资企业的发展，企业的生产经营权和产权都发生了重大变化，中国经济实现快速发展。

劳动者、资本、科学技术、生产工具和生产对象是构成生产力的基本要素，改革开放激活了这些要素。劳动者是生产力中最活跃的要素，为适应改革开放的要求，就必须进行产业结构的优化升级，就要从进一步提高劳动者的科技文化素质入手，把每个人从潜在的劳动力转变成现实的劳动力，保障其生存发展权利。科技是第一生产力，改革开放使我们成功引进先进科学技术，生产工具与科技紧密结合，成为最具变革性的因素。改革开放释放了科技进步的活力，让科技成果在资本市场上定价，让科技成果参与生产和分配，解放第一生产力。在世界经济一体化的时代，生产要素资本化和证券化，资本投入是拉动经济增长的"三驾马车"之一，高资本投入与高科技结合产生的高科技企业，是我国经济转变增长方式，贯彻科学发展观的重要路径。我国是高储蓄国家，国民收入增长单一，此刻需要

我们继续深化改革，让储蓄转变成资本，让资本参与分配，让国民获得更多财产性收入，让收入的增长拉动消费，这也是贯彻科学发展观的要求。按照改革开放30多年解放生产力的成功经验，继续解放构成生产力各要素，中国必将实现科学发展，实现中华民族伟大复兴的中国梦。

三　全面深化改革开放，让经济社会形成新的耗散结构

新中国成立之初，我国主要同苏联和东欧等社会主义国建立关系，只面向社会主义国家和第三世界开放。总体上，改革开放前我国与世界处于隔绝与半隔绝状态，而此时世界发生重大变化，第三次科学技术革命，极大促进世界经济发展和人民生活水平的提高，美国、德国、英国和日本等国家随之实现工业化，步入创新型国家行列。我们却游离于科技革命之外，丧失与世界发达国家缩小差距的机会。耗散结构理论表明，封闭的平衡系统是混乱无序、走向死亡的系统，而开放的、非平衡的系统，通过物质、能量和信息的交换，能够形成新的活的有序结构——耗散结构。邓小平科学判断时代主题——和平与发展，认为"改革是中国的第二次革命"，把改革作为中国发展的动力。改革让一些地区先发展起来，让一部分人先富起来，打破了中国社会系统内部平衡；同时随着改革不断深化，导致非平衡系统内部涨落的不断形成，涨落导致有序，这个有序的目标就是共同富裕。

"中国的发展离不开世界"。通过改革和对外开放，使长期封闭的中国社会系统变成开放系统，能够吸收先进科学技术和管理经验，从而通过科技进步和劳动者素质提高实现科学发展。中国社会在邓小平中国特色社会主义理论指导下形成了新的耗散结构，保证了中国与外界进行物质、能量和信息的交换，为缩短与发达国家的差距创造了条件，中国从此进入充满生机和活力的发展阶段。作为系统科学重要组成部分的耗散结构理论、协同论，也成为指导中国改革开放伟大实践的方法论。

（一）建立有差距而又相对均衡的利益分配格局，形成合理的社会成员结构

社会成员是活生生的人，他首先面对的矛盾问题是生与死的问题。要生存，就必须解决衣、食、住、行等生理需要满足的问题。从生理层面来看，和谐社会需要合理的利益分配机制，形成有利于社会稳定的社会成员结构。按照现代科学方法论的观点，社会系统的结构是一个"活的有序"

结构，它的维系与功能的发挥依赖于和环境之间进行的各种物质、能量、信息的交换过程。社会成员、社会行业之间、社会系统内部各社会单元之间、社会系统与外部环境之间的交换，即系统要素间的交换，就构成了特定社会的基本结构。

差异、非平衡是有序之源。但由于系统要素间在物质、能量、信息间存在差异过大，导致社会成员之间、行业系统之间，通过市场机制实现的初次分配而产生收入差距的拉大。所以，需要政府运用税收、金融、行政等手段，调整利益分配格局，解决城乡之间、区域之间、行业之间和部分社会成员之间收入差距过大问题。首先，建立完善社会保障制度，形成低收入阶层的生活保障，着重解决失业、医疗、养老保障，同时加大社会救助与社会福利投入，保证所有公民的生存需要。其次，通过减免税费、金融支持、政府引导等有关政策的扶持，支持困难群体、落后地区和农村的发展，提高弱势群体的收入水平，逐步缩小贫富差距。最后，要加大对低收入阶层的能量和信息的输入，缩小群体间能量差和信息差。受教育程度往往决定人的发展程度，教育和培训是社会成员获取能量和信息的主要途径，也是提高社会成员生存能力的基本手段。要把保证贫困地区和弱势群体的子女享受公平的教育资源，作为构建和谐社会的首要任务，加大对下岗职工、农民工和低收入阶层子女的免费职业技能培训力度，把"授之以鱼"同"授之以渔"结合起来，实现各阶层系统的有序重组和跃迁。社会结构的有序形成过程，是社会成员发展过程，是"授之以渔"的过程。把"授之以鱼"作为保障机制，把"授之以渔"作为发展机制，二者的有机结合是实现社会阶层结构扁平化的长效机制。

（二）预防和化解对抗，形成系统内部的协同机制

"和谐"与"冲突"相对应。当代中国最经常、最普遍的矛盾冲突是人际冲突。人际冲突的外在直观表现是行为的冲突，预防和化解矛盾对抗，是构建和谐社会的基本保障。按照现协同论的观点，预防和消除矛盾对抗，形成系统内部协同机制，应从以下三个方面入手。

一是形成有机的动态协调机制，能对突变现象及时调整。这个动态的协调机制是严格的法治机制。法治是人类社会发展的产物，是我国走向现代文明的必然选择，也是和谐社会的一个基本特征。法律规范具有权威性和强制性，是预防和协调冲突的最基本手段，法治所带来的是一种理性的社会秩序。从系统论角度看，法治系统是由实体系统和概念系统组成。实

体系统包括人、资金、基础设施等；概念系统是由各种思想、原理、方法、制度、程序、规范、符号等在一定概念领域内组合构成的系统。社会主义法治要求一系列法律、法规、条例，从国家宪法直到部门的规定，集总成为一个法治的体系。法治系统的形成是建立在一定的社会、政治、经济条件的基础之上的，影响它的外部环境包括上层建筑环境、经济基础环境、社会环境、国际形势环境、自然地理环境等。总之，形成基础和外部环境的动态性和复杂性，决定了法治在构建和谐社会中不可替代的作用。

二是形成新旧结构转换过程中的衔接机制，保持顺利转变，减少混乱。从我国目前社会情况看，社会道德法纪化，就是这个新旧结构转换过程的衔接机制。从直观层面看，道德作为人们行为规范的总和，从行为规范上维系社会的正常运行。随着我国改革的不断深化，原有的阶级、阶层发生了分化，产生一些新的阶层和利益群体；农村转移劳动人口增多，失业人员增多，社会流动性人员加大，促进了社会成员的重组与分化；社会利益格局多元化，利益关系更加复杂。所有这些转变带来诸多矛盾和混乱，道德失范现象日趋严重。法纪化的社会道德是治理道德失范，维持社会秩序，保证集体组织的内部行为一致，约束监督人们日常行为的重要手段。为保持新旧结构的顺利转换，从行为层面上保持社会的和谐稳定，需要把反映大众和全社会利益、体现国家意志的道德规范和制度法规化、法纪化、条理化，提高道德规范的权威性，产生必要的威慑力量，成为协同个体间、群体间、个体与群体间相互协同控制参量，为构建和谐社会奠定必要的社会基础。

三是处理好连贯性和阶段性的关系。协调不同行业、不同群体和不同社会成员间的关系，要综合运用法制、道德和思想教育的力量，从不同层面，系统连贯地进行调控；同时还要根据不同时期的主要矛盾和矛盾的不同性质，采取不同的方法手段。如对人民内部矛盾中非对抗性矛盾，采取道德和思想教育的方法；对具有对抗性的矛盾，采取法律与道德相结合的方法；对严重违法犯罪，采取专政的方法。

（三）建立社会自主创新与创业平台，形成社会有机体自我调节与自我创新机制

社会的和谐稳定是改革开放的基础，必须要掌握好改革开放的力度和速度。其原因在于人类社会有机体具有主体性，这种主体性始终体现在自我调节系统的不断发展变化。而自我效能感和自主创新能力，在自我系统

调节中起着关键作用。构建和谐社会必然关注人类社会有机体的主体性,不断提高社会有机体的自我效能感和自主创新能力,它是实现社会内部与外部和谐的深层机制。

认知、行为和环境三者交互决定人的心理和行为,进而决定社会系统。自我效能感是在认知、行为和环境三者整合基础上产生的,是社会成员个体对自己成功实施某个具体行为或产生一定结果所需行为的能力预期。自我效能感决定着主体的行为和环境选择、行为的坚持性、行为努力程度和行为成就,自我效能感是社会有机体走向和谐的内在源泉。给每个社会成员创造提高知识技能和能力的机会,提供将知识与能力转化为财富的平台,尤其是提供将每个人的创新转化为创业的平台,才能提高社会有机体的自我效能感,使社会系统的自我调节与自我创新能力得到逐步提高。

系统科学理论提供的方法论和改革开放的实践成果证明,社会主义国家走改革开放道路才能焕发生机和活力,才能形成活的、有序的耗散结构,而封闭、无序将走向死亡。系统科学理论成为指导社会主义国家改革开放、建设中国特色社会主义的重要理论依据。

(作者单位:中共哈尔滨市委党校哲学教研部)

全面深化改革语域下预防腐败机制构建的思考

吴大兵　李　钰

经验表明，经济社会改革，往往会导致大量国有资产流失、集体资产被侵吞、政治生态失序，导致腐败现象不断上演。当前，我国正处于经济社会全面深化改革新时期，与经济社会发展相伴随的腐败行为也会频繁发生。如何构建起科学的腐败预防机制以防患于未然、从源头上消除腐败，确保在全面深化改革中做到干部清正、政府清廉、政治清明，对这一问题的研究，就显得异常重要。

一　全面深化改革中腐败现象滋生的路径与形态分析

对权力的崇拜与对利益的追逐往往成为人性的弱点。这些弱点在制度设计缺失的情况下，势必会为腐败的滋长预留下生长的空间和土壤。在经济社会全面深化改革中，随着权力的再度调整与组合、资源的重新分配和配置、经济结构与社会结构的重大变化等，腐败现象必然会从腐败产生的路径、发生的领域、存在的方式等上呈现新的变化。而理解这一变化，是我们构建科学管用腐败预防机制的首要前提。

（一）腐败滋生的基本要素与路径

事物的发展总是有规律可循的。腐败这一现象的产生同样有其自身的运行规律。就概念来说，腐败是运用公共权力谋取私利的行为。这其中最少有三个最基本的要素：腐败的主体、腐败的客体和腐败的介体。这些要素之间再通过相应的"黏合剂"，就可能形成一个腐败产生的"链条"，进而滋生成为内控的腐败体系。如下，我们对这一路径作具体分析。

从基本要素环节分析，首先是腐败主体的产生。一般来说，要形成腐败主体最少要具备两个条件：一是主体有着可支配的公共权力；二是主体有着想腐败的念想。权力为腐败行为提供前提，念想为腐败提供内在的驱动。显然权力的本身不可能就是必然的腐败，即便在有"念想"的驱动下，也还需要可供腐败发展的必要机会或条件。就具体对象来说，腐败主体显然包括个人、法人、相关组织或集团。其次是腐败的客体，也即是腐败主体的"念想"对象。显然这一"念想"对象既包括金钱、工程、地位、器物等物质层面的需要，也包括科研成果、文艺作品、荣誉等精神层面的需要，但这些说到底都是侵占或伤害国家、社会、集体或人民群众个人的利益和权利。最后是腐败介体，它是关联腐败主体与客体的桥梁。其对象包括人、法人和各种组织。腐败介体与腐败主体是交换关系，与腐败客体是占有或侵害关系。腐败的过程就是，腐败主体通过出售和转让公共权力给腐败介体，从而使得腐败客体隶属关系的改变。在本质上，腐败的过程就是公权转化为一种私权并成为谋一己私利的工具过程。

从"黏合剂"环节分析，驱动腐败主体"念想"的实现首先必须要有适合的机会和条件。这些机会和条件可能是现行制度设计本身的缺陷、办事规则程序的漏洞等，从而为公权异化（私用）提供机会，由此架起实现腐败主体与腐败客体的桥梁。其次，在党和政府正式规定的各种制度之外和背后，实际存在着一个不成文的又获广泛认可的规矩，一种可以称为内部章程的东西。这是一种约定俗成的"法"，这就是潜规则。这些潜规则以不同的方式和形式呈现，从而架起腐败主体与介体之间的桥梁，支配着现实腐败现象的滋生和蔓延。

（二）腐败滋生的重点领域与人群

从腐败产生的对象（客体）观察，权力、利益和权利依然是腐败的重点。它们将在具体的领域决定腐败滋生和蔓延的方式与内容。对权力而言，意味着对地位的提升，表现于职位的升迁、职称的晋升。那么腐败肯定是围绕获得"权力"产生，而能决定作用的，一般来说就只能是关切组织人事领导的干部。由此，组织人事部门将是第一大可能产生腐败的领域。其中的领导干部，将是重点人群。另外，我们应该看到在全面深化改革中，利益和权利（其实就是利益的变种）可能是更为广泛的腐败。在具体的形式上，将会伴随着腐败介体的不同需要而呈现差异性，但总体来说，将会集中以下三个领域：一是国家固有资源占用领域，这将涉及包括国土、能源、矿产等部门；二是公共资源配置领域，这将涉及计划委（发改委）、审计、采购、规划、司法等部门；三是社会发展的重点领域，这将可能涉及房地产、公共工程、医疗卫生、教育等部门。这些领域（部门）显然都是国民经济社会发展总的重点领域和关键环节，改革的本身也一个制度完善的过程，那么在这一过程推进中，腐败势必不可避免。

但应该明确，腐败可能在这些重点领域或部门产生，但腐败主体还是有着重点选项的。由此，在全面深化改革背景下，伴随着我们经济社会发展本身制度设计的完善，真正可能发展腐败的只能是在部分领域中的一小撮人群。一般来说，"一把手"人群、公务员中的主要当权者、关键岗位上的管理者等将是重点。这些人群支配公共资源具有先在的优势，腐败成本相对低。在具体表现形式上，将呈现出家族化趋向、小集团化趋向，在手段上将呈现高智能化。这些新的特性将赋予腐败更为隐蔽的特征，给惩处带来更多的困难和障碍。

（三）腐败现象的基本形式与缘由

对腐败的表现进行分析概括，才能找到有针对性地惩治和预防腐败的措施。腐败的表现形式是多样的，就当前来看，贪污、受贿等这些传统腐败形式是最基本形式，但是利用制度漏洞和在制定制度时留有后门进行的腐败，或者说利用制度对国民财富进行瓜分、社会资源侵占、职务升迁等将成为一种新的腐败形式。具体来说，主要有以下四种方式。

第一种是，支出式腐败。投资、消费、出口作为国民经济发展的"三驾马车"，而投资依然会在新一轮发展中扮演重要角色。就目前来看，高额的投资已经促成一定的腐败滋生，这一现象仍然会在一段时间不可避免地存在或衍生新的形态变种。在形式上表现为，通过中间人或安插亲信实现腐败。第二种是，审批式腐败。即通过在项目的审批过程中"吃、拿、卡、要"，实现腐败。这源于一些行政审批运作中存在的弊端，包括程序、规则等的不缺失，从而成为少数领导干部利用权力大肆腐败的条件。第三种是，晋升式腐败。伴随着全面深化改革，在干部评价体系及任用中，由于主观因素和影响，"情理"成分依然会在一段时期内存在，这为干部的职务升迁中的"权钱"交易或"权权"交易提供了条件。第四种是，制度式腐败。准确地讲这是政策方面的腐败。在全面深化改革中，资源的新的分配和支配方式、权力界线新的界定和组合、深化结构新的变迁和发展、经济发展方式的新转型，势必在制度层面和政策安排上，战略、方针、决策及具体的计划等都可能出现新的要求或设计，那么在这一巨变中，作为腐败的主体就可能在制度设计或政策安排上衍生新的腐败变种。这将具有更大的隐蔽性、欺骗性和更大的社会危害性。腐败的主体不仅是个人，更可能是一定的集团和组织。

二　全面深化改革中科学管用的预防腐败机制的架构

基于上述腐败产生的路径我们可以知道，腐败是多重原因造成的，腐败预防机制的构建，不仅要考虑到腐败的基本要素还要考虑到促成腐败的相关条件和重要环节。从理性上来讲，一个完整的腐败预防机制，就是要形成一个让公权人物或组织机构"不愿腐、不能腐、不敢腐"的体制机制。

（一）从思想认识上，建立健全不愿腐的机制

思想是行动的前导。腐败的源头首要的还是思想问题。就当前来看，在思想认识上促成腐败产生的因素也是多样的，集中起来看主要有三个方面值得注意：一是公共权力者（包括组织）思想懈怠，不思进取，对腐败现象麻木不仁、见怪不怪，更有甚者羡慕腐败，追求腐败。二是公共权力者（包括组织）是非观念淡薄、人生观、价值观发生偏移和扭曲，表现为有的奢侈浪费，追求享乐，有的盲目攀比，心理失衡。三是公共权力者（包括组织）责任意识缺失，认知偏离，丧失对公权的敬畏，对人民的敬畏，把公权当作权利，进而演化成为谋取私利的私器。同时，在经济社会全面深化改革过程中，由于社会的凝聚力和向心力也还有待进一步整合，在利益与权利的分化与矛盾冲突中，也势必会为腐败思想的滋生提供一定的土壤。因此，就急切需要着眼于思想根源筑牢防腐之"堤"，从源头上真正建立起公共权力者不愿腐的体制机制。

具体来说就是要，着眼于剪灭权力腐败之"芽"，建立健全领导干部学习教育机制。其一，要加大干部队伍的思想教育。开展理想信念、宗旨意识、党性党风党纪、法律法规和思想道德教育，引导干部群众树立廉洁价值观。其二，要不断创新学习形式，应坚持向书本学习、向实践学习、向群众学习。重点学习马克思主义理论、社会主义核心价值体系和国家法律法规。其三，要发挥主渠道、主阵地的作用。特别是要充分发挥党校、行政学院、干部学院在教育培训中的主渠道、主阵地作用，发挥高等学校、社科研究机构以及部门和行业培训机构的作用。其四，积极运用信息网络技术手段，加强党员干部远程教育、电化教育等学习教育网络建设，不断提高党员干部学习教育的信息化水平。其五，实现机制体制上的突破

与创新。要着力于健全学习制度、干部培训制度、调查研究制度、学习考核制度等，完善科学规范的组织工作运行机制，推动廉洁教育经常化、阵地化、长期化。

（二）从整体设计上，建立健全不能腐的机制

在解决了思想问题的同时，我们更需要在实践中防止腐败行为的发生。因为除了主观的思想认识外，外在的客观因素也会激发腐败行为发展。尤其是在权力缺乏制约、制度设计缺失、社会环境异化等条件下，更将成为腐败滋生的直接推动力。在全面深化经济社会改革过程中，就权力来看，政府职能的转变需要一个过程，权力的配置与有效归位不是一蹴而就的。绝对的权力滋生绝对的腐败。即便不是绝对的权力，无序的或缺乏制约的权力依然会衍生腐败，如此我们可以说权力也直接孕育着腐败的芽苗。从社会组织与企业经营活动来看，他们中的少数可能在改革过程中为实现一己之利，会采取鼓动与利益诱惑等方式，为腐败主体的行为架起桥梁，铺平道路。从制度与政策的制定看，改革本身就是一个不断完善的过程，任何一项制度或政策都不可能是完善的，这势必为腐败的衍生预留下空间，以致成为腐败滋生的源头。于此，在全面深化改革中应着眼于剪除权力腐败之"芽"，着眼于斩断权力腐败之"桥"，着眼于摧毁权力腐败之"路"，着眼于根除权力腐败之"床"，建立健全公共权力者不能腐的体制机制。

一是着眼于剪除权力腐败之"芽"，建立健全领导权力行为规范机制。其一，要建立健全选人用人机制，促进"用人权"规范运行。重点是要建立健全干部考核机制、规范的干部选拔任用机制和健全和落实用人失误失察责任追究机制。其二，要建立健全财权运行规范机制，促进"财权"规范运行。重点是要通过政府机构改革和政府职能转变，通过深化财政管理体制改革，理顺财权的运转。其三，要建立健全行政审批规范机制。要从立项、审查、听证、通报等多个环节完善制度设计。其四，要建立健全行政执法权规范机制，促进权力下移和良性运行。其五，要建立健全土地使用权和产权规范制度，确保国家土地安全和公民的合法利益。从而从根本上杜绝公权私用、集权专制、权力越界、权力缺位以及职能错位等现象发生。

二是着眼于斩断权力腐败之"桥"，建立健全社会组织活动规范机制。在未来的一段时间内，社会组织将快速发展。但纷繁的社会组织本身是复

杂多样的，有些社会组织的发展取向、价值追求等完全有可能与我们经济社会发展本身的目的性不一致乃至对立。这样，势必为腐败的衍生留下后门。现行一些腐败就是在这些"社会组织"的"桥梁"作用下发生的。建立健全社会组织活动规范机制，其一，要加大对新生社会组织的管理，从登记、审批、检查、考核等多个环节加强对社会组织的管理，其中社会中介组织是重点，要建立完备的监管体系。其二，要规范社会组织的运行，要通过行政体制改革，提高公共服务能力，完善社会组织管理制度，提高社会组织的社会服务能力。特别是要实现政社分离，以确保权力不被异化，确保社会组织的自律。其三，要建立健全社会组织风险控制机制，尤其需要实现社会组织内部控制与防治腐败机制建设相结合。

三是着眼于摧毁权力腐败之"路"，建立健全企业廉洁经营规范机制。从国企来说，新一轮改革的重点是实行政企分开、政资分开、特许经营和政府监管，实现公共资源配置的市场化。就预防腐败机制的角度，需要建立健全协调运转、有效制衡的公司法人治理结构，严防行政权力渗透和干涉，确保企业真正的自主权。从私企而言，为规范其经营。其一，要加强私企内部的监督管理。从党建角度，加强组织建设，引领企业新风；从规范管理的角度，积极建立现代企业制度，建立廉洁风险防控机制。其二，要强化对私企的外部综合监管。重点是加强非公经济组织诚信体系建设，加强执法监管和行业自律。其三，要优化私企的发展环境。形成良好的社会舆论环境、政务服务环境和企业健康成长环境。

四是着眼于根除权力腐败之"床"，建立健全公共权力制度完善机制。在全面深化改革过程中，制度建设上肯定会存在一定的问题与不足。如制度系统设计不足，碎片化现象严重，包括政出多头、形态散乱、内容交错；制度制订过程简单、投放快；配套工作少、补救机制缺等，制度的缺陷和不足显然会给腐败滋生留下空间。因此，建立健全公共权力制度，一方面，要增强民众的制度权威意识，切实铲除发展过程的"潜规则"以及腐败文化滋生的土壤与环境。另一方面，要从制度本身不断推进制度的自我完善，特别是要适应经济社会发展的需要，对原有制度不合理的地方进修调整、不适宜的地方进行修正、不完善的地方进行补充，包括完善财产公开、收入公开制度。努力使各项制度日趋科学，不给腐败预留空间，从根本上根除腐败的滋生和蔓延。

（三）从监管惩戒上，建立健全不敢腐的机制

承上所述，在解决了权力运行上的问题之后，还需要对权力进行外在监管及事后惩戒，促使权力主体不能腐败。一方面，要加大权力运行的监管。公共权力代表的是人民群众的意志，理应在人民群众的广泛监督之下。在经济社会全面改革深化过程中，改革的本身取向和目标就是实现权力的有效监督，把权力真正关进"制度的笼子"，以确保权力不异化，不背离国家的利益和人民群众的利益。另一方面，要加大对腐败事前的预警与事后的惩戒。通过预警机制的建立，可以及时把握腐败发展的趋势、重点，从而使防腐工作做到防范在先、关口前移，使防腐决策更加具有前瞻性和主动性，在实践中更加具有针对性和实效性。同时，我们也看到，事物的发展往往都是从小到大的，腐败现象亦是如此。通过惩戒机制的建立，就是要实现防止腐败从小贪发展成大贪的机会和条件，减少腐败案件的发生。概言之，就是要着眼于建好防腐之"网"和着眼于亮好防腐之"剑"，建立健全公共权力者不敢腐的体制机制。

一方面，着眼于建好防腐之"网"，建立健全公权运行立体监督机制。立足全面深化改革的需要，其一，要发挥人民代表大会制度的职能。要通过完善人大代表的组成和结构，完善人大代表选举制度，逐步实行人大代表专职化，建立健全对人大代表的监督制约机制等方面，使人民代表大会制度的监督职能充分发挥。其二，要健全政治机构之间的协作和制约机制。即建立健全决策权、执行权、监督权既相互制约又相互协调的权力结构和运行机制。改革和完善相关政治机构，增强其职能发挥、协作和监督水平。政治权力运行是一个系统，政治机构之间的良好协作和有效制约，是社会公共权力良性运行的必要保障。其三，要建立严密的监督体系，不仅要强化体制内的监督，完善问责制、官员收入公开制等，还要增加民间力量的监督，或者让体制内的部分机构演化成公共监督机构，建立起完备的监督体系，确保权力制衡与运行效率的有机统一。其四，要着力改革完善行政监察制度，坚决抑制和消除权力腐败现象。

另一方面，着眼于亮好防腐之"剑"，建立健全腐败行为预警惩戒机制。从预警的基本环节来看，其一，要做廉政警示教育，这是预防腐败行为的重要一环。其二，要做好领导干部的测评工作，做到提前发现问题。特别是要做好定期廉政述职活动，让领导干部自我反省、自我剖析、自我总结，也便于监察者发现问题，纠正问题。其三，畅通腐败行为信息搜集

渠道。让信息畅通上传下达，及时有效搜集到腐败行为苗头性信息，并进行信息的筛选，从而采取有效举措阻止或排除腐败行为的发生或进一步恶化。其四，建立快速惩治机制。及时把握干部行为动态，确立腐败行为的快速反应机制，一旦发现干部行为出现异常，即可立即采取针对性处理措施。同时，我们也可以看到对腐败的惩处也是一种预防。因此，要严肃查办腐败行为。一方面，通过严惩可达到威慑和教育的作用；另一方面，通过惩治也可以发现体制机制制度和管理上的漏洞、薄弱环节，以便及时制定规范，堵塞漏洞，严防腐败滋生蔓延。

腐败预防机制一旦建立，从推进运行的策略来说，还应建立完善的保障体系，特别是从组织体系角度，应建立完善的纵向预防体系，包括建立健全党委统一领导的预防腐败工作机制、部门和单位开展预防腐败工作机制、纪检监察机关推动预防腐败工作机制等；从社会环境的角度，要努力优化社会环境，努力形成科学发展的良好氛围。只有如此，才能在经济社会全面深化改革中使腐败预防机制的构建和运行实现科学管用。

（作者单位：吴大兵，重庆社会科学院哲学与政治学研究所；李钰，重庆社会科学院科研处）

改革创新是加强社会建设的根本动力

郭正礼

中国特色社会主义社会建设的提出，既是中国特色社会主义实践探索和理论创新的重要成果，又是中国特色社会主义事业总体布局的重要组成部分。党的十八大报告对十七大以来的社会建设取得的新进步，实事求是地概括为："基本公共服务水平和均等化程度显著提高。教育事业迅速发展，城乡免费义务教育全面实现。社会保障体系建设成效显著，城乡基本养老保险制度全面建立，新型社会救助体系基本形成。全民医保基本实现，城乡基本医疗卫生制度初步建立。保障性住房建设加快推进。加强和创新社会管理，社会保持和谐稳定。"应该说这是一个历史性的伟大成就，它对我国在新的历史阶段的改革、发展、稳定起到了决定性作用。报告同时强调，当前世情国情党情继续发生深刻变化，我们面临的发展机遇和风险挑战将前所未有。社会建设方面突出存在的困难和问题是，社会矛盾明显增多，教育、就业、社会保障、医疗、住房、生态环境、食品药品安全、社会治安、执法司法等关系群众切身利益的问题较多，部分群众生活比较困难。如何立足现阶段我国社会转型、社会结构变迁的历史大背景，抓住机遇，深化改革，有效整合有利条件，把我国建设成民生更有保障、社会更有秩序、公平正义、和谐幸福的现代化社会，是时代赋予我们的光荣而艰巨的任务。

一 我国已进入以社会建设为重点的新阶段

改革开放以来，现代化、市场化和全球化交织在一起，促进了我国社会的大变革。我国社会已经进入了工业社会、城市社会、法理社会、老龄社会、能动社会、原子化社会、多样化社会、丰裕社会、公民社会、信息社会、风险社会和开放社会的新阶段。社会建设面临着前所未有的新挑战和新问题。

1. **经济与社会发展的结构性失衡，要求加强社会建设**。从1978年到2004年，我国用了大约25年的时间，以经济体制改革为重点，着重建立社会主义市场经济体制。党的十六届三中全会通过的《关于进一步完善社会主义市场经济体制的决定》，宣告我国社会主义市场经济体制框架已经基本确立，同时提出了以人为本、全面、协调、可持续的科学发展观，表明我国改革开放进入以社会体制改革和社会建设为重点的新阶段。从经济结构看，2013年的经济结构中，第一、第二、第三产业的比重分别为10.0%、43.9%、46.1%，我国经济发展已处于工业社会中期阶段。与此同时，我国社会建设在取得巨大成就的同时，相对滞后经济建设，社会结构处在工业社会的初期阶段。从就业结构看，在工业社会中期阶段，第二、第三产业的职工应该占到总劳动力的80%以上。2013年我国第二、第三产业就业人口占总就业人口的66.7%，虽然也已经是工业社会的就业结构了，但农业劳动力仍占33.3%，第二、第三产业差了13个左右的百分点，整个结构介于工业社会初期和中期阶段之间，更靠近工业社会的初期阶段。从城乡结构看，1978年到2013年城市化率从17.9%提高到53.7%，但仍明显落后于同等发展水平的国家。从社会阶层结构看，工业社会中期阶段，中产阶层应该达到40%以上。我国中产阶层目前仅占28%左右。如以近来每年中产阶层规模增加一个百分点计，要12年才能达到。可见，随着我国经济的快速发展，在经济结构变化的推动下，我国社会结构也发生了深刻变动，但现在的就业结构、城乡结构、社会阶层结构等还只是工业社会初期阶段的水平，与我国已处于工业社会中期阶段的经济结构很不平衡、很不协调。经济结构、社会结构是一个国家或地区最基本、最重要的结构，二者互为基础、相互支撑。常识的角度，经济结构变动在先，带动影响社会结构变化；而社会结构调整进步，也会促进经济结构完善优化。所以，社会结构与经济结构必须协调共进、相辅相成。现阶段我国社会结构与经济结构不平衡、不协调，是很多经济社会矛盾久未解决的结构性根源。所以，我们必须贯彻落实中央精神，重点加强社会建设，促进经济社会协调发展，实现科学发展、社会和谐。

2. **新时代提出的新任务新挑战，要求加强社会建设**。浩浩荡荡的社会变革提出艰巨的社会任务：一是如何应对中国进入社会矛盾和不协调因素多发期的客观形势。进入新时期以来，民生问题与社会矛盾凸显，关于住房、教育、医疗、养老等民生问题日益突出，城乡差距、地区差距、贫富差距持续扩大，官民关系、劳资关系等社会阶层关系矛盾显化，贪污腐败等大案要案频发，刑事犯罪案件居高不下，特别是各种群体性事件和上访事件层出不穷，社会秩序与社会稳定任务极其严重。面对这些复杂多变的社会矛盾和问题，显然不能用头痛医头、脚痛医脚的救火式的办法解决，也不能只用"花钱买平安"的办法来解决。二是如何直面国际和国内传统风险和新型风险活跃期的社会现实。传统风险基本上是自然灾害。新型风险主要是人的活动造成的，如核泄漏、新型疾病，疯牛病等。三是如何适应世界上从旧式现代性向新型现代性转变的国际潮流。旧式现代性就围绕着世界资源的争夺，造成了人与自然、人与人关系的紧张，使得自然和社会付出双重代价。新型现代性叫作以人为本，使人和自然的关系和谐，使得人与社会关系协调，这样使得我们把社会的代价、自然的代价限定在最小限度范围之内，这样一种现代性。这种转变是一个国际的潮流，我们不能完全置外于这种潮流。四是如何总结新中国成立以来我们用破坏旧世界的思路，来建设新世界的这种经验教训。"文化大革命"就是用破坏旧世界的方式，来建设新世界的一个最极端的典型。五是如何深入参考我国优秀文化中人伦和谐、天人合一的精华思想。人伦和谐说的是社会关系，天人合一说的人和自然的关系，这种精华思想需要我们总结发扬。最后是如何汲取社会科学有关协调发展的积极成果。像社会学20世纪80年代就提出来良性运行和协调发展这样一些思想。所以加强社会建设是与完成这些新任务相适应的，这样社会建设才能有的放矢。新时代也同样提出严峻的新挑战：一是在市场经济陌生人的世界建立社会共同体的挑战。这个社会共同体是人际关系协调互助这样一个社会共同体，这种社会共同体宏观上就是和谐社会，微观上就是和谐社区。二是在价值观开放多元时代，促进意义共同性的挑战。这个意义共同性也就是社会认同。现在价值观多元多样，这个情况下要达到很多基本问题的共识，建立一个意义的共同性，这个挑战是很严峻的。怎么能够使得人们有凝聚力、归属感，建立这样的共同性，这个问题现在越来越重要，群体之间的共识，民族之间，族群之间的共识等等。三是在社会分化加剧的形势下面，落实公平正义的挑战。社会主义最大的本质属性就是公平正义，没有公平正义的社会主义，不是真正的社会主义。现在社会分化严重，把公平正义落实到微观制度和宏观制度的方方面面，这是一个巨大的挑战。四是在社会分化加剧、社会重心下移的情况下，大力改善民生的挑战，尤其是改善社会弱势群体民生的挑战。现在老百姓的生活还是很困苦的，他们既有现实的困境，比如说上学难、看病难、住房难；又有未来的焦虑，将来老了怎么办，失去自理能力之后怎么办。所以现实的困境与未来的焦虑构成了现实社会安全问题，特别是个体安全问题。五是在生态恶化的情况下，实现环境友好、资源节约的挑战。第一轮的现代化过程，主要是靠土地、廉价劳动力、环境、矿物这四样初级资源来推进的，支撑了前30年的初级发展。中国是资源浪费最大的国家，所以现在必须转变发展方式。最后是在发展主体和布局上理顺三大部门关系的挑战。也就是理顺政府组织、企业组织和社会组织这三大部门之间的关系，现在他们错位、越位、虚位的情况比较严重。这些问题和风险只能在加强社会建设的实践中逐步加以解决。

3. 社会急剧转型提出多重时代问题和风险，要求加强社会建设。中国社会正处于快速的转型时期，其类型主要有：从计划经济向市场经济转型、从农业社会向工业社会转型、从乡村社会向城镇社会转型、从封闭半封闭社会向开放社会转型、从同质单一性社会向异质多样性社会转型和从伦理型社会向法理型社会转型等。这一转型突出表现为社会结构的加速变迁，带来了新的社会风险和挑战。首先是社会结构体系变化提出的挑战。社会结构主要包括，组织结构、群体结构、制度结构、社区结构和意识形态结构等。在社会组织结构的变化中，现在的人已经从单位人走向了社会人和社区人。社会身份体制也发生了很大的变化，现在社会身份不再依附于固定的个人，像阶级身份已经彻底取消，户籍身份现在弱化了，干部与工人的身份也弱化了，所有制身份甚至一段时间倒过来了。在社会群体结构变化中，形成了新的利益群体，初级群体出现疏松化。职业关系现在流动开放，终生拥有的情况越来越少。社会关系体系中，比如说血缘关系、地缘关系、业缘关系为基础的传统纽带进一步瓦解，为契约关系所逐步的代替。社会结构体系发生了急剧的变化。这种变化产生的挑战是：社会世界陌生化。熟人社会陌生化，陌生人世界常态化，集体化社会日益萎缩，个体化社会不断兴起。个人主体意识、利益意识日益加强。社会生活液体化，过去固体的东西，刚性的东西现在都变得灵活了，液态了。社会现象不确定化，生活世界出现各种各样的不确定性、非预期性，造成社会的匿名化，去责任化，造成自我约束减弱，社会监督能力削弱。所有这些变化对社会建设和社会管理都提出了新的考量、新的要求和新的挑战，这些是我们不能不考虑的。其次是社会行为秩序变化提出的挑战。社会大转型，市场得到空前的解放，社会成了"嵌入"性的东西，使传统上社会与市场的位置彻底互换了，形成了市场化的社会。当社会成为经济体制的附庸，人们的行为方式和社会秩序规范体系也发生了全方位的变化。那么这种秩序变化提出了什么挑战？就是人们的行为，非市场化与市场化的特征兼而有之。这种倾向对社会行为发挥了引导作用，从利益的格局来看，利益驱动，市场导向，契约原则的作用是越来越明显，人们对自我利益的追求普遍带有短期性、功利性和实效性这样一些特征。从非市场化社会到市场化社会，中国社会建设和社会管理到底怎么搞，是有待破解的新课题。最后是社会心态和文化价值体系变化提出的挑战。社会心态是指一定社会环境条件下，社会成员对社会生活现状的一种心理感受和情绪反应，具有显著的大众性和弥漫性。特别像微博上面表现出来的东西。社会心态是特定社会环境当中某些利益诉求的反映，与社会生活当中某些重大事件，思想倾向、社会思潮都有密切的关系。社会心态的急剧变化表现出两面性的特点，可以归结为既有奋发向上的一面，又有浮躁不安的另一面。一个就是民众的参照尺度一直走高，一方面反映了社会心态，民众的精神，有乐观昂扬向上这一面。另一方面，负面的心态也十分的突出，有学者指出，当前中国是一个世俗的时代，有一种世俗的社会心态，如浮躁、喧嚣、忽悠、操纵、炫富、装穷、暴力、冷漠等。所以我们要通过社会建设，社会管理，形成一种健康的社会心态机制。另一个是文化价值体系急剧变化，文化价值观是指社会成员共同持有关于是非、善恶、好坏、自我和他人利益关系一种观念倾向，价值观对社会成员的价值判断和行动选择具有巨大的影响。现在中国不得不承认价值系统出现了严重的倾斜，在各种现实因素的压力下，如理想和现实、崇高和实用、道德和功利、未来可能和当下兑现的追求，要做出决策的时候，一般来说往往选择后者。价值观是文化的核心，价值观的倾斜和冲突是最实质性的威胁。一个社会价值观出现的问题，这个社会就没有脊梁骨了，所以这个问题是一个非常值得我们关注的问题。社会建设和社会管理必须推动健康文化价值观的形成，这是一个很重要的问题。

4. 面向21世纪的全球可持续发展之路，要求加强社会建设。今天的中国，经过30多年的改革开放，已经走在世界发展的最前列，尤其是在经济领域。2013年，中国经济总量位居世界第二，中国已成为世界第一货物贸易大国，外汇储备累计余额超3.8万亿美元，再创历史新高，已相当于德国经济总量，居世界首位，人均GDP达到了6629美元跨入中等偏上收入国家行列。特别在当前全球性经济危机和动荡面前，中国作为一个占世界19%人口、持续保持稳定快速增长的新兴经济体，所形成的影响力和贡献度尤为突出，是无可比拟的。但在综合发展特别是社会发展领域仍相对滞后，呈现明显短板。从人类发展指数（HDI）来看，中国在180多个国家和地区中，过去几年一直徘徊在100位左右，2013年排名101位，这一名次比中国人均国民收入排名低11位次。人类发展指数由联合国开发计划署发布，是目前得到最广泛认可的综合性发展评估体系，它不局限于经济增长数据，而是扩展到涵盖教育、科技、健康、社会公平、可持续等多方面的总体发展评价。中国人类发展指数排序偏低和持续徘徊的状况，与中国在经济领域成就并不相称，集中反映了我们在社会发展领域的相对滞后和不足。从面向21世纪融入全球可持续发展之路来看，我国未来社会发展领域的挑战将更显复杂和严峻。一是老龄化。中国的老龄化正在加速推进。从2011年到2015年，全国60岁以上老年人预计将由1.78亿增加到2.21亿，平均每年增加老年人860万；老年人口比重将由13.3%增加到16%，平均每年递增0.54个百分点。全社会年龄结构的老化意味着劳动力结构和人口红利的变化，意味着不确定性增大，意味着抗风险能力下降。二是城镇化。与快速城镇化相适应，中国的流动人口在当前和未来较长一个时期都将保持在2亿左右。城镇化促进了人口流动和思想解放，也很可能凸显或加剧在资源不足、社会摩擦和收入分配等方面的问题乃至冲突。以"80后"、"90后"以及未来"00后"为主体的城镇化和人口流动将对现有的社会格局和社会管理模式提出新的挑战。三是信息化与网络化。截至2013年12月底，我国网民规模达6.18亿，手机网民规模达5亿，占总网民数的81.0%。手机超越台式电脑成为第一大上网终端；以微博为代表的社交网络用户由2010年底的6000万猛增到3亿以上。信息化意味着信息的平衡分布和快速传播，低成本、广覆盖的新传媒技术和渠道，深刻改变了包括政府、社会组织和企业等在内的传统组织模式和工作方式，也深刻改变了公民的维权意识、参与意识和行为。老龄化、城镇化和信息网络化构成了中国社会转型的三大基本特征，其发展之深刻和迅猛，是我们下一步深化改革、创新管理必须充分认识的。中国面向全球的可持续发展之路，必须将全面、协调、可持续发展原则作为重中之重，推进经济、政治、社会、文化和生态的全面发展。一方面，过去30多年形成的经济社会发展不平衡、不协调的局面必须得到扭转；另一方面，着眼于新形势下社会的深刻转型，必须未雨绸缪，通过公众参与的社会建设及发展的方式来化解各种潜在矛盾和风险。全面加强社会建设已经成为中国发展模式转型的重要切入点，是中国下一步全面、协调、可持续发展和跨越中等收入陷阱的重要基础。

二 新阶段社会建设的主要任务

社会建设是一个庞大而复杂的系统工程。既要加快推进各项社会事业的建设，为13亿人民提供良好均等的社会公共服务，又要调整优化社会结构，推进社会体制改革，创新社会政策制度，完善社会管理，最终实现社会和谐和社会现代化。党的十八大明确提出新时期社会建设的新目标："基本公共服务均等化总体实现，全民受教育程度和创新人才培养水平明显提高，进入人才强国和人力资源强国行列，教育现代化基本实现。就业更加充分。收入分配差距缩小，中等收入群体持续扩大，扶贫对象大幅减少。社会保障全民覆盖，人人享有基本医疗卫生服务，住房保障体系基本形成，社会和谐稳定。"围绕这一目标，加强社会建设概括来说主要有五个方面的任务。

1. 社会事业建设。过去一般把教育、卫生、文化、体育等统一称为社会事业，现在从社会实践看这是不完整的。党的十八大明确提出，劳动就业、收入分配、社会保障、住房等民生事业建设以及各类福利性、公益性社会服务，也是社会事业。社会事业同人民群众的生产生活密切相关，关系到每个家庭和个人的福祉和前途。自20世纪90年代中期以来，由于过度强调GDP主义和崇尚新自由主义，我国各地普遍出现了就业难、上学难、看病难、养老难、住房难等问题，针对这一现象，党的十七大有针对性地提出了"加快推进以改善民生为重点的社会建设"的决策，党的十八大又重申为"加强社会建设，必须以保障和改善民生为重点"。搞好社会事业，改善民生，就是要多谋民生之利，多解民生之忧，解决好人民最关心最直接最现实的利益问题，在"业有所就、学有所教、劳有所得、病有所医、老有所养、住有所居、惑有所解"上持续取得新进展，努力让人民过上更好生活。

2. 社会体制和社会规范。一个发育良好和谐健康的社会，应该是体制合理机制有效和规范有序功能健全的社会。我国已经从农业农村社会转变为工业城市社会，人们的生产生活方式发生了根本性的变化，整个社会就要适应这种变化，按照人类和社会发展的客观规律，在实践中逐渐建立完善好社会体制和社会规范，社会才能和谐健康有序地向前发展。当前社会体制方面应重点建设好政府与社会的关系体制、中央和地方的社会建设体制、城乡社会体制、劳动就业体制、收入分配体制、社会流动体制、社会各阶层利益关系协调体制等。新的社会体制要有新的社会规范。中国有几千年的农业社会，农耕文明发达完整，而且有与之相适应的系统化的社会规范，这一规范不仅世界领先，而且惯性极强。现在要转为工业社会、城市社会，相应的就要建设与工业文明、城市文明相适应的新的社会行为规矩，社会活动准则。比如新的社会生产生活有序进行的法律法规，新的社会伦理道德规范。当然，传统农业文明中具有普遍意义的优秀规范，还要保持和发扬，使之有效融合到新的社会规范中，形成新的现代化的社会文明。

3. 社会管理和社会安全体制。完善社会管理，保证社会公平正义、正常有序，维护社会稳定，是构建社会主义和谐社会的必然要求。因此要创新管理体制，整合管理资源，提高管理水平。党的十六届四中全会提出了"党委领导、政府负责、社会协调、公众参与的社会管理格局"。从近年来的社会实践看，有几个问题值得重视：一是要重视 2000 多个县的基层社会管理。要通过现代社区组织，完善基层社区管理网络，增强社会组织的服务功能，加强社会治安管理，使城镇社会管理完善起来；二是要将刚性的社会控制与柔性的服务有机结合起来；三是致力于发挥政府与社会的两个积极性，特别要发挥社会组织与公众的参与管理的积极性；四是社区的严重行政化、单位化问题，姓政不姓社。党的十八大总结历史经验，对社会管理这一问题又有新突破，提出要围绕构建中国特色社会主义管理体系，加快形成党委领导、政府负责、社会协同、公众参与、法治保障的社会管理体制，加快形成政府主导、覆盖城乡、可持续的基本公共服务体系，加快形成政社分开、权责明确、依法自治的现代社会组织体制，加快形成源头治理、动态管理、应急处置相结合的社会管理机制。

4. 通过收入分配机制调解社会结构。衡量一个国家或地区现代化水平的重要指标就在于经济结构和社会结构的状况及其关联度。结构决定性质和功能。社会结构的核心是社会阶层结构。社会阶层结构的标志性指标是中产阶层的比例。现阶段我国中产阶层的人数约占总人口的 30%。我国的基尼系数 1978 年农村为 0.212，城市为 0.16；1994 年为 0.4。国家统计局

2013年1月18日首次公布的中国基尼系数，2003年为0.479、2006年为0.487、2008年为0.491、2009年为0.490、2012年为0.474，过去十年中，基尼系数先是逐步扩大，而后又略有缩小的走势，但总体处于高位，社会阶层间贫富差距处在扩大状态。当前我国社会阶层的结构性特征表现为，上层阶级化，下层碎片化，阶层结构定型化，致使不同社会阶层之间的利益摩擦和冲突增多，有的还比较激烈。整个社会离现代化国家应有的"橄榄型"的社会阶层结构还有很大距离。由此看来，我国的社会建设任务还十分繁重。

5. **新社会组织建设**。世界现代化进程表明，社会的自组织化程度越高，其稳定性就越强，社会活力就越大，社会管理的难度系数就越小。从我国社会建设的必然趋势来看，无论是提升党的执政能力、降低社会管理成本，还是提高居民的社会福利水平、满足居民的多样性社会服务需求，都应该按照社会建设与发展的规律，通过社会体制的改革，转变政府的社会职能，大力发展民间社会服务组织以及专业化的社会服务。新社会组织（NGO、NPO）具有重要的社会建构功能，是构建新时期"党社关系"、"政社关系"的重要平台；是促进社会再组织化与社会团结的重要载体；是社会福利与社会政策发送的重要工具；是现代社会管理与公共服务的重要组织形式。

三 在推进社会体制改革、创新社会管理中加强社会建设

加强社会建设，是社会和谐稳定的重要保证。必须从维护广大人民根本利益的高度，以保障和改善民生为重点，推进社会体制改革，优化社会结构，健全基本公共服务体系，加强创新社会管理，以此扎实有效地推动社会主义和谐社会建设。

第一，重新认识社会，切实树立社会建设的现代理念。新中国成立之初，在学习苏联经验的基础上，我们实行了全能政府模式和计划经济体制，制约了社会的发育和成长，压缩了社会发挥的空间；30多年前，改革开放确立了以经济建设为中心的战略，确立了市场经济体制，发展成果惠及了数以亿计的中国人，但对社会和公民的作用重视不够，认识也有偏颇。当前，我们正处于新的发展起点上，如何把握可持续发展的战略机遇期，如何认识和应对社会矛盾凸显期，需要我们对社会和社会建设有深刻的理解。从历史和社会发展规律的角度而言，我国目前需要一个和谐的、

稳定的、自我调适的社会，需要大量的作为政府伙伴和助手的社会组织来共同承担责任和发挥作用，需要通过积极的社会建设来正面引导社会的有序发展。社会和公民是推动社会发展的主体和动力。这应该成为我们的普遍共识。

第二，改革社会体制，营造充满活力的制度环境。社会体制改革是和谐社会建构的必要条件，是社会建设的根本动力。党的十七届五中全会明确提出，要"更加重视改革顶层设计和总体规划"，"大力推进经济体制改革，积极稳妥推进政治体制改革，加快推进文化体制、社会体制改革，不断完善社会主义市场经济体制"。将社会体制改革放在战略高度。现阶段的社会现实表明，传统的以计划经济为特征的社会建设和社会管理模式已经走到了尽头，需要改革创新。这就需要我们，通过完善以市场为基础的经济社会所需要的全面的制度建设，来进一步提高全社会的整体效率，优化利益格局，充分动员公众参与社会建设，活跃社会生活。通过社会体制的变革和制度的建设，实现决策的民主化和科学化，使经济社会发展的出发点和立足点更加贴近人民群众的生活需要，增加人民的福祉；通过社会组织和公众参与使民众承担起更多的社会事务和责任，减少各级政府在公共领域和社会领域的投入和负担，实现社会发展方式的根本性转变。因此我们迫切需要进行社会体制变革。社会体制改革也是中国整体改革的重要组成部分。没有社会体制改革或社会体制改革滞后，经济体制、政治体制和文化体制改革都会步履维艰。改革是为了激活发展活力。社会活力来自利益格局合理和生活环境公正。一个社会越公正平等，信任就越大，凝聚力就越强。因此在中国改革的顶层设计中，必然要包含社会体制的改革。目前，我们还不能完全把社会体制描述清楚，但是，比照经济体制改革的历史经验，可以把社会体制改革的目标模式界定为"建立在合理利益和公正决策边界下的公众参与"，依靠社会力量动员公众积极参与社会生活和公共事务，国家提供人人享有的基本公共服务。改革事业单位体制，发展民间社会组织，搞好基层社区建设，让这些社会的、民间的力量成长起来，用"非营利"的方式去满足人民的需要。因此改革目标在宏观上，通过顶层设计和创新建立中国社会体制的"宏观调控与微观搞活"制度环境。明确社会进步、社会秩序、社会和谐是社会宏观调控的目标；明确顶层设计的主要任务是规定社会进步的目标、原则、社会发展的基本路径；要不断提升多元治理的艺术和水平。在微观上，通过"优化利益格局、重塑微观主体、创新运行方式"建构社会体制的运行机制。优化利益格局，理顺社会发展的财税体制、慈善捐赠体制、国际社会组织管理体制，促进社会组织改革与发展，再造社会治理的微观主体，创新社会体制的运行方式，积极推动社会创新。通过以上改革，建立中国社会体制的"宏观调控与微观搞活"制度环境。

第三，转变政府职能，建立完善的社会政策体系。转变政府职能，推动政社分开。过去与计划经济相适应的是"大政府""全能政府"，只要能够管得到的事项，无论该不该管，管得好不好，政府都要管。与社会主义市场经济相适应的政府是"小政府"，只要能交给社会、交给市场的事项，哪怕自己管得了，甚至管得还不错，都要下决心转出去。在建立市场经济体制的过程中，政府通过给市场让渡空间，发挥了市场这只"无形的手"的作用，剥离了政府许多具体的经济职能和事项，实现了政府的第一次"革命"。加强社会建设就是要给社会让渡空间，激活社会自我组织、自我管理、自我服务和自我修复的功能，把政府从纷繁复杂的微观事务中解脱出来，实现政府的又一次"革命"。政府提出"放权、简政、服务"，坚决取消一批、下放一批、向社会转移一批行政审批事项，把一些过去政府包揽的职责交给社会组织或事业单位，减少并规范行政自由裁量权，根治重审批轻监管的痼疾，着力建设精简、高效、廉洁的服务型政府。系统的社会政策是社会建设和社会发展的根基。对于当前我国的社会建设而言，社会政策的建立和完善是一个十分明显的"软肋"。经过多年的努力，我国已基本建立起一个"广覆盖、多层次、保基本、低水平"的社会政策体系雏形，但其中应急性、二元化、碎片化特征和投入不足的问题仍较突出，亟待解决。未来一个时期，我们必须重点做好顶层设计，建立起一个科学的、综合的、稳定的社会政策模式和制度体系。需要强调的是，新的社会政策体系必须坚持以人为本，促进人的自由而全面的发展；在这一基础上，每个个体和全社会将迸发出巨大的发展潜力和活力。

第四，培育发展社会组织，有效发挥社会组织作用。一个成熟的社会，离不开大量自立的、活跃的、有责任的社会组织。社会组织的发展是一个循序渐进的过程，需要各方面的支持和帮助。当前我国的社会组织不是太多、太强，而是太少、太弱。过去的30多年里，我国的社会组织蓬勃发展、方兴未艾，但应该清醒地看到，西方国家工业革命以来走过的历程，我国只用了30多年，这种浓缩式的发展过程必然存在和带来各种社会问题。全社对这些社会问题应主要采取帮助的态度，处于发育和成长中的社会组织更需要良好的社会环境支持。政府要加大对社会组织发展的支持力度。政府要将社会组织视为伙伴和助手，要在法律、体制、政策、规划等方面营造一个宽松、良好的发展环境，同时积极推进职能转变，完善政府购买公共服务的机制，把适于社会组织承担的公共服务和社会管理职能转移给社会组织。全社会必须形成一个共识：只有社会组织的健康发展，才能推动社会的有序发展。促进社会组织健康发展，就是要形成全社会协同工作的社会格局，成为政府服务和管理社会的参谋和助手；提高社会自我管理能力，增强社会柔性管理，提高社会包容度、促进社会各阶层的融合；引入竞争机制，优化资源配置、提高服务水平。推动社会组织的"去行政化"。完善社会组织登记办法，着力扩大覆盖面。允许行业协会、异地商会、公益服务类、社会服务类、经济类、科技类、体育类、文化类等社会组织可直接向民政部门申请登记。社会组织实现自愿发起、自选会长、自筹经费、自聘人员、自主会务和无行政级别、无行政事业编制、无行政业务主管部门、无现职国家机关工作人员兼职的组织。重点培育、优先发展工商经济类、公益慈善类、社会服务类、群众生活类社会组织。推动社会组织的"去垄断化"。突破"一业一会"的限制，允许同一行业按产业链各个环节、经营方式和服务类型设立等实际需要成立多个行业协会；允许适当吸纳非本地籍会员加入本地行业协会，允许港澳台人士投资兴办注册的企业本地行业协会（但不可担任法人）；允许跨行业、跨地域组建行业协会，允许将异地商会的登记范围从地级市扩大至县（市）。逐步形成发展有序、门类齐全、层次多样、覆盖广泛的发展格局；逐步形成社会组织具备现代社会组织的基本特征；逐步形成大部分社会组织能够承担政府转移、委托、授权的职能，能够提供相应的公共产品和公共服务；逐步形成法律监督、政府监督、社会监督、自我监督相结合的监管体系。把工青妇群团组织打造成枢纽型社会组织。重新明确定位，既充当相关社会组织的带头和组织者角色，也要建立平等的伙伴关系；转变服务方式，既要为特定群体服务，也要为相关社会组织服务；为相关社会组织提供基础性服务。总之，使其成为政治上的桥梁和纽带，业务上的龙头，日常管理服务上的平台。

第五，开展重大理论与实践问题的研究探索。在关于国家—社会的讨论中，社会组织的发展水平往往被看作一个国家是否存在相对独立于国家的公民社会的标志，尽管很难把这个结论简单地照搬到中国，但是应该承认，社会组织的发展状况确实从某一方面反映了社会自组织的能力和相对独立于政府的公共空间的拓展。正因为如此，社会组织领域的发展受到关注，值得肯定。党的十八大提出"党委领导、政府负责、社会协同、公众参与、法治保障"是处理国家与社会关系的方针。贯彻这一方针的基本路径，就是国家全面推进党在非公企业、在社会组织中建党。即当国家的行为边界越来越受到法律和自身能力的制约时，党日益在基层和非政府领域扮演直接的领导角色，"政府退一步，党委进一步"。目前，社会组织的发展在本质上还是一个行政赋权的实践，而非宪法确权的实践，也就是说，什么领域可以发展社会组织，什么领域不可以发展；什么时候可以发展，什么时候限制或停止发展，空间让渡的边界仍然是一个行政决定的过程。但是，社会组织一旦存在，必然会产生自我发展和拓展独立空间的能量和冲动，这种空间拓展的力量与政府空间让渡的边界必然存在紧张关系，如何处理这种关系是值得关注和探讨的。当前社会实践表明，社会组织的催生与政府职能转变、购买服务这一过程是并行的。从实践层面来看，社会组织的催生更多是基于提升政府公共产品供给"效率"的动机。在相关法律规范尚不健全，发展社会组织的资源极为有限并依赖政府的前提下，以出售服务为生的社会组织是否会成为政府在社区的又"一条腿"，使得购买服务最终导致购买组织？从资源分配的角度来看，这将是一场国家财富蛋糕的再分配过程，分配得好，造福人民，但是他需要一套完善的法规来管理。那么政府在转移职能、购买服务中能否瘦身？公共产品供给的特殊性是否会产生特殊的政府"寻租"、商人牟利的现象？对于这两点要保持警惕，尽早完善制度。社区建设是当前社会建设的主要空间，各种服务和供给在社区，各种政府行政考核指标也在社区。让人担忧的是在以"单位制"理念开展的社区建设中，政府期望把所有社会问题压缩到社区空间，通过社区建设来代替更为宏观的制度建设。如果这样，实际上意味着，中国城市基层社会的自治空间不是扩大，而是压缩。因此，对解决社会组织成长过程中的问题，一定要立足于中国的国情，尤其要立足于渐进改革这一国情下考虑，否则，除了充满理想的批判，无助于现实的进步，甚至会断送掉已经取得的进步。国家让渡出空间，社会自身准备好没有？是否真能提供比过去更优质的公共产品？这也是需要认真思考的。

（作者单位：宁夏社会科学院）

专题三　深化经济体制改革问题

如何认识市场在资源配置中起决定性作用

宫玉选

一 问题提出的意义：新论述是对市场化改革的深化和发展

党的十八届三中全会通过的《中共中央关于全面深化改革若干重大问题的决定》指出，"经济体制改革是全面深化改革的重点"，要"使市场在资源配置中起决定性作用和更好发挥政府作用。"这一新的重要论述较之此前一直强调的市场"基础性"作用有了重大改变，是我国全面建成小康社会新阶段为进一步积极稳妥从广度和深度上推进市场化改革而提出的新指针。

回顾市场化改革的历史，从十二届三中全会提出的"有计划的商品经济"，到党的十四大"发挥市场机制在资源配置中的基础作用，建设社会主义市场经济"改革目标的最终确立，这一重大理论突破，对我国改革开放和经济社会发展发挥了极为重要的作用；党的十五大提出"使市场在国家宏观调控下对资源配置起基础性作用"；党的十六大提出"在更大程度上发挥市场在资源配置中的基础性作用"；党的十七大报告提出要在"完善社会主义市场经济体制方面取得重大进展"，"要深化对社会主义市场经济规律的认识，从制度上更好发挥市场在资源配置中的基础性作用"；如今党的十八届三中全会进一步提出"市场在资源配置中起决定性作用"的重要论断，由此可以看出我国30多年的改革开放、经济社会发展就是由计划经济体制逐步向市场经济体制转轨的过程，就是不断确立市场在资源配置中起决定性作用的过程。市场在资源配置中起决定性作用，既是我们党对市场化改革认识的深化和发展，也是针对我国改革开放的伟大实践提出了更高的要求，为我国深化改革进一步指明了方向和路径。

我国的改革从一开始就是以市场为导向的，特别是党的十四大确定了建立社会主义市场经济体制的目标，提出要使市场在国家宏观调控下对资源配置起基础性作用以后，我国市场化改革取得了很大进展，社会主义市场经济大框架基本确立起来。但市场体系仍然不完善，政府这只手干预不当、管得过多，影响到资源的优化配置。强调"市场在资源配置中的决定性作用"意味着只要是市场能发挥作用的领域都要交给市场，政府不再过度干预微观经济活动，主要是弥补市场失灵。市场对资源配置起决定性作用意味着凡是依靠市场机制能够带来较高效率和效益，并且不会损害社会公平和正义的，都要交给市场，政府和社会组织不要干预。

二　含义：发挥市场决定性作用，首先要把市场机制的作用放在主要位置上，其次是处理好政府和市场的关系

市场经济就是以市场机制为核心的一种资源配置方式。它是在商品经济条件下产生的。商品经济是一种直接以交换为目的的经济形式，包括商品生产和商品交换。市场机制是指通过市场价格的波动、市场主体之间的利益竞争、市场供求关系的变化来调节经济运行和分配社会资源的机制。简而言之，"市场机制就是依靠价格、供求、竞争等市场要素的相互作用，自动调节企业的生产经营活动，实现社会经济的按比例协调发展。

市场机制包括价格机制、供求机制、竞争机制、风险机制等，其中价格机制和供求机制是最基本的机制，供求关系决定商品的市场价格，而竞争机制和风险机制则对市场的供求关系产生影响。①价格机制是商品的供给与需求同价格的相互制约作用。供求的变化，引起价格变动；价格的变动又会引起供求的变化。正是在这种联系和变动中，供求趋向一致，价格与价值趋向一致。价格机制是市场机制的核心。②供求机制是商品、资本、劳动力的供求之间的内在联系和作用机制。在一定的市场需求条件下，市场供给总量是由整个社会生产能力决定的，社会需求是消费者愿意购买并有支付能力的需求。③竞争机制是指市场行为主体之间为获取经济利益最大化而进行的斗争。竞争是商品经济的本质属性，竞争机制可以促进社会供求平衡。④风险机制是市场活动同赢利、亏损、破产之间的相互联系和作用的机制。在市场经济条件下，任何一个微观经济主体都面临着赢利、亏损、破产等多种可能性，都必须承担相应的风险。风险机制以赢利的诱力和破产的压力作用于企业，从而鞭策企业注重经营、改进技术、加强管理、增强企业活力。

因此，各个市场主体在遵从市场规则范围内，根据市场价格信号，通过技术进步、管理、创新，来努力提高产品和服务质量，降低成本，在公平的市场竞争中求生存求发展，优胜劣汰。市场机制这只无形的手，像一条无情的鞭子，督促着每一个市场主体努力再努力，前进再前进，永不停滞、永不懈怠，使整个社会经济活动呈现你追我赶、奋勇争先的局面，不断提高社会生产力。

但是市场不是万能的，有一定的缺陷。首先，市场调节具有盲目性。在市场经济条件下，经济活动的参加者都分散在各自的领域从事经营，单个的商品生产者和经营者不可能掌握社会各个方面的信息，也无法控制经济变化的趋势，因此，他们作出的经营决策会带有一定的盲目性。这种盲目性又会造成价格波动，最终会导致总供给与总需求不平衡引起的经济危机。其次，市场调节还具有滞后性。在市场经济中，市场调节是一种事后调节，即经济活动参加者是在某种商品供求不平衡导致价格上涨或下跌之后，再作出扩大或减少这种商品供应的决定的。这种时间上的滞后性还会导致经济波动和资源浪费，特别是在农业、林业及大型项目的建设上，这种影响更明显。最后，市场在资源配置的某些方面是无效或缺乏效率的。主要表现在以下几个方面：垄断；信息不充分；外部效应与公共物品（外部效应就是指在市场活动中没有得到补偿的额外成本和额外收益）。

所以，市场在资源配置中起决定性作用，并非意味着不重视政府的作用，而是要更好地发挥政府作用。一是要搞好宏观调控，保持宏观经济稳定运行，防止大起大落；二是要加强市场监管，维护市场公平竞争秩序，政府主要是裁判员而不是运动员，即使对国有企业也要实行政企分开、政资分开；三是要做好公共服务，这方面现在做得很不到位，需要加快补上去；四是加强社会管理，搞好社会治理，促进社会和谐和全面进步。习近平总书记强调，"我国实行的是社会主义市场经济体制，我们仍然要坚持发挥我国社会主义制度的优越性、发挥党和政府的积极作用。市场在资源配置中起决定性作用，并不是起全部作用"。"政府的职责和作用主要是保持宏观经济稳定，加强和优化公共服务，保障公平竞争，加强市场监管，维护市场秩序，推动可持续发展，促进共同富裕，弥补市场失灵"。

政府与市场的关系，是经济学的核心问题。要尊重市场运行规律，政府必须明确自身在市场经济中的定位。党的十四届三中全会通过的《关于建立社会主义市场经济体制若干问题的决定》明确提出了建立社会主义市场经济体制，就是要使市场在国家宏观调控下对资源配置起基础性作用。但20年过去了市场并没有在资源配置中起决定性作用，政府却起了决定性的作用，中国市场经济的"半计划、半市场"特征显著——主要是市场秩序不规范，以不正当手段谋取经济利益的现象广泛存在；生产要素市场发展滞后，要素闲置和大量有效需求得不到满足并存；市场规则不统一，部门保护主义和地方保护主义大量存在；市场竞争不充分，阻碍优胜劣汰和结构调整等。由于政府对经济的过多干预，政府做了许多不该做或者做不好的事情，许多应当做、应当管的事情又没有做好、管好，而这极大束缚了市场潜力和效率的发挥。要让市场在资源配置中发挥决定性的作用，政府必须进行自我革命，真正做到有所为、有所不为。

李克强总理曾说："市场是看不见的手，政府是看得见的手，我们不能让看得见的手成为'闲不住的手'。"这一形象的表述，准确地阐述了政府与市场的关系。处理好政府与市场的关系，就要"把错装在政府身上的手换成市场的手"，创造一切条件让市场这只"看不见的手"在更大程度上、更广范围内发挥在资源配置中的决定性作用。而政府这只看得见的"手"，则主要是为市场经济的健康发展提供良好的市场环境以及为公民提供基本的公共产品与服务。如果政府能够把握好这一定位，就能够处理好政府与市场的关系，因此处理好政府和市场的关系，实质就是要厘清政府与市场的边界，要做到这一步，政府必须尊重市场规律，包括尊重价值规律和供求规律。该交给市场解决的完全放开给市场，政府腾出更多精力管好宏观。

三 现实要求：发挥市场决定性作用，核心是通过市场机制发挥资源配置的作用，基础是建设统一开放、竞争有序的市场体系

第一，要尊重市场规律及其自发秩序。市场自主的发现功能决定了在市场不失灵的条件下，其资源配置最有效率。而优化资源配置，正是当下经济结构转型必须迈过的重要关口。资金使用效率低下、生产要素使用不当，已经呈现出货币发行量巨大与局部资金短缺、经济增长与低水平重复建设并行等多方面的矛盾。这既降低了经济增长的质量，也牵制了经济升级的速度。特别是，随着大量资源投入到两高产业中，还带来了从大气、江河湖海到土壤的大面积恶化，经济增长与公众诉求由此出现了部分背离。强调市场的决定性作用，既是纠正发展进程中错误的必然，也有助于

建立企业自主经营、公平竞争，消费者自由选择、自主消费，商品和要素自由流动、平等交换的现代市场体系，有助于完善主要由市场决定价格的机制。一旦形成了市场决定的价格机制，宏观调控就可以更少干扰，更加科学化。

第二，全面理解使市场在资源配置中起决定性作用，其实不仅仅是指市场决定价格的机制，更重要的是指市场决定资源配置。资金、人口、土地是三大生产要素资源，金融领域的改革正在向市场化方向快速演进，利率市场化还差"最后一公里"。可以预期，市场起决定性作用的论断，将为金改带来新的动力。同样，让市场主导人力资源的优化配置，要求创业创新环境的必然改善，这也意味着，从市场准入门槛到市场监管方式，都将实现进一步优化。土地问题是当今的突出问题，市场起决定性作用，既要求农村集体土地使用权需要通过更加市场化的方式运作，以保障农民的财产权利，也要求城市楼市调控更多地实现从行政调控为主向长效调控为主的转变。同时，要推动公共资源市场化，政府购买公共服务的市场竞争机制等。另外，市场在资源配置中的决定性作用，主要是经济领域，但又不限于经济领域。例如在文化产业资源配置中，市场也应起决定性作用。

第三，发挥市场配置资源的决定性作用，必须有一个完善的市场体系。国内外的事实证明，市场作用的有效性与其完善程度成正比。而市场作用的有效性又直接决定和影响着全社会的生产效率，决定着一个国家的整体竞争力。首先，要继续完善全国统一的市场。市场的统一是商品和生产要素自由流动的重要条件。统一市场的覆盖范围有多大，先进的生产力就可以在多大的范围内取代落后的生产力。在统一的大市场内，先进的技术和资本流向经济相对落后的地区，落后地区的劳动力、资源等要素流向发达地区，这是不断缩小地区之间发展差距的根本途径。其次，健全公平竞争、优胜劣汰的机制。这是经济发展活力的源泉。要完善反映市场供求关系、资源稀缺程度、环境损害成本的生产要素和资源价格形成机制，努力形成公开、公平、公正的竞争环境。要深化垄断行业改革，引入竞争机制。在财税、信贷、项目审批等各项政策上，解决非公有制经济发展面临的准入门槛高、贷款融资难等问题。前一段时间，由于认识的不足，有些地方也是为了维护既得利益，导致在政策和行动上对非公有制经济的一些歧视性规定。如在市场准入方面，设置"玻璃门"、"弹簧门"，限制竞争；在贷款方面的不合理规定，致使许多民营企业融资成本很高。党和政府一直采取措施，解决这些问题。党的十八届三中全会明确要鼓励、支持、引导非公有制经济健康发展，激发非公有制经济活力和创造力。改革开放以来的实践证明，非公有制经济在支撑增长、促进创造、扩大就业、增加税收等方面具有重要作用。今后，要坚持权利平等、机会平等、规则平等，废除对非公有制经济各种形式的不合理规定，包括消除各种隐性壁垒，切实放宽市场准入，鼓励非公有制企业参与国有企业改革，鼓励发展非公有资本控股而不只限于参股的混合所有制企业，鼓励有条件的私营企业建立现代公司制度。再次，要建立规范有序的市场秩序。市场是联系生产和消费的纽带。企业生产的产品只有通过市场才能实现其价值，企业的个别劳动才能转变为被消费者承认的社会劳动。有没有良好的市场秩序，决定着市场的选择作用能否得到有效发挥，决定着生产质优价廉产品的企业能否得到应有的回报，决定着消费者的利益能否得到保障。最后，要进一步提高对外开放水平，积极参与国际市场竞争。改革以来，我们实施对外开放政策，取得了明显成效。2012年我国经济的外贸依存度即进出口总额相当于GDP比重为46%，我国经济增长对全球经济增长的贡献度年均已达25%左右，超过美国成为对全球经济增长贡献最大的国家，真正称得上"中国的发展离不开世界，世界的发展离不开中国"。在当前我国市场对外开放程度已达到相当高水平的基础上，下一步工作的着力点应当是进一步提高开放水平。要通过优化进出口结构，提高对外贸易的经济效益，支持经济的持续增长。要提高利用外资水平，重点吸引技术、知识密集型产业投资，鼓励外商投资科技研发、服务外包等领域和中西部地区。要重视开放条件下的经济安全问题，防范国际经济波动特别是短期投机资本对我国经济的冲击。

（作者单位：北京外国语大学）

中国宏观调控的实践探索与理论总结*
——中国特色社会主义市场经济的理论创新

张　勇

一　问题的提出及相关研究述评

1978年以来，中国特色的社会主义市场经济建设已经开展30余年，期间出现了许多需要在理论上予以解释的现象、事物和规律。宏观调控是其中的典型之一，作为中国特色的宏观经济管理实践和由此衍生出的经济学概念，具有重要的理论研究价值。宏观调控在中国社会主义市场经济运行中发挥着重要作用，与西方经济学理论中的政府干预和宏观经济政策相比，中国宏观调控表现出明显的差异性和特殊性。首先，在西方经济学理论中，制度一般被认为是外生的，但中国宏观调控被视为社会主义市场经济的本质特征之一；其次，在西方经济学理论中，结构问题是被忽视的，但中国宏观调控始终在强调结构的优化；最后，在西方经济学理论中，宏观经济政策主要是财政政策和货币政策，但中国宏观调控运用行政手段和规划手段实现宏观调控目标。中国宏观调控的这些差异性和特殊性无法在西方经济学研究的主流范式中得到合理性解释，对之做出合理的解读也就成为一个很有研究价值的理论命题。如果我们能够对此建立合理的解释分析框架，无疑将有助于中国特色社会主义市场经济理论体系的建构与完善。

从1986到2012年，清华同方期刊网数据库中标题中以"宏观调控"和"宏观经济调控"为题的相关论文多达数千篇（见表1）。遗憾的是，

---

* 本文得到2012年度国家社科基金项目《中国特色社会主义宏观调控理论范式研究》（12CKS012）资助。

宏观调控作为中国特色的宏观经济管理行为所体现出的差异性和特殊性并没有受到应有的重视，大量的研究者直接套用西方经济学的逻辑和概念来理解宏观调控。总的来看，理论界关于宏观调控的理解存在着广义论、狭义论和特色论三类观点。广义论者将宏观调控等同于政府干预，把政府针对市场失灵采取的所有经济措施都纳入宏观调控的范畴，以魏杰（1992）、马洪（1993）、曹玉书（1995）、邱晓华（2004）等人的观点为典型代表。狭义论者则将宏观调控简单地对应为西方国家的宏观经济政策，认为宏观调控仅指运用财政政策和货币政策调节社会总需求，以黄达（1999）、樊纲、张晓晶（2000）、张鸿岩（2004）、许小年（2007）和汤在新（2006）等人的观点为典型代表。特色论者认为中国的宏观调控是属于中国特色的国民经济管理行为，是基于中国经济转型的实践衍生的理论概念，从目标选择到手段选择都不能用经典经济学理论来解释。只有少数学者持特色论观点，其典型代表有魏礼群（1994）、刘瑞（2006）、黄伯平（2008）等。比较上述观点，广义论的缺陷在于将政府规制等微观措施也纳入宏观经济管理的范畴，混淆了宏观和微观的差异；狭义论的理论渊源是西方主流宏观经济学理论，虽然被众多研究者所接受，但无法解释宏观调控作为中国特色的宏观经济管理行为所体现出的差异性和特殊性；而特色论虽然基于中国社会主义市场经济实践的现实，但缺乏系统的理论成果，因而成为少数派。

表1　清华同方期刊数据库标题含"宏观调控"和"宏观经济调控"的文章数目

年份	1986	1987	1988	1989	1990	1991	1992	1993	1994
篇数	1	2	9	33	29	33	33	133	986
年份	1995	1996	1997	1998	1999	2000	2001	2002	2003
篇数	647	519	370	290	274	196	164	165	159
年份	2004	2005	2006	2007	2008	2009	2010	2011	2012
篇数	815	555	550	605	745	440	376	406	339

资料来源：根据清华同方期刊网数据库相关信息整理。

在国外文献当中，关于宏观经济的一些理论观点早在17世纪中期就已经出现，如熊彼特（2001）认为早期宏观经济学说发展的线索始于威廉·配第，宏观经济学概念源于弗里希（1931），宏观经济学理论框架始于凯恩斯（1936），宏观经济研究兴盛于第二次世界大战之后，但西方主流经济学理论中始终没有出现宏观调控的概念，经济学家们只是运用宏观经济政策的概念来描述政府的宏观经济管理行为，如萨缪尔森等（1996）、斯蒂格利茨（2001）、曼昆（2005）等，中国式的宏观调控概念处于缺乏对应的境地。

西方经济理论中我们找不到宏观调控的对应物，无法与中国宏观调控实践形成理论上的互动，但我们却可以从中国特色社会主义市场经济的宏观调控探索中看到理论和实践的互动线索。

二　宏观调控概念的形成与发展：理论与实践的互动

1978年以前，中国经济体制是传统计划经济体制，直接面向企业等生产者的指令性计划和行政命令，是国家管理国民经济运行的基本手段；1978年后中国开始改革开放，向社会主义市场经济体制转型，市场逐步成为资源配置的基础性手段，中国政府对国民经济运行的干预和管理方式也在转型，宏观调控发挥着越来越令人关注的作用。从1978年以来，中国经历了七轮相对完整的宏观调控。第一轮宏观调控是1979—1981年的计划经济色彩浓厚的调控；第二轮宏观调控是1985—1986年的"双紧式"短暂调控；第三轮宏观调控是1987—1991年基于治理整顿目标的调控；第四轮宏观调控是1993—1996年"软着陆"的调控；第五轮宏观调控是1998—2002年应对亚洲金融危机的调控；第六轮宏观调控是2003—2008年社会主义市场经济体制基本形成后的第一轮调控；第七轮调控是2008年底以来的一轮应对世界金融危机的宏观调控。在这七轮宏观调控的探索实践中我们能清晰地看到，宏观调控概念经历了宏观调节—宏观控制—宏观调控的形成和发展链条，认知不断深化，形成了实践与理论的积极互动。

宏观调节的提法最早见于1984年10月20日党的十二届三中全会发表的《中共中央关于经济体制改革的决定》，该文件提出："越是搞活经济，越要重视宏观调节，越要善于在及时掌握经济动态的基础上综合运用价格、税收、信贷等经济杠杆，以利于调节社会供应总量和需求总量、积累和消费等重大比例关系，调节财力、物力和人力的流向，调节产业结构和生产力的布局……。"1985年8月13日，针对当时全国固定资产投资规模不断膨胀的情况，《人民日报》发表社论《瞻前顾后、统筹安排》，指出：

"出现这种现象的主要原因,在于一些同志较多地重视微观放活,而在一定程度上忽视了贯彻党中央、国务院关于加强宏观控制的指示。"这是宏观控制的表述方式在公开报刊上首次正式出现。20世纪80年代末我国经济经历了一次严重的经济过热和通货膨胀,中央决定进行经济调整,治理经济环境。1988年9月26日,党的十三届三中全会报告指出:"这次治理经济环境、整顿经济秩序,必须同加强和改善新旧体制转换时期的宏观调控结合起来……必须综合运用经济的、行政的、法律的、纪律的和思想政治工作的手段,五管齐下,进行宏观调控。"从此,宏观调控在中国开始成为一个流行的概念。到1993年11月14日,党的十四届三中全会发表《中共中央关于建立社会主义市场经济体制若干问题的决定》,中国共产党和政府关于宏观调控的论述形成了相对比较完整的认识。该文件对宏观调控的制度性特征进行了概括,指出"社会主义市场经济体制是同社会主义基本制度结合在一起的。建立社会主义市场经济体制,就是要使市场在国家宏观调控下对资源配置起基础性作用"。该文件明确了宏观调控的主要任务是"保持经济总量的基本平衡,促进经济结构的优化,引导国民经济持续、快速、健康发展,推动社会全面进步";明确了宏观调控"主要采取经济办法……建立计划、金融、财政之间相互配合和制约的机制,加强对经济运行的综合协调。计划提出国民经济和社会发展的目标、任务,以及需要配套实施的经济政策;中央银行以稳定币值为首要目标,调节货币供应总量,并保持国际收支平衡;财政运用预算和税收手段,着重调节经济结构和社会分配。运用货币政策与财政政策,调节社会总需求与总供给的基本平衡,并与产业政策相配合,促进国民经济和社会的协调发展"。

考察在改革开放早期中国共产党和政府关于宏观调控的重要文献,可以从中观察到宏观调控最初的一个认知框架:

首先,中国共产党和政府提出宏观调控是同治理经济环境、整顿经济秩序等问题结合到一起的,这些问题是中国经济转型之后才出现的,因此宏观调控从时间逻辑上来看是中国经济转型的特殊产物。其次,宏观调控不但具有总量调控的功能,也具有结构调整功能。再次,宏观调控的主体具有多元性,中央政府和地方政府共同构成了宏观调控的主体。最后,宏观调控的手段具有多样性,以间接手段为主,强调经济、法律和行政等手段的综合运用。显然,宏观调控对结构问题的重视和行政手段的运用完全不同于西方主流宏观经济学当中单纯针对总量进行调节并强调运用间接手段的宏观经济政策。

在初步认识的基础上，党的十四大特别是1993年十四届三中全会以后，中国共产党和政府对宏观调控的认识不断深入。

第一个方面的表现是对宏观调控的制度性特征给予了进一步强调和明确。十四大报告提出"我们要建立的社会主义市场经济体制，就是要使市场在社会主义国家宏观调控下对资源配置起基础性作用"；党的十五大报告提出"充分发挥市场机制作用，健全宏观调控体系"；十六大报告提出"健全现代市场体系，加强和完善宏观调控"；党的十七大报告提出"深化财税、金融等体制改革，完善宏观调控体系"。2004年《中华人民共和国宪法修正案》第十五条规定："国家实行社会主义市场经济。国家加强经济立法，完善宏观调控。"这是从宪政高度上明确了宏观调控的制度性特征。

第二个方面的表现是对宏观调控承担结构调整任务的基本认识更加坚定。十五大报告提出"宏观调控的主要任务，是保持经济总量平衡，抑制通货膨胀，促进重大经济结构优化，实现经济稳定增长"。党的十六大报告虽然没有强调结构调整是宏观调控的任务，提出"要把促进经济增长，增加就业，稳定物价，保持国际收支平衡作为宏观调控的主要目标"，但"主要目标"这样的措辞并没有将结构调整从宏观调控的视野中剔除出去，而接下来2003年开始的宏观调控不但将结构调整和投资结构联系到一起，而且关注到了地区结构。党的十六届三中全会提出了"以人为本，全面协调可持续"的科学发展观，提出了五个统筹，更是空前强调了中国经济社会发展面临的结构性问题。

第三个方面的表现是关于宏观调控手段的认识逐渐成熟，形成了以经济与法律为主，行政手段和其他政策手段相辅助的基本认识。1998年中央政府工作报告提出："社会主义市场经济条件下的宏观调控……主要运用经济手段和法律手段，辅之以必要的行政手段，对国民经济进行合理的调节。"2008年中央政府工作报告则强调"要加强和改善宏观调控，坚持主要运用经济手段、法律手段，发挥各种政策的组合效应"。

第四个方面的表现是强调宏观调控对经济长期稳定增长的重要作用。2003年中央政府工作报告提出"宏观调控要着眼于保持经济稳定较快增长"，2004年中央政府工作报告提出"搞好宏观调控，既要保持宏观经济政策的连续性和稳定性，又要根据经济形势发展变化，适时适度调整政策实施的力度和重点"。中央政府将宏观调控作为保持经济长期稳定增长的重要手段，说明宏观调控已经成为中国政府管理国民经济运行的重要方式。

第五个方面的表现是中央政府作为唯一的宏观调控主体被明确。在改革开放初期，随着以分权为导向的改革进程逐步发展，中央政府曾经认为地方政府也是宏观调控的主体。伴随着经济转型过程中地方保护主义现象的出现，中央开始强调宏观调控权力集中在中央的观点，宏观调控的主体也就被明确为中央政府这一唯一主体。1993年6月24日《中共中央、国务院关于当前经济情况和加强宏观调控的意见》强调"坚决维护中央对全国宏观经济调控的统一性、权威性和有效性"。随即，1995年党的十四届五中全会会议文件再次强调："宏观调控权必须集中在中央，要维护中央政策的权威。"

三　关于宏观调控的理论总结：中国特色社会主义市场经济的理论创新

基于实践与理论的长期互动，我们可以构建出关于宏观调控的一个理论框架：宏观调控是改革开放后在中国市场化转型的过程中出现的经济现象，是社会主义市场经济条件下具有中国特色的政府宏观经济管理行为，有着自身的特殊逻辑。在实践中，宏观调控形成了一元化的调控主体，二元化的调控目标、任务，以及多元化的手段体系这三位一体的操作——功能框架。如前文所述，一元化的主体是指宏观调控的主体是中央政府，地方政府的经济管理权限仅限于管理调节地方经济的发展。二元化的调控任务是指宏观调控的任务既包括总量调节，也包括结构调整，其目标是短期经济运行的总量平衡和长期内经济社会发展的结构优化。多元化的手段体系是指宏观调控的手段包括经济手段、法律手段和行政手段等其他必要的手段。

透过这个三位一体的理论框架，我们能够清晰地感受到，中国的宏观调控是颇具中国特色的政府宏观经济管理行为，既不同于西方式的政府干预，也不同于西方式的宏观经济政策。从科技哲学的范式理论视角出发，中国宏观调控相对于宏观经济政策的这些差异性，为形成一组能够凝聚研究者共识（学术共同体）的概念、观点、理论取向和研究方法奠定了逻辑基础，换言之，中国宏观调控具有明显的范式特征。因此，在中国社会主义市场经济发展过程中的宏观调控探索实践具有重要的理论价值，是中国特色社会主义的理论创新。

第一，中国宏观调控概念的形成和发展呈现出独特的认知路径。不论对宏观调控概念持有怎样的观点，一个事实是无法否认的，即尽管市场经济的理论源于西方经济理论，但西方经济理论中没有宏观调控的概念，只有宏观经济学和宏观经济政策的概念，而在中国经济转型的历史实践当中，宏观调控概念的形成经历了宏观调节—宏观控制—宏观调控的发展链条，宏观调控作为一个经济学概念是具有中国特色的社会主义市场经济建设实践的理论产物，是基于中国经济现实的理论总结。

第二，中国的宏观调控行为植根于东方社会独特的社会文化环境中，一条中国式的经济、政治、文化线索决定了宏观调控通过目标和手段体系表现出来的行为特征。首先，从经济层面而言，由于中国经济和社会发展的多样性和不平衡性，中国经济面临众多的结构矛盾和利益冲突，需要在宏观层面上予以协调，宏观调控必须强调结构性目标，与西方经济学语境中忽视结构问题的宏观经济政策完全不同。其次，在政治和文化方面，中国作为一个拥有古老文明传统的东方国家在市场经济条件下政府干预经济方面有其特殊逻辑。在中国，党和中央政府除了达到一般意义上的经济目标以外，还需维护国家的统一、中央集权体制的生存和延续，而市场经济带来的是分权和竞争，所以党和政府必须在宏观上对任何影响到国民经济整体发展的因素和问题进行调节和控制，特别是控制，于是宏观调控不仅仅能够发挥西方主流宏观经济理论中强调的政府对市场的间接影响作用，更有直接影响的能力。

第三，中国的宏观调控受中国特色的社会主义市场经济理论指导。这套理论隶属于中国特色社会主义理论的范畴，是在马克思主义经济学的基础上，充分借鉴传统计划经济理论的教训并吸收现代西方经济学的观点，在中国经济转型的社会实践的过程中逐渐形成的。在社会主义市场经济理论指导下，中国经济转型已经30多年，已经基本形成了中国特色的市场经济体制，在未来，中国经济体制在社会主义市场经济理论的指导下将继续完善，而在国际金融危机的背景下，中国的社会主义市场经济体现出更强大的生命力和适应力。

第四，中国宏观调控的研究方法同样具有差异性。长期以来，尽管西方经济学不同流派之间就是否应该对宏观经济进行政府干预进行了长期的争论，但是，西方宏观经济学不同流派有关宏观经济政策方面的研究大都基于以下几个隐含的假设（王静，2008）：其一，制度是外生的或中性的，对经济运行是无摩擦的；其二，宏观经济政策的目的是熨平由于市场机制本身的原因导致的经济周期，并且主要针对有效需求不足的存在；其三，假定市场是同质的，将研究定位于总量层面，不考虑结构性问题。上述隐含假设植根于发达国家的宏观经济，在发达国家没有制度变迁的问题，也没有结构性问题，于是制度中性假设和市场同质假设保证了在不同时期推出的宏观经济政策具有相似的效果和可比性，成为宏观经济学通过大量的计量分析找到宏观经济运行的规律和检验宏观经济政策有效性的逻辑前提。但是，对于中国的宏观调控研究而言，由于上述隐含假设根本不存在，西方主流宏观经济学的研究范式在中国面临严重的水土不服。因此，充分认识到西方宏观经济学的这些隐含假设并因此思考其在中国的适用性，对于中国宏观调控理论在借鉴西方宏观经济理论时进行合理的扬弃至关重要。

四 结论

综合上述分析，中国宏观调控是中国共产党和政府在1978年改革开放后根据对国民经济运行形势的基本判断，针对宏观经济运行中出现的一些新问题而采取的宏观经济管理行动，这些新问题是在社会主义市场经济发展过程中出现的，是计划经济时期所未有的，也是西方国家市场经济实践中没有的。中国宏观调控源于中国社会主义市场经济建设的历史进程，其实践具有显著的差异性和特殊性，无法从现有的理论框架中直接得到解释。无论是在传统社会主义经济学的"苏联范式"，还是在西方经济学研究的主流范式中，都无法得到现成的答案。围绕着宏观调控实践的深入和概念的发展，在事实上逐渐形成了一个关于宏观调控的理论框架。这个理论框架，是颇具中国特色的理论框架，具有明显的理论创新意义，是中国特色社会主义市场经济的理论创新。

宏观调控是改革开放后在中国市场化转型的过程中出现的经济现象，是社会主义市场经济条件下具有中国特色的政府宏观经济管理行为，有着自身的特殊逻辑。在实践中，宏观调控形成了一元化的调控主体，二元化的调控目标、任务，以及多元化的手段体系这三位一体的操作——功能框架。如前文所述，一元化的主体是指宏观调控的主体是中央政府，地方政府的经济管理权限仅限于管理调节地方经济的发展。二元化的调控任务是指宏观调控的任务既包括总量调节，也包括结构调整，其目标是短期经济运行的总量平衡和长期内经济社会发展的结构优化。多元化的手段体系是指宏观调控的手段包括经济手段、法律手段和行政手段等其他必要的手段。

以上述认识为圆心，足以形成一个理论内核，进而形成关于中国宏观调控的概念、观点、理论取向和研究方法的较为一致的认知。事实上，从目前的文献看，已经有一定数量的研究者在某个方面与上述观点相近，这说明一个关于宏观调控研究的"科学共同体"已经形成。从科技哲学范式理论的视角来看，这无疑是一个正在形成和发展中的理论范式。当然，任何科学范式都是在实践发展中产生、发展和成熟起来的，理论界的争论正是宏观调控研究学术价值和意义的体现，随着宏观调控相关实践的发展，人们的认识必将形成相应的理论范式。

参考文献

[1] 熊彼特：《经济分析史》第1卷，商务印书馆2001年版。
[2] 萨缪尔森、诺德豪斯：《经济学》（第14版），北京经济学院出版社1996年版。
[3] 库恩：《科学革命的结构》，北京大学出版社2003年版。
[4] 马洪：《什么是社会主义市场经济》，中国发展出版社1993年版。
[5] 黄达：《宏观调控与货币供给》，中国人民大学出版社1999年版。
[6] 王静：《转型经济中的宏观调控：基于实践的探索和反思》，上海三联书店2008年版。
[7] 刘瑞：《宏观调控的定位、依据、主客体关系及法理基础》，《经济理论与经济管理》2006年第5期。
[8] 黄伯平：《宏观调控的理论反思》，《社会科学研究》2008年第3期。

（作者单位：中共北京市委党校经济学教研部）

全面深化改革中的我国小微企业发展与政府职能转变

文丰安

党的十八届三中全会把市场的地位提升到空前高度，把市场在资源配置中的"基础性作用"提升为"决定性作用"，同时把非公有制经济也提升到新的高度，提出"社会主义市场经济既有公有制经济又有非公有制经济，这二者都是其重要的部分，也是我国改革发展中特别是经济和社会发展的不可或缺的重要基础，同时也是要毫不动摇地鼓励、支持、引导非公有制经济发展"，还提出要"支持小微企业特别是科技型小微企业发展"，在这一全面深化改革的大背景下，小微企业发展面临着最佳的发展机遇。要支持小微企业发展，就要抓住全面深化改革的核心问题，即处理好政府与市场的关系问题，也就是要实现政府职能的转变。

政府职能应该由之前的建设型政府向服务型政府进行转变，这种转变，使行政自然地退出了对非公企业特别是小微企业的干预，政府也不再直接干预微观经济。转变政府职能的方向是纠正政府职能的缺位，特别是政府职能的越位问题。政府退出对微观经济的直接干预并不意味着地方政府无所作为，政府所起的作用从什么都管的细小事务中退出，集中精力从宏观的意义上去加强对市场的监管和调节，保持宏观经济的稳定，维护正常的竞争环境，积极对服务进行优化和加强，以保障市场的公平竞争，对市场加强监管，以便及时对市场的失灵进行弥补。小微企业是小型企业、微型企业、家庭作坊式企业、个体工商户的统称。小微企业是市场经济中最基本的也是最活跃的细胞。小微企业最具有灵活性，能活跃市场，能增强经济发展的后劲和动力，在稳定经济增长、拉动就业、促进社会创新等方面都发挥着非常重要的作用，特别是吸纳就业的最直接、最具市场活力的产业经济的后备军。因此，大力发展小微企业既是全面深化改革的必然要求也是全面深化改革的主要内容,而转变政府职能是这个问题的关键。

一 发展小微企业是全面深化改革的必然要求和重要内容

(一)全面深化改革提出市场在资源配置中起决定性作用,对小微企业发展提供广阔空间

全面深化改革和发展的核心问题是把政府和市场的关系处理好。党的十八届三中全会把市场地位提升到空前高度,把市场在资源配置中的"基础性作用"提升为"决定性作用"。市场在资源配置中起决定性作用,意味着要更加充分发挥企业在市场中的主导地位,意味着要更加尊重企业投资的自主选择权,企业完全可以以自主决策的方式决定投资的方向,承担投资的后果和享受投资的利益;意味着要理顺政府与市场的关系,要大力转变政府的职能,今后政府对经济的管理,主要是提供公共产品,做好公共服务,加强宏观调控,退出对微观的直接干预。全面深化改革这一重要决定,将极大地激发市场活力,将使技术、劳动、管理资本等方面的活力能够竞相地迸发,使小微企业的创造能力得到极大的促进。当前我国小微企业在数量上是非常多的,而且其行业的分布也是十分广泛的,这是我国当前国民经济不可缺少的重要组成部分。若小微企业能够得到良性发展,就会增加机会,使市场变得更加活跃,从而更加促使其竞争,这对经济和社会发展的意义非常重大。小微企业是市场经济中最基本的也是最活跃的细胞,是市场中反应最灵敏、最具活力、最具创造力的主体,它是建立和健全中国特色社会主义市场经济体制的最有力的推动者以及最大受益者。当前全面深化改革和发展,必须始终不动摇地坚持社会主义市场经济发展方向,对不合时宜的体制和机制的障碍坚决进行消除,使政府与市场的关系能够进一步理顺,这样就使得个人、企业以及社会的创造活力能够进一步得到释放,为小微经济的快速发展带来广阔空间。小微企业要抓住这个重大机遇,要使自身能够快速发展,就必须在整个市场竞争之中去把自己的市场定位换准,使自身的优势得到充分的发挥,同时也要在市场前景中去寻找相应的配套服务。

(二)全面深化改革提出坚持发展非公有制经济的重要内容,将进一步提升小微企业的地位和作用

党的十八届三中全会在报告中明确指出:"公有制为主体、多种所

有制共同发展的基本经济制度,是中国特色社会主义制度的重要支柱,也是社会主义市场经济体制的根基。公有制经济和非公有制经济都是社会主义市场经济的重要组成部分,都是我国经济社会发展的重要基础。"这次全会把非公有制经济与公有制经济放在同等重要位置,没有孰轻孰重之分,充分体现了更加平等、公平地对待各种所有制经济的基本精神和理念。我国小微企业从数量来讲是非常多的,其行业分布十分广泛,它是我国国民经济的不可缺少的组成部分,对我国经济社会的发展起着重大作用。小微企业的发展从无到有、从小到大,从体制外的有益补充到体制内的重要组成部分,发展实践证明,小微企业是中国特色社会主义经济的重要组成部分和经济基础。全面深化改革,即是要对生产力进一步发展和解放,建立法制健全的社会主义经济体制,使市场的活力得到进一步激发,使我国经济发展的内在动力得到进一步增强。伴随着全面深化改革,小微企业作为社会主义市场经济的重要组成部分,其地位和作用将得到更加有力的体现。促进小微企业发展是当前我国经济发展的必然要求。

(三) 发展小微企业是解决我国经济发展现实问题、进行全面深化改革的必然要求

促进小微企业发展是顺应新时期加快我国经济发展方式转变和经济社会可持续发展的必然要求。当前我国经济面临严峻的增长压力和发展不平衡不协调的问题,必须加快经济体制改革,通过加快区域经济发展、产业结构调整,形成新的经济增长点。从经济结构来看,我国三大产业的发展是不协调的,低端的制造业在数量上偏多,且产能普遍过剩,区域产业结构基本相同,生产性服务业发展非常不足等方面的问题非常突出,所以一定要通过加强对产业结构转移进行推进,使传统产业能够得到升级,从而发展具有战略意义的新兴产业以及现代的服务业等现代化产业。这就迫切需要小微企业等民间资本的进入。从经济可持续发展来看,当前我国经济发展不协调、不可持续的问题严峻,其中政府有不可推卸的责任,一些地方或基层政府为能够提高 GDP,而大量地兴建一些环境保护不到位的污染较重的重化工企业,致使一些地方经济上去了,但环境恶化了。因此,大力发展小微企业等非公有制经济,促使经济可持续发展,是顺应经济发展形势的必然要求。

二 全面深化改革中的小微企业发展的机遇

（一）小微企业发展迎来更加公平竞争的市场环境

全面深化改革和发展，就是要确立加快进行建构较为公平竞争的市场环境，小微企业发展的市场环境将得到不断改善。十八届三中全会决定：要坚持权利和机会以及规则方面的平等，要废除那些不合时宜的和不合理的规定，对那些隐性的壁垒进行消除，同时要制定各种企业进行各领域的具体的办法措施。实行统一的市场准入，这将有利于打破多年来困扰民营经济发展的"玻璃门"、"弹簧门"、"陷阱门"等障碍，保障小微企业等非公有制经济能够公平参与全部市场进行竞争的机会，这为民营经济的发展提供更广阔的空间。

（二）小微企业发展获得更广泛的金融服务支持

全面深化改革将使小微企业的金融和财税环境得到大力改善。国务院曾经先后出台金融支持政策，如出台的《关于金融支持小微企业发展的实施意见》，其中特别强调要加大对小微企业金融服务的政策支持力度；出台的《关于进一步促进中小企业发展的若干意见》，其中有鼓励建立小企业贷款风险补偿基金、对金融机构发放小企业贷款按增量给予适当补助等规定。还有国务院相关部委也出台了相关规定，国家发展改革委印发的《关于加强小微企业融资服务支持小微企业发展的指导意见》，工业和信息化部发布的《关于做好中小企业金融服务合作工作的通知》等对金融服务支持小微企业做了全面的规定。党的十八届三中全会也对支持小微企业发展提出了更进一步的要求，特别是提出允许民间资本设立银行，这是金融体制改革的一大突破，能有效解决小微企业融资难的问题。要根据小微企业的特点去进行有针对性的服务，如解决其资金方面的问题，用市场化的方法和手段去推动一些贷款公司、银行和担保公司能降低成本为其发展服好务。

（三）小微企业发展得到更优惠的财税支持

党的十八届三中全会之后，国家陆续出台大量税费减免政策，减轻小微企业的负担，解除小微企业税费高的困扰。提高个体工商户营业税和增值税起征点的政策，大幅提高减半征收企业所得税优惠政策实施范围的上限，由每年应纳税所得额低于6万元（含6万元）扩大到年应纳税所得额低于10万元（含10万元），应纳税所得额超过6万元、不足10万元的小微企业享受更为优惠的10%实际税率；同时减免小微企业行政事业性收费，切实减轻小微企业的负担。国家出台各种政策降低小微企业的成本，包括推进公司注册资本登记制度改革，可实现注册资本缴纳"零首付"，降低创业成本；取消、下放行政审批事项，减少行政性收费。国务院办公厅发布《关于金融支持小微企业发展的实施意见》中提出，积极发展小型金融机构、大力拓展小微企业直接融资渠道、切实降低小微企业融资成本。这些税费优惠政策，极大地减轻了小微企业的负担，为小微企业发展提供了良好的环境。

三　小微企业发展过程中的政府职能转变

促进小微企业发展的关键是要实现政府职能的转变，创新政府管理方式，提高政府服务水平，为小微企业的发展提供更广阔的空间。

（一）纠正政府职能越位、错位、不到位的问题，严格划分政府职能界限

政府职能"错位"，一般而言，有如下几种：一是职能越位，也就是对一些不应该管的事情去管了，侵占了本应由市场管的职能，也把社会、企业以及市场的自治以及自主的空间点用了，费力不讨好，成为了多事者。比如对民营经济的行政审批职能，人为设置其准入的障碍，进行权力寻租，使企业的负担加重。二是职能上的缺位现象，本应该管的事却没有认真去管或没有管，严重缺位。三是职能上没有到位，应该管的没去管好或没有依法进行管理，在管理者的角色定位上没有规定，比如对小微企业的吃拿卡要，执行政策时的打折扣，答应的事却没有及时地去落实等。政府在发展经济中，应该划清政府与市场的边界，建立完善的生产要素市场体系，营造出不同所有制企业都能够平等参与市场的竞争，能够公平且能够受到法律同等保护，共同承担社会责任的良好环境，制定标准，加强市场监管，保护生态环境，支持创新，加强服务，提高工作效率。政府对经济的管理，应退出对经济的直接干预，转而以经济服务和社会管理为主要任务，提供公共产品，做好公共服务，加强宏观调控，让企业成为真正的投资主体，让市场机制更充分地发挥作用。

（二）为小微企业发展提供良好的市场环境

小微企业的发展离不开公平和竞争以及法治化的市场环境。首先，要大力构建能够公平竞争的市场环境，进一步激发小微企业的发展活力，这是小微企业健康发展的重要条件。政府一定要退出直接对经济的干预，而

应该去对市场进行监管,鼓励市场合理的竞争,对不良的行为进行打击处罚,使市场能够有序、开放和竞争。党的十八届三中全会决议已经打破了多年来破解小微企业发展难题,实行统一的市场准入,打破"玻璃门"、"弹簧门"和"旋转门",保证市场主体公平参与竞争,小微企业也获得了更多的参与竞争的机会,为民营经济的发展提供了更广泛的空间。其次,要加强市场法治建设。一是加快法制化建设步伐,为小微企业的发展提供法律保障;二是进一步提高行政人员的执法水平,使其能做到知法懂法,能够依法去执法,在监管上也加强有效性,以便能更好地为企业服务;三是注重市场上执法者以及小微企业主们的执法和守法的意识,注重诚信,使社会责任感得到加强;四是要注重法治理念的创新,加强对产权的保护并将其作为最为根本的法治方面的理念。

(三) 为小微企业构建健全的金融财税支持体系

小微企业的发展离不开政府的支持,政府要通过搭建各种服务平台,建立健全支持小微企业发展的服务体系。首先,要构建多元化的金融服务平台,为小微企业提供金融支持。信息方面的不完整以及不对称是当前我国业界都公认的小微企业在融资方面的顽疾。在金融机构看来,小微企业运行上是不规范的,对其也缺乏必要的信息,这一难题的解决就需要党和政府去建立健全相关的制度和平台体系,建立小微企的信息交流平台、金融担保平台等。这就必须要以政府方面的积极介入作为首要的前提,要以积极有效运作的市场作为推动,要大力形成小微企业的融资担保机制,建立相应的信用担保机构,用有限担保的方式进行运作,也可以鼓励民间资本建立一些信用担保机构,以此缓解小微企业主的融资问题。其次,要建立支持小微企业发展的财税体制。在政府方面要有关于财税优惠和扶持的相关政策,并且要在其政策中能够积极地引入市场化方面的机制,通过多种方式扶持有发展前景的小微企业,使其能良性发展的同时也使财政资金的使用更为有效和合理。小微企业发展得好一定会更好地促进经济和社会的发展,所以政策可采取多种方式,比如相关的发展基金,通过合理的方式对小微企业进行专项的支持,为社会主义市场经济的更加繁荣和发展而努力。

(四) 为小微企业发展提供良好的政务服务环境

尽快实现从管制政府向服务型政府和法治政府的转变,为小微企业发展提供良好的政务服务环境。提高办事效率,依法办事,加强服务能力的建设，对从事该项工作的公务人员加强培训，提高其法律素质和服务水平，从而提高其服务质量。要加快推进行政体制改革，党政机关以及部门一定要积极简化办事程序，对秩序进行规范，充分发挥引导作用以及规范作用，打破行业垄断，使经济的运行成本大力降低。政府与市场严格划分，解决政府越位、错位、缺位的问题，改变代替市场主体、垄断权力和充当市场资源分配者的角色；切实下放权力，减少行政审批，充分发挥社会组织的作用。要加强市场监管，健全现代市场体系，建立良好的市场环境和市场秩序，推进公平准入，维护公平竞争，规范市场执法，为小微企业提供良好的政府服务环境。

参考文献

[1] 司徒功云、路瑶：《全面深化改革中的政府转型与企业发展》，《南京社会科学》2014年第3期。

[2]《中共中央关于全面深化改革若干重大问题的决定》，人民出版社2013年版。

[3] 贾康：《在全面改革中深化财政体制改革》，《光明日报》2013年11月15日。

[4] 曲哲涵、吴秋余：《财税体制的新担当》，《人民日报》2013年11月18日。

[5] 查庆红：《市场经济体制下我国地方政府行为的偏差及矫正》，《沈阳大学学报》2008年第6期。

（作者单位：重庆社会科学院）

邓小平同志社会主义工业化思想研究

王明前

老一辈无产阶级革命家邓小平同志的经济思想，是邓小平理论的重要组成部分，一直被学术界重点关注。但是对邓小平同志的社会主义工业化思想，学术界却关注不足。其实，只有通过对邓小平同志工业化思想体系各环节的梳理，才能对他各个历史时期关于经济工作的理论建树做出系统总结，以对邓小平经济思想的描述呈现完整的系统性。笔者认为，邓小平同志的工业化思想包括：强调农业在国民经济中的基础地位；探索科学的企业管理方法，以及适合工业化的所有制形式和分配方式，强调科学技术对工业化的促进作用；注重计划与市场并重的宏观调控手段，正确处理自力更生与对外开放的关系。笔者不揣浅陋，拟以上述思路为线索，全面总结邓小平同志的社会主义工业化思想，以期增加学术界对邓小平理论的学术认知。

邓小平同志与毛泽东、刘少奇、周恩来等老一辈无产阶级革命家一起为社会主义工业化规划出宏伟蓝图。1963年8月20日，邓小平同志在工业决定起草委员会会议上提出："是否先提一个近期的目标，如再经过五年至七年的努力，初步或基本建立一个全国范围的独立的工业体系。"他进一步解释："基本建成或者说初步建成一个独立的工业体系，也就是为工业为农业为国防建设的更快发展打下基础。"他指出在这一过程中，"第一要抓吃穿用的问题"，即农业作为工业化的基础，除化肥、农药外，"着重解决水利的问题"；另外"要想办法多搞点轻工业增加积累，重要的是要发展经济作物"。其次"要抓基础工业。要建设新的铁路"。再次"要抓国防尖端技术"。[①] 1982年9月，在解释党的"十二大"提出的二十年翻两番的奋斗目标时，他提出："二十年是从一九八一年算起，到本世纪

---

① 《邓小平文选》第1卷，人民出版社1994年版，第336页。

末。大体上分两步走,前十年打好基础,后十年高速。战略重点,一是农业,二是能源和交通,三是教育和科学。"① 1984年10月6日,在会见参加中外经济合作问题讨论会全体中外代表时,他提出:"到本世纪末翻两番,国民生产总值按人口平均达到八百美元,人民生活达到小康水平",在这个基础上,"再发展三十年到五十年,力争接近世界发达国家的水平"。②

一 对农业基础地位的强调

邓小平同志的工业化思想,首先强调农业在国民经济和工业化中的基础地位。早在抗日战争时期,邓小平同志就强调农业在国民经济中的基础地位。1943年7月,他在总结太行抗日根据地经济工作时指出:"发展生产,是经济建设的基础,也是打破敌人封锁、建设自给自足经济的基础,而发展农业和手工业,则是生产的重心。经验告诉我们:谁有了粮食谁就有了一切",因为"只有农业的生产,才能给手工业以原料,使手工业发展有了基础;而手工业的发展,正可以推动农业的生产,正可以抵制敌货的大量倾销,实现自给自足的经济"。③

新中国成立后,在领导建设社会主义工业化的过程中,邓小平同志始终坚持强调农业的基础地位。1962年7月,他在接见共青团五届七中全会全体代表时指出:"农业搞不好,工业就没有希望,吃穿用的问题也解决不了",而要恢复农业,"一个方面是把农民的积极性调动起来,使农民能够积极发展农业生产,多搞点粮食,把经济作物恢复起来。另一个方面是工业支援农业"。他还提出:"要恢复农业,还要解决好城市与农村的关系问题。城市人口多了,就要挤农民的口粮,就要从农民手上拿出更多的粮食来,这样,农业恢复起来就困难。"④ 1986年6月10日,他在听取中央负责同志汇报时指出:"我们从宏观上管理经济,应该把农业放到一个恰当位置上,总的目标始终不要离开本世纪末达到年产九千六百亿斤粮食的盘子,要避免过几年又出现大量进口粮食的局面,如果那样,将会影响我

---

① 《邓小平文选》第3卷,人民出版社1993年版,第9页。
② 同上书,第77页。
③ 《邓小平文选》第1卷,人民出版社1994年版,第79页。
④ 同上书,第322—325页。

们经济发展的速度。"①

二 探索科学的企业管理方法

在与毛泽东等老一辈无产阶级革命家领导社会主义工业化的过程中，邓小平同志形成其独特的科学的企业管理观。

新中国成立后，邓小平同志立即要求工业部门学习与培养科学的企业管理方法。1950年12月，在西南局城市工作会议上，他指出：要"组织和教育工人阶级，恢复和发展生产，学会对矿山、工厂、交通、市政等近代工业的管理"。他提出经营企业化概念，因此他肯定"工业部确定从合理化建议及订立集体合同两件事做起是正确的。经过了这些步骤，启发了群众的智慧和积极性，才有可能计算成本"。这要求"只有在管理民主化的基础上才有可能"，② 即企业管理必须贯彻群众路线。

1963年8月20日，邓小平同志在工业决定起草委员会会议上提出："今后建设新企业以中小企业为主，建必要的大企业。搞中小企业，管理水平也提高得快。"③ 1975年8月18日，邓小平同志在国务院讨论国家计委起草的加快工业发展若干问题的报告时指出：工业应首先确立为农业服务的思想，做到"工业区、工业城市要带动附近农村，帮助农村发展小型工业，搞好农业生产"，如"城市可以帮助农村搞一些机械化的养鸡场养猪场，这一方面能增加农民的收入，另一方面能改善城市的副食品供应"。其次，工业发展要"引进新技术、新设备，扩大进出口"，如"要大力开采石油，尽可能出口一些"，而出口的目的是"换点高精尖的技术和设备回来，加速工业技术改造，提高劳动生产率"。再次，"加强企业的科学研究工作。这是多快好省地发展工业的一个重要途径"。最后，"抓好产品质量"，因为"质量好了，才能打开出口渠道或者扩大出口"。④ 1978年9月，他在听取鞍山市委汇报时指出："引进先进技术设备后，一定要按照国际先进的管理方法、先进的经营方法、先进的定额来管理，也就是按照经济规律管理经济。"他同时指出："要加大地方的权力，特别是企业的权力。企业要有自动权、机动权，如用人多少，要增加点什么，减少点什

---

① 《邓小平文选》第3卷，人民出版社1993年版，第159页。
② 《邓小平文选》第1卷，人民出版社1993年版，第174—177页。
③ 《邓小平文选》第1卷，人民出版社1994年版，第336页。
④ 《邓小平文选》第2卷，人民出版社1994年版，第28—30页。

么,应该有权处理。企业应该有点外汇,自己可以订货,可以同国外交流技术。"①

邓小平同志主张引进生产管理责任制。他提出:"一要扩大管理人员的权限;二要善于选用人员,量才授予职责;三要严格考核,赏罚分明。"② 1980年8月18日,邓小平同志在中央政治局扩大会议上提出:"要有准备有步骤地改变党委领导下的厂长负责制、经理负责制,经过试点,逐步推广,分别实行工厂管理委员会、公司董事会、经济联合体的联合委员会领导和监督下的厂长负责制、经理负责制。"他强调:"实行这些改革,是为了使党委挣脱日常事务,集中力量做好思想政治工作和组织监督工作。这不是削弱党的领导,而是更好地改善党的领导,加强党的领导。"③ 1983年6月18日,他在会见外籍专家时指出:"工业有工业的特点,农业有农业的特点,具体经验不能搬用,但基本原则是搞责任制,这点是肯定的。"④ 1986年12月19日,他在听取中央负责同志汇报时指出:"企业改革,主要是解决国营大中型企业的问题"。这方面,"用多种形式把所有权和经营权分开,以调动企业积极性,这是改革的一个很重要的方面"⑤。

他把提高产品质量作为科学的企业管理的重要指标。1985年7月11日,他在听取中央负责同志汇报时指出:"工业生产特别是出口产品的生产,中心是提高质量,把质量摆到第一位。乡镇企业也要抓质量。"他提出:"要立些法,要有一套质量检验标准,而且要有强有力的机构来严格执行。"⑥ 1986年6月10日,他在听取中央负责同志汇报时指出:"要打开出口销路,关键是提高质量,质量不高,就没有竞争力。"⑦

邓小平同志肯定乡镇企业在调整经济结构中的特殊作用。1987年6月12日,他在会见南斯拉夫客人科罗舍茨时指出:"乡镇企业的发展,主要是工业,还包括其他行业,解决了占农村剩余劳动力百分之五十的人的出路问题。农民不往城市跑,而是建设大批小型新型乡镇。"⑧ 1987年8月

---

① 《邓小平文选》第2卷,人民出版社1994年版,第129—131页。
② 同上书,第151页。
③ 同上书,第340页。
④ 《邓小平文选》第3卷,人民出版社1994年版,第29页。
⑤ 同上书,第192页。
⑥ 同上书,第132页。
⑦ 《邓小平文选》第3卷,人民出版社1993年版,第160页。
⑧ 同上书,第238页。

29日,在与意大利共产党领导人会谈时,他重申:"乡镇企业容纳了百分之五十的农村剩余劳动力",同时,"乡镇企业反过来对农业又有很大帮助,促进了农业的发展"。①

邓小平同志高度强调科学技术对社会主义工业化的积极促进作用。他指出:"我们要实现现代化,关键是科学技术要能上去。"② 他在全国科学大会上提出:"四个现代化,关键是科学技术的现代化。没有科学技术,就不可能建设现代农业、现代工业、现代国防。没有科学技术的高速度发展,也就不可能有国民经济的高速度发展。"③ 1980年8月,他在回答意大利记者法拉奇采访时指出:"技术问题是科学,生产管理是科学,在任何社会,对任何国家都是有用的。我们学习先进的技术、先进的科学、先进的管理来为社会主义服务,而这些东西本身并没有阶级性。"④

三 探索适合工业化的所有制形式和分配形式

邓小平同志采取实事求是的态度对待社会主义工业化过程中复杂的所有制问题和分配问题。在所有制即生产关系问题上,他在坚持社会主义公有制原则的基础上,以生产力为标准,积极探索适合工业化的所有制形式。1962年7月,他在接见共青团五届七中全会全体代表时指出:"生产关系究竟以什么形式为最好,恐怕要采取这样一种态度,就是哪种形式在哪个地方能够比较容易比较快地恢复和发展生产,就采取哪种形式;群众愿意采取哪种形式就应该采取哪种形式,不合法的使它合法起来。"他赞成"多数同志主张,实际上是把大队一级取消"的意见,提出:"大队一级我们设想只要一个人,他可以参加生产,不要从农民手上拿东西,国家补贴一点"的办法,⑤ 以精简农村基层经济管理机构。1980年5月31日,在谈到农村所有制问题时,他认为包产到户"总的方向是发展集体经济",因为"只要生产发展了,农村的社会分工和商品经济发展了,低水平的集体化就会发展到高水平的集体化,集体经济不巩固的也会巩固起来"。他强调决定所有制形式的关键在于发展生产力,因此各地应因地制宜,"适

---

① 《邓小平文选》第3卷,人民出版社1993年版,第252页。
② 《邓小平文选》第2卷,人民出版社1994年版,第40页。
③ 同上书,第86页。
④ 同上书,第351页。
⑤ 《邓小平文选》第1卷,人民出版社1994年版,第323—325页。

宜发展什么就发展什么，不适宜发展的就不要去硬搞"。① 1985 年 3 月 7 日，他在全国科技会议上指出："一个公有制占主体，一个共同富裕，这是我们所必须坚持的社会主义的根本原则。"② 1992 年 1 月至 2 月，在武昌、深圳、珠海、上海等地视察期间，当谈及所有制问题即社会主义与资本主义道路的关系问题时，他指出："判断的标准，应该主要看是否有利于发展社会主义的生产力，是否有利于增强社会主义国家的综合国力，是否有利于提高人民的生活水平。"③

在分配问题上，邓小平同志始终强调社会主义按劳分配原则。他指出："按劳分配就是按劳动的数量和质量进行分配。根据这个原则，评定职工工资级别时，主要是看他的劳动好坏、技术高低、贡献大小。"④ 他认为按劳分配不等于平均主义。1978 年 9 月，他在听取鞍山市委汇报时指出："合格的管理人员、合格的工人，应该享受比较高的待遇。"适当拉开工资差距并不违背按劳分配原则，这是因为"发展经济，工人要增加收入，这样反过来才能促进经济发展。农业也一样，增加农民收入，反过来也会刺激农业发展，巩固工农联盟"。⑤ 1978 年 12 月 13 日，他在中共中央工作会议上提出："要允许一部分地区、一部分企业、一部分工人农民，由于辛勤努力成绩大而收入先多一些，生活先好起来。一部分人生活先好起来，就必然产生极大的示范力量"，从而"使整个国民经济不断地波浪式地向前发展，使全国各族人民都能比较快地富裕起来"。⑥

邓小平同志在对外开放事业飞速发展的新形势下，仍然强调社会主义按劳分配原则的意义。1984 年 6 月 30 日，他在与日本客人谈话时指出："如果走资本主义道路，可以使中国百分之几的人富裕起来，但是绝对解决不了百分之九十几的人生活富裕的问题。而坚持社会主义，实行按劳分配原则，就不会产生贫富过大的差距。再过二十年、三十年，我国生产力发展起来了，也不会两极分化。"⑦ 1985 年 8 月 28 日，他在会见津巴布韦总理穆加贝时指出："社会主义有两个非常重要的方面，一是以公有制为

---

① 《邓小平文选》第 2 卷，人民出版社 1994 年版，第 315—316 页。
② 《邓小平文选》第 3 卷，人民出版社 1993 年版，第 111 页。
③ 同上书，第 372 页。
④ 《邓小平文选》第 2 卷，人民出版社 1994 年版，第 101 页。
⑤ 同上书，第 130 页。
⑥ 同上书，第 152 页。
⑦ 《邓小平文选》第 3 卷，人民出版社 1993 年版，第 64 页。

主体，二是不搞两极分化。"① 1985年10月23日，他在会见美国高级企业家代表团时指出："只要我国经济中公有制占主体地位，就可以避免两极分化。"② 1986年9月2日，他在回答美国记者华莱士采访时重申上述原则："社会主义原则，第一是发展生产，第二是共同致富。"③ 1992年1月至2月，他在武昌、深圳、珠海、上海等地视察期间指出："社会主义的本质是解放生产力，发展生产力，消灭剥削，消除两极分化，最终达到共同富裕。"④

四　计划与市场并重的宏观调控手段

邓小平同志重视计划手段对社会主义建设的宏观指导作用。他认为计划工作一定要切合实际。1962年2月，他在扩大的中央工作会议上指出："今后订计划，一方面要有统一的计划，另一方面在统一的计划内，要给下面留有这样的可能，就是使下面能够结合当地的具体实际去安排，特别是在因地制宜方面，在发挥地方积极性方面，都要做得更好。"⑤ 1983年1月，他在与国家计委、经委和农业部门负责同志谈话时指出："制定计划遵循的原则，应该是积极的、留有余地的、经过努力才能达到的。"⑥

他同时认为应该发挥市场手段在宏观经济调控中的作用。1950年12月，他在西南局城市工作会议上指出："在经济战线上，从贸易、金融、财政等方面，加强市场管理，完成税收任务，稳定金融物价和舒畅城乡交流。"⑦ 1962年7月，他在接见共青团五届七中全会全体代表时指出："搞好供销合作社，不仅有利于交易，而且还可以组织和促进生产，增加市场供应，使农民增加收入。"⑧

1979年11月26日，邓小平同志在会见美国客人吉布尼等时，科学解释了计划与市场两种经济手段的适用性问题。他首先指出："说市场经济之存在于资本主义社会，只有资本主义的市场经济，这肯定是不正确的。"

---

① 《邓小平文选》第3卷，人民出版社1993年版，第138页。
② 同上书，第149页。
③ 同上书，第172页。
④ 同上书，第373页。
⑤ 《邓小平文选》第1卷，人民出版社1994年版，第306页。
⑥ 《邓小平文选》第3卷，人民出版社1993年版，第22页。
⑦ 《邓小平文选》第1卷，人民出版社1994年版，第174页。
⑧ 同上书，第327页。

他进而指出社会主义计划经济与市场经济的关系："我们是计划经济为主，也结合市场经济，但这是社会主义的市场经济"，其性质与资本主义市场经济有本质区别，主要在于它"是全民所有制之间的关系，当然也有同集体所有制之间的关系，也有同外国资本主义的关系，但是归根到底是社会主义的"，因此"社会主义也可以搞市场经济。同样地，学习资本主义国家的某些好东西，包括经营管理方法，也不等于实行资本主义"。他总结道："这是社会主义利用这种方法来发展社会生产力。"① 1982年10月，他在同国家计委负责同志谈话时指出："社会主义同资本主义比较，它的优越性就在于能做到全国一盘棋，集中力量，保证重点。缺点在于市场运用得不好，经济搞得不活"，因此必须处理好计划和市场的关系问题。"解决得好，对经济的发展就有利，解决不好，就全糟"。② 1985年10月23日，他在会见美国高级企业家代表团时明确指出："社会主义和市场经济之间不存在根本矛盾。问题是用什么方法才能更有力地发展社会生产力"。根据这一原则，"把计划经济和市场经济结合起来，就更能解放生产力，加速经济发展。"③ 1986年12月19日，他在听取中央负责同志汇报时指出："金融改革的步子要迈大一些。要把银行真正办成银行。"④ 1987年2月6日，他在与中央负责同志谈话时重申："计划和市场都是方法嘛。只要对发展生产力有好处，就可以利用。它为社会主义服务就是社会主义的；为资本主义服务，就是资本主义的。"⑤ 1991年1月至2月，邓小平同志在视察上海期间指出："金融很重要，是现代经济的核心，金融搞好了，一着活棋，全盘皆活。"他希望上海在金融改革上做出示范性贡献："上海过去是金融中心，是货币自由兑换的地方，今后也要这样搞。中国在金融方面取得国际地位，首先要靠上海。"⑥

五　正确处理自力更生与对外开放的关系

在国民经济和工业化的动力问题上，邓小平同志在强调以艰苦奋斗、

---

① 《邓小平文选》第2卷，人民出版社1994年版，第236页。
② 《邓小平文选》第3卷，人民出版社1993年版，第16—17页。
③ 同上书，第148—149页。
④ 同上书，第193页。
⑤ 同上书，第203页。
⑥ 同上书，第366页。

自力更生为主的同时,也不断指出对外开放的意义。

1982年5月6日,他在会见利比里亚国家元首多伊时指出:"中国的经验第一条就是自力更生为主。"他回顾道:"从五十年代中期到七十年代,即在建国三十二年多的实践里大体有二十几年,我们完全或基本上处于没有外援的状况,主要靠自力更生。"① 1980年8月,他在回答意大利记者法拉奇采访时指出,在自力更生与对外开放的关系问题上,"归根到底,我们的建设方针还是毛主席过去制定的自力更生为主、争取外援为辅的方针。不管怎样开放,不管外资进来多少,它占的份额还是很小的,影响不了我们社会主义的公有制"②。

他同时认为,必须加强对外开放,引进国外先进技术和多余资金,为社会主义工业化服务。1978年10月,他在会见联邦德国新闻代表团时指出:"我们引进先进技术,是为了发展生产力,提高人们生活水平,是有利于我们社会主义国家和社会主义制度。"③ 1979年10月,在省、自治区、直辖市第一书记座谈会上,邓小平同志强调引进外资工作的意义,指出:"现在研究财经问题,有一个立足点要放在充分利用、善于利用外资上",为此首先要做到"引进每一个项目都要做到必须具有偿付能力",其次"应该使得他们比到别的地方投资得利多,这样才有竞争力",最后必须明确"引进项目必须是能够带动我们自己的"原则。④ 1979年11月26日,他在会见美国客人吉布尼等时提出:"应该充分利用世界的先进的成果,包括利用世界上可能提供的资金,来加速四个现代化的建设。"⑤ 1983年7月8日,他在与中央负责同志谈话时表示,要继续扩大对外开放,"要抓住西欧国家经济困难的时机,同他们搞技术合作,使我们的技术改造能够快一些搞上去"⑥。1984年2月24日,在视察广东、福建、上海等地后,他肯定经济特区在对外开放工作中的作用,指出:"特区是个窗口,是技术的窗口,管理的窗口,知识的窗口,也是对外政策的窗口。"⑦ 1984年10月6日,他在会见参加中外经济合作问题讨论会全体中外代表时指

---

① 《邓小平文选》第2卷,人民出版社1994年版,第406页。
② 同上书,第351页。
③ 同上书,第133页。
④ 同上书,第199页。
⑤ 同上书,第234页。
⑥ 《邓小平文选》第3卷,人民出版社1993年版,第32页。
⑦ 同上书,第51—52页。

出:"像中国这样大的国家搞建设,不靠自己不行,主要靠自己,这叫作自力更生。但是,在坚持自力更生的基础上,还需要对外开放,吸收外国的资金和技术来帮助我们发展。"[1] 1986 年 12 月 19 日,他在听取中央负责同志汇报时指出:"借外债不可怕,但主要要用于发展生产,如果用于解决财政赤字,那就不好。"[2]

(作者单位:厦门大学马克思主义学院)

---

[1] 《邓小平文选》第 3 卷,人民出版社 1993 年版,第 78—79 页。
[2] 同上书,第 193 页。

生产力与生产关系矛盾视阈下我国城乡关系变迁研究

张 晖

城乡关系是关乎我国经济社会是否能够健康和谐发展的最为重要的关系之一。党的十八届三中全会通过的《中共中央关于全面深化改革若干重大问题的决定》明确指出，城乡二元结构是制约城乡发展一体化的主要障碍。新中国成立60多年来，城乡关系经历了深刻的发展变化，城乡二元结构正是在这一变迁的过程中形成和发挥作用的。如何在梳理城乡关系变迁中把握城乡二元结构的产生、发展历程及其实质，对于全面深化改革，从根本上破除城乡二元结构，推进城乡一体化发展具有重要意义。

一 问题缘起及研究思路

"社会的全部经济史都可以概括为城乡之间的对立运动。"马克思从生产力与生产关系矛盾运动的辩证角度对城乡关系从结合走向分离和对立进行了系统而科学的阐述和分析，认为未来城乡关系必将随着生产力的进一步提高最终走向融合。马克思关于城乡关系发展方向的论断是建立在其对于当时社会基本矛盾深刻把握的基础之上的，这不但为我国当下如何实现城乡一体化提供了方向性指导，而且也为我们加强当代城乡关系变迁历程的研究提供了方法借鉴。

从现有文献来看，对于我国城乡关系变迁方面的研究基本上是基于不同时期领导人的相关思想或者政策而进行的，这一划分简单易行，不失为一种好的选择，但是这种划分容易割裂不同思想或政策间的内在关联，不能很好地从整体上呈现城乡关系理论思想承继和发展的内在逻辑。当然，也有其他的学者另辟蹊径，从效率与公平的角度对不同时期的城乡思想进行分析，可是效率与公平只是不同时期在不同城乡关系思想指导下政策实施过程中表现出来的侧重点的不同,并不能很好地揭示城乡关系演变背后的内在动因。基于马克思所处的历史时期,正是由于生产力水平的进一步发展,导致了城乡分离和对立关系的形成与出现,并直接促使了马克思恩格斯解决城乡矛盾思想的萌生和发展,我国在坚持马克思主义为指导促进城乡关系逐步融合发展的过程中,需要从生产力和生产关系之间矛盾的把握出发,深入思考和分析这一过程中不同时期的生产力水平以及与之相对应的生产关系状况,探寻我国城乡关系由对立的城乡二元结构到城乡一体化发展的内在逻辑,推进当前的城乡一体化工作。

本文把我国城乡关系的变迁历程划分为改革开放前与改革开放以来两个历史时期,对不同时期生产力与生产关系矛盾发展所导致的城乡关系变迁进行系统梳理和分析,并尝试在基本经验层面上总结提炼其对于现实的指导价值。

二 改革开放前的城乡关系:生产关系对生产力的适应与超越

新中国成立之时的物质基础就是城乡二元经济结构,这是由新中国成立前的生产力水平所决定的,是"历史遗留的祸根",而非人们通常所认为的新中国成立后计划经济体制下的产物。城乡作为社会的两大基本聚落形态在历史上由来已久,只是在漫长的农业社会中,由于生产力水平较为低下,再加上社会经济结构的一元化体系,城市尽管在政治上实现着对农村的统治和剥削,但其更多的是一个军政堡垒,而不是一个独立的经济体,它所具有的极强的消费性特征及经济基础的脆弱性,使其无法从根本上摆脱对乡村经济的依赖,乡村在经济上统治城市。生产力决定生产关系,在小农经济占主导地位的历史时期,看似统一无差别的城乡关系应该说是在乡村经济主导下形成和发展的。到了清朝末年,尤其是鸦片战争以后,随着外国势力的侵入和中国主要通商口岸城市对外贸易和工商业的兴起与发展,原有旧式的无差别的城乡统一状态逐渐发生了变化,城乡关系由城市以政治统治剥削乡村为主转变为以经济手段剥削乡村为主的形式,城市对乡村的剥削随之不断加强,城乡差别日渐拉大,城乡发展脱节,城乡分离与对立日益凸显,城乡二元结构初步形成。一直到新中国成立,这种中国所特有的相对复杂的城乡对立关系不但没有随着时间的变迁而缓和,相反,在国共两党对峙时期城乡关系进一步恶化,并成为革命战争发生并取得胜利的一个重要因素。"经济上城市和乡村的矛盾,在资本主义社会里面（那里资产阶级统治的城市残酷地掠夺乡村），在中国的国民党统治区域里面（那里外国帝国主义和本国买办大资产阶级所统治的城市极野蛮地掠夺乡村），那是极其对抗的矛盾。"因此，至解放战争结束及新中国成立，城乡对立成为新政权在恢复和发展城乡经济中必须面对和亟待解决的重要问题。

1949年3月，在党的七届二中全会上，毛泽东首次提出了城乡兼顾的思想，他认为虽然新中国成立后党的工作重心要从乡村转移到城市，开始城市领导乡村的新时期，但是，绝不意味着可以只顾城市而忽视乡村。"城乡必须兼顾，必须使城市工作和乡村工作，使工人和农民，使工业和农业紧密地联系起来。决不可以丢掉乡村，仅顾城市，如果这样想，那是完全错误的。"城乡兼顾、工农共同发展思想的提出，为新中国在实践中正确处理城乡关系提供了正确的理论指导。新中国建立初期，通过在农村普遍推行土地改革，彻底消灭了封建地主土地所有制度，同时，大力促进城乡之间的物质交流，通过城乡之间商品平等交换，重构城乡商品联系，"使乡村和城市，从相互敌对转变为相互依存"。随着城乡经济的恢复，中共中央领导层开始考虑向社会主义过渡的经济发展战略，经过对政治、经济、国际环境等方面的诸多权衡和深入考虑，参照苏联的工业化模式，选择了优先发展重工业战略，同时，考虑到新中国与苏联工业化初始条件的差异，1952年底，中共中央在《关于编制一九五三年计划及长期计划纲要的指示》中指出要集中力量保证重工业的建设，但"决不能理解为可以忽视轻工业的发展、农业和地方工业的发展、贸易合作事业和运输事业的发展及文化教育卫生事业的发展"。并且，在"一五计划"中强调，"在优先发展重工业的条件下，力求使各个经济部门特别是工业和农业、重工业和轻工业之间的发展保持适当的比例，避免彼此脱节。"在这些正确认识的指导下，随着1953年社会主义工业化建设的正式开展，我国的城乡关系开始由此前的商品联系阶段即流通环节的联系进入到生产联系阶段，劳动力等生产要素也开始在开放的城乡间较为自由地流动，工农之间的关系进一步密切，工业供给农业生产生活资料，农业满足工业发展对粮食、原料、资金积累和市场的需要。1952年到1957年，国家基本建设投资用于重工业的占36.2%，用于轻工业的占6.4%，用于农业的占7.1%。"这样的安排，在当时的条件下，大体是合适的"，既体现了重点发展重工业的要求，又使农业、轻工业的发展基本上适应了整个国民经济发展和城乡人民生活改善的需要，生产建设与城乡人民生活兼顾。五年间，我国农业总产值年均增长4.5%，工业总产值年均增长18%，其中重工业产值年均增长为25.4%，轻工业产值年均增长12.9%。全国居民消费水平提高了34.2%，职工平均消费水平提高38.5%，农民平均消费水平也提高27.4%。这一历史时期，我国通过学习和借鉴苏联新经济政策时期较为成熟的发展经验和城乡关系发展模式，采取一系列有效措施较好地改进了城乡关系。

然而，在随后的二十年间，非但没有能够走上理想中的城乡融合道路，而是在现实条件的约束和"路径依赖"的作用下，在城乡二元化发展道路上愈行愈远。具体而言，由于实行国家所有制、集体所有制和高度集中的计划经济体制，再加上由于生产力水平较为低下，缺乏像苏联那样的工业基础，以及我国农村人多地少的现实状况，依托城市进行经济建设的大规模工业化启动之后，高度分散的、低水平的小农经济由于农业剩余少，商品粮销售率过低，不能满足城乡居民和工业化事业以及城市化过程中对粮食和原料作物日益增长的需要，造成粮食供应紧张。尽管从1952年就开始了农业合作化运动，通过生产组织方式的变革解放农业生产力，同时，还通过在农村采取提高农产品收购价格，稳定农村工业品零售价格的政策调动农民生产积极性，以及帮助农民兴修水利，发放农贷等举措，促进农业生产的发展。但是，随着工业化进程的加快，重工业资本密集型的特点使得其所需要的粮食和资金量越来越大，1953年起实行的粮食统购统销政策，在"一五"计划的后期逐渐成为国家通过工农业产品之间的价格剪刀差，从农业中积累工业化资金的一个重要杠杆，并且在工业建设资金来源渠道狭窄的背景下强化了从农业提取资源便利性的这种路径依赖，使得剪刀差逐步扩大，损害了农民的利益和农村的发展。

1958年以后，随着二元户籍制度的确立，城乡之间人口不能自由流动，农村剩余劳动力通过由工业化引致城市化实现转移的路径被堵死，农村的隐性失业问题更加突出。在相对封闭的环境中，大量人力的存在使得农业发展中使用农业机械的内在动力不足，更何况是在缺乏农业生产资金的情况下，农业的增产更多地是通过充分利用劳动力来实现，减少了对重工业生产资料的需求。大跃进和三线建设时期重工业的投资比例越来越高，但是用于农业生产资料生产的重工业投资比例非常少，即便是面临严重自然灾害、全国上下大办农业的1961年，用于生产化肥、农药和农业机械的投资额也仅占全部工业投资总额的 7.2%，所占重工业投资额的比重更低。重工业并不能为农业提供大量的生产资料。同时，在重工业优先发展战略指导下，轻工业投入的严重不足致使其自身发展受到很大制约，轻工业产品的生产难以满足广大农村的消费需要。工业的结构性失衡，再加上国家对于城乡间人口流动的行政性干预和控制，不仅使得工农业之间的生产联系不能正常地建立起来，而且导致城乡之间刚刚恢复起来的良性商品联系遭到破坏，城乡生产的二元化结构致使城乡社会二元化日益突出。

面对城乡关系的恶化，国家在 1961—1965 年采取了一系列措施，例如在农业方面，调整所有制结构，解散农村中的公共食堂，纠正平均主义，恢复自留地，对自留地的农产品既不征收农业税也不把其列入统购对象等。在工业方面，采取调整工业结构，压缩工业战线，加强对轻工业投资等。这些措施在一定程度上促进了城乡经济协调发展，工农及城乡关系也得到了改善。然而，1966 年"文化大革命"开始，统筹城乡兼顾工农的思想被边缘化，包括统购统销、人民公社、户籍制度等在内的城乡隔离的二元经济体制则进一步加强，乡村发展以农业为主的传统经济，城市发展以工业为主的现代经济，城市与农村的交流基本中断，工农和城乡关系出现了严重不协调状态。1965 年至 1978 年，农业总产值仅增加了 67.7%，而工业总产值却增加了近 2 倍；全国农村人口人均年纯收入在这 13 年中仅增加了 26 元，年平均增加 2 元。1978 年，中国农村居民人均纯收入 133.57 元，人均生活消费品支出 69.63 元，其中食品支出 46.59 元，占 65.8%。以恩格尔系数衡量，农民处于绝对贫困状态。而且，至 1978 年，中国有 82.1% 的人口生活在农村。城乡之间相互封闭相互隔绝，城乡二元结构被逐渐强化和固化。

三 改革开放后的城乡关系：生产关系与生产力的契合、偏离和相互促进

到 20 世纪 70 年代末，农村经济发展基本陷入停滞状态，城乡矛盾突出，城乡二元结构成为经济社会发展的瓶颈，传统的重工业发展战略和计划经济体制已不可为继。1978 年 12 月，党的十一届三中全会作出了以经济建设为中心实行改革开放的重大决策，率先在农村进行改革。从改变农村的生产组织制度入手，在全国农村普遍推行家庭联产承包责任制，把土

地的使用权和经营权还给农民，在此过程中作为微观经济组织基础的人民公社体制逐渐解体。同时，提高农产品的价格，开放农产品市场，由市场开始自主调节农业生产与经营，逐步限制和减少农产品统派购的品种和数量，并于1985年正式取消统购统销制度。农村经济体制改革实现了生产关系与生产力的协调发展，极大地解放和发展了农村生产力，农村经济迅速增长。"1984年与1978年相比，农业总产值以不变价计算增加了42.23%，按照生产函数估算，其中约有一半来自家庭联产承包制改革带来的生产率的提高，而化肥增加的贡献为32.2%，约占1/3。若以生产反应函数估计，农村经济体制改革对农业增长的贡献为42.2%，提价贡献为16.0%。"这一时期农民人均纯收入由133.6元上升到355.3元，年均增长16.5%；城乡收入差距呈逐年下降趋势，城乡居民人均收入比由1978年的2.37：1下降到1985年的1.72：1。城乡二元壁垒出现松动，城乡分割矛盾在一定程度上得到了缓解，城乡关系总体上呈现出协调融合的良好发展态势。

农村改革的成功鼓舞着以城市为重点的整个经济体制改革的全面推进。1984年10月，党的十二届三中全会召开，确认了我国社会主义经济是公有制基础上的有计划的商品经济，通过了指导我国经济体制改革的纲领性文件《中共中央关于经济体制改革的决定》，改革从此由农村开始走向城市和整个经济社会领域。1985年以后，以市场为导向、以促进生产力发展为基本任务的改革逐步深化。1992年10月，十四大正式提出我国经济体制改革的目标是建立社会主义市场经济体制，至2000年，十五届五中全会郑重宣布我国已初步建立起社会主义市场经济体制，市场机制在资源配置中日益明显地发挥着基础性作用。在由计划经济向市场经济过渡的这一阶段中，各种资源配置伴随着改革重心的转移逐步向城市转移，城乡差距呈现逐年扩大趋势，尽管国家对于改善城乡关系采取了一些办法，例如，延长土地承包期；多次提高农产品收购价格，到1997年收购价格已比1978年累计上升了425.4%；改革粮食流通体制，保护粮食生产，增加农民收入；放宽对农村劳动力流动与从业限制，允许农民从事农产品贸易和外出打工，推进户籍制度改革，小城镇允许农村人口落户，不少大城市也放松了对外地人口落户的限制，人口迁移相对自由。这些改革改变了农村的经济运行方式，提高了农村经济活力和效率，劳动力流动加速，城乡间资金和技术等联系显著增强，然而，改革过程中，以公有制为主体，多种所有制经济共同发展的基本经济制度、社会主义市场经济体制和以家庭联产承包经营为基础、统分结合的农业双层经营体制等的确立,并没有从根本上打破计划经济体制下形成的城乡分割的二元结构,城乡之间资源要素双向自由流动的体制并未能真正建立起来,城乡差距进一步拉大、城乡发展失衡、城乡关系不协调状况再次凸显。具体来讲,20 世纪 80 年代末期,家庭承包责任制促进经济增长的能量释放殆尽,国家对于稳定家庭承包经营的过分强调,反而使得小规模经营与大农业之间的矛盾逐渐显现,农村的发展在市场经济的冲击中日渐萎缩。此外,尽管 20 世纪 80 年代乡镇企业的发展带动了农村工业化的发展和小城镇的兴起,在一定程度上改善了城乡二元经济结构,但 90 年代中期以后,乡镇企业在要素利用、产业和技术结构方面并未与城市工业形成有效的分工和合作,城乡间产业结构趋同化及产品的同质性所引致的无序竞争,使其在吸纳农村劳动力、增加农民收入等方面的作用日渐式微。在新旧体制转换的背景下,由于对农业和农村发展形势过于乐观,国家在一定程度上淡化了对工农业协调发展重要性的认识,在深化城市国有企业改革、注重微观搞活的过程中,国家对于工农业发展的综合平衡和宏观调控不足,使得农业和农村发展受到影响和制约。国家在为国企改革、价格体制、投融资体制等宏观经济改革所带来的社会成本买单时,把资金来源又锁定在农村,对"三农"实行了"多取、少予"的政策,以"三提五统两工"为主要内容的农民负担直线上升。1991 年至 1992 年,农民农业税负担占纯收入的比例已占到农民收入的 8.9% 和 10%,2000 年农民承担的税费负担已占到农民收入的 10.2%—12.2%。再加上农产品价格的提高幅度赶不上农用生产资料价格的提高速度,农民收入增加缓慢,城乡居民收入差距不断扩大,城乡居民收入之比从 1985 年的 1.86∶1,扩大到 1990 年的 2.2∶1,1995 年的 2.71∶1,2002 年城镇居民人均可支配收入达到 7703 元,农村居民人均纯收入为 2476 元,城乡居民收入之比扩大为 3.11∶1。收入差距的拉大进一步加剧城乡二元结构状况。随着收入的增加,城镇居民家庭恩格尔系数呈逐年递减的趋势,其消费偏好向现代工业部门生产的耐用消费品倾斜,而这些与农村农民没有太大关系,城镇居民流入的农村的资金较为有限。此外,囿于城乡二元户籍壁垒和"城乡分治"格局的存在,城乡发展政策在传统经济体制形成的既得利益集团作用之下变相成为了一种利益分配政策。由于城市既得利益集团更有可能是政策制定者,他们在资源要素分配上和政策制定中会更多考虑城市的政治经济利益，对农村和农业在资金、技术等诸方面考虑和支持不足，造成农业和农村发展长期滞后城市。更重要的是，即便是在城市的发展已经超过农村时，国家依然以"剪刀差"的形式从农业抽走大量资金，影响到农村和农业的发展。"据中国农业科学院牛建峰教授提供的资料推算，1985—1998年，国家通过工农产品'剪刀差'、农业税、财政转移支付等方式从农村汲取资金近2万亿元。"农村地区由于资本匮乏致使农村非农产业发展困难重重，也阻碍了农业生产效率的提高，严重影响了农业新技术的推广和应用。与此同时，在市场机制的作用下，资源要素会自发地向收益较高的产业和区域配置，农业和农村由于自身的弱质性和投资的比较效益低下很难获得更多的资源，农村资源和劳动力等生产要素则不断流入城市。这种农村和农业发展所需的资源要素等方面全方位由农村向城市的单向流动，进一步恶化了城乡二元结构的矛盾。

城乡越来越严重的非均衡发展趋势背离了国民经济发展的根本目的，城乡差距的扩大直接影响到政治的稳定和社会的和谐。2002年底，党的十六大提出"统筹城乡经济社会发展，建设现代化农业，发展农村经济，增加农民收入，是全面建设小康社会的重大任务"，对城乡发展战略进行重大调整。十六届三中全会提出科学发展观，并把"统筹城乡发展"放在"五个统筹"发展要求的首位，2004年，中央在时隔18年后再发农业和农村问题的一号文件，足见国家对于解决"三农"问题、协调发展城乡关系的高度重视。2006年农业税的全面废止标志着国家开始了"工业反哺农业、城市支持农村"的历史性转变，一系列统筹城乡发展的重要改革举措由此展开，诸如对农民实行直接补贴；全面实施农村义务教育经费保障机制改革；实行个人缴费、集体补助、政府资助相结合的新型农村合作医疗制度等。财政支出从主要针对城市逐步转向城乡兼顾，支持包括农村社会保障在内的各项农村社会事业发展，2003—2007年的5年间，中央财政用于"三农"的资金投入累计达1.56万亿元，相当于前10年（1993—2002年）的总和，年均增长17.8%，高出同期中央财政支出增长率1.9个百分点。在这些政策的综合作用下，农民收入持续增长，增速从2002年的4.8%提高至2007年的9%。这一时期城乡差距尽管还在继续扩大，但扩大幅度逐步缩小。

党的十七大提出"建立以工促农、以城带乡的长效机制，形成城乡经济社会发展一体化新格局"。城乡经济社会一体化正是对于马克思城乡融合思想的中国化表述,生产力达到一定的发展阶段的必然要求。2008年以来,强农惠农富农政策力度进一步加大,对农村和农业发展的投入逐年增加,2010年中央财政预算安排"三农"支出达到8183.4亿元,比2009年增加12.8%;2012年达到12286.6亿元,比2011年增长17.9%。农民收入也逐年攀升,继2009年农民人均纯收入首次突破5000元大关之后,2010年达到5919元,同比增长14.9%;2012年达到7917元,同比增长13.5%。城镇居民可支配收入与农民人均纯收入比2010—2012连续三年呈现缩小趋势,2012年城乡收入比为3.10∶1,是近10年来的最低值。总体来看,城乡关系呈现渐趋协调的发展态势。尽管如此,囿于农村生产力水平和农业劳动生产率较为低下,人地矛盾突出,城乡二元结构尚未从根本上发生改变,农业和农村经济在资源配置和国民收入分配中仍处于不利地位等因素,城乡要素的不平等交换依然存在,城乡差距依然较为明显,城乡一体化可谓任重道远,需要从国民经济的大局和长远发展计议。2012年胡锦涛同志在党的十八大报告中提出推动城乡发展一体化的战略思想,指出"加快完善城乡发展一体化体制机制,着力在城乡规划、基础设施、公共服务等方面推进一体化,促进城乡要素平等交换和公共资源均衡配置,形成以工促农、以城带乡、工农互惠、城乡一体的新型工农、城乡关系。"我国城乡关系正在这一战略的正确指导下,由城乡二元结构走向城乡一体化的新的历史阶段。

四 结论及启示

我国城乡关系的变迁表明,消除城乡二元结构,实现城乡发展一体化是经济社会发展的内在要求,这是由生产力和生产关系的矛盾运动所决定的。城乡关系由城乡二元对立逐渐走向城乡融合,其决定性因素是生产力。换言之,生产力是制约城乡对立走向城乡一体化的内在决定性因素,城乡一体化的实现需要高水平的生产力作为前提条件。城乡关系属于生产关系,城乡二元结构则是生产力与生产关系内在矛盾运动在城乡关系方面的现实表现形式。在经济发展的每一个阶段,城乡关系都必须适合生产力状况,否则就会阻碍生产力的发展。我国城乡关系在生产力和生产关系的相互作用下,经历了由"失衡—协调—失衡"到"再协调—再失衡—再协调"的历史变迁,城乡二元结构不断发展和变化,呈现出阶段性特点与整体螺旋式上升的城乡一体化发展趋势。

城市和乡村是经济社会发展的两个有机组成部分,二者相互依赖、相互补充、相互促进,有着密不可分的内在的必然联系。切断或割裂二者之间的有机关联,必然会导致城乡二元结构的出现,即城市和乡村陷于矛盾对立且相互封闭的二元状态,进而导致生产关系与生产力发展需求的不协调,制约经济社会的和谐健康发展。以城乡分割为特征的城乡二元结构不破除,很难实现城乡发展一体化。因此,必须全面深化改革,实施生产关系层面的变革,健全体制机制,以促进生产力的进一步发展,为消除城乡二元结构、实现城乡一体化创造条件。

消除城乡二元结构,应当遵循生产力和生产关系矛盾运动的规律,做好两方面的工作。其一,要致力于解放和发展生产力,加快推进工业化和城镇化进程,在实现现代化的过程中全面提升工业反哺农业、城市支持农村的能力。其二,要深入研究城市经济和乡村经济二者之间的作用机制,创新实现城乡一体化发展的方式,创造城乡二元经济结构转变的因素和条件,以深入推进户籍制度改革促进城乡二元经济之间的相互开放,以建立城乡要素平等交换和公共资源向农村倾斜配置机制推进城乡基本公共服务均等化,以创新农业经营方式和发挥农业科技的作用促使传统农业经济成长为现代经济,逐步缩小城乡差距,实现城乡一体化发展。

参考文献

[1]《马克思恩格斯全集》第23卷,人民出版社1977年版,第390页。

[2]《马克思恩格斯选集》第1卷,人民出版社1995年版,第585页。

[3]《毛泽东选集》第1卷,人民出版社1991年版,第335—336、98、188、13页。

[4]《毛泽东著作选读》下册,人民出版社1986年版,第654页。

[5] 中共天津市委总学委会:《城乡关系》,读者书店1949年版,第3页。

[6]《建国以来重要文献选编》第3册,中央文献出版社1993年版,第450页。

[7]《建国以来重要文献选编》第6册,中央文献出版社1993年版,第408页。

[8] 薄一波:《若干重大决策与事件的回顾》上卷,中共中央党校出版社1991年版,第293页。

[9] 林毅夫:《中国的农村改革与农业增长》,《制度、技术与中国农业发展》,上海三联书店1994年版,第103页。

[10] 中共天津市委总学委会:《城乡关系》,读者书店1949年版,第3页。

［11］居占杰：《我国城乡关系阶段性特征及统筹城乡发展路径选择》，《江西财经大学学报》2011年第1期。

［12］胡锦涛：《坚定不移沿着中国特色社会主义道路前进　为全面建成小康社会而奋斗》，《人民日报》2012年11月9日。

［13］同上。

（作者单位：中国农业大学思想政治教育学院）

专题四　民主政治与法治国家问题

审判权运行机制的实践逻辑与改革图景
——以案件审批制改革为起点

朱晓明

这些年来,民众对"司法不公"的意见比较集中,司法公信力不足很大程度上与司法体制和工作机制不合理有关,理论界和实务界多认为"审判权运行行政化倾向"、"司法裁判的行政决策模式"是主要因素。人民法院作为输送"公平正义"的国家专门审判机关,必须以法官为主体、审判为中心、裁判为产品,因此,人民法院的权力运行结构必须紧紧围绕依法独立公正行使审判权来谋划和设定。"让审理者裁判,由裁判者负责",这是审判权力运行机制改革中的核心问题,也是多年来备受争议的法院审判权"去行政化"的问题。

一 问题争辩:案件审批制、审判委员会制度的废存

(一)理论的鼓动与实务的跟进

1979年《人民法院组织法》和《刑事诉讼法》对法院内部审判组织及其权限作出具体规定,1980年刘春茂在《法律科学》上发表了《对法院院长、庭长审批案件制度的探讨》,一石激起千层浪,引起了司法界对院、庭长审批案件制度是否符合法律规定问题进行了激烈的探讨。此后争论不断,到1997年有学者比较系统且尖锐地提出当代中国法院司法管理制度的问题,将"去行政化"推向一个新的高潮。实际上,该问题具体表现在两个方面:一是院、庭长审批案件制度,指在法院审理案件过程中,院长、庭长对独任审判员、合议庭评议案件的结论或意见进行审查、核定和监督。二是审判委员会决定制度,即合议庭意见不一致或有重大问题时,必须经审判委员会讨论决定,合议庭必须服从并以合议庭的名义作出

判决。根据法理上的直接言辞原则,有权作出裁判的法官应当以当面倾听当事人的诉辩为必要条件,即亲历性原则。长期以来,我们在审判实践中形成的层层审批制,导致"判审分离,审者不判、判者不审",裁判错误的责任不清,审判的效率不高,司法的行政化趋势不断加剧,已成为审判权力运行过程中亟待解决的难题。

审判权运行"去行政化"历来是法院改革的重点。回顾改革的历程,从1999年"一五"改革纲要规定"强化合议庭和法官职责,推行审判长和独任审判员选任制度"。到2002年最高人民法院颁布了《关于人民法院合议庭工作的若干规定》;从2003年"二五"改革纲要提出"建立法官依法独立判案责任制,强化合议庭和独任法官的审判职责。院长、副院长、庭长、副庭长应当参加合议庭审理案件。逐步实现合议庭、独任法官负责制"。之后,2007年3月最高人民法院又颁布了《关于完善院长、副院长、庭长、副庭长参加合议庭审理案件制度的若干意见》;从2009年中央部署和"三五"改革纲要提出"加强合议庭和主审法官职责"之后,2010年2月1日公布实施《关于进一步加强合议庭职责的若干规定》,基本上五年出台一个文件,足见最高法院的改革决策者们也早就意识到审批案件制度的缺陷和问题,并对这一制度做出了一系列的改革努力。同时,地方各级法院在实践中不断探索着审判权运行机制改革,如大连中院的"1411"合议庭模式、山东法院合议庭法官随机分案制度、上海法院的专业化合议庭模式、深圳福田法院审判团队模式、佛山中院审判长模式等,这些改革探索增添了很多实践基础。

(二)审判权运行"行政化"的实践演绎

法院司法裁判的行政化最典型地体现在庭长审批法官的裁决结论、院长审批某一合议庭的裁决意见、审判委员会讨论决定合议庭对某一重大疑难案件的裁判意见。

1. 案件审批制度

院庭长审批案件的做法虽然没有任何成文法上的依据,但与法院内部的司法管理体系紧密相关。法院像行政机关一样,构建一套院长、庭长、法官及其他工作人员的金字塔式的行政管理体制。同样地,在审判权运行上也因循金字塔模式,院长是负责法院日常行政管理工作的行政首长,同时也是对案件裁判拥有最终审批权的法官。对于院长、主管副院长审批的裁判意见,无论是庭长还是合议庭成员,一般都会接受和服从。

在实践中，案件审批制度也存在着多种形态。比如，在呈批层级方面，有些法院要求法官将案件逐级呈报给庭长、分管院长审批后返回法官作出判决；而有些法院仅要求向上一级呈批，即法官把案件呈报给庭长批示，庭长把自己办的案件呈报给院长批示。在呈批案件范围方面，有些法院要求所有案件一律呈批，有些法院要求满足一定条件（比如诉讼标的、案由、疑难程度、适用缓刑）的案件才呈批。在呈批材料方面，有些法院要求呈批审理报告，有些法院要求呈批判决书。

2. 主审法官制度

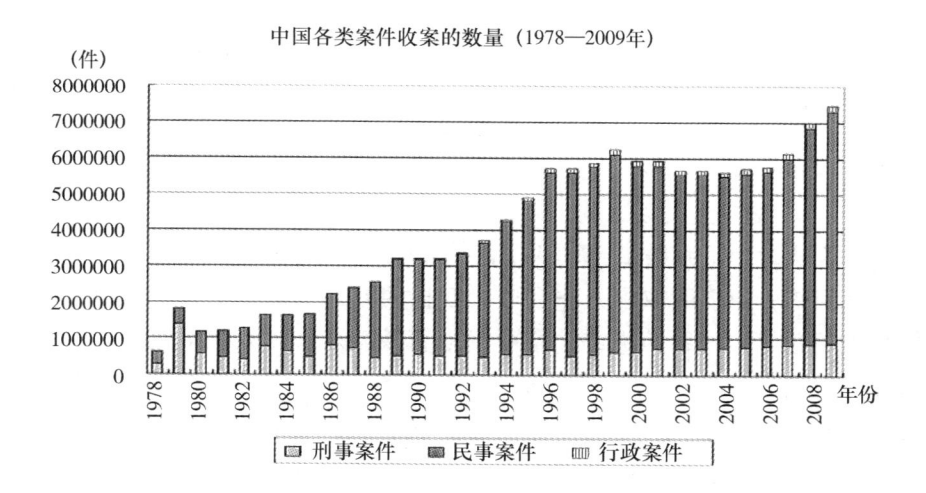

中国各类案件收案的数量（1978—2009年）

（刑事案件　民事案件　行政案件）

案件日益增多与基层法院力量不足之间的矛盾日益突出，1991年的《中华人民共和国民事诉讼法》颁布实施后进行了审判方式改革，追求"高效率"迫切需求选任一批高素质的法官和下放"判权"，催生了另一种审判权运行模式——主审法官制（也称审判长资格或独任审判员选任制，但与承办法官不同），相对于案件审批制而言，主审法官原则上无须将案件呈批庭长、院长，自己有权"按照规定权限"直接签发裁判文书，也相应地对案件质量承担所有责任。具有主审法官资格才能进行独任审判；在合议庭中，主审法官才具有审判长资格，而承办法官负责庭前准备程序、主持调解程序、查阅研读案卷材料、进行庭外调查核实证据，而且仅负责起草审理报告、草拟裁判文书。

但有学者认为，提请免除不称职、不合格法官的职务不仅是院长的权力，同时也是其职责。院长不依法履行此项职责，而另外创设主审法官制，通过"二次筛选"来淘汰低水平的法官，不仅多此一举，而且有悖于现行法律，更根本无法淘汰低水平法官，无法改良现行法官队伍的素质和结构。法院内部对基层法院主审法官制最大的诟病是，即使组成合议庭以普通程序审理案件，合议庭也是"合而不议"流于形式，基本还是由主审法官大包大揽，其他合议庭成员只是陪坐走过场，在合议时附和主审法官意见或者最多提出问题供主审法官斟酌，最后还是以主审法官的意见为准形成一致意见。

当理论界还在争论"法院独立审判还是法官独立审判"的时候，在经济比较发达、案件数量居高不下的地区（浙江一线办案法官年人均结案185件，是全国平均数的2.3倍），自审自批案件的法官已经享有了高度的独立审判权。这也许并非制度创制者的原意，但其结果却让"法官独立审判"理念在许多经济发达地区的基层法院根深蒂固。

3. 审判委员会决定制度

一般认为，审判委员会作为法院内部对重大疑难案件拥有决定权的权威审判组织，单靠听取承办法官口头汇报的方式，就对案件事实认定和法律适用问题做出最终的决定，且可以强行改变合议庭的裁决意见。《人民法院组织法》第十条及三大诉讼法是审判委员会行使"讨论重大的或者疑难的案件"职权的法律依据，无论理论界和实务界如何批判和否定，但这是我国法定的审判权运行制度。当然，我们必须正视违背司法规律具体运行机制：讨论决定案件的程序是不公开的，使得法庭审判的诉讼原则和制度形同虚设；由于缺乏庭审的亲历性，审判委员会委员获取案件事实信息可能是不完整的；审判委员会委员无法对所讨论的全部案件拥有法律专业上的优势，经常出现外行委员讨论一个专门法律问题的局面（中级法院尤为突出），这些显然也影响了审判委员会所作司法决策的科学性和可靠性。

最高法院在"二五"改革纲要中将改革审判委员会制度列为重要课题。无论是地方法院还是最高法院，都是将加强专业化、减弱行政层级化、确保委员组成合议庭等作为改革审判委员会制度的方向。但是，审判委员会职能除了对部分案件行使讨论决定权，还有权总结审判经验、制定规范性文件以及决定审判管理事项。"审判委员会委员"不仅是一种专业称号，更作为一种具有较高行政级别的象征。无论审判委员会怎样变革，只要组成结构仍然保留院长、庭长行政层级职务，那么，审判委员会就不可能变成一种具有合议庭属性的审判组织，而注定保持其法院内部行政会议的基本特征（因不少学者对审判委员会的问题已发表了许多真知灼见，故本文不再赘述）。

二　厘清逻辑：案件审批制的实践基础

尽管历经十多年的司法改革，迄今为止，法院以行政审批为基础的司法决策模式并没有发生根本的变化，支撑院长、庭长审批案件制度长期存在的实践逻辑基础到底是什么？对法院案件审判到底发挥着什么样的功效，以至于其在法院内部得以久存？

（一）行政、人事与审判管理的交错角色

法院内部纵横交错的等级结构管理延伸至审判权运行的管理。一是法官的等级管理。《法官法》第18条规定，法官分为首席大法官、大法官、高级法官、法官共十二级，本身就是带有一种较强行政化色彩的管理制度。法官的提拔、任免都是由法院党组或者院长决定提起动议，法官行使审判权时或多或少都会受到干预。当然，法官的等级还涉及工资福利待遇、与法院外党政机关沟通联系时的对应关系，不是简单的人事管理就可以概括的。二是法院行政的等级管理。院长、庭长作为院务会以及审判委员会的主要成员，既要进行组织行政管理，又要进行审判管理。虽然法院审判部门没有了厅长、处长、科长（非审判部门依然存在），却有着相同行政级别的院长、庭长与之相对应，这种管理机制在规范法院内部管理的同时逐渐形成类行政化的决策模式。三是审判组织的等级管理。以审判权行使为中心依法设置的审判组织有两类：审判委员会是法院内部最高级别的审判组织，合议庭和独任庭是以法官为主体的基本审判组织。在审判权能上，法律规定合议庭或独任庭必须服从审判委员会关于案件的处理决议，其实质就是一种行政化的权力运行方式。1981年通过的《最高人民法院审批案件的办法（试行）》以制度形式确立了案件审批的依据，各级法院当然会上行下仿，制定了各类案件签发、签阅制度。

法院行政管理、人事管理、审判管理的角色交错，极易产生职责混同。受法院内部管理权力和审判权力这种双重的支配与影响，法院在内部建立起以院长、庭长、审判长、审判员、代理审判员为身份象征的上命下从的金字塔式权力结构体系，为院长、庭长审批制度的存在提供了制度条件。

（二）指导、帮助、监督的制度功效

"建国初期，由于我国法制极不完善，加之当时审判人员绝大多数来自工农出身的干部，文化水平与业务水平不高。在这种情况下，实行院长、庭长审批案件的制度，是适合当时情况的，也曾起过一定的积极作用。"1983年《人民法院组织法》修订后，最高人民法院在1985年和1987年分别创办了全国法院干部业余法律大学和中国高级法官培训中心，并先后在全国各地设立了业大分校，绝大多数法官进入业大学习，补充法律专业培训。1995年《法官法》颁布并开始法官任职资格考试，吸收专业法律人才进入法院开始成为主流。此前，面对法律专业人才的匮乏以及重重腐败的现实，院长、庭长通过审批案件对审判活动进行指导、帮助、监督，就成为实现公正和效率的现实需要。所衍生的审判指导、帮助、监督功能，仍然决定着该项制度在审判活动中保有旺盛的生命力。

同时，在当前的制度环境中，院长与庭长对法官办案的直接支持不但必要，而且必须。现实中，法官遇到疑难问题或者"外部压力"求助于庭长、院长也是常事。如果不允许法官向庭长、院长呈批案件，一方面架空了庭长、院长的权力；另一方面，合议庭、法官办案失去了本可依赖的坚强后盾。

（三）类行政化首长负责制的追责方式

长期以来，我国法院内部责任承担方式并不明确。对外，院长代表人民法院向国家权力机关负责并报告工作；对内，除《法官法》对法官个人违反职业操守的行为追究责任有一定的规定外，法院系统内部责任追究机制一直依循行政首长负责制的思路。2001年最高人民法院在《地方各级人民法院及专门人民法院院长、副院长引咎辞职规定（试行）》确立了"法官枉法、院长辞职"的做法，这"本质上是一种类行政化的首长负责制，它必将强化我国法院内部管理体制中的行政化色彩，使法院院长对下级法官的监督、控制能力加强，因为根据权责一致的一般原则，法院院长既然对下级法官的裁判行为承担直接责任，那么法院院长就有权在法官审理案件时，按照自己的意志作出指示和命令"。

从法官角度来看，为妥善处理某些疑难复杂纠纷或抵制不当干预，请示汇报或审批制度成为法官依托单位实现风险转移的一种机制。随着一些地方推行的错案责任追究制度趋于极端，法官由于惧怕所谓"错案"而事事必汇报，不但没有维护法官的独立审判，反而助长了请示汇报之风，简单、粗放的责任评定机制成为支撑着行政化倾向的基础。

很显然，这是法院内部与外部一系列复杂因素相互交织，共同催生的结果。一句"法院的管理呈现出行政化色彩"仅从概念层面、原则层面完全"清洗"或"隔离"法院的行政管理，但是无法"清洗"或"隔离"院长、庭长审批案件制度的现实存在。

三 改革图景：审判权的回归

党的十八届三中全会通过的《中共中央关于全面深化改革若干重大问题的决定》对司法改革提出了具体细致的要求，从机制到体制对司法改革的内容进行了明确和部署，使得司法改革的路径和目标更加清晰。但是，短暂的兴奋过后，法律人固有的审慎随之而来。从当初的"一五"司改启程，到即将来临的"四五"改革纲要，司法砥砺前行之路早已昭示，改革无捷径，画图容易躬行难。如何才能真正破除藩篱"让梦想照进现实"？

"人民法院受理的案件80%在基层，80%的法官和其他工作人员（书记员、法警）也在基层。"我国"司法系统的基础是3100多个基层人民法院"。因此，从我国法院系统的设置来看，处于行政县域层级的基层法院在审理级别、案件类型、程序主体以及信息来源等具有特殊性，"明断是非定纷止争"的职能定位越来越清晰，基层法院审判权运行机制改革更具现实性和紧迫性。

按照责权利有机统一的原理，所有的管理活动中都贯穿了责权利关系。而所有管理活动的成败，都折射出责权利关系的平衡与失衡。因为所有的管理活动，都必然是透过人来实现，由人来驾驭各种生产力要素进而驱动目标的达成。同样，法官的责权利关系的平衡和失衡决定着是否输送"公平正义"。这些年来的合议庭改革之所以出现反弹，始终走不出怪圈，重要原因就是受到法官职业保障、人财物管理、司法责任等配套机制的制约。以审判权运行机制、合议庭制度作为突破口带动其他配套措施的实施，切实维护当事人的诉讼权利，最大程度上实现司法公正。

（一）还审判权于合议庭、独任庭

1. 审判员独任审理的案件，裁判文书由独任审判员直接签署。合议庭审理案件的裁判文书，由案件承办法官、合议庭其他法官、审判长依次签署。院、庭长不得签发未参加合议审理案件的裁判文书。裁判文书的制作和宣告是一个重要的诉讼环节。我国三大诉讼法中未曾出现过裁判文书的

"签发"一词,而只有合议庭成员"签名"之说。这一本符合司法规律的制度在实践中却被改造为行政性的"签发"。合议庭成员行使裁判权进行合议时实行民主集中制,没有高低大小之分,只有先后之序,其决定性的签名均不具有"签发"功能。

2. 一个审判庭内设有多个合议庭的,将副院长、审判委员会委员、庭长、副庭长直接编入合议庭并担任审判长。其他合议庭的审判长应当从优秀资深法官中选任。通常,一个法院院长、副院长、审委会委员、庭长、副庭长都是素质较高、能力较强、经验丰富的法官。由于法院内部行政化的层级结构和管理模式,这些优秀法官担任了司法行政职务后,其中绝大部分便由原来的主持审判的审判长,变为管理审判的管理者。把院庭长编入固定合议庭后,就把法院内最优质的司法资源从办公室搬回法庭,从审核把关转移到直接审判。减少管理层级,将审判组织扁平化。

在改革设计时必须注意到,基层法院80%的案件适用简易程序;在适用普通程序的案件中,又接近80%是因为当事人下落不明需要公告等程序性原因从简易程序转入普通程序(见下表)。意味着在基层法院必须适度扩张独任制适用范围,需要更多的有"判权"的"独任法官";也意味着审判长主审、把关该类普通程序案件的意义不大。

浙江省基层法院2011—2013年刑民商事一审案件适用程序情况

件/% 类型	年份 结案数	2011年 普通程序比例	简易程序比例	结案数	2012年 普通程序比例	简易程序比例	结案数	2013年 普通程序比例	简易程序比例
刑事	64635	44.53	55.47	85729	38.94	61.06	85163	25.77	74.23
民事	211481	10.88	89.12	221219	10.29	89.71	235854	9.3	90.7
商事	178994	27.25	72.75	219185	28.05	71.95	234762	25.77	71.66

3. 院长、庭长的审判管理职责与审判权不得超越界限,不得涉及案件的实体裁判事项。所谓审判管理,是指人民法院通过组织、领导、指导、评价、监督、制约等方法,对审判工作进行合理安排,对司法过程进行严格规范,对审判质效进行科学考评,对司法资源进行有效整合,确保司法公正、廉洁、高效。其实质是对审判工作的程序性事项、办案质效的监督和管理,对于属于法官"判权"范围内的裁量内容不得干涉;若属在合议

庭担任审判长,也只能投平等的一票。

4. 建立委员组成的合议庭审理重大案件,大大压缩讨论案件范围。根据现行法院组织法,审委会是法定审判组织,且现行审委会讨论决定案件制度是符合目前法官队伍现状的,取消该制度并非务实之举。对于承担"事实审"功能的基层法院,可以建立提交审委会案件过滤机制,仅对案件适用法律具有典型、普遍意义的案件进行讨论决定。先由初审法官进行分类筛选,符合审委会讨论决定的疑难复杂案件条件的,由相关专业委员组成合议庭共同进行审理,初审法官作为成员之一,逐步解决审委会委员"亲历性"和"司法责任"问题。

（二）建立司法责任的科学体系

在赋予法官独立裁判权的同时,要求法官接受严格的职业道德、纪律、法律、业绩考评、案件评查、上级法院评价、外部评价等方面的监督和约束,即承担相应的司法责任。我国现有《国家赔偿法》第15条和第16条、《法官法》第30条及《人民法院工作人员处分条例》、《人民法院审判人员违法审判责任追究办法（试行）》等规范,但过于笼统、原则,缺乏可操作性、系统性。

如何建立司法责任的科学体系,具体来说有以下几点。

一是设立法官惩戒委员会。按照"省以下地方法院人财物统一管理"的方向,可以在省一级设立法官惩戒委员会（由人大代表、法官、检察官、律师等选任组成）,把对法官的惩戒权交给法官惩戒委员会,由惩戒委员会以民主型、职业型决策机制行使对违法违纪或者腐败法官的惩戒权。

二是确定司法责任程序在制裁责任时应该尽可能的"法律化"、"司法化",授予纪律机构（如惩戒委员会）制裁权,并就这种制裁受到处分的法官可以向任免的国家权力机构申诉。对于法官的司法责任追究,程序启动不应以损害法院判决的公信力为条件。例如,司法责任追究的程序启动由法院内部的纪检监察部门对信访、投诉进行初审,人大内务司法委员会集体讨论决定是否启动,再提交临时或常设的法官惩戒委员会对法官的司法行为进行专业评断并作出处分决定。

三是细化司法责任的认定标准,如何明确错案的标准,是当前这一制度的最大难题,防止像"错案追究制"以结果来论证过程的非正当性。例如,上诉被驳回的、被检察机关抗诉的、被提起再审的、当事人上访等不是司法责任启动的标准,即使是"错案"也要区分冤案错案与办案瑕疵,还要区分法官的行为规范、程序适用和实体裁量等。

(三)加强法官职业保障

如果法官职业保障配套机制不建立,审判权运行机制改革则难以进行下去,即使改革成功也难以维持持久的效果,可能会使各项改革措施的效果被"对冲"。

根据法官职业保障的理论,职业保障主要包括几项内容:一是职业能力保障,是其他各种保障机制得以建立的基础,其中最基本的一项是规定法官选任的严格条件;二是身份保障(又称职务保障),即法官依法独立审判,非因法定事实并循法定程序不得免降调职;三是薪俸待遇保障,充足的薪金保障、退休福利和其他有关的额外福利是吸引和留住合格的专职法官的必要条件;四是安全保障,法官群体承受着巨大的职业压力和风险,法官不能因履行职责而受到安全威胁。

当前,社会上对于加强法官职业保障的共识仍然不高。建立符合法官职业特点的待遇保障机制,提高法官待遇的呼声,在经历了多年的喧嚣沉寂后却无任何回应迹象。反对提高法官待遇的这些社会心态集中表现为对法官职业的直接或间接的不信任感,但是应当多管齐下、同时用力,把职业保障放在更高层次的循环中和更大的平台上考虑,不宜继续徘徊在法官职业保障改革与法官队伍胜任能力之间"鸡生蛋"还是"蛋生鸡"的问题。

有法院同志撰文写道,"众说纷纭中,有一种声音在泛起:以前即便有干预来袭,是集体负责,到最后就没有人负责,这未尝不是一种安全的活法。力挺审判独立的同时,如果不能回应法官们的后顾之忧,以及提高福利待遇,得失之间,一些法官可能情愿不要那么大的权力,甚至在重压之下选择以脚投票,因为权力更意味着风险。"

参考文献

[1] 持肯定意见的有:孙常立《法院院、庭长审批案件是完全合法的》,《法学杂志》1981年第3期;文实《人民法院院长、庭长审批案件并不违法》,《法学杂志》1981年第2期。持废除意见的有:冯建等《关于院、庭长审批案件制度的探讨》,《法学杂志》1981年第1期;罗德银《院长批案不可续》,《法学杂志》1981年第2期。

[2] 贺卫方:《中国司法管理制度的两个问题》,《中国社会科学》1997年第6期。

[3] 最高人民法院的三个五年改革纲要及有关合议庭制度方面的正式文件中，依次出现"独任审判员"、"独任法官"、"主审法官"、"承办法官"等称谓。

[4] 张永泉：《论主审法官制与法官选任制》，《法学评论》2006年第2期。

[5] 现在法院审判组织的正式层级和非正式层级加起来大致有九个层级，即主审法官、审判长、主管庭长、庭长、审判长联席会议、庭务会、主管院长、院长、审委会，堪称世界上司法权运行最烦琐最严密最复杂的体系。就是一个案件，当然不是所有的案件，可能就要经历九个层级，才能拿出一个裁决。

[6] 冯建等：《关于院、庭长审批案件制度的探讨》，《法学杂志》1981年第1期。

[7] 周道鸾：《法院改革三十年》，《湘潭大学学报》（哲学社会科学版）2008年第1期。

[8] 肖扬：《中国司法：挑战与改革》，《人民司法》2005年第1期。

[9] 在《民事诉讼法》修改和案件管辖权下移的双重作用下，基层法院受理案件的类型增多、标的额不断增大，民商事纠纷大量转移至基层，已成为实质意义上的初审法院。2013年浙江省法院收案（不含减刑、假释）1032104件，其中基层法院收案969342件，占全省总数的93.92%。

（作者单位：中共杭州市委党校政治学与法学教研部）

中国特色社会主义行政体制：
概念、演进与实践路径

王 婷

行政体制改革是推动上层建筑适应经济基础的必然要求，本质上是对权力与权力（权利）关系进行重新界定、规范、保障和促进的制度变迁过程，包括行政体系内部权力机制的调整和行政体系与外部环境之间权利机制的理顺。作为中国特色社会主义政治发展的重要内容，行政体制改革涉及政府与社会、政府与市场、中央与地方等一系列重大关系的调整，既是实现社会、政府、政党现代化架构坚实的体制保障，也是推进国家治理体系和治理能力现代化的基础性条件和核心决定因素之一。党的十八大报告中提出"要按照建立中国特色社会主义行政体制目标，深入推进政企分开、政资分开、政事分开、政社分开，建立职能科学、结构优化、廉洁高效、人民满意的服务型政府"。这为行政体制改革的进一步深化确立了总体纲领与根本要求，我们要以党的十八大精神为指导，统筹规划、全面部署，加快建立健全中国特色社会主义行政体制。

一 中国特色社会主义行政体制的概念界说

关于中国特色社会主义行政体制，学术界有不同的概括。有学者认为，中国特色社会主义行政体制是适应社会主义市场经济要求的，行使公共权力、管理公共事务、提供公共产品与公共服务、满足社会公共需求的政府管理制度与组织体系。它的基本内容包括公共管理职能、公共权力有效运行的制度和机制、结构优化的公共组织体系、公共财政体制、公共治理结构、公共效能管理等。有学者认为，中国特色社会主义行政管理体制是以包括邓小平理论和"三个代表"重要思想以及科学发展观等重大战略思想在内的科学社会主义理论体系为指导，适应中国社会主义社会经济与政治发展的时代特征，按照建设服务型政府的整体要求，通过职能转变、结构优化、制度建设等系列改革措施建立起来的中国政府管理公共事务、促进社会发展的制度体系。我们认为，中国特色社会主义行政体制是立足于中国基本国情，与完善中国政治制度整体框架相适应，与推进中国政府职能转变相协调，与规范中国行政权力运行相统一的政府组织结构和管理制度。具体来说，它具有以下基本概念内涵：

（一）中国特色社会主义行政体制必须与完善中国政治制度整体框架相适应

中国的行政体制改革属于政治体制改革范畴，其既是开启政治体制改革的突破口，又需要在政治体制改革的框架中进行，把握这一定位是理解中国特色社会主义行政体制的逻辑起点。由于后发现代化模式下实施的赶超战略和非均衡发展的实践，中国转型社会中各种传统的、现代的与后现代因素杂糅交织，利益格局的重新建构与社会关系的巨大解构并存，使得现代性改革经常伴随着社会矛盾的激化和社会关系的动荡，因此中国特色社会主义行政体制的建立与完善必须与中国政治制度的整体框架相适应，在维护党的领导、人民当家作主与依法治国三位一体的政治框架中有机展开，从而正确处理改革、发展、稳定三者的关系，比较平稳地实行低成本的模式转换。

首先，加强和改善党的领导是中国特色社会主义行政体制的政治主线。一方面，中国共产党的合法性地位最终要通过政府治理的有效性来维持；另一方面，行政体制改革面临着强大的阻力，只有党的决策能力和组织能力能够保证改革在方向上和进程中得以顺利推进。其次，人民当家作主是中国特色社会主义行政体制的逻辑主体。市场经济的深入发展、市民社会的逐渐崛起和利益主体多元化的日益形成，加快了传统意义上的国家行政向公共行政的转变，实现了政府单中心的运动式治理模式向多中心的协同治理格局转变，公权力的重新配置凸显出社会主义国家公民主人翁的重要角色。再次，依法治国是中国特色社会主义行政体制的实现保障。通过法律调控改革程序、保障改革成果、规范公共权力，从而使得一切行政行为有法可依、有法必依。因此，中国的行政体制改革采取了"行政吸纳政治"的模式，通过政治预置行政优先的原则，推动行政承担起越来越多的政治功能。行政体制改革"既需要着力解决政府行政的权力约束与权威发展，又需要时刻关注政府效率与公平的动态平衡，既需要建设有效政府,更需要建设责任政府,同时还需要通过政府结构的调整与功能的重塑来巩固政治秩序、强化管理和优化服务。这又涉及执政党与国家政府、中央与地方、国家与社会、政府与公民等多重关系。这些问题涉及权力与权利关系以及权力与资本关系的调整"。这种低成本的政治发展原则在行政改革实践中体现为一种由外延型改革向内涵式改革分步推进的渐进路径。改革开放以来,中国进行的六次行政体制改革,由最初的政府内部机构改革逐步过渡到以转变政府职能为核心的行政体制改革,即由内输入的技术革新向外输入的体制性改革转变,这一改革路径通过行政体制改革的不断深化折射出政治的变迁,甚至牵动政治体制的变动,同时又避免了在市场主体尚未成熟、政府缺乏行政控制能力的情况下过激的政治体制改革所可能诱发的政治自由化和极端化等转型风险。

(二) 中国特色社会主义行政体制必须与推进中国政府职能转变相协调

党的十七届二中全会通过的《关于深化行政管理体制改革的意见》明确提出,深化行政管理体制改革要以政府职能转变为核心,这是因为政府职能是行政管理中的基本问题,是政府一切活动的起点。职能定位是否准确,是政府能否正确行使权力、发挥作用的前提和关键,因此,建设中国特色社会主义行政体制必须与推进中国政府职能转变相协调。党的十八大报告以相当的篇幅强调政府职能转变问题,把政府职能转变放到行政体制改革的突出位置。报告指出:"要按照建立中国特色社会主义行政体制目标,深入推进政企分开、政资分开、政事分开、政社分开……深化行政审批制度改革,继续简政放权,推动政府职能向创造良好发展环境、提供优质公共服务、维护社会公平正义转变"。在政府与市场关系的处理上,"必须更加尊重市场规律,更好发挥政府作用"。在政府与社会关系的处理上,"要围绕构建中国特色社会主义社会管理体系,加快形成党委领导、政府负责、社会协同、公众参与、法治保障的社会管理体制,加快形成政府主导、覆盖城乡、可持续的基本公共服务体系,加快形成政社分开、权责明确、依法自治的现代社会组织体制,加快形成源头治理、动态管理、应急处置相结合的社会管理机制"。

党的十八大报告对于政府职能的定位与中国特殊的行政生态是密切相关的。首先,中国的市场与政府之间具有天然的共生性。中国的现代化进程是在外部冲击下所进行的一种革命型的波折式推进,此前尚未对市场化发展提供充足的制度准备。新中国成立后，由于坚持片面发展单一公有制和计划经济、排斥市场的思路，社会主义现代化与工业化的发展都受到一定程度的限制。直到1978年改革开放之后，中国的现代化再次进入了一个新的历史时期，这个时期工业化与市场化同时聚焦于中国社会，从而打破了西方国家由市场化向工业化的现代化发展历程，这也意味着中国的行政体制改革具有不同于传统意义上的独特使命与演进路径，既需要为市场的培育提供良好的制度基础，又需要推动工业的发展，因此，其所建立的市场经济是政府宏观调控下的、以公有制为主体、多种经济成分并存的市场经济。市场化、工业化的发展与政府的宏观调控之间具有天然的共生关系，经济体制改革构成行政体制改革的先导和基础，而行政体制改革则构成经济体制改革的要求和保障。其次，中国的市民社会与国家之间存在着特殊的相互依存的关系。中国的现代化是政府推动的，前现代时期的有产者阶层被土地改革运动打倒，而新兴的市民社会则是依靠政府的资源配置而被扶持成长起来的。一方面，社会在政府推进市场经济发展的过程中逐渐相对独立，形成自己独特的权利要求，并按照市场经济的运作机制相对独立运行和发展；另一方面，社会又需要政府进一步加大改革的力度，实现资源配置和运作方式的多样化，以为社会的发展和壮大提供良好的社会政治环境和国家保障。中国社会的发展缺乏西方市民社会所经历的那种自然历史积累过程，正如邓正来先生指出的："中国市民社会与国家的关系架构绝非只有非白即黑的选择，毋宁是二者间的平衡，亦即笔者力主型构的市民社会与国家间良性的结构性互动关系。"中国的社会与政府之间的关系有其对立和矛盾的一面，但重心是两者之间的协调、互动和整合。

（三）中国特色社会主义行政体制必须与规范中国行政权力运行相统一

行政体制的现代性在于它的规则性，而且这种规则具有普遍性，能够有效地保持行政体制涉及的各种权力关系之间实现必要的张力与平衡，以此规范行政体制的运作，使其充分发挥作用，这种规则即为法律。行政法治是现代法治建设的重要组成部分，它反映了经济社会发展对行政权力行使的全面要求，其核心的价值追求在于有效规范和控制行政权力。瓦格纳法则表明，经济越发达，居民对政府服务需求的增长速度要快于经济增长速度，政府规模快速扩大，因此行政权力也会相应扩张。第二次世界大战后，行政国家的崛起标志着国家主义发展到了顶峰，行政权力急速扩张，而这种扩张必须以得到法律的确认和保障为前提，不论是联邦制国家还是单一制国家，均采用宪法和相关法律明确划分行政权力的权限范围与运行规范。中国是人民民主专政的社会主义国家，人民是国家的主人和国家一切权力的所有者，政府的权力来自人民的授权，因此，政府按人民的意志管理国家，必然需要依法行政。在党的十一届三中全会前夕的中央工作会议上，邓小平同志就曾指出："为了保障人民民主，必须加强法制……做到有法可依，有法必依，执法必严，违法必究"，从而为依法行政的提出奠定了政治、思想以及理论上的基础。此后，党的十四届三中全会通过了《中共中央关于建立社会主义市场经济体制若干问题的决定》，明确提出"各级政府机关都要依法行政、依法办事"，这也是第一次在党的文件中提出了依法行政的要求。1997年9月，江泽民同志在党的十五大报告中明确指出一切政府机关都必须依法行政。2003年3月新一届国务院修订《国务院工作规则》，将依法行政正式确立为政府工作的三项基本准则之一，并明确规定依法行政的核心是规范行政权力。2004年3月，国务院发布《全面推进依法行政实施纲要》，正式确立了建设法治政府的目标。2008年党的第十七届中央委员会第二次全体会议上通过的《关于深化行政管理体制改革的意见》中深入具体地阐释了行政改革与依法行政二者的辩证关系："深化行政管理体制，必须与建立社会主义民主政治和法治国家的相协调。"2012年党的十八大报告明确指出："法治是治国理政的基本方式。"综而观之，中国的法治政府建设与行政体制改革问题始终是执政党执政方案中不可分割的一体，建设法治政府既是行政体制改革的基本目标，又是服务型政府建设的有效途径；既是依法治国的基本保障，又是发展中国特色社会主义行政体制的内在要求。

二　中国特色社会主义行政体制的历史演进

从党的十一届三中全会以来，中国进行了六次大规模的政府改革，不断根据实践拓展和认识深化寻找新的科学定位，为构建中国特色社会主义行政体制打下了坚实基础。

1978年改革开放后，中国原有的计划经济体制被打破，出现了多种经济成分，新的经济形势与旧的行政管理体制的矛盾十分突出。基于当时普遍存在的机构臃肿、人浮于事、职责不清、干部老化、办事效率低等官僚主义弊病，1982年启动了改革开放后第一次机构改革，这次改革以减少机构、精减人员、提高办事效率为目标，改革后国务院组成机构得到大幅精简。同时，经过"文革"十年浩劫，党和国家深刻认识到建立健全民主法制、推进依法行政的重要性，这一期间，建立健全了多项行政法律制度，着力推动从依政策行政向依法律行政转变。

随着经济体制改革的深入推进与政治体制改革的启动，1988 年以后中国的机构改革进入以转变政府职能为核心的经济政治调试型阶段。1988 年改革的直接原因是国务院机构自身建设的需要，深层次原因则是经济体制和政治体制改革的要求。此次改革首次提出"转变政府职能是机构改革的关键"这一命题，强调改革同经济体制改革关系密切的经济管理部门，特别是其中专业管理部门和综合部门内的专业机构。1992 年 10 月，中国正式确立了经济体制改革的目标是建立社会主义市场经济，市场经济作为一种配置资源的方式正式取代了计划经济。为了适应这一重大转型，1993 年的改革首次提出以转变职能为重点带动机构和人事改革的改革思路，改革的方向由侧重权力下放转向制度创新，由改革旧体制转向建立新体制。改革的内容为调整政府职能配置，第一次以行政法规的形式，对各部门实行"三定"，即定职能、定机构、定编制，各部门在"三定"过程中，对本部门原有的职能进行分解，并在"三定"方案中规定可以下放和需要调整的职能，作为改革的基础。这次改革不仅为机构改革厘清了权责边界，同时引导了中国行政体制改革进入法制化轨道。

经过了 20 年机构改革的探索实践后，1998 年后中国的政府改革进入全面系统的综合配套型改革阶段。1998 年的政府改革首次提出"行政体制改革"的概念，这表明对政府改革的认识和实践，已经从简单的机构撤并和增减，拓展到行政体制、政府职能、管理机构、人员编制运行机制相结合的综合配套改革，首次提出了"公共服务职能"，标志政府由注重经济管理向注重社会管理和公共服务转变。1999 年 11 月，国务院发布《关于全面推进依法行政的决定》，先后制定实施了行政复议法等一系列规范政府行为的法律，现代法治意义上的依法行政观得以初步确立。2003 年的政府改革围绕深化行政体制改革这一主题，凸显了职能整合、监管强化和政企分开三大特点，体现了精简、统一、效能和依法行政的原则。2004 年《全面推进依法行政实施纲要》的发布，则为形成行为规范、运转协调、公正透明、廉洁高效的行政管理体制创造了条件。

改革开放 30 多年，中国实现了由计划经济体制向市场经济体制的成功转型，社会多元利益结构业已形成，经济社会发展的新形势要求政府重新定位其与公民、社会、市场的关系,重组其内部的行政权力。2008年,党的十七届二中全会审议通过了《关于深化行政管理体制改革的意见》,明确了深化行政管理体制改革的指导思想、基本原则和总体目标,首次提出深化行政管理体制改革的总体目标是到2020年建立起比较完善的中国特色社会主义行政管理体制。至此,标志着中国特色社会主义行政体制改革阶段已经到来,这次改革突出了三个重点:一是加强和改善宏观调控;二是着眼于保障和改善民生,加强社会管理和公共服务;三是探索职能有机统一的大部门体制建设。2013年启动的新一轮行政体制改革,把机构改革和职能转变有机结合起来,把行政审批制度改革作为突破口和抓手,着力解决一些长期存在的突出矛盾和问题,既为构建中国特色社会主义行政体制迈出了重要的改革步伐,又保持了国务院机构的相对稳定和改革的连续性,并为今后的改革奠定了坚实基础。

中国的行政发展经历了由机构改革向行政体制综合改革再到中国特色社会主义行政体制改革的变迁历程,这一历程紧紧围绕中国政治制度的完善、紧紧围绕中国政府职能的转变、紧紧围绕中国法治政府的建设加以推进,通过多年的改革实践和探索,已经初步形成了一些基本经验。第一,行政体制改革是一项复杂的系统工程。中国行政体制改革处于经济体制改革和政治体制改革的结合部,既是推进经济体制改革的强大动力,又是启动政治体制改革的先导力量,改革的内容非常广泛,不仅仅是政府机构和人员的精简,而且涉及许多政治经济社会关系的调整,因此,行政体制改革必须在与国家基本政治制度相适应的前提下进行系统性推进。第二,行政体制改革的核心是政府职能转变。中国政府改革经历了一个从单纯的机构数量的调整,到以职能转变为核心,辅以机构数量调整的渐进过程。经过不断的实践探索和理论总结,中国政府改革的逻辑逐渐明晰,即政府职能转变是关键,政府机构改革是突破口,政府自身建设是保障。政府职能逐渐从全能管制转变为有限治理,逐步实现了由全能政府向有限政府、由管制政府向服务政府的转变。第三,依法行政是实现公共型、责任型政府的具体措施,也是推进中国特色社会主义行政体制建设的制度保证。中国政府改革取得的最重要的成就在于法治政府的建设。经过30多年的努力,以宪法为核心,以法律为主干,包括行政法规、地方性法规等规范性文件在内的,由七个法律部门、三个层次的法律规范构成的中国特色社会主义法律体系已经基本形成。法治国家、法治政府、依法行政已经成为基本的国家方略和政治共识。

三　中国特色社会主义行政体制的现实反思

中国特色社会主义行政体制的建设是与世界范围内的行政体制现代化进程联系在一起的,然而作为后发现代化国家,中国的政治生态极为复杂,新旧体制交替并存,行政体制改革的任务、方式以及效果均显著地具有"发展态"的特征,因此,中国的行政体制改革必须深深地扎根于中国特定的社会背景、文化传统、经济基础和政治土壤中,体现出自身所独有的特色。改革开放以来,中国行政体制改革顺应经济社会发展的要求,形成了从精简机构到转变职能再到系统性体制创新的历程,实现了由外延型改革向内涵型改革的深入推进。总体上看,中国特色社会主义行政体制已初具雏形,但目前仍然存在一些问题与矛盾。

（一）市场配置资源的基础性作用显著增强,但政府职能转变还未完全到位

由于中国的现代官僚制建构并未完成,科层理性明显不足,政府制度化与法治化压力巨大,尤其是政府公共权力与市场资源配置的边界模糊,政府职能转变仍不到位,政府职能越位、错位、缺位的现象依然存在,造成大量政府权能流失和严重的转型期腐败问题。在政府与市场的关系上,中国多年来形成的自上而下的管制模式与市场经济多元化的网络结构相矛盾,政府在市场体系的培育过程中常常过分强调行政干预对市场的替代作用而忽视市场自身的导向性,代替市场去配置与私人产品相关的资源,不仅妨碍了市场机制作用的有效发挥、降低了社会发展的效率,而且一定程度上成为行政权力寻租的温床。在政府与社会的关系上,政府无论是观念上还是行为上都习惯于介入一切公共生活,政府通过主管、指导等方式直接介入各种社会组织的内部管理与事务运作,使其直接或间接附属于行政组织,难以真正依靠自我管理、自我约束、自我发展的原则成长发育。而政府职能在基本公共产品和公共服务领域则存在缺位问题,政府履行社会管理与公共服务的能力有待加强。以公共财政为例,中国社会保障、社会救济、教育和卫生等公共服务性支出只占了公共财政支出的16.1%,而经济建设所占比例高达24%,行政支出费用则占17%。

（二）政府组织结构不断优化,但部门专权形势严重

在政府同一层级各部门间,如何实现权力配置的均衡和部门的合理规

模，同样需要在未来的实践中探索。在不同时代和不同国家，由于政治、经济和文化背景不同，政府权力结构呈现很大的差异性。"在英美法系国家，受浓厚的司法传统影响，政府权力配置上比较注重权力制约，采用决策权、执行权和监督权相分立的制度，而在大陆法系国家，传统上行政权比较发达，因而比较注重行政的协调统一"。对于转型期的中国而言，机构改革始终是中国历次行政体制改革的核心内容之一，目前大部制改革业已启动，适应市场经济要求的政府机构体系初步形成。但是机构改革与职能转变两者是相辅相成的关系，由于行政职能转变不彻底，部门权力边界缺乏科学设定，行政体系内普遍存在部门之间职能交叉、权力分割、协调成本高昂的问题，有些部门已将公共职能演变为部门私有利益，对部门既有利益的保护导致政府机构的碎片化、异质化。外延式的机构改革始终跳不出"精简—膨胀"循环往复的怪圈，要走出怪圈，关键不在行政系统内部机构本身数量的多少，而在于政府与社会之间权力分配是否具有合理性，换句话说，行政系统内部权力分配的稳定性就在于外部权力分配的合理性，而这种合理性不仅仅依赖于行政系统自身的意愿，还取决于经济和社会体制改革整体的成熟度，这反映了一个单一制度变迁与制度结构的配合性问题。无论是机构调整整合，还是部门职责界定，都应有利于政府全面履行职能，把不该由政府管理的事项转移出去，把该由政府管理的事项切实管好，切实解决缺位、错位、越位和权责脱节、职能交叉、推诿扯皮、效率低下等突出问题，这是大部制最终得以成功的关键之处。

（三）行政层级改革取得明显进展，但规范化的权力配置体制依然没有确立

改革开放以来，中央政府通过行政性分权和经济性分权相结合的方式，提高地方政府公共服务能力，尤其是通过省直管县试点，逐步优化行政层级，使地方积极性得到了充分发挥。但是，目前各纵向行政层级之间尚未形成一个清晰的权力治理边界，尤其是事权、财权、人权等各项权力边界界定含糊不清，存在着权力的高度同质化问题。首先，中央与地方政府事权边界模糊。目前除了少数外交、国防等职能专属中央政府外，中央与地方政府承担的事务几乎完全一致。"各级政府的事权相互严重重叠，缺乏独立性，致使上级政府可以越权行使下级政府的职权，无法实现依法行使职权的基本要求。"其次，中央与地方政府财权配置缺乏科学性。1994年国家通过分税制改革对中央与地方政府的收入分配关系进行调整，

"分税制的核心要义,就是建立以明晰界定各级政府事务为前提,以增强中央调控能力为目标,以强化基层政府公共管理和服务能力为重点的税收分配制度。"然而由于各级政府的事权划分没有明确边界,分税制度与各级政府事务难以衔接,各级政府支出责任划分模糊,事权与财权的不匹配问题严重,纵向权力配置结构呈现出事权重心下移,财权重心上移的局面,尤其是近年来中央出台的惠民政策连续增多,地方财政的压力不断增加,全国很多地区的地方财政收入难以满足开支所需,地方债务形势严峻。由于规范化的权力配置体制尚未确立,在职责同构的体制背景下,必然导致中央与地方权限不清、职责范围不明,结果造成中央放权和收权行为的随意性和政策的不稳定性,这在客观上助长了地方政府的短期行为,反过来又导致中央宏观调控和监督能力的低效。因此,当前中国的中央地方权力关系仍未能完全走出"一放就乱,一收就死"的怪圈。

(四)依法行政全面推进,但法律调整与政策调整的冲突持续存在

改革开放以来,中国法治政府建设不断完善,政府的依法行政水平有了很大提升,但是在社会转型期,中国行政体制改革存在着政策和法律两种规范形式,两法之间的冲突不断加剧,规范效力扭曲,尤其是权力配置方式的行政化造成行政权力划分缺乏相应的法律法规基础、权力配置缺乏科学性和规范性,依法行政尚未实现向行政法治的转型。固然,由于我国行政体制改革处于经济体制改革和政治体制改革的结合部,灵活多变的政策调控在应对复杂多变的改革形势中有其特有的优势。然而,随着改革的深入推进,这种行政性分权模式的弊端逐渐显现出来,改变原有的利益分配格局、实现行政权力的重新界定与规范运行是行政体制改革最大的难点问题。解决这一问题,依靠传统的政策性调控既不正当也不现实的,没有刚性规范的约束,往往导致了权力调整的随意性和不稳定性。频繁的收权、放权,既影响和削弱了公民对政府体制改革的信任与信心,也产生了与政府宏观调控初衷相反的后果,引发权力界限模糊、缺乏统一性,集权分权的非规范性及失衡状态等问题。

四 中国特色社会主义行政体制的实践路径

(一)以服务型政府建设为核心,创新中国特色社会主义行政体制的发展理念

行政体制的根本特性在于它的公共性,在现代化从"器物"到"政

制"直至社会精神文化和伦理价值观念这一结构性的深化历程中,公共精神成为公共行政现代化须臾不可"缺场"的价值向度。政府经人民的共识而建立,是公共利益的代表,因此,政府不仅要重视行政资源有效运用,而且应重视公共服务的公平性,实现社会正义,公共精神所涵摄的公共服务品质既是行政体系产生存在和形成权威的合法性依据,又是公共行政现代化的精神内核。法国治理学者皮埃尔·卡蓝默指出,全球公共管理当前的主要问题是"关系革命"而不是机构改革。改革开放以后,伴随着新型国家与社会关系的建立,行政体制改革的深入推进不再是从单一的国家意志出发,而是依托于国家与社会的共同意志,在此过程中,传统官僚体制与民主之间的紧张关系逐渐凸现出来。受制于威权政治体制,中国的行政体制改革多年来奉行管理主义的改革逻辑,打造的是适应"国家中心主义"战略的管理体系,管理主义的强势实践的确以前所未有的姿态推进了政府管理公共问题的技术,然而这一治理工具因缺乏植根公共价值的行政设计,使得政府前瞻性维护公共价值的自我角色扮演日益衰退,不仅在解决一系列新的公共问题面前无能为力,而且还不断在透支公共权力的正当性。因此,现代行政的治理体系必将从自由主义或国家主义中解放出来,伴随着对公正平等的追求而逐渐完成自身体系的重构,这意味着中国当前的行政体制改革必须摆脱价值偏离的管理主义窠臼,构建公平公正的服务型政府,积极承担起"为人民服务"的公共责任。一是激活责任,即通过激励机制激活民主行政所需的行动者网络,加强公共利益的表达性、代表性和公共组织的开放性,完善民主决策、民主协商的制度化运行,从制度上保障政府决策行为由"以政府为中心"向"以公众为中心"转移。二是协作责任,加强政府、社会与市场的有效合作,探索公共服务的多元化供给方式,政府通过制定契约规则、制定公共服务标准、确立绩效基准等来指挥协作公共治理网络的运行,构建多元参与、协同合作的公共服务网络,形成公共服务的压力结构和竞争机制。三是调节责任,强化政府的依法行政能力、调控监管能力、发展创新能力、整合平衡能力以及公共危机应急能力等,引导在相互依赖的复杂网络中相互作用的行动者间的合作行为,克服委托——代理关系的道德风险,建立一种责任分担的网络化治理模式。

(二)以有限政府建设为载体,破解中国特色社会主义行政体制的发展难题

行政权力独立是建立现代政府根本前提。现代社会是功能高度分化的

社会，只有在相对分化中各种组织才能具有一定的主体性，实现各种资源要素的优化配置。因此，构建有限政府，从中国行政体制的自身特点出发来重构行政权力的配置逻辑与治理边界，发挥行政体制的自动力作用，成为加快建立中国特色社会主义行政体制的热点与难点问题。中国的行政体制改革是经济体制改革纵深发展和政治体制改革逐步启动的共同要求。一方面，市场经济需要建立适应社会化大生产的现代企业制度，而现代企业制度的建立则需要建立与之相匹配的现代政府体系；另一方面，中国的行政体制改革本身就是政治体制改革的一个子系统，政治与行政之间存在深刻的勾连关系，行政体制改革需要服从和服务于现代民族、民主国家的建设，完善民主法治。因此，中国的行政体制改革作为整个社会管理现代化的中枢系统，不但涉及到政府制度自身对来自内部和外部各种压力的回应，而且包括由它引发的社会子系统之间的交易成本问题。所以，对中国行政体制改革而言，有限政府并不是针对大政府小政府之争，不是单纯强调政府规模的缩小和政府人员的缩减，而是注重政府规模的优化，明确政府的合理职能，科学划定政府与市场、政府与社会的界限，以此来保障公民的权利。这种层面上的有限政府是指"政府自身在规模、职能、权力和行为方式上受到法律和社会的严格限制和有效制约"，其需要得到三个方面的支持和保证，首先，政府的架构必须是受到法律制约的；其次，通过一系列制度安排，制造政府内部紧张或互相制衡，保持权力结构分散；最后，维持一个由诸如商会、工会和压力集团等自治组织所组成的广泛而独立的公民社会。

根据这一理论，结合中国的行政生态环境，有限政府的建设可以从三个方面展开：首先，政府的权力是有限的，应确立法律至上的原则，宪法或法律必须明确规定各种政府机构的权力、责任和职能；其次，政府的职能是有限的，即政府权力的作用范围是有限的，根据市场能力和社会能力的大小来确定政府的规模，明确政府与市场、政府与社会的权力边界。推进政企分开，改革产权制度，着力解决长期存在的政府与企业的双重错位问题，充分发挥市场在资源配置中的决定性作用，激发市场主体的创造活力，增强经济发展的内生动力；推进政社分开，以善治为目标取向进行行政府治理创新，充分培育社会组织和引导基层社会自治，以权利约束权力；推进政资分开，将部门所属的企业整合脱钩，强化政府提供公共产品的职能；推进政事分开，建立健全法人治理结构，完善事业单位分类改革。在经济社会领域简政放权的同时，着力强化政府的宏观调控、市场监管、社会管理和公共服务职能。再次，政府的权力是相互制衡的，实现以权力制约权力。在大部制改革的过程中实行"行政三分制"，建立决策权、执行权、监督权既相互制约又相互协调的机制，形成相互制约、相互协调的公共权力运作系统。综合起来看，有限政府的构建，既不是小政府大社会，也不是一元化社会中的威权政府，而是政府与社会的法治化两分，形成行政体制上分权与集权的动态平衡。

（三）以效能政府建设为基础，巩固中国特色社会主义行政体制的发展平台

美国著名行政学家戴维·H. 罗森布鲁姆认为："行政学研究的目标，在于首先要弄清楚政府能够适当而且成功地承担的是什么任务，其次要弄清楚政府怎样才能够以尽可能高的效率和尽可能少的金钱或人力上的消耗来完成这些专门的任务。"如果说有限政府研究的主要是政府能做什么的问题，效能政府所关注的就是政府如何做好的问题。追求高效成为提升政府合法性、维护政治稳定的重要源泉，如何克服帕金森定律，提高政府效率成为行政体制改革普遍追求的目标，尤其对于中国这样一个发展中国家而言，政府在社会转型时期发挥积极的主导作用，关键取决于拥有一个高效的行政系统，因此，改革开放以来中国历次行政体制改革都把提高行政效能作为基本目标之一。古德诺早已指出："政府机构的使命……是要提倡一个尽可能有效率的行政组织。这一切都是为了有效地提供公共服务。"构建一个高效政府，其核心价值主要包括两个层面：其一，政府的组织结构、体制机制与运作模式能够适应时代要求，通过行政系统结构的完善提升行政组织整体效能的发挥。中国目前设立了中央、省、市、县、乡等多个政权层次，每级政府内部再设置3—4个层次，再加上条块分割严重，部门协调困难等，形成中国政府规模庞大的组织系统，行政效率低下问题非常突出。因此，应在转变政府职能的基础上，紧紧围绕政府的宏观经济调控、市场监管、社会管理与公共服务四大职能，进行组织结构上的扁平化变革，深入推进"大部制"改革，将性质相近、相同部门予以合并，把密切相关的职能集中在一个大部门统一行使，实现政府职能的综合化，这将有利于建立统一精干高效的服务政府和责任政府。其二，政府一切活动以社会与公民的利益为导向，不仅具有有效实施并推动集体行动的能力，而且能够满足社会需求，有效地供给各种公共物品与公共服务，因此有效

政府应最大限度地追求公共利益和社会价值的最优化。在市场经济条件下,当前中国政府所面临的问题是如何通过权力的重新配置和组合来实现社会赋予的责任和职能,"政府微观权力的弱化并不是全面弱化政府的行政权力,这只是在政府职能转变的基础上政府权力重构的一个方面。政府微观经济管理权力的弱化,并不排斥政府整体行政权力的强化。"应根据"集分结合、权责明确、分工协作、科学规范"的思路,按照职责异构原则、成本效率原则、上下分工原则,积极推进我国不同层次行政权力的协调发展。根据受益范围提供公共产品,政府提供的公共产品必须与受益居民的消费偏好相一致,从总体功能上看,中央政权的事务集中体现为战略性、资源性、公平性、安全性和基础性的要求,主要表现在宏观调控、经济调节、统一市场、社会保障、国家安全等方面;地方政府是国家整个行政管理体制中最为基础的环节,直接承担着组织、协调和管理经济社会发展的各类微观事务,以求推动各级政府能够依据自己的权力和权威制定政策和组织动员,有效贯彻自己的行政意志,实施自己承担的法定职能,实现自己的管理目标,提升自己的服务效能。

(四)以法治政府建设为保障,把握中国特色社会主义行政体制的发展规律

行政体制改革作为权力关系重新界定的过程,在更深层的意义上,它是一个利益关系变动过程。利益关系引起的改革阻力大小决定了改革应采取的制度变迁方式以及在制度变迁过程中某一时段改革所能达到的速度、深度和广度。破除行政体制改革阻力、实现行政权力的重新界定与规范运行,所能依靠的最终力量只能是法律规范。法治政府的首要含义就是以法律制度来有效规范各类政府的公权力、界定行政权力及与其他各种权力(权利)的运行界限,要求政府行政权力的获得和行使、行政权力的弱化、强化、分化和转化都必须符合以宪法为标志的宪政框架并遵循法定程序,并承担相应法律责任,从而将政府行为纳入法制化轨道,为深入推进行政体制改革、巩固保障改革既有成果提供了强大动力。另外,由于法律的调整对象是某种高度抽象化、概括化、定型化的社会关系,而行政体制改革的目的效果是直接明确的,涉及的主要利益关系的变动也是可被认知和概括的,因此,法律能够在把握行政体制发展规律的基础上,对其进行规范和调整,将需要法律规范和调整的由行政体制改革所引起的主要权力关系变动领域,抽象地转化为宏观调控法律所规范的不同方面。通过完善行政

组织法律体系，树立行政组织法定理念，明确行政组织法规范和调整的内容和范围，从而以法律来界定行政权力与其他权力（权利）的界限，实现权力之间的制约平衡关系，以程序法定原则来规范、制约行政权力及其运作，保障和巩固行政体制改革的成果。

具体而言，在中国特色社会主义行政体制改革中推行行政法治规则主要涉及行政体制改革权本身的法治化与行政体制改革内容的法治化两个层面的内容。其一，行政体制改革权是关于行政体制改革的权力，属于国家权力范畴，其设定与运行都必须遵循法治化原则。在权力设定上，应由国家权力机关通过宪法和法律的形式设定，不能授予国家行政机关决定。在权力运行上，应当超越当前政策型改革模式，建立决策、执行、监督三位一体的法治化运行机制，即实现行政改革权运行程序的法治化。其二，行政体制改革内容的法治化。首先，尽快完善行政机构组织法，对行政机构的性质、地位、任务、职责权限、活动原则、内部机构设置、人员配备及行政机构的成立、变更、撤销等做出明确法律规定，实现国家机构组织职能的法定化。其次，尽快出台机构编制法，实现国家机关编制法定化。以往几次改革之所以使机构膨胀问题没有获得有效控制，缺少一部科学合理的编制法也是根源所在。由于传统领导方式的影响，加强政府治理往往习惯于从所谓组织落实着手，临时性机构不断增加，机构越来越多，机构之间工作的交叉、重复、职能不清、利益冲突等问题也就伴生而来。因此，应在总结已有改革经验的基础上，注意立法适度的超前，尽快出台机构编制法，规范机构改革。最后，制定适合中国国情的行政程序法。政府作为国家利益的代表者、社会利益的维护者和公共利益的实现者，行政法治要求政府在法律规定的程序行使权力，通过《行政程序法》对政府行政行为的实施方式、过程、步骤、时限等做出规范，这对控制公共权力的滥用，保护公民的基本权利与自由，规范行政行为，提高行政效率具有不可替代的作用。

（作者单位：江苏社会科学院）

全面深化改革必须坚持和完善
中国特色社会主义制度

唐洲雁

全面深化改革是党的十八届三中全会作出的重大战略部署，是以习近平同志为总书记的党中央在新的时代条件下带领全党全国各族人民进行的新的伟大革命，其广泛性、深刻性前所未有，其敏感程度、复杂程度也前所未有。当前，如何凝聚共识、汇集力量，在全面深化改革中始终坚持和完善中国特色社会主义制度，对于我们夺取中国特色社会主义事业新胜利，实现"两个一百年"奋斗目标和中华民族伟大复兴中国梦，具有极为重要的意义。

一 全面深化改革必须遵循中国特色会主义发展的内在规律，把握社会主义制度"变"与"不变"的辩证统一

全面深化改革是为了使我们各方面制度更加成熟、更加定型。中国特色社会主义制度，是由根本层面的制度、基本层面的制度、具体层面的制度组成的，坚持和完善这一制度体系，要正确处理好"变"与"不变"的关系。其中根本制度和基本制度事关国家根基、人民福祉，必须毫不动摇地坚持和完善，须臾不可背弃或偏离；具体制度特别是各种体制机制，必须根据经济社会领域的新情况新变化，及时加以改革创新，与时俱进地发展。

任何社会制度都有其发生发展的内在规律性。社会主义从诞生之日起，它所追求的消灭剥削，实现社会平等，实现人类彻底解放，实现每个人自由而全面发展等价值理念，就始终占据着人类道义的制高点。作为社会主义思想和运动伟大结晶的社会主义制度，反映了社会主义必然代替资本主义的历史总趋势，为人类社会的发展进步提供了根本制度保障。实践证明，社会主义制度是人类历史上最公平最有效率、最能够实现人民当家作主和保障人民幸福的先进社会制度，具有强大的生命力和资本主义制度不可比拟的巨大优越性。

正是从这层意义上说，任何时候任何情况下，社会主义制度都必须是长期保持"不变"的制度。这里所谓的"不变"，是指决定社会主义本质与性质的基本制度不能变，决定社会主义前进方向和发展前途的基本原则不能变，而绝不是说要囿于封闭僵化的传统模式裹足不前。正如邓小平在改革开放初期指出的那样："过去行之有效的东西，我们必须坚持，特别是根本制度，社会主义制度，社会主义公有制，那是不能动摇的。""我们搞改革开放，把工作重心放在经济建设上，没有丢马克思，没有丢列宁，也没有丢毛泽东。老祖宗不能丢啊！"丢了就会丧失根本。这个老祖宗，就是马克思主义基本原理，也是科学社会主义基本原则。

但是，在社会主义制度建立起来之后，为什么还要进行改革？这是因为社会主义是在不断开拓中前进的，改革是社会主义社会发展的直接动力，是充分发挥社会主义制度优越性的根本途径。正如恩格斯所言："所谓'社会主义社会'不是一种一成不变的东西，而应当和任何其他社会制度一样，把它看成是经常变化和改革的社会。"斯大林不承认社会主义的矛盾和弊端，结果导致了苏联模式的僵化。毛泽东创造性地提出，社会主义生产关系和生产力、上层建筑和经济基础之间既"相适应"又"相矛盾"，正是它们各自之间的矛盾运动和相互调整，推动着社会主义社会向前发展，这为我国后来的改革开放奠定了理论基础。改革开放之初，邓小平曾尖锐指出："党和国家现行的一些具体制度中，还存在不少弊端，妨碍甚至严重妨碍社会主义优越性的发挥，如果不认真改革，就很难适应现代化建设的迫切需要。"在这里，所谓改革就是求"变"，不是说社会主义制度要改弦易张，而是说要在坚持社会主义基本制度和基本原则不变的前提下，不失时机地革除那些影响社会主义优越性发挥的体制性障碍，改变那些落后于时代与实践的陈旧观念和做法，社会主义制度正是在改革求"变"的过程中不断完善和发展起来的。

由此可见，社会主义制度"变"与"不变"的辩证统一，是社会主义发展的内在规律，也是社会主义生命力之所在。中国特色社会主义制度之所以具有强大生命力，并越来越显示出巨大优越性，关键在于我们党始终坚持其"不变性"与"可变性"的有机统一，既坚持社会主义制度中最基本的方面不动摇，又坚决革除制约社会主义优越性发挥的体制机制弊端，同时大胆吸收和充分借鉴世界文明有益成果，使中国特色社会主义制度在不断与时俱进中充满生机和活力。可以想见，随着中国特色社会主义不断发展，随着全面深化改革的逐步推进，我们的制度必将越来越成熟，这个制度的优越性也必将得到充分的显现。我们完全有这样的制度自信！

二　全面深化改革必须坚持社会主义基本原则不动摇，坚守中国特色社会主义制度底线不含糊

习近平总书记多次强调："中国是一个大国，决不能在根本性问题上出现颠覆性错误。"改革是社会主义制度的自我完善和发展，怎么改、改什么，要有我们的政治原则和底线，要有政治定力。这就明白无误地告诉我们，全面深化改革必须始终坚持正确的政治方向，确保中国特色社会主义制度不变质、不走样。

中国特色社会主义制度的形成，是一个长期的历史过程，凝聚着几代中国共产党人的共同奋斗与艰辛探索。改革开放以来，我们党深刻总结国内外社会主义建设的经验教训，不断推进社会主义制度自我完善与发展，在经济、政治、文化、社会等各个领域形成了一整套相互衔接、相互联系的制度体系，这就是中国特色社会主义制度。实践证明，这一制度集中体现着社会主义的本质和特点，是科学社会主义理论逻辑与中国社会发展历史逻辑的辩证统一，是历史的选择、人民的选择，它为当代中国发展进步提供了根本制度保障，已经并将继续显示出其强大生命力和巨大优越性。

在中国特色社会主义制度体系中，人民代表大会制度是根本层面的制度，是我们国家的根本政治制度，同国家和人民的命运息息相关。它体现着我们社会主义国家的性质和中国特色社会主义制度的本质，是人民当家作主的根本途径，也是党在国家政权中充分发扬民主、贯彻群众路线的最好实现形式。在当代中国，人民代表大会制度是与人民民主专政的国体相适应的政体，是宪法所确立的"国家一切权力属于人民"原则和社会主义原则的最重要的制度载体。如果动摇了这一根本政治制度，我国的社会性质将发生根本变化，中国特色社会主义制度也必将改变颜色。

作为中国特色社会主义制度体系基本层面的制度，中国共产党领导的多党合作和政治协商制度，是具有鲜明中国特色的社会主义新型政党制度，它通过对一党制与多党制的扬弃，确立中国共产党在国家政治生活中的核心领导地位，同时又充分发挥各民主党派和无党派民主人士在政治协商、民主监督和参政议政中的重要作用。民族区域自治制度和基层群众自治制度，是根据我国国情解决民族问题、实现少数民族当家作主和依法保障基层群众直接行使民主权利的基本政治制度，是最广泛实现社会主义民主的重要制度设计。以宪法为统帅、法律为主干的中国特色社会主义法律体系，凝聚着全国各族人民的根本意志和长远利益，集中体现着党的领导、人民当家作主和依法治国的有机统一，既是中国特色社会主义制度的重要组成部分，又为全面实施中国特色社会主义制度和充分发挥社会主义制度优越性保驾护航。公有制为主体、多种所有制经济共同发展的基本经济制度，贯穿着科学社会主义基本原则，又与我国处于并将长期处于社会主义初级阶段的生产力状况相适应，是改革开放以来创造"中国奇迹"的重要保障。在全面深化改革中，这些关系中国社会主义制度性质和前途命运的基本制度，也必须始终坚持、毫不动摇。

中外实践证明，社会主义国家改革能否保持正确方向，直接决定着社会主义的前途命运。苏东社会主义国家的"改革"之所以遭到惨痛失败，甚至亡党亡国，葬送了社会主义，根本原因之一就在于他们改革偏离了社会主义正确方向，教训极为深刻。但是，当前国内外仍然有人打着为改革"把脉开药"的幌子，企图把我们的改革引导到资本主义的方向上去。对此，我们必须高度警觉，在全面深化改革沿着什么方向推进，中国实行什么样的社会制度等大是大非问题上，要始终旗帜鲜明，毫不含糊。对那些能改的、该改的，当然要一改到底；对那些不能改的，特别是有关中国特色社会主义根本制度、基本制度、基本路线、基本纲领等，则要坚定不移，始终坚守住中国特色社会主义制度这条底线。

三　全面深化改革必须完善和发展中国特色社会主义制度，不断推进国家治理体系和治理能力现代化

党的十八届三中全会明确提出，全面深化改革的总目标是完善和发展中国特色社会主义制度，推进国家治理体系和治理能力现代化。新中国成立以来，特别是改革开放以来，我们党带领人民在坚持社会主义根本制度和基本制度的前提下，对建立在这些制度基础之上的经济体制、政治体制、文化体制、社会体制等各项具体制度进行了革命性变革，逐步形成了中国特色社会主义制度体系，为推进国家治理体系和治理能力现代化奠定

了坚实基础，彰显了中国特色社会主义的巨大优越性和强大生命力。

但是，这并不意味着中国特色社会主义制度就已经尽善尽美了，就不需要进一步完善了。早在1992年初，邓小平在南方讲话中就指出："恐怕再有三十年的时间，我们才会在各方面形成一整套更加成熟、更加定型的制度。"随着时代发展和形势变化，改革开放之初形成的某些体制机制的弊端日益凸显，正越来越成为发展社会生产力、激发社会创造活力的桎梏。正如习近平总书记所指出："我们说坚定制度自信，不是要固步自封，而是要不断革除体制机制弊端，让我们的制度成熟而持久。"为此，我们必须按照党的十八届三中全会提出的，到2020年"形成系统完备、科学规范、运行有效的制度体系，使各方面制度更加成熟更加定型"的改革时间表，牢牢抓住未来六七年仍然可以大有可为的重要战略机遇期，坚持"六个紧紧围绕"，全面深化经济体制、政治体制、文化体制、社会体制、生态文明体制和党的建设制度改革，坚决破除一切妨碍经济社会发展进步的体制机制障碍，不断完善和发展中国特色社会主义制度，为推进国家治理体系和治理能力现代化提供根本制度保障。

国家治理体系和治理能力是一个国家制度和制度执行能力的集中体现。国家治理体系是在党领导下管理国家的制度体系，包括经济、政治、文化、社会、生态文明和党的建设等各领域体制机制、法律法规安排，是一整套紧密相连、相互协调的国家制度；国家治理能力则是运用国家制度管理社会各方面事务的能力，包括改革发展稳定、内政外交国防、治党治国治军等各个方面。推进国家治理体系和治理能力现代化，就是要适应时代变化，既改革不适应实践发展要求的体制机制、法律法规，又不断构建新的体制机制、法律法规，使各方面制度更加科学、更加完善，实现党、国家、社会各项事务治理制度化、规范化、程序化；就是要更加注重治理能力建设，增强按制度办事、依法办事意识，善于运用制度和法律治理国家，把各方面制度优势转化为管理国家的效能。

正因为如此，完善和发展中国特色社会主义制度与推进国家治理体系和治理能力现代化，是并行不悖、相辅相成的，二者统一于中国特色社会主义伟大实践。一方面，国家治理体系和治理能力现代化是在中国特色社会主义制度框架内向前推进的。中国特色社会主义制度维系着国家治理体系有序有效运转，规定着国家治理体系和治理能力现代化的性质和发展方向。没有中国特色社会主义制度的完善和发展，就根本谈不上国家治理体系和治理能力现代化。另一方面，中国特色社会主义制度是在国家治理体系和治理能力现代化过程中不断丰富、发展和完善的。只有着力推进国家治理体系和治理能力现代化，不断维护社会公平正义、激发社会创造活力、化解社会矛盾、增进人民福祉，才能不断赋予中国特色社会主义制度以新的时代内涵，并真正体现其超越资本主义制度的优越性。

总之，全面深化改革必须坚持和完善中国特色社会主义制度，既要坚持社会主义基本原则不动摇，坚守社会主义基本制度这条底线不含糊；又要大刀阔斧革除现有体制机制弊端，不断完善和发展中国特色社会主义制度，推进国家治理体系和治理能力现代化。唯有如此，全面深化改革的总目标才能如期实现，"两个一百年"奋斗目标和中华民族伟大复兴的中国梦才能如期实现！

（作者单位：山东省社会科学院）

中国特色权力清单制度研究

蓝蔚青

党的十八届三中全会《决定》首次提出"推行地方各级政府及其工作部门权力清单制度,依法公开权力运行流程"。会后不久,浙江省就在2013年12月部署了省级部门职责清理规范工作,2014年3月27日又发出了《浙江省人民政府关于全面开展政府职权清理推行权力清单制度的通知》,要求2014年6月全面公布省级部门"权力清单",10月公布市县级部门"权力清单"。半年多来,我院组织院内外专家咨询团队,分7个专家组,从第三方角度审视了100多个省级部门和杭州市市级部门的权力清单,仅对省级部门就提出了意见、建议5000多条,同时,组织举办省内外专家、领导干部、行政相对人、实际工作者参加的有关重点难点问题的公共政策研究沙龙8次,分别就权力的合理与合法性、下放政府权力的标准、部门权力交叉、资金管理分散、政府职责缺位补位、资质认定、评奖评优等突出问题进行专题研讨,为推进改革提供了理论和智力支持。

一 权力清单制度的内涵

权力清单是指以清单方式列举的政府及政府部门的职能、权限,其内容主要是各项行政权力的编号、名称、法律依据、行使主体、行使程序、收费与否及其依据、种类、行使条件以及具体承办机构等。

权力清单制度是政府及其部门以"清权、减权、制权"为核心内容的一次权力革命,其本质是给行政职权打造一个透明的制度笼子,为政府机关依法行政设定基本依据,为企业和老百姓提供便利条件。它绝不是简单地把各级政府和各部门的权力梳理一遍,做到各归其位、各司其职,而是要使上层建筑适应经济基础,在市场对资源配置起决定性作用的基础上,正确定位政府与市场和社会的边界,完善行政系统内部的横向和纵向权力关系，优化政府权力结构和运行流程，更好地发挥政府的作用，实现政府治理体系和治理能力的现代化，推进国家治理体系和治理能力的现代化。

浙江省这一轮推行权力清单制度，按照使市场在资源配置中起决定性作用和更好发挥政府作用的要求，围绕理顺政府与市场、政府与社会以及政府层级、部门之间关系，以转变政府职能、提升治理能力为核心，开展政府职权清理和履职分析，科学配置行政权力，依法公开权力清单和权力运行流程，推进行政权力公开规范运行，构建"权界清晰、分工合理、权责一致、运转高效、法治保障"的政府职能体系。

浙江省开展政府职权清理、推行权力清单制度的范围是比较宽泛的，包括全部行政权力。除了作为重点、正在进行清理的省市县三级政府工作部门和部门管理机构以及具有行政主体资格并依法承担行政职能的事业单以外，还要求列入党委工作机构序列但依法承担行政职能的部门或单位参照实施，规定乡（镇）人民政府、街道办事处要适时开展政府职权清理、推行权力清单制度，部分地区也已经开始。开展政府职权清理的事项则集中在法定行政机关或组织依法实施的对公民、法人和其他组织权利义务产生直接影响的具体行政行为，包括行政许可、非行政许可审批、行政处罚、行政强制、行政征收、行政给付、行政裁决、行政确认、行政奖励及其他行政权力十大类。对于规划编制、计划修订、法规起草、政策制定、调查研究、运行监测、统计信息、对外宣传等政府宏观管理职权，以及部门内部管理和系统管理的职能，经梳理后不列入向社会公布的权力清单。

有权必有责，权力清单必然是权责清单。但行政机关责任的范围大于权力，许多公共服务的责任并不依靠权力来履行。因此，下一步要清理公布的责任清单必然比权力清单范围更广。

二 建立权力清单制度的重要性和紧迫性

（一）建立权力清单制度，是全面贯彻落实党的十八大精神，坚持走中国特色社会主义政治发展道路和推进政治体制改革的重要举措

十八大要求把制度建设摆在突出位置，权力清单制度就是规范政府权力配置和运行程序的一项重要制度。

十八大要求更加注重发挥法治在国家治理和社会管理中的重要作用，保证人民依法享有广泛权利和自由。推进依法行政，确保国家机关按照法定权限和程序行使权力，切实做到严格规范公正文明执法。提高领导干部

运用法治思维和法治方式深化改革的能力。权力清单制度把政府对行政相对人的权力限制在权力清单规定的范围内，要求进入清单的每一项权力都要有法律法规规章依据，凸显了"法无规定不可行"的原则，进一步明确和规范了权力运行的流程并公之于众，是依法行政的有力保障。在梳理确定权力清单的过程中，要求各部门对"合法不合理"的权力必须通过法定程序进行调整，这是运用法治思维和法治方式深化改革的具有广泛深刻影响的实践。

十八大要求深入推进政企分开、政资分开、政事分开、政社分开，建设职能科学、结构优化、廉洁高效、人民满意的服务型政府。深化行政审批制度改革，继续简政放权，推动政府职能向创造良好发展环境、提供优质公共服务、维护社会公平正义转变。权力清单制度就是按照这些要求来审视、调整和规范政府职能，是推动政府转型的有力杠杆。

十八大要求创新行政管理方式，提高政府公信力和执行力，推进政府绩效管理。权力清单制度既是政府对社会管理的创新，也是政府对自身管理的创新。严格执行权力清单制度，对于提高政府的公信力、执行力和绩效都能发挥有益的作用。

十八大要求稳步推进大部门制改革，健全部门职责体系。严格控制机构编制，减少领导职数，降低行政成本。通过梳理权力清单进一步优化各级政府和各政府部门的职责权力配置，摸清真实的工作量，减少不必要的管理和不合理的职责权力配置造成的人力资源浪费，这为深化政府机构改革和实行科学严格的编制管理奠定扎实的基础。

十八大要求坚持用制度管权管事管人，保障人民的知情权、参与权、表达权、监督权，推进权力运行公开化、规范化，完善党务公开、政务公开、司法公开和各领域办事公开制度。权力清单制度的建立把各级政府和政府各部门的权力完全关进透明的"笼子"，是健全权力运行制约和监督体系的一个重要环节。

（二）建立权力清单制度，是按照党的十八届三中全会精神全面深化改革的重要突破口

建立权力清单制度不是一项孤立的改革措施，它与党的十八届三中全会提出的其他许多改革措施有着内在的联系。

1. 在强化权力运行制约和监督体系方面，它是坚持用制度管权管事管人，让人民监督权力，让权力在阳光下运行，把权力关进制度笼子的一项

基本制度。通过建立权力清单，科学配置党政部门及内设机构权力和职能，明确职责定位和工作任务，是进一步规范各级党政主要领导干部职责权限，加强和改进对主要领导干部行使权力的制约和监督的制度基础。公开权力配置和运行流程，是完善办事公开制度，推进决策公开、管理公开、服务公开、结果公开的基础性措施。依据权力清单确定廉政风险点，落实责任追究制度，在公开权力配置和运行流程的基础上通过互联网实施即时监督，都是防范和惩治腐败的有力举措。通过梳理权力清单推动权力下放，还可以大幅度减少会议和文件，促进机关和干部作风的转变。

2. 在加快转变政府职能方面，它是深化行政体制改革，创新行政管理方式，增强政府公信力和执行力，建设服务型政府的基础性、关键性工程。按照使市场在资源配置中起决定性作用和更好发挥政府作用的核心要求制定权力清单，一是减少政府对资源的直接配置，深化行政审批制度改革，完全取消对市场机制能有效调节的经济活动的审批；二是加强政府对发展战略、规划、政策、标准等的制定和实施，加强地方政府的公共服务、市场监管、社会管理、环境保护等职责，加大政府对管控资源消耗、环境损害、产能过剩、政府债务，促进科技创新、安全生产、劳动就业和提高居民收入、社会保障、人民健康、生态效益的责任；三是把直接面向企业和社会的管理服务事项下放地方和基层管理；四是对保留的政府管理事项规范管理、提高效率；五是加大政府购买公共服务力度，同时推动公办事业单位与主管部门理顺关系和去行政化，统一登记管理各类事业单位。在通过权力清单合理配置政府权力，理顺部门职责关系，克服权力越位、缺位、错位，落实责任，确保权责一致的基础上，优化政府机构设置、职能编制配置和工作流程，推进大部门制实施，严格控制机构规模、领导干部职数和财政供养人员总量，推进机构编制管理科学化、规范化、法制化。这些都是建设高效廉价的服务型政府的切实有效的治本之策。

3. 在推进法治中国建设方面，它是依法治国、依法执政、依法行政共同推进，法治国家、法治政府、法治社会一体建设的重要举措。它要求一切权力必须具有法律依据，并且必然衍生出一切法律必须有宪法依据的要求，进一步强化宪法意识和宪法权威。通过梳理权力清单和公开执法流程，理顺执法体制，相对集中执法权，推进综合执法和整合执法主体，减少行政执法层级，完善行政执法程序，规范执法自由裁量权，加强对行政执法的监督，全面落实行政执法责任制，有助于解决权责交叉、多头执法问题，建立权责统一、权威高效的行政执法体制，加强基层执法力量，提高执法和服务水平，做到严格规范公正文明执法。

（三）建立权力清单制度，是浙江再创体制机制新优势的必然选择

改革开放以来浙江发展走在前列的关键，是率先释放了民间的活力和市场的力量。但随着改革在全国的深化，浙江体制机制的先发优势慢慢消失，自然禀赋先天不足的瓶颈凸显，经济转型步履艰难。浙江要继续走在全国前列，只能靠掀起新一轮的改革，再创体制机制新优势，充分激发创业创新的激情、市场和民间的活力。当前浙江各项改革的核心问题，是正确处理政府与市场、社会的关系，加快推进政府自身改革，形成科学有效的行政权力管控制度，推动行政权力规范运行，充分激发市场和社会的活力。推行权力清单制度，厘清行政权力边界，正是实现制度管权的有效抓手。所以，浙江省政府以"革自己命"的决心和勇气，下决心以行政审批制度改革为突破口，以"三张清单一张网"为政府自身改革的总抓手，突破与完善市场经济体制不相适应的政府部门权力利益格局，争取在全国率先形成科学完善的权力清单制度。通过全面梳理部门职权，对政府影响市场行为的权力进行大起底，进一步简政放权，把该放的权力放开、放到位，打造有限、有为、有效的法治政府和服务型政府，率先释放政府自身改革的红利，以撬动经济社会各领域的改革，营造更加公平的市场环境和社会环境以及良好的政务环境，用政府权力的"减法"换取市场与民间活力的"加法"。

三 浙江省建立权力清单制度的基本做法

2013年11月15日，浙江省政府常务会议确定，在省级部门率先开展职权清理推行权力清单制度工作。浙江省编委办随即发出了《关于开展政府部门职责清理规范行政权力运行工作的通知》和《省级部门职责清理规范工作指南》，对指导思想和方法要求、范围对象和工作流程、工作任务和时间安排、分析审核的重点内容和提纲、调整部门职责的原则、改进政府管理方式的要求、需要报请上级研究的问题以及工作进度和分工、咨询专家的组成、职责权力清单和部门职权履行流程图的样式等都作了细致的规定。各省级部门在一个月内都按规定上报了材料。

2014年年初，李强省长在省十二届二次人代会上的《政府工作报告》中，把全面推行政府权力清单制度作为2014年第一件重点工作。1月，省

政府确定在富阳市开展权力清单工作试点。3月,省政府召开视频会议并下发文件,对在全省推行权力清单制度作出部署。省级部门经过"三报三审三回"工作流程,省编委办与各部门反复对接协调,广泛征求市县和社会各界意见、建议,共征集到市县3000多条意见、建议。聘请浙江省/浙江大学公共政策研究院组织专家进行第三方审核,专家团队提出意见、建议5000多条,认真听取省法制办、省审改办、省监察厅、省财政厅、省政府研究室等权力清单会商部门以及曾经担任地方政府主要领导和省级部门厅局长的权力清单咨询顾问意见,两次送交省法制办进行合法性审查,在此基础上,形成了省级部门权力清单。6月13日向省政府第28次常务会议汇报,经省政府同意,6月25日通过媒体公布,同日全省政务服务网上线运行。各市县的权力清单定于10月公布。

(一) 基本原则

1. 职权法定原则。政府的行政权力来源于法律法规规章的规定。"法无授权不可为"。推行权力清单制度,就是要实行依法制权。没有法律法规规章依据、现实中却在行使的行政权力,要纳入重点清理范围。

2. 简政放权原则。为了充分发挥市场在资源配置中的决定性作用和社会力量在管理社会事务中的作用,更好发挥市县和基层政府贴近群众、就近管理的优势,激发经济社会发展活力,必须加大向市场、社会和下级政府放权的力度,减少权力的横向交叉重叠。简政放权是推行权力清单制度的基本要求,并要从职权取消、转移、下放、整合等方面明确简政放权的具体标准。

3. 便民高效原则。优化权力运行流程,减少办事环节,简化办事程序,提高办事效能,提供优质服务,方便公民、法人和其他组织。

4. 权责一致原则。政府履行行政管理职责,依法具有相应管理权限。违法或者不当行使权力,依法承担法律责任。行政权力依法调整,其责任须作相应调整。特别要防止和避免下放责任但不下放权力的现象。

5. 公开透明原则。除涉及国家秘密及其他依法不予公开的内容外,政府应当完整、准确地向社会公开权力的基本内容、运行流程等信息,接受社会监督。推行权力清单制度,就是要告诉群众政府拥有权力的内容和边界以及政府行使每一项权力的依据、流程和办结时限,杜绝了信息不对称造成的权力异化空间,使阳光成为最好的防腐剂。

（二）基本程序

建立权力清单制度主要有"清权、减权、制权"三个环节。"清权"就是全面梳理职权，"减权"就是简政放权，"制权"就是公开权力清单。

1. 清权的主要任务是通过梳理政府部门职责，编制权力目录和权力运行流程图，分析履职情况，作为职权清理的基础。

清权的第一步是根据法律法规规章和部门"三定"方案，结合工作实际和行政审批制度改革情况，对各部门主要职责和内设机构职责进行认真梳理，逐条逐项进行分类登记，编制行政权力清单。权力清单须规范列明职权名称、实施主体、实施依据、承办机构（包括内设机构、受委托的事业单位或其他组织）等，力求使部门工作可考量、可评估。浙江省政府一开始就规定不纳入清单的权力一律不得行使，促使每个部门、内设机构和下属受委托行使行政权力的事业单位都对自己实际行使的权力作了一次前所未有的彻底清理上报，避免了权力"打埋伏"，保障了清理的有效性。

清权的第二步是分析履职情况，重点分析规定的职责是否全面正确高效履行，是否存在职权"越位""缺位"和职责脱节现象，履职方式是否适应经济社会发展需要，是否存在政事不分、擅自将行政职能交给事业单位承担等问题；围绕全面正确履行职责采取了哪些具体措施，取得了哪些成效，如何完善等；根据全面深化改革的要求，提出转变政府职能，加强、取消、转移或下放有关职权，健全事中事后监管制度的具体建议；对与其他部门存在交叉的职能，逐项分析涉及部门、交叉情况及原因，并提出理顺职能的意见建议；重点领域还要撰写专题调研报告。在此基础上编制职权清单和职权履行流程图，填写《部门职责梳理情况表》、《部门职权清单总表》等一系列表格、附件。

2. 减权的主要任务是对现有权力进行调整，并优化权力流程，是权力清单制定过程中费时最多、参与面最广、步骤最多、难度最大的环节。

首先由省编委办、省审改办、省法制办和专家咨询小组根据行政权力的梳理情况，对每一项权力的法律依据、行使程序、运行绩效及权责一致情况进行科学评估，根据党的十八届三中全会精神，按照职权法定、简政放权、转变政府职能的要求，研究提出职权清理的具体意见，并逐项逐条进行合法性、合理性、合规性和必要性分析审核，提出审核意见。在此基础上，研究提出职权取消、转移、下放、整合等调整意见并说明理由。对建议下放的权力，每个省直部门的材料至少听取2个设区市和4个县

（市、区）的意见，了解下级政府的承接能力，在上下意见基本一致后确定下放事项。

各部门根据省编委办反馈的审核意见进一步研究后，作出调整补充，对不拟采纳的作出说明，再次报省编委办。省编委办再次交专家咨询小组复审，又会同省监察、法制、政策研究等部门逐项审核，聘请了部分从岗位上退下来，熟悉政府工作、经验丰富的老同志作为咨询顾问。并召开人大代表、政协委员和行政相对人、基层代表、有关专家等参加的座谈会，当面听取意见。必要时，请部门领导当面说明答询相关问题。将上述情况综合后再反馈给部门。

各部门对反馈的重点事项和问题进行研究，专门作出答复报省编委办。省编委办会同相关部门根据部门反馈的意见、社会各界反映的意见，提出部门进一步转变职能的分析建议和权力清单的审核意见，报省政府核准。

3. 制权的主要任务是公开权力清单和权力运行流程，接受社会监督。

公布的《省级部门行政权力清单》反映省级部门直接行使和委托下放的行政权力，《省级部门实行市县属地管理的行政权力清单》反映今后原则上由市县政府主管部门属地管理、省级部门一般不再直接行使的行政权力，《省级部门审核转报类事项清单》反映最终决定主体为国家有关部门、省级部门只负责中间审核环节的行政权力，《省级部门共性行政权力清单》反映由一般法设定、多数省级部门均为实施主体的行政权力。

各个部门还要根据省政府公布的权力清单，按照"环节最少、时间最短"的要求，对保留的各项行政权力的运行流程进行再梳理、再优化，编制外部运行流程图，规范权力运行流程。法律法规有明确规定的，按照法定程序编制流程图；法律法规没有明确规定的，要按照便民的原则编制流程图。行政审批类职权要统一编制包括政府审批、中介服务、法律公示的全流程审批事项运行图，明确申请、受理、审核（审查）、决定、执行等环节，统一注明承办机构、办理时限等。实现跨部门跨层级一窗受理、内部流转、并联审批以及全程监督、绩效考核。外部运行流程图报省编委办备案同意后，7月底前在网上公布，同时根据权力清单新建或完善事中事后管理制度。

（三）减权的主要标准

减权是三个环节中的重点和难点，也是这次改革的关键。浙江省政府在部署这项改革时，就把这一环节的工作作为重点，并提出了5条明确的措施。

1. 职权取消。没有法律法规规章依据的职权，予以取消。虽有法规规章依据，但不符合全面深化改革要求和经济社会发展需要的行政权力，提请修改相关法规规章后予以取消。

2. 职权转移。行规行约制定、行业技术标准规范制定、行业统计分析和信息预警、行业学术和科技成果评审推广、行业纠纷调解等行业管理和协调事项，原则上转移给行业组织承担。对公民、法人和其他组织水平能力的评价、认定，以及相关从业、执业资格、资质类管理，原则上交由社会组织自律管理。

3. 职权下放。直接面向基层、量大面广、由基层管理更方便有效的经济社会管理事项，下放基层管理。对于行政许可、行政处罚、行政征收、行政给付、行政确认以及备案、年检等行政权力，除法律法规规章规定应由省级部门行使外，一般下放市县政府主管部门管理。按照中央有关推进执法重心下移的要求，对行政处罚类事项进行了重点梳理，除了法律明确规定必须由省级部门处罚，以及市县缺乏处罚所需技术手段的，原则上实行市、县（市、区）政府主管部门属地管理，省级部门主要负责组织查处跨区域案件或大案要案。

4. 职权整合。确需保留的职权，工作内容相同或相似，具有前后环节反复核准、审查、确认等情况的，要按照简化办事环节、优化办事流程、提高管理效率的要求进行整合。对于省级部门之间需要理顺的职责交叉事项，将按照一件事情一个部门为主管理的原则进行研究理顺，或在下一步政府机构中解决。

5. 职权严管。对于有法律法规规章依据、但不符合全面深化改革要求和经济社会发展需要、一时难以通过修改相关法律法规规章调整或取消的行政权力，以及日常管理中很少行使的行政权力，建立严格管理措施，未经同级政府同意不得行使。

此外还有三类保留的权力事项不再列入省级部门权力清单。

一是由一般法设定的行政权力，如行政复议、责令改正或限期改正、抽样取证、先行登记保存证据、加处罚款、对经济社会发展有贡献的信访奖励、行政许可申请人隐瞒有关情况或者提供虚假材料申请行政许可的处罚、被许可人以欺骗贿赂等不正当手段取得行政许可的处罚等，多数省级部门均为实施主体,作为共性权力予以公布,在各个部门的权力清单中不再单列。

二是省级部门财政专项资金分配事项,由省财政厅根据省政府关于省级部门一般不再直接面向企业分配专项资金的改革要求予以清理,报省政府同意后出台财政专项资金管理办法,另行公布省级部门财政专项资金管理清单。不再列入省级部门权力清单。

三是审核转报事项的最终决定主体为国家有关部门,省级部门只负责中间的审核环节,不构成一项完整意义上的行政权力,故不再作为部门权力清单的内容。但为方便企业群众联系办事,作为管理服务事项对外公布内容和流程。

另外,部分省级部门由于不存在对外行使的行政权力,或只涉及财政专项资金分配等不列入权力清单的行政权力,这些部门不需要对外公布权力清单。一些省级部门的直属机构行使的大多为基层管理权限,故在市县层面公布权力清单时列入。

(四) 需要把握和处理好四个方面的关系

一是数量与质量的关系。当前优化权力配置的主要任务是放和减。没有一定的数量要求,就很难体现改革力度,简政放权就很难落实。但关键是质量,是实际效果。在前几年的行政审批制度改革中,曾频频发生明减暗不减,形减实不减,"含金量"高的审批不减等现象。在权力事项划分过细的情况下,通过"打包"来"减量"是很容易的,这样做尽管能"吸引眼球",但并无实效。衡量权力清单的效果,还是要看政府该放的权是不是放到位,该管的事是不是管好了,权力的运行是否合法高效,职责、权力和责任是否一致。

二是下放与承接的关系。权力与责任必须相称,权力与能力需要匹配。由于长期以来行政权力和行政经费过于向上集中,呈倒金字塔配置的状况,下级和基层政府往往缺乏承接下放的权力的能力、经验和装备技术条件。因此,下放权力还要考虑下级和基层政府的承接能力,进行充分的上下沟通。对于应该下放但一时承接有困难的权力事项,需要有一个培育承接能力的过渡过程,通过财政转移支付、加强业务技术培训、制定鼓励上级机关工作人员向下流动的政策和提供技术服务等途径,引导行政资源向市县和基层倾斜,提高市县和基层政府的承接能力,随着承接能力的提高使下放的权力逐步落实,避免"一放就乱"现象的发生。

三是共性与个性的关系。法律、行政法规和行政规章都是全国统一的。但县、市、区之间自然条件和经济社会发展差别比较大，今后政府机构的设置也必然会有所区别。因此，权力清单制度应该统一，权力清单和权力运行流程图应该规范，大部分权力事项也应该相同，但某些权力事项特别是与自然环境、资源禀赋、发展水平关系密切的权力事项可以有所不同。在下级政府执行能力差距较大的地区，对部分执行能力较强的下级政府可采取权力委托下放的方式，不搞一刀切。

四是"清单"与"网"的关系。浙江省与省级部门权力清单一起启动运行的政务服务网，是融行政审批、行政处罚、民意征集、效能监察为一体的行政权力公开运行平台，是全国率先的一张省、市、县三级联动的政务服务网，是用互联网技术倒逼政府依法公开行使权力的助推器。全省统一的政务服务网不仅提高了政府的效能，改进了服务，方便了百姓，而且有助于不同层级政府和不同部门之间实现网络互联互通、信息共享和业务协同，也推动了政务公开，能够对权力运行进行全程实时监控，便于行政监察、人大政协监督、群众监督和舆论监督。"三张清单"对政务服务网的运用不是一次性的展示，而是把它作为大展身手的舞台，同时又推动了电子政务的发展。要把建设网上办事大厅、推动政务信息传递网络化、电子政务普及化作为改革政府运作流程的方向，在各级政府各部门权力运行的内外流程中充分体现出来，并且相应调整网下运行流程，使网上运行流程不会成为"作秀"，政府网上办事成为不可逆转的趋势。

（五）过渡性措施

1. 非行政许可审批具有过渡性。今年4月14日，国务院下发了清理非行政许可审批事项的文件，明确面向公民、法人或其他组织的非行政许可审批事项在一年内要予以取消，今后不得在法律法规之外设立面向社会公众的审批事项。这意味着非行政许可审批将成为历史。而这次浙江省省级部门列入权力清单的非行政许可审批还有71项，包括国家部委公布的大多数行政审批目录；各省级部门在已经向社会公布的行政许可、非行政许可审批事项外，梳理出的600多项针对公民、法人和其他组织的具有审批性质的事项，经大幅度压缩后，还有240多项一时难以取消，部分归入行政许可和非行政许可事项，其余的则暂时归入行政确认、行政征收和行政奖励等类别权力。这些事项实质上属于非行政许可审批事项，不可能长期保留，需要继续重点清理，力争做到放无可放、减无可减。

2. 大部分审核转报类事项具有过渡性。当前，省级部门承担的审核转报类事项，大多是对国家层面项目或资金的审核转报和争取。多年来，一些部门热衷于通过权力共享提高条条的地位，如通过各种国家级、省级基地、中心、项目、基金等的申报，层层布置、推荐、评审，在系统内分享权力分摊责任。目前省级部门各种基地、园区、项目、企业、中心（实验室）、团队、设备、产品认定和相关资金、基金、奖励、补助等产业鼓励引导类事项很多。但这些事项多是在省级部门评审认定的基础上申报国家级项目或资金。鉴于国家层面尚未进行相关政策的调整，省级政府清理和取消该类事项，会导致本省在争取项目和资金上吃亏。因此，这类审核转报类事项只能等国家层面进行政策和体制调整时再作相应的调整。

3. 资质资格许可类事项具有过渡性。浙江省明确规定对公民、法人和其他组织水平能力的评价、认定，以及相关从业、执业资格、资质类管理，原则上交由社会组织自律管理，这是符合全面深化改革的方向的。但目前这些许可国家层面多数有法律法规规定，省级政府无权取消，而且如果率先取消就等于取消了本省的自然人、法人和其他组织走向全国，参与市场竞争的资格。在国家有关法律法规修改前，这些评奖评优类和资格资质类许可类事项，只能在尽力削减整合的同时暂时保留一部分。

四 浙江省建立权力清单制度的特点和成效

（一）特点

1. 三级联动同推进。浙江省是全国第一个省市县三级统筹设计、梯次推进的省份。省级部门的权力清单已经公布，市、县、区目前正抓紧推进，10月上网公布，一些地方已经开始探索向乡镇街道延伸。统筹设计、联动推进的一个重要特点，是对权力的归类、名称、实施依据和制式等都实行一个标准，便于上网运行和统一管理，在全省政府管理体系内实现了全覆盖。为此，省编委办在以主要力量抓好省级部门职责清理规范工作的同时，加强对全省面上工作的指导协调，充分利用网络交流平台和"推行权力清单制度信息专刊"等载体，加强上下沟通联系、经验交流、信息发布和解惑答疑等服务，重点做好权力清单的横向比对和纵向衔接工作，指导省级部门加强系统内权力事项的统一规范，督促各市做好本地区权力事项的比对规范和省级部门下放权力的承接，力求形成上下对应、相互衔接的职权体系。

2. 十项权力管到边。浙江省的权力清单明确规定这一轮清理的行政权力包括十大类，改变了以往只"盯牢"行政许可、非行政许可审批两类权力的做法，将对公民、法人和其他组织的权利义务产生直接影响的行政权力事项除保密事项外"一网打尽"，并指导各部门准确分类，合规填报。还根据部门上报的实际情况，明确了"其他行政权力"的梳理重点和范围，将其限定为直接与行政相对人发生关系的其他权力，要求重点筛选审核审批（包括审核转报）类事项，企业、产品、项目等认定类事项，事前备案类事项和财政专项资金分配监管（包括审核转报）类事项，以避免审批权力"躲猫猫"。

3. 便民导向为原则。权力清单要推进服务型政府建设，不仅要规范政府行为，阻断不当干预，加强公共服务，提高行政效能，而且要方便人民群众。不仅要方便群众办事，而且要方便群众监督。在内容上，浙江省将量大面广、直接面向基层和群众的事项下放办理或实行属地管理，使办事更加方便快捷，而且通过三级联动的政务服务网建设推动政府网上办事，"让数据代替百姓跑路"。在形式上，无论是权力名称表述，还是网上操作流程，都尽量做到简洁明了，界面友好，使权力清单更显"亲民"，也便于民众监督。

4. 简政放权是主线。权力清单不是权力的简单列举，而是简政放权的实现方式。按照党的十八届三中全会精神，对不符合全面深化改革要求的权力作了取消、转移或下放。今后，政府部门不得在清单之外行使行政权力。因此，这不仅是一份"瘦身"的清单，也是一份政府职能归位的"清单"。

（二）成效

1. 摸清了行政权力的家底。由于一开始就强调"清单之外无权力"，要求各部门详尽上报，不留后手，基本摸清了省市县三级政府部门的权力底牌，并进行了比较规范的分类，为清权、减权、制权，优化纵向横向权力配置打下了扎实的基础，也为以后的机构改革和编制管理提供了科学依据。

2. 转变职能、简政放权有了实质性进展。突出基层导向和需求导向，建立部门会商、专家咨询机制和"三报三审三回"工作流程，通过这些行之有效的办法，增强了简政放权的合法性、合理性、合规性和针对性，使这次简政放权的成效大大超过以往任何一次。这次上网公布的省政府部门权力清单共包括权力事项 4236 项，其中省级部门直接行使的权力 1973 项，全部委托下放和实行市县属地管理的权力 2255 项，省级有关部门共性权力 8 项，总数比各部门初始清理申报的 1.23 万项（含与行政相对人不直接发生关系的政府宏观管理、内部管理等事项）大幅度减少。

3. 进一步规范了行政权力运行。省级部门保留下来的行政权力，多数已编制了运行流程图，明确了权力运行的各个环节和时限，做到能减即减。同时，事中事后监管制度也已着手建立。

五　加快建立相关配套制度的建议

（一）建立依法支撑权力清单的制度

从清理情况来看，部门提供的职权实施依据大部分是法律、行政法规和部门规章，但也有一小部分是党委的决定、决议，或较低层次的规范性文件，如"通知"、"要求"、"实施意见"、"工作方案"、"部门标准"、"操作规范"、"函"等，还有时效性较短的"暂行规定"、"管理办法（试行）"、"应急预案"等。不少法律法规条文还存在授权对象不明确，笼统规定县级以上人民政府的现象。

从根本上说，必须坚持权为民所授，坚持宪法是根本大法，政府的一切权力必须经过授权，必须具有宪法依据，未经授权的权力不能行使。但完全实现依法治理是个长期的过程，不可能一蹴而就，只能从实际出发，逐步完善。建议今后出台政策性文件必须符合法定职权和法定程序，依法授权，注重以立法引领改革。

对于不合理又不合法的权力事项，建议通过这次梳理职权清单一次性全部废止。如果需要调整的权力事项所依据的规范性文件低于地方性法规和行政规章，建议由制定该文件的职能部门提出对相关条款的修改意见，经省法制办审核，涉及国务院有关部门的与其沟通协商后，由省政府讨论决定。为了提高改革效率，可以一次性下文公布一批修改意见。

对于合法不合理和合理不合法的权力事项，应按法定程序使"法"向"理"靠拢。为此需要抓紧对地方性法规及地方部门行政规章中相关条文的立、改、废。鉴于这样的修改工作数量很大，建议在按法定程序作出修改的基础上，由省人大或省政府批量公布立、改、废的具体条款。涉及立法权在中央的法律法规，建议尽快向中央提出立、改、废的建议。为了提高效率，建议遵循先易后难的原则，首先在部门规章层面整理汇总上报一批，然后在行政法规层面整理汇总上报一批，再进入到法律层面。

对于法律程序不够完备的为阶段性中心工作服务的授权，时效较长的建议通过法定程序予以追认，时效性较短的可以作为过渡性现象，不列入职权清单，但不影响其行使，过期作废。

(二) 建立权力清单动态调整制度

根据执法依据和机构职能调整等变化，以及转变政府职能的要求，及时对公布的权力清单进行调整，按规定程序确认公布，确保权力清单科学有效、与时俱进，确保政府职权管理科学化、规范化、法制化。

(三) 建立行政权力运行流程优化制度

按照规范运行、便民高效的要求，进一步优化行政权力运行流程，减少办事环节，压缩办理时限，简化办事手续，探索推行法定办理时限内的承诺办理时限制度，切实提高权力运行效率。

(四) 建立和完善事中事后监管制度

对于简政放权中取消和下放的审批事项，要抓紧建立主体明确、内容清晰、程序规范的事中事后监管制度，力求使监管可操作、可监督、可追溯，加快实现政府管理方式从注重事前审批甚至"批而不管"向注重事中、事后监管转变，实行"宽进严管"，推进监管重心下移，确保监管真正到位，克服基层容易出现的熟人社会和"领导个人说了算"对依法行政的干扰，避免重蹈"一放就乱"的覆辙。健全违法行政责任追究制度，强化对行政不作为、乱作为的问责，完善问责程序，公开问责过程，明确问责主体和对象，增强行政问责的可操作性。要对群众关注的热点问题，特别是涉及多个部门的事情，列出责任清单。建立机构编制绩效评估制度，优化编制资源配置。

(五) 创新事业单位和社会组织管理制度

政府公共服务职能的转移需要"接盘"。但目前社会组织还不能成为政府转移职能的主要承接者。一是培育社会组织的政策还没有落实到位；二是目前有活动能力、有专业资质、有服务水平，真正能承接政府让渡的公共服务事务的社会组织太少；三是社区的草根组织大多满足于自娱自乐，不愿承担社会责任。因此，政府转移的公共服务职能相当一部分应该由事业单位来承载。这就需要加快推进事业单位的分类改革，实现事业单位的去行政化，发挥事业单位的人才优势，让事业单位充满活力、蓬勃发展。原来依附于政府部门的各种协会在与政府完全脱钩后，依靠人才优势也可以承接一部分政府转移的职能。对于社会组织要培育和发育相结合，政府既要支持，又要尊重社会组织自身发展的规律。必须通过立法来规范社会组织，通过购买服务来支持社会组织，真正体现公正公平管理，使其得到良性发展。要赋予社会组织应有的责任，如评优升级、资格评审、质量管理、价格认定等。按照理顺政府与社会关系的要求，创新社会组织管理制度，加强社会组织培育和监管，提升社会组织承接政府职能转移的能力。

（六）形成以权力清单工作撬动其他改革的机制

把权力清单制度推广到列入党委工作机构序列但依法承担行政职能的部门或单位，在基本确定县级部门权力清单之后适时开展乡镇人民政府和街道办事处的职权清理工作，力争实现权力清单制度的全覆盖。

要深化行政执法体制改革，实行综合行政执法，按照执法重心下移的要求实行属地执法，省级部门主要负责全省面上执法工作的规范管理和监督指导，组织查处跨区域案件或大案要案。

在推进权力清单工作的同时，要联动推进"企业投资负面清单"、"财政专项资金管理清单"和政务服务网建设，使"三张清单一张网"互相协调，统筹推进，不断深化应用，推动服务升级。

要把推行权力清单制度与政府机构改革结合起来，根据部门权力的调整变化，调整优化政府机构设置，实行大部门体制，加快构建"权界清晰、分工合理、职能优化、编制精简、权责一致、运转高效、法治保障"的地方政府职能体系和组织体系。通过职权体系和组织体系的优化，更好地促进政府治理体系的优化，从而实现政府治理的现代化。

（作者单位：浙江省社会科学联合会）

协商民主：中国特色社会主义
对人类政治文明的贡献

倪 迅

改革开放 30 多年来，中国不仅成功地实现了从传统的计划经济到社会主义市场经济的转型，而且在党长期探索中国特色社会主义政治发展道路的基础上，成功地坚持和完善了社会主义协商民主。社会主义协商民主和社会主义市场经济，同样都是中国特色社会主义对人类文明的卓越贡献。

一 协商民主和选举民主相结合是中国特色社会主义民主的"特色"之所在

任何一个国家实行什么样的民主制度，决非主观可以决定的，而是历史的选择、人民的选择。习近平说过："鞋子合不合脚，自己穿了才知道。"一个国家的发展道路合不合适，只有这个国家的人民才最有发言权。也正因为这样，中国人民对于自己在民主政治实践中创造的协商民主，以及协商民主和选举民主相结合的中国特色社会主义民主，倍加珍惜。

这几年，中国的政治体制改革始终是海内外热炒的一个话题。评论我们只推进经济体制改革，不推进政治体制改革的说法似乎很有市场。党的十八大报告指出，改革开放以来，我们"不断推进政治体制改革，社会主义民主政治建设取得重大进展，成功开辟和坚持了中国特色社会主义政治发展道路，为实现最广泛的人民民主确立了正确方向。"一个重要的标志性成果就是：我们创造了协商民主和选举民主相结合的中国特色社会主义民主。

只要顺着协商民主发展的脉络仔细研究，就会发现上面报告里的这段文字并非"官样文章"。真正了解中国政治体制改革的步骤，或者真正懂得中国改革的实际内容的、实事求是的学者就会得出客观的结论。

我国进入社会主义社会后,在经济建设和社会发展中出现这样那样的失误,都同政治上民主的缺失和法制的不足有关。因此,在党的十一届三中全会决定把全党的工作重点转移到经济建设上来以后,邓小平就已经明确:"民主是解放思想的重要条件","为了保障人民民主,必须加强法制。必须使民主制度化、法律化"。后来,他进一步强调指出:"我们要在大幅度提高社会生产力的同时,改革和完善社会主义的经济制度和政治制度,发展高度的社会主义民主和完备的社会主义法制。"

1982年,邓小平在党的十二大上创造性地提出要"走自己的道路,建设有中国特色的社会主义"的时候,也明确指出我们的奋斗目标中包括"高度民主"的要求。根据这样的战略构想,党中央确定了我国政治体制改革的目标,就是要建设中国特色社会主义民主政治。

在这样的思想指导下,我国的人民代表大会制度,中国共产党领导的多党合作和政治协商制度,以及人民政协的工作,都发生了根本的转型。特别是在社会主义民主政治的加快发展过程中,伴随着人民代表大会和人民政治协商会议这"两会"召开的制度化。1991年在"两会"党员负责人会议上,江泽民总结了"两会"制度的特点,第一次提出了我国社会主义民主有两种重要形式的观点。他深刻地指出:"人民通过选举、投票行使权利和人民内部各方面在选举和投票之前进行充分协商,尽可能就共同问题取得一致意见,是我国社会主义民主的两种重要形式。"

这以后,我们不断深化对"两种民主形式"的认识。2006年,在中共中央5号文件中,第一次把我国社会主义有两种民主形式的观点,正式写进党的文件。这个文件指出:"在我们这个幅员辽阔、人口众多的社会主义国家里,关系国计民生的重大问题,在中国共产党领导下进行广泛协商,体现了民主与集中的统一。人民通过选举、投票行使权利和人民内部各方面在重大决策之前进行充分协商,尽可能就共同问题取得一致意见,是我国社会主义民主的两种重要形式。"2007年11月5日,国务院新闻办公室发表的《中国的政党制度》白皮书,第一次把这两种民主形式确认为"选举民主"和"协商民主",并强调"选举民主与协商民主相结合,是中国社会主义民主的一大特点"。"选举民主与协商民主相结合,拓展了社会主义民主的深度和广度。经过充分的政治协商,既尊重了多数人的意愿,又照顾了少数人的合理要求,保障最大限度地实现人民民主,促进社会和谐发展。"

从此开始,"选举民主"、"协商民主"这样的概念就成为中国的政治术语。2011年,中共中央办公厅颁布的《中共政协全国委员会党组关于〈中共中央关于加强人民政协工作的意见〉贯彻落实情况的报告》中,还把"协商民主"这一概念正式写进了中办文件,并且明确肯定了人民政协是我国协商民主的重要形式。

特别是,2012年11月召开的党的十八大,在强调"人民代表大会制度是保证人民当家作主的根本政治制度"的同时,进一步明确了"社会主义协商民主是我国人民民主的重要形式",要"健全社会主义协商民主制度"。这样,就以党代会这一党的最高权力机关通过的报告和决议这种权威形式,从政治上和理论上把选举民主和协商民主这两种民主制度确立起来了。协商民主制度的确立,使选举和协商两种民主形式相结合,成为中国特色社会主义民主的最大特色。

如果把这样的民主理论和民主制度放到世界的大背景去考察,就会发现,尽管我们的民主理念是在"五四"新文化运动期间从西方引进的,西方比我们更早地建立了民主政治制度,但是他们实行的是竞争性的选举民主。对于协商民主,他们才刚刚开始研究。我们的选举民主和协商民主尽管还需要完善,但都已经成型,特别是协商民主更是我们的优势。正是在这个意义上,我们说协商民主是中国特色社会主义对人类文明的卓越贡献。

二 协商民主的魅力来自于中国民主政治的实践

完全可以这样说,中国共产党在开创中国特色社会主义的理论和实践中,可以同社会主义市场经济相媲美的,是社会主义协商民主。那么,这样富有魅力的协商民主是怎样形成的呢?这是需要深入研究的课题。

考察中国协商民主形成和发展的路径,会特别注意到这样四点:

第一,协商民主是在中国共产党领导的统一战线实践中形成和发展起来的。

回顾我国社会主义协商民主形成和发展的历史,它与党的统一战线有着密切的甚至直接的关系。在中国革命漫长而曲折的发展过程中,中国共产党清醒地认识到,由于中国正处在一个经济文化比较落后的半殖民地半封建社会,因此,无产阶级虽然是同社会化大生产相联系的先进阶级,但在数量上却少于同小生产经济相联系的农民阶级和城市小资产阶级,因此必须联合和团结最广大的农民阶级和城市小资产阶级,特别是要把农民作为革命的主力军;与此同时,无产阶级还要争取和团结虽然在数量上不多但在社会上有着广泛影响力的民族资产阶级。根据这样的阶级分析和政治分析,中国共产党在领导革命的过程中,十分注意从中国实际出发,同农民阶级、城市小资产阶级和民族资产阶级结成广泛的统一战线,同帝国主义、封建主义和官僚资本主义展开有力的斗争。在抗日战争时期,毛泽东曾经把"统一战线"和"武装斗争"、"党的建设"一起称为"中国革命中的三个基本问题"、"中国共产党在中国革命中战胜敌人的三个法宝"。

以毛泽东为主要代表的中国共产党人在政治发展过程中,不仅善于分析各个时期阶级变动的状况及其在革命中的政治态度变动状况,确立统一战线的指导思想,而且善于通过正确的方式方法,联系、团结和动员各个革命阶级,建立起能够最大多数地团结一切革命力量的统一战线。那么,党在统一战线中是怎样把各个革命阶级以及与其相联系的党派联合起来呢?靠的就是平等对话、求同存异,这种方式方法在民主政治理论中就叫作协商民主。所以有一种概括的说法是,中国共产党在根据地的民主政权建设中主要用的是选举民主,而在统一战线中主要用的是协商民主。

中国共产党能够在当今明确提出协商民主这一新的民主实现形式,不是偶然的,是有着深刻的实践来源的。这个源头,可以追溯到党的统一战线实践及其积累的丰富经验。

第二,协商民主初创于协商建国的人民政协。

作为组织化制度化的协商民主,可以追溯到1949年在巩固和发展人民民主统一战线过程中协商建国的人民政协。回顾新中国建立的历史,中国共产党决定夺取全国政权,是在1947年秋冬。其标志就是1947年10月毛泽东在《中国人民解放军宣言》中提出的"打倒蒋介石,解放全中国"这个口号。

那么,怎么实现这一目标呢?用什么形式建立新中国呢?毛泽东在1947年12月会议上提出了这个极其重要的问题。他的思路是:通过统一战线来建立新中国,建立一个统一战线的新政权。换句话说,就是要在统一战线内通过同各个民主党派和无党派民主人士的民主协商来建立新中国,建立一个以统一战线为基础的人民民主的新中国。因此,党中央在1948年发表了著名的"五一"口号,号召"各民主党派、各人民团体、各社会贤达迅速召开政治协商会议，讨论并实现召集人民代表大会，成立民主联合政府"。这一重大的决策表明，人民政协即将成为统一战线的组织形式，成为中国共产党领导的多党合作和政治协商制度的重要机构，从而也将成为协商民主的重要渠道。

人民政协，从成立的第一天起，就把没有组织的统一战线发展成为有自己组织的统一战线。这样，就为中国共产党和各个民主党派以及无党派民主人士巩固和发展统一战线找到了一个很好的组织形式。而在这个组织的建立过程中，首先是通过对话、讨论、协商，形成了一个《共同纲领》；然后，参加政治协商会议的各个政党和无党派民主人士都按照这个《共同纲领》工作，研究建立新中国的各项事宜。在新中国成立后，人民政协还代行了几年人民代表大会的职权。在这里简要地回顾人民政协建立的历史和工作特点，可以注意到，公民参与、平等对话、求同存异、形成共识、实现民主，这种民主所追求的正是与公开竞选、少数服从多数的选举民主不同的协商民主。

尽管今天我们所说的社会主义协商民主，是建立在社会主义经济基础之上的，那个时候的协商民主是建立在新民主主义经济基础和各个革命阶级统一战线的政治基础之上的，但在民主形式及其特点上具有很大的相同性，因此，在这个意义上可以说，中国特色的协商民主初创于统一战线巩固和发展过程中协商建国的人民政协。

第三，协商民主和选举民主相结合的民主政治制度，形成于我国从新民主主义到社会主义过渡的历史转变中。

根据《毛泽东传》的记载，经过三年国民经济恢复时期，毛泽东和党中央开始考虑向社会主义过渡。与此同时，中共中央决定着手准备召开人民代表大会、制定宪法。这样，人民政协就要结束代行人民代表大会职权的任务。对此，有些民主党派人士开始有顾虑了，他们担心中国共产党的这一决策对有些党派、阶级、团体会不利，担心经过普选人民代表会把民主党派人士选下去。1953年1月13日，在中央人民政府委员会会议上，毛泽东发表了重要讲话，指出："人民代表大会制的政府，仍将是全国各民族、各民主阶级、各民主党派和各人民团体统一战线的政府，它是对全国人民都有利的。"

值得注意的是，后来在选举人民代表过程中，毛泽东和中共中央非常关注各民主党派和无党派民主人士在各级人民代表大会代表中所占比例以及对他们的安排。1953年6、7月间,中央统战部还召开第四次全国统一战线工作会议,讨论人民代表大会制后统一战线组织问题和民主人士的安排问题。尽管如此,并不是所有人都能够当上人民代表。为了巩固和发展统一战线,也为了让各个民主党派和无党派民主人士更好地发挥政治协商、参政议政作用,毛泽东和党中央做出了一个极其重要的决定,这就是在召开人民代表大会后继续保留人民政协。

至于毛泽东和中共中央为什么要作出这样的决策,毛泽东曾经深刻地说过:'人民代表大会是权力机关,有了人大,并不妨碍我们成立政协进行政治协商。各党派、各民族、各团体的领导人物一起来协商新中国的大事非常重要。宪法草案就是经过协商讨论使得它更为完备的。人大的代表性当然很大,但它不能包括所有方面,所以政协仍有存在的必要。"

这一决策的一个重大理论意义,就是在建立人民代表大会制度后保留人民政协,这样,既可以使绝大多数人的权利能够实现,又克服了西方那种选举民主划分"多数"与"少数",牺牲少数人的民主权利的弊端。这一重大的政治决策,使中国在从新民主主义转变为社会主义的过程中,形成了两种民主形式:人民代表大会主要实行的是选举民主;人民政协作为统一战线的组织形式,实行的是协商民主。

第四,协商民主完善和发展于改革开放伟大实践。

尽管我们在从新民主主义到社会主义过渡的时候,已经设计了人民代表大会制度、中国共产党领导的多党合作和政治协商制度及其重要机构人民政协,形成了选举民主与协商民主结合起来的政治体制,可惜的是,由于我们在经济上实行的是权力高度集中于中央的计划经济体制,进而在政治上也实行了党政不分的一元化领导的政治体制,人民代表大会制度和人民政协都难以充分发挥作用。

改革开放以来,党一方面大刀阔斧地领导经济体制改革,把传统的计划经济转变为社会主义市场经济;一方面积极推进政治民主建设和政治体制改革,完善人民代表大会这一根本政治制度,发挥人民政协这一社会主义民主重要形式的作用,加上发挥基层民主自治的作用,形成了一个全新的民主政治格局。人民政协在这个过程中,也不断推进实践创新和理论创新,创造了许多新鲜经验。党中央在认真总结这些经验的基础上进行了深刻的理论概括。

特别是,党的十八大在党的历史上第一次将"社会主义协商民主是我国人民民主的重要形式"写进党代会的报告,作出了"健全社会主义协商民主制度"的战略决策和工作部署。这个决定的最大意义,是明确了社会主义协商民主是一种制度,人民政协是社会主义协商民主的重要渠道。这一高度概括,使我们更深刻地认识到,在开辟中国特色社会主义伟大道路的过程中,健全社会主义协商民主制度,把它与选举民主结合起来,可以全面推进我国的民主政治建设。

综上所述,中国特色的协商民主也好,两种民主形式也好,都是在中国革命、建设和改革的实践中形成的。正因为这一新生事物来自于我们自己的实践,它才有巨大的生命力和独特的魅力;也正因为它拥有西方民主所没有的特点和优越性,所以,它对人类文明才具有独特的贡献。

三 推进协商民主广泛多层制度化发展是政治体制改革的重要内容

在党的十八届三中全会通过的全面深化改革的宏伟纲领中,引人注目地把"推进协商民主广泛多层制度化发展"作为我国政治体制改革的重要内容提了出来。

要全面推进协商民主的制度化建设,首先要认识和把握协商民主的科学内涵。什么是所讲的协商民主?这就是党的十八届三中全会所指出的:"在党的领导下,以经济社会发展重大问题和涉及群众切身利益的实际问题为内容,在全社会开展广泛协商,坚持协商于决策之前和决策实施全过程。"

这一科学界定,强调了社会主义协商民主的政治前提是党的领导,基本形式是在全社会开展广泛协商,协商内容是经济社会发展重大问题和涉及群众切身利益的实际问题,遵循原则是坚持协商于决策之前和决策实施全过程。这里的关键,是要把党的领导与人民民主、决策的制度化规范化程序化与有效性、民主与民生有机地统一起来,真正造福于广大人民群众。

学习和把握好协商民主的科学内涵,首先要全面推进协商民主的制度化建设。这是因为,协商民主是一种现代民主理论,是一种人民群众可以广泛参与的民主方法,更是一种符合中国国情包括中华文化传统的民主制度。协商民主的制度化建设,是发挥协商民主独特优势的根本保证。正如习近平总书记在党的十八届三中全会明确指出的:"推进协商民主,有利于完善人民有序政治参与、密切党同人民群众的血肉联系、促进决策科学化民主化。"

　　学习和把握好协商民主这一科学内涵，其次要注意"广泛"和"多层"的要求。我们都知道，我国的协商民主是在统一战线和人民政协的实践中发展起来的，但现在协商民主应用的范围已经大大超越了统一战线和人民政协，体现在党的领导工作和执政环节的方方面面。这里所讲的"广泛"，指的是协商民主横向的覆盖范围；"多层"指的是协商民主纵向的布局层级。"广泛"与"多层"相结合，就是在国家政权机关、政协组织、党派团体、基层组织、社会组织都要建立和拓宽协商民主的渠道，深入开展立法协商、行政协商、民主协商、参政协商、社会协商。

　　总之，我们要像党的十八届三中全会所强调的那样，通过不断深化的政治体制改革，在推进协商民主广泛多层制度化发展的过程中，构建程序合理、环节完整的协商民主体系。与此同时，我们进一步把这样一个纵向衔接、横向联动的社会主义协商民主体系，同逐步完善、不断发展的选举民主制度相配套、相促进，更好地把党的领导、人民当家作主、依法治国有机地统一起来，就可以建设一个能够给人民群众真正带来实惠而不是带来社会动荡的社会主义民主。这是一个了不起的伟大工程，一个必将对世界产生了不起影响的伟大工程。

　　　　　　　（作者单位：《光明日报》高级编辑、《同舟》专刊主编）

社会主义协商民主发挥贯彻群众路线
重要渠道作用研究

李 罡

党的十八届三中全会通过的《中共中央关于全面深化改革若干重大问题的决定》指出,"协商民主是我国社会主义民主政治的特有形式和独特优势,是党的群众路线在政治领域的重要体现",深刻概括了社会主义协商民主和群众路线的关系。本文从社会主义协商民主在贯彻群众路线中提供重要渠道和制度保障的角度进行研究。

应该明确的是,目前对于社会主义协商民主的实施渠道和形式都有哪些,具体的内涵有哪些,社会各界从不同的角度,有不同的表述和认识。

党的十八大报告提出"通过国家政权机关、政协组织、党派团体等渠道,就经济社会发展重大问题和涉及群众切身利益的实际问题广泛协商"。十八届三中全会《决定》提出"构建程序合理、环节完整的协商民主体系,拓宽国家政权机关、政协组织、党派团体、基层组织、社会组织的协商渠道。深入开展立法协商、行政协商、民主协商、参政协商、社会协商",增加了"基层组织"和"社会组织"两个渠道。但这两个文件并没有对这些渠道的内涵和外延做描述和界定。

党的十八大报告发布后不久,时任全国政协主席的贾庆林在2012年12月1日的《求是》发文,认为协商民主主要有四个层面的协商,并做了描述和解释:一是中国共产党作为执政党,坚持协商于决策之前和决策之中,就经济社会发展中的重大问题在党内外进行广泛协商。特别是加强同民主党派的协商。二是国家政权机关的立法、决策协商。主要包括人民代表大会的立法协商和政府与社会的协商对话。三是人民政协的政治协商,是协商民主的重要渠道。四是基层民主协商。主要包括恳谈会、听证会、咨询会等多种形式。①

张峰教授认为《决定》依据协商的不同领域划分了五种协商类型，蕴含着分类实施的要求："立法协商主要是人大主导的协商，行政协商主要是政府主导的协商，民主协商（政治协商）主要是政协主导的协商，参政协商是一个新概念，应主要是作为参政党的民主党派和无党派人士承担的，社会协商主要是基层组织和社会组织承担的。这样的划分有助于明确各类协商的主体责任，便于实施"。②

从以上的列举中我们可以看到，对社会主义协商民主实施渠道的划分有不同角度和不同论述，还需要在实践中进一步探索和研究。总体而言，党的十八届三中全会《决定》提出的实施渠道和实施层面，对社会主义协商民主实施渠道的划分具有指向性，可以作为我们未来进一步研究的方向。就我国目前协商民主实际开展的情况来看，以下四种协商民主形式开展地比较广泛，本文也主要从以下四个方面进行研究：一是立法协商，如我们大家熟悉的人大立法论证、听证和评估制度；二是行政协商，例如各种决策听证会等；三是政治协商，包括中国共产党和民主党派之间的政治协商，以及中国共产党在人民政协同各民主党派和各界代表之间的协商；四是基层协商民主。本文通过这四种社会主义协商民主形式的具体实践，来研究社会主义协商民主是如何作为贯彻群众路线的重要渠道而发挥作用的。

一 立法协商与贯彻群众路线

由于党的报告和文件中出现和使用"立法协商"的概念，但并没有给出定义。因此，对于什么是立法协商，目前主要有两类观点，一类认为立法协商主要是在人大开展的，如顾榕昌认为："人大立法协商民主是指具有立法权的人大及其常委会以及具有立法权的人大及其常委会中行使相关立法权限的法定主体，在立法活动中与特定或者不特定主体之间的协商民主活动。"③ 郑万通则在分类中把立法协商归入人大："健全社会主义协商

---

① 贾庆林：《健全社会主义协商民主制度为全面建成小康社会广泛凝聚智慧和力量》，《求是》2012年第23期。
② 张峰：《中共十八届三中全会〈决定〉关于协商民主的创新亮点》，《广州社会主义学院学报》2014年第1期。
③ 顾榕昌、李永政：《人大立法协商民主的实践与探索——以广西为例》，《广西社会主义学院学报》2013年第5期。

民主制度，必须充分发挥人大的立法协商、政府的决策听证、政协的政治协商、同党派团队的协商、决策的民主协商等各种协商民主渠道作用"；一类认为立法协商主要是在政协开展的，如赵吟认为："立法协商一般是指法律法规在制定或者修订的过程中，通过政治协商会议或者其他组织机构充分听取意见的过程，其理论基础为协商民主。"① 胡照洲观点则更加鲜明："从理论上讲，立法协商有广义和狭义两大类别，本文主要是讲指人民政协的立法协商，是一种狭义的特定的概念，极其重要的新概念。因此笔者认为狭义的立法协商主要是指使国家立法权的全国人民代表大会及其常务委员会在正式通过宪法修正草案以及法律、法律决定草案以前，或国务院根据宪法和法律在制定行政法规前，或拥有立法权的地方人民代表大会及其常务委员会在制定地方性法规前，将其草案提交全国政协及其常务委员会或地方政协及其常务委员会进行政治协商，听取意见和建议，而后仍然由全国或地方人民代表大会及其常务委员会或国务院审议决定的一种制度化规范化程序化的过程。"②

笔者认为立法协商是协商民主发展到一定阶段的产物，"立法协商"这个概念的出现应该是这个阶段的反映，但应该明确的是，立法协商不是人民政协专属，虽然目前大量的研究和案例来自于人民政协。立法协商应包含以下内涵：（1）立法协商是在协商民主背景下提出的立法民主化的产物，反映了法律制定过程中人民民主权利的要求；（2）以人大为责任主体，由人大发起和组织实施；（3）包含了人大原有的立法调研以及《立法法》规定的立法座谈会、论证会、听证会等多种形式，立法协商的内涵更加丰富；（4）立法协商是一种制度性规范，需要法律和制度的不断强化与完善。

通过以上界定，明确了立法协商的具体含义。至于立法协商的具体形式，可以参考丁祖年归纳的我国目前立法公开的九种形式，包括：书面征求意见、立法座谈会制度、立法听证制度、公开听取意见会制度、专家论证会制度、网络征求意见制度、法规草案登报征求意见制度、公民旁听常委会会议制度、新闻记者旁听法制委员会会议制度。③ 这些形式实际上也

---

① 赵吟：《立法协商的风险评估及其防范》，《中共浙江省委党校学报》2013年第2期。
② 胡照洲：《论立法协商的必要性和可行性》，《湖北省社会主义学院学报》2014年第1期。
③ 丁祖年、吴恩玉：《立法公开的规范化和实效化探讨》，《法治研究》2013年第3期。

成为立法协商的主要形式。

从立法协商实际开展的情况看,上述九种形式全国各地都有不同程度和不同频度的采用,有的成为常规做法,如书面征求意见、立法座谈会、立法论证会等;有的是时代发展的产物,如立法听证会、网络征求意见制度;有的是各地实施不同,如公民旁听常委会会议制度;有的则是地方首创,其他地方并未实施,如安徽省首创的新闻记者旁听法制委员会会议制度。

从开展立法协商相关法律制度的建设上看,也在逐步完善中。以广东省的立法论证的法律制度发展和完善为例,广东省人大常委会非常重视专家在立法中的作用,2007年广东省人大常委会主任会议通过了《广东省人民代表大会常务委员会立法技术与工作程序规范(试行)》,对哪些法规需要召开论证会、论证会的程序、论证报告的撰写等内容作了详细的规定。2013年,广东省又专门出台了《广东省人民代表大会常务委员会立法论证工作规定》,对立法论证做了专门的界定:"是指按照规定的程序,邀请专家、学者、实务工作者和人大代表,对立法中涉及的重大问题、专业性问题进行论述并证明的活动",将立法论证分为"立项论证、起草论证和审议论证",并对立法论证的方式和程序、立项论证、起草论证和审议论证的具体操作做了具体规定。①

通过立法协商,人大及其常委会通过多种形式,实现了从更广泛意义上关注广大群众利益的目标,基本构筑了人民群众表达利益诉求、实现立法参与的平台。而且,形成了从中央到地方的比较切合实际、比较健全的立法协商制度,这些平台和制度较好地保障了公民的知情权和立法参与权,维护了群众的根本利益,对提高立法质量、保证立法科学性和民主性起到了积极作用。

二 行政协商与贯彻群众路线

对于什么是行政协商,学界有不同的观点和看法。张峰认为"行政协商主要是政府主导的协商"。② 郑万通认为行政协商主要指"政府的决

---

① 广东省人民代表大会常务委员会立法论证工作规定(http://china.findlaw.cn/fagui/p_1/376476.htrnl)。

② 张峰:《中共十八届三中全会〈决定〉关于协商民主的创新亮点》,《广州社会主义学院学报》2014年第1期。

策听证"①。杨丽娟认为行政协商"是一种行政权力的运作机制,是为了更好地实现行政目的,在合法范围内,进行各种方式的交流、沟通与协商"②。赵佛蓉认为行政协商"是指行政机关为了实现特定行政目的、节约行政成本,提高行政相对人对行政决定的可接受性和认可度,而在法定的权限范围内,与行政相对人就行政决定处理的结果进行协调、沟通以实现行政任务的活动"。③ 前两位学者是从党中央文件解读的角度来解读的,后两位是从法学角度提出来的。这些解读和分析,相信可以帮助我们对行政协商的内涵有更深刻的了解。

至于行政协商的形式,岳阳在研究中将其分为两种类型:"当前行政领域中的协商,既表现为社会协商对话在行政领域的制度形式,如听证会、恳谈会、新闻发布会等制度形式,也包括为实现其他行政行为目的而采取的具有协商实质的临时性措施,如行政诉讼中的协商、行政合同中的协商、行政复议中的协商、行政调解中的协商等。"④ 我们主要关注制度形式的行政协商,特别是采用比较多的听证制度。

以公共听证制度发展为例,我国于1996年在《行政处罚法》中引入以美国《联邦行政程序法》为代表的公共听证制度,又先后在《价格法》、《立法法》、《环境影响评价法》、《行政许可法》、《城乡规划法》等众多法律法规中确立了公共听证制度,将其作为吸纳民意、凝聚共识的重要制度渠道。根据上述规定,许多省市在价格领域、环保领域、规划领域等已经举行过为数众多的听证会,对公共听证制度进行了多年的积极探索,积累了相当丰富的经验。同时,在我国许多省市的行政决策立法中,也规定了关于公共听证的原则和制度。例如,《湖南省行政程序规定》第38条规定:重大行政决策有下列情形之一的,应当举行听证会:(一)涉及公众重大利益的;(二)公众对决策方案有重大分歧的;(三)可能影响社会稳定的;(四)法律、法规、规章规定应当听证的。⑤ 此外,全国多

---

① 郑万通:《贯彻落实中共十八大精神 健全社会主义协商民主制度》,《理论研究》2012年第4期。
② 杨丽娟:《行政协商机制及其适用原则考略》,《人民论坛》2012年第35期。
③ 赵佛蓉:《行政协商基本问题探析——以其性质界定为基点》,《重庆电子工程职业学院学报》2013年第6期。
④ 岳阳:《行政协商的法制化研究》,东北师范大学硕士学位论文,2012年。
⑤ 参见许传玺《公共听证的理想与现实——以北京市的制度实践为例》,《政法论坛》2012年第3期。

个地方相继出台了关于重大行政决策的规章和规范性文件，对听证程序也都做出了具体规范，公共听证已成为我国各地公众表达民意、参与行政过程的重要渠道，成为行政法治的重要组成部分。刘佳义指出，"随着政府决策民主化进程的加快，在全国各地涌现了许多政府与社会协商对话的形式，其中，决策听证会较具有代表性。它是公民参与决策的重要一环。其中价格决策听证因为涉及群众切身利益，举行得最多。人大立法协商和政府决策协商，是近年来我国协商民主实践的创造性发展"①。

北京市从 20 世纪 90 年代起，就开始在价格决策领域引入听证制度。1998 年，北京市通过并颁布了《北京市实施价格听证会制度的规定》，是当时地方价格听证制度中位阶最高的规范性文件。迄今为止，北京市已颁布多种涉及公共听证的地方性法规和规章，包括《北京市城乡规划条例》、《北京市行政处罚听证程序实施办法》、《北京市实施行政许可听证程序规定》等；此外，还制定了一些规范性文件，如《北京市人大常委会立法听证工作规程》、《北京市政府价格决策听证办法实施细则》、《北京市规划委员会规划许可听证程序规定》、《北京市行政复议听证规则》等。北京市公共听证已经覆盖关系国计民生的重点领域，如价格听证，包括公用事业价格、公益性服务价格、自然垄断经营的商品价格等政府指导价、政府定价实施的听证会制度；如规划听证，包括在涉及公共利益的重大规划许可或直接涉及申请人与他人之间重大利益关系的规划许可中组织的相关听证；如环境保护听证，包括在实施涉及公共利益的重大环境保护行政许可，或环境保护行政许可直接涉及申请人与他人之间重大利益关系时组织的相关听证；如正处于探索阶段的重大行政决策听证等。②

沈亮、赵佛蓉总结了行政协商的特点和在发挥社会主义民主中的作用："发轫于'协商民主'理论，突破传统行政法理论的窠臼，补充现代公共行政合法性基础，有效回应中国官民矛盾激化困境，行政协商的提出是恰逢其时，顺时应势的。对于正处于'形式法治'下的我国，行政协商的出现与实践将引领中国行政法制的'单项对立'模式走向'协商对话'模式，

---

① 刘佳义：《大力发展社会主义协商民主》，《人民日报》2012 年 12 月 24 日。
② 参见许传玺《公共听证的理想与现实——以北京市的制度实践为例》，《政法论坛》2012 年第 3 期。

实现和谐行政法律秩序的构建，促进法治的实质进程。"①

三 政治协商与贯彻群众路线

中国共产党领导的多党合作和政治协商制度是我国基本政治制度，在此基础上开展的多党合作的协商民主和人民政协的协商民主，是社会主义协商民主的重要渠道和平台，长期以来在贯彻群众路线方面发挥了重要作用。可以说，"中国共产党领导的多党合作和政治协商制度，是我国协商民主的'开路先锋'，为我国协商民主的继续推进积累了宝贵资源，同时也是我国协商民主的重要推动力"。②

根据《中共中央关于进一步加强中国共产党领导的多党合作和政治协商制度建设的意见》，中国共产党与各民主党派之间的党际政治协商是通过中国共产党与各民主党派之间的直接政治协商，以及中国共产党在人民政协同各民主党派进行政治协商这两种基本方式进行的。

中国共产党与各民主党派之间的直接政治协商，一般是由中共中央主要领导人邀请各民主党派主要领导人和无党派代表人士举行民主协商会，就中共中央将要提出的大政方针问题进行协商。中共中央主要领导人也会根据形势需要，不定期地邀请民主党派主要领导人和无党派代表人士举行高层次、小范围的谈心活动，就共同关心的问题自由交谈、沟通思想、征求意见。中共还会通过召开民主党派、无党派人士座谈会，通报或交流重要情况，传达重要文件，听取民主党派、无党派人士提出的政策性建议或讨论某些专题，这种会议大体每两月举行一次。除会议协商以外，民主党派中央可向中共中央提出书面建议，也可约请中共中央负责人交谈。③

中国共产党在人民政协同各民主党派进行政治协商，按照《决定》的要求，重点是"推进政治协商、民主监督、参政议政制度化、规范化、程序化"，以及"拓展协商民主形式，更加活跃有序地组织专题协商、对口协商、界别协商、提案办理协商，增加协商密度，提高协商成效。在政协

---

① 沈亮、赵佛蓉：《行政协商的提出与证成——以转变中国行政法制模式为出发点》，《成都行政学院学报》2013 年第 5 期。
② 刘佳义：《大力发展社会主义协商民主》，《人民日报》2012 年 12 月 24 日。
③ 钟宇海：《建国后中国共产党与民主党派关系研究》，硕士学位论文，浙江农林大学，2010 年。

健全委员联络机构，完善委员联络制度"。① 中国共产党在人民政协同各民主党派和各界代表人士的协商，主要形式有：政协全体会议，常务委员会会议，主席会议，常务委员专题协商会，政协党组受党委委托召开的座谈会，秘书长会议，各专门委员会会议，根据需要召开由政协各组成单位和各界代表人士参加的内部协商会议等。

人民政协是我国特有的专门从事协商的政治组织，具有独特的历史发展背景和优势。到目前为止，人民政协已经建立和完善了五级完整的组织体系：全国、省级、副省级、地级和县级政协。人民政协开展的政治协商、参政议政、民主监督的内容具有政治性和全局性，其主要职能是政治协商和民主监督，组织参加本会的各党派、团体和各族、各界人士参政议政。杨勇认为，"人民政协的基本属性、主要职能、组织构成、工作原则和活动方式，决定了该协可以为不同社会主体的利益协调和平衡提供技术上的操作性和程序上的可行性，使得各种利益之间的谈判、协商和妥协成为一种经常、普遍而现实的政治过程"。② 何包钢也认为，"中国的协商民主，要么与地方人大制度相联系，要么与政协制度相衔接。这种体制内的协商民主固然也有缺点，但比澳洲体制外的协商民主实验也有其优势""政协还是国家沟通社会各阶层、发扬与扩大民主的重要方式。政治协商制度发展到今天，已经成为容纳各民主党派和社会各界的议事机构，并且成了中国政治决策的重要一环：政协进行协商，人大进行决策，政府负责执行"。③ 余季平、洪光则认为，人民政协在新时期发挥了利益表达功能、决策咨询功能、团结合作功能、民主监督功能、社会疏导功能，另外，"政协组织代表面广，政治包容性强，对各种社会政治力量具有亲和力，可以起到政治'缓冲带'、社会'减压器'和'稳定器'的作用。对一些可能影响社会稳定的现象或苗头，能及早提出预判，提出处理意见和建议，帮助党委和政府及时有效解决各种矛盾和问题，消解各种不稳定因素，从而达到协调关系、疏导情绪、化解矛盾、消除阻力、增加助力、形成合力的效果，有利于营造公平和谐的社会氛

---

① 张峰：《明确协商民主在国家治理体系中的重要地位》，《人民政协报》2014年1月23日。
② 杨勇：《关于人民政协法制化问题的探讨》，《中国政协》2009年第1期。
③ 何包钢：《从协商民主看政治协商会议》，《学习时报》2009年10月19日。

围和安定团结、民主和谐、生动活泼的政治局面"。①

四 基层协商民主与贯彻群众路线

基层协商民主指在乡村、城市社区和企业等基层展开,主要形式有民主恳谈会、社区论坛、民主评议会等。其中尤以乡村协商民主发展最为突出。

全国范围内最早的是起于20世纪90年代末的浙江温岭"民主恳谈"模式,即基层群众、组织和社区等利益相关方借助规范的制度平台,并通过意见表达、对话沟通、协商讨论的形式,在达成共识的基础上做出符合公共利益的决策的民主形式。温岭"民主恳谈"模式具有起步早(20世纪90年代末)、涉及面广(非公有制企业、城镇社区、事业单位和市政府部门)、形式多(民主沟通会、决策听证会、村民议事会)等特点。

景跃进认为,温岭模式的意义在于为中国基层民主政治的发展提供了一种新的切入途径;由于不直接冲击既有的权力结构,改革阻力和政治风险大大降低,且调整的利益幅度不是很大,容易为各方所接受;温岭模式选择的改革路径易于充分利用传统资源。"中国共产党人在长期的革命实践中,发展出来的许多工作方法是颇有成效的,其中群众路线便是经典的理论概括。但这方面存在的问题是,很大程度上它仅被视为一种'工作作风',一种'联系群众的方法',一种有利于政策制定和落实的途径。因此,领导开明时群众路线畅通,干群关系密切,政策失误的概率降低;而一旦领导自以为是,出现相反情形的可能性就大大增加。在历史上我党一而再、再而三地作出决策,要密切联系群众,要恢复优良传统,这一事实本身表明需要找到一种将群众路线加以制度化的机制,使得群众路线的贯彻不以个别领导人的意志为转移。温岭模式可以说是在新的历史条件下在这方面做出的有益尝试。"②

近年来,全国各地还总结、提炼了多种农村协商民主的模式,如河北青县的村民代表会常设制、重庆开县麻柳的"八步工作法"、河南邓州"4+2"工作法、江苏沛县村级事务"1+5管理法",以及北京在全区县

---

① 余季平、洪光:《中国特色协商民主的主要载体和实践形式》,《学习时报》2010年5月17日。

② 景跃进:《行政民主:意义与局限——温岭"民主恳谈会"的启示》,《浙江社会科学》2003年第1期。

推广的"八步工作法"等。这些基层协商民主的共同点是以村党支部为核心或领导下进行的,体现了党的群众路线和协商民主的有机结合。

通过基层协商民主的方式,涉及利益的各方群众能够有平台就各自的观点进行交流,表达自己的意愿,同时倾听别人的诉求,最后修正偏好或实现偏好的转移,从而对公共利益达成共识。这些过程,也正是我们走群众路线的基本路径和要达到的根本目的。

总之,社会主义协商民主在中国进行体系化的推进还是刚刚开始,我们要在中央文件精神和政策指引下,在社会主义民主实践中不断探索和完善协商民主的载体、形式和内容。我们要认识到,推进协商民主,贯彻党的群众路线,是我国开展社会主义民主的一项长期工作。社会主义协商民主的发展水平,反映了群众路线贯彻的广度和深度,需要我们在顶层设计上积极思考,在基层实践中不断探索。党的十八届三中全会的《决定》提出了全面深化改革的总目标:"完善和发展中国特色社会主义制度,推进国家治理体系和治理能力现代化"。治理本身体现了多元化的特点和要求,而社会主义协商民主、党的群众路线也是强调多元主体利益的利益表达,所以,我们对社会主义协商民主和群众路线关系的认识,也要放到这个总目标中来思考。只有这样,才能坚持人民主体地位,才能最大限度地调动人民群众的主动性、积极性,才能为中华民族的伟大复兴奠定基础。

(作者单位:北京市委党校)

国家治理体系关系社会主义成败[*]
——从"以俄为师"到"以苏为鉴"

董 瑛

国家治理体系是在党的领导下治理国家的各领域体制机制所构成的制度体系,是国家制度及其治理能力的集中体现。国家治理体系好坏,关系到国家政权兴衰,关系到社会主义成败。推进国家治理体系现代化,是科学社会主义事业和国际共产主义运动的共同课题。习近平总书记指出:"怎样治理社会主义社会这样全新的社会,在以往的世界社会主义中没有解决得很好。马克思、恩格斯没有遇到全面治理一个社会主义国家的实践,他们关于未来社会的原理很多是预测性的;列宁在俄国十月革命后不久就过世了,没来得及深入探索这个问题;苏联在这个问题上进行了探索,取得了一些实践经验,但也犯下了严重错误,没有解决这个问题。"[①] 因此,根据党的十八届三中全会和习近平总书记系列讲话精神,总结苏共在国家治理体系构建中"犯下的严重错误",从新的视角剖析苏共亡党亡国的根本性原因,对中共全面深化改革,推进国家治理体系和治理能力现代化,实现苏联模式的社会主义("以俄为师")到中国特色社会主义("以苏为鉴")的改革转型具有重大的镜鉴意义。

一 从国家治理体系再看苏共亡党

苏联共产党是20世纪人类社会的第一个共产党,是世界上第一个社

---

[*] 本文为国家社科基金2014年度重点项目《深化党的建设制度改革研究》(14ADJ003)阶段性成果。

[①] 习近平:《切实把思想统一到党的十八届三中全会精神上来》,《求是》2014年第1期。

会主义国家的创建者，也是至今世界上执政时间最长的执政党。苏共前身是 1898 年成立的俄国社会民主工党，1903 年改称为布尔什维克党（列宁确认的苏共建党时间），1917 年十月革命胜利后布尔什维克党开始执政，1918 年改称为俄共（布），1925 年改称为联共（布），1952 年改称为苏共，1991 年亡党亡国。

1991 年 8 月 24 日，戈尔巴乔夫辞去苏共总书记职务，号召苏共中央自行解散，各加盟共和国的共产党和地方党组织自行决定自己的前途，下令停止各政党和政治运动在军队、内务部等各级军事机关和国家机关中的活动。8 月 25 日，苏共中央书记处发表声明，"苏共中央应该通过一个艰难的，但诚实的决议——自动解散"。8 月 27 日，以共产党员占最大比例的苏联最高苏维埃紧急会议，以 283 票赞成、29 票反对、42 票弃权的压倒性多数通过决议，宣布苏共停止在苏联全境的活动。四个月后，以苏共解散换取国家统一的苏联梦再次破产。1991 年 12 月 25 日，戈尔巴乔夫向全世界发表《告苏联公民书》，宣布"终止自己以苏联总统身份进行的活动"。12 月 26 日，苏联最高苏维埃共和院举行最后一次会议，正式宣布苏维埃社会主义共和国联盟停止存在。

一个曾经有着 93 年建党史、74 年执政史、近 2000 万党员的世界性大党，一个曾经作为国际共产主义运动及殖民地半殖民地国家和社会主义国家的引领者，一个曾经与美国抗衡半个世纪且创造了多项世界第一的大国，在一无内部造反起义、二无外部强敌入侵、三无重大灾害的情势下亡党亡国，分裂为 15 个大小不一且备受西方挤压和分化的独联体国家，成为世界国家治理研究、政党研究和政治文明建设的典型案例，成为科学社会主义建设不得不读的教科书。

苏共执政 74 年间，建立了苏联模式的国家治理体系。国家治理体系作为一个国家制度及其治理能力的集中体现，关系到党和国家的生死存亡。邓小平在《党和国家领导制度的改革》重要讲话中强调：集中体现为国家治理体系的"领导制度、组织制度问题更带有根本性、全局性、稳定性和长期性。这种制度问题关系到党和国家是否改变颜色"，"制度好可以使坏人无法任意横行，制度不好可以使好人无法充分做好事，甚至走向反面"。① 根据邓小平同志的科学论断，可从国家治理体系的新视角，剖析苏

---

① 《邓小平文选》第 3 卷，人民出版社 1994 年版，第 333 页。

共亡党亡国的根本性原因。

1. "权力过分集中"的"议行监合一"①畸形权力结构，是苏联国家治理体系的核心标志，也是苏共亡党亡国的"总病根"②。苏共自斯大林执政时起，党和国家权力没有科学合理分工，决策权、执行权和监督权高度合一，"权力过分集中于个人或少数人手里"，"个人凌驾于组织之上，组织成为个人工具"，③生成并固守"议行监合一"的畸形权力结构模式。列宁执政期间，从一系列执政危机事件中，深感"权力过分集中"的权力结构是导致官僚主义复活的制度根源。于是，他致力于国家治理体系和党内权力结构的顶层设计和改革实践。特别是在生命弥留之际，他顶层设计了社会主义执政党第一张"议行监分开"的权力结构，即决策权（党代会）产生和统驭两个相平行的权力——执行权（党委会）与监督权（监委会）。而继任者斯大林及其后的苏共党人，抛弃了列宁的顶层设计原则和改革实践，不但将决策权与执行权"过分集中于个人或少数人手里"，而且将异体监督权矮化为同体监督权，即执行权的附属权甚至是政治清洗的工具，始终没有构建起不敢腐、不能腐、不易腐的权力结构和关住权力的制度笼子，个人或少数人集决策权、执行权和监督权于一身，出现一个个一人治的"一把手"极权体制。斯大林由苏共中央总书记兼任人民委员会主席（政府总理）、国防委员会主席和苏联武装部队总司令，赫鲁晓夫由苏共中央第一书记兼任部长会议主席（政府总理）、最高国防委员会主席，勃列日涅夫由苏共中央总书记兼任最高苏维埃主席团主席、国防委员会主席，戈尔巴乔夫由苏共中央总书记兼任苏联总统、国家首脑及苏联武装力量最高总司令、国防委员会主席。

几十年来，苏共把这种"议行监合一"的权力结构模式，作为国家治理体系及其政治体制的核心构件，不断固化甚至极化，始终没有实现国家治理体系和权力结构的现代化。据此，这种"牛栏关猫"式的"议行监合一"权力结构，在和平时期产生一种自由落体加速度的现象：执政时间越长，职务职位越高，权力加速并过分集中个人的程度越严重，权力垄断腐败并溃败的程度越严重。最终苏共蜕变为"唯一一个在他们自己的葬礼上

---

① 参见李永忠、董瑛《苏共亡党之谜：从权力结构之伤到用人体制之亡》，商务印书馆2012年版，第4—8页。
② 参见《邓小平文选》第3卷，人民出版社1994年版，第329页。
③ 《邓小平文选》第3卷，人民出版社1994年版，第329页。

致富的党"①。

2. "武大郎店铺"式的等级授职制用人体制，是苏联国家治理体系的第二大标志，也是苏共亡党亡国的第二大原因。等级授职制作为封建时代的一种组织制度，犹如《水浒传》里的主人公之一——武大郎，在选人用人上形成高我者莫来、强我者不用的制度惯性，是现代社会廉洁政治的直接对立物。因此，早在140多年前，马克思在总结巴黎公社的伟大精神时就指出："用等级授职制去代替普选制是根本违背公社的精神的。"② 苏共长期守成斯大林创制的"武大郎店铺"式用人体制，以对一把手的忠诚度、归顺度和利益度为考量，等级授职、层层任命，矮子当家、庸人治国，层层弱化、代代矮化，形成以"一把手"为核心的"管理层控制"，在用人生产线上不断复制庸才、奴才，压制人才、英才，干部队伍陷入帮派化、平庸化和腐败化的陷阱。由此，形成四个定律，即大都对前任领导重用的人不用，对比其能力强的人不用，对其没好处和不忠诚的人不用，对其提意见建议的人不用。

由此，苏共任人唯亲现象严重。斯大林编制了一套《干部职务名册》，所有干部都按花名册层层任命。斯大林主要控制《名册》第一、第二号名单，常常插手第三号名单。政治局委员的名单基本由斯大林一个人事先拟好，再拿到相关会议通过一下，将等级授职制制度化、常态化，并被苏共沿用几十年。斯大林还开创了无产阶级政党领导人指定提拔子女及身边人员之先河。斯大林的小儿子瓦西里19岁参加空军，25岁就指定提拔为少将，两年后（1948年）又提升为莫斯科军区空军司令、中将。为此事，斯大林亲自给前苏联空军司令诺维科夫打电话，询问如何看待授予瓦西里少将军衔的问题。诺维科夫回应说，按规定，授予将军衔的人须经过军校培训。斯大林当即以命令的口吻说："不需要，就授衔问题打报告，报一个总的名单就行了。"1946年3月2日，授予瓦西里少将军衔；3月14日，就解除了诺维科夫苏联空军司令职务，随后将其逮捕判刑。更为离奇的是，斯大林先后将其厨师、食品采购员等身边人员分别授予不同的勋章和将衔。赫鲁晓夫、勃列日涅夫等同样任人唯亲，纷纷指定提拔自己的亲属和身边工作人员。

---

① 转引黄苇町《苏共亡党十年祭》，江西人民出版社2002年版，第258—259页。
② 《马克思、恩格斯、列宁、斯大林论巴黎公社》，人民出版社1971年版，第55页。

同时，职务终身制现象也非常严重。苏共历史上的七任最高领导人，其中5人职务终身，死在最高权力岗位上，如斯大林执政30年、74岁身亡，勃列日涅夫执政18年、76岁身亡，2人政变下台，如赫鲁晓夫；总体上讲，苏共领导人的德才素质、执政能力和国内外声望层层弱化，治理能力代代矮化。"武大郎店铺"式的杰出代表——勃列日涅夫"三多"（笑话最多，出洋相最多，使用平庸干部最多），禁止改革，推行老年政治，"维稳"执政18年。其间，中央政治局和书记处成员只更换12人，中央委员平均年龄60岁左右，政治局、书记处成员平均年龄70岁左右，核心成员平均年龄75岁左右，大多任期超过20年并职务终身。因此，等级授职制的用人体制，不仅使苏共错失了自我革新、自我净化的最佳机遇和条件，吏治腐败愈演愈烈，加速了"社会公仆变为社会主人"，同时，"能力不足"由个别人的缺点逐渐演变为不少组织和一批人的危险，"本领恐慌"由本代人的缺陷逐渐演变为不少下代组织和一代人的危险，最终无人无能替"天下"负责。

3. 各种特权利益阶层所构成的既得利益集团及其阻碍机制，是苏联国家治理体系的第三大标志，也是苏共亡党亡国的第三大原因。苏共执政期间，先后培植了"圣剑骑士团"（斯大林打造）、"乌克兰帮"（赫鲁晓夫打造）、"第聂伯罗帮"（勃列日涅夫打造）、克格勃集团、军工集团、太子党、秘书党等各种帮派、特权利益阶层，形成了以各级"一把手"为核心的党政官僚领导阶层，以编造苏联历史、粉饰社会现实和鼓吹个人崇拜为己任的知识分子阶层，以控制、打击和镇压不同政见者为使命的军警阶层等各种既得利益集团。

这些既得利益集团成员，按官职大小享受制度化的特殊住房、特殊钱袋、特殊供应、特殊医疗、特殊车辆、特殊休假等"内部待遇"，如斯大林"专用别墅"超过100所，勃列日涅夫仅莫斯科郊外别墅就有6所；一个部长当时除工资外可得到"钱袋"（信封）两万多卢布；高级干部每年可享受两个半月的休假。同时，他们不断为自己及其亲属子女和身边人员谋取非制度化的特权，凡是高级官员的子女，从幼儿园到大学均有培养他们的专门机构或保送入学的制度，高级军官的儿子则直接送军事院校；仅莫斯科的特供商店就有100多个，有4万多各类领导干部及其亲属享受。由此，他们成为苏共旧体制的忠诚守夜人和最大受益者。勃列日涅夫能力平庸，1974年中风后仍主政8年，发音不清，开会只能维持15—20分钟，无法正常会见。1979年他提出退休，却遭到全体政治局委员的一致反对。尤其是既得利益集团停止、禁止改革，先后扼杀了赫鲁晓夫的"非斯大林化"改革、柯西金的"新经济体制改革"、戈尔巴乔夫的"新思维"改革等，成为推进国家治理现代化和改革转型的强大阻碍机制。但是，在党和国家面临危难和分裂之时，他们又成为旧秩序的最先背叛者和坚定掘墓人。据统计，前苏联权贵阶层在苏联解体后的新的国家权力格局中占最高领导层的75.0%，占政党首领的57.2%，占议会领导的60.2%，占政府部门的74.3%，占地方领导的82.3%，占商界精英的61%。[①]

4. **高度集中的经济结构、高度固化的社会结构和日益疏离的党群干群关系，是苏联国家治理体系的第四大标志，也是苏共亡党亡国的第四大原因**。尽管斯大林1936年宣布基本建成了社会主义并向共产主义过渡，赫鲁晓夫提出20年内"建成共产主义"，勃列日涅夫宣布建成了"发达的社会主义"；尽管苏联在半个多世纪的社会主义建设中，创造了许多世界第一，用30年的时间完成了西方国家200年才完成的工业化，建造了世界上第一座核电站、第一批喷气式客机、第一批洲际弹道火箭，发射了世界上第一个和第二个卫星、第一个空间探测器，发回了世界上第一张月球图片，第一个将人类送入太空，拥有足以震慑美国并摧毁人类50次的核弹头，但是，苏联形成了以重工业和国防军事工业为主导的畸形经济结构，排斥市场经济和价值规律，用计划手段和行政命令方式配置和主导资源，走上了以牺牲人为代价的物的现代化道路，对全民的"和平、面包、自由、民主"政治承诺始终没有实现，苏共始终没有搞清楚什么是社会主义、怎样建设社会主义这一根本问题。

同时，在"议行监合一"畸形权力结构和"武大郎店铺"式的等级授职制用人体制的强力护卫下，两极分化不断拉大，党群关系不断恶化，特权思想和特权现象日益泛滥，民生民主民权日益困顿，形成了高度同质化、板结化的社会结构。职位得以代际传承，特权得以代际传承，而普通民众、社会底层、弱势群众同样是代际传承。列宁创建、二战积累的苏共执政信用体系和社会价值体系逐渐崩溃，苏共无力解决执政基础和执政合法性问题。1989年苏联人均国民收入不到发达资本主义国家的1/9；人均消费水平由1917年的世界第7位，到1990年降至世界第77位。

---

① 参见张树华《过渡时期的俄罗斯社会研究》，新华出版社2001年版，第88页。

苏联解体前的民意调查显示，认为苏共仍能代表全体工人和人民的仅占11%，而代表官僚、干部和机关工作人员的高达85%。① 因此，在苏共亡党前的一年多时间，包括原政治局候补委员、书记处书记、莫斯科市委书记叶利钦，政治局委员、书记处书记、总统首席顾问雅科夫列夫，莫斯科市长波波夫、列宁格勒市长索布恰克等，退党人数共达400多万人。在一系列解共、分共活动中，近2000万党员、2600多万团员、1亿多工会会员，43万个基层党组织，都没有发挥保驾护航作用，广大群众异常平静，相反外国人高度紧张。

在关乎党和国家前途命运的一系列重大事件中，广大民众包括普通党员与执政党及其领导人的意志和愿望严重分离。1989年1—3月，在首届全国人大代表选举中，公众的态度："凡是共产党厌恶的人，无论是谁，都一定是英雄"，凡"与共产党官员竞争的候选人都取得了胜利"。苏共1500名按地区提名的候选人，有30%的州委书记和边疆区委书记落选，取胜对手大都为非知名人士或党外人士。1989年3月，叶利钦以89.6%得票数成功竞选为全国首届人大代表，以替补的方式成为苏联最高苏维埃代表。1991年6月，俄罗斯首届民选总统选举，叶利钦以57.3%的得票当选，原苏联政府总理雷日科夫得票仅为16.85%，其他三名共产党候选人共得票13.97%。此后，苏联副总统亚纳耶夫、总理帕夫洛夫、国防会议第一副主席巴克拉诺夫、克格勃主席克留奇科夫、国防部长亚佐夫、内务部长普戈等人发动了"八·一九"事件，成立8人组成的国家紧急状态委员会，软禁了戈尔巴乔夫，包围了叶利钦住所和白宫，宣布从1991年8月19日4时起实施为期6个月的紧急状态。但是，关键时刻，不仅空军司令、空降兵司令、海军司令、战略火箭司令表示不支持紧急状态委员会，莫斯科军区塔曼摩托化师的部分部队掉转枪口，用坦克和装甲车保卫叶利钦办公的白宫；而且广大民众在莫斯科红场和白宫前聚会，反对和声讨紧急状态委员会，支持非党的叶利钦重建新的国家治理体系。

5. 监察机构的虚弱性、工具性所形成的同体监督体制，是苏联国家治理体系的第五大标志，也是苏共亡党亡国的第五大原因。监督权的配置，是国家治理体系的重要构件，也是执政党制度建设和反腐倡廉建设的重要

---

① 参见王长江《苏共：一个大党衰落的启示》，河南人民出版社2002年版，第270—271页。

内容。列宁晚年顶层设计并努力构建具有"最大限度的独立性"的异体监督机关，设立"一个同中央委员会平行、由党的代表大会民主选举产生的监察委员会"，特别赋予监察委员会与同级党的委员会平行配置、二者职责、职务分开、前者对后者专司监督制衡的权力，规定"监察委员会委员不得兼任党的委员会委员，也不得兼任负责的行政职务"；特别赋予监察委员会委员出席同级党的委员会和苏维埃委员会的一切会议以及同级党组织的其他各种会议的权力，对于监察委员会的决议，同级党的委员会必须执行，不得加以撤销；特别赋予中央监察委员会对中央政治局、书记处、总书记的监督制衡权力；特别赋予中央监察委员会委员"享有中央委员的一切权利"，"经常检查政治局的一切文件"的权力。但是，列宁逝世后，斯大林将列宁努力构建的异体监督体制改造为同体监督体制，将监督机关与执行机关权能、职责、职务混合配置，党内监督机关被异化为党内执行机关特别是"一把手"排斥异己、政治清洗、阶级斗争的工具。

这种同体监督体制，上级监督太远、同级监督太软、下级监督太难，成为其始终难以摆脱的宿命；事前基本没有监督、事中基本难以监督、事后基本不是监督，成为其始终难以破解的体制之弊。监督机关既无法对执行机关特别是"一把手"进行监督制衡，更无法组织打赢反腐败这场没有硝烟的人民战争。故此，苏共执政期间，其腐败案件每十年增长一倍。

如身为苏联党和国家最高领导人的勃列日涅夫，不仅自己带头搞腐败，包养7个情人，收受大量黄金、宝石和汽车等珍贵礼物；而且包庇其女婿丘尔巴诺夫的贪腐行为，其女婿由一名普通民警被破格提拔为中将、内务部第一副部长，并利用职权贪污受贿，勃列日涅夫死后才被查处并判刑；其儿子尤里被提拔为外贸部第一副部长，其弟弟被提拔为副部长。

二 中共从"以俄为师"转向"以苏为鉴"

中共是在苏共和共产国际的帮助、指导下，20世纪国际共产主义运动中成立的第34个共产党组织，是截今世界上规模最大的执政队伍（截至2012年底，党员总数8000多万，基层党组织420.1万，公务员708.9万），占全世界共产党员总数的85%。中共从"以俄为师"转向"以苏为鉴"，建设和发展中国特色社会主义的伟大实践，对科学社会主义建设和国际共产主义运动，具有典范意义。

马克思恩格斯逝世以后，列宁、斯大林先后成为世界无产阶级革命和社会主义事业的领袖人物,苏共成为国际共产主义运动的中心,苏联成为世界社会主义国家和殖民地半殖民地国家学习的典范。中共作为苏共创建并主导的共产国际的重要成员,中国作为苏联"老大哥"主导的社会主义阵营的重要"学生",在中国革命、建设时期,曾"以俄为师",按照"苏联模式"建党、革命、建政和建设,受苏联国家治理体系影响较深。正如苏联解体5年前(1986年9月29日),邓小平会见波兰统一工人党中央第一书记、国务委员会主席鲁泽尔斯基时所说:"我们两国原来的政治体制都是从苏联模式来的。"①

具体表现在五个方面:一是思想理论上,中共把列宁主义作为中国革命、建设和改革的重要指导,甚至一度把斯大林主义作为中国革命、建设的"绝对"指导;二是组织结构上,中共曾是苏共指导和共产国际领导甚至控制的一个支部,中共的组织体系和权力结构带有明显的"布尔什维克化";三是道路探索上,中共曾依照"苏联模式"建党、革命和建设,一度实行"一边倒"外交政策,甚至把苏联经验绝对化、神圣化,构建的高度集权的计划体制模式影响至今;四是监督体制上,中共基本"照搬"苏共同体监督模式;五是干部人才上,苏共向中共输出了"权力过分集中"的用人体制,并为中共培养了朱德、陈云等大批革命、建设人才,甚至改革时期的中共领导人江泽民、李鹏等先后在苏联留学过。中共照搬"苏联模式",曾建立高度集权的计划体制模式和国家治理体系,虽经改革开放30多年的创新转型,但现行国家治理体系还没有完全打破"苏联模式",在政治体制的某些方面仍然带有"苏联模式"特征。

历史表明,"社会主义究竟是个什么样子,苏联搞了很多年,也没有完全搞清楚"②。新中国成立以来,对苏联国家治理体系的制度弊端、危害及其对中共的历史影响问题,中共有一个逐渐认识—总结借鉴—改革转型的过程,总体上看,是从"以俄为师"转向"以苏为鉴"。主要是改革开放特别是苏东剧变以来,中共不断反思"苏联模式"的弊端和危害,力求解决从"以俄为师"到"以苏为鉴"的改革转型问题,建设和发展中国特色社会主义。

1. 毛泽东最早提出"以苏为鉴"的改革转型问题。在社会主义建设

---

① 《邓小平文选》第3卷,人民出版社1993年版,第178页。
② 同上书,第139页。

时期,毛泽东提出要"以苏为鉴",注意处理好权力的集中与分散、中央与地方的关系问题等。1956年4月,在中共中央政治局扩大会议上的总结讲话中,毛泽东指出:关于国家治理体系中权力"统一和分散的问题","苏联革命成功四十年了对这些问题还没有研究好",权力"过分的集中是不利的,不利于调动一切力量来达到建设强大国家的目的"。①因此,"在这个问题上,鉴于苏联的教训,请同志们想一想我们党的历史,以便适当地来解决这个分权、集权的问题"。②在《论十大关系》中,毛泽东多次阐发"以苏联的经验为鉴戒"思想。毛泽东在此文开篇时就强调:"特别值得注意的是,最近苏联方面暴露了他们在建设社会主义过程中的一些缺点和错误","过去我们就是鉴于他们的经验教训,少走了一些弯路,现在当然更要引以为戒"。③接着,在阐述重工业和轻工业、农业的关系时,他强调要以"苏联的粮食产量长期达不到革命前最高水平的问题","片面顾注重重工业,忽视农业、轻工业"为戒;④在阐述国家、生产单位和生产者个人的关系时,他强调"鉴于苏联在这个问题上犯了严重错误,我们必须更多地注意处理好国家同农民的关系";⑤在阐述中央和地方的关系时,他强调"我们不能像苏联那样,把什么都集中到中央,把地方卡得死死的,一点机动权也没有";⑥在阐述汉族和少数民族的关系时,他强调"在苏联,俄罗斯民族同少数民族的关系很不正常,我们应当接受这个教训";⑦在阐述党和非党的关系时,他强调"我们和苏联不同。我们有意识地留下民主党派,让他们有发表意见的机会,对他们采取又团结又斗争的方针";⑧在阐述是非关系时,他强调"我们党在这个问题上犯了错误,学了斯大林作风中不好的一面。他们在社会上不要中间势力,在党内不允许人家改正错误,不准革命";⑨在阐述中国和外国的关系时,他强调"对于苏联和其他社会主义国家的经验",我们"必须有分析有批判地学,不能

---

① 《毛泽东文集》第7卷,人民出版社1991年版,第50—52页。
② 同上书,第51—52页。
③ 同上书,第23页。
④ 同上书,第24页。
⑤ 同上书,第30页。
⑥ 同上书,第31页。
⑦ 同上书,第34页。
⑧ 同上书,第34—35页。
⑨ 同上书,第39页。

盲目地学，不能一切照抄，机械搬用"。① 这是新中国成立以来，中共领导人对"以苏为鉴"问题最为集中的阐释。中共八大期间，毛泽东、刘少奇、周恩来、邓小平等中共领导人，先后集体或个别同前来参加会议的50多个国家共产党、工人党代表团进行了交谈，分析和探讨了斯大林错误的教训、党与党之间的关系和中国共产党自身建设等方面的问题。② 但是，遗憾的是毛泽东对这些科学的思想和原则没有一以贯之地坚持和落实，从而没能真正解决好"以苏为鉴"问题，也即是没有搞清楚"什么是社会主义、怎样建设社会主义"这一根本问题，乃至发生了十年"文化大革命"这样的全局性悲剧和灾难。

2. 邓小平从经济体制上基本解决了"以苏为鉴"问题，从政治体制上规划设计了"以苏为鉴"问题。党的十一届三中全会开启了中共国家治理体系的战略转型，不仅走上了改革开放和社会主义现代化建设的新道路，而且强调"要坚决克服权力过于集中的官僚主义"③。邓小平在领导中国改革开放的伟大转型中，对"苏联模式"不断进行反思和总结，多次强调"我们过去照搬苏联搞社会主义模式，带来很多问题。我们很早就发现了，但没有解决好"，④努力探索和回答"什么是社会主义、怎样建设社会主义"这一根本问题，打破了经济领域上姓"资"与姓"社"的争论和思想禁区，主持制定了《中共中央关于经济体制改革的决定》，明确提出了"社会主义经济是在公有制基础上的有计划的商品经济"的新论断。特别是在南方谈话中，邓小平强调计划经济和市场经济作为资源配置的一种方式本身不具有制度属性，突破了把市场经济同社会主义对立起来的传统观念，开辟了建立社会主义市场经济体制新道路，由"苏联模式"的高度集中的计划经济体制成功转向了社会主义市场经济体制，从经济体制上基本解决了"以苏为鉴"问题。同时，从政治体制上提出特别是规划设计了"以苏为鉴"的改革转型问题。在《党和国家领导制度改革》的经典讲话中，邓小平规划设计了改革党和国家的领导制度，建设中国特色社会主义

---

① 《毛泽东文集》第7卷，人民出版社1999年版，第41页。
② 参见中共中央党史研究室《中国共产党历史》第2卷（上），中共党史出版社2011年版，第395页。
③ 《十一届三中全会以来重要文献选编》，中共中央党校出版社1981年版，第12页。
④ 中央文献研究室：《邓小平思想年谱》下，中央文献出版社2004年版，第1231—1232页。

政治体制的重大时代命题，还提议将解决"权力过分集中"的"总病根"问题作为改革原则写入宪法。据此，党的十二届七中全会通过了《政治体制改革总体设想》，对政治体制改革的目标、原则和内容进行了系统设计；在此基础上，党的十三大对政治体制改革进一步作了规划设计和改革探索。但是，遗憾的是，邓小平所倡导和推动的政治体制改革进程因"六四"风波而停止。

3. 江泽民、胡锦涛从经济体制上推进了"以苏为鉴"问题，从政治体制上深化了"以苏为鉴"问题。以江泽民、胡锦涛为代表的中共党人继承了邓小平的改革开放大业，从经济体制上推进了"以苏为鉴"的改革转型，建立和完善社会主义市场经济体制。党的十四大根据邓小平南方谈话精神，适时确立了建立社会主义市场经济体制的新的国家治理体系和改革目标，党的十四届三中全会通过的《中共中央关于建立社会主义市场经济体制若干问题的决议》，确定了建立社会主义市场经济体制的基本框架，把十四大关于建立社会主义市场经济体制的改革目标和基本原则加以系统化；党的十六届三中全会作出了《关于完善社会主义市场经济体制若干问题的决定》，强调在社会主义宏观调控下发挥市场对配置资源的基础性作用。

同时，从政治体制上深化了"以苏为鉴"的改革转型问题。中共十六大报告强调"建立结构合理、配置科学、程序严密、制约有效的权力运行机制，从决策和执行环节加强对权力的监督"；① 党的十七大报告在党内重要文献中首次提出"权力结构"概念，将党和国家权力结构分解为"决策权、执行权、监督权"三权，并部署"建立健全决策权、执行权、监督权既相互制约又相互协调的权力结构和运行机制"；② 此后不久，胡锦涛在十七届中央纪委第二次全会的讲话中第一次提出了"监督的制衡力"原则。江泽民、胡锦涛执政时期，探索和回答了建设什么样的党、怎样建设党的问题，提出了实现什么样的发展、怎样发展的问题，不断强调和深化了政治体制和权力结构改革命题，但是没有从政治体制上根本打破苏共权力结构模式和国家治理体系的制度弊端。

---

① 江泽民：《全面建设小康社会，开创中国特色社会主义事业新局面——在中国共产党第十六次全国代表大会上的报告》，人民出版社 2002 年 11 月版，第 36 页。
② 胡锦涛：《高举中国特色社会主义伟大旗帜，为夺取全面建设小康社会新胜利而奋斗——在中国共产党第十七次全国代表大会上的报告》，人民出版社 2007 年 10 月版，第 33 页。

4. 习近平力求从国家治理体系上彻底解决"以苏为鉴"问题。党的十八大以来,在中央全会、中央纪委全会、全国组织工作会议、全国宣传思想工作会议、党的群众路线教育实践活动中等不同场合,习近平总书记多次阐释苏共亡党问题,强调"以苏为鉴",全党都要"警醒"起来。特别是在十八届中央纪委第二次全会上,习近平告诫全党:"我们国家无论是在体制、制度上,还是在所走的道路和今天所面临的前所未有的境遇,都与前苏联有着相似或者相近乃至相同的地方。弄好了,能走出一片艳阳天;弄不好,苏共的昨天就是我们的明天!"[①] 在党的十八大提出权力结构改革"两个确保"的原则("确保决策权、执行权、监督权既相互制约又相互协调,确保国家机关按照法定权限和程序行使权力"[②])的基础上,党的十八届三中全会通过了全面深化改革 60 条,显示出新一届党中央既力求从经济体制上彻底解决"以苏为鉴"问题,强调发挥市场在配置资源中的决定性作用,进一步完善社会主义市场经济体制;特别是力求从政治体制上彻底解决"以苏为鉴"问题,公开宣告要"冲破思想观念的束缚、突破利益固化的藩篱","以更大的政治勇气和智慧、更有力的措施和办法推进改革","加强对权力运行的制约和监督,把权力关进制度的笼子里","形成不敢腐的惩戒机制、不能腐的防范机制、不易腐的保障机制",坚持"'老虎'和'苍蝇'一起打",[③] 对"作风之弊、行为之垢"进行"大排查、大检修、大扫除","构建决策科学、执行坚决、监督有力的权力运行体系","推进国家治理体系和治理能力现代化"。[④] 可见,以习近平为总书记的中共已经提出而且将要回答建设什么样的国家治理体系、怎样推进国家治理现代化问题,由此将真正实现从"以俄为师"到"以苏为鉴"的改革转型,从革命党到执政党的改革转型,从"苏联模式"的社会主义到中国特色社会主义的改革转型,实现"两个一百年"的奋斗目标和中国梦、廉洁梦!

(作者单位:中国廉政法制研究会)

[①] 转引自《转型的必要性、必然性与紧迫性》,《人民论坛》2013 年 8 月(下)。
[②] 《中国共产党第十八次全国代表大会文件汇编》,人民出版社 2012 年版,第 26 页。
[③] 《人民日报》2013 年 1 月 23 日。
[④] 《人民日报》2013 年 11 月 16 日。

毛泽东与新中国第一部宪法

刘 源

用宪法来记载中国人民争取民主的艰辛历程，确定党和国家各方面根本制度，指明国家未来发展的方向，是以毛泽东为核心的中国共产党对中国法治建设的重大贡献。这部宪法受到毛泽东同志的高度重视，凝聚其大量心血，在毛泽东主持下起草，于 1954 年 9 月 20 日通过。毛泽东对宪法的各次草稿作了多次修改，写了不少批语，并在宪法起草委员会、中央人民政府委员会讨论宪法草案的会议上作了多次讲话和插话。[①] 这些思想对 1954 年宪法的制定起着重要的指导意义。

一 毛泽东对制定新中国宪法高度重视

鉴于 1949 年新中国刚刚诞生时的特殊情况，制定宪法的条件不够成熟，但又急需一种宪法性文件来规范和统一全国人民的行动并指导当时各项重大任务，1949 年 9 月中国人民政治协商会议通过了起临时宪法作用的《中国人民政治协商会议共同纲领》，对于《共同纲领》的性质，毛泽东当时说得非常明确，这是我们国家现时的根本大法，是检查工作讨论问题的准则。[②] 随着我国政治经济情况的发展变化，制定宪法的条件逐渐成熟，毛泽东亲自领导起草新中国第一部宪法，并倾注了大量心血。可见，毛泽东自新中国成立时起一直高度重视宪法的制定。

（一）明确了宪法的功能、地位、性质、目标和意义

首先，毛泽东已经充分认识到宪法是一国民主事实的法律化，在一国的各项制度中具有根本法的地位。他说："讲到宪法，资产阶级是先行的。

[①] 《建国以来毛泽东文稿》第 4 册，中央文献出版社 1990 年版，第 456 页。
[②] 《人民日报》1950 年 6 月 15 日。

英国也好、法国也好、美国也好、资产阶级都有过革命时期，宪法就是他们在那个时候开始搞起的。"① "世界上历来的宪政，不论是英国、法国、美国，或者是苏联，都是在革命成功有了民主事实之后，颁布一个根本大法，去承认它，这就是宪法。"② "一个团体要有一个章程，一个国家也要有一个章程，宪法就是一个总章程，是根本大法。"③

其次，明确了中国第一部宪法的性质，用宪法确立了国家建设的总目标和对实现目标时间的估计。

毛泽东指出："我们的这个宪法，是社会主义类型的宪法，但还不是完全社会主义的宪法，它是一个过渡时期的宪法。我们现在要团结全国人民，要团结一切可以团结和应当团结的力量，为建设一个伟大的社会主义国家而奋斗。这个宪法就是为这个目的而写的。""我们的总目标，是为建设一个伟大的社会主义国家而奋斗。我们是一个六亿人口的大国，要实现社会主义工业化，要实现农业的社会主义化、机械化，要建成一个伟大的社会主义国家，究竟需要多少时间？现在不讲死，大概是三个五年计划，即十五年左右，可以打下一个基础。到那时，是不是就很伟大了呢？不一定。我看，我们要建成一个伟大的社会主义国家，大概经过五十年即十个五年计划，就差不多了，就象个样子了，就同现在大不一样了。"④

最后，阐明了新中国第一部宪法的重大意义

毛泽东强调：用宪法这样一个根本大法的形式，把人民民主和社会主义原则固定下来，使全国人民有一条清楚的轨道，使全国人民感到有一条清楚的明确的和正确的道路可走，就可以提高全国人民的积极性。⑤ 我们的宪法有我们的民族特色，但也带有国际性，是民族现象，也是国际现象的一种。跟我们同样受帝国主义、封建主义压迫的国家很多，人口在世界上占多数，我们有了一个革命的宪法，人民民主的宪法，有了一条清楚的明确的和正确的道路，对这些国家的人民会有帮助的。⑥

（二）亲自拟定宪法起草程序

1954年1月15日，他在给刘少奇及中共中央的电报中，谈到起草小

---

① 《建国以来毛泽东文稿》第4册，中央文献出版社1990年版，第502页。
② 《毛泽东选集》第2卷，人民出版社1991年版，第735页。
③ 《建国以来毛泽东文稿》第4册，中央文献出版社1990年版，第504页。
④ 同上书，第505—506页。
⑤ 同上书，第504页。
⑥ 同上书，第505页。

组的工作计划,这个计划具体而详细,为按时完成讨论稿奠定了基础。毛泽东提出的工作计划:宪法小组的宪法起草工作已于 1954 年 1 月 9 日开始,计划如下:(一)争取在 1 月 31 日完成宪法草案初稿,并随将此项初稿送中央各同志阅看。(二)准备在 2 月上半月将初稿复议 1 次,请邓小平、李维汉两同志参加。然后提交政治局(及在京各中央委员)讨论初步通过。(三)3 月初提交宪法起草委员会讨论,在 3 月份内讨论完毕并初步通过。(四)4 月内再由宪法小组审议修正,再提政治局讨论,再交宪法起草委员会通过。(五)5 月 1 日由宪法起草委员会将宪法草案公布,交全国人民讨论 4 个月,以便 9 月间根据人民意见作必要修正后提交全国人民代表大会作最后通过。①

(三)亲自参与宪法制定程序,做了大量的工作

1. 毛主席在制定的每一个环节都关心,多次批阅草案,认真提写建议,多次插话

在 1954 年宪法起草过程中,宪法起草委员会共召开了九次全体会议,会上毛泽东有过不少插话和讲话。如在第一次全体会议上,在说到资产阶级国家的总统可以解散国会时,毛泽东插话道:"我们的主席,总理,都是全国人民代表大会产生出来的,一定要服从全国人民代表大会,不能跳出'如来佛'的手掌。"② 他的这几次插话以及讲话,对宪法的起草和修改都具有很高的指导意义。毛泽东对宪法草案讨论稿从内容到文字也进行了反复推敲和修改,使宪法更具科学性、严密性。虽然他修改宪法草案的文献没能完全保留下来,但从现有的 16 条批语中,足见其在这上面耗费的心力。例如,宪法第 32 条是关于全国人民代表大会行使罢免权的,原稿中没有罢免国家主席的内容,而毛泽东当时任中央人民政府主席,他在此上方批了"国家主席的罢免"7 个字。③ 这样,一届人大一次会议通过的宪法采纳了这条建议,在第 28 条规定全国人民代表大会有权罢免中华人民共和国主席、副主席。

2. 收集并组织大家学习国内外宪法资料

为了让自己和中央政治局委员们对宪法有更多的认识,毛泽东还让田

---

① 《建国以来毛泽东文稿》第 4 册,中央文献出版社 1990 年版,第 437 页。
② 许崇德:《共和国第一部宪法诞生记》,《半月谈》1999 年第 9 期。
③ 《建国以来毛泽东文稿》第 4 册,中央文献出版社 1990 年版,第 454—458 页。

家英搜集了两大篇有关宪法方面的书籍资料，进行比较研究。为了使各政治局委员和在京的中央委员具备宪法方面的知识，以便在讨论宪法草案时能提出有建设性的意见，他还在电报中开设了关于中外各种宪法的书目，共十种，要中央政治局委员和在京的中央委员抽时间阅读。在对《苏联宪法草案的全民讨论》一文的批语中指出：此件值得看一下。① 后来毛泽东在谈到这部宪法的成功经验时说："这个宪法草案也总结了从清朝末年以来关于宪法问题的经验"，"也参考了苏联和各人民民主国家宪法中好的东西"。②

3. 毛主席高度重视多方意见的吸纳

为了收集各方面的意见，宪法制定过程中先后组织了多次大讨论。到1954年6月，各省市各方面有代表性的8000多人在讨论宪法中，搜集了5900多条意见。认真听取法律专家的建议，宪法草案（初稿）1954年3月18、19日讨论修改稿第36条关于全国人民代表大会常务委员会的职权中加了第11款"批准和废除同外国缔结的条约"，毛泽东在这一款旁写了"此条应采纳周鲠生意见"的批语。③

二 毛主席高度重视宪法的科学性

毛泽东在《关于中华人民共和国宪法草案》中最后解释一个问题：有人说，宪法草案中删掉个别条文是由于有些人特别谦虚。不能这样解释。这不是谦虚，而是因为那样写不适当、不合理、不科学。在我们这样的人民民主国家里，不应当写那样不适当的条文。不是本来应当写而因为谦虚才不写。科学没有什么谦虚不谦虚的问题。搞宪法是搞科学。我们除了科学以外，什么都不要相信……这才是科学的态度。④ 1954年宪法的科学性体现在：

（一）注重吸收古今中外立宪的经验

在宪法制定过程中，毛泽东于1954年1月15日提出，"为了在二月政治局便于讨论计，望各政治局委员及在京各中央委员从现在起即抽暇阅看下列各主要参考文件：（一）1936年苏联宪法及斯大林报告（有单行

---

① 《建国以来毛泽东文稿》第4册，中央文献出版社1990年版，第437页。
② 同上书，第501—502页。
③ 同上书，第456、460页。
④ 同上书，第506页。

本）；（二）1918年苏俄宪法（见政府办公厅编宪法及选举法资料汇编一）；（三）罗马尼亚、波兰、德国、捷克等国宪法（见人民出版社人民民主国家宪法汇编，该书所辑各国宪法大同小异，罗、波取其较新，德、捷取其较详并有特异之点，其余有时间亦可多看）；（四）1913年天坛宪法草案，1923年曹锟宪法，1946年蒋介石宪法（见宪法选举法资料汇编三，可代表内阁制、联省自治制、总统独裁制三型）；（五）法国1946年宪法（见宪法选举法资料汇编四，可代表较进步较完整的资产阶级内阁制宪法）。'①

　　后来，毛泽东在分析1954年宪法草案中讲到：在座的各位和广大积极分子为什么拥护这个宪法草案呢？为什么觉得它是好的呢？主要有两条：其中一条便是总结了经验，特别是最近五年的革命和建设的经验。它总结了无产阶级领导的反对帝国主义、反对封建主义、反对官僚资本主义的人民革命的经验，总结了最近几年来社会改革、经济建设、文化建设和政府工作的经验。这个宪法草案也总结了从清朝末年以来关于宪法问题的经验，从清末的"十九信条"起，到民国元年的《中华民国临时约法》，到北洋军阀政府的几个宪法和宪法草案，到蒋介石反动政府的《中华民国训政时期约法》，一直到蒋介石的伪宪法。这里面有积极的，也有消极的。比如民国元年的《中华民国临时约法》，在那个时期是一个比较好的东西；当然，是不完全的，有缺点的，是资产阶级性的，但它带有革命性、民主性。这个约法很简单，据说起草时也很仓促，从起草到通过只有一个月。其余的几个宪法和宪法草案，整个说来都是反动的。我们这个宪法草案，主要是总结了我国的革命经验和建设经验，同时它也是本国经验和国际经验的结合。我们的宪法是属于社会主义宪法类型的。我们是以自己的经验为主，也参考了苏联和各人民民主国家宪法中好的东西。讲到宪法，资产阶级是先行的。英国也好，法国也好，美国也好，资产阶级都有过革命时期，宪法就是他们在那个时候开始搞起的。我们对资产阶级民主不能一笔抹杀，说他们的宪法在历史上没有地位。但是，现在资产阶级的宪法完全是不好的，是坏的，帝国主义国家的宪法尤其是欺骗和压迫多数人的。我们的宪法是新的社会主义类型，不同于资产阶级类型。我们的宪法，就是

---

① 《建国以来毛泽东文稿》第4册，中央文献出版社1990年版，第437—438页。

比他们革命时期的宪法也进步得多。我们优越于他们。①

（二）注重宪法的原则性与灵活性相结合，使宪法更切合中国实际

毛泽东指出：1954年宪法草案之所以得到广大人民群众拥护的第二个重要原因，是宪法草案的制定结合了原则性和灵活性。原则基本上是两个：民主原则和社会主义原则。我们的民主不是资产阶级的民主，而是人民民主，这就是无产阶级领导的、以工农联盟为基础的人民民主专政。人民民主的原则贯穿在我们整个宪法中。另一个是社会主义原则。我国现在就有社会主义。宪法中规定，一定要完成社会主义改造，实现国家的社会主义工业化。这是原则性。要实行社会主义原则，是不是在全国范围内一天早晨一切都实行社会主义呢？这样形式上很革命，但是缺乏灵活性，就行不通，就会遭到反对，就会失败。因此，一时办不到的事，必须允许逐步去办。比如国家资本主义，是讲逐步实行。国家资本主义不是只有公私合营一种形式，而是有各种形式。一个是"逐步"，一个是"各种"。这就是逐步实行各种形式的国家资本主义，以达到社会主义全民所有制。社会主义全民所有制是原则，要达到这个原则就要结合灵活性。灵活性是国家资本主义，并且形式不是一种，而是"各种"，实现不是一天，而是"逐步"。这就灵活了。现在能实行的我们就写，不能实行的就不写。比如公民权利的物质保证，将来生产发展了，比现在一定扩大，但我们现在写的还是"逐步扩大"。这也是灵活性。又如统一战线，共同纲领中写了，现在宪法草案的序言中也写了。要有这么一个"各民主阶级、各民主党派、各人民团体的广泛的人民民主统一战线"，可以安定各阶层，安定民族资产阶级和各民主党派，安定农民和城市小资产阶级。还有少数民族问题，它有共同性，也有特殊性。共同的就适用共同的条文，特殊的就适用特殊的条文。少数民族在政治、经济、文化上都有自己的特点。少数民族经济特点是什么？比如第五条讲中华人民共和国的生产资料所有制现在有四种，实际上我们少数民族地区现在还有别种的所有制。现在是不是还有原始公社所有制呢？在有些少数民族中恐怕是有的。我国也还有奴隶主所有制，也还有封建主所有制。现在看来，奴隶制度、封建制度、资本主义制度都不好，其实他们在历史上都曾经比原始公社制度要进步。这些制度开始时是进步的，但到后来就不行了，所以就有别的制度来代替了。宪法

---

① 《建国以来毛泽东文稿》第4册，中央文献出版社1990年版，第502页。

草案第七十条规定,少数民族地区,"可以按照当地民族的政治、经济和文化的特点,制定自治条例和单行条例"。所有这些,都是原则性和灵活性的结合。①

三 毛主席高度重视宪法制定过程的民主性

在宪法的制定过程中,宪法草案的初稿,经历了在北京 500 多人的讨论,在各省市各方面积极分子的讨论,也就是在全国有代表性的 8000 多人的广泛讨论,广泛征求人民群众的意见,最后来看,这种做法是比较好的,是得到大家同意和拥护的。

为什么要组织这样广泛的讨论呢?毛泽东讲有几个好处。首先,少数人议出来的东西是不是为广大人们所赞成呢?经过讨论,证实了宪法草案初稿的基本条文、基本原则,是大家赞成的。草案初稿中一切正确的东西,都保留下来了。少数领导人的意见,得到几千人的赞成,可见是有道理的,是合用的,是可以实行的。这样,我们就有信心了。其次,在讨论中搜集了 5900 多条意见(不包括疑问)。这些意见,可以分作三部分。其中有一部分是不正确的。还有一部分虽然不见得很不正确,但是不适当,以不采用为好。既然不采用为什么又搜集呢?搜集这些意见有什么好处呢?有好处,可以了解在这 8000 多人的思想中对宪法有这样一些看法,可以有个比较。第三部分就是采用的。这当然是很好的,很需要的。如果没有这些意见,宪法草案初稿虽然基本上正确,但还是不完全的,有缺点的,不周密的。现在草案也许还有缺点,还不完全,这要征求全国人民的意见了。但是在今天看来,这个草案是比较完全的,这是采纳了合理的意见的结果。

并在总结宪法起草的经验时讲到,这个宪法草案所以得人心,是什么理由呢?我看理由之一,就是起草宪法采取了领导机关的意见和广大群众的意见相结合的方法。这个宪法草案,结合了少数领导者的意见和 8000 多人的意见,公布以后,还要由全国人民讨论,使中央的意见和全国人民的意见相结合。这就是领导和群众相结合,领导和广大积极分子相结合的方法。过去我们采用了这个方法,今后也要如此。一切重要的立法都要采用这个方法。这次我们采用了这个方法,就得到了比较好的、比较完全的

---

① 《建国以来毛泽东文稿》第 4 册,中央文献出版社 1990 年版,第 502—504 页。

宪法草案。①

同时,1954年宪法最广泛地规定了公民的各项基本的民主权利,充分体现了在社会主义国家人民当家作主的政治地位。毛泽东说:"我们的国家所以能够关心到每一个公民的自由和权利,当然是由我国的国家制度和社会制度来决定的。任何资本主义国家的人民群众,都没有也不可能有我国人民这样广泛的个人自由。"②

四 毛泽东高度重视宪法的实施

为保证宪法实施,在对宪法草案的修改中,毛泽东当时是中央人民政府主席,而宪法第一次修正稿关于全国人民代表大会行使罢免权的第32条,并没有罢免国家主席的内容。毛泽东在该条上方写了"国家主席的罢免"的批语,宪法通过时就增加了全国人大有权罢免中华人民共和国主席,副主席的规定。③

在宪法草案制定后,毛泽东强调:这个宪法草案是完全可以实行的,是必须实行的。当然,今天它还只是草案,过几个月,由全国人民代表大会通过,就是正式的宪法了。今天我们就要准备实行,通过以后,全国人民每一个人都要实行,特别是国家机关工作人员要带头实行,首先在座的各位要实行。不实行就是违反宪法。④

五 毛泽东对宪法的相关范畴做了科学的阐释

毛泽东对宪法基础理论的重要贡献,还表现在他科学地阐释了不少宪法范畴上:1. 国体。"这个国体问题,从前清末年起,闹了几十年还没有闹清楚。其实,它只是指的一个问题,就是社会各阶级在国家中的地位。"⑤ 2. 政体。"所谓政体问题,那是指政权构成的形式问题,指的一定的社会阶级取何种形式去组织那反对敌人保护自己的政权机关。"⑥ 3. 政党制度。奠定了我国政党制度(共产党领导的多党合作制度)的理论基础

---

① 《建国以来毛泽东文稿》第4册,中央文献出版社1990年版,第501页。
② 同上书,第549页。
③ 同上书,第454、458页。
④ 同上书,第504页。
⑤ 《毛泽东选集》第2卷,人民出版社1991年版,第676页。
⑥ 同上书,第677页。

与政策基础。"究竟是一个党好,还是几个党好?现在看来,恐怕是几个党好。不但过去如此,而且将来也可以如此,就是长期共存,互相监督。"①

　　毛泽东的宪法思想对我国第一部宪法,即 1954 年宪法的制定与实施一直起指导作用。但是,由于他晚年的错误,特别是在"文化大革命"中的错误,基本上改变了他原来对宪法的态度,甚至于走向了反面。因此,我们在前面所阐述的内容,是指他在 20 世纪 50 年代中期以前的宪法思想。事实上,在 1957 年以后,他很少谈到宪法。同时,我们也必须明确:毛泽东毕竟是伟大的马克思主义者,他晚年的错误不能否定他以往宪法思想的光辉。② 正如列宁所说:"在分析任何一个社会问题时,马克思主义理论的绝对要求,就是要把问题提到一定的历史范围之内。"③ "判断历史的功绩,不是根据历史活动家没有提供现代所要求的东西,而是根据他们比他们的前辈提供了的新的东西。"④

（作者单位：陕西省社会科学院中国马克思主义研究所）

---

① 毛泽东:《论十大关系》,1956 年 4 月 15 日。
② 李龙:《宪法基础理论》,武汉大学出版社 1999 年版,第 59 页。
③ 《列宁选集》第 2 卷,人民出版社 1995 年版,第 375 页。
④ 《列宁全集》第 2 卷,人民出版社 1984 年版,第 154 页。

中国特色社会主义制度创新的几点思考

阎树群　张艳娥

党的十八届三中全会把"完善和发展中国特色社会主义制度，推进国家治理体系和治理能力现代化"作为全面深化改革的总目标。完善和发展中国特色社会主义制度是一项系统工程，需要坚定的制度自信引领方向、不断的制度创新提供支撑、良好的制度运行巩固效果；从方法论上来说，就是要紧紧围绕中国特色社会主义制度创新，自觉做到五个方面的"结合"。

一　坚持制度创新与制度自信相结合

制度自信和制度创新是相辅相成的：自信激励着创新，创新进一步提升自信。党的十八大报告在阐述中国特色社会主义制度的同时，提出了完善和发展中国特色社会主义制度需要坚定的道路自信、理论自信和制度自信的论断，其中，制度自信作为对中国特色社会主义基本制度的深刻认同和坚定信念，对于完善和发展中国特色社会主义制度具有更直接的重要意义。我们所讲的制度自信，是基于对中国特色社会主义制度体系高度认同基础上所产生的一种自信心和自豪感。对作为制度形态的社会主义的信仰，对国家已经形成的基本制度框架安排的客观认同，对制度模式内在优越性的理性体认，是完整理解其内涵的三层维度。制度自信这一概念的基本主旨是对我们国家转型发展的正确方法论的一种系统表达。制度自信不仅来自中国特色社会主义制度的优越性和改革开放35年来的成功实践，而且体现在完善和发展中国特色社会主义制度必须不断增强制度创新的自主性。离开制度的自主创新，就谈不上制度自信的问题，否则就是盲目乐观、盲目自信。尽管党的十八大第一次明确完整地提出道路自信、理论自信、制度自信的要求，但我们党对这一问题的不断认识并逐渐走向自觉已经历了较长时期。毛泽东在 20 世纪 30 年代末提出"马克思主义中国化"的命题，就蕴含着走自己的路的初始判断；他于 50 年代提出"以苏为鉴，走自己的路"的观点则进一步明确了这一主题。邓小平在改革开放初期就鲜明地提出"走自己的道路，建设中国特色社会主义"的科学命题。[①] 江泽民在世纪之交再次重申"建设有中国特色社会主义是实现中国经济繁荣和社会全面进步的康庄大道"[②]。这些论断，无一例外不是对国家发展坚持自主性方法论的强调。胡锦涛在党的十七大报告坚定表明决不走老路邪路、坚定走中国特色社会主义道路的立场和决心。习近平指出："党和国家的长期实践充分证明，只有社会主义才能救中国，只有中国特色社会主义才能发展中国。只有高举中国特色社会主义伟大旗帜，我们才能团结带领全党全国各族人民，在中国共产党成立 100 年时全面建成小康社会，在新中国成立 100 年时建成富强民主文明和谐的社会主义现代化国家，赢得中国人民和中华民族更加幸福美好的未来。"[③] 我们提出道路自信、理论自信、制度自信，是对我们一贯坚持的独立自主、走自己的路的方法论的更贴切表述。大国崛起需要坚实的理论自觉性、道路自决性和制度自主性，其中制度自主性尤为重要。这种制度自主性在基本原则上体现为中国共产党要始终掌握制度改革的领导权与主动权，基于中国实际和自主立场来积极推进国家制度创新。[④] 在进一步完善和发展中国特色社会主义制度的进程中，增强制度创新的独立性和自主性，要求我们"加强和改善党对全面深化改革的领导"[⑤]，发挥执政党总揽全局、协调各方的领导核心作用，在有步骤、有秩序的制度创新中完善和发展中国特色社会主义，进一步增强全党和全国人民的制度自信。

二 坚持制度创新与构建现代治理体系相结合

完善和发展中国特色社会主义制度，一是要根据时代的发展和实践的

[①] 《邓小平文选》第 3 卷，人民出版社 1993 年版，第 3 页。

[②] 《江泽民文选》第 2 卷，人民出版社 2006 年版，第 419 页。

[③] 习近平：《紧紧围绕坚持和发展中国特色社会主义学习宣传贯彻党的十八大精神》，《人民日报》2012 年 11 月 19 日。

[④] 闫树群、张艳娥：《论中国特色社会主义制度体系的生成逻辑》，《马克思主义研究》2012 年第 8 期。

[⑤] 《中共中央关于全面深化改革开放若干重大问题的决定》，人民出版社 2013 年版，第 60 页。

需要继续推进制度创新，二是要着力构建现代治理体系，两者缺一不可。就推进制度创新而言，首先要坚持民族性与时代性相统一原则，在推进中国特色社会主义制度创新进程中，始终把马克思主义和当代中国实际和时代特征相结合，始终使中国特色社会主义价值导向在其中居于主导地位并发挥引领作用，积极致力于创造出具有中国作风、中国气派、中国特色的现代国家制度体系，不断丰富我们制度体系的民族特色和时代特色。其次要坚持价值性与工具性相统一原则，高度重视中国特色社会主义制度价值理念的完善化、时代化发展，进一步体现公正、和谐、自由、人本等价值理念；同时，积极探索制度结构、层次、运行等层面的技术性、科学性问题，推进制度体系的科学化发展。在坚持马克思主义中国化制度创新基本原则基础上，我们需要找准当前完善发展中国特色社会主义制度的主要着力点，推进社会治理体系的现代化发展。党的十八届三中全会《决定》要求"把制度建设摆在突出位置"，同时对各个领域的治理体系建设作出了总体部署：在经济制度的完善中要紧紧围绕使市场在资源配置中起决定性作用来深化各方面经济体制改革，理顺政府和市场的关系是经济体制改革的核心；在民主政治制度建设上，紧紧围绕坚持党的领导、人民民主和依法治国"三统一"原则深化政治体制改革，提升国家制度能力，坚持法治中国、法治政府、法治社会一体建设，实现国家治理的全面法治化；在社会主义文化制度建设上，围绕社会主义核心价值体系建设来推进文化管理体制改革、文化市场体系建设、文化服务体系建设和文化传播体制构建；在社会建设和社会管理体制改革上，基本目标是推进协同治理，确保人民安居乐业，社会安定有序。此外，《决定》对以制度治理生态，以制度保障党的建设等方面，都作出了具体规划。这就为推进中国社会主义治理体系的现代化发展绘制了清晰的蓝图。现代治理体系实质上就是现代制度体系，中国特色社会主义治理体系在体现社会主义核心价值的基础上，应通过制度创新，保障其由统治管理向现代治理的转型。主体的复合型、过程的透明性、结果的回应性，既是现代治理体系的基本要求，也是全面深化改革着力推进的方向。

三　坚持制度创新与提高制度执行力相结合

制度的创新和供给固然重要，但更重要的是已经确立的制度在现实生活中能否得到很好贯彻落实，制度的执行是制度创建的落脚点，也是制度功能发挥和实现的关键。影响制度运行效果的因素是多方面的，涉及制度本身的因素和人的因素两个方面。从制度自身因素看。制度系统自身是否科学合理，是否具有可操作性，制度执行程序的规范合理与否，对制度运行都有着根本性的影响。中国特色社会主义制度体系在运行程序的设计上，在一定程度上还存在着某些重制度实体、轻操作程序的问题，这就会抵消制度实体的公平性，影响制度的良好运行。从人的因素看，人是制度的主体，制度不仅由人来制定，而且也要由人予以认同、遵守和执行。从执行主体角度看，掌握公共权力的政府组织和个人是制度的执行者，其对制度的执行意愿和执行能力在很大程度上影响制度运行效果。制度执行首先取决于领导干部是否能起到模范带头作用，同时基层执行者是制度贯彻落实的直接操作者，其价值观、利益倾向、工作能力、认知水平都直接决定具体制度的运行效果。从制度的执行客体来看，社会大众对制度的认知、认同、尊崇程度直接影响制度的运行情况。在我国，缺乏现代性法治传统和公民文化的现状，导致民众对制度的普遍漠视，社会大众缺乏自觉遵守制度的行为习惯。社会行为往往从传统的"熟人社会"规则出发，遵从人情关系规则。利益关系和行为习惯是影响制度主体制度行为的主要因素。由此可见，完善中国特色社会主义制度体系，提升制度权威至关重要。其途径主要有：一是完善制度系统，健全运行机制。要高度重视制度运行各项程序机制的建设，改变制度建设重实体、轻程序，重形式、轻操作的倾向。从制度学角度看，"机制"处于非常重要的地位，一项制度要在社会生活中发挥作用，必须经过决策、执行、监督、评估、优化等环节，这些都要靠人来完成，如何从人的自然与社会双重属性出发构建制度的自动控制系统是制度科学的主要追求。从理论上看，机制是制度的补充，是保证制度运行的再设计。从我国当前现实而言，机制在某种意义上甚至比制度本身更重要，完善制度运行机制是完善中国特色社会主义制度体系的核心环节。借鉴和吸收一些其他制度模式的好的经验，在我们的制度体系执行机制设计上引入一些竞争技巧，引用民意测评机制等，都是进一步完善中国特色社会主义制度所必需的。二是制度设计上要充分考虑制度执行者的直接利益。制定制度执行公正与否的相应奖惩机制，使制度的执行效果与执行者的直接利益联系在一起，使越公正严格地执行制度对制度执行者越有利。同时，提高制度执行者违反制度的成本，加大人为违反制度的成本，这对制度的公正执行是至关重要的。从正反两个方面完善促进执行者公正执行制度的相应机制，最终会使制度执行公正，并达到自控的良好境界。

四 坚持制度创新与理论创新相结合

新制度经济学在对制度变迁规律的研究中形成的一个重要理论成果就是关于意识形态制度性作用的观点，这一理论贡献主要归于诺斯的研究，被称为诺斯制度主义与产权理论、国家理论相并列的三大理论贡献之一。诺斯将意识形态直接界定为非正式制度，其独特理论贡献毋庸置疑，但也存在明显不足。诺斯没有更深入地区分和研究意识形态系统中不同构成层面在实现制度变迁进程的影响和作用机制是不同的，他的意识形态概念没有科学划分政治思想观念和作为习俗道德因素的文化传统的内在区别。制度变迁的具体形式表现为强制性制度变迁与诱致性制度变迁两种。在不同形式的变迁中，作为意识形态不同构成部分的政治思想和习俗道德的社会意识其影响和作用机制是有所不同的。虽然两种制度变迁的形式往往交织在一起，不能截然分开，但在现实中，不同国家和地区制度变迁的主导形式还是呈现不同表现的。一般而言，早发内生型现代化国家其制度变迁的主导意识形态更多表现为以社会力量为主体的社会意识；后发外生型现代化国家主导其制度变迁的主要意识形态是政治思想观念，即通常所说的"主义"。在后发国家，政治思想观念不同于一般习俗和道德传统，在制度变迁中居于主导地位。它不仅影响和改变制度选择，而且塑造和改变习俗道德等社会意识，在制度变革中起着决定性作用。中国共产党人在推进现代国家制度建构的进程中，高度重视作为意识形态核心的政治思想建设，充分发挥理论创新在推进制度创新和实践创新中的先导作用。[①] 在马克思主义中国化的整体进程中较好地解决了马克思主义理论中国化与社会主义制度中国化的二维关系，以理论创新推进制度创新是中国共产党进行制度建设的一条基本经验。新中国社会主义制度框架的建构是依托于新民主主义国家理论的指导而完成的。改革开放后的制度变迁，是建立在解放思想、实事求是思想路线的重新确立基础上的。社会主义本质理论、社会主义初级阶段理论、社会主义改革开放理论和社会主义市场经济理论奠定了中国特色社会主义制度的直接理论基础。在完善和发展中国特色社会主义

---

① 阎树群：《马克思主义中国化最新成果的多维意》，《马克思主义研究》2010年第9期。

制度的实践中进一步推进理论创新,就必须在马克思主义中国化整体进程中推进实践探索、理论创新与制度建构的同步协调发展,促使三者之间良性互动和相互支撑,将"摸着石头过河"的实践探索与制度的顶层设计相结合,营造出更好的制度发展环境。

五 坚持制度创新与培育制度文化相结合

完善和发展中国特色社会主义制度,既要坚持制度创新,又要培育制度文化。文化是制度的精华,制度是文化的积淀。文化和制度的这种相互交织、密不可分的关系,要求我们在不断推进中国特色社会主义制度创新的过程中,大力培育中国特色社会主义制度文化。制度现代性是现代化的核心内容,中国特色社会主义制度文化的培育就是坚持和弘扬现代文化的过程。中国特色社会主义制度文化的现代性要求既要体现人类制度现代性的共同价值,也有自身的独创性。特定社会形态的核心价值观是特定制度理念的集中展现。社会主义核心价值观对于我国推进国家治理体系和治理能力现代化具有战略导向作用,正如习近平所指出的:"推进国家治理体系和治理能力现代化,要大力培育和弘扬社会主义核心价值体系和核心价值观,加快构建充分反映中国特色、民族特性、时代特征的价值体系。"[①]在社会主义核心价值与人类共性价值的"和而不同"中,社会主义制度文化的价值培育主要着眼于以下四个方面:一是培育契约精神。契约精神是标识人类现代交往关系的一种历史形态,是以人身自由为基础、以平等协议为手段的社会关系,具有普遍平等性特征。追求和确立普遍性的契约精神可以说贯穿于人类近代法律、政治、哲学的整个进步历程之中,而市场经济的建立为其确立提供了结构基础。契约精神是市场经济要求的核心伦理价值,厘清公私权力边界、重视承诺、契约和信用都是其基本表现。中国选择建立社会主义市场经济体制,为中国的制度现代性指明了正确方向。市场经济的目标要求彻底抛弃依附权力的命令经济和权力经济,塑造现代契约伦理,变"身份社会"为"契约社会"。这一目标需要从制度和文化两个方向推进,制度上加快完善市场经济体系,处理好政府和市场关系,规制好政府公权力与市场企业权利及社会私权利的边界;文化上,需

[①] 习近平:《在省部级主要领导干部学习贯彻十八届三中全会精神全面深化改革专题研讨班开班式上的讲话》,《人民日报》2014年2月18日。

要推进社会信任关系由特殊信任向普遍信任关系转变，完成民主、自由、公平、人本为核心的新启蒙任务。二是培育法治精神。契约精神的结构化形式就是法治，法治将人的自由平等规则化。中国传统的人治历史相当漫长，人治的思维惯习也相当严重。依法治国的观念尽管已经明确提出近20年，但法治精神在中国社会仍然十分缺乏，大众缺乏法制权威观念，规则意识淡漠的问题非常突出。法治精神集中体现了现代制度文化的核心理念，包括主权在民、依法治国、司法公正、人权平等、公平公开公正等原则精神。这些都需要我们在推进中国特色社会主义制度自我完善和发展进程中去渗透和提升。三是培育民主精神。马克思主义的人民性立场奠定了中国特色社会主义民主政治的实质内容，社会主义民主是更先进的民主形式。在程序上，现代民主应当是法治的，缺失法制支撑的民主有可能会蜕变为无政府主义和多数人暴政。民主精神的实质是平等自由、包容协商、理性负责的现代公民精神。这些精神的培养和塑造是中国特色社会主义制度文化养成的重要内容，加快民主制度建设本身是提升民主精神的主要渠道。四是培育人本精神。尽管西方启蒙学者最早提出人本观念，但其制度化结果的西方资本主义制度呈现出来的并不是一个人本性社会，而是一个以物为本、以资为本的社会。中国社会长期以来都是一个以权力为本的社会，官本位、特权意识相当严重。以马克思主义改造和提升中国传统价值意识的重要任务就是塑造人本精神；构建一个真正的人民性社会，这是中国特色社会主义制度理念独有的价值精神。

（作者单位：阎树群，陕西师范大学政治经济学院；张艳娥，西安财经学院政治理论课教研部）

新型信访应以推进政府治理
创新为最终目标

孙兰英

信访工作在价值目标、基本理念、自身定位、运行机制等方面的探索实践与转型升级，都是推动实现政府治理创新的基础性工作，都要以服从和服务于政府治理创新为基本原则。新型信访是走出政府治理困境的"出口"，是通向政府治理创新的"入口"，也是观察和考察政府治理水平的"窗口"。如果说政府治理创新是一次马拉松赛程，那么，信访工作的转型升级不仅是"热身"，更是"起跑"，而起跑的态势决定其成效。

一 维护公民基本权利是信访工作和政府治理共同的价值目标

在政府治理创新的大背景下，应当明确，信访权是公民基本的请愿权和救济权，是公民的基本权利。相应地，信访工作的开展意味着对公民基本权利、基本权益的承认、维护、捍卫与救济，这既是政府治理，也是信访工作的终极价值所在。政府治理的核心内涵在于保护公民权利。在当代口国，"依法治国，建设社会主义法治国家"已经成为执政党领导广大人民群众治理国家的根本方略。社会管理体系的建立需要有治理理论的学理依据，需要以公民社会的形成和发展为前提，同样取决于法治行政的发展程度。从依法治国的角度看，实施社会管理的过程，就是行政执法的过程。"行政执法"既是一个极具中国特色的行政法学概念，也是我国国家行政机关最主要的职责。我国行政法学的理论基石在于"政府法治论"，其核心思想由五句话组成：政府由法律产生（民主型政府），政府由法律控制（有限型政府），政府依法律管理并为人民服务（治理型政府），政府对法律负责（责任型政府），政府与公民法律关系平等化（平权型政府)。① 政府法治论鲜明宣示了公民权利是政府权力之本位的法理基础，从这一法理原则出发，对于政府而言，政府治理创新的重要方面在于公民基本权利的保护。在提出"构建社会主义和谐社会"一个月之后，2004年3月14日，十届全国人大二次会议通过的宪法修正案中，首次明确了"国家尊重和保障人权"的规定。在法学界看来，人权入宪是我国宪政理念的一次革命，对公民基本权利保护，对公民财产权保护，对行政侵权的扩大化保护等，都产生了重大而深远的影响。② 而对照创新社会管理的目标任务，我们认为，这一规定同样契合于"善治"理念，呼应了政府治理的核心价值取向：限制国家权力、保护公民权利。

政府治理意味着对公民权利的保护和维护，在这一过程中，既要优先重视对公民的"权利保护"，在公民权利遭遇侵害时也要给予及时有效的"权利救济"。换言之，对于现代法治政府而言，在政府治理过程中，一方面，政府负有保护和增进公民权利的职责，这种职责通过政府履行社会管理职责，维护正常的社会秩序和保护公民的人身和财产安全来体现。另一方面，则通过政府发挥服务功能，为公民权利的实现和自由发展提供便利和机会、创造条件和手段来体现。这样，政府实施治理的过程，也就成为行政机关将权力转化为对公民和社会履行义务和责任的过程。与此相应，在公民权利保护失效的情况下，公民则应该得到由法律提供的权利救济。"不平则鸣"，公民个人对自己遭遇的权利侵害最为敏感，对于保护自己的权利也最为坚决。因而，公民权利救济的主动权，或者说，启动公民权利救济的权利应该掌握在公民自己手中。目前，我国公民在行政权的内部和外部寻求法律救济均有具体的法律规定：内部救济有赋予公民通过向上级行政机关寻求救济的行政复议法，外部救济则有赋予公民寻求司法权力救济的行政诉讼法。但是，这两部法律从立法本身就具有先天的缺陷，难以适应现代行政法治对公民权利进行保护的要求。尤其是行政诉讼法将抽象行政行为排除在可诉性之外，使得行政权力的很大一部分得以免除司法审查。而现实生活中，"这部分行政权力对公民权利的侵害相当普遍，经常发生地方政府或者行政部门以所谓'红头文件'的形式，命令或者强迫公

---

① 杨海坤：《行政法的理论基础——政府法治论》，载罗豪才主编《现代行政法的平衡理论》，北京大学出版社1997年版，第383—385页。
② 许崇德等：《主题研讨：人权与基本权利聚焦》，载《宪政与行政法治评论》第2卷，中国人民大学出版社2005年版，第151—181页。

民个人为一定行为或者不为一定行为,侵害公民个人的合法权利。行政复议法将规章以下的抽象行政行为纳入行政复议的范围,但是,这一'突破'仍然不彻底,使公民通过向上级行政机关寻求权利救济大打折扣"[①]。

我们看到,政府治理的主旨在于保护公民权利,在现代法治社会中,公民本然地具有启动权利救济的主动权;但是,在权利救济方面,无论是行政救济还是司法救济,都不可能全面、充分、彻底地实现公民的权利救济。这是因为,在政府治理中,将政府的一切行政行为都完全纳入行政内部审查和司法审查范围,从而依靠司法最终解决的诉求,只能是一种理想而终究不可能实现,否则一个国家就只有司法体系而谈不上政府体系了。依据这一内在逻辑,可以认为,对政府管理工作而言,群众的上访、政府的信访工作是必然的、必需的,在社会发展的任何阶段都不会消失。

信访权是公民的基本权利救济形式。"救济"一词通常意义上指救助,但是在社会治理的语境下,所谓法律救济、行政救济、信访救济等,则意味着主体受到侵害时所主张的权利诉求。"救济本质上是一种权利,即当实体权利受到侵害时从法律上获得自行解决,或请求司法机关及其他机关给予解决的权利。这种权利的产生必须以原有的实体权利受到侵害为前提,救济是相对于主权利的助权。从结果上看,救济是冲突或纠纷的解决,即通过救济的程序使原权利得以恢复或实现。"[②] 由这一定义出发,"法律救济"是指通过法律方式及其类似法律方式对权利进行的修复,即"纠正、矫正或改正发生或已造成伤害、危害、损失或损害的不当行为"。而"行政救济"则是指"有关国家机关对有瑕疵的行政行为予以矫正并对不利后果予以消除而实施的法律或行政的补救机制"[③] 我们看到,法律救济和行政救济在外延上通常有着一些交叉叠加,比如广义的法律救济往往涵盖了行政救济和社会救助,而行政救济就其所采取方式和途径而言,又往往同样包含着司法救济和社会救助。

从信访流程来看,信访无疑也是一种权利救济机制。可以说,信访权既是一种请愿权,又是一种救济权。请愿权是国内学术界较少触及的领域,但已有多位学者指出,我国宪法第41条所规定的公民的批评权、建

---

① 张英俊:《现代行政法治理念》,山东大学出版社2005年版,第86—87页。
② 程燎原、王人博:《权利及其救济》,山东人民出版社2002年版,第358页。
③ 杨蕙爽:《信访工作实践与理论研究》,武汉出版社2009年版,第168页。

议权、申诉权、控告权、检举权、国家赔偿请求权等六项具体权利，尽管通常被称作"监督权"，但实际上蕴含着对公民请愿权的确认，是一项隐含权。"信访行为与传统宪法学上的请愿行为毫无二致，信访制度保障的权利就是请愿权利。信访制度，只是谜面；请愿权，才是谜底。"① 而信访权显然又是公民的一项基本救济权利，"信访权作为一种救济权，侧重于确认公民是否享有要求公权力主体作为或不作为的请求权，是信访主体被否定的权利予以恢复原状或恢复正常的自我判断和自我实现的权利"。② 此外，就我国所独有的涉诉信访制度而言，它同样是一种特殊的权利救济机制。涉诉信访是指因对人民法院处理的诉讼案件不满所引起的信访，这是一种经过司法裁判后另行寻求权利救济的制度安排。作为我国社会多元权利救济体系的一个组成部分，尽管涉诉信访在实现权利救济的方式上具有非规范性、非程序性的缺点，但它作为追求个案实体正义的努力方式，对于为司法不公和司法腐败所困的社会而言是一个必要的安全阀和矫正机制。因而，涉诉信访"在现代社会中，在特定程序形式与相应的救济方法的整合过程中来满足救济充分性的更高要求，是救济发展的主要形式"。③

在政府治理创新的新形势下，树立信访权是公民最基本的请愿权、救济权的观念，将有利于提高权利救济的运作质量，有助于克服人治、崇尚法治和维护人权，有助于实现社会的公平正义。在这种意义上，信访工作大有可为，作为政府治理的切入点和突破口，它的使命任重而道远。

二 信访工作的转型升级要求转变政府治理的基本理念

当前，传统意义上的"民意表达""社会沟通机制""权利救济"等表述，已不能充分界定和全面呈现信访工作的理念和功能，而科学化、学科化、专业化、数字化的发展要求和发展方向明确了新时期信访工作的理念诉求和发展方向。就此而言，政府治理方式转变的基本特征是从管理型政府向服务型政府转变，在此过程中，各级政府应当秉持如下几个基本理念：

1. "以人为本"的理念

人是一个含义极其丰富的概念，就政府治理方式转变而言，可以从人

---

① 郭立学：《信访治理：请愿权观念发展形态在当代中国的制度实践》，载唐铁汉、袁曙宏主编《社会治理创新》，国家行政学院出版社2007年版，第384—388页。
② 张丽霞：《民事涉诉信访制度研究》，法律出版社2010年版，第39页。
③ 同上书，第40页。

民、公民、居民等概念对"人"加以分析。

人民是一个政治概念，《中华人民共和国宪法》规定："中华人民共和国一切权力属于人民。"这是以国家根本大法的形式对包括政府在内的整个国家机构的权力来源进行规定和确认。而人民是一个类概念，它用来界定一个人们共同体，具有阶级性和整体性的特点，主要标志我国政权权力的来源及合法性。对于服务型政府的构建而言，人民主权是其最根本和最重要的基石，但并不是全部，具体的实践中，还必须在人民概念基础之上，着重强调公民和居民概念，以达到可操作性的目的。强调人的公民身份和居民身份，能够突出关于人的如下两个维度：法律上权利与义务的统一，社会层面上日常生活的基础性。

公民是一个法律概念，依照依法治国的理念，在政府治理方式转变中，必须充分强调公民这一概念。由官本位向公民本位转变，而建立公民本位的政府治理模式首先必须建立健全的法制体系，而这意味着对公民的身份、地位、行为进行全面的法律界定，明确公民的权利和义务；就是对公民与政府的关系进行细分，使双方的行为都在法律的框架内进行。公民概念的强调和公民与政府关系的界定是人民主权的法律体现和具体实现。

居民，在学理和实践上则更多地从社会学意义上来理解，即相对固定居住于某地的公民，在此意义上讲以人为本，是强调政府的社会服务功能。社会由一定数量的居民组成，日常生活是其最基本特征，新型的政府的功能应该建基于由居民构成的社会之上，服务于居民的日常生活。由一定规模的居民组成的自治单位，比如村民委员会、居委会、职工代表大会，以及各种类型的非政府组织，是民主自治的重要载体。政府应当引导和支持这些自治组织发展壮大，减少越俎代庖式的行政干预，自治组织能够解决的问题，政府就应放手让其自主解决，而政府要做的是从法律、组织能力、硬件设施等方面为自治组织的良性发展提供服务。

当然，在服务的同时，管理者的身份依然存在，也就是说服务型政府并不是完全不管理。但在管理中应当充分考虑不同居民的具体情况，充分尊重特定人群的风俗习惯、宗教信仰。人的本质是社会关系的综合，而诸如风俗习惯、宗教信仰、民族文化等是特定人群精神层面的重要特征，构建服务型政府，必须以尊重不同地区居民的特定文化为前提。

2. 公开民主的理念

这一理念由以人为本的理念引申而来。公开是最全方位的公开，比如财务公开，包括预算到决算整个财政年度的开支情况都应详尽完整地向公民公开。再比如，政府官员及工作人员任用考核过程的公开。总之，除开国家机密领域，公开的领域应该包括政府运作的所有方面，而信息时代为政府全方位的公开提供了技术上的可能性。

民主也应该是全程的民主，从政府机构的设立，政府机构人员的任用，到政府政策的制定执行，都必须秉持民主的理念。宪法规定了国家权力属于人民，应当用法律充分保证人民当家作主的权利，采用法律形式详细周密地规定公民在国家中应当享受的权利和义务，并通过普法让公民接受。政府的合法性正在于公民的选择，在于实现和维护公民的权利，因此，政府治理全过程必须充分实现民主，这就需要制定和逐步实施公正的法律体系，注重程序正义，使公民能依法参与政府的施政。

3. 全方位监督的理念

没有监督的权力必然导致腐败，任何国家，任何社会制度下都必然如此，因而政府治理方式的转型，必然坚持全方位监督的理念。各级政府应适时引入政府工作人员、包括官员和普通公务员的信用制度，在信用低于某一临界点后，此人将永久不能被录用为国家工作人员，而且国家工作人员的相关信息必须网上公开，以避免某些官员甲地免职，乙地重新任职的现象。

当下，网络监督成为一种新兴的，同时也是非常有效的监督机制，政府的相关部门要鼓励和帮助社会逐渐形成一种良性的网络监督机制。信访部门在转变职能后也将成为监督的一个环节，而信访的监督是介于政府自身内部监督和公民的外部监督之间的一种类型，是连接前两者的一种监督机制。

4. 依法治国的理念

中外数千年的历史表明，虽然理论上贤人政治最优，但贤人政治在现实中不可能实现。从实际情况来看，在人治与法治之间，法治更有利于保障民众利益，这是实施依法治国的一个政治原因。经济方面，依法治国是与市场经济相适应的，市场经济是法治经济，建设社会主义市场经济体制也要求依法治国。因而服务型政府的建设必须秉持依法治国的理念。包括国家机构及其工作人员和普通公民在内的国家生活的所有方面和所有领域都必须依法进行。实施依法治国，立法上要充分民主、执法上要人人平等、司法上要公正独立。法律不是治理百姓的工具，政府治理同样也必须在法律的框架内实现，没有超越法律之上的机构和个人。

5. 学习的理念

建设马克思主义学习型政党，是党的十七届四中全会科学分析当下形势，深刻总结历史经验，着眼于提高党的执政能力、保持和发展党的先进性而提出的一项重大战略任务，也是创新社会管理，提升中国共产党执政能力建设，全面提高党的建设科学化水平的重要举措。

历史经验告诉我们，学习是一个人、一个政党获取新知、涵育素质、提升能力的重要方式，是一个民族和国家传承文明、繁荣进步的重要阶梯。无论何种形式的政府，无论何种方式的治理，最终都由一定的人来承担，因此人的政治素养的优劣就成为非常关键的一个方面。要实现服务型政府的转变，必须秉持学习的理念。一要职业道德和职业能力学习，改变过去政府机构工作人员的做事风格和效率，提高政府机构工作人员的工作能力，提高办事效能。二要懂法、守法，在法律的范围内行使职权。三要通过学习，从根本上树立尊重人、敬畏人的意识，工作中秉持民主意识、服务意识、责任意识。转变政府职能在途径上，创新是开启大门的钥匙，在形态上创新思维则滴水穿石、润物无声。

三 "善治"愿景下信访部门的自身定位

长期以来，信访部门在工作开展中早已突破"接访知情"的单一职责设定，不断具备了服务群众、定纷止争、排查矛盾、危情预警、决策参与等工作职能。但是对照形势发展的要求，信访部门仅仅承担社会矛盾的"传话筒"、"预警器"和"调节阀"的角色还远远不够，更要成为政府治理创新的"研究室"和"智囊团"，成为推动实现"善治"目标的智囊机构和智囊部门。

对照"信访"的基本定义，对这一问题可以有更加深入的认知。2005年施行的《信访条例》规定："本条例所称信访，是指公民、法人或者其他组织采用书信、电子邮件、传真、电话、走访等形式，向各级人民政府、县级以上人民政府工作部门反映情况，提出建议、意见或者投诉请求，依法由有关行政机关处理的活动。"这一定义表明传统信访工作具有如下三个特点：一是被动性。从《信访条例》可以看出，信访事件的发生过程是：先有信访人发起，由信访部门接待，并转由相关部门处理。这表明，信访部门在信访事件产生过程中，首先是一个被动者的角色，如果以各种介质为载体的信访资料没有送达信访办,那么信访事件就没有发生。而信访事件没有最终发生,与潜在信访人是否有信访意愿,以及社会的某个领域中是否有需要解决的社会矛盾并不能等同。二是作用范围与层次的有限性。传统信访机构职能辐射范围有限,而且作用的层次有限。信访事件总是针对某一具体问题,并且是针对已经发生的问题,而利益纠纷未到某一临界点的地区和领域,可能不会在信访中体现出来。但是近些年发生的群体性事件表明,没有发生显性的信访事件,并不代表没有隐性的社会矛盾,这些隐性的社会矛盾在某个极端事件催发下,有可能造成比单个信访行为更为严重的后果。三是其内部的自律性。从信访的定义及《信访条例》的相关规定可以看出,信访事件的解决主要还是依托上级部门的主持公道,可以说仍然限于政府内部的行政机制的解决,这样的流程与解决方式具有明显的内部自律性。虽有相关法规为依据,但是在中国文化与中国现阶段国情之下,很难实现有效监督和依法处理。正因为如此,往往会出现越级上访甚至直接向中央政府上访,以及相伴而生的压制上访事件。

从管制型政府向服务型政府转变,必须充分了解公民的意愿,然后才能为公民利益的实现提供服务。而这应该包括两个方面:一方面是以某种正式渠道表达出来的意愿;另一方面是还处于可能性阶段的意愿,对这些意愿的了解,以及如何对待这些意愿,将决定着政府施政的效果。特别是随着网络时代的到来,各种新信息手段的普及,为个人诉求的表达提供了诸多途径,诸如BBS、博客以及各种社交网站,特别是近年兴起的微博,使一个个体可以随时随地向外发布信息,而这些信息的潜在影响力是巨大的。网络时代是一个更加平民化的时代,是一个追求平等交流和信息互动的时代,在这样的时代下,信访必须改变原来的工作模式,适应网络时代的大潮,只有这样才能更好地发挥信访作用。

据此,在社会主义市场经济体制下,在信息化飞速发展的今天,信访也应随之发生改变。新型的信访应当是:在接受传统渠道上访的同时,主动对社会生活中的潜在矛盾以及政府行政的重点地域或领域进行社会调研,向政府提出建议,并借助其与立法司法机关的联系,监督政府施政,以使政府治理实现向服务型转变,以利维护和实现公民的各项权益。也就是说,新型信访应当具有主动性,应当充分关注社会潜在矛盾,以逐渐成为政府智囊团,对政府施政给予一定的监督。

为实现信访的上述功能,信访部门应着力做出以下调整:

1. 扩充新的信访形式

传统的信访,如信访条例中所说的包括书信、电子邮件、传真、电话、走访等形式,都是民众直接向某级信访部门反映问题。当前网络时代的大背景下,一方面,各级政府都在逐渐建立电子政务,这自然包括网络信访,信访部门也应该主动向民众宣传政府的网上信访途径,使民众可以借助新技术手段表达传统的上访意愿。另一方面,当前个人表达意愿的方式也越来越多样化,诸如博客、社交网站、微博等各种网络平台都可以起到表达个人意愿的作用,而如果这些内容是要表达个人或某个群体与政府之间的矛盾,那它就具有了信访的性质。信访部门不能无视这些载体,相反应该高度重视。鉴于信访部门人力、财力、物力的限制,可以采取与相关咨询中介机构、网络公司合作的形式,及时收集网络上具有信访性质的信息。

2. 从接受上访向上访、下访相结合

传统的信访又被称为上访,如前文所述,具有明显的被动性。新型信访必须实现上访与下访的结合:在某一时段社会热点问题频发的领域,主动进行调查,及时反映民情;在政府政策制定实施的各个阶段都进行相关的调研,避免政府因为不清楚民意而造成政府政策与民众意愿的先天相悖,也协助政府在执行中随时获得反馈消息,及时修正不当之处。在这一方面,信访部门可以与社会民意调查机构合作,进行各种类型的针对不同群体的长期的科学的民意调查。

3. 从"传话筒"向"智囊团"转变

信访部门历来作为民众与政府的"传话筒"、"连通器"存在,传统的信访工作只是接访、转访,工作简单重复,而且处于较低层次,这远未充分利用信访部门的优势。信访部门因为手中掌握着大量的一手资料,这些都是非常重要的信息载体,信访部门必须将这些资源充分利用起来,新型信访部门不是简单的整理来访信件,而是对这些信访内容进行深入的科学研究,最终为政府施政提供一般性的建设性的建议,并且可以为社会科学的发展提供谋略和咨询帮助。在这方面,各级信访部门可以与相关高等院校科研院所合作,将信访资源利用率最大化。

4. 从单纯提出建议向建议与监督相结合

信访就其本质而言,意味着民众利益与政府之间有冲突,那么信访部门作为接访单位,就应当担负起监督信访案件办理的职能。因此,应该相应改组信访部门的人员构成,加入权力部门的相关人员。这与我国宪法精神是相符的,我国宪法规定,政府由人民选举产生的人民代表大会选举产生。人大由公民选举产生,人大及其人员必须对选民负责,而各级人大作为权力机关,政府必须对其负责,受其监督,随时接受质询,这样才能保证人民当家作主。而作为民众利益诉求的集中呈现点,信访部门必然会成为权力机关和民众之间的交汇点。

5. 由行政救济到行政、司法救济相结合

传统的信访是单纯的行政救济,遇到利益受损,民众信官不信法,这与我国的历史传统有关,也与我国法制不健全、法治社会未完全建立有关。可以明确的是,我国未来发展的目标无疑是依法治国,因而新型信访必须经由从行政救济到行政、司法救济相结合,再到司法救济的转变。鉴于此,建议从两方面尝试做出改进:其一,信访部门应加入司法机关人员,使信访部门将成为立法、司法、行政共同组成的部门,逐步引导信访案件向司法方向的转变。其二,信访部门应当在一定程度上承担普法宣传的作用,协助信访人逐渐在司法途径中有效、理性地表达自己的利益诉求。

四 健全信访工作机制与政府治理中"维权"、"维稳"的相互促进

信访工作的价值诉求、基本理念和其在政府治理中的角色定位,都对其运行机制提出了新的要求。信访机制创新是健全信访工作体系、促进信访工作方式转变、落实信访工作目标任务的必然要求,是丰富信访工作内涵、延伸信访工作链条的必要途径,也是实现政府治理中"维权"与"维稳"相互促进的重要途径。

政府治理手段上,要坚持以法律为主导,在依法治理中实现"维权"与"维稳"的相互适应与契合。依法开展政府治理,重点在于建立和完善民意表达机制、公民利益保障机制、社会利益均衡机制和纠纷解决机制,并最终形成多元主体对社会治理的协调、参与机制。这些工作需要通过推进政府依法行政、深化司法体制改革等途径来实现,而完善和高效的信访工作机制将为这一工作提供重要条件。

从"维权"出发创新社会管理机制,努力实现政府管理力量同社会协调力量的互动互补。政府治理是公民权利的委托代理方式,公共权利不仅具有公共性、派生性、有限性、委托性的特点,也具有单向性、膨胀性、

侵犯性的特点。因此，在政府治理中，要注重减少公共权力对公民权利的侵害。就此而言，在治理过程中要注重加强对公共权力制约机制的建设，其中最主要的途径，就是保障公民的有序政治参与。

着眼于"维稳"，完善社会自治机制，努力实现社会自治功能同政府行政功能的互动与互补。公民权利的实现是社会稳定的基础，而社会稳定则是公民权利得以实现的保证。社会稳定是一项重要的政治价值，在现代社会中，社会稳定已成为一个社会政治文明的追求目标和重要的衡量尺度。所以，个人自由必须是社会秩序前提下的个人自由，公民权利的维护和实现必须依赖于有效的社会政治稳定，这同样是治理工作必须重视的一项基本原则。

"维权"和"维稳"彰显了政府治理过程的张力结构，信访工作处于协调"维权"与"维稳"矛盾的枢纽位置。就此而言，以信访工作机制为基础，政府治理必须建立和发展广泛的社会公共责任机制，强化履行公共责任成为各级政府以及每个官员的自觉意识，真正做到"权为民所用、情为民所系、利为民所谋"，形成科学有效的利益协调机制、诉求表达机制、矛盾调处机制、权益保障机制。当前，尤其要着眼现实需要，建立创新有效预防和化解社会矛盾机制，这是各项社会具体治理活动正常运行的保障，也是当前社会治理过程中一个极其重要的环节。

（作者单位：天津大学马克思主义学院）

农村基层社会治理创新中的乡—村管理体制变革[*]

李勇华

党的十八届三中全会指出:"全面深化改革的总目标是完善和发展中国特色社会主义制度,推进国家治理体系和治理能力现代化。"治理体系和治理能力的现代化,不仅表现在国家宏观层面的治理,也表现在国家微观层面的治理。所谓"基础不牢,地动山摇"。笔者在《农村基层社会管理变革与村民自治的关系》一文中,[①]从村庄内部的视角,观察、分析了加强和创新农村基层社会治理背景下村民自治制度的因应性变革。实际上,加强和创新社会治理背景下的农村基层治道变革及其对村民自治的影响,不仅表现在村庄内部的层面,而且表现在村庄外部的层面,主要是乡—村关系上。本文欲从村庄外部的视角,即乡—村关系的层面,解析农村基层社会管理创新及其对村民自治的影响,以求对"农村基层社会管理创新与村民自治制度的关系"有一个完整的审视。

一 加强和创新社会治理背景下乡—村体制变革概述

(一)浙江舟山农村"社区管理委员会"类型

2006年舟山市把三五个、甚至七八个行政村组合成一个"联村社区",在联村社区设置了一个叫作"社区管理委员会"的机构。

联村社区形式上并没有改动域内各行政村的原有治理组织和结构,各行政村的"三驾马车"("两委会"加经济合作社)照旧运行;社区管理

---

[*] 此文系课题成果:2012年浙江省哲学社会科学规划项目"农村基层社会管理与村民自治互动机制创新研究"(12JCML03YB);浙江省哲学社会科学重点研究基地"浙江农民发展研究中心"研究项目"农民村务治理权利保障研究"(XNM—Z201303)

[①] 李勇华:《农村基层社会管理变革与村民自治的关系》,《西部学刊》2013年第9期。

委员会主任由乡镇（街道）党（工）委、政府（办事处）按干部任用程序决定选任，故而往往是乡镇（街道）下派的带薪干部；社区管委会视辖区人口多少由 5—7 人编制，由乡镇（街道）选配，一般是村"两委会"的主要干部，导向职业化、专业化，当地的同志说，进社区管委会后，他们就成为国家买单的脱产干部（要求坐班）；社区管委会的人员经费和工作经费由市县（区）乡（镇）三级财政承担；社区管理委员会被乡镇（街道）赋予领导域内各村的村级组织、统管联村社区范围内的几乎所有事务的权力。①

（二）山东诸城农村"社区发展委员会"类型

山东省诸城市把全市 1257 个行政村划分为 208 个大社区，作为承接政府部门延伸在农村的政府性公共服务和农村基层社会管理的中间平台。社区服务半径一般掌握在两公里，涵盖 5—6 个村、1500 户左右，村庄集聚度高的增加村庄个数。

每个农村社区设立"社区发展委员会"，一般配备 7 名专职工作人员，以乡镇（街道）机关、医院和站所选派为主；社区下设社区服务中心（设在中心村），社区服务中心内设一个办事服务厅和医疗卫生、社区警务、劳动保障、社区环卫、文化体育、计划生育、慈善超市、社区志愿者等八个服务站（室），社区服务中心向社区所辖村庄统一提供政府性公共产品、公共服务，进行公共管理；社区建设、人员和运行费用纳入市乡两级财政预算；社区及其机构的设立不改变行政村与乡镇（街道）的原有关系，不改动域内各行政村的原有治理组织和结构，各行政村的"三驾马车"（"两委会"加经济合作社）照旧运行；社区发展委员会在乡镇（街道）的领导下，围绕社区化建设、服务与管理发挥协调指导作用；它不是一级行政管理机构，与社区内各村庄及其他单位不存在上下级隶属关系，不干涉村级内部事务。②

（三）浙江宁波的农村虚拟社区"联合党委"类型

所谓"联村虚拟社区"，就是在保留行政村体制不变的基础上，根据地域相近、人缘相亲、道路相连、生产生活相似的原则，把若干行政村组

---

① 李勇华：《农村社区管委会：对村民自治的除弊补缺——公共服务下沉背景下农村社区管委会体制的实证研究》，《学习与探索》2009 年第 2 期。

② 李秀忠、李松玉：《实现基本公共服务均等化的有效途径探索——诸城市农村社区建设个案思考》，《山东师范大学学报》（人文社会科学版）2008 年第 6 期。

合为一个服务区域,统一提供政府型公共服务进行政府型公共管理,构建村级公共管理服务之上的二级公共管理服务体系(平台),以提高农村公共产品供给的效益与效率。因其没有改变区域内各行政村原有治理体制,却又确确实实联村统一提供政府型公共服务进行政府型公共管理,故称"联村虚拟社区"。

为使虚拟社区内的公共服务和公共管理有效地运作起来,宁波从党的组织体系路径上求解问题,在联村虚拟社区作了独辟蹊径的探索:在联村社区设置"社区联合党委",作为域内公共服务或和公共管理的最高决策机构,对区域内的政府型公共服务和管理提供实行统筹领导;联合党委的书记,由乡镇(街道)干部兼任,委员由各村党支部书记担任;联合党委下属支部采取"1+N"模式,"1"为综合支部,"N"为各村党支部,联合党委与"1"和"N"之间,是严格的领导与被领导的上下级关系;建立联村虚拟社区层面的社区服务中心、和谐促进会、共建理事会等,在"联合党委"的领导下开展工作;社区的人员和运作经费由政府埋单。[①]

(四)一些地区的"联村社区专职社工队伍"制度

建立跨村社区的主要目的是为了构建农村基层公共服务与管理体系,为此,各地普遍建立了跨村社区公共服务中心这一平台。中心是社区"委员会"领导下的工作性组织,宁波规定,以社区联合党委为核心决策主导,以社区和谐共建理事会或促进会为平台统筹议事,以社区服务中心为窗口执行落实,构成了一个以党组织为核心的"三位一体"的社区组织框架和治理结构。各地中心人员普遍由政府招聘、派遣,工资由政府支付,承担政府性公共服务与公共管理事项。宁波市自2010年开始,全面推行农村社区"专职社工制度"。按500—800村民:1人的比例配备社区专职社工,500—800的人口基数包括域内的外来人口数量。社工由乡镇(街道)统一从大专毕业生中招考,然后按比例下派到社区,进驻社区服务中心。专职社工年薪3万左右,由区、乡镇(街道)两级财政负担。专职社工实行严格的上下班制度,广泛开展各种类型各种形式的便民利民服务。[②]诸城社区服务中心一般配备7名专职工作人员,为农民群众提供"一揽

---

① 李勇华:《公共服务下沉背景下农村社区管理体制创新模式比较研究——来自浙江的调研报告》,《中州学刊》2009年第6期。

② 李勇华:《农村基层社会管理创新与村民自治制度的内洽性研究》,《东南学术》2012年第2期。

子"服务。

二 新形势下乡—村之间重设中间层服务管理机构具有正当性

由上可知，乡—村关系层面上的社会管理创新，一个重要表现，就是乡（镇、街道）在不改变行政村原有建制的前提下，把几个行政村组合起来，构成一个"联村社区"，乡（镇、街道）向其派出服务治理机构。这实际上是在乡镇（街道）与行政村之间重新增加了一个中间层面的治理机构。众所周知，自20世纪70年代末实施家庭联产承包制，1984年实行"政社分开"、"撤社建乡"，人民公社体制正式废除，国家政权组织上收至乡（镇）一级，乡镇以下不再设行政性机构，交给民间自我治理，形成了至今的"乡政村治"格局。虽然期间许多地方都曾恢复过乡—村之间的管理层级，如"管理区委员会"，作为乡镇政府的派出机构，领导片（区）内若干个行政村，但因与村民自治制度相冲突，后来也被迫取消。这样的中间治理层面，20世纪80年代中期以来中央一直是不主张的。当下"联村社区"及其治理机构的设立，是自20世纪80年代中期国家政权上收以来，国家政权第一次大规模往下延伸，这是一个相当敏感的问题，自然受到学界和社会的特别关注。

这实际存在着两个相互关联的问题：其一，乡镇（街道）该不该建构跨越行政村范围的社区、派出治理机构？其二，这一机构与社区内行政村的关系到底如何定位才是适合？

我们认为，在我国农村人口相对集中居住的地区构建联村社区具有正当性，它是城乡一体化、农村城镇化、基本公共服务均等化等"合力"推动的结果，它包含了提高公共品供给效益、加快城镇化集聚效应、优化农村基层综合管理的多重追求。联村社区一般建立在农村人口相对集中居住的地区。在中国的山区，自然村落数量众多、空间分散，人口集聚规模细小，因而往往采取"一村一社区"的建构模式。但是，这种模式也显示出了明显的不足：相对于公共服务设施建设的大量投入而言，它的服务人群过少，公共服务设施势能过剩，投入效益不高；随着我国城镇化速度的加快，在未来的十数年数十年内大量农村人口将向城镇转移，届时星星点点的以目前行政村为单位建设的社区基本设施，是否将成为历史的遗迹，造成历史性的浪费；向农民提供"均等化"的"基本公共服务"，本该是政府要承担的事情，但政府难以向繁星散布的农村地区提供均等的服务管理人员。因此，一些地方在农村人口相对集中居住的地区构建联村社区，一者有利于提高公共服务设施等资源的使用效益；二者有利于顺应并引导广大乡村向小城镇发展；三者也增加了政府承担农村公共服务和管理成本的现实可行性。所谓"联村社区"就是在保留行政村体制不变的基础上，根据地域相近、人缘相亲、道路相连、生产生活相似的原则，把若干行政村组合为一个综合服务区域，其远景目标是发展为一个中心村乃至小城镇。它顺应了基本公共服务均等化实际要求，符合农村城市化发展潮流，契合城乡发展一体化大趋势。

三 乡—村管理体制的变革，一种是侵害和动摇了村民自治制度

"联村社区"的背后是敏感的"乡—村关系"，乡—村关系又反映了"国家—社会"的关系，体现了"行政权"与"自治权"之间的张力。笔者在《农村基层社会管理变革与村民自治的关系》一文[①]中曾指出，村民自治制度这一村域群众自治制度已施行近 30 多年，但是，始终距制度设计的愿景相去甚远，导致这一状况的主要原因，是基层政府行政权力之"触手"不断有意无意地向村民自治域延伸，侵食村民的自治权利，闭息了村民自治的成长空间。在中国"强国家—弱社会"传统格局下，两者博弈的基本态势，不是基层自治的权利日益完备或得到伸张，而是乡村自治组织在国家巨人超强力量的笼罩下，日益"二政府"、"行政"化，或曰侏儒化。村民委员会丢失"自治"的本性。[②] 这是一个一直存而未解而又事关村民自治制度核心价值的致命问题。鉴于此，无论是何种体制变革都要把握一个原则或尺度：不可因此而加重这种状况，特别是不可使这种状况制度化或彻底显性化，那样，就不但从实质上而且也从形式上彻底葬送了村民自治制度。[③] 加强和创新基层社会管理，必将是新一轮基层社会与国家相互关系的重新梳理，新一轮的博弈。笔者担心的是，加强和创新基层社会管理，当下语境中被很多人理解为就是政府管理下乡，因而，会成为新一轮行政权力扩张运动。笔者认为，加强和创新基层社会管理背景下的乡村管理制度变革，应以厘清基层政府管理与基层群众自治的相互关

---

① 李勇华：《农村基层社会管理变革与村民自治的关系》，《西部学刊》2013 年第 9 期。
② 张厚安：《中国农村基层政权》，四川人民出版社 1992 年版，第 476—477 页。
③ 李勇华：《公共服务下沉背景下农村社区管理体制创新模式比较研究——来自浙江的调研报告》，《中州学刊》2009 年第 6 期。

系、还村民自治以本应面目为正当性依据,而不应成为新一轮行政权力扩张的理由。①

由此,笔者认为,浙江舟山农村"社区管理委员会"模式是侵害和动摇了村民自治制度。"社区管理委员会"实际上是乡镇(街道)政府(办事处)的一个行政性的派出机构。通过乡镇(街道)伸向社区的这只"脚"——管委会,就很大程度上把法律规定的乡镇(街道)与行政村的"指导—协助"关系,转化为"命令—执行"的关系。这样就难逃冲击、损害、动摇法定村民自治制度之责。②随着城乡发展一体化的推进,现有的分割细小的、封闭性较强的以村庄为单元的自治将被打破,转型为更大范围内基层群众自治体,自治体会更多具有"类地方自治"类型③,因而会更多承接政府下传事务、负责人更多具有"公职"倾向④,但是,第一,"类地方自治"既不同于西方资本主义国家的地方自治,也不同于我国历史上有过的"村公所",它是村民自治的一种演进发展。只要农村的集体土地所有制不改变,中国就难以搞西方式的地方自治,地方政府就没有充分的合法性直接介入村庄的治理。目前情况下试图直接介入,就必然以损坏村民自治、损害村民利益为代价。第二,即使是向"类地方自治"模式迈进,也须经过许多过渡环节,舟山想一步求成,显然犯了急躁冒进的错误。

另外,舟山虽然在农村社区也建立了党组织,但事实上把社区管委会置于社区党组织之上,社区管委会分量更重,成为实际上的社区"老大",这也违背了农村同级党组织居领导核心地位的根本原则,触犯了大忌。⑤

鉴于此,"社区管理委员会"应改为"社区管理服务站(中心)",作为乡镇的派出机构,主要承接政府下达的管理和服务任务,服务站(中心)与村级组织特别是村委会不构成"领导"与"被领导"的上下级关系,只是乡镇、村之间"指导、支持、帮助"和"协助"的关系的自然延

---

① 李勇华:《农村基层社会管理创新与村民自治制度的内洽性研究》,《东南学术》2012年第2期。

② 李勇华:《农村社区管委会:对村民自治的除弊补缺——公共服务下沉背景下农村社区管委会体制的实证研究》,《学习与探索》2009年第2期。

③ 李勇华:《自治的转型:对村干部"公职化"的一种解读》,《东南学术》2011年第3期。

④ 同上。

⑤ 李勇华:《农村社区管委会:对村民自治的除弊补缺——公共服务下沉背景下农村社区管委会体制的实证研究》,《学习与探索》2009年第2期。

伸。服务站（中心）负责人不应担任村（社区）党组织书记，以免混淆服务站的角色身份，从"指导"、"帮助"和"服务"者摇变成"领导"者。服务站（中心）其他成员不由主要村干部兼任而由招聘的专职社工担任。①

四 乡—村管理体制的变革，一种是厘清和完善了村民自治制度

山东诸城的农村"社区发展委员会"，浙江宁波的农村虚拟社区"联合党委"，"社区专职社工队伍"制度就是如此。

首先是坚持了村民自治制度。山东诸城的农村"社区发展委员会"和浙江宁波的农村虚拟社区"联合党委"并没有打乱现有的乡—村间的"乡政村治"体制和村庄内的村民自治制度，而是在坚守现有的体制、制度的基础上，在现有体制的框架内作出适应性调整。显然，诸城的"社区发展委员会"同样具有乡镇（街道）派出机构的性质，也就是说，我们依然可以把"社区发展委员会"看作是乡镇（街道）的影子和化身。但与舟山"社区管理委员会"不同的是，诸城给"社区发展委员会"的定位是"协调""指导"（各行政村），而不是领导与管理。它与村级组织的职能区分与相互关系是：社区是政府延伸在农村的政府性公共服务提供和农村基层社会管理的中间平台，不是以生产经营为主的经营性组织；村委会侧重村级管理和村级集体资产的经营；乡镇（街道）及其部门需社区协助完成的行政事务或临时性工作，要与社区进行协商，并坚持"权随责走、费随事转"；村党支部、村委会需支持社区服务与建设，配合社区服务中心开展服务工作。② 我们认为，诸城的"社区发展委员会"的模式比较好地设计了跨村社区组织的定位及其与村级组织的关系，基本上没有造成对村民自治权利的新的侵害。具体来说，第一，它没有借此强化"乡—村关系"范畴中的乡镇的权力，即没有趁势侵害村级自治体的权利。第二，借助跨村社区这个公共平台，通过乡—村之间的互利共赢，还可能使乡—村关系走向和谐。若果能如此，就不愧一个成功的模式。但是，如何处理社区与行政村的关系，仍是亟待破解的难题。③

---

① 李勇华：《农村社区管委会：对村民自治的除弊补缺——公共服务下沉背景下农村社区管委会体制的实证研究》，《学习与探索》2009年第2期。
② 李秀忠、李松玉：《实现基本公共服务均等化的有效途径探索——诸城市农村社区建设个案思考》，《山东师范大学学报》（人文社会科学版）2008年第6期。
③ 高灵芝：《农村社区建设与村民自治》，《山东社会科学》2010年第6期。

显然，宁波"社区联合党委"是一个既不同于舟山"社区管委会"，也不同于诸城"社区发展委"的模式。第一，与舟山不同，宁波选择了一条特殊的解决路径，巧妙地规避了对村庄自治权利的明火执仗的侵犯。舟山模式选择的是一条"行政路线图"，设立乡镇（街道）的派出机构"社区管理委员会"。宁波的设计者们则与此不同，走的是一条"党组织路线图"，通过党组织的创新设计来解决问题。在联村社区建立"联合党委"，"联合党委"上承乡镇（街道）党（工）委，下辖各行政村的党组织（支部或总支），这样就把乡镇（街道）党（工委）委与行政村党组织的上下级领导与被领导关系，变成了联合党委对各村党组织的领导与被领导关系。由联合党委领导各村党组织，再由各村党组织去领导各村村民自治组织。就联村社区内的公共服务事务乃至政务，由联合党委作出决定，再由各村党组织负责在村里贯彻落实。联合党委在社区有效发挥着领导作用。可见，联合党委实际上是乡镇（街道）党（工）委为因应联村社区建设需要的一个延伸、派出的代理人，承继了乡镇（街道）党（工）委的职权，目的是作为"核心"统一领导社区层面的公共事务与公共服务。联合党委与舟山管委会，同为乡镇（街道）派出机构（或派出组织），但宁波是从党委系统上作组织延伸，这条"党组织路线"，合理又合法（党章党规）。与浙江舟山市的"制度外创新"相比，宁波的这种"制度内创新"在现有的体制下，不失是聪明之举，显示出其合理性和正当性优势。① 第二，宁波的解决路径，又有效克服了社区治理组织运作乏力的困境。诸城走的也是"行政路线图"，其设计避免了社区组织对原有村级治理结构的冲击，但也易造成社区治理组织难以调动社区内的建设资源、社区建设要求难以在各行政村贯彻落地的权能不足的问题。社区运行过程中"很少看到村委会成员和村民参与的身影"，"这是将'农村社区'与村民自治视为两个不同的事物"。② 宁波设计中的"联合党委"则可避免这一点。"联合党委"的实际权能和运行效率甚至不亚于舟山的管委会。从中国特有的政治架构来看，中国共产党是既领导各级国家政权、又领导基层社会的法定的领导党，各级党组织特别是政权中的党组织本身就与政权机构一起运行，

---

① 李勇华：《公共服务下沉背景下农村社区管理体制创新模式比较研究——来自浙江的调研报告》，《中州学刊》2009 年第 6 期。

② 袁灵芝：《农村社区建设与村民自治》，《山东社会科学》2010 年第 6 期。

是实质上的类（超）政权组织，基层社会的党组织与其形成垂直性的领导关系。如此四重因素叠加，因而其效用更强更大，对各行政村更具有统摄力。宁波决策者们显示出了不同的思维技艺和政治技能。①

其次是厘清并完善了乡—村关系和村民自治制度。有学者认为，联村社区及其服务中心"受到政府强大的支持，功能全面，服务到位……使得村委会在社区建设进程中身份以及职能发生收缩"。②"农村社区建设中的政府公共服务、社区服务输送体系与村民自治各行其道。"③但本文作者认为，正是这种"职能收缩"和"各行其道"，恰恰厘清了久未厘清的基层政府管理与村域自治的治理边界。（1）社区"服务中心"的创设，厘清了长久混沌不清的自治事务（村务）与政府事务（政务）的边界，即治理主体的问题。如前述，村民自治制度推行近30年来，一直存而未解而又事关制度核心价值即制度存废的致命问题，是村民委员会因大量承接政府性事务而导致丢失"自治"本性的"行政化""二政府"现状，致使全国65%以上（实际更多）的村委会运行方式摆脱不了传统的行政模式，表象自治化、实质行政化，村委会只是乡镇政府的下属机构，难以发挥自治功能。④"据笔者20世纪90年代末在河南一个村的调查，村委会要完成的'上级'任务多达100多项，可谓不堪重负。"⑤因此，从村民自治制度的实际运作上看，"已经很难区分'村民自治'到底是'基层民主'还是'基层政权'，是'社会自治'还是'地方自治'"。⑥而联（跨）村社区公共服务中心的设立，就是为了把原本村民自治组织承担的政府性事务包括政府性公共服务和公共管理、包括各个政府部门延伸在农村的公共服务和相关政务剥离出来，交由政府性的服务中心承担；从而厘清政府性公共服务与公共管理与村庄自治性服务与管理的界限。（2）中心社工人员的"专职化"，厘清了农村众多繁复的管理与服务事务究竟应该由谁来办理，

---

① 李勇华：《公共服务下沉背景下农村社区管理体制创新模式比较研究——来自浙江的调研报告》，《中州学刊》2009年第6期。
② 张丽琴：《社区建设进程中的村委会职能变化》，《武汉理工大学学报》（社会科学版）2010年第5期。
③ 高灵芝：《农村社区建设与村民自治》，《山东社会科学》2010年第6期。
④ 张厚安：《中国农村基层政权》，四川人民出版社1992年版，第476—477页。
⑤ 徐勇：《现代国家的建构与村民自治的成长——对中国村民自治发生与发展的一种阐释》，《学习与探索》2006年第6期。
⑥ 潘嘉玮：《村民自治与行政权的冲突》，中国人民大学出版社2004年版，第200—201页。

即工作主体的问题。村级有自治事务和政府事务两类，自治事务固然由村庄自我治理，下沉的政府性公共服务和公共管理，习惯上也历来是由村级组织具体就是由村干部来承接的，《村民委员会组织法》就有村民委员会"协助"乡镇开展工作的规定，那时政府的财力确也无力聘用专职工作人员。新的历史阶段随着超大数量的政府性公共服务和公共管理下沉村庄，大大超出了村干部的承担能力，村干部根本无力继续承接，加上这些下沉到村的政府性事务有的又具有相当的专业性，不像以往花点时间就可以做好的，因此，在政府财力具备的情况下，由政府招雇并埋单，向村级服务中心派驻专职社工（经过培训），由他们来办理乡镇（街道）和县级有关部门延伸到村的各类公共服务和公共管理项目，就显得十分合理、正当和必要。它形成政府性公共服务与公共管理由政府承担、村级自治事务由自治组织自理的理想格局。这样，就把村民自治组织从繁重的行政事务中解脱出来，腾出时间集中精力做好村民自治工作，真正履行自治职能，还村民自治以本来面目，最终理顺"基层政权"与"自治组织"，"行政"与"自治"的关系，厘清乡—村关系和村民自治制度。（3）政府"出资聘请"专职社工，厘清了农村众多繁复的管理与服务事务的办理成本究竟应该由谁来埋单，即费用主体的问题。历史上，村庄不仅承担了本该由政府承担的公共事业，并为此大量埋单，并贴钱"义务"承接了政府委托的巨量事务，为乡镇"白干活"似乎是天经地义的事。有的乡镇也会支付村级组织一定的"政务代办费"，以抵偿自治组织代办乡镇交付之政府性事务的工作经费和必要的劳务费用。现实中普遍的替代式做法是，乡镇每年年终经考核后发给村干部数千元甚至上万元不等的"年终奖金"加上其他类型的"补贴"。这种抵偿往往是不充分的，由此而来的逐利性也是导致村干部"种了政府的田，荒了村里的地"的重要原因之一。设立社区专职社工及其政府聘用和埋单，就建立了一种聘政府的职、领政府的钱、办政府的事的稳定而规范的制度，下沉村庄的政府性公共事务由政府聘用的社区社工来专职办理，这就等于政府性事务办理成本由政府承担。这就堵塞了乡镇（街道）通过向行政村转移事务而暗中转嫁费用的传统管道。

参考文献

[1] 李勇华：《农村基层社会管理变革与村民自治的关系》，《西部学刊》2013年第9期。

［2］李勇华：《农村社区管委会：对村民自治的除弊补缺——公共服务下沉背景下农村社区管委会体制的实证研究》，《学习与探索》2009年第2期。

［3］李秀忠、李松玉：《实现基本公共服务均等化的有效途径探索——诸城市农村社区建设个案思考》，《山东师范大学学报》（人文社会科学版）2008年第6期。

［4］李勇华：《公共服务下沉背景下农村社区管理体制创新模式比较研究——来自浙江的调研报告》，《中州学刊》2009年第6期。

［5］李勇华：《农村基层社会管理创新与村民自治制度的内洽性研究》，《东南学术》2012年第2期。

［6］李勇华：《农村基层社会管理变革与村民自治的关系》，《西部学刊》2013年第9期。

［7］张厚安：《中国农村基层政权》，四川人民出版社1992年版，第476—477页。

［8］李勇华：《公共服务下沉背景下农村社区管理体制创新模式比较研究——来自浙江的调研报告》，《中州学刊》2009年第6期。

［9］李勇华：《农村基层社会管理创新与村民自治制度的内洽性研究》，《东南学术》2012年第2期。

［10］李勇华：《农村社区管委会：对村民自治的除弊补缺——公共服务下沉背景下农村社区管委会体制的实证研究》，《学习与探索》2009年第2期。

［11］李勇华：《自治的转型：对村干部"公职化"的一种解读》，《东南学术》2011年第3期。

［12］李勇华：《自治的转型：对村干部"公职化"的一种解读》，《东南学术》2011年第3期。

［13］李勇华：《农村社区管委会：对村民自治的除弊补缺——公共服务下沉背景下农村社区管委会体制的实证研究》，《学习与探索》2009年第2期。

［14］李勇华：《农村社区管委会：对村民自治的除弊补缺——公共服务下沉背景下农村社区管委会体制的实证研究》，《学习与探索》2009年第2期。

［15］李秀忠、李松玉：《实现基本公共服务均等化的有效途径探索——诸城市农村社区建设个案思考》，《山东师范大学学报》（人文社会科学版）2008年第6期。

［16］高灵芝：《农村社区建设与村民自治》，《山东社会科学》2010年第6期。

［17］李勇华：《公共服务下沉背景下农村社区管理体制创新模式比较研究——来自浙江的调研报告》，《中州学刊》2009年第6期。

［18］高灵芝：《农村社区建设与村民自治》，《山东社会科学》2010年第6期。

［19］李勇华：《公共服务下沉背景下农村社区管理体制创新模式比较研究——来自浙江的调研报告》，《中州学刊》2009年第6期。

［20］张丽琴：《社区建设进程中的村委会职能变化》，《武汉理工大学学报》（社会科学版）2010年第5期。

［21］高灵芝：《农村社区建设与村民自治》,《山东社会科学》2010年第6期。

［22］张厚安：《中国农村基层政权》,四川人民出版社1992年版,第476—477页。

［23］徐勇：《现代国家的建构与村民自治的成长——对中国村民自治发生与发展的一种阐释》,《学习与探索》2006年第6期。

［24］潘嘉玮：《村民自治与行政权的冲突》,中国人民大学出版社2004年版。

（作者单位：浙江农林大学中国农民发展研究中心）

互联网监督在中国特色社会主义民主政治中的困境与完善

吕桂萍

互联网是影响这个时代最伟大的发明,社会信息化、信息网络化,它成为时代的鲜明特色。互联网的发展不仅给人们的生活带来了娱乐和休闲,更拓宽了公民参政议政的途径。随着互联网普及程度的加深,网络言论自由度更高、传播速度更广、影响力更大,互联网监督对现实的政治生活影响越来越大,成为我国权力运行制约和监督体系的重要外部力量。

一 互联网监督在中国特色社会主义民主政治中的优势

所谓互联网监督,是指以广大公民为监督主体,以互联网为披露信息的载体,由此而形成的强大的舆论监督,是社会监督的一种形式。[①] 随着互联网在中国普及程度的加深和中国网民受教育程度越来越高,互联网监督在中国日益体现出其重要地位和作用,同时互联网监督在中国特色社会主义民主政治建设中也拥有着巨大优势。

第一,互联网在中国迅猛发展,为互联网监督提供了巨大的网民基础。2014年1月16日,中国互联网络信息中心(CNNIC)在京发布第33次《中国互联网络发展状况统计报告》(以下简称《报告》)。《报告》显示,截至2013年12月,中国网民规模达6.18亿,互联网普及率为45.8%。手机网民超5亿,成为2013年中国互联网发展的一大亮点。[②] 这个庞大的网民群体为中国的互联网监督提供了坚实有力的基础和支撑,中

[①] 高新民:《新媒体与党的建设》,《理论探讨》2012年第6期。
[②] 中国互联网信息发布中心:第33次《中国互联网络发展状况统计报告》,2014年3月5日(http://www.cnnic.net.cn/hlwfzyj/hlwxzbg/hlwtjbg/201403/t20140305_46240.htm)。

国网民也越来越热衷于通过互联网对党政机关的工作进行监督，互联网监督成为中国监督体制中重要的外部力量。

第二，国家政策为互联网监督大发展提供了良好的环境。中国学术界和政府部门越来越重视互联网监督的发展，开始广泛深入的讨论如何发展并规范互联网监督，使互联网监督走上一个良性的发展轨道，发挥最大效应。党的十八大报告指出，要加强和改进网络内容建设，唱响网上主旋律。① 这是党代会第一次将网络建设的目标和方向写进党代会报告。之后党的十八届三中全会通过的《中共中央关于全面深化改革若干重大问题的决定》中提出要："健全民主监督、法律监督、舆论监督机制，运用和规范互联网监督。"② 这就为互联网在中国的良性发展提供了优越的政策环境。

第三，互联网监督自身的优点推动了中国特色社会主义政治大发展。互联网监督作为一种外部监督力量弥补了我国权力监督体制内部监督有余、外部监督不足的缺点。这主要体现在四个方面：一是互联网促进了政府信息的公开性和透明性。互联网是一种容量无限的新媒体，可以使政府向社会公开巨量的政府信息，民众就可以根据这些信息自主对政府进行监督；二是以互联网也使民众更容易收集官员腐败的证据，并将证据通过互联网这个平台快速地传递给其他社会公众，以此弥补了我国反腐工作的不足，对党和政府进行监督。三是互联网监督采取匿名的方式有利于促进民众监督政府。互联网以"秘密投票"或"秘密检举"这种匿名的方式确保监督者尤其是普通民众敢于监督政府和政党，敢于说真话。四是互联网作为一种腐败检举途径亦可以被体制内权力监督机制所利用。③ 目前我国纪检监察部门、最高人民法院、最高人民检察院等公检法部门都建立了举报网站。

二 互联网监督在中国特色社会主义民主政治中的困境

虽然互联网监督的成果显著，但我们也要清醒地认识到，互联网监督

---

① 胡锦涛：《坚定不移沿着中国特色社会主义道路前进 为全面建成小康社会而奋斗》，人民出版社，2012 年 11 月 8 日。

② 《中共中央关于全面深化改革若干重大问题的决定》，2013 年 11 月 12 日中国共产党第十八届中央委员会第三次全体会议通过（http://news.xinhuanet.com/mrdx/2013—11/16/c_132892941.htm）。

③ 叶敏：《互联网与中国民主政治发展：机遇与挑战》，《前沿》2010 年第 23 期。

在中国只是一个新生事物,在中国特色社会主义民主建设的过程中存在很多问题,这些问题严重干扰了互联网监督的效果和质量,社会对于互联网监督的争议也越来越甚嚣尘上。

第一,"把关人"缺失致使互联网的信息失真严重。在互联网提供传播真实有效信息的同时,不可避免地会掺杂网络信息失真情况,而网民区分真实或虚假、情绪或理智的信息的能力不足。由于网络的传播速度极快,极有可能导致大范围的对舆论的误解。而且,由于网络具有无限链接的特殊功能,使网上信息能够无限地链接下去,变得浩如烟海,从而增加了信息选择的难度。人们在解读信息时,往往会依据不全面的信息和自己的偏好,得出带有情绪性的结论。互联网信息失真一方面源于网络的开放性,网络"把关人"角色的弱化乃至缺失,缺乏传统媒介里面对于信息严格审核的程序,造成了各种虚假信息都可以进入到互联网空间;另一方面源于网络的匿名性,网络匿名可以降低个人身份被识别的风险,保护网络参与者身份信息的同时,也使得网络参与者在虚拟空间缺乏责任和风险制约,从而给了很多不法分子可乘之机,滥发、乱发一些虚假、失真、捏造的信息。[1]

第二,对互联网有效信息的疏导规范不足。网络监督最大的优越性就是它的开放性,允许社会大众都可以参与到监督活动中,但同时这也是一把双刃剑,因为很多素质不高、控制力比较差、判断力和理性程度比较低的人都参与到了网络监督中。他们对于事件的分析缺乏理性和客观的视角,有时对于事件关注的出发点也非常不正当,有时也采用了非常极端的手段挖掘事件当事人信息。在互联网信息交流阶段,网民的意见如果得不到及时的反馈或疏导,极有可能摆脱正常的秩序而泛滥。假如网络的追索功能成为一些人以私利为目的的报复工具,网民无形中就成了别人的帮凶。典型的表现就是当下流行的"人肉搜索",可能被个别有心人利用,从而演变成网络暴力,侵犯当事人的隐私权和其他权利。[2]

第三,对互联网信息的监管控制缺位。互联网传播信息的便利性、交互性、无国界性在促进政治信息公开化的同时,也带来了国家安全、政府

---

[1] 曹振华:《我国网络监督的现状及负面效应研究》,郑州大学硕士学位论文,2012年。
[2] 杨永慧、熊代春:《我国网络监督参与民主政治建设的困境和出路》,《领导科学》2009年9月(中)。

形象维护、社会稳定等方面的压力。互联网空间的虚拟社会中不理智的舆论、违背真相的谣言和不规范的政治参与都会造成社会阶层的对立，并影响到社会的有序状态，一旦被敌对势力或别有用心的人和媒体利用，将导致严重的政治动荡，乃至政权更迭。而我国目前有关互联网监督的法律法规尚待健全，对如何界定互联网监督的知情权和隐私权，如何界定网络犯罪如造谣诽谤、言论自由与人身攻击等方面，还没有明确的法规。另外，互联网监管的具体内容和措施也处于散落缺位状态。

第四，互联网监督与相关法规、现实制度的错位。针对规范和管理互联网信息的传播，防止和剔除有害信息，我国针对互联网监督的立法还处在起步阶段。虽然已经出台了一些相关的法律法规，但这些法律法规分布散乱，没有系统性，与现行制度错位严重。而且到目前为止，我国对互联网监督的界定仍然存在很大的争议，国家还没有一部权威的法律对互联网监督的认定、程序、方式等作出明确的规定。由于这些法律法规分布散乱，没有系统性，立法等级低，与现实制度错位等原因，使得民意和相关处理部门进行查处时受到制约，都处于一种尴尬、两难的境地。

三 互联网监督在中国特色社会主义民主政治中的完善

无论互联网监督目前存在怎样的缺陷与困境，都不能抹杀它在推动中国特色社会主义民主政治建设方面的独特功能与特殊贡献，政府部门必须予以足够的重视。而中国很多的地方政府对于互联网监督的认识、规范和运用不到位，如何克服互联网监督的弊端，加强对互联网进行审查和监管，使其与我国现行制度相对接，从而更好地发挥其作用，是值得我们思考的问题。

（一）转变思想观念，主动接纳互联网监督

面对互联网监督的迅猛发展，我们既不能盲目乐观，过分夸大网络监督的作用，也不能因为目前的互联网监督还存在缺陷而因噎废食，轻视和害怕互联网监督，主观认为互联网监督是洪水猛兽。当前地方政府要尽快地转变思路和观念，认真对待互联网监督，应该抱着促进政府工作方式转变、提高政府效率的态度全面审视互联网监督，合理、客观评价网络监督在地方发展中的重要作用。让互联网监督真正成为当下公民参与社会公共事务，监督政府行为的重要途径。同时利用和依赖传统媒体的声援和跟进，加强传统媒体监督和互联网监督的合作，完善我国权力监督体制。

（二）掌握网络监督特点，积极引导网络监督

互联网监督作为我国权力监督体制的重要外部力量，也有其两面性，利弊共生，关键在于如何引导。硬性压制互联网监督不可能，放任自流也不可取，要加大宣传教育，通过各种参与指导，教育和引导参与主体理性、客观和平和参与，杜绝暴力、商业和失控参与，这样才能真正提高参与质量和参与效率，降低互联网舆论的负面效应，促进互联网虚拟空间以及现实空间的和谐稳定。另外加大宣传教育在于对潜在参与主体的培养，由于大量低龄化大众开始介入到互联网的舆论监督中，虽然当下他们对于网络监督的作用和意义都不大，但如果对于这部分群体合理培养，假以时日，这部分群体将成为网络监督的主力军和生力军。[①] 培养一批互联网的"意见头领"，网络意见领袖的作用在当下的网络环境中作用非同寻常，他们甚至有时可以左右舆论动向和舆论话语。培养一批具有代表性的意见领袖，使这些意见领袖来自社会的各个阶层，可以充分代表民意。

（三）加强互联网监督立法，将对互联网进行审查和监管

"互联网监管"是指对互联网信息及其相关活动的监督和治理，以防范虚假有害和违法等信息的传播，营造一个安全和健康的网络使用环境。互联网是公众行使话语权的宝贵平台，需要广大网民的共同呵护、自觉维护。要减少网络监督失当特别是网络暴力，关键在于提高广大网民的自身素养，加强对互联网监督的立法，构建互联网的法治规则。同时借鉴发达国家推进网络政治参与的经验，一方面，在不限制公民自由，允许公民公开讨论政治话题的前提下，推进身份认证制度的实施；另一方面，设立网络"把关人"，随时随地监督不法分子借助互联网发布虚假信息。在这一过程中，政府应注意到，网络监督规则的形成不能再以单纯的行政命令来调控，而应更积极地参与到规则产生和制定的过程中去，在加强立法的同时，更多地通过市场调节和行业自律来对网络进行监管[②]。

互联网带给了社会公众全新的参与理念，彻底激发了公众的参与和监督意识，越来越多的网民开始通过互联网平台监督政府行为、参与社会公共事务，利用它本身的干涉力敦促着政府不断改进工作方式和执政理念，

[①] 杨永慧、熊代春：《我国网络监督参与民主政治建设的困境和出路》，《领导科学》2009年9月（中）。

[②] 罗静：《国外互联网监管方式的比较》，《世界经济与政治论坛》2008年第6期。

不断纠正错误的政策制度，不断推动着中国特色社会主义民主政治建设的进程。随着互联网的发展、社会政治经济的进步，党和政府在拓展监督途径的时候，一定要重视互联网监督，合理引导互联网监督，让互联网监督成为提高自身执政能力的重要工具，最终促进中国特色社会主义民主政治的发展。

（作者单位：中共上海市委党校党史党建教研部）

专题五　现代文化建设与中华文化发展问题

论中华民族精神家园建设与马克思主义大众化

岳云强　胡慧敏

一　关于精神家园与中华民族精神家园的理解

通常我们所说的家园，是由于生活习惯、文化风俗、人文理念等各方面的认同所引发的在归属感、思维惯性、思想认同性的一种个人情感。具体表现来说，家园在文化认知上表现出对作为民族文化各方面的认同和固化。精神家园却有所不同，虽然在一定的形式上精神家园也可以以固有的区域、亲缘等为基础，但精神家园更主要的表现在通过这些最基本的文化上升到一种更容易为大众接受和认可的理论指导。也就是说，精神家园是建立在家园上的一种思维升华。

精神家园是随着历史而不断进化的，作为人类历史文明的结晶，精神家园不仅标识了一个地域或者民族的不同之处，更重要的是这种思维的崇拜性和思想的高度追随性引导着人类开启着每个时代的文明之门。精神家园以一种独特的方式延续着一个地域的一种文化，构成了这个地域特有的精神文明。精神家园是人类生活的一个理想圣地，是人类对自身的生活习性、文化认同、心灵归属及情感寄托的最终目标。精神家园是人类在各种生产活动中的精神支柱、精神动力、精神信仰的总和。

在我国，我们共有的精神家园是我们整个中华民族历史上延续下来的共同依赖、共同传承、共同发扬的文化、思想和情感的总和，同时也是我们整个中华民族的一笔巨大的精神财富，是我们中华民族蓬勃发展、团结奋斗的精神依托。精神家园对个人的影响是非常重要的，作为一个国家的一分子，一个人如果失去了精神的依托，其思想和行动都会受到非常严重的影响，这个人的精神不仅会越来越空虚，而且很容易产生心理扭曲，乃至走上害人害己的道路。而有精神家园作为精神指导的人，就有了奋斗的目标，就有了精神的依托，也就有了生活的意义，从而使这个人感到生活和工作的幸福。对于一个民族来说，精神家园是全民的精神食粮，是各种精神动力的总和，一个民族能够正常发展与否，与一个民族的精神家园正常与否有着十分密切的联系。在当今经济全球化的大背景下，各种文化的相互渗透，对一个民族固有的精神家园会造成不断的冲击。对我国而言，汲取各国优良的精神文化，建设一种我们共同认可的精神家园具有非常重要的意义，而且对以后民族的发展有着深远的影响。自从马克思主义传入我国以来，马克思主义逐步渗透到我国政治经济文化社会环境等的方方面面。的确，马克思主义是人类最高的精神家园，这种最高的精神家园不能不顾本国实际全盘照搬，否则就会脱离实际。因此，首先要让马克思主义的精神家园深入人心，也就是做好马克思主义大众化的建设工作；其次就是让马克思主义同中华民族固有的精神家园相融合，形成适合我们追随的具有中国特色的马克思主义精神家园，毛泽东思想、中国特色社会主义理论体系等都是这种固有精神家园同马克思主义理论的完美融合的结晶。

二 关于马克思主义及其大众化的解读

几千年来，我们中华民族的固有精神家园随着历史的潮流不断向着更深更远的方向发展。特别是到了近代，随着世界格局的不断演化，国外的许多优秀文化随之传入我国。我们的先辈们在国家的危难之际做了一个大胆的尝试——让马克思主义思想作为最高理想，用于指导中国的革命和社会主义建设，并且取得了极大的胜利，同时也形成了一系列的马克思主义中国化的智慧结晶，如毛泽东思想、邓小平理论、"三个代表"重要思想、科学发展观和社会主义核心价值体系等，都是马克思主义在我国取得实质性重要发展的标志性体现。因此，把马克思主义大众化，是我们建设中华民族最高精神家园的前提基础和根本途径。

马克思主义从狭义上讲是指马克思、恩格斯的观点、理论和学说的体系。具体的讲是指马克思、恩格斯关于马克思主义哲学、政治经济学和科学社会主义理论。从广义上讲，马克思主义不仅指马克思恩格斯创立的基本理论、基本观点和学说的体系，也包括继承者对它的发展，即在实践中不断发展的马克思主义。

当代中国马克思主义的任务就是要开展中国特色社会主义理论体系的宣传和普及活动，推动当代中国马克思主义大众化。通俗来说，马克思主义大众化的建设，就是让马克思主义从一个深刻的理论指导体系，发展成为全民皆懂的一种常识思想。通过对广大人民进行马克思主义的教育，使生活在社会主义国家的人民从本质上对马克思主义有一种深刻的认识，从而对社会主义建设有着共同的理念。让全民的价值观，思想层面，精神高度同真正的马克思主义联系到一起。这种马克思主义大众化的建设是随着社会的发展不断进化的。因此，当代中国特色社会主义建设需要运用马克思主义理论作指导，要使马克思主义深入国家，深入人民，真正实现马克思主义大众化的目标。在国际化大背景下的今天，我们要时刻把握和利用好战略机遇，用马克思主义作为理论指导，继续进行我们伟大的中国特色社会主义建设。马克思主义不仅是国家的理论基础，更应该成为全民和全世界华人的思想归宿、灵魂依托的伟大根基。马克思主义大众化建设，将会随着当代中国特色社会主义建设不断前进，如何与时俱进地把马克思主义大众化建设同我们中华民族固有的精神家园结合起来，形成一种新的充满时代气息和活力的精神家园，是我们在当代和今后很长一段历史时期亟须解决一个重要课题。

三 关于固有精神家园与马克思主义的融合

首先，马克思主义对当代中华民族精神家园的建设有重要的指导作用。马克思曾经指出，批判的武器当然不能代替武器的批判，物质力量只能用物质力量来摧毁；但是理论一经掌握群众，也会变成物质力量。马克思主义随着我国社会的不断发展，其作用不仅仅是一种简单的理论基础，更重要的是它已经成为一种人们思想的精神指导。在中华民族精神家园的建设方面，同样需要把马克思主义作为最主要的指导思想。马克思主义不仅为我们提供了正确的世界观、价值观和辩证法等相关观点，也为我们拓宽了认识和改造世界的强大视野。通过实践我们得知，马克思主义的观点、思想、方法论是我们认识社会，改造社会的强大理论基础，它使我们在错综复杂的社会中一针见血地指出问题的主要矛盾，使我们在分析问题解决问题方面得到了科学的指导。马克思主义在我党的重要地位，决定了它在建设我国最终和最高精神家园的重要性。

然而，在精神家园的建设方面，决不能简单地用马克思主义取代我们固有的精神家园而作为新的精神依托。我们要从实际出发，就如同在建设我国特色的社会主义国家一样，我们要把我国的国情同马克思主义科学地结合起来,这样才能避免犯错误、走弯路。要让中华民族精神家园富有实效,成为中国大众的精神依托,就要从时代发展的大背景出发,坚持马克思主义唯物辩证观,用辩证的观点看待传统文化和外来文化,去糟粕取精华,让马克思主义大众化真正贯彻实施,让马克思主义文化深入人心。

其次,在马克思主义大众化过程中形成的社会主义先进文化是中华民族共有精神家园的脊梁。中华民族共有精神家园亟须利用新的精神文化资源来重建,不仅包括优秀的传统文化、外来民族的文化,还包括与时代精神同步的现代文化。在马克思主义大众化的过程中,经历了从革命到建设、到改革,再到建设和谐社会,实现中国梦的不断实践,逐渐形成了以马克思主义的基本理论为指导、符合时代精神的先进文化。其中,社会主义核心价值体系是中华民族共有精神家园的价值核心。我们在坚持马克思主义的指导地位的同时,必须强调民族的共同理想、弘扬以爱国主义为核心的民族精神和勇于创新的时代精神,才能有利于增强中华文化的凝聚力和吸引力。

作为中华民族共有精神家园的核心价值的社会主义核心价值体系能够充分调节文化的分配和精神激励功能,社会主义核心价值体系在本质上是各民族根本利益的集中体现,是马克思主义理论与中国现代化建设相结合的理论成果。它凝结了先进的思想理念、基本的生存准则、高尚的理想信念、良好的道德风尚,是社会主义先进文化的价值核心。

最后,中华民族共有精神家园建设有助于马克思主义的大众化。马克思主义与中华民族共有精神家园的关系还表现在精神家园的建设能够推动马克思主义的大众化,以实现其创新与发展。当前,马克思主义理论被广泛理解与认同主要还是在政治层面上。作为社会的意识形态和主流思想存在,其认同度还有待进一步加强。马克思主义自身的发展要求,它必须走进中国人民的内心世界,但是中华民族文化多元一体、各民族文化风俗各异的现实又使得马克思主义由政治认同上升为文化上的认识层面还存在着种种问题。同时,解决这些问题也是哲学的生长点,不断地创造性地回答时代问题是哲学发展的动力所在。对于一个时代的意识,马克思曾经写过这样一段话:我们判断一个人不能以他对自己的看法为依据,同样,我们判断这样一个变革的时代也不能以它的意识为依据,相反,这个意识必须从物质生活的矛盾中,从社会生产力与生产关系的现存冲突中去解释。在当代,以中国特色社会主义理论体系为指导,立足现实,关注人类的命运，反映时代的诉求，回答实践提出的重大现实问题，是马克思主义大众化的核心任务。马克思主义只有更加贴近生活，贴近实际，关注民生，突出其对生命归宿的文化认同或终极价值的理想认知作用，才能在社会精神文化领域增强其理论的作用力与吸引力。中华民族共有的精神家园，重心在精神，但其着眼点却在各民族共有。所谓"共有"，旨在区别于个别和部分，要具有广泛性和大众性，不仅能够被广大社会成员所知晓，还要被广泛理解、接受与认同。亲切的、大众化的马克思主义正是要通过融入中华民族共有精神家园来实现，让博大精深的理论贴近日常生活，让其解释和重塑人们的生活世界。

结　语

综上所述，马克思主义与中国文化的完美融合具有重大的现实意义和理论意义，两者之间的关系相互影响、相互制约，这也正体现了马克思主义大众化与固有精神家园的相辅相成和互相促进。马克思主义与中华民族共有精神家园的融合是建立在当代中国强烈的理论需求、情感共鸣与心理认同三者之上的。马克思主义自身的理论品质及其与中华民族共有精神家园的内在统一性是其能融合的理论前提和基础。中华民族共有精神家园需要马克思主义的指导以确保其建构方向的正确性、科学性；马克思主义也需要融入并指导中华民族共有精神家园以进一步推进其更好实现在中国的大众化。理论是灰色的，而把理论与实践相结合，则可以使它长青。马克思主义的大众化问题，只有与中华民族固有的精神家园建设相结合，才可以激发其更强大和更长久的生命活力。

（作者单位：北京化工大学马克思主义研究所）

诠释学视野下马克思主义哲学中国化的走向研究

杨东东　刘　岱

马克思主义哲学中国化是中国学术界的显性话语。它指的是将马克思主义哲学的基本原理与中国的具体实际相结合，使之指导中国当前的实践，并转化为民众喜闻乐见的民族形式的过程。近百年来，中国社会经历的每一次积极转变，无不建基于马克思主义哲学对中国现实的指导。然而，同样不可否认的是，很多时候对马克思主义哲学基本原理的教条理解和直接套用，也使马克思主义哲学的中国化进程遭遇了不少灾难性打击。因此，对下述问题的思考就成为更好地推进马克思主义哲学中国化的必由之路：在中国社会，对马克思主义哲学的理解和应用的合理性标准是什么？换句话说，马克思主义哲学应当在怎样的向度内被中国化？这类问题完全可以放在诠释学的视野下进行解读，因为马克思主义哲学中国化的过程，同时也是在中国视域中诠读马克思主义哲学的过程。

一　马克思主义哲学中国化的诠释基础

何中华先生在《马克思主义哲学中国化四问》中提到，马克思主义哲学中国化是一个综合的过程，分为语言、理论和实践三个层面。这三个层面都与诠释理论息息相关。

马克思主义哲学中国化，首先要打破语言的障碍，在最初级的层面上实现汉语化。这就涉及最直接的诠释问题。可是，对马克思主义哲学文本的翻译并不像通常所想的那样简单。翻译的过程不单涉及语言转换，更核心的在于不同文化传统之间的沟通交往。正如维特根斯坦在《哲学研究》中所讲，把握一门新语言，关键是要把握语言背后的生活形式。语言的意义不仅在于其字面所示，更重要的是使其拥有意义的传统本身。这恰是伽达默尔的诠释学循环欲表达的含义之一：人们通过语言理解传统，但同时传统也在塑造语言。这无疑为力图原本地展现作者意图的翻译工作带来了相当难度，因为不同传统之间的可通约性往往是有限度的。如果将视角进一步聚集到文本作者身上，那么不同作者——譬如马克思、恩格斯——在使用某一词汇甚至同一作者在不同时期使用某一词汇时，由于其自身所处背景不同、个人思想变化、语言习惯差异等，对词汇的理解也存在差别。譬如，恩格斯在《路德维希·费尔巴哈与德国古典哲学的终结》里将"实践"理解为"实验和工业"的做法，就完全不同于马克思在《关于费尔巴哈的提纲》中"革命的实践"意义上的"实践"概念。在这种情况下，译者如果想要将上述差别表现出来，更是难上加难。这意味着，在马克思主义哲学文本翻译过程中，如何面对意义的不对等、在何种程度上保证翻译的有效性，就成为诠释学理论涉足的首要问题之一。

马克思主义哲学中国化的第二个层面是理论建构。一直以来，关于马克思主义哲学中国化的实质，学界形成了"适合论"、"过程论"、"具体化论"等各色观点。这些观点尽管各有坚持，但基本形成如下共识：马克思主义哲学中国化的过程，是在当下中国社会境遇中，使马克思主义哲学基本理论与实际相结合的过程。这就涉及基于中国经验的马克思主义哲学的理论建构、乃至重构的问题。按照哲学诠释学的基本观点，对文本的任何一次解读，都是从诠释者的视域出发与文本进行的一次崭新的对话，对话的结果是文本内涵的再生成。于是，在中国视域下解读马克思主义哲学的结果，就是对后者的一种创造性诠释。马克思主义哲学理论在此过程中获得了反思性的重构。这种观点初看起来颇具合理性，也是诸多学者偏向承认的一种观点。但是，有一个问题是哲学诠释学无法明确回答的，那就是如何防止诠释的多元化。任何诠释个体都可能从自己视角出发重构马克思主义哲学理论，那么，以何为标准裁定重构的合理性？这是从诠释学视野中看待马克思主义哲学中国化时必然遇到的问题，也只能从诠释理论中获得解答。

实践是马克思主义哲学中国化的落脚点。马克思在《关于费尔巴哈的提纲》中说过："哲学家们只是用不同的方式解释世界，而问题在于改变世界。"[①] 在马克思看来，理论存在的根本目的是为社会实践和政治实践做

---

① 《马克思恩格斯全集》第3卷，人民出版社1960年版，第6页。

准备。遵循马克思哲学的思维理路,后来的马克思主义者都将发挥理论的实践作用作为第一要务,这也使得实践成为马克思主义哲学中国化的最终归宿。可是,不能因为马克思对改变世界的实践精神的强调,便忽略了解释的作用。事实上,"解释"一词从诞生开始就已经蕴含了实践意图。伽达默尔在《真理与方法》中分析说:"诠释学首先代表了一种具有高度技巧的实践。它表示了一种可以补充说'技艺'(Techne)的构词法(Wortbildung)"①,因而本身就与作为对本质进行沉思的理论相对立。诠释的过程本身就是理论的应用过程。以对马克思和恩格斯使用的德语词汇"aufhebung"的翻译为例,国内通常译为"消灭",但有人主张译为"扬弃"。尤其是将此概念与"私有制"相联系时,主张改译的人认为,由于私有制在一定条件下促进了生产力的发展,因此并不是完全消极的制度,不应当"消灭"它。② 且不论这种改译是否合理,单是从"消灭"和"扬弃"两种译法出发,就可以体会到在使用这两个语词时具有的不同的以言行事力量。说一句话的同时就是在做一件事。按照这一理解,马克思主义哲学中国化的实践要求,根本而言是内蕴于中国化的马克思主义哲学的诠释活动当中的。

既然马克思主义哲学中国化内在地关联于诠释行为,那么为其寻求恰当的诠释原则就是推进中国化进程的关键所在。然而,到底以何种诠释原则作为指导,才能使马克思主义哲学中国化走上合理的道路,一直以来都是学界争论的焦点。在很长一段时间里,这甚至引发了马克思主义哲学中国化的诠释困境。

二 马克思主义哲学中国化的诠释困境

在诠释学视野中解读马克思主义哲学中国化,有两类不同的诠释原则。一是客观性原则。这是由施莱尔马赫开启的普遍诠释学在西方知识论传统影响下的理论追求。在施莱尔马赫看来,诠释学始于误解的出现,因此诠释的目的就是重现乃至重构作者的思想,客观真实地反映文本的内涵。为此,诠释者不但要"对语言具有像作者所使用的那种知识,这种知识甚至必须比原来的读者所具有的知识还精确",还应该"具有作者内心

---

① 伽达默尔:《真理与方法》第2卷,洪汉鼎译,商务印书馆2007年版,第109页。
② 何中华:《马克思主义哲学中国化四问》,《东岳论丛》2010年第10期。

生活和外在生活的知识"。① 如果按照这种原则理解马克思主义哲学中国化，那么首要的任务就是追寻马克思主义作品的原意，甚至像施莱尔马赫所讲，要充分调动反思能力，比作者自己更好地理解作品。

然而，这种原则暗藏的问题在于，我们是否能够完全站在作者的立场上正确理解其作品。马克思、恩格斯是德国人，其所有作品都是用德语写作的。如果希望对这些文本做符合原意的理解，要求诠释者首先对德国社会的文化传统、文本写作时德国的现实状况以及马克思、恩格斯的成长经历、生存境况等有宛如他们本人的体验。但是，作为生活在现代中国的"局外人"，我们无论如何都无法将自己的生活经验抛诸脑后，彻底投身到另一个人的生活世界中。因此，准确重现作者思想的可能性是不存在的。事实上，施莱尔马赫也并没有为"准确重现"提供标准。当他提出要比作者更好地理解作品时，意味着作者本人甚至也没能完全把握作品的内涵。可是，如果客观性的诠释原则意在追寻作者的原意，捕捉被作者漏失的内容是否有意义、甚至是否符合诠释原则，就值得怀疑了。客观性原则的问题由此暴露出来。

由此还可能衍生出另一个问题。过于执着地依照原意理解和运用马克思主义哲学文本的做法，对于马克思主义哲学中国化的实践而言，可能导致"教条主义"的盛行。这种状况在中国革命和现代化建设的历史中曾经不止一次地出现过。那些自以为把握了马克思主义哲学文本的真实意图的诠释者们，往往喜欢将马克思主义哲学的观点生硬地套用到中国社会，最终导致在现实中"水土不服"。反之，迄今为止中国革命和建设中取得的一切成就，都是在创造性地依据中国现实理解与运用马克思主义哲学的结果。上述对比使我们意识到，在中国境遇下对马克思主义哲学文本的诠释过程，绝不是生硬地追求"本真"理解而后教条地运用的过程。注重文本的创生意义，在文本与诠释者的问答中做出基于诠释者生存境遇的理解，并将应用寓于理解之中，才是应有之道。

伽达默尔的哲学诠释学的优越性由此得以彰显。他在《真理与方法》中明确提出，人作为诠释性存在，绝不可能跳出自身承袭的传统视野而专注于其他文本。任何诠释过程都是在将自己置入他人的处境中实现的，是

---

① 施莱尔马赫：《解释学讲演》，洪汉鼎译，《理解与解释——诠释学经典文选》，东方出版社2010年版，第61页。

自我的历史视域与他者的处境相融合的结果。正是在这个意义上,"理解从来就不是一种对于某个被给定的'对象'的主观行为,而是属于效果历史,这就是说,理解是属于被理解的东西的存在"①。

伽达默尔强调效果历史原则的诠释模式在面对马克思主义哲学中国化问题时显示出的有效性,并不能掩盖可能存在的问题。前文中笔者提到,这种将意义创造作为诠释之根本的观点,很容易走向相对主义,走入什么都对、什么都好的误区。西方马克思主义学者哈贝马斯曾就此评论说,伽达默尔允许意义的随意流动与生成的行为,是造成文本意义相对化乃至流失的重要原因。所以,即便我们相信"一千个人眼中有一千个哈姆雷特",也必须保证这一千个哈姆雷特是以戏剧中的哈姆雷特为原型的,否则它就会失去成之为自身的意义。更何况,依哈贝马斯所言,"语言也是统治和社会势力的媒介;它服务于有组织的权力关系的合法化"。② 这意味着,一种毫无防备的诠释模式的存在,很容易被当权者有意或者无意间利用,成为对民众进行意识形态控制的工具。在这个问题上,前苏联是一个很好的反面教材。虽然它高举马克思主义哲学理论的伟大旗帜,不改其实现人类全面、自由发展的目的,但该理论与苏联社会传统意识和当下状况的融合,却造成对斯大林个人的极端崇拜,甚至是极权政治模式的产生。有了这一前车之鉴,我们应当留意,在充分发挥伽达默尔诠释学理论的价值、使其在马克思主义哲学中国化的历程中发挥积极作用的同时,必须为其设置适当的界限,寻求可靠的标准。马克思主义哲学理论内涵的再生必须是审慎的和规范化的。

可是,这个标准在哪里?如果让伽达默尔回答,他的答案会是"时间距离",即被理解的传承物和理解者之间的历史距离。伽达默尔认为,传承物中可能存在的扭曲的、不合理的要素,在时间距离的涤除作用下会消失殆尽。因此,时间距离是具有反思意识的,它"常常能使诠释学的真正批判性问题得以解决,也就是说……把我们得以进行理解的真前见……与我们由之而产生误解的假前见分开来"。③ 如果用该理论解读斯大林崇拜的消失,同样具有可信性。尽管在一定历史时期之内,斯大林等人对马克思

---

① 伽达默尔:《真理与方法》第2卷,洪汉鼎译,商务印书馆2007年版,第535页。
② 哈贝马斯:《评伽达默尔的〈真理与方法〉一书》,郭官义译,《世界哲学》1983年第3期。
③ 伽达默尔:《真理与方法》第1卷,洪汉鼎译,商务印书馆2007年版,第404页。

主义哲学观点的错误解读为苏联的社会主义建设带来了不可逆转的伤害，但这一切都会在时间的冲刷下露出其本来面目。哲学诠释学的基本原则并不意味着接受传统赋予我们的一切，去伪存真的工作在时间距离的反思中总是在不断地完成着。

可是，等待永远只是最消极的选择。尤其是在运用马克思主义哲学理论指导中国实践的过程中，放纵地让时间作抉择显然是不负责任的表现。将下判断的时间无限后推的做法，只能算作缓兵之计，这不过是把问题推到了将来。因此，总要有一个当下有效、切实可行的诠释标准出现，作为诠释活动的可能界限。此时我们想到"实践"标准。用实践检验理解正确与否，一直是许多学者的共识。可是，实践本身并不具有稳定性。以20世纪初苏联和欧洲各国对马克思主义思想的理解为例，如何判别其优劣程度？如果按照实践标准，是否意味着无产阶级革命获胜的苏联的理解是正确的，而欧洲各国走了弯路？那么，苏联在1991年的解体，是否表明它又陷入错误理解的泥沼中了呢？还是说，苏联之前的成功只是暂时的，实践证明它的诠释方式最终走向失败？从上述一系列疑问中可以看出，实践标准本身具有阶段性，对实践结果的理解也可以是多层次、多角度的，与其说实践是检验标准，不如说它自身也是有待检验的对象。事实上，如果我们对实践标准做更深入的分析，会发现从某种意义上讲，它和时间距离原则并没有本质的区别。实践发挥作用的过程，本身就是在时间距离中接受检验的过程。在如此看来，以实践作为马克思主义哲学中国化合理与否的划界标准，同样是在将问题无限后推，并不比伽达默尔的时间距离有任何的进步之处。要走出马克思主义哲学中国化的诠释困境，必须另辟新途。

三　批判诠释学视野下马克思主义哲学中国化的走向

伽达默尔的哲学诠释学为马克思主义哲学中国化贡献了有效的诠释原则，却无力为诠释结果的合理性提供衡量标准。这有可能导致以中国化为幌子对马克思主义哲学的滥用。马克思主义哲学不是万金油，对它的理解与运用必须限制在合理范围之内。那么，这个范围应当如何界定？马克思主义哲学在中国到底应当走向何处？笔者认为，可以借助哈贝马斯的批判诠释学方法对此问题做初步回答。

根本而言，哈贝马斯的批判诠释学是在承袭伽达默尔哲学诠释学基础上进行更新的结果。这种更新表现在两个方面：一是批判反思的意识，二是对话沟通的精神。哈贝马斯认为，基于两个更新的诠释学方法在预防曲解、保证诠释的合理性方面颇具效用。倘若事实如此，就可以借助批判诠释学为马克思主义哲学中国化寻到合适的诠释界限，规划可能的行走路向。因此，有必要对这两个更新作深入分析。

首先是批判反思意识。哈贝马斯认为，虽然伽达默尔的哲学诠释学并没有完全放弃批判反思精神——其"时间距离"概念是最好的证明，但是，认为对生存于其中的社会历史观念的传承优先于反思批判精神的做法，却可能将诠释引向曲解。以此为基础，哈贝马斯认为，以批判精神引领对历史文本的诠读，时时警惕传统中假前见的误导，是获得客观有效的理解的重要前提。将哈贝马斯的这种反思批判意识带入对马克思主义哲学中国化的理解中，便可能及早识别在引进马克思主义哲学思想时发生的误读。譬如，谈到马克思的"共产主义"概念，在很长一段时间里，中国民众将其看作只要努力就可达到的目标，甚至以"楼上楼下，电灯电话"作为其实现标志。可是，这显然是对马克思思想的误读，因为在马克思本人看来，共产主义只是"存在于真正物质生产领域的彼岸"[①]，是一个超越的、理想化的存在。当时国内对"共产主义"概念的错误前见引发了20世纪60年代末的"大跃进"和人民公社化运动，造成国内空前的经济灾难。对此问题的修正是随着对"共产主义"的理论和实践意义的反思性重估实现的，这证明了批判反思意识在将马克思主义基本理论与中国实践相结合过程中的效用。并且，这种反思精神越早出现，便在越大程度上防止在中国社会背景下对马克思主义哲学的误解。

批判反思意识作为哈贝马斯批判诠释学的主要原则之一，虽然重要，但只是在消极意义上发挥作用。换句话说，它只告诉人们要防止什么，却没有说应当如何做。笔者认为，后面一个要求是在批判诠释学的对话沟通意识中实现的。哈贝马斯在此主要沿袭了伽达默尔关于诠释学的问答逻辑的观点，承认诠释行为就是向理解对象提出问题、并在获取答案的过程中逐步进行视域融合的互动行为。在此基础上，他对该问题进行更新，提出应当将问答逻辑扩展为一种普遍的社会诠释方法，主张借助社会主体间的对话沟通保障社会规范等的合理性。哈贝马斯这样做的道理在于，他认为

[①] 《马克思恩格斯全集》第25卷，人民出版社1974年版，第926页。

相较于其他各类行为，人类的交往沟通行为拥有最全面的合理性，因而可以洞察各种被扭曲的理解，成为合理诠释的有效保障。哈贝马斯的这种将批判诠释原则运用到其关于合理社会的建构中的做法，显然为马克思主义哲学中国化提供了可能范例。依照他的思路，如何理解马克思主义哲学、在中国当下境遇中如何重构马克思主义哲学，从而在最大程度上发挥其积极效应，都应当借助对话沟通获得答案。

问题在于，在中国社会中，对话主体应当如何界定。对此问题的回答直接关系到马克思主义哲学中国化的性质及其走向。将对话控制在国家权力机关范围内是不合适的，它显然无法让尽量多的个体参与其中，其合理性也因此会大打折扣。而盲目将对话扩展到全体大众的范围内同样不合适，因为多数民众尚缺乏商谈对话必须的认知基础。最可行的方法是由知识分子引领大众的认知热情和反思意识，使大众成长为具有参与意识的公众，使其以一国之民之身，"治一国之事，定一国之法"。当然，这是一个相当漫长的过程。笔者认为，马克思主义哲学的大众化构成了这个过程的第一步。它的目标在于使民众对马克思主义哲学有初步的认知和理解，实现马克思主义哲学的普及化。以此为基础，应当进一步激发民众的反思意识，开启民智、启发民意，使民众作为对话沟通的公众，为马克思主义哲学在当代中国社会的运用提供理性支撑。这是马克思主义哲学公众化的过程，与此同时，也是揭示马克思主义哲学中国化走向的过程：一切都要建基于公众的商讨共识之上。

毫无疑问，以批判诠释学模式引领的马克思主义哲学中国化的建构，走的是程序主义的道路。它事先并不规定何种走向是正确、合理、正义的，或者说，对于马克思主义哲学在中国应当怎样被应用，程序主义本身并不会给出实质性决断。它提倡在符合程序的对话沟通中让合理的抉择自主呈现。笔者认为，这是符合当下中国社会日益呈现的价值多元化趋势的。在这种状况下，不可能强行要求民众按照预定的路线进行，唯一可行的做法是尊重和服从具有批判反思意识的公众借助沟通行动做出的选择。哈贝马斯认为，民众的认同和忠诚是一个国家和政权得以存在的合法性基础。作为一个倡导民主的现代社会主义国家，它将马克思主义哲学本土化处理的做法要想获得真正的承认和有效的支持，必须从民众中汲取其合法性和合理性支撑。显然，批判诠释学模式提供了这样一种可能性。

四 结语

在诠释学视野中解读马克思主义哲学中国化，用批判诠释学方法规范马克思主义哲学中国化的发展方向，是本文研究的核心目标。但是，这并不意味着对批判诠释学方法的全盘套用：脱胎于西方的基本理论在面对中国现实时总会存在不同程度的张力，这个问题不仅存在于马克思主义哲学中国化过程中，于批判诠释学方法亦是如此。

在中国社会以民众批判反思性商谈对话为标准规约马克思主义哲学发展路向的诠释模式，预设了如下前提，即在中国必须出现具有反思精神的公众以及开放的公共领域。但真正同时满足这两项要求极其困难。首先，虽然可以借助知识分子的力量引导和推动大众向公众的转化，但是如何使知识分子真正融入大众、或者使大众亲近知识分子依旧存在很大困难。怎样弥合知识分子与大众之间的断裂，实现对大众的再启蒙，是塑造合格公众的关键所在，同时也是问题所在。这就与哈贝马斯笔下早期资产阶级公众的诞生截然不同。在《公共领域的结构转型》中，哈贝马斯认为，资本主义小商品经济生产模式本身就为造就具有反思批判精神的公众提供了恰当的条件：在小家庭内培养出的具有私人自律（包括爱、自由和教育）的个体只有在与物主身份的结合中才可能具有独立表达自己意见的愿望和能力，而物主身份的确立无疑是小商品经济生产模式作用的结果。由此可见，东西方面临的不同历史境遇，使中国社会必须另辟蹊径以产出最大多数的公众。

要保障批判诠释模式在马克思主义哲学中国化进程中的有效运用，还有一个必须满足的条件，这就是公共领域的出现，因为它是公众借以交换意见、达成共识的空间。在这个空间中，人们并非依附于权力和金钱，而是以理性原则为导向展开讨论。这个空间并不必然是具体的物理场所，而是由议题串联而成的形而上的空间。哈贝马斯在《公共领域的结构转型》中提到的早期资产阶级公共领域便是典型代表。可是，这种以公与私、国家与社会的二分为基础、代表"由私人组成的公众"的利益与国家权力机关相抗衡的公共领域并不真正存在于中国。这就会导致如下问题的产生：中国的"公众"——如果"公众"已经形成的话——是否可以寻到一个不受干扰的场域、就马克思主义哲学在中国的发展路向等问题展开反思性沟通？黄宗智由此引入"第三领域"的概念，将其看作具有中国特色的"公共领域"的建构方向，即一个在理论上独立于国家与社会，但同时与二者良性互动的空间。如果这种做法可行，那么来自于国家和社会不同层面的关于马克思主义哲学中国化的理解，将通过在"第三领域"中的反思性沟通得到理性的审议。当然，这只是一种理论设想，至于它在现实如何实践，则是留给我们的又一难题。

哈贝马斯的批判诠释学方法在应用于马克思主义哲学中国化过程中遭遇的种种困境，并不仅源于西方理论在中国的水土不服，它也产生于理论与现实之间的普遍张力。譬如，有学者指出，批判诠释学方法过分强调抽象的反思作用、提倡反思优先的做法，忽略了诠释的历史向度，使自身走向空洞虚无。哈贝马斯为了拒绝哲学诠释学方法对效果历史的过分依赖，走向了非历史的另一个极端。批判诠释学在自我张扬的同时却蚕食了自身的基础。

批判诠释学将历史抛出其理论视域的后果是，它根本无法有效地确立批判的标准和规则。哈贝马斯将公共领域作为批判诠释方法发挥效用的重要空间，并且强调纯粹的公共领域必须只能依照理性原则行事。问题在于，进入公共领域的公众作为个体总是历史性的个体，他们在确立批判规则、获取有效共识的过程中，无论如何都无法摆脱历史视域的影响。因此，如果人为地割裂批判和历史的关联，批判的准则本身就成为问题。这就恰如在运用批判诠释方法考察马克思主义哲学中国化问题时，如果参与者抛弃头脑中关于马克思主义哲学及其中国化进程中的历史事实，单纯谈论问题本身，将不会得出任何所谓马克思主义哲学中国化的界限和规范一样。批判诠释学方法归根结底只是无任何实质内容的方法论形式，必须借助历史内容的填充才可能产生有效结论。由此可见，在批判诠释学视野下解读马克思主义哲学中国化问题，必须探求历史与批判、传统与反思之间的动态平衡，在哈贝马斯和伽达默尔之间寻找符合中国诠释实际的第三条道路。

（作者单位：中共山东省委党校）

关于马克思主义与中国优秀传统文化相契合的思考

房广顺　崔明浩

马克思主义是马克思的观点和学说的体系。① 马克思主义以唯物史观和剩余价值学说为理论基石,以深刻揭示资本主义社会进而揭示整个人类社会发展的一般规律为基本内容,以实现人的解放即最终实现共产主义社会制度为根本目标,作出了资产阶级必然灭亡、无产阶级必然胜利的科学结论。中国优秀传统文化是奠基于五千年中华文明的思想、道德、文化的精神成果,是中华民族接力发展、不断创新的文化根基和创造母体,是人类文明中最为璀璨的部分,并成为当代中国立足于世界的标志和符号。

马克思主义是科学的思想体系,中国优秀传统文化是五千年的历史积淀,二者源头不同、产生时代背景不同、发展理路不同,但是二者在价值判断的许多基本点上却有高度的契合性,为当代中国在马克思主义指导下实现伟大复兴中国梦提供了理论指导和精神动力。历史上二者的高度契合推动了中国革命和建设事业的发展。在实现中华民族伟大复兴中国梦的今天,唯有促进二者的进一步高度契合,才能为中国特色社会主义建设提供科学的理论指导,奠定坚实的文化基础。

一　20 世纪初期中国选择马克思主义是由马克思主义和中国优秀传统文化的共同本质决定的

清末民初的中国正处于历史发展的重大转折关头,以何种文化为统领改造中国文化使之适应世界发展的大势,并带来中华文化新的繁荣,成为这个时期有思想的中国人的共同话题。在西方各种学说纷至沓来之际,看

---

① 《列宁专题文集·论马克思主义》,人民出版社 2009 年版,第 7 页。

似渺小却勃然大气的中国共产党坚定地选择了马克思主义，并使之发展创新，在中国生根发芽，相继形成了毛泽东思想和中国特色社会主义理论体系两大成果。这一结果离不开三个基本因素。

第一，中华优秀传统文化本身的特殊品质。其一，中华文化坚持和强调自强不息、和谐友善、向往大同等核心理念。习近平深入研究了中国优秀文化传统，总结和概括了中华传统文化中长期坚持的基本理念，强调"国有四维，礼义廉耻，'四维不张，国乃灭亡'"。认为这是中国先人对当时核心价值观的认识。习近平指出："中国古代历来讲格物致知、诚意正心、修身齐家、治国平天下。从某种角度看，格物致知、诚意正心、修身是个人层面的要求，齐家是社会层面的要求，治国平天下是国家层面的要求。我们提出的社会主义核心价值观，把涉及国家、社会、公民的价值要求融为一体，既体现了社会主义本质要求，继承了中华优秀传统文化，也吸收了世界文明有益成果，体现了时代精神。"① 中国优秀传统文化中的诸多思想和理念，"既随着时间推移和时代变迁而不断与时俱进，又有其自身的连续性和稳定性"，成为中华文明生生不息的精神支柱。其二，中华文化具有高度的融通性，在几千年的发展中始终以博大的胸怀接纳并改造了诸多外来文化，不是屈服于外来强势文化，而是以自身的魅力和融合能力柔化了其他文化使之成为中华文化的重要组成部分。汉代开始传入中国的佛教文化、隋唐涌入中国的西域文化，以及此后的辽金文化、蒙古文化、满族文化等，一旦进入中华大地就不自觉地接受中原文化的改造，接受中华文化的核心内核进而融入中华文化，扩展并丰富中华文化。其三，中华文化具有高度的自我修复性，在长期历史发展中，中华文化的许多内容都是随着生产发展、经济社会变迁而在知识分子的努力下发生正向的蜕变，适应新的时代要求，进而焕发出新的生命力。中华文化这些特性，决定了即使中国社会遭遇千年不遇之大变局，也能够在多彩的世界中找寻可以改造自己的新生力量，并不断发扬光大。

第二，马克思主义本身的科学性、价值性、目的性、开放性，决定了在世界各种社会思潮中，马克思主义是唯一能够与中华文化相契合并发展成为新兴文化的科学理论，给中华文化的发展提供了科学的世界观和方法

---

① 习近平：《青年要自觉践行社会主义核心价值观——在北京大学师生座谈会上的讲话》，《人民日报》2014年5月5日。

论。马克思主义发现了唯物史观和剩余价值学说，实现了社会科学的革命变革，把唯心主义从其最后的避难所即历史观中驱逐出去，使人们能够正确地了解历史发展演进的规律，探索到人类社会未来走向的基本趋势，结束了人们的思想混沌，因而具有科学性。马克思主义以实现人类的解放为根本目标，提出了消灭私有制、建立共产主义社会制度的伟大理想，世界共产主义运动成为历史上唯一"绝大多数人的、为绝大多数人谋利益的独立的运动"，① 强调最终的目的是实现"每个人的自由发展是一切人的自由发展的条件"② 那样一种理想社会，实现了人们的价值观的根本变革，具有鲜明的价值性和目的性。马克思主义建立在以往社会科学和自然科学的一切成果基础之上，汲取了以往的和当时的劳动群众的伟大创造，以及科学家们的研究成果，强调这一理论的实际运用，"随时随地都要以当时的历史条件为转移"③，因而是一个开放的思想体系。所有这些，都是其他思想理论所不具备的科学本质，也是中国传统思想本身不可能具备的思想本质。考察马克思主义与中华文化的不同品格，可以认为：不是因为中华文化而选择了马克思主义，而是因为马克思主义的科学性才使中国人民选择了马克思主义，即决定马克思主义与中华文化高度契合的核心因素来自于马克思主义的科学性。

第三，中国共产党的主体地位发挥了决定性的作用。20 世纪初期，中国各种社会力量都在寻求救国救民的道理，都在推进西方文化与中华文化的对接。为什么马克思主义能够在多种西方文化中独树一帜，被中国人民接受？起决定性作用的是中国共产党。中国共产党的独特性在于，它一开始就确定了马克思主义作为自己的理论指导，一开始就按照列宁主义的建党原则建立自己的组织，一开始就坚定不移地确定了理论联系实际、立足于回答和解决中国实际问题的思想路线。所以，中国共产党是马克思主义政党，是中国工人阶级的先锋队，是中国人民和中华民族的先锋队，是真正代表中国各族人民根本利益的力量。毛泽东思想和中国特色社会主义理论体系两大成果的形成，是在中国共产党高度自觉基础上所主导的创造成果，没有中国共产党的坚持、发展和创造，就不会有马克思主义中国化。

---

① 《马克思恩格斯选集》第 1 卷，人民出版社 1995 年版，第 283 页。
② 同上书，第 294 页。
③ 同上书，第 248 页。

因此，只有坚持中国共产党的领导，才能实现马克思主义与中华优秀传统文化的进一步契合，并领导中国人民实现中华民族伟大复兴的中国梦。

如果没有上述三者的同时存在和发挥作用，就不可能产生马克思主义与中国优秀传统文化的结合，就不会产生马克思主义中国化的历史进程及其伟大成果。

二 当代中国正处于意识形态的选择期，提出了推动马克思主义与中国优秀传统文化契合的时代任务

经济全球化和科技进步带来的世界形势的深刻的转折性变化，改革开放和现代化建设带来的中国社会的深刻的历史性转轨、转型所产生的新问题，使当代中国进入新的历史变革时期。这个变革时期的突出特点是：从计划经济体制转向社会主义市场经济体制，从封闭建设转向全面对外开放，从社会关系的单一转向利益关系的复杂。社会生活的上述变化必然带来人们思想观念的变化。我们不得不承认，当今社会的人们受利益关系变化的影响，正处于思想道德、理想信仰的再选择期。从文化发展的角度看，这也是中国文化发展的过渡时期，随着人们思想观念和理想信仰再选择的进行，新的文化内容和文化形态将会成型。在这样一个重大的文化再选择期，能否引导人们在多种文化面前作出正确而理性的选择，对中国未来的发展至关重要。这就要求中国共产党坚持正确的政治方向，不能任人们无目的地随波逐流，更不能任各种思想和潮流不分良莠肆意横行。

我们必须理性地对待当今社会最有影响的两种思想文化，一个是具有深厚历史积淀和社会基础的中国优秀传统文化，另一个是作为党和国家指导思想的马克思列宁主义、毛泽东思想和中国特色社会主义理论体系。不顾时代发展和中国国情固守马克思主义经典作家的观点与论述将走向教条主义，不顾世界变化和历史教训固守中国传统文化的内容和禁忌将走向封闭僵化。推动二者的高度契合，是中国共产党作为执政党必须做好的一项重要工作。马克思主义科学体系和中华优秀传统文化是当代中国文化选择的两条底线。

第一，我们必须坚定不移地坚持马克思主义的指导地位不动摇。马克思主义是科学性与价值性高度统一的科学理论。所谓科学性就在于马克思主义在唯物史观和剩余价值学说基础上深刻揭示了人类社会发展的一般规律，特别是深刻揭示了资本主义社会的发展进程及其未来走向，指出了社

会主义和共产主义是人类社会未来发展的大趋势，实现了人类历史观的伟大变革。所谓价值性就在于马克思主义始终站在工人阶级和劳动人民的立场上，立足于为备受资产阶级和其他剥削阶级剥削压迫的劳动人民谋福利，创造人类未来更加自由美好的生活，实现"每个人的自由发展是一切人的自由发展的条件"①的伟大理想。抛弃马克思主义就将把我们拉入黑暗和混沌之中，中国人民就会失去理论支撑，中国共产党领导人民为之奋斗的事业必定荡然无存。

第二，我们必须坚定不移地立足于中华优秀传统文化的深厚根基，在中华优秀传统文化的基础上坚持和发展马克思主义。中华文化数千年的发展不仅形成了完备的思想体系和文化体系，哺育了一代又一代中华儿女，使中华文化成为世界文化发展史上最为璀璨的奇葩；而且形成了中华文化独特的传承发展路径和培育养成方式，在中国人民内心形成了内隐于心的思想品格，只有在中华文化的深厚底蕴下才能推动文化的创新和发展。在马克思主义和中华优秀传统文化的高度契合中，中国共产党已经创造了毛泽东思想和中国特色社会主义理论体系两大成果，形成了中国特色社会主义先进文化。在新的时代背景下，只要牢牢把握这两者的内在关联并推动二者的高度契合，就能够丰富和发展中国特色社会主义理论体系，并为实现中国梦伟大理想提供坚实的思想理论指导和坚实的精神文化支撑。

三 明确马克思主义与中国优秀传统文化相契合的主导因素是实现二者正确契合的基本前提

以谁为主推进马克思主义与中国传统文化的契合？这是近代以来中国人民一直探索的重大问题。在当代中国，谁是主体？谁是核心？应该由谁来统领二者的契合？

第一，关于以谁为主导推进二者契合的问题。笔者的基本看法是：其一，不是中国优秀传统文化主导当代中国的文化走向，而是以马克思主义或者社会主义核心价值体系统领当代中国文化的发展，在马克思主义的基础上实现中华文化的高度自觉。坚定中国特色社会主义的道路自信、理论自信、制度自信，归根到底是坚持马克思主义的自觉和自信。其二，中国传统文化的历史命运不是取决于传统文化本身，而是取决于能否运用马克

---

① 《马克思恩格斯选集》第 1 卷，人民出版社 1995 年版，第 294 页。

思主义去改造、重塑传统文化。考察中国文化发展的历史，中国传统文化有两个致命的问题：一是中国传统文化的社会物质基础是自然经济和封闭社会，与机器大工业基础上的社会化大生产具有质的差异，这是传统文化自身无法克服的弊病，如果不对其进行根本的改造就无法实现以社会化大生产为基础的马克思主义的文化契合。二是中华文化不是一个传统，而是两个传统，一个是优良传统，一个是文化糟粕。在实现马克思主义与中华文化的契合问题上，所能够契合的不是传统文化的全部，只能是其中的优良传统部分。同时，即使是优良传统也会随着时代的发展和社会的变迁而失去其优良特性，不破除文化糟粕，中国传统文化就不会有新的生机。

第二，关于实现二者正确契合问题上，必须防止和反对两种倾向。其一，对传统文化的挖掘、传承、弘扬，切忌走明清之际中国文化发展的旧路和悲剧。中华文化具有与时俱进的突出特点。秦汉以来，历朝历代的知识分子、思想家们，在儒家文化基础上不断探索创新，适应时代发展的需要和个人对儒家思想的体悟，创造了许多新的思想并充实到儒家文化当中，成为中华文化富有特色的新鲜内容。但是，任何思想文化都离不开一定社会的经济基础以及在经济基础影响下的文化发展。中国古代封建社会的发展是一个逐渐走向封闭保守的历史过程，越是到了明清之际，这种情况越突出。14—15世纪，欧洲资产阶级在内部社会发展演进中始终强调向外发展，从地理大发现开始欧洲与外界联系的每一次加强都推动了内部社会的发展进步，并最终形成了具有鲜明开放特色的资产阶级文化。中国封建社会后期走的是被动开放的道路，开放的认识前提不是根本改变中国社会，而是"西学为用"，把外来文化仅仅看作发展自己的可以借鉴的因素。20世纪初期，在中国传统基础上富强中国的主张和做法并不少，但都以失败告终。这一历史的经验值得注意。这就形成了不同于西方文化的特殊性。直到中国共产党成立后，才从观念和指导思想的高度接受了马克思主义，对传统文化进行革命性改造，形成了马克思主义为指导、中华传统文化为根基、社会主义为目标的新文化。其二，对马克思主义的坚持、继承和发展，要防止打着发展的旗号反对和否定马克思主义和打着坚持的旗号把马克思主义变成僵死的教条。十月革命一声炮响，给中国送来了马克思列宁主义。在马克思主义指导下，按照布尔什维克主义的原则建立的中国共产党，不是用马克思主义取代中国优秀传统文化，而是把马克思主义作为价值追求和指导思想，以其科学性研究和回答中国社会面临的现实问题，把马克思主义之魂结合于中国传统文化之基，在研究和解决中国实际问题中坚持和发展马克思主义。党内曾多次出现打着马克思主义的旗号，以熟读经典为借口脱离中国实际，其结果是给革命带来巨大损失。在党的第一代领导集体中，毛泽东的卓越之处就是善于把马克思主义与中国实际相结合，立足中国而不是抛开国情坚持和发展马克思主义，找出了适合中国国情的革命道路。在党的第二代领导集体中，邓小平的卓越之处就是既坚持马克思主义基本原则和科学社会主义基本原理，又从中国处于社会主义初级阶段和世界面临和发展时代主题的实际出发，创立了中国特色社会主义理论体系，实现了科学社会主义在中国的创新和发展。这对当今中国推进马克思主义与中国传统文化契合上具有重要的启迪作用。

第三，在坚持二者高度契合的可能性与必然性方面，我们要有高度的自信。一是要有高度的民族自信。中华民族是具有优良传统的民族，曾经创造过灿烂的古代文明，锻造了坚毅的近代观念，正在发展当代文化。邓小平曾多次强调民族自尊心和自信心的极端重要性。他指出："必须发扬爱国主义精神，提高民族自尊心和自信心，否则我们就不可能建设社会主义，就会被种种资本主义势力侵蚀腐化。"[①] 有了这种自信就能够自觉地把根植于中国优秀传统文化的土壤，使马克思主义的科学思想在中华文化上发扬光大。二是要有高度的理论自信。马克思主义是科学的理论体系，是开放的发展的理论体系。中国特色社会主义理论体系是马克思主义在当代中国发展的最新成果，坚持中国特色社会主义理论体系才是真正坚持马克思主义。党的十八大强调全党要坚持道路自信、理论自信、制度自信，核心是理论自信。只有理论上清醒，才能有政治上的坚定。我们坚信中国特色社会主义理论体系是解决当代中国各种问题唯一正确的指导思想，就能够自觉地把马克思主义同当代中国实际和时代特征相结合，推动中国特色社会主义理论体系的创新与发展。三是要有高度的文化自信，核心是要有高度的价值观自信。价值观是文化的核心，有什么样的价值观才能发展什么样的事业。共产党人的价值观就是辩证唯物主义和历史唯物主义的立场和观点。我们坚信马克思主义是科学，坚信共产党的根本宗旨是全心全意为人民服务，坚信共产主义远大理想一定能够实现。以这种价值观为核心，就能够把中华文化从古代的灿烂引向当代的辉煌。有了良好的文化基

[①] 《邓小平文选》第 2 卷，人民出版社 1994 年版，第 369 页。

础和文化氛围，我们就能够在科学的基点上，把博大精深的马克思主义同悠远厚重的中华文化有机地契合起来，把马克思主义发展到新阶段。

（作者单位：房广顺，中共辽宁省委党校；崔明浩，东北大学）

习近平与中国传统文化

张巨成

在习近平总书记的治党、治国、治军实践中，在习近平总书记发表的一系列重要讲话中，批判地继承、吸收了中国传统文化中的精华，闪耀着中国传统文化的光辉，具有丰富深厚的中国传统文化底蕴和底气。

一

在习近平总书记的系列重要讲话中，非常强调人民群众的主体地位，这既体现了马克思主义的唯物史观和群众观，也有中国传统文化中民本思想的积极因素。

中国古代的民本（民为邦本）思想，是中国古代政治思想的良知、中国传统文化的精华。孟子是中国古代民本思想的代表人物。孟子对人民极为重视，他提出了著名的"民贵君轻"观点。他说："民为贵，社稷次之，君为轻。"（《孟子·尽心下》）孟子认为得人心者得天下，民心向背关系国家兴亡。他说："桀纣之失天下也，失其民也；失其民者，失其心也。得天下有道：得其民，斯得天下矣。"（《孟子·离娄上》）《尚书》明确提出了'民为邦本，本固邦宁"的民本思想。《荀子·大略》说："天之生民，非为君也；天之立君，以为民也。"《管子·牧民》说："政之所兴，在顺民心；政之所废，在逆民心。"

汉代贾谊认为："闻之于政也，民无不为本也。国以为本，君以为本，吏以为本。""以民为敌者，民必胜之。"（《新书·大政上》）在"以民为本"思想的基础上，贾谊还提出了"以民为命""以民为功""以民为力"等相关命题。东汉王符在《潜夫论》中明确提出了"国以民为基""民为国基，谷为民命"的民本思想。

宋元明清时期，民本思想得到了强化和发展。北宋张载主张"民胞物与":"民吾同胞,物吾与也。"(《正蒙·乾称》)司马光认为民是"国之堂基"(《惜时》),"为政在顺民心"(《乞去新法之病民伤国者疏》)。理学家程颢、程颐强调"民惟邦本"(《文集》卷五),"君道以人心悦服为本"(《粹言》卷二)。张九成明确提出了"以民为主"的思想。朱熹认为:"天下之务莫大于恤民"(《宋史·朱熹传》)。

　　在习近平总书记的文章和讲话中,有多处体现了以民为本的思想。如习近平总书记发表在《求是》杂志2013年第1期上的文章,就有明显的以民为本思想。习近平总书记指出:"我们要坚持党的群众路线,坚持人民主体地位,时刻把群众安危冷暖放在心上,及时准确了解群众所思、所盼、所忧、所急,把群众工作做实、做深、做细、做透。要正确处理最广大人民根本利益、现阶段群众共同利益、不同群体特殊利益的关系,切实把人民利益维护好、实现好、发展好。要认真贯彻落实中央各项惠民政策,把好事办好、实事办实,让群众时刻感受到党和政府的关怀。对涉及群众切身利益的重大决策,要认真进行社会稳定风险评估,充分听取群众意见和建议,充分考虑群众的承受能力,把可能影响群众利益和社会稳定的问题和矛盾解决在决策之前。对群众反映强烈的突出问题,都要通过强化责任、健全制度、落实到人,推动有关方面形成合力,妥善加以解决。对损害群众权益的失职渎职和违纪违法行为,要坚决查处,决不姑息。"[①]又如,习近平总书记在十八届中共中央政治局常委同中外记者见面时的讲话中强调指出:"人民是历史的创造者,群众是真正的英雄。人民群众是我们力量的源泉。我们深深知道,每个人的力量是有限的,但只要我们万众一心、众志成城,就没有克服不了的困难;每个人的工作时间是有限的,但全心全意为人民服务是无限的。责任重于泰山,事业任重道远。我们一定要始终与人民心心相印、与人民同甘共苦、与人民团结奋斗,夙夜在公,勤勉工作,努力向历史、向人民交出一份合格的答卷。"[②]

二

　　在十八大以来的发展社会主义民主政治、建设社会主义法治国家、作

[①] 习近平:《全面贯彻落实党的十八大精神要突出抓好六个方面工作》(2012年11月15日),《求是》2013年第1期。

[②] 《习近平在十八届中共中央政治局常委同中外记者见面时的讲话》,《人民日报》2012年11月16日。

风建设、反腐倡廉建设的实践中,在习近平总书记的有关讲话中,都体现了习近平的以法治国、依法治国思想。中国古代的法家主张以法治国和依法治国,有不少的儒家也重视法治。习近平在文章和讲话中也曾引用法家的思想观点来阐明法治的重要性。例如,习近平总书记在和平共处五项原则发表60周年纪念大会上的讲话中引用了"法者,天下之准绳也"[①]。这句话出自《文子》。《淮南子》卷八《主术》上亦说:"法者,天下之度量,而人主之准绳也。"法家思想与儒家思想一样,是中国传统文化的重要组成部分,是中国古代治理国家的重要思想和方法。治理今天的中国,非常有必要借鉴中国古代法家思想的精华。

法家主张以法治国和依法治国。《管子》认为:"威不两错,政不二门。以法治国,则举错而已。"(《明法》)"事断于法,是国之大道也。"(《慎子·佚文》)商鞅特别重视法,认为法是人民的生命、治国的根本。他说:'法也者,民之命也,为治之本也。"(《商君书·定分》)"立君之道,莫广于胜法,胜法之务,莫急于去奸,去奸之本,莫深于严刑。"(《商君书·开塞》)"法任而国治矣。"(《商君书·慎法》)"法必明,令必行,则已矣。"(《商君书·画策》)商鞅还主张"刑无等级"。韩非主张以法治国,他说:"故以法治国,举措而已矣。法不阿贵,绳不挠曲。法之所加,智者弗能辞,勇者弗敢争。刑过不避大臣,赏善不遗匹夫。"(《韩非子·有度》)韩非主张中央集权,"圣人执要"。他说:"事在四方,要在中央。圣人执要,四方来效。"(《韩非子·扬权》)东汉王符主张以民为本,实行德治、德化,但同时又非常强调法治的重要性,认为治国必须"明法禁",实行法治。他说:"法令行则国治,法令弛则国乱。"(《潜夫论·述赦》)"政令必行,宪禁必从,而国不治者,未尝有也。"(《潜夫论·衰制》)王符强调执法一定要严明,"法令赏罚者,诚治乱之枢机也,不可不严行也"(《潜夫论·三式》)。唐代刘禹锡认为:"法大行,则是为公是,非为公非,天下之人蹈道必赏,违善必罚。""法小驰,则是非驳,赏不必尽善,罚不必尽恶。""法大驰,则是非易位,赏恒在佞,而罚恒在直,义不足以制其强,刑不足以胜其非,人之能胜天之实尽丧矣。"(《天论》上)宋代曾巩认为:"法修则安且治,废则危且乱。"(《唐论》)司马

---

① 习近平:《弘扬和平共处五项原则 建设合作共赢美好世界》,《人民日报》2014年6月29日第2版。

光认为:"法者天下之公器,惟善持法者,亲疏如一,无所不行,则人莫敢有所恃而犯之也。"(《资治通鉴·汉纪六》司马光评语)明朝开国皇帝朱元璋说:"吾治乱世,刑不得不重。"(《明史·刑法》)朱元璋重典治吏,对贪官污吏的惩治极其严厉,在一定程度上澄清了吏治。朱元璋的儿子朱棣继承了朱元璋重典治吏、严惩贪官的政道,对官吏是有贪必惩,决不姑息。

历史上许多法家都是主张变法、勇于变法的,有理论,有实践,最著名者如商鞅。

中共中央政治局在2014年7月29日召开的会议认为,依法治国,是坚持和发展中国特色社会主义的本质要求和重要保障,是实现国家治理体系和治理能力现代化的必然要求,事关我们党执政兴国、事关人民幸福安康、事关党和国家长治久安。全面建成小康社会、实现中华民族伟大复兴的中国梦,全面深化改革、完善和发展中国特色社会主义制度,提高党的执政能力和执政水平,必须全面推进依法治国。[①] 当代中国要实现经济发展、政治清明、文化昌盛、社会公正、生态良好,实现中华民族伟大复兴中国梦,必须加强和改善中央集权,必须有一个统一的、强大的、能够切实做到令行禁止的党中央和政府。

十八大以来,以习近平为总书记的党中央从严管党治党,以零容忍态度惩治腐败,坚持"老虎"、"苍蝇"一起打,到目前已有四十多只"大老虎"被打,特别是打掉"大老虎"苏荣、徐才厚、周永康,人民群众拍手称快,坚决拥护支持,从而赢得了民心,让全党全国人民看到了希望。从习近平总书记的言行中,我们可以看到中国古代法治思想的影响。治理好当代中国,反腐倡廉,澄清吏治,扶危定倾,振兴中华,不仅需要马克思和毛泽东,而且也需要"孔夫子""秦始皇"和"朱元璋",更需要习近平。习近平总书记特别强调要严明党的纪律,维护党的团结统一,维护中央权威,确保全党统一意志、统一行动、步调一致。他说:"在指导思想和路线方针政策以及关系全局的重大原则问题上,全党必须在思想上政治上行动上同党中央保持高度一致。各级党组织和领导干部要牢固树立大局观念和全局意识,正确处理保证中央政令畅通和立足实际创造性开展工作的关系,任何具有地方特点的工作部署都必须以贯彻中央精神为前提。

---

① 《人民日报》2014年7月30日。

要防止和克服地方和部门保护主义、本位主义，决不允许'上有政策、下有对策'，决不允许有令不行、有禁不止，决不允许在贯彻执行中央决策部署上打折扣、做选择、搞变通。"习近平总书记主张重典重拳惩治腐败。他强调指出："坚定不移惩治腐败，是我们党有力量的表现，也是全党同志和广大群众的共同愿望。我们党严肃查处一些党员干部包括高级干部严重违纪问题的坚强决心和鲜明态度，向全党全社会表明，我们所说的不论什么人，不论其职务多高，只要触犯了党纪国法，都要受到严肃追究和严厉惩处，决不是一句空话。从严治党，惩治这一手决不能放松。要坚持'老虎'、'苍蝇'一起打，既坚决查处领导干部违纪违法案件，又切实解决发生在群众身边的不正之风和腐败问题。要坚持党纪国法面前没有例外，不管涉及到谁，都要一查到底，决不姑息。"习近平总书记还强调指出："全党同志要深刻认识反腐败斗争的长期性、复杂性、艰巨性，以猛药去疴、重典治乱的决心，以刮骨疗毒、壮士断腕的勇气，坚决把党风廉政建设和反腐败斗争进行到底。"①

习近平总书记主张立法为民、执法为民。他说："我们要依法保障全体公民享有广泛的权利，保障公民的人身权、财产权、基本政治权利等各项权利不受侵犯，保证公民的经济、文化、社会等各方面权利得到落实，努力维护最广大人民根本利益，保障人民群众对美好生活的向往和追求。我们要依法公正对待人民群众的诉求，努力让人民群众在每一个司法案件中都能感受到公平正义，决不能让不公正的审判伤害人民群众感情、损害人民群众权益。"②

三

对于中国传统文化中的道德观、价值观，习近平总书记也多有引用和阐发。例如，2014年5月4日，习近平总书记在北京大学师生座谈会上的讲话，就多处引用和阐发了中国传统道德观、价值观的精华。习近平总书记在讲话中引用了《大学》的名言："大学之道，在明明德，在亲民，在止于至善。"进而他强调指出："核心价值观，其实就是一种德，既是个人

---

① 2014年1月14日习近平在十八届中央纪委三次全会上的讲话，《人民日报》2014年1月15日。
② 习近平：《在首都各界纪念现行宪法公布施行30周年大会上的讲话》（2012年12月4日），《人民日报》2012年12月5日第2版。

的德,也是一种大德,就是国家的德、社会的德。国无德不兴,人无德不立。如果一个民族、一个国家没有共同的核心价值观,莫衷一是,行无依归,那这个民族、这个国家就无法前进。""国有四维,礼义廉耻,'四维不张,国乃灭亡。'这是中国先人对当时核心价值观的认识。""中国古代历来讲格物致知、诚意正心、修身齐家、治国平天下。从某种角度看,格物致知、诚意正心、修身是个人层面的要求,齐家是社会层面的要求,治国平天下是国家层面的要求。我们提出的社会主义核心价值观,把涉及国家、社会、公民的价值要求融为一体,既体现了社会主义本质要求,继承了中华优秀传统文化,也吸收了世界文明有益成果,体现了时代精神。"①"一些重大礼仪活动要上升到国家层面,以发挥其社会教化作用。这就是'道之以德,齐之以礼,有耻且格。'"②

管子最早提出"礼、义、廉、耻"的核心价值观,并认为"礼、义、廉、耻"是立国的四大支柱。《管子·牧民》说:"守国之度,在饰四维"。"四维张,则君令行。""四维不张,国乃灭亡。""何为四维,一曰'礼';二曰'义';三曰'廉';四曰'耻'。"习近平总书记指出:"一个国家、一个民族的强盛,总是以文化兴盛为支撑的,中华民族伟大复兴需要以中华文化发展繁荣为条件。对历史文化特别是先人传承下来的道德规范,要坚持古为今用、推陈出新,有鉴别地加以对待,有扬弃地予以继承。"③ 今天,我们对"礼、义、廉、耻"这样的传统道德规范和核心价值观,就应当"有鉴别地加以对待,有扬弃地予以继承",并赋予时代的新内涵。

习近平总书记强调,培育和弘扬社会主义核心价值观必须立足中华优秀传统文化。他说:"博大精深的中华优秀传统文化是我们在世界文化激荡中站稳脚跟的根基。中华文化源远流长,积淀着中华民族最深层的精神追求,代表着中华民族独特的精神标识,为中华民族生生不息、发展壮大提供了丰厚滋养。中华传统美德是中华文化精髓,蕴含着丰富的思想道德资源。不忘本来才能开辟未来,善于继承才能更好创新。对历史文化特别

---

① 习近平:《青年要自觉践行社会主义核心价值观——在北京大学师生座谈会上的讲话》(2014年5月4日),《人民日报》2014年5月5日。

② 习近平:《在十八届中央政治局第十三次集体学习时的讲话》,引自中央文献研究室编《习近平关于全面深化改革论述摘编》,中央文献出版社2014年版,第89页。

③ 《习近平在山东考察时的讲话》,2013年11月26日,《人民日报》2013年11月29日。

是先人传承下来的价值理念和道德规范，要坚持古为今用、推陈出新，有鉴别地加以对待，有扬弃地予以继承，努力用中华民族创造的一切精神财富来以文化人、以文育人。""要认真汲取中华优秀传统文化的思想精华和道德精髓，大力弘扬以爱国主义为核心的民族精神和以改革创新为核心的时代精神，深入挖掘和阐发中华优秀传统文化讲仁爱、重民本、守诚信、崇正义、尚和合、求大同的时代价值，使中华优秀传统文化成为涵养社会主义核心价值观的重要源泉。"① 在这篇讲话中，习近平总书记用"讲仁爱、重民本、守诚信、崇正义、尚和合、求大同"18个字对中国优秀传统文化的本质内涵和精神实质作了精辟概括。

四

习近平总书记对历史悠久、博大精深的中国传统文化有深厚的感情、深入的了解、深刻的研究和科学的评价。习近平总书记主张以科学的态度对待传统文化，大力继承和弘扬中华优秀传统文化，努力实现中华优秀传统文化的创造性转化、创新性发展。他说："民族文化是一个民族区别于其他民族的独特标识。要加强对中华优秀传统文化的挖掘和阐发，努力实现中华传统美德的创造性转化、创新性发展，把跨越时空、超越国度、富有永恒魅力、具有当代价值的文化精神弘扬起来，把继承优秀传统文化又弘扬时代精神、立足本国又面向世界的当代中国文化创新成果传播出去。"②

习近平总书记在全国宣传思想工作会议上的重要讲话中强调宣传阐释中国特色要做到"四个讲清楚"："要讲清楚每个国家和民族的历史传统、文化积淀、基本国情不同，其发展道路必然有着自己的特色；讲清楚中华文化积淀着中华民族最深沉的精神追求，是中华民族生生不息、发展壮大的丰厚滋养；讲清楚中华优秀传统文化是中华民族的突出优势，是我们最深厚的文化软实力；讲清楚中国特色社会主义植根于中华文化沃土、反映中国人民意愿、适应中国和时代发展进步要求，有着深厚历史渊源和广泛

---

① 习近平：《在中共中央政治局第十三次集体学习时的讲话》，《人民日报》2014年2月26日。

② 《在省部级主要领导干部学习贯彻十八届三中全会精神全面深化改革专题研讨班开班式上的讲话》（2014年2月17日），《人民日报》2014年2月18日。

现实基础。"① 习近平总书记十分重视对中国优秀传统文化的展示、传播和宣传。他强调指出："提高国家文化软实力，要努力展示中华文化独特魅力。""对中国人民和中华民族的优秀文化和光荣历史，要加大正面宣传力度，通过学校教育、理论研究、历史研究、影视作品、文学作品等多种方式，加强爱国主义、集体主义、社会主义教育，引导我国人民树立和坚持正确的历史观、民族观、国家观、文化观，增强做中国人的骨气和底气。"②

习近平总书记强调领导干部要认真学习、继承、发扬中国优秀传统文化。他说："各种文史知识，中国优秀传统文化，领导干部也要学习，以学益智，以学修身。中国传统文化博大精深，学习和掌握其中的各种思想精华，对树立正确的世界观、人生观、价值观很有益处。古人所说的'先天下之忧而忧，后天下之乐而乐'的政治抱负，'位卑未敢忘忧国'、'苟利国家生死以，岂因祸福避趋之'的报国情怀，'富贵不能淫，贫贱不能移，威武不能屈'的浩然正气，'人生自古谁无死，留取丹心照汗青'、'鞠躬尽瘁，死而后已'的献身精神等，都体现了中华民族的优秀传统文化和民族精神，我们都应该继承和发扬。"③

"为天地立心，为生民立命，为往圣继绝学，为万世开太平。"习近平总书记继承和弘扬了中国优秀传统文化的道统，并把中国优秀传统文化的道统和马克思主义的道统创造性地结合起来，把马克思主义的基本原理和当代中国的具体实际及国际形势结合起来，基本形成了具有中国特色、中国风格、中国气派、中国话语的当代中国马克思主义新成果。从习近平总书记的思想和事功中，我们看到了中国文化、中华民族、中国国家、中国共产党的光辉前景。

（作者单位：云南大学马克思主义学院）

---

① 《人民日报》2013年8月21日。
② 习近平：《在中共中央政治局第十二次集体学习时的讲话》，《人民日报》2014年1月1日。
③ 习近平：《在中央党校建校80周年庆祝大会暨2013年春季学期开学典礼上的讲话》（2013年3月1日），《人民日报》2013年3月3日。

我国现代化建设思想的历史演进与最新发展

路云辉

现代化是中华民族复兴的战略选择。为了实现现代化，新中国成立后中国共产党人在艰苦探索现代化特色路径的历史进程中提出了一系列前后相继又不断发展的现代化建设思想。党的十八届三中全会结合改革的"破"与发展的"立"，做出了"完善和发展中特色社会主义制度，推进国家治理体系和治理能力现代化"的战略决策，集中展示了我国现代化建设思想的最新发展。

一 我国现代化建设思想的历史演进

从我国现代化建设目标与发展战略的历史演进来看，新中国成立后的现代化建设思想呈现出显著的阶段性特征，各阶段思想既各有特点，又前后相继，在实践中不断深化、发展。

（一）从工业化到"四个现代化"

工业化是我国新中国成立后长期追求的现代化建设目标。1951年提出了"三年准备，十年计划"思想，经济建设的主体就是工业化。1953年提出的过渡时期总路线，明确地把在一个相当长的时期内，逐步实现社会主义工业化作为国家经济建设的主要任务。1956年，党的八大基于对主要矛盾的正确判断，将"把我国尽快地从落后的农业国变为先进的工业国"作为现代化建设的主要任务，为我国长期坚持工业化道路找到了理论与现实根据。需要指出的是，毛泽东此时已经看到了苏联式工业化道路的弊端，开始试图从中国国情出发探索中国的工业化道路，在其同期所著的《论十大关系》中，明确提出并论述了正确处理重、轻、农的关系问题。1957年，毛泽东在《关于正确处理人民内部矛盾的问题》的讲话中，明确阐述了中国工业化道路的问题。1958年，毛泽东提出了一整套"两条腿走路"的方针，包括工业、农业并举；重工业和轻工业并举；中央工业和地方工业并举；沿海工业和内地工业并举等。遗憾的是，冷战意识与阶级斗争思维使"左"倾冒进情绪逐步在党内占据支配地位，过渡时期总路线很快被"鼓足干劲，力争上游，多快好省地建设社会主义"的总路线所取代。这一总路线与"大跃进"、人民公社共同构成的"三面红旗"，非但没有使中国经济快速发展，反而使15年内基本实现工业化的奋斗目标成为泡影。

在中国工业化道路的探索过程中，"四个现代化"思想逐步孕育生成。1954年，周恩来在一届人大政府工作报告中提出，要建立起强大的现代化工业、农业、交通运输业和国防。1959年，毛泽东在号召干部学习苏联《政治经济学（教科书）》的读书小组会上提出："建设社会主义，原来要求是工业现代化、农业现代化、科学文化现代化、现在要加上国防现代化。"在随后的读书会上，周恩来又把"科学文化现代化"改为"科学技术现代化"。1964年，周恩来议在三届人大政府工作报告中提出：我们的目标是"要在不太长的历史时期内，把我国建设成为一个具有现代农业、现代工业、现代国防和现代科学技术的社会主义强国"。"四个现代化"明确成为社会主义建设的奋斗目标。该次会议还对现代化做出阶段性构想：第一步，用15年的时间，建成一个独立的比较完整的工业体系和国民经济体系，实现农业机械化；第二步，在本世纪末，全面实现农业、工业、国防和科学技术现代化，使中国国民经济走在世界前列。1975年，"四个现代化"目标和构想在在四届人大一次会议上被作为经济发展战略目标重要内容再次被重申，即在本世纪内，全面实现农业、工业、国防和科学技术的现代化，使我国国民经济走在世界的前列。

至此直至改革开放初期，"四个现代化"战略都被作为我国现代化建设的奋斗目标。1979年3月，邓小平在理论工作务虚会上强调：我们当前以及今后相当长一个历史时期的主要任务就是搞现代化建设。"能否实现四个现代化，决定着我们国家的命运、民族的命运。"[①] 1982年，党的十二大报告对"四个现代化"顺序做出调整，把工业放在农业的前头，"四个现代化"被表述为现代工业、现代农业、现代国防和科学技术现代化。

---

① 《邓小平文选》第2卷，人民出版社1994年版，第16页。

"四个现代化"思想突出强调了现代工业、现代农业、现代国防和现代科学技术在国民经济建设中的重要地位，与单一的工业化目标相较，涵括的经济建设领域更广，内在逻辑也比较清晰，内涵又相对丰富具体，符合国情，具有综合发展目标的性质。"四个现代化"所展示的中国现代化建设道路不同于苏联等社会主义国家重工轻农、忽视人民群众当前利益的道路，也是对本国以"跃进"方式强化工业发展道路的纠正。然而，需要强调的是，"四个现代化"虽然在内涵上更加丰富，但无论是现代农业、现代科技，还是现代国防，其基础都是工业化，因此，可以说，"四个现代化"是对社会主义工业化的进一步具体化和补充，并没有脱离社会主义工业化的单一指向。

（二）从中国式现代化到富强民主文明和谐的中国特色社会主义现代化

改革开放开启了我国现代化建设的新征程。通过几任中央领导集体的不懈探索，中国式现代化建设思想不断发展，并从最初的中国式现代化的理论思考逐步明确为中国特色社会主义现代化建设的一系列战略规划。

为了推进现代化建设，以邓小平为核心的中央领导集体在清理阶级斗争对经济社会生活多方面影响的同时，以改革开放为强国之路，在将"四个现代化"作为当时最大的政治的同时，全面审视社会主义初级阶段的基本国情，提出要"走一条中国式的现代化道路"。

中国式的现代化首先是社会主义的现代化。邓小平指出："很多人只讲现代化，忘了我们讲的现代化是社会主义现代化"[①]，"他们只讲四化，不讲社会主义。这就忘记了事务的本质，也就离开了中国的发展道路。"[②]邓小平的这一思想，抓住社会主义与现代化在中国的内在共生关系，将现代化的共性与社会主义个性的内在统一在一起。

中国式的现代化还必须同时具有鲜明的中国特色。在改革开放初期，邓小平就多次强调，中国式的现代化要从本国国情出发，不能照抄照搬别国经验、别国模式，要走自己的路。这条"自己的路"在党的十二大开幕式上被明确宣布为"建设有中国特色的社会主义"。党的十三届七中全会上概况了建设有中国特色的社会主义的十二条原则。党的十四大从发展道路、发展阶段、根本任务、发展动力、外部条件、政治保障、依靠力量、

---

① 《邓小平文选》第 3 卷，人民出版社 1994 年版，第 209 页。
② 同上书，第 204 页。

领导核心等方面对在中国如何建设社会主义做出全面而深刻的阐述。至此，中国式现代化在内涵上已经转变为中国特色社会主义现代化。

在中国特色社会主义现代化道路，尤其是"三步走"发展战略提出之后，"四个现代化"战略逐步退场。1987年党的十三大报告中指出："我国经济建设的战略部署大体分三步走。第一步，实现国民生产总值比1980年翻一番，解决人民的温饱问题。这个任务已经基本实现。第二步，到本世纪末，使民生产总值再增长一倍，人民生活达到小康水平。第三步，到下个世纪中叶，人均国民生产总值达到中等发达国家水平，人民生活比较富裕，基本实现现代化"。分三步实现现代化的发展战略正式形成。

对比"四个现代化"与中国特色社会主义现代化，"四个现代化"建设思想虽然也提出了要分两步实现现代化，但该战略的主要目的是快速建立独立经济体系和实现经济赶超，为此，盲目追求高积累，脱离了人民群众的现实生活。中国特色社会主义现代化的"三步走"战略规划，以现实国情为基础，以人民群众物质文化生活水平提高为落脚点，客观评判本国发展阶段，创造性地把小康水平作为现代化建设的阶段性指标，实现了生产建设与人民生活的统一。虽然该战略依然主要以经济指标划分发展阶段，但其成效却实实在在地体现为人民生活水平的提高，而人民生活内涵的丰富性本身就是对单一经济指标的突破。把"三步走"发展评判指标落在人民生活水平上，显示出党和政府已经一定程度上认识到人的现代化在社会现代化建设中的核心地位，这是突破物质层面现代化并向全方位现代化转型的关键。正是基于上述考虑，"四个现代化"的发展战略逐步淡出现代化规划。

伴随"三步走"发展战略的出台，现代化目标的内涵逐步丰富。党的十三大提出党在社会主义初级阶段的基本路线，规定要为"把我国建设成为富强、民主、文明的社会主义现代化国家而奋斗"。中国式的现代化转化为富强、民主、文明的中国特色社会主义现代化。

富强、民主、文明的现代化目标为后继的中央领导集体所继承并进一步丰富与发展。1991年，江泽民在全面总结建党70年来我国现代化的追求与探索历程时，首次提出了建设有中国特色的社会主义经济、政治和文化三个概念，并对"富强、民主、文明"的现代化目标做出进一步阐释。党的十四大把发展社会主义市场经济、建设社会主义民主政治和精神文明三者并列作为有中国特色社会主义的三大目标，进一步深化了"富强、民主、文明的社会主义现代化强国"的基本内涵。党的十五大把社会主义现代化的奋斗目标与建设有中国特色社会主义经济、政治和文化的基本目标直接挂钩，提出了社会主义初级阶段的基本纲领，"使得富强、民主、文明的总体目标从理论变成了政策，从目标变成了纲领，从口号变成了实践，避免了过去很长时间以来提出的目标过高、过大、过空，脱离中国的具体实际，缺乏相关的实施策略，最终变成空头文字或口号的命运"。[①] 党的十五大报告还就21世纪前50年中国现代化建设做出分阶段的战略构想：即"第一个10年实现国民生产总值比2000年翻一番，使人民的小康生活更加宽裕，形成比较完善的社会主义市场经济体制；再经过10年的努力，到建党100年时，使国民经济更加发展，各项制度更加完善；到世纪中叶建国100年时，基本实现现代化，建成富强民主文明的社会主义国家"。"新三步走"发展战略既延续了邓小平"三步走"发展战略的基本思想，又对第三步所要经历的50年做出更为具体的阶段性规划，是我国现代化建设思想的延续与发展。

伴随21世纪的到来，我国进入全面建设小康社会，并最终实现社会主义现代化的关键阶段。以胡锦涛为总书记的中央领导集体，从我国现代化事业发展的全局出发，针对前期现代化建设中的突出问题，提出了"以人为本"的科学发展观，并将社会主义和谐社会纳入社会主义现代化建设的目标体系。2007年，党的十七大提出了中国特色社会主义经济建设、政治建设、文化建设、社会建设的基本纲领，社会建设成为我国现代化布局的重要一极。2012年，党的十八大提出生态文明的建设任务，"和谐"目标内涵从社会延展到人与自然，经济、政治、文化、社会"四位一体"的战略格局转变为经济、政治、文化、社会、生态"五位一体"的战略格局。党的十八大同时做出的全面建成小康社会和全面深化改革的目标，以及十八届三中全会做出的全面深化改革的路线图与时间表，是对富强民主文明和谐的中国特色社会主义现代化做出的进一步战略部署。

综上论述，从单一的工业化，到四个方面的现代化，再到全方位的富强民主文明和谐的中国特色社会主义现代化；从"两步走"的经济发展战略，到"三步走"、"新三步走"的现代化发展战略；从单一的经济布局，

[①] 唐洲雁：《中国目标：从工业化现代化到富强民主文明和谐》，《瞭望新闻周刊》2010年2月17日。

到经济、政治、文化"三位一体"布局,再到经济、政治、文化、社会、生态"五位一体"的战略布局;从理论层面的现代化目标,到宏观的战略布局、基本纲领,再到具体的战略部署,这一系列的变迁发展均表明我们党对现代化建设规律,尤其是对中国特色社会主义现代化建设规律的认识更为全面、具体与深入。其一,现代化目标从单一目标到全方位发展目标。无论是单一的工业化指标,还是表述更为具体的"四个现代化"目标,其发展指向均为"富强",现代化战略本质上是经济建设战略。富强民主文明和谐的现代化目标,突破了对现代化即工业化的简单化认识,也突破了现代化建设单一的富强指向和经济建设本质,使我国现代化建设领域不断拓展,文明领域不断拓展。其二,整体性战略目标与阶段性奋斗目标的统一,保证了我国现代化建设始终沿着不断提高人民生活水平的路径稳步推进,其间人民生活内涵的不断拓展,也使人的现代化在社会现代化中的地位日益突出,既展示了现代化的社会主义的本质,又展示了中国特色。其三,战略目标与战略布局、纲领统一,标志着现代化建设已从新中国成立初期的热情驱动走向了理性决策推动。其四,理论认识与实践部署的统一。现代化目标建立在改革开放的实践基础之上,并在现代化实践中具体落实为战略规划与具体部署,目标不再停留于口号、理想层面,而是切切实实地成为国家建设的重要内容,落实到人民群众的现代化实践中。

二 我国现代化建设思想的最新发展:国家治理体系、治理能力的现代化

当前,我国已经进入全面建成小康社会的发展阶段,这是实现全面小康社会目标的关键阶段,也是21世纪中叶基本实现现代化的关键时期。舟至中流,不进则退,党的十八届三中全会全面审视我国现代化建设的新形势新问题,做出了全面深化改革的战略决策,并将全面深化改革的总目标定位为"完善和发展中国特色社会主义制度,推进国家治理体系和治理能力现代化",这是我国现代化建设思想的最新发展。

(一)从物质层面现代化向制度层面现代化的发展

现代化作为人类文明的整体变迁,不仅具有物质文明表现,还具有鲜明的制度文明特征。改革开放以来,邓小平不仅多次强调制度建设的重要性,而且特别指出制度建设的艰巨性。在1992年的南方谈话中,邓小平基于当时制度建设的现状指出:"恐怕再有三十年的时间,我们才会在各

方面形成一整套更加成熟、更加定型的制度。"① 而今，改革开放35年后的今天，站在新的历史方位，党的十八届三中全会明确提出了国家治理体系和治理能力现代化的改革目标，体现了我国现代化建设思想已经自觉超越物质层面的现代化，并向制度层面的现代化发展。

国家治理体系和治理能力作为国家制度体系和国家制度执行力的集中体现，体现了现代制度文明的基本特征。作为国家制度体系，中国特色社会主义制度包括国家根本政治制度、基本政治制度和基本经济制度，也包括经济、政治、文化、社会、生态文明建设和党的建设各领域各层面的体制机制，是对中国现代化建设全方位的制度安排。推进国家治理体系的现代化，就是要以规范化、民主化、法治化作为制度变革与创新的基本标准构建系统完备、科学规范、运行有效的制度体系。作为制度执行力，国家治理能力既突出了党与政府在制度框架下治理社会事务的能力，又强调了制度赋予企业、社会组织等治理主体参与国家治理的权责。推进国家治理能力现代化要求多元国家治理主体不断提高按照民主法治原则治理国家各方面事务的能力，是对制度的依法运用。

回顾新中国成立以来我国的现代化建设，期间虽不乏制度创新，尤其是改革开放对传统体制机制的突破，更是举世瞩目，但总的来看，该时期的现代化基本上并未脱离器物层面的现代化，制度层面的现代化始终没有成为改革开放的总目标。

新中国成立后我国的制度建设大致可分为两大阶段，改革开放前所制定的一系列基本的国家制度与法律法规一定程度上保障了新生政权的稳定和独立的工业体系、国民经济体系的建设，但是，一些制度所具有的高度管控性质，也严重影响了人民群众参与现代化建设的能力。

改革开放35年来，基于市场化改革的需要，党和政府对一些严重制约市场经济发展的体制机制进行了程度不同的变革，经济上突破了计划经济体制，实现了基本经济制度和分配制度的变革；政治上围绕实现党的领导、人民民主和依法治国的统一展开了一系列体制机制变革，党的领导制度、基层民主制度、行政和司法等制度变革逐步推进。在社会领域，变革教育、住房、医疗、人口管理等制度，不断拓宽社会自组织发展空间。总体上这一阶段的制度变革、创新与改革开放进程相得益彰，二者共同推进

---

① 《邓小平文选》第3卷，人民出版社1993年版，第372页。

中国特色社会主义现代化前进到全面小康社会建设新阶段。

然而，考虑到社会的稳定和民众改善生活的迫切期望，我国采用了渐进式、"摸着石头过河"式的改革方式，容易的、表层的先改，难啃的、深层的后改，这直接导致了制度体系长期不健全、不配套、操作性差，经济体制机制变革相对及时，政治、社会制度变革则相对滞后。制度变革与创新体现出一定程度的实用性、被动性、滞后性。

制度是现代化变革的关键性因素，只有在不断的制度变革创新中推进国家治理的现代化，我国现代化建设才能取得新突破。如果说，35年前的改革，承担着开启物质层面的现代化的历史重任，自发的、零散的探索式改革是主基调，某些方面的制度变革先行突进有一定的必然性。35年后的改革，承担的是21世纪中叶基本实现现代化的重大现实任务，各项改革举措相互关联、相互耦合，需要从治理结构、治理机制等更深的层面上全方位优化。

"一个国家的现代化程度越高，对制度化程度的要求也就越高。"① 党的十八届三中全会站在新的历史高度，将国家治理体系和治理能力现代化作为改革总目标，并根据现代化建设各领域的联动关系对各领域的体制机制变革做出具体规划，势必会推动中国特色社会主义制度更加成熟更加定型，将现代化建设提升到制度现代化新高度。

(二) 执政理念和治国理念的重大转变

自20世纪50年代社会主义改造完成，剥削阶级作为一个阶级在我国已经被消灭，阶级斗争不再是国内的主要矛盾。这一历史性转变要求我们党自觉地从执政、建设的角度治国理政。然而，受革命惯性、冷战意识等复杂因素的影响，我们党并没有充分认识到自身所处历史方位和历史使命的转变，依然坚持以阶级斗争思维看待国内外复杂的经济社会形势。从现代化建设来说，尽管我国早在新中国成立初期就已经确立了工业化的奋斗目标，可在阶级斗争思维视野下，生产力和生产关系、经济基础与上层建筑的矛盾在社会主义中国依然主要表现为阶级斗争，而解决阶级斗争的最好方式就是发动人民群众与阶级敌人进行斗争，政治领域要斗争，文化社会领域要斗争，经济领域依然要斗争，为此，我们党多次发起群众运动。这一斗争思维也同样支配国际交往。我国虽然提出了处理国际关系的和平

---

① 任仲平：《标注现代化的新高度——论准确把握全面深化改革总目标》，《人民日报》2014年4月14日。

共处五项基本原则,却常常以简单化的阶级斗争思维看待、处理复杂的国际关系,如此一来,我国已经解决的主权独立问题就再次成为问题,国家上下必须再次把维护主权独立作为主要任务。由于担心国外的阶级敌人与国内的阶级敌人联合起来,共同威胁国家主权的独立,我们始终没有能够顺应时代和实践的新发展理性地思考国家的职能、执政党的执政方式这样一些关系现代化建设成败的根本性问题。

马克思主义主义认为,"国家是阶级矛盾不可调和的产物和表现"[①]。作为"一种表面上架于社会之上的力量,这种力量应当缓和冲突,把冲突保持在'秩序'的范围以内"[②],因此,国家的社会管理职能是从属于或服务于政治统治职能的。建国后很长一段时间,我们片面地理解这种思想,简单地将国家理解为阶级统治的工具,将国家的主要职能简单地定位为维持社会秩序,一定程度上忽略了为广大人民群众提供满意的公共产品的职能。国家的这种本质和功能决定了党和政府作为单一管理主体对公共事务的高度管控,市场力量、社会力量没有生存空间。改革开放以来,伴随社会主义市场经济体制的确立和人民群众对基本公共服务需求的上升,国家的公共利益职能逐步被重视。在以人为本、和谐社会等理念的指导下,党和政府不断探索国家维护和实现公共利益的路径与方式。党的十五大首次提出依法治国方略,强调党领导人民依照体现人民意志和社会发展规律的法律法规治理国家,标志着我们党已经开始从执政党的角度思考党与国家制度的建设。党的十八大提出要建立党委领导、政府负责、社会协同、公众参与、法治保障的社会管理体制,强调了社会管理主体权限划分及相应的制度建设。党的十八届三中全会提出国家治理体系和治理能力的现代化,使十八大强调的社会治理思想进一步拓展为国家治理,体现了我们党治国理政理念的最新发展。

"治理"是 20 世纪末出现的新政治概念,是现代制度文明的最新成果。与"统治"不同,"治理"突出了国家维护公共利益的职能。在治理体制中,执政党与政府已不再是唯一的治理主体,社会组织、企业、媒介、公民个人与党和政府同为国家治理主体,对维护和实现公共利益共享权力、共担责任。国家治理各主体承担的公共事务虽各有侧重,但各主体间的地位平

---

① 《列宁选集》第 3 卷,人民出版社 1972 年版,第 175 页。
② 《马克思恩格斯选集》第 4 卷,人民出版社 1972 年版,第 166 页。

等,其间的关系主要是伙伴关系,合作方式主要是协商与妥协。

国家治理也不同于狭义的社会治理,国家治理涉及国家现代化体制机制建设的各领域、各层面,因此"一定意义上说也就是治理结构分化和功能再造的过程"。[①] 国家治理体系是国家治理的价值体系、目标体系、制度体系、评价体系的集合体,目的是以合理的治理结构和运行机制提高国家的整体治理能力,体现了现代制度文明的特点。国家治理能力是国家治理主体运行国家治理体系、领导和组织现代化建设的各种素质和本领,体现了现代治理主体的特点。作为多元治理主体的协同作战,国家治理结构需要构筑多主体、全方位的国家治理结构,作为现代治理主体的治国理政的素质和能力,国家治理能力的现代化,需要各主体各归其位,各尽其责。二者都需要治理战略思维、统筹协调、整体推进。"国家治理体系和治理能力现代化"体现了我们党自觉结合人类文明发展规律、国家建设规律、党的执政规律思考党的执政方式和国家治理方式,集中体现了党的现代化建设思想的重大转变。

(作者单位:中共深圳市委党校)

[①] 林坚:《总体设计推进国家治理体系现代化》,《学习时报》2014年4月21日。

完善和发展中国特色社会主义文化制度

王桂泉

坚持走中国特色社会主义文化发展道路，扎实推进社会主义文化强国建设，必须完善和发展社会主义文化制度。形成一套相互衔接、相互联系的文化制度，是坚持和发展中国特色社会主义的客观要求。我们必须从社会主义制度建设的高度，把握当今中国文化发展的历史趋势，充分认识完善和发展中国特色社会主义文化制度的重要性和必要性。

一 中国特色社会主义文化制度提出的重要意义

中国特色社会主义文化制度的提出，对全球化背景下和社会主义市场经济条件下的中国文化发展理论和中国文化发展实践都具有极其重要的意义。

（一）坚持和发展中国特色社会主义制度

中国特色社会主义制度，是当代中国发展进步的根本保障，集中体现了中国特色社会主义的特点和优势。建设符合并服务于中国特色社会主义根本政治制度和基本经济制度的文化制度，既是我国文化对一定社会经济和政治的必然反映，也是对中国特色社会主义制度的完善和发展。面对当今文化与经济、政治日趋融合，文化越来越成为民族凝聚力和创造力的重要源泉，越来越成为综合国力竞争的重要因素，越来越成为经济社会发展的重要支撑的新形势，我们必须以高度的文化自觉和文化自信，推动社会主义文化大发展大繁荣，扎实推进社会主义文化强国建设。要坚持发展面向现代化、面向世界、面向未来的，民族的科学的大众的社会主义文化，不断开创全民族文化创造活力持续迸发、社会文化生活更加丰富多彩、人民基本文化权益得到更好保障、人民思想道德素质和科学文化素质全面提高的新局面，必须把社会主义核心价值体系建设融入国民教育、精神文明建设和党的建设全过程,建设中华民族共有精神家园。

(二) 明确中国特色社会主义文化发展道路

改革开放以来,我们党在探索中国特色的经济发展道路的同时,也在不断探索中国特色的文化发展道路,特别是党的十六大以来,我们党始终把文化建设放在党和国家全局工作重要战略地位,坚持物质文明和精神文明两手抓,促进文化事业和文化产业共同发展,不断推动文化建设取得新成就,走出了中国特色社会主义文化发展道路。中国特色社会主义制度的提出可以说就是这种探索的最重大的成果,它改变了中国文化繁荣发展的基本格局。中国特色社会主义文化制度的出场,既是对这种全新文化建设格局的固化,也为这种全新文化建设格局的调整提供了广阔的政策空间。政府的职责是坚持发展社会主义先进文化,弥补市场失灵,提供公共文化服务。但是,提供公共文化服务,并不意味着一定要政府生产。中国特色社会主义文化发展道路将会遵循相同的文化发展规律和市场经济规律。

(三) 推进中国文化体制的全面改革

中国特色社会主义文化制度提出的一个重大意义,就是加快推进现行文化体制的全面改革,以建立现代企业制度为重点,加快国有文化单位改革,培养合格市场主体。促进文化产品和要素在全国范围内合理流动,构建现代为文化市场体系。加快政府职能转变,完善政策保障机制,深化文化行政管理体制改革,创新文化管理体制。深化文化体制改革的目标不再仅仅指向体制内国有文化事业单位,而是建立与社会主义市场经济体制相适应的新的文化体制,建立与基本经济制度相适应,与根本政治制度相衔接的中国特色社会主义文化制度。新一轮文化体制改革必将是加速发展、深入推进、制度建设的全面改革,必将实现从以往被动改革向主动改革的转换,由主要模仿经济体制改革向自我创新文化体制改革的转换。

二 中国特色社会主义文化制度提出的背景和依据

建设中国特色社会主义文化制度,是在当代中国和当今世界两个方面都发生广泛而深刻的变化的背景下,提出的一个全新命题。它既是建设社会主义文化强国的新要求,也是发展中国特色社会主义制度的重要体现。

(一) 历史背景

国外文化理论研究的重要成果为认识文化发展的重要地位和作用提供新的前提和条件。20世纪70年代末,美国学者托夫勒(Alvin Toffler)

1980 年发表了《第三次浪潮》(The Third Wave),从通俗角度来讲知识、信息的重要,他按照贝尔的理论提出了农业社会、工业社会、后工业社会的分期。1982 年,联合国教科文组织在墨西哥召开世界文化政策会议,发表了《墨西哥城文化政策宣言》,开始从全世界的范围重视文化在推动经济社会发展中的作用。20 世纪 90 年代至今,国外出版了一大批深入研究文化在世界发展格局中重要地位和作用的著作。美国学者哈拉尔(W. E. Halal) 1998 年在《新资本主义》(New Capitalism) 一书中进一步提出新的观点,认为知识资源的一个重要特征在于,文化资源是一种无限资源,它的作用将随着它传播的范围和数量日益扩大影响,而其边际成本却越来越低。此外,还有大家比较熟悉的约瑟夫·奈的《软力量》、塞缪尔·亨廷顿的《文明冲突论》、哈里森的《文化的重要作用:价值观如何影响人类进步》、萨义德的《文化与帝国主义》等。这些文化理论研究成果在很短的时间里转化为各国政府的制度和实践,使文化与经济政治相互融合,在综合国力竞争中的战略地位和作用越来越突出。

文化制度和文化发展规划已经成为各国推动文化快速发展的重要条件。从国际看,第二次世界大战以来,英美等发达国家文化的快速发展绝不是自发产生的,它是在政府和社会的规划和引导下才得以实现。这里仅以美国为例说明文化发展规划的重要作用。美国万尼瓦尔·布什主持编制的报告《科学——无止境的前沿》(Science: the Endless Frontier) 发展起来的科学政策框架,为美国战后的科学政策奠定了理论基础。规划过后的 10 年,美国人惊奇地发现,战后美国的科技地位、文化地位在世界上显著提高,这与这个规划有很大关系。到了 90 年代,随着信息技术的进步,随着文化产品的边际日益模糊,美国修改电信法和北美的统计指标体系,出台了新的"北美行业分类系统",强调美国已进入"以信息和知识为基础的经济"阶段,将新闻出版、影视、通信和信息四大门类融为一体,形成现代文化产业体系。

借用政治力量来发挥文化软实力的作用是提升综合竞争力的有效方法。第二次世界大战以来,在苏美冷战过程中,美国一直在巧妙地运用文化软实力的手段打一场没有硝烟的战争。冷战结束后,军事威胁相对减弱,但不同民族和国家的文明冲突仍在继续,文化产业的国际竞争力是这种文明冲突的重要表现。美国一直坚持以经济实力做后盾,借用政治力量,利用资本、技术、市场等优势大力发展文化产业,以大众文化的方式向世界各地输送美国价值观,成功对一些国家进行"颜色革命",增强了美国文化在世界的影响力。

(二) 现实依据

中国经济改革的成功实践为文化制度建设提供了坚实的物质基础。改革开放以来,30多年中国社会生产力、综合国力、人民生活水平不断提高。从2002年到2011年,我国国内生产总值由12万亿元提高到47万亿元,扣除价格因素,2011年比2002年增长1.5倍。经济总量从世界第六位跃升到第二位,成为仅次于美国的世界第二大经济体。在经济总量稳步增长的同时,人均国内生产总值也快速增加。从2002年到2011年,我国人均国内生产总值由1000美元增加到5400美元,年均增长10%以上。同期文化产业的增长速度年均超过国内生产总值的增长速度3个百分点以上,这不仅为坚持走中国特色社会主义文化道路奠定了坚实的物质基础,而且为建设社会主义文化制度提供了必要的经济基础。

国家制定的文化发展战略和规划为文化制度建设提供了必要的政策条件。改革开放以来,特别是进入21世纪以来,文化的发展和建设问题受到党和国家的高度重视。2002年11月,党的十六大在规划全面建设小康社会宏伟蓝图时,突出强调了文化建设的极端重要性,明确提出积极发展文化事业和文化产业,推进文化体制改革。2006年9月颁布《国家"十一五"时期文化发展规划纲要》,确定了未来五年中国文化发展的指导思想、方针原则和目标任务。2007年10月,党的十七大突出强调了文化建设、提高国家文化软实力的极端重要性,对兴起社会主义文化建设新高潮、推动社会主义文化大发展大繁荣作出全面部署。2009年9月,国务院颁布《文化产业振兴规划》,在振兴文化产业的政策措施与保障条件作出了具体规定,对我国文化产业快速发展起到积极推动作用。2011年10月作出的《中共中央关于深化文化体制改革推动社会主义文化大发展大繁荣若干重大问题的决定》全面总结了我国文化改革发展的丰富实践和宝贵经验,明确提出走中国特色社会主义文化发展道路,建设社会主义文化强国。可以说,改革开放以来,党和国家关于文化发展方针政策、战略规划和奋斗目标,为社会主义文化制度建设的提供了重要条件。

文化体制改革的全面推进为文化制度建设提供了可靠的体制保证。我国文化建设之所以能取得新的进步、开创新的局面,得益于文化体制改革的扎实推进。党的十六大以来,按照中央的部署,深化文化体制改革在文化建设的各个领域广泛展开，取得了重要进展。2005年12月，中共中央、国务院发出《关于深化文化体制改革的若干意见》，总结文化体制改革试点工作的经验，全面部署深化文化体制改革工作。国有经营性文化单位转企改制取得重要进展，涌现出一批具有较强实力和竞争力的文化企业和企业集团。文化产业规模逐步壮大，以公有制为主体、多种所有制共同发展的文化产业格局初步形成。文化"走出去"步伐加快，文化进出口贸易逆差逐步缩小，我国文化产业的国际竞争力不断增强。

人民群众日益增长的精神文化需要为文化制度建设提供了客观要求。增加文化消费总量，提高文化消费水平，扩大文化消费需求，是文化发展的内生动力。根据国际经验，当人均国内生产总值超过1000美元时，人们的基本生活需要已经得到满足，随着收入的进一步增长，特别是当人均国内生产总值超过3000美元时，人们的生活方式加快由生活型向消费型转变，消费结构将向发展型转变，精神文化需求迅速增长，文化消费能力大幅提升，并呈现出个性化、多层次、多样性的特点。我国文化消费的不断增长，客观上要求建立与之相应的文化体制机制。

三 中国特色社会主义文化制度的基本内涵

建设社会主义先进文化引领，社会主义和谐文化和中华文化共同发展的文化制度，建立文化制度基础上的社会主义核心价值体系、文化创新体系、公共文化服务体系、文化市场体系等具体制度。

（一）核心价值体系

建设社会主义核心价值体系，增强文化制度的影响力、吸引力、凝聚力。社会主义核心价值体系是兴国之魂，决定中国社会主义发展方向。建设中国特色社会主义文化制度，必须把社会主义核心价值体系建设作为第一位的任务。"建设社会主义核心价值体系"的内容，是党的十六届六中全会系统提出的，党的十七大报告将社会主义核心价值体系的内容和作用结合起来阐述。并把"建设社会主义核心价值体系"作为文化建设的首要任务。马克思主义指导思想，中国特色社会主义共同理想，以爱国主义为核心的民族精神和以改革创新为核心的时代精神，社会主义荣辱观，构成社会主义核心价值体系的基本内容。党的十八大在强化社会主义核心价值观体系建设的同时，提出倡导富强、民主、文明、和谐，倡导自由、平等、公正、法治，倡导爱国、敬业、诚信、友善，积极培育和践行社会主义核心价值观。

（二）文化创新体系

创新是文化发展的本质特征。建立健全以企业为主体，以市场为导向，以产学研相结合的文化创新体系。以企业为主体的产学相结合的文化创新体系，实质上是市场推动的文化创新模式，包括文化体制机制创新、文化内容形式创新、文化传播手段创新、文化产品业态创新。文化创新起源于社会需求，社会需求是拉动、牵引文化科技创新的主要动力。市场需求信息是技术创新活动的出发点，它对文化产品和文化服务提出了明确的要求，导致应用研究与开发研究，从而产生技术创新。并通过技术创新活动，创造出满足市场需求的文化产品和文化服务。

（三）公共服务体系

要加快文化体制改革，加快构建公共文化服务体系。公共文化服务，是指政府公共服务的重要内容。它是指以政府部门为主的公共部门提供的、以保障公民的基本文化生活权利为目的、向公民提供公共文化产品与服务的制度和系统的总称，包括公共文化服务设施、资源和服务内容，以及人才、资金、技术和政策保障机制等方面内容。构建公共文化服务体系，加强公共文化服务是实现好、维护好、发展好人民群众基本文化权益的主要途径。要以保障人民群众看电视、听广播、读书看报、进行公共文化鉴赏、参加大众文化活动等基本文化权益为主要内容，完善覆盖城乡、结构合理、功能健全、实用高效的公共文化服务体系。

（四）文化市场体系

深化文化体制改革，建立健全文化市场体系，更大程度地发挥市场在文化资源配置中的基础性作用，促进文化产品和生产要素的合理流动，促进文化产业持续、快速、健康发展，是形成于我国国际地位相对称的文化软实力的基本途径，也是中国特色社会主义文化制度的基本要求。加强文化产品和要素市场建设，打破条块分割、地区封锁、城乡分离的市场格局，形成统一、开放、竞争、有序的现代文化市场体系。加强资本、产权、人才、信息、技术等文化生产要素市场建设，培育和规范以网络为载体的新兴文化市场，大力培育和开拓农村文化市场。要建立健全市场中介机构和行业组织，提高文化产品和服务的市场化程度。

（五）文化产业体系

文化产业是社会化大生产的运作方式作用于文化的生产过程的产物。

产业化作为一种社会化大生产的运作方式，是针对手工作坊式的封闭的自然经济的生产方式而言的，但它不是一种简单的行业区分，而是生产方式变革的结果。文化产业是当代科技融入文化生产过程所带来的相应的生产关系和生产方式变化的必然结果。建设文化产业体系，发展文化产业，重塑市场主体，优化产业结构，确定重点发展的产业门类，培育文化产品市场和要素市场，发展现代流通组织和流通形式，构建结构合理、门类齐全、科技含量高、富有创意、竞争力强的现代文化产业体系，并加快形成以公有制为主体、多种所有制共同发展的文化产业格局。

（作者单位：辽宁大学马克思主义学院）

社会主义核心价值观充分体现马克思主义指导地位和社会主义本质属性

李 明

马克思主义指导地位在社会主义核心价值观中如何体现？怎样理解24个字的概括充分体现了社会主义属性？这是在学习和宣传社会主义核心价值观中常遇到的问题。人们同时也有这样的疑问，从马克思主义指导思想、中国特色社会主义共同理想、以爱国主义为核心的民族精神和以改革创新为核心的时代精神、社会主义荣辱观为基本内容的社会主义核心价值体系到"三个倡导"的社会主义核心价值观，马克思主义指导思想不见了；"24个字"中社会主义也没有了，社会主义核心价值观是马克思主义指导的吗？还是社会主义的核心价值观吗？从理论上说，这些问题就是分析和考察"社会主义"与"24个字概括"的核心价值观的内在统一性问题，也就是说，要从理论内涵的角度，说明社会主义核心价值观作为社会主义核心价值体系的内核，是从根本上体现了马克思主义的指导地位，其"三个倡导"的"24个字概括"也充分体现了社会主义的本质属性。

社会主义核心价值观是发展中国特色社会主义的文化战略，是当代中国进入全面改革开放时代的主流价值观，是马克思主义思想理论和社会主义现实实践的中国价值表达。马克思主义是关于社会发展的科学体系，科学思想的理论典型形式是马克思主义，科学思想的实践典型形式是共产主义，现实运动形式是社会主义。邓小平在南方谈话中指出："我们讲了一辈子马克思主义，其实马克思主义并不玄奥。马克思主义是很朴实的东西，很朴实的道理。"要说清社会主义核心价值观与马克思主义的本质联系这些根本问题，不能仅从字面上或抽象的意义上进行，而必须要联系中国特色社会主义现实实践，特别是要充分认识以下观点：第一，社会主义核心价值观与社会主义市场经济一样，是中国特色社会主义理论创新。第二，强调社会主义核心价值观是思想共识、是最大公约数，是正能量和软实力都是重要的，但不能忽略其作为主流思想意识形态的理论思维、批判精神、问题意识、建构功能和引领作用。第三，社会主义核心价值观是针对当代中国现实的社会主义的，它要与当前的社会发展实际相适应，要与中国特色社会主义基本要求相对接，更要与共产主义远大理想相联系。第四，社会主义核心价值观是中国特色社会主义文化软实力的核心，是马克思主义中国化大众化的主流意识形态，是中国特色社会主义文化发展战略，持之以恒的社会主义核心价值观培育教育、建设建构与体制制度保证是其重要实现路径和根本践行条件。

一 马克思主义指导思想是社会主义核心价值体系的灵魂，社会主义核心价值观全面地体现了马克思主义的指导地位

社会主义核心价值观是社会主义核心价值体系的内核，体现着社会主义核心价值体系的根本性质和基本特征，反映着社会主义核心价值体系的丰富内涵和实践要求，是社会主义核心价值体系的高度凝练和集中表达。马克思主义指导思想是社会主义核心价值体系的灵魂。社会主义核心价值观全面地体现了马克思主义的指导地位。具体而言，马克思主义指导地位主要体现在社会主义核心价值体系的内核中，体现在社会主义核心价值观国家层面的价值目标上，体现在社会主义核心价值观社会层面的价值取向里，体现在社会主义核心价值观公民层面的价值准则内。

（一）体现在社会主义核心价值体系的内核中

坚持马克思主义的指导地位是社会主义核心价值体系建设的首要原则，也是培育社会主义核心价值观的首位要求。马克思主义作为科学的世界观和方法论，在社会主义核心价值观中起着把关定向的作用，居于核心地位。

马克思主义的指导地位在于，它提供了科学的世界观，提供了认识、改造客观世界和主观世界的立场、观点、方法，提供了建设和发展中国特色社会主义的理论基础和行动指南，提供了实现中华民族伟大复兴中国梦的思想基础和精神动力。马克思主义是社会主义核心价值观的灵魂，对社会主义核心价值观具有主导、统领、整合和规范的作用，决定和标示着社会主义核心价值观的根本性质和发展方向。马克思主义指出，科学社会主义是资本主义的代替物。建立在私有制基础上的资本主义的个人主义价值

观和建立在公有制基础上的社会主义集体主义的价值观是根本对立的,社会主义核心价值观是对资本主义价值观的超越。

马克思主义作为科学的理论体系,是我们党和国家以及全体人民必须坚持的国家意识形态。马克思主义和马克思主义中国化理论成果是我们的宝贵财富、精神支柱和伟大旗帜,也是我们构建中国特色社会主义共同理想和道德规范的现实基础。

如果马克思主义指导思想地位动摇,在全社会没有形成统一的指导思想,搞指导思想"多元化",共同的理想信念、强大的精神力量和基本的道德规范将没有共同思想基础,核心价值观既无核又缺心,就只能导致思想混乱、信念动摇、精神懈怠和道德失范的恶果,就会出现一盘散沙、四分五裂的悲惨局面,国家和民族的前途与命运都将被葬送。

(二) 马克思主义是社会主义核心价值观的灵魂和旗帜,鲜明地突出了马克思主义国家意识形态特征

《共产党宣言》明确指出:思想的历史除了证明精神生产随着物质生产的改造而改造,还证明了什么呢?任何一个时代的统治思想始终都不过是统治阶级的思想。意识形态具有鲜明的阶级性。马克思主义是无产阶级的思想武器,是社会主义的意识形态,是社会主义国家的理论基础。没有马克思主义指导,社会主义国家就会失魂落魄,就会分崩离析。马克思主义丝毫不隐瞒自己的阶级性和革命性。而资产阶级往往为了掩盖自己阶级局限性而抽象地谈论思想和价值。马克思在分析这个情况时说:"每一个企图代替旧统治阶级的地位的新阶级,就是为了达到自己的目的而不得不把自己的利益说成是社会全体成员的共同利益,抽象地讲,就是赋予自己的思想以普遍性的形式,把它们描绘成唯一合理的、有普遍意义的思想。"[①]

(三) 马克思主义是社会主义社会发展的科学理论

马克思主义是我们党和整个社会的指导思想,在于马克思主义理论是科学,具有巨大的威力。马克思主义深刻揭示了人类社会发展规律,深刻分析了资本主义生产方式内在矛盾,深刻指明了共产主义的历史必然性,揭示了社会主义必然代替资本主义和建设社会主义、最终实现共产主义的普遍规律,是无产阶级和劳动人民认识世界和改造世界的强大思想武器。

---

① 《马克思恩格斯全集》第3卷,人民出版社1960年版,第54页。

在人类发展的历史上,从来没有一种理论像马克思主义那样,与工人阶级和劳动人民的命运如此紧密地联系在一起,并深刻地改变了人类命运。人类思想史上曾有种种同情人民群众的思潮和学说,但只有马克思主义才真正反映和代表人民群众的根本利益和要求,是真正的"两个绝大多数"的运动,并用科学理论揭示了工人阶级获得自身解放乃至解放全人类的现实道路。马克思主义是科学性、革命性和崇高性相统一的思想体系,是工人阶级和人民群众争取自身解放的理论指南。

马克思主义批判资本主义生产资料私人占有、社会分配不公、贫富悬殊、金钱拜物教、商品拜物教等社会现象,指出资本主义社会是人剥削人、人压迫人的社会,是不民主、不平等、不自由、不公正、不人道、不合理的社会,是一定要为自由人的联合体这个未来社会所代替的最后一个阶级对立的社会。

马克思主义在批判旧世界中发现新世界,具有鲜明的社会主义价值取向。缺失了马克思主义指导,社会主义社会就会无根失本,失去方向。

(四)马克思主义是引导着人的发展和解放的方向,共产党人和先进分子的科学信仰

马克思主义对人的本质的理解,张扬了真正的人的精神,宣示了超越资本主义的新型的人的社会关系,具有永恒的价值意义,是人类追求美好社会理想的指针。马克思主义是共产党人和先进分子的科学信仰。作为意识形态,马克思主义信仰和社会主义核心价值观具有排他性。资本主义核心价值观必然排斥社会主义核心价值观,社会主义核心价值观必然排斥资本主义核心价值观。社会主义核心价值观批判资本主义价值观,代表着人类未来发展的光明前景和崇高价值追求。

马克思主义是实践的唯物主义,以改造世界为己任。伦敦海格特公墓马克思墓碑上,镌刻着他的一句名言:"哲学家们只是用不同的方式解释世界,而问题在于改变世界。"马克思主义是发展的理论,立足于人的自由全面发展。"代替那存在着阶级和阶级对立的资产阶级旧社会的,将是这样一个联合体,在那里,每个人的自由发展是一切人的自由发展的条件。"马克思主义立足现实而抛弃虚幻的理想,"共产主义对我们来说不是应当确立的状况,不是现实应当与之相适应的理想。我们所称为共产主义的是那种消灭现存状况的现实运动"。马克思主义彻底批判资本主义,主张政治民主、经济平等、社会进步、文化发展,张扬以人为本,高扬人的

解放大旗，是人类自由全面发展获得彻底解放的正确导向。马克思主义价值理想，为人类发展开辟了道路，引导着人类向着光明的方向前进。

二 社会主义核心价值观三个倡导，集中全面地代表着中国特色社会主义价值要求，充分体现了社会主义本质属性

社会主义核心价值观倡导的富强、民主、文明、和谐，自由、平等、公正、法治，爱国、敬业、诚信、友善，明确了国家、社会、公民三个层面的价值目标、价值取向、价值准则，集中全面地代表着中国特色社会主义的价值要求，深刻充分地体现了社会主义本质属性。

（一）富强、民主、文明、和谐，是社会主义国家的价值目标，是社会主义国家的魂魄

富强、民主、文明、和谐，作为国家层面价值目标，是社会主义国家的价值目标，是对中国特色社会主义共同理想的高度概括，是我国社会主义经济建设、政治建设、文化建设和社会建设的奋斗目标，是社会主义国家的魂魄。

富强是中华民族梦寐以求的美好夙愿。我们今天追求的富强，以综合国力的强大为基础，以全体人民的共同富裕为特征。而我们所说的民主，不是资本主义三权分立的那一套，而是指人民民主。人民民主是社会主义的生命，人民当家作主是社会主义民主政治的本质和核心。没有民主就没有社会主义，就没有社会主义现代化。民主不是资本主义的专利，社会主义应该也能够创造出比资本主义更高层次的民主。中国共产党历来以实现和发展人民民主为己任。新中国成立后特别是改革开放以来，我们党为实现人民当家作主、建设社会主义法治国家进行了不懈努力，始终坚持中国特色社会主义政治发展道路，坚持党的领导、人民当家作主、依法治国有机统一，坚持和完善人民代表大会制度、中国共产党领导的多党合作和政治协商制度、民族区域自治制度以及基层群众自治制度，不断推进社会主义政治制度自我完善和发展。

文明是社会进步的重要标志，也是中国特色社会主义的重要特征。中华民族曾经创造了辉煌灿烂的文明，为人类发展进步做出了巨大贡献。中国特色社会主义事业的全面推进必然催生社会主义文化建设新高潮，中华民族伟大复兴必然伴随中华文化繁荣兴盛。文化是文明的基础，文明是文化的升华。在当代中国人民的伟大奋斗中，必将迎来文化的大发展大繁

荣，中华民族将在世人面前展现出更加文明进步的形象。

和谐是中国传统文化的基本理念，社会和谐是中国特色社会主义的本质属性，是国家富强、民族振兴、人民幸福的重要保证。实现社会和谐，建设美好社会，始终是人类孜孜以求的一个社会理想，也是包括中国共产党在内的马克思主义政党不懈追求的一个社会理想。我们要构建的社会主义和谐社会，是在中国特色社会主义道路上，中国共产党领导全体人民共同建设、共同享有的社会，是民主法治、公平正义、诚信友爱、充满活力、安定有序、人与自然和谐相处的社会。

（二）自由、平等、公正、法治，作为社会层面价值取向，是社会主义社会的本质特征，也是社会主义社会的根本

自由、平等、公正、法治，社会主义社会的本质属性和内在要求，也是社会主义社会的根本价值取向。自由，体现着人的本质，是个人的权利、责任和义务的基点，代表着马克思主义的根本价值理想，也是马克思主义对人关怀的最高体现；而人的全面自由的发展，是社会主义区别于其他社会形态的本质规定。马克思曾指出"自由的有意识的活动恰恰就是人类的特性"。作为社会主义核心价值观的自由是中国共产党对马克思主义自由观的继承和创新，体现了中国共产党作为执政党高度的理论自觉，也是坚持马克思主义的根本表现。

公平正义是中国特色社会主义的内在要求。平等、公平、正义等都是资产阶级提出的价值理念，但资本主义社会永远也无法实现，只有社会主义为这些价值理念的实现提供了制度前提，他们是资产阶级革命的原因，却是社会主义发展的结果。马克思主义认为，"权利决不能超出社会的经济结构以及由经济结构制约的社会的文化发展"[1]。邓小平也明确指出："我们为社会主义奋斗，不但是因为社会主义有条件比资本主义更快地发展生产力，而且因为只有社会主义才能消除资本主义和其他剥削制度所必然产生的种种贪婪、腐败和不公正现象。"[2]

平等、公正是对资本主义的不平等、不公正社会现象的彻底批判，是社会主义的本质规定和精神支柱。恩格斯《反杜林论》指出："一切人，或至少是一个国家的一切公民，或一个社会的一切成员，都应当有平等的

---

[1] 《马克思恩格斯文集》第3卷，人民出版社2009年版，第435页。
[2] 《邓小平文选》第3卷，人民出版社1993年版，第143页。

政治地位和社会地位。"

法治是社会主义社会的基本理念和制度保障。党的十八大提出要全面推进依法治国，加快建设社会主义法治国家。法治是治国理念和治国方略，是社会主义社会的基本价值理念和根本制度保障。社会主义法治理念的基本内容是依法治国、执法为民、公平正义、服务大局、党的领导。依法治国是社会主义法治的核心内容，执法为民是社会主义法治的本质要求，公平正义是社会主义法治的价值追求，服务大局是社会主义法治的重要使命，党的领导是社会主义法治的根本保证。这些内容互相支持、相互补充，体现了党的领导、人民当家作主和依法治国的有机统一。

（三）爱国、敬业、诚信、友善，是公民层面价值准则，是社会主义社会公民道德的核心内容和基本精神

爱国、敬业、诚信、友善，是社会主义公民道德的核心内容，彰显着社会主义的时代特点，反映着社会主义公民的精神气质。

爱国是神圣情感、政治立场和道德准则，是民族精神传承和核心，爱国不是抽象的，而是具体的，是爱我们社会主义国家，是坚持中国特色社会主义"三个自信"，并为国家富强人民幸福民族复兴的中国梦奋斗的信念。

敬业是社会主义职业道德的最基本要求，是社会主义劳动者最根本的工作状态和精神体现。诚信是个人道德的基石。友善是社会和谐的纽带。诚信友善是中华民族的优良道德传统，是社会主义条件下市场经济的现实基础和构建和谐社会的基本要求。诚信友善是社会主义人与人道德关系的本质反映。

社会主义核心价值观是中国特色社会主义的核心内容、组成部分和重要文化发展战略。"三个倡导"所包含三个层面内容具有内在统一性，而共同利益的根本一致性是其基础；中国特色社会主义共同理想是核心价值基础，具体而现实地统一于中国特色社会主义实践。"三个倡导"是社会主义最基本、最核心、最重要的价值理念，三个层次既相互联系又相互贯通，互为前提又各有侧重，系统完整、互动沟通、紧密关联、浑然一体，实现了政治理想、社会导向、行为准则和国家、社会、个人在价值目标上的"两个相向"统一。作为最充分体现社会主义本质属性的核心价值观，"三个倡导"从国家、社会、个人三个层面涵盖了社会主义核心价值观的价值追求。第一个"倡导"的内容已写入党章和宪法，体现了党的基本政

治主张和国家发展目标,集中反映了中国人民寻求民族复兴实现中国梦的理想和愿景,是国家主导价值观,在核心价值观中居于统领地位。第二个"倡导'的内容是引领现代文明走向人类共同价值准则和理想社会目标,更是我们党和国家的核心价值理念,它作为社会主流价值观,是核心价值观的重要支柱,是社会主义社会价值的引领。第三个"倡导"的内容是公民个人应当树立的基本价值追求和应当遵循的根本道德准则,体现了社会主义价值追求和公民道德行为的本质属性,是公民的基本价值观,是其他两个"倡导"的现实基础。"三个倡导"对国家、社会、个人都具有规定性、规范性和导向性,共同构成了一个整体,是当代中国价值观念体系的核心、精髓和灵魂。

社会主义核心价值观是中国特色社会主义发展的重大思想理论成果,反映着我们党对中国特色社会主义认识的深化,是对马克思主义价值观理论的重大贡献,既深刻地体现了马克思主义指导地位在意识形态建设的根本作用,又充分体现了社会主义本质属性,鲜明地指出了中国特色社会主义价值目标和根本方向,与中国特色社会主义发展要求相契合,与中华优秀传统文化和人类文明优秀成果相承接,是我们党凝聚全党全社会价值共识作出的重要论断,是我们建设和发展中国特色社会主义的基本遵循。

(作者单位:中国农业大学思想政治教育学院)

论社会主义核心价值体系认同的现实路径

吴少进

"建设社会主义核心价值体系"既是党的十六届六中全会提出的重大命题，也是党的十七大、十八大多次强调的重要战略任务。而强化全体国民对社会主义核心价值体系的情感、心理认同，是建设社会主义核心价值体系的固有内容、基础和前提，它对进一步推动马克思主义中国化、时代化、大众化，在经济全球化和文化多元化背景下确立立国价值、形成思想共识、构建和谐社会具有重要意义。在当前，必须进一步关切国民利益、加强理论创新、创新传播方式、完善教育体系、坚持文化渗透、注重实践养成、强化机制保障，从而促进全体国民对社会主义核心价值体系的情感、心理认同并转化为国民的自觉追求。

一　关切国民利益：社会主义核心价值体系认同的现实基础

社会主义核心价值体系要成为全体国民的思想共识，获得他们的情感、心理认同，关键在于能够引领和解决他们最关心、最直接、最现实的根本利益和切身利益问题。因为"任何人如果不同时为了自己的某种需要和为了这种需要的利益而做事，他就什么也不能做"。毛泽东多次强调，"一切空话都是无用的，必须给人民以看得见的物质利益"。邓小平也多次指出，"讲社会主义，首先就要使生产力发展，这是主要的。只有这样，才能表明社会主义的优越性。社会主义经济政策对不对，归根到底要看生产力是否发展，人民收入是否增加。这是压倒一切的标准。空讲社会主义不行，人民不信"。因此，实现好、维护好、发展好全体国民的根本利益是实现社会主义核心价值体系认同的现实之基。

首先，创新利益共享、保障机制，注重改善民生。生存和生活问题始终是人们最关注的一般性、基础性、现实性的利益，所以在推进核心价值体系认同时必须将解决人们的实际利益作为突破口，不断改善民生。当前，我们不仅要牢牢把握经济建设这个中心，大力发展生产力，做大做强"蛋糕"，还要进一步创新利益共享、保障机制，使发展带来的利益增量为国民所共享，让改革发展成果更好地惠及全体国民。通过机制建设，更好地关切和照顾困难群众，着力解决就业、社会保障、收入分配、教育、医疗、住房、生态环境、安全生产、社会治安等关系国民切身利益的民生问题，特别是土地征用、城市拆迁、环境污染、企业重组改制和破产中国民反映强烈的问题，为社会主义核心价值体系认同奠定承载凝聚力的利益基础。只有国民的利益真正得到了关切，享受到了实惠，才会真正信服和接受我们的核心价值。

其次，建立和完善利益表达、协调机制，畅通社情民意。在发展社会主义市场经济的条件下，社会利益关系更为复杂。同时，改革所带来的对利益关系的调整，必然导致新的利益格局的出现。要深化改革、发展市场经济，就必须协调、整合各阶层利益，建立健全国民利益表达机制，切实保障国民在经济、政治、文化、社会生活上的各项权利；建立健全国民利益的沟通渠道和协调机制，引导群众以理性、合法的形式表达利益诉求；建立健全国民利益舆情收集报告、调查分析、处理疏导机制，把各种可能引发更大"震荡"的利益事件苗头控制在初期，遏制在国家、社会所能承受的范围之内，在不稳定因素快速积聚以前，多策并举，最大限度减少利益矛盾危机对社会稳定的冲击。

最后，引领国民克服等、靠、要和平均主义等错误思想。关切、维护、发展全体国民的根本利益，解决国民学有所教、劳有所得、病有所医、老有所养、住有所居等突出的最基本的民生问题并不是"授人以鱼"，不是平均主义，而是要在社会主义市场经济体制下激发每一个利益主体通过劳动创造获得物质财富，从而实现利益最大化。以等、靠、要等懒汉式的依赖思想来对待利益关切是不合适的，与社会主义市场经济体制的本质要求是不相符的。

二 加强理论创新：社会主义核心价值体系认同的理论指导

理论之所以能够指导实践、转化为巨大的实践力量，就在于它能够说服人，而理论说服人的最大的奥秘就在于其能够不断把握时代的脉搏而持有的前瞻性,因而创新决定了一个理论的命运。因此,要推进全体国民对社会主义核心价值体系的认同,必须时刻保持社会主义核心价值体系理论创新的开放性,增强社会主义核心价值体系的解释力、说服力、论证力,拓展社会主义核心价值体系的发展空间。尤其在当前我国处于社会转型期,社会的深刻发展变化涌现了许多全体国民普遍关心的重大理论和实际问题,如果不能与时俱进地深入解答这些新问题,就会产生思想认识上的困惑,就会累积起大量社会矛盾,社会主义核心价值体系的吸引力、说服力就会大打折扣,也就难以推进认同的进程和实践。

第一,努力实现马克思主义民族化。社会主义核心价值体系的灵魂是马克思主义指导思想。加强社会主义核心价值体系的理论创新,首要就是推进马克思主义的理论创新。在当今世界社会主义多样化的实践中,推进马克思主义的理论创新就要努力实现马克思主义民族化、多样化。正如邓小平所指出的,"我们党的十一届三中全会的基本精神是解放思想,独立思考,从自己的实际出发来制定政策。因为在中国建设社会主义这样的事,马克思的本本上找不出来,列宁的本本上也找不出来,每个国家都有自己的情况,各自的经历也不同,所以要独立思考"。也就是说,马克思主义民族化、社会主义特色化,是马克思主义发展和当今社会主义运动的历史性课题和新的理论生长点。马克思主义只有与各国的具体实际相结合获得民族化的形式,才能深入回答国民普遍关心的理论、实际问题,才能不断赋予当代中国马克思主义鲜明的实践特色、民族特色和时代特色,才能不断获得新的生命活力。

第二,深化发展社会主义核心价值体系内涵。全面深入研究社会主义核心价值体系的内涵、特征与范畴,厘清价值、核心价值与社会主义核心价值体系等重要概念;分析社会主义核心价值体系中科学与价值、社会主义核心价值体系与普世价值等之间的关系;正确处理社会主义核心价值体系与社会主义主流意识形态、中华文化、西方优秀文化、人们的日常生活文化的关系,不断深化、完善社会主义核心价值体系的内涵,从而做好现代文化与古代文化的衔接、中国文化与世界文化的衔接、社会生活与个人生活的衔接,使现代价值观念体现在人们物质生活和精神生活的各个方面。

第三,深刻凝练社会主义核心价值观。要确保国家、民族有序发展,推进社会主义核心价值体系认同,还必须在社会主义核心价值体系的基础上进一步凝练社会主义核心价值观。社会主义核心价值观是贯穿于社会主义核心价值体系四个方面的内容之中、反映社会主义核心价值体系的价值理想、价值取向和价值规范，社会主义核心价值体系与核心价值观是形式与内容、结构与要素的关系。在当前，为更好地宣传动员群众，有必要从中提炼出与人类文明同进步、与中国传统文化同根源、与科学社会主义同命运的核心价值观，凝练成"人民至上、共同富裕、民主和谐、文明进步"这几个核心的价值观。用这些话语简洁性的价值追求目标来概括社会主义核心价值观，既可以强化社会主义核心价值体系的内在统一性，又可以有利于感染群众、凝聚人心、强化认同。

三 创新传播方式：社会主义核心价值体系认同的现代传播

推进社会主义核心价值体系认同，实现社会主义核心价值体系由理论形态向实践形态转化，使其成为国民的普遍价值准则和自觉行为，必须采取贴近实际、贴近生活、贴近群众的宣传话语、宣传方式大力宣传社会主义核心价值体系，营造良好的舆论氛围。

其一，强调指导思想一元化，营造舆论强势。推进核心价值认同，首先要坚持马克思主义的指导地位，在此前提下，尊重差异、包容多样，充分挖掘和鼓励全体国民中所蕴含的积极向上的思想精神，最大限度地形成思想共识。真正把社会主义核心价值体系作为意识形态的重要组成部分，用社会主义核心价值体系掌控文化话语权，形成有利于社会主义核心价值体系认同的舆论强势。

其二，转换传播话语方式，推进社会主义核心价值体系的通俗化、形象化。传播社会主义核心价值体系的话语方式要由单一话语向多样话语转变，由政治性话语向文化性话语转变，充分考虑广大群众特别是城乡基层群众的文化要求、接受能力、思维习惯，做到把深邃的理论用平实质朴的语言讲清楚，把深刻的道理用群众乐于接受的方式说明白，将抽象的理论转化为纯朴的群众性语言，让科学理论从书斋走进人民大众、融入人们心灵。

其三，实现社会主义核心价值体系传播的信息化。现代社会已经进入以网络为主要特征的信息化时代，因此，社会主义核心价值体系的传播必须研究这一时代特征，充分利用手机网络技术、互联网技术等现代信息手段构建传播平台；创新传播思路，注重采用虚拟面询、经典导读、网络微博、焦点论坛等新鲜手法活跃版面和画面,将社会主义核心价值体系贯穿到新闻媒体的宣传报道中;汲取科普大众化的成功经验,及时调整社会主义核心价值体系研究和宣传的传播形式,不断提高宣传工作者运用现代技术手段的水平和能力,以便将积极的人生追求、高尚的情感境界和健康的生活情趣传递给人们,从而通过传播手段的时代化增进国民对社会主义核心价值体系的了解和认同。

四 完善教育体系:社会主义核心价值体系认同的主体渠道

马克思主义认为,通过灌输使无产阶级获得"精神武器"是实现人类解放的必然之途。社会主义意识"只能从外面灌输进去"。同理,对科学、系统的社会主义核心价值体系的把握认知、认同实践不可能通过自发的方式产生,而只能通过学习、教育等自觉的方式进行。因此,需要进一步完善学校教育、家庭教育、社会教育相统一的现代教育体系,通过长期的科学教育、合理引导,尽可能完整、系统、准确地传授社会主义核心价值体系的全部内容和基本精神,使社会主义核心价值体系的内涵、原则等理论为全体国民深刻地理解。只有这样,才能让他们增强认同。

第一,完善学校教育体系,分类型、分层次地安排内容。普通教育应以社会主义核心价值体系的系统理论灌输为主,职业教育应结合行业特点突出不同行业的职业道德规范和价值观教育,构建体现社会主义核心价值体系本质精神、健康向上的行业文化。初等教育应以社会公德、礼仪修养、文明行为规范为基本内容;中等教育应突出社会主义核心价值体系的基本概念、基本理论以及荣辱观教育,增强学生对社会主义核心价值体系的感性认识,确立基本的价值判断和行为准则;高等教育应以社会主义核心价值体系的完整理论、践行意义、现实目标、建设路径等主要内容,增强学生对社会主义核心价值体系的理性认识,形成正确的价值取向和自觉的贯彻行为。

第二,完善家庭教育体系,有重点、富德性地实施教育。家庭是育人的起点,是个体社会化的最初摇篮;家庭教育对未成年人的成长具有奠基作用,对人的社会化有着十分重要的意义。因此,在推进国民对社会主义核心价值体系认同的过程中,理应将社会主义核心价值体系的内涵深入家庭教育中,注重日常生活的渗透,做到源头参与、重点培育。首先是强调心理抚养、人性教育,重点培养未成年人的健康人格与阳光心理。其次是以社会主义核心价值体系引领家长树立"为国教子、以德育人"的理念，积极开展未成年人道德教育。除了提倡培养清洁、守秩序、礼貌待人的习惯外，还应十分重视审美情操的教育；培养未成年人的集体感、羞耻感、荣誉感、危机感和对社会、对别人的责任心，鼓励乐于助人、为公众服务的道德行为。

第三，完善社会教育体系，有载体、全方位地延伸教育。社会教育是学校教育和家庭教育的延伸和发展，具有强烈的渗透性和潜移默化的教育功能。当前我国社会现实复杂，价值取向多元化，高尚与庸俗并存、神圣与世俗同在，应将推进社会主义核心价值体系认同与学习型组织创建相结合，提升机关、事业单位和城市社区人员的整体思想素质；将推进社会主义核心价值体系认同与社会主义新农村建设相结合，培育社会主义高素质的新型农民；将推进社会主义核心价值体系认同与企业文化建设相结合，强化企业社会责任，推动企业科学发展；将推进社会主义核心价值体系认同与反腐倡廉建设相结合，积极改善干群关系紧张、干群矛盾增多的局面，使领导干部树立正确的权力观、群众观、地位观、荣辱观，做践行社会主义核心价值体系的模范。

五　坚持文化渗透：社会主义核心价值体系认同的特定路径

文化建设向来受世界各国追求真善美的民族的重视。优秀文化能够丰富人的精神世界、能够增强人的精神力量、能够促进人的全面发展。因此，社会主义核心价值体系要真正获得国民的认同，必须融入大众文化建设，渗透到精神文化产品的创作环节中，体现在人们日常的文化符号、仪式上，发挥网络文化的隐性引导作用。

首先，创新传递方式，把社会主义核心价值体系渗透到精神文化产品创作生产环节之中。精神文化产品对人们的价值判断、思想观念、道德情操有着潜移默化地影响，是社会主义核心价值体系的重要载体，对推进社会主义核心价值体系认同具有不可替代的独特作用。在尊重精神文化产品的创作规律的基础上，创新传递方式，在社会主义核心价值体系的"融入"、'渗透'上下功夫，使作品的内容与形式有机结合、相得益彰，从而使大众精神文化生产成为传递过程，大众精神文化产品成为重要载体，大众精神文化消费成为渗透过程，让人们在蕴含社会主义核心价值体系的优秀作品、美的享受中受到熏陶、得到启迪、走向认同。

其次，建立以社会主义核心价值体系为内容的符号仪式体系。作为文化的重要工具，文化符号仪式在文化形成、存续、加工、交流的过程中发挥着独特的重要作用，它非常稳定、贴近民众、深入人心，而且很多符号仪式传承久远，是强化认同的最好选择。当前，应以社会主义核心价值体系为内容，进一步完善中国传统节日符号仪式建设；进一步规范仪式制度，如升国旗仪式、成人仪式、入党入团入队仪式等；进一步强化国民的礼仪教育；进一步深入研究中国社会民俗的发展、变迁，突出民俗形式的多样性、民族形态的现代性。

最后，用社会主义核心价值体系占领网络文化平台。推进社会主义核心价值体系的认同，不能忽视现代虚拟网络文化的作用。一是营造良好的网络舆论氛围，坚定马克思主义的指导地位，增强马克思主义网络宣传的吸引力和战斗力；二是营造追求中国特色社会主义共同理想的网上家园；三是打造网络思想文化平台，用网络把民族精神和时代精神立体化；四是倡导网络文明，以注重利用网络培育和塑造社会主义荣辱观。

六 注重实践养成：社会主义核心价值体系认同的实践平台

其一，建立社会主义核心价值体系与国民生活方式的同构机制，强化人们的行为养成。"一种价值体系要真正发挥作用，必须融入社会生活，让人们在实践中感知它、领悟它。离开了生活，离开了实践，再好的价值体系只能是空中楼阁。"推进社会主义核心价值体系认同，必须把社会主义核心价值体系与国民的日常生活紧密相联。"建立社会主义核心价值体系与人们生活方式的同构机制，把社会主义核心价值体系融入到人们的生活方式和日常生活生产实践当中，使社会主义核心价值体系渗透到各行各业的规章制度、市民公约、乡规民约、学生守则等行为准则体系当中，使社会主义核心价值体系的要求成为人们日常生活的基本遵循，成为人们交往实践的基本标尺。"与此同时配套建设完备的奖惩机制，比如建立先进激励制度、思想领域的荣誉制度、错误行为的管制制度，使尊奉社会主义核心价值体系的行为得到褒扬和鼓励，违背社会主义核心价值体系的行为受到贬抑和惩戒。

其二，建立以社会主义核心价值体系为核心的信仰体系，强化人们的信仰自律。信仰是一个人的精神内核。真正的信仰不是盲目对某一观念的狂热迷信，而是在理性基础上又超越理性的一种至高无上的精神力量，它对人的行为起到自觉定位、趋向、调整、规约的作用，贯穿于人的心灵，促进人的内省。因此，要"把社会主义核心价值体系渗透到信仰层面，使之产生超越自身、阶层、认识、利益界限的超越性力量"。以社会主义核心价值体系为指向，革新国民的道德角色、自我认知方式，把社会他律对国民的约束转化为国民自律约束，把外在的身份对国民的约束转化为国民的内在自我自觉约束。强化国民个人与社会主义核心价值体系的自我对话式反省，以社会主义核心价值体系作为个人反省的坐标、个人道德的判据、个人行为的标尺。

其三，以社会主义核心价值体系为指导开展各种精神文明创建活动。改革开放以来，"五讲四美三热爱""讲文明、树新风"文化、科技、卫生"三下乡"科教、文体、法律、卫生"四进社区""百城万店无假货"，全国道德模范的评选表彰与学习宣传、志愿服务的深入开展等群众性精神文明创建活动有力地促进了公民文明素质和社会文明程度的显著提高。在当前，更要以社会主义核心价值体系为指导，充分发挥文明城市、文明小区、文明村镇、文明行业、文明街道、文明单位、军警民共建的示范作用，"吸引群众广泛参与，推动人们在为家庭谋幸福、为他人送温暖、为社会做贡献的过程中提升精神境界、培育文明风尚"。

七 强化机制保障：社会主义核心价值体系认同的根本保证

机制具有生成结果、保障效果的功能。改革开放的实践一再证明，机制建设更带有根本性。推进国民对社会主义核心价值体系的认同是一项长期性、持久性的工作，不可能一蹴而就、立竿见影，它需要有效的措施、合理的机制作保障。

第一，建立政府主导机制。我们的党和政府是推进社会主义核心价值体系认同的主体，换句话说，推进社会主义核心价值体系认同，这是党和政府义不容辞的谁也不能替代的职责。因此，推进社会主义核心价值体系认同首先要明确政府的主导作用和领导责任，从制度安排上建立工作责任制，切实把强化理论武装、宣传教育工作放到应有的位置上。高度重视领导干部政策水平和实际工作能力的提高，加强执政水平和理念的建设，让各级领导干部做到真正倾听群众呼声、了解群众愿望、关心群众疾苦，扎扎实实为群众解决实际困难，为推进社会主义核心价值体系认同的效果和进程提供可靠保障。

第二，建立综合支持机制。推进社会主义核心价值体系认同是我国社会主流意识形态建设的一项重要基础性工作，在实践中开展推进工作需要多方面支持。一是列入国家和各级地方政府经济社会发展规划，把推进国民认同工作作为一项事业来做；二是增加财政投入，设立推进认同工作专项任务资金，保证按时按量投入；三是充分发挥哲学社会科学研究机构和宣传理论教育工作者的理论研究、宣讲灌输作用；四是重视构建社会思潮分类引领机制、社会矛盾化解机制，给人们提供风清气正的社会氛围。

第三，建立激励约束机制。"建立健全有效的激励约束机制，注重在日常管理中体现价值导向，使符合核心价值体系的行为得到鼓励，违背核心价值体系的行为受到制约。"

尝试建立先进文化激励机制，鼓励发展有利于社会主义核心价值体系建设、有利于提高国家文化软实力、有利于激发国民文化创造力、有利于提升国民精神文化素质的文化生产与创造；尝试建立推进认同工作的监督考评机制，对推进认同工作进行全程监督、即时监督、定期考评，并利用现代信息技术逐步实现网上民意监督、网上民意考评，从而建立形成以网上巡查考评与实地检查考核相结合的监督新机制；尝试建立错误思想管制机制，对肆意攻击社会主义制度、中国共产党的反动思想、反动言论予以坚决的取缔和制裁。

（作者单位：滁州学院马克思主义原理及其中国化教研中心）

论市场经济条件下社会主义核心价值观建设

刘能杰

随着新时期中国改革开放和社会主义市场经济不断深入发展，中国人的经济生活、文化生活、社会生活、政治生活正在经历着空前的深刻变化。中国社会原有的价值观和价值标准受到剧烈冲击而发生深刻变革。面对社会为部不同价值观念的矛盾、冲突，必须加强社会主义核心价值观建设，规范、整合社会内部的多样化的价值取向，增强党和国家的凝聚力、号召力，促进全面深化改革，维护社会稳定，使中国全方位参与经济全球化进程，回应多元文化价值观念的挑战，融入世界文明发展，坚定中国特色社会主义的道路自信、理论自信和制度自信。

一 社会主义核心价值观是中国社会主义市场经济和整个现代化建设的灵魂

中国社会主义核心价值观，性质是社会主义的，特色是中国的，主体是大众的，方向是人类社会的。中国人口多、底子薄、生产力落后，拥有56个民族、13亿多人口、8000多万名中共党员，要把全党全国各族人民的思想智慧凝聚起来，实现中华民族伟大复兴的中国梦，没有一个有效发挥统摄作用的核心价值观是不可想象的。社会主义核心价值观在锻造国民精神气质、塑造国家整体形象、提升国家综合实力方面具有不可替代的重要地位和作用。

第一，社会主义核心价值观是新时期中国市场经济建设和社会发展变迁的行动指南。每个社会都有一个赖以支撑的核心价值观。它是一个社会中居于统治地位、起着支配作用的核心理念，是一种社会制度长期普遍遵循的相对稳定的基本价值准则。中国社会主义核心价值观涵盖了中国社会发展的指导思想、理想信念、精神支撑和价值准则，坚持以马克思主义为指导、树立中国特色社会主义共同理想、以民族精神和时代精神为支撑、以社会主义荣辱观为价值准则，共同构成一个具有内在统一关系的有机整体。在中国社会深刻变化、多元价值观念冲突、新旧价值观念交替的复杂环境下，人民有信仰，行动有指向，国家有力量；核心价值观发挥着强大的精神凝聚力，引领全国人民同心同德，聚精会神搞建设，一心一意谋发展，不仅显著提高了全民的物质生活水平，中国综合国力大幅增强，国际地位稳步提升，而且有力抗阻道德迷失、价值迷失和价值危机，有效抵抗了拜金主义、享乐主义、极端个人主义价值观的侵蚀，确保人们价值追求的正确方向和社会的稳定发展。实践证明，社会主义核心价值观具有强大生命力，在全面深化改革实践中，我们要继续强化和巩固社会主义核心价值观的价值主导和引领作用，使之成为社会认同的价值基础、社会变迁的行动指南、改革创新的精神家园、强基固本的兴国之魂。

第二，社会主义核心价值观是新时期中国社会文化冲突的价值引领。改革开放特别是确立市场经济体制改革目标以来，中国社会发生翻天覆地的变化，进入到一个经济大发展、社会大变革、生活大变化的时代，也进入到了一个思想大活跃、观念大碰撞、文化大交融的时代，各种社会思潮涌动，多元价值观并存，社会矛盾交织凸显。世界范围内各种思想文化相互交织、相互激荡，文化冲突越来越普遍。面对国际和国内文化冲突的现状，适应人们价值观念的深刻变化和社会思潮的多样化趋势，我们党毫不动摇地坚持改革开放和市场经济的社会主义价值目标取向，坚持"一个中心、两个基本点"的社会主义初级阶段基本路线不动摇，核心价值观建设显示出极强的现实针对性和紧迫性。与此同时，面对多元竞争、新旧交替的多样化社会思潮，我们党承认多样性与差异性的客观存在，在尊重和包容的基础上，通过对话与沟通，真正发挥核心价值观的引领作用。社会思潮不只是纯粹的概念和原则，更是反映和服务于一定阶层或群体的利益。对话、沟通的实质是尊重和包容各阶层、各群体的合理利益需求。通过建立畅通的制度化的有效对话机制，善于尊重和包容，充分有效发挥价值引领作用。尊重、包容、对话是人类文明和社会进步的重要标志。

第三，社会主义核心价值观是新时期中国社会进步的必然结果。改革开放和社会主义市场经济发展极大地解放和发展生产力，极大地满足人们的物质生活和精神文化生活需要。一方面，改革开放和市场经济推动经济社会快速发展，带来综合国力大幅提升，也带来政治、文化、社会等方面的巨大改变，促进人们价值观念的变化和进步。中国在经济上的巨大成就是核心价值观建设和整个文化软实力得以提升的重要根源。中国改革开放和市场经济发展，中国特色社会主义道路的成功探索打破了西方发展模式是唯一正确模式、西方现代化是唯一发展道路的神话。另一方面，当前中国社会转型面临着发展的不平衡、财富的差距、观念的冲突，都使得凝聚价值共识既迫切又艰难；动员全体人民为实现中国梦而共同奋斗，必须形成共同的价值观念，作为思想和行动的统一遵循。社会主义核心价值观反映了当代中国的价值需求和全体人民的价值追求，不同地区、民族、行业、阶层的群体，都能够在此基础上求同存异，在共圆中国梦的过程中一起实现人生梦想。建设社会主义核心价值观是消弭市场经济负面效应的现实选择，是降低和减少国家治理成本、提高实施公共政策效力的重要途径，是中国融入经济全球化发展过程中的主心骨，化解中国社会转型中的大量两难矛盾，走出一条既保持经济快速发展和国内政治稳定又独立自主的发展道路。

第四，社会主义核心价值观是新时期中国人文明生活的价值规范。改革开放和市场经济条件下，由于金钱和物欲的冲击，人们原有的道德价值观念淡化。在激烈的市场竞争压力和利益诱惑驱动下坑蒙拐骗、欺骗敲诈等现象不时出现，严重扰乱市场经济的健康发展，带来严重的"信任危机"，损害了社会风气，削弱了传统文化和社会主义核心价值观的规范作用。面对这种情况，我们坚持依法治国与以德治国相结合，以社会主义核心价值观来引领和超越，促进人与人之间的和谐。例如中央电视台"感动中国"栏目，连续多年报道了一批批在平凡工作岗位上作出不平凡事迹的普通中国人，他们就是在日常生活中，以个人的力量，培育和践行社会主义核心价值观，为社会公平正义、人类生存环境做出贡献；他们的事迹引发社会广泛关注那些道德楷模，传播中华传统美德和良好社会风尚，传播核心价值观和正能量。"感动中国"栏目被誉为"中国人的年度精神史诗"。事实上，中国改革开放和市场经济发展的伟大历程，就是中国共产党领导全国人民不断解放思想、奋发图强、励精图治、开拓创新、艰苦创业、创造自己幸福美好生活的一部波澜壮阔的精神史诗。

二 社会主义核心价值观建设必须直面和解决的深层次矛盾

改革开放和市场经济条件下推进社会主义核心价值观建设,受到诸多复杂现实因素的深刻影响,必须直面和解决好几个深层次矛盾,主要有美好价值追求与现实感知落差之间的矛盾,价值观的全面价值导向与践行者的片面利益导向之间的矛盾,党员干部引领带动的应然要求与言行一致的实然景象之间的矛盾,多元价值观竞争与凝聚价值共识之间的矛盾,官方传媒主渠道与民间舆论影响力之间的矛盾。

(一)美好价值追求与现实感知落差之间的矛盾

社会主义核心价值观涵盖的美好蓝图既是对现实社会的反映和超越,又是对当下奋斗的未来价值目标指向。其美好价值追求与人民群众现实感知之间的契合程度,在很大程度上决定人民群众的认同程度和接受状况。人民群众深切感受国家发展面貌的巨大变化,但更期盼社会公正和政府清廉;深刻体会社会进步的辉煌成就,但更渴望机会均等和发展空间,期盼有更好的社会政策和保障机制来缓解教育、就医、住房、养老等问题造成的巨大民生压力和社会焦虑;特别关注党和国家的发展新变化,但更热切关注自身发展和个人价值实现新成就,不论国家还是个人,与自己过去的纵向比较有发展成就感,与发达国家和他人的横向比较又产生较大差距、困惑和甚至相对剥夺感,这影响人们对社会主义核心价值观的认同和接受。

理想与现实之间的落差,既来自核心价值观建设在落实中的一些变味和走形,又来自公平公正社会环境的各种损害和恶化。随着改革开放、社会转型和市场经济体制的建立和完善,人民群众确实享受着经济社会发展带来的众多机遇和实惠,也遭遇着发展不平衡、不协调带来的瓶颈和阻滞。这些瓶颈和阻滞大多来自社会转型中负面因素的积累与放大,尤其是特权在个人能力和努力之外发挥重要影响,注定了人们奋斗起点的差距,破坏公平竞争环境;财富与社会资源的分配不公导致贫富分化、社会流动不公正,社会分层及其利益固化阻碍基于个人能力的社会流动机制建设,中上阶层日益挤压侵占中下阶层和弱势群体发展空间,遏制社会创造活力迸发。这要求我们,建设社会主义核心价值观,必须消弭丰满理想与现实感知之间的巨大落差,增强群众理性认知、情感体验等环节,促进社会主义核心价值观真正沉淀到大众思维方式层面和深层信仰层面,走进大众的日常生活世界，转化和积淀成大众的社会心理，成为大众内在的精神力量。

（二）价值观的全面价值导向与践行者的片面利益需求之间的矛盾

社会主义核心价值观建设，价值取向是以实现个体价值和社会价值的有机统一为出发点和归宿，倡导物质生活改善与精神生活追求相平衡、社会持续进步与人的全面发展相统一。无论从个体还是从社会整体看，它都是通过塑造人、鼓舞人、激励人的心灵工程，以主流意识形态和价值观来引领全社会思潮，以精神引领为主要价值准则，凝聚社会共识，推动精神生产，提升道德水平，净化社会风气，增强社会凝聚力和向心力，促进社会共同体建设。市场对资源配置起决定性作用，经济目标的支配地位形成了利益导向型的行为准则，社会主导的价值评判标准是以金钱和财富为主，利益导向在经济活动中发挥积极的主导作用。但利益导向作用的正确发挥并不能依靠自身完成，而必须以科学理论和先进文化为指导和保障，才能祛除和规约其自发性、滞后性、片面性可能导致的负面效应及其向政治领域、社会领域、精神领域和生活领域的渗透与扩张，这便是以全面价值导向制约片面利益追求负面效应的题中应有之义，是建设社会主义核心价值观的必然选择。

（三）党员干部引领带动的应然要求与言行一致的实然景象之间的矛盾

推进社会主义核心价值观建设，重在立德立行，关键在于党员领导干部知行合一、言行一致、认知和实践的统一程度。党员领导干部的一言一行、一举一动，全面立体地呈现于人民群众和实践面前，最为直观生动地体现社会主义核心价值观的理论说服力、现实改造力和社会渗透力，是人民群众选择、认同和接受社会主义核心价值观最简捷、最直接的判断标准、检验标准。当今社会，一些党员领导干部世界观、人生观、价值观"总开关"上出了问题，受拜金主义、享乐主义侵蚀，精神懈怠、信仰缺失、信念动摇，患上了"软骨病"，不敢对棘手问题动真碰硬，不能坦然面对名利得失，在物质利益、钱权美色诱惑侵害面前缺乏抵抗力、免疫力和抗体，逐渐滑向腐败泥潭。一些领域消极腐败现象易发多发，少数领导干部特别是个别高级干部严重违纪违法，反腐败斗争形势依然严峻复杂。腐败无信仰，危害胜猛虎。腐败现象不仅削弱核心价值观的传播力、影响力，而且极易衍生人们对传播者、倡导者的真正动机直至对核心价值观本身的科学性、真实性的质疑和否定，极易成为社会主义核心价值观建设的直接威胁和突出"软肋"。因此，党风廉政建设的情况和成效是党员领导干部精神世界的晴雨表，决定着社会主义核心价值观在党员干部心目中的地位和作用，最终决定着党和国家的命运。党和政府及党员领导干部只有以身作则，言行一致，为群众办好事、办实事，群众才从心底认同和接受社会主义核心价值观，才能内化于心，外化于行。

（四）多元价值观竞争与凝聚价值共识之间的矛盾

随着中国经济成分、组织形式、就业方式、分配方式日益多样化，人们的思想观念、价值追求、生活方式日趋复杂。思想文化价值多元多样、共生共存，为社会主义价值观提供释放社会活力的广阔空间。在复杂的社会环境中，人们理解和运用社会主义核心价值观，也必然受到多元思想文化的影响和冲击，一些人受拜金主义、享乐主义影响，不时暴露出道德失范、诚信缺失的问题。加上西方发达国家在经济、科技、军事强势的挤压和思想文化渗透，一些人存在价值迷茫、价值迷失现象。所以，建设社会主义核心价值观、凝聚社会共识难度加大。这要求我们，必须自觉抵制错误的价值观念，同时用社会主义核心价值引领社会思潮，尊重差异，包容多样，最大限度地形成社会共识。

（五）官方传媒主渠道与民间舆论影响力之间的矛盾

官方传媒有效承担起党和政府"窗口"和"喉舌"角色，做好党和政府大政方针和社会主义核心价值观的弘扬与传播，由此形成官方舆论场。随着信息技术的迅猛发展，以互联网为代表的新媒体快速崛起，微博、微信"云端"、大数据等，网络触角和及其影响无空不入。新媒体凭着其交互性、隐匿性、非理性、虚拟性和个性化等特质，冲击传统媒体舆论的地位和空间。公民利用网络等手段，从自身利益、情感和意愿出发，依托民众口耳相传，发出民众声音，表达民意，参与公众事务讨论，形成民间舆论场。两个舆论场重叠吻合比例越大，官方主流媒体对引导社会舆论的针对性和有效性就越强，反之则较弱。网络普及和自媒体兴起，打破了以往传统媒体信息源单一的格局，形成了"人人都能发声、人人都是麦克风、人人都是新闻发布者"的舆论生态。在人声鼎沸、众声喧哗中，原有的主流价值一元传播的主导地位受到冲击，越来越多的网民和网络意见领袖粉墨登场、众彩纷呈，走到舆论前台，其中不乏对党和政府大政方针和社会主义核心价值观的质疑和非难；特别是网络谣言和人肉搜索为代表的网络暴力，以及以权色暴力游戏为主要内容的网络低谷文化带来负面效应，在不同程度上扰乱人文伦理和社会公共秩序。工业社会向信息社会、传统传媒向新媒体时代转换，既带来信息的高度复杂和不确定性，又促使信息"把关人"的权力从集中转向分散。"知识与信息的大量积累和传播，但在公众讨论与决策中不确定性又凸显。尽管信息消除了原有的不确定性，但它们也以更快的速度创造出新的不确定性。"这就需要适应互联网快速发展形势，运用网络传播规律，把社会主义核心价值观融入到网络宣传、网络文化和网络服务中，用正面声音和先进文化占领网上传播阵地。

三 在新的历史条件下建设社会主义核心价值观的主要途径

建设社会主义核心价值观必须"注重宣传教育、示范引领、实践养成相统一，注重政策保障、制度规范、法律约束相衔接，使社会主义核心价值观融入人们生产生活和精神世界"。具体来说，就是要融入国民教育促内化，落实国家治理促强化，完善宣传教育促转化，推动实践养成促优化，根植日常生活促细化。

（一）融入国民教育促内化

立德树人是教育的根本任务。学校教育是社会主义核心价值观建设的主阵地。育人为本、德育为先是基本理念，人员育人、全过程育人是根本原则。但在学校教育的实际工作中，仍然存在着覆盖面不广、针对性不强、有效性不足等问题，需要把社会主义核心价值观建设纳入国民教育总体规划，贯穿于基础教育、高等教育、职业技术教育、成人教育各个领域，落实到教育教学和管理服务各个环节，覆盖到所有学校和受教育者。适应青少年身心健康特点和人才成长规律，有效衔接和创新学科德育教学体系，把党的教育方针和社会主义核心价值观细化内化为学生核心素养体系和学业质量标准。

学为人师，行为世范。教师是立教之本、兴教之源。加强师德师风建设，引导教师增强教书育人的责任感和荣誉感，自觉做学生健康成长的指导者和引路人。加强家庭道德、职业道德和社会公德建设，形成整个社会教育的协同合力，在国民教育全过程、社会实践全方位、人生成长各环节中建设社会主义核心价值观，促内化，促养成。

（二）落实国家治理促强化

现代市场经济发展和国家治理体系内包含社会主义核心价值观的价值

追求，社会主义核心价值观建设反过来又为市场经济发展和国家治理提供强大的精神支撑。市场在资源配置中起决定性作用，"经济人"追求利益最大化，但利益是一把"双刃剑"。身处社会共同体中，人们需要明晰边界，坚守底线，有所为有所不为。在经济社会发展和国家治理体系中，灵活有效的市场经济体制，既需要有效的产权制度和法律制度默契配合，也需要由拥有诚实、正直、公平、正义等良好道德的人去操作和实施市场制度。这就需要坚持资本冲动与诚实守信相结合、物质利益与精神追求相平衡，注重经济行为和全面价值导向的统一，促进经济效益与社会效益的统一，推动形成平实做人、勤勉做事、守信光荣、失信可耻的社会氛围。

在市场经济发展和国家治理体系中，重建道德文明、彰显主流价值和核心价值观，有赖于公正法治。法治底线包含的是国家之所以成为国家、社会之所以成为社会、个人之所以成为个人的最起码的基本价值。如果出台的政策措施、法律规范与核心价值观相背离，击穿公共利益、主流价值、公正法治的底线，那么，国家秩序、社会秩序和公民权利就会发生系统性、全局性、颠覆性错误。所以，把社会主义核心价值观建设融入制度建设和国家治理体系中，形成科学有效的诉求表达机制、利益协调机制和权益保障机制，形成有利于弘扬核心价值观的政策导向、法治环境和体制机制，进一步增强核心价值观的向心力和感召力。

（三）完善宣传教育促转化

真理的力量加上道义的力量，才能行之久远。凝聚价值共识，引领社会思潮，不能自发形成。"培育核心价值观离不开持续的灌输，抓好宣传教育始终是一项基础性工程。积极健康向上的思想和精神在人们心里播下种子，应能生根、开花、结果，应能转化为崇德向善的实际行动。"[①]

新闻媒体应着力提升文化品位，主动承担社会责任，发挥传播主流价值主渠道作用，把核心价值观贯穿到日常形势宣传、成就宣传、主题宣传、典型宣传、热点引导和舆论监督中。

当今中国优秀精神文化产品以真的追求、善的弘扬、美的展示、爱的付出，传递着高尚的思想境界、健康的生活情趣和积极的人生追求，是社会主义核心价值观的生动展示、形象表达和具体阐释。中央电视台十多年的"感动中国"栏目中的平凡人物，虽然身份不同，阅历各异，但他们的

---

① 刘云山：《着力培育和践行社会主义核心价值观》，《求是》2014年第2期。

故事震撼人心。在他们身上，人们实实在在地感受到了一种理想、一种信念、一种精神、一种力量；他们以自己的实际行动从不同角度诠释了社会主义核心价值观的真谛。

核心价值观的宣传教育要找准人们思想价值的契合点、道德情感的共鸣点。宣传优秀人物、弘扬最美精神，以身边事教育身边人，以小故事诠释大道理，使核心价值观成为人们心灵的罗盘、情感的寄托。只有把握每个人心底蕴藏的善良道德意愿、道德情感，契合人们心灵深处对精神信仰的渴求，才能以寄寓国家理想、凝结社会期待、诉说共同愿望的核心价值观，激发广泛的社会共鸣，人们才找到培育社会主义核心价值观内化于心、外化于行的最深厚的土壤。

（四）推动实践养成促优化

践行核心价值观，关键是使全体国民以社会主义核心价值观提升个人的价值观，并自觉转化为道德实践。在道德实践中，个体自发的善行美德逐步提升为自觉的善行美德，越来越多个体的善行美德不断积累和发展成为群体的道德实践，个体的善行美德在群体道德实践中找到认同和归宿，形成个人道德行为与社会发展的良性互动，从而强化和深化社会主义核心价值观的心理体验。

"核心价值观的生命力在于实践，在于每一个社会成员自觉行动。参与面越广，践行核心价值观的社会基础就越深厚。"[1] 践行核心价值观，是全党全社会的共同责任，党员领导干部是特殊重要的道德实践群体。一名形象好的党员干部，就是公开树起的一面旗帜。尤其是党员干部廉政自律影响极大，时常产生"互动"和"共振"。所以，党员干部精神面貌和德行状况是全社会的风向标。正因为如此，胡锦涛同志在庆祝中国共产党成立90周年大会上的讲话指出："要坚持把干部的德放在首要位置，选拔任用那些政治坚定、有真才实学、实绩突出、群众公认的干部，形成以德修身、以德服众、以德领才、以德润才、德才兼备的用人导向。"党员干部的引领带动作用要求以他们更高的标准、更严的要求，自觉践行核心价值观，坚守道德高地，勇做德高望重之官，不做声色犬马之徒；勇做德才兼备之官，不做不学无术之徒；勇做厚德载物之官，不做不义逐利之徒。

---

[1] 刘云山：《着力践行和培育社会主义核心价值观》，《求是》2014年第2期。

(五) 根植日常生活促细化

"价值共识危机根源于社会的高度分化，根源于进行物质生产的'系统世界'和进行文化再生产的'生活世界'的分离。"[①] 践行核心价值观，不仅关乎意识形态，而且关乎制度建设；不仅有务虚性质，更是一项务实工程；不仅指导国家治理体系现代化，更要根植于青少年和基层公民日常生活之中，在细化上下功夫。

青少年是国家的未来，践行核心价值观必须从小抓起，从学校抓起。目前青年面临的选择很多，关键是以正确的世界观、人生观、价值观来指导自己的选择，正确的道德认知、自觉的道德养成、积极的道德实践紧密结合起来自学践行核心价值观，带头倡导社会良好风气，主动把个人梦想融入到中国梦之中，把追求个人幸福带入到追求人民幸福之中，把成就个人事业精忠报国、奉献国家发展之中，从自身做起，从现在做起，从点滴做起，让核心价值观成为青春远航的动力，使自己成为祖国建设的有用之才、栋梁之材，为实现中国梦增添强大青春正能量。

践行核心价值观是先进性和广泛性的有机统一。我们开展各种群众性精神文明创建活动，无论是学习雷锋、志愿服务还是其他群众性精神文明创建，或者是公益广告、慈善活动等，都必须联系实际、区分层次和对象，真正以人为本，贴近群众，贴近实际，贴近生活，以群众喜闻乐见的形式践行核心价值观，才能对象化、接地气，实现内容和形式有机结合，引起人们的思想共鸣，让人们便于参与、乐于参与。

当今社会发展变化对道德实践新课题道德实践细化，如道德滑坡、信仰缺失、商业欺诈、见危不救、腐败堕落等，这就要求以核心价值观建设为重点，加强政务诚信、商务诚信、社会诚信和司法公信建设，开展道德领域突出问题专项治理，完善企业和个人信用记录，健全覆盖全社会的征信系统，加大对失信行为的约束和惩戒力度。加强社会公德、职业道德、家庭美德、个人品德教育，形成修身律己、崇德向善、礼让宽容的道德风尚。

（作者单位：中共中央党校办公厅）

[①] 王虎学：《多元社会的价值重建》，《北京师范大学学报》（社会科学版）2011年第5期。

改革创新是实现中国梦的精神动力

宋善文

建设中国特色社会主义伟大事业、实现中国梦，必须有崇高的精神力量来支撑。习近平同志指出："一个没有精神力量的民族难以自立自强"①，"实现中国梦必须弘扬中国精神。"② 时代精神是中国精神的重要内容。改革创新是我们的时代精神，是实现中国梦的精神动力。

一　改革创新精神的内涵

改革是社会主义的题中之意。恩格斯说："我认为，所谓'社会主义'不是一种一成不变的东西，而应当和任何其他社会制度一样，把它看作是经常变化和改革的社会。"③ 改革，是为了解决生产关系不适合生产力、上层建筑不适合经济基础的状况，对生产关系和上层建筑进行的渐进式改造与革新。"改革是社会主义制度的自我完善，在一定的范围内也发生了某种程度的革命性变革。"④ 这种"革命性变革"过程就是一个创新的过程。创新，就是突破旧思维，变革旧事物，创造出新事物的过程。"整个人类历史，就是一个不断创新、不断进步的过程。没有创新，就没有人类的进步，就没有人类的未来。"⑤ 改革与创新相互联系，互为前提。改革中有创新，创新中有改革。没有改革就没有创新，改革本质上是一种创新；没有创新也没有改革，创新推动改革。改革与创新连在一起，表征着一种强烈

---

① 习近平：《同全国劳动模范代表座谈时的讲话》，《人民日报》2013 年 4 月 29 日。
② 习近平：《在十二届全国人大一次会议闭幕会上的讲话》，《人民日报》2013 年 3 月 18 日。
③ 《马克思恩格斯选集》第 4 卷，人民出版社 1995 年版，第 693 页。
④ 《邓小平文选》第 3 卷，人民出版社 1993 年版，第 142 页。
⑤ 江泽民：《论科学技术》，中央文献出版社 2001 年版，第 148 页。

的变革、进取意识，汇聚成改革创新精神。改革创新精神就是一种不甘落后、敢为人先的精神；不畏艰险、敢闯敢冒的精神；不怕困难、敢于碰硬的精神；及时总结、敢于纠错的精神；解放思想、实事求是的精神。

改革创新精神一直是推动中国特色社会主义事业向前发展的强大精神力量。社会主义要赢得与资本主义的比较优势，创造出更高水平的生产力，就更应该发扬改革创新精神。改革一开始，邓小平同志就多次强调弘扬改革创新精神的重要性，"没有一点闯的精神，没有一点'冒'的精神，没有一股气呀、劲呀，就走不出一条好路，走不出一条新路，就干不出新的事业"[①]。后来，江泽民、胡锦涛同志也都强调了弘扬改革创新精神的极端重要性。可以说，中国特色社会主义就是在弘扬改革创新精神中逐渐形成和发展起来的，没有改革创新精神，就没有中国特色社会主义。

二 只有弘扬改革创新精神，才能防止精神懈怠危险，提升和振奋实现中国梦的决心和信心

时代发展需要我们高扬改革创新精神。行百里者半九十。经过30多年的改革开放，我国经济总量已经位居世界第二，人民生活更加宽裕，并向全面建成小康社会迈进，离"中国梦"的实现越来越近。越是离目标近，越要防止精神懈怠。

历史上，因为事业取得重大进步而骄傲自满、精神懈怠，导致失败的事例不胜枚举。在我们党的历史上，凡是取得重大成就的时候，我们党都注重教育党员干部要防止精神懈怠的危险。

新中国成立前夕，毛泽东同志就教育全党要防止精神懈怠的问题。1949年3月5日，在中共七届二中全会上，毛泽东就指出："夺取全国胜利，这只是万里长征走完了第一步。如果这一步也值得骄傲，那是比较渺小的，更值得骄傲的还在后头……"[②] 并提出了"两个务必"教育全党，即"务必使同志们继续地保持谦虚、谨慎、不骄不躁的作风，务必使同志们继续地保持艰苦奋斗的作风"。世纪之交，当我国人民生活总体上达到小康水平的时候，江泽民同志在2000年2月视察广东时，提出要"致富思源、富而思进"。"富而思进"就是针对当时出现"小富即安"这种精

[①] 《邓小平文选》第3卷，人民出版社1993年版，第372页。
[②] 《毛泽东选集》第4卷，人民出版社1991年版，第1438页。

神懈怠而提出的。为了防止精神懈怠问题，全党开展了"双思"教育活动，大大提振了全社会建设小康社会的信心和决心。在建党90周年报告和十八大报告中，胡锦涛同志两次提出，我们党面临的第一大危险就是精神懈怠的危险。十八大以来，习近平同志多次强调，"创新是民族进步的灵魂，是一个国家兴旺发达的不竭源泉，也是中华民族最深沉的民族禀赋"。①

梦想不能自动成真。实现中国梦要求人们摒弃不思进取、安于现状的陋习。当前，世界各国综合国力的竞争日益激烈，国内改革发展进入攻坚阶段，习近平同志说："面对浩浩荡荡的时代潮流，面对人民群众过上更好生活的殷切期待，我们不能有丝毫自满，不能有丝毫懈怠。"② 在进行具有新的历史特点的伟大斗争中，我们只有发扬改革创新精神，才能战胜精神懈怠的危险，才能朝气蓬勃迈向未来；只有始终弘扬改革创新精神，"始终把改革创新精神贯彻到治国理政各个环节"，才能"不断推进理论创新、制度创新、科技创新、文化创新以及其他各个方面创新"，③ 才能为实现中国梦注入新能量、新活力。

三 只有弘扬改革创新精神，才能进一步深化改革、扩大开放，推进实现中国梦的进程

世界上没有一帆风顺的事业。改革的路上也会遇到各种困难、风险和挑战。只有弘扬改革创新精神，才能克服前进道路上的困难，成功应对各种风险和挑战。当年，邓小平同志就是凭着"杀出一条血路"的精神和气概，打开改革开放的新局面，成功开辟了一条中国特色社会主义道路。

过云克服改革中的困难靠发扬改革创新精神，今后解决改革中的问题同样需要发扬改革创新精神。当前我国社会中的许多矛盾和问题，不管是新问题、老问题，还是以新形式出现的老问题，都是改革开放中的问题。只有弘扬改革创新精神，才能不断解决改革开放中的各种矛盾，才能与时俱进把改革开放推向前进，才能做到"改革不停顿，开放不止步"。没有改革开放，就没有中国的今天，也就没有中国的明天。中国特色社会主义

---

① 习近平：《同各界优秀青年代表座谈时的讲话》，《人民日报》2013年5月5日。
② 习近平：《在十二届全国人大一次会议闭幕会上的讲话》，《人民日报》2013年3月18日。
③ 《江泽民论有中国特色社会主义（专题摘编）》，中央文献出版社2002年版，第631页。

的形成和坚持过程，就是改革创新精神的形成和坚持过程；中国特色社会主义的发展和完善过程，也必将是改革创新精神的丰富和发展过程。

全面深化改革需要弘扬改革创新精神。当前改革进入"深水区"，深化改革、扩大开放，不仅有思想的障碍，更有利益的羁绊，不仅有思想的"禁区"，更有利益的"雷区"。这就需要有改革创新的精神，只有弘扬改革创新精神，才能加快全面深化改革的进程。习近平同志指出："改革创新始终是鞭策我们在改革开放中与时俱进的精神力量。"[①]"开弓没有回头箭。"现在，全面深化改革的弓箭已经拉开，我们只有发扬改革创新精神，才能战胜千难万险、勇往直前，做到蹄急而步稳，才能加快推进实现中国梦历史进程。

四 只有弘扬改革创新精神，才能建设创新型国家、创新型政党，创造实现中国梦的条件和保障

弘扬改革创新精神是建设创新型国家的迫切需要。2006年的全国科学技术大会我国就宣布要在2020年建成创新型国家。创新型国家，就是把增强自主创新能力作为国家战略，贯穿到现代化建设各个方面，培养高水平创新人才，形成有利于自主创新的体制机制，大力推进理论创新、制度创新、科技创新；就是把增强自主创新能力作为发展科学技术的战略基点，走出中国特色自主创新道路，推动科学技术的跨越式发展；就是把增强自主创新能力作为调整产业结构、转变发展方式的中心环节，建设资源节约型、环境友好型社会，推动国民经济又好又快发展。没有改革创新精神，建成创新型国家是不可想象的。

创新型国家要求建设创新型政党。中国共产党是中国特色社会主义事业的领导核心，建设创新型国家，要有党的领导作坚强的保障。江泽民同志曾经指出："全党同志必须统一认识，必须在建设中国特色社会主义的伟大事业中坚持创新、创新、再创新。"[②] 党的十八大提出建设学习型、服务型、创新型政党就是适应这一历史需要而提出来的。针对新形势，习近

[①] 习近平：《在十二届全国人大一次会议闭幕会上的讲话》，《人民日报》2013年3月18日。

[②] 《江泽民论有中国特色社会主义（专题摘编）》，中央文献出版社2002年版，第631页。

平同志指出：要"增强自我净化、自我完善、自我革新、自我提高能力"。① 增强这四种能力的过程，就是提高我们党创新能力的过程。

"生活从不眷顾因循守旧、满足现状者，从不等待不思进取、坐享其成者，而是将更多机遇留给善于和勇于创新的人们。"② 只有大力弘扬改革创新精神，才能解放思想，才能把自主创新能力的培养提升到更高层面上来，才能为党、国家和民族注入源源不断的精神动力。只有在全社会倡导改革创新精神，营造浓厚的改革创新氛围，才能使全社会共同致力于建设创新型国家、创新型政党，从而为实现中国梦创造条件和保障。

五 只有弘扬改革创新精神，才能践行党的思想路线，为实现中国梦提供精神动力

改革创新精神与党的思想路线既一脉相承，又与时俱进。改革创新，既是对解放思想、实事求是、与时俱进、求真务实的继承，又是在新的历史条件下对它们的发展。实事求是，就是要从客观存在的事物中研究出事物的内部联系，即规律性。由于客观事物是不断变化发展的，所以，"求是"的过程就是不断改革、不断创新的过程。解放思想，就是在马克思主义的指导下打破习惯势力和主观偏见的束缚，研究新情况解决新问题。这里强调的"打破"就是要改革，而"研究新情况，解决新问题"就是创新。与时俱进，就是要体现时代性，把握规律性，富于创造性，这三个方面都需要改革创新精神贯穿其中，都要求发扬改革创新精神。求真务实，不仅要掌握规律，追求真理，更要求真抓实干。没有改革创新精神，既不能"求真"，也不能"务实"。只有改革创新，才能做到求真务实。所以，改革创新精神本质上和党的思想路线是一致的，是新时期贯彻党的思想路线的内在要求。

改革创新是时代的强音。据统计，十八大报告全文共出现"改革"一词84次，"创新"一词57次。报告号召"全党一定要勇于实践、勇于变革、勇于创新"③，"把全社会智慧和力量凝聚到创新发展上来"。十八届

---

① 习近平：《在纪念毛泽东同志诞辰120周年座谈会上的讲话》，《人民日报》2013年12月27日。
② 习近平：《同各界优秀青年代表座谈时的讲话》，《人民日报》2013年5月5日。
③ 胡锦涛：《坚定不移沿着中国特色社会主义道路前进 为全面建成小康社会而奋斗》，人民出版社2012年版，第9页。

三中全会通过的《中共中央关于全面深化改革若干重大问题的决定》,更是新时期改革创新的宣言书,吹响了新时期改革开放的号角。强调"实践发展永无止境,解放思想永无止境,改革开放永无止境"。[①] 习近平同志多次强调改革创新精神。2013年5月4日,在同各界优秀青年代表座谈时,他指出:"要有逢山开路、遇河架桥的意志,为了创新创造而百折不挠、勇往直前。"[②] 2013年11月,习近平同志在湖南考察指出:"我国经济发展要突破瓶颈、解决深层次矛盾和问题,根本出路在于创新。"[③]

新时期最鲜明的特点是改革开放,新时期最显著的精神状态是改革创新。30多年改革开放的一条重要经验就是弘扬改革创新精神。30多年前的改革开放就是靠改革创新精神启动,今天,我们推进新一轮改革,同样需要发挥改革创新精神。实践证明,什么时候大力弘扬改革创新精神,什么时候改革开放的步伐就快;什么时候"像小脚女人一样",什么时候改革开放就"迈不开步子"。只有发扬改革创新精神,"逢山开路,遇河架桥",把改革创新精神贯彻到改革开放全过程、各环节,才能为新时期的改革开放提供思想指导,才能为实现中国梦提供精神动力。

(作者单位:广东外语外贸大学思想政治理论学院)

[①] 《中共中央关于全面深化改革若干重大问题的决定》,《人民日报》2013年11月15日。
[②] 习近平:《同各界优秀青年代表座谈时的讲话》,《人民日报》2013年5月5日。
[③] 习近平:《在湖南考察时的讲话》,《人民日报》2013年11月6日。

关于中国梦的理论框架与逻辑解构

汪玉奇

在全国上下学习贯彻党的十八大精神的热潮中，习近平总书记庄严提出，实现中华民族伟大复兴，是中华民族近代以来最伟大的梦想，并极富新意地把这个梦想概括为中国梦。在他的多次讲话中，从理论框架与逻辑解构两个方面，对这一梦想予以完整的阐述。从而，使中国梦上升到理论形态，成为当代中国的主旋律在神州大地上激荡，指引着13亿中国人民前进的方向。本文拟就此发表若干学习体会。

一　根本路径与基本要求

中国梦诞生于中华民族近代以来最屈辱最黑暗的岁月。民族复兴这一特别使命特别追求，产生于中华民族特别的历史经历。中华民族上下五千年，曾一次次走在世界发展的前列，为人类文明做出巨大的贡献。但是，近代以来，中华民族落后了，挨打了，一部近代史浸透了丧权辱国的血泪。在奇天大耻中，不屈不挠的中国人民奋起抗争，掀起救亡图存一浪高过一浪的洪涛巨波。在这一历程中，中华民族孕育并形成了以民族复兴为主要内容的中国梦。辛亥革命喊出的"振兴中华"的口号，是中国梦第一次完整而又公开的表达。

百年来，我们一代又一代艰辛地探索实现中国梦的路径。既有山穷水复的困惑，更有柳暗花明的醒悟；既有扼腕长叹的遗憾，更有凯歌行进的历程。习近平总书记提出，实现中国梦，必须坚持中国道路，弘扬中国精神，凝聚中国力量。这一论述，是对百年探索的高度概括与科学总结，标志着中国共产党人把这一问题的认识提高到一个崭新的高度。

实现中国梦必须坚持中国道路，也就是中国特色社会主义道路。正如党的十八大报告所指出，道路问题关系党的命脉，关乎国家的前途、人民的命运。实现中国梦，究竟应当走什么路？中华民族在改革开放的伟大历程中，终于走出中国特色社会主义道路。实践证明，只有走这条道路才能实现中华民族的伟大复兴。因为这条道路在社会主义实践中显示出强大的生命力，在这条道路上中华民族取得了举世瞩目的发展成就，在这条道路上中国人民看到了无比美好的发展前景。党的十八大果断否定了走另外两条路的选择。一条是封闭僵化的老路，一条是改旗易帜的邪路。封闭僵化的老路是计划经济之路，是以阶级斗争为纲之路。在这条路上，苏联亡党亡国了，东欧一大批社会主义国家失败了。实践证明，这条路是一条绝路，正如邓小平所说，社会主义国家不改革，只能是死路一条。还有一条是改旗易帜的邪路，其有两种主张，一是要改掉共产党领导的旗帜，主张走西方社会民主主义道路；另一是要改掉改革开放的旗帜，主张倒退到封闭僵化的老路上去。这条邪路，不管是哪一种主张，都不能把中华民族引向伟大复兴。对老路邪路的否定，饱含着国际共产主义运动惨痛的教训，饱含着我们党在社会主义实践中所形成的科学认识。走中国特色社会主义道路，是实现中国梦唯一正确的选择。

实现中国梦必须弘扬中国精神。习近平总书记将中国精神集中概括为以爱国主义为核心的民族精神和以改革创新为核心的时代精神。实现中华民族伟大复兴，是一项无比艰巨的宏伟事业。尽管我们已经取得伟大的成就，国家面貌已经发生一系列历史性变化，但我国仍然处在并将长期处在社会主义初级阶段的基本国情没有变，仍然是世界上最大的发展中国家的国际地位没有变，实现"两个一百年"宏伟目标，任重道远，需要全民族为之奋斗。只有深深地热爱着我们的祖国，只有深深地牵挂着我们民族命运的人，才能够自觉地为中国梦的实现而奉献自己的力量。同样，在中国这样一个13亿人口的大国，实现现代化，实现民族伟大复兴，整个国际社会没有现成的经验和现成的答案，我们必须要有强烈的改革创新精神，在实践中探求发展新路径，破解发展新问题，把民族复兴的伟大事业不断推向前进。所以，没有以爱国主义为核心的民族精神，我们就不可能紧密地团结起来为实现中国梦而奋斗；没有以改革创新为核心的时代精神，我们就没有办法扫平前进道路上的障碍，铺平走向美好前景的道路。弘扬中国精神是实现中国梦最重要、最基本的精神动力与思想保证。

实现中国梦必须凝聚中国力量。这就是13亿中国人民必须团结起来，实干兴邦，用自己的辛勤劳动创造自己的幸福。曾几何时，世界的大国崛起几乎全部伴随着对外掠夺侵占的历史。而今天中国实现大国复兴，是一个特例。其主张和平发展，自然必须摒弃侵略，拒绝掠夺。因此，中国的现代化必须依赖于全国各民族人民的辛勤劳动和艰苦奋斗。当前，我国正处于社会转型期，社会阶层多样化，再加之社会利益结构正在深刻调整，各种社会矛盾多发高发。按照国际经验的提示，期间有众多的"中等收入陷阱"需要跨越。在此背景下，强调凝聚力量有着特别的针对性。我们必须把每个人的力量凝聚起来，把每个阶层的力量凝聚起来，汇聚成不可战胜的磅礴力量，进而把复兴的梦想转变为辉煌的现实。

习近平总书记用"道路、精神、力量"讲清楚了实现中国梦的根本路径，又用"必须"讲清楚了实现中国梦的基本要求，作为中国梦一个重要论述，内涵十分丰富而又深刻。

二 历史渊源与现实基础

习近平总书记在讲到中国特色社会主义道路时指出："这条道路来之不易，它是在改革开放30多年的伟大实践中走出来的，是在中华人民共和国成立60多年的持续探索中走出来的，是在对近代以来170多年中华民族发展历程的深刻总结中走出来的，是在对中华民族5000多年悠久文明的传承中走出来的，具有深厚的历史渊源和广泛的现实基础。"习近平总书记在这里，使用了4个时间概念：30多年、60多年、170多年和上下五千年，使我们强烈感受到这条道路深深地植根于中国实践、植根于中国历史、植根于中国人心的强大生命力。

第一，这条路是在改革开放30多年的伟大实践中走出来的。1978年年底，党的十一届三中全会开辟了改革开放与社会主义现代化建设新的历史时期。30多年来，我们果断地从传统计划经济体制转向社会主义市场经济体制，果断地抛弃以阶级斗争为纲的错误方针转向以经济建设为中心，勇敢地破除了对马克思主义教条式的迷信与理解，不断推动马克思主义中国化，不断把人民群众在改革开放实践中创造的新鲜经验概括并上升为理论。在这一进程中，国家面貌发生了一系列历史性变化，形成了一条马克思主义基本原理与中国国情和时代特征紧密结合的发展道路，中国共产党人自豪而又亲切地把这条路称为中国特色社会主义道路。

第二，这条路是在中华人民共和国成立的60多年中持续探索中走出来的。60多年来，从毛泽东到邓小平，到江泽民，再到胡锦涛，一代又一代的中国共产党人接力探索适合中国国情的社会主义建设道路。毛泽东发表于1956年的《论十大关系》，是一部具有划时代意义的经典著作。毛泽东以极大的理论勇气与实践勇气，对苏联经验提出怀疑，并提出探索适合中国国情的社会主义建设道路的历史任务。习近平总书记曾经要求我们要正确认识改革开放前和改革开放后两个历史时期的关系。这两个历史时期的一个重要连接点就是接力探索的关系。毛泽东渴望走出一条适合中国国情的社会主义建设道路，并在实践中进行了艰苦的探索。虽然毛泽东的探索，特别是在晚年时期在一些重大问题上走进了误区，但许多探索的果实是十分宝贵的，为改革开放提供了重要的理论准备与物质基础。邓小平是中国特色社会主义的开创者，启动并实现了社会主义建设理论与实践一系列重大的突破，第一次比较系统地、科学地回答了在中国这样一个东方大国什么是社会主义、怎样建设社会主义这一根本问题，完成了马克思主义基本原理与中国实际相结合第二次历史性飞跃。全党同志和全国各族人民满怀敬意，用邓小平的名字命名这一理论。以江泽民为核心的党的第三代中央领导集体在接力探索中，成功把中国特色社会主义推向21世纪。新世纪新阶段，以胡锦涛为总书记的党中央接力探索，又成功创造出在新的历史起点上坚持与发展中国特色社会主义的新业绩。在60多年波澜壮阔的接力探索中，中国特色社会主义道路应运而生，越走越宽。

第三，这条路是在对近代170多年中华民族发展历程的深刻总结中走出来的。从第一次鸦片战争到现在的170多年，中华民族经历了丧权辱国的奇天大耻，经历了无数仁人志士对中国救亡图存道路的艰辛探索，经历了一次又一次为追求民族独立人民解放而展开的英勇抗争。风雨历程，直至"十月革命"一声炮响，给中国送来马克思主义，1921年中国共产党成立。在此前后，中国诞生了340多个政党。唯有中国共产党脱颖而出，在每一个历史关口，始终站在民族的前列，引领着时代的方向，为中国人民所信任所拥戴。中华民族追梦的过程因为有了中国共产党而掀开崭新的一页，从新民主主义革命，到社会主义革命，再到社会主义建设和改革开放，不断地接近梦想的目标。在这170多年的历史进程中，我们经过深刻的历史总结，得出了这样的结论：没有共产党就没有新中国；只有社会主义才能救中国、只有中国特色主义道路才能发展中国。

第四，这条路是在对中华民族五千多年的文明传承中走出来的。这一全新提法内涵极为丰富，充分表明中国特色社会主义与中华文明不可分割的历史联系。中国特色社会主义的"中国特色",不仅仅表现在发展道路、发展模式上,而且在文明形态上,要继承中华民族五千多年来所创造的所有文明精华,形成鲜明的民族风格、民族气派,与民族特色,使中国特色社会主义以中华民族灿烂的文明之光,屹立在世界民族之林。

四个"走出来",从历史渊源与现实基础两个方面,凸显中国特色社会主义道路的弥足珍贵,让我们坚持这条道路更加坚定、更加充满信心。

三 逻辑解构与条件设置

如果说中国梦有着特别的内涵,那么,实现中国梦的过程必然有着特别的逻辑。从抽象到具体,是逻辑解构的科学方法。尽管实现中国梦的过程是那么丰富多彩、波澜壮阔,但其逻辑的表述却可以精练而又朴素。习近平总书记指出:"生活在我们伟大祖国和伟大时代的中国人民,共同享有人生出彩的机会,共同享有梦想成真的机会,共同享有同祖国和时代一起成长与进步的机会,有梦想、有机会、有奋斗,一切美好的东西都可以创造出来。"这是对当代中国的热情歌颂,更是对民族复兴基本条件的深刻阐释。"有理想、有机会、有奋斗",是实现中华民族伟大复兴的基本条件,"三个有"之间的逻辑关系紧密而又深刻。

一是有梦想。这是指整个民族要有共同的理想。当今世界,有无数事实证明,民族凝聚力是一个国家的软实力,直接构成一个国家的综合实力。中国有13亿人口,整个民族要做同一个梦,不管是汉族还是少数民族,不管是工人阶级还是农民、知识分子,不管是生活在大陆的中国人还是广布在世界各地的炎黄子孙,都要满怀实现中华民族伟大复兴的中国梦。有了共同的梦想,才能有一致的追求、一致的行动,才能产生不可战胜的力量。有梦想,是实现中国梦的前提条件。

二是有机会。在习近平总书记的讲话中,对当今中国有一个精彩的概括和描述:"生活在我们伟大祖国和伟大时代的中国人民,共同享有人生出彩的机会,共同享有梦想成真的机会。"这段话,生动而又深刻地揭示出中国体制机制的变迁。在传统计划经济体制条件下,很难做到共同享有人生出彩的机会。几乎无所不在的计划管制,限制了生产要素的自由流动,限制了人们变换社会身份的可能性。在转向社会主义市场经济体制的过程中,人的解放与人的发展,发生了天翻地覆的变化。当亿万农村富余劳动力离开古老的土地,自由走向城市、走向非农产业就业的时候，当千百万青年大学生摆脱编制户籍指标的束缚，在劳动力市场自由选择职业的时候，当宪法对公私财产实行平等保护，支持全民创业的时候，我们深深感受到时代的伟大进步。共同享有人生出彩的机会，就是对这一进步的真实写照。当然，我们的体制机制还不能说已经尽善尽美，还有许多不尽如人意的地方，改革一刻也不能停顿。但是，我们的体制机制毕竟在改革开放中有了很大的改变、很大的进步。共同享有人生出彩的机会，已经开始成为普遍的事实。越来越多的梦想成真，使人们不断激发起做梦追梦圆梦的积极性，整个民族充满创造的活力。有机会，是实现中国梦的基础条件。

三是有奋斗。中国梦是民族的梦，也是每个中国人的梦。在实现中华民族伟大复兴的追求中，饱含着人民群众过上更好生活的殷切期待。这种交织着集体与个体意志的梦想，一方面需要每个个体的辛勤劳动，另一方面更需要全民族把13亿人的智慧与力量汇集起来，为实现共同理想而奋斗。有奋斗，是实现中国梦的必要条件。

这是一个迸发着不可战胜的力量的逻辑体系。有梦想讲的是集体共识，有机会讲的是体制保证，有奋斗讲的是知行合一。从这样的逻辑出发，实现中国梦的过程，必然是大力弘扬民族精神与时代精神，以爱国统一战线凝聚方方面面力量，在民族复兴问题上达成最大共识与全民意志的过程；必然是深化改革，扫平一切有碍民族复兴的体制机制障碍，赢取改革红利的过程；必然是愚公移山，辛勤劳动，为民族复兴发展生产力，创造美好生活的过程。一个深刻认识并积极实践这一逻辑体系的民族，必然能够把一切美好的东西创造出来，必然能够实现民族复兴的伟大梦想。

中国特色社会主义理论是一个开放的、不断发展的体系。中国梦就是在实现"两个一百年"的新实践中诞生的新命题。环顾当今世界，美国梦、欧洲梦、太平洋之梦，林林总总，代表着不同的意识形态与利益关系。中国梦这一命题提出的同时，也提出了研究阐发中国梦的理论任务。从某种意义上说，这也是一场大国角力。习近平总书记"四个必须"、"四个时间"、"三个有"的论述，讲清楚了中国梦与中国道路的内在关系，讲清楚了实现中国梦的基本条件与这些条件之间的逻辑联系，大大丰富了中国梦的理论内涵，使这一当代中国的主旋律具有更加强大的凝聚力、号召力和国际影响力。

参考文献

[1] 汪玉奇等:《中国梦:昨天 今天 明天》,社会科学文献出版社2013年版。
[2] 《中国共产党第十八次全国代表大会文件汇编》,人民出版社2012年版。
[3] 程美东:《建构"中国梦"的理论体系》,《光明日报》2013年4月23日。

(作者单位:江西省社会科学院)

知识分子与"为人民服务"探论[*]

雷家军

自1944年9月毛泽东在中央警备团追悼张思德的会上发表讲演以来,"为人民服务"已经成为中国化马克思主义的一个经典命题,马克思主义中国化的一个重要思想。"为人民服务"不仅具有深厚的政治内涵,而且具有丰富的文化蕴意,对于知识分子的文化选择、文化自觉、文化进步产生了深刻影响。在纪念《为人民服务》发表70周年之际,探讨知识分子与"为人民服务"之间的历史、理论和现实关联,有助于我们对社会主义核心价值观本质和渊源的认识,有助于我们对知识分子工作原则和方向的理解。

一 "为人民服务"命题形成与知识分子有特定的历史情缘

回望历史,我们会清晰地发现,在毛泽东发表《为人民服务》的讲演,系统地阐述"为人民服务"思想的前后,曾多次就知识分子和文化问题,提出和运用过"为人民服务"的命题及其相关概念,让我们真切感到,"为人民服务"命题的形成与知识分子确有许多特定的历史情缘。

(一)"为人民服务"命题产生与知识分子的特定历史情缘,有马克思主义的文化理论根基

作为指导无产阶级和广大劳动群众获得解放的理论,马克思主义与一切剥削阶级的思想最根本的区别就在于为少数压迫者服务,还是为绝大多数被压迫者服务。马克思、恩格斯在《共产党宣言》中旗帜鲜明地指出:"过去的一切运动都是少数人的或为少数人谋利益的运动。无产阶级的运

---

[*] 本文为浙江农林大学高等教育研究项目"高校基层党组织的文化自觉和文化自信问题研究"和浙江省哲学社会科学规划项目"中国近现代知识分子与革命文化研究"(11JCML05YB)的成果。

动是绝大多数人的、为绝大多是人谋利益的运动。"① 这就奠定和明确了无产阶级革命运动的思想理论根基和宗旨。在国际共产主义运动中，无产阶级革命领袖都对文化"替资本服务"还是"为无产阶级服务"问题有着深切的关注。对于经济文化不发达的国家，知识分子大多出身于有产阶级，在不同阶级的斗争中，他们的文化成果可以为不同阶级服务，因此，争取知识分子为无产阶级、为社会主义服务就是一个重大的问题。

1905年11月13日，列宁在《党的组织和党的出版物》一文中指出，无产阶级的写作"这将是自由的写作，因为把一批又一批新生力量吸引到写作队伍中来的，不是私利贪欲，也不是名誉地位，而是社会主义对劳动人民的同情。这将是自由的写作，因为他不是为饱食终日的贵妇人服务，不是为百无聊赖、胖得发愁的'一万个上层分子'服务，而是为千千万万劳动人民，为这些国家的精华、国家的力量、国家的未来服务。这将是自由的写作，它要用社会主义无产阶级的经验和生气勃勃的工作去丰富人类革命思想的最新成就，它要使过去的经验（从原始空想社会主义发展而成的科学社会主义）和现在的经验（工人同志们当前的斗争）之间经常发生相互作用。"② 十月革命胜利后，列宁也一直高度重视文化教育事业及其文化技术人员如何为苏维埃政权服务的问题，提出了一系列重要的思想。针对部分知识分子"事实上他们是为资产阶级服务，而不是为无产阶级服务"的情况，列宁提出，对于资产阶级专家，不仅要镇压他们的反抗，不仅要使他们'中立'，而且要强迫他们为无产阶级服务。列宁还提出：我们要运用全部国家机构，使学校、社会教育、实际训练都在共产党领导之下为无产者、为工人、为劳动农民服务。

1936年，在苏联刚刚宣布建成社会主义之时，斯大林就在《关于苏联宪法草案》的报告说：知识分子"现在，他们一定为人民服务，因为剥削阶级已经不存在了"。1938年9月，在斯大林主编的《联共（布）党史简明教程》中写道："苏联知识分子也发生了变化。苏联知识分子就其大多数来说，已经是崭新的知识分子。他们大多数是工农出身。他们不像旧知识分子那样为资本主义服务，而是为社会主义服务。知识分子已经成为社

---

① 《马克思恩格斯文集》第2卷，人民出版社2009年版，第42页。
② 中共中央马克思恩格斯列宁斯大林著作编译局编：《列宁专题文集·论无产阶级政党》，人民出版社2009年版，第170页。

会主义社会的平等的一员。这些知识分子同工人农民一起建设着社会主义新社会。这是为人民服务的、摆脱了一切剥削的新型知识分子。"① 1939年，斯大林在联共（布）十八大报告中说：新的苏维埃的知识分子，"他们和人民有密切联系，其中大多数人都决心全心全意为人民服务"。马克思主义的思想发展和世界社会主义运动的历史都表明，"为人民服务"命题的产生与知识分子的特定情缘，有着马克思主义的理论根基和历史根基，有着国际共产主义运动的历史基础和经验基础。

（二）"为人民服务"命题形成与知识分子的多种历史情缘，有当时毛泽东的历史国情思考

在世界无产阶级革命家中，毛泽东是一位对文化有深入研究和深厚感情，对文化人有长期关注和长久思考的领袖。毛泽东开始使用"为人民服务"的命题，是与他对文化和文化人的分析相伴而行的。1939年2月20日，毛泽东在给张闻天的信中，对陈伯达《孔子的哲学思想》一文提出自己的意见："关于孔子的道德论，应给以唯物论的观察，加以更多的批判，以便与国民党的道德观（国民党在这方面最喜引孔子）有原则的区别。例如'知仁勇'，孔子的知（理论）既是不根于客观事实的，是独断的、观念论的，则其见这仁勇（实践），也必是仁于统治阶级而不仁于大众的；用于压迫人民，勇于守卫封建制度，而不勇于为人民服务的。"② 这是毛泽东首次提出"为人民服务"的命题，恰恰就是在与党内知识分子讨论古代的一位"大知识分子"的文化道德观问题。

1939年12月1日，毛泽东在为中央写的《大量吸收知识分子》的决定中，谈及不敢放手吸收知识分子入党的不正确做法时，认为这是"不懂得殖民地半殖民地国家的知识分子和资本主义国家的知识分子的区别，不懂得为地主阶级服务的知识分子和为工农服务的知识分子的区别"。并提出："只要是愿意抗日的比较忠实的比较能吃苦耐劳的知识分子，都应该多方吸收，加以教育，使他们在战争中在工作中去磨炼，使他们为军队、为政府、为群众服务，并按照具体情况将具备了入党条件的一部分知识分子吸收入党。"③这是毛泽东"为人民服务"思想的最初表述，直接关涉的就是知识分子问

---

① 斯大林主编：《联共（布）党史简明教程》，人民出版社1975年版，第378—379页。
② 中共中央文献研究室编：《毛泽东文集》第2卷，人民出版社1993年版，第163页。
③ 《毛泽东选集》第2卷，人民出版社1991年版，第618、619页。

题。1940年1月,毛泽东在《新民主主义论》中提出,新民主主义文化是民主的科学的大众的文化,它应为全民族百分之九十以上的工农劳苦民众服务,并逐步成为他们的文化。1942年5月,毛泽东《在延安文艺座谈会上的讲话》(以下简称《讲话》)中,明确提出了文艺应该为人民服务的思想,指出:"对于过去时代的文艺形式,我们也并不拒绝利用,但这些旧形式到了我们手里,给了改造,加进了新内容,也就变为革命的为人民服务的东西了。"① 在《讲话》中,毛泽东已经把"为人民服务"提到了马克思主义世界观、人生观、历史观的高度,赋予了新的科学内涵。到1944年9月8日,毛泽东在中央警卫团追悼张思德的会上发表《为人民服务》("为人民服务"的标题是在编入《毛泽东选集》时加上的)的演讲,系统阐释为人民服务的内涵时,已经有了在文化和知识分子方面的思想积淀。

此后,毛泽东又连续多次将文化和知识分子问题与"为人民服务"联系起来。1944年10月4日,毛泽东到清凉山中央印刷厂礼堂看望《解放日报》及新华社全体工作人员时,勉励大家"要全心全意为人民,把《解放日报》和新华社办好"。1944年10月30日,毛泽东在陕甘宁边区文教大会上发表的《文化工作中的统一战线》的讲话中说:"我们的文化是人民的文化,文化工作者必须有为人民服务的高度的热忱,必须联系群众,而不要脱离群众。"1944年11月15日,毛泽东在为邹韬奋先生逝世写的挽词是:"仁爱人民,真诚地为人民服务,鞠躬尽瘁,死而后已,这就是邹韬奋先生的精神,这就是他之所以感动人的地方。"1944年冬,毛泽东为党内刊物《书报简讯》题词:"书报简讯办得很好,希望继续努力,为党即是为人民服务。"1945年9月20日,毛泽东为《大公报》报馆职工题写了"为人民服务"。1949年11月27日,毛泽东又为中央军委工程学校题写了"全心全意为人民服务"。1965年9月15日,毛泽东为庆祝人民广播事业创建20周年题词:"为全中国人民和全世界人民服务。"在毛泽东就文化和知识分子的多次演讲和题词的过程中,"为人民服务"的命题表达和阐发得越来越丰富,"为人民服务"的要求与知识分子也越来越紧密。

(三)"为人民服务"命题深化与知识分子的深厚历史情缘,有中国特色社会主义的发展需要

在"为人民服务"的命题成为中国共产党和人民军队的根本宗旨,成

---

① 《毛泽东选集》第3卷,人民出版社1991年版,第855页。

为社会主义中国亮丽文化品牌的历史基础上,进入新时期,面对中国特色社会主义理论和实践发展的需要,"为人民服务"的命题又与知识分子有了许多新的历史情缘。

作为改革开放的总设计师,邓小平一直高度重视文化和知识分子的"为人民服务"问题。1977年,邓小平在全国教育工作会议上的讲话中,1978年邓小平在全国科学大会上的讲话中都强调,在社会主义社会里,工人阶级自己培养的脑力劳动者,与历史上剥削社会的知识分子不同了,为社会主义服务的脑力劳动者是劳动人民的一部分,但知识分子需要解决坚持工人阶级立场的问题。1979年,邓小平在第四届文代会上的讲话中指出:"我们要坚持毛泽东同志提出的文艺为最广大人民群众、首先为工农兵服务的方向。""对人民负责的文艺工作者,要始终不渝地面向广大群众,在艺术上精益求精,力戒粗制滥造,认真严肃地考虑自己作品的社会效果,力求把最好的精神食粮贡献给人民。""人民是文艺工作者的母亲。一切进步文艺工作者的艺术生命,就在于他们同人民的血肉联系。忘记、忽视或是割断这种联系,艺术生命就会枯竭。"① 1980年邓小平在《目前的形势和任务》的讲话,依旧站在国家发展全局的高度说,革命的文艺工作者不能不考虑人民的利益、国家的利益、党的利益。

新时期党的有关精神文明和道德建设的决议和要求,也同样将知识分子的"为人民服务"问题作为重要内容。1986年9月,党的十二届六中全会通过的《中共中央关于社会主义精神文明建设指导方针的决议》提出:"教育科学文化工作者在精神文明建设中担负着光荣艰巨的使命,应当认识时代和人民的要求,努力提高自己的思想道德素质和业务素质。"1996年10月,党的十四届六中全会通过的《中共中央关于加强社会主义精神文明建设若干问题的决议》指出:"社会主义道德建设要以为人民服务为核心","为人民服务是社会主义道德的集中体现"。2001年9月,中共中央印发的《公民道德建设实施纲要》进一步明确:"为人民服务作为公民道德建设的核心,是社会主义道德区别和优越于其他社会形态道德的显著标志。它不仅是对共产党员和领导干部的要求,也是对广大群众的要求。"这就将"为人民服务"的要求扩展到包括知识分子在内的全体群众。

新时期,在党的历次代表大会报告中,同样一以贯之地重申知识分子

---

① 《邓小平文选》第2卷,人民出版社1994年版,第210—211页。

"为人民服务"问题。党的十二大报告表示:"决心尽可能地创造条件,使广大知识分子能够心情舒畅、精神振奋地为人民贡献自己的力量。"党的十五大报告强调:"深入持久地开展以为人民服务为核心、集体主义为原则的社会主义道德教育,加强民主法治教育和纪律教育,引导人们树立正确的世界观、人生观、价值观。"强调文化事业要"坚持为人民服务,为社会主义服务的方向"。党的十七大报告提出,广大文化工作者要更加自觉更加主动地推动文化大发展大繁荣,让人民共享文化发展成果。党的十八大报告,再次重申为人民服务的社会主义方向,强调"要坚持以人民为中心的创作导向,提高文化产品质量,为人民提供更好更多精神食粮"。追寻新时期中国改革发展和文化进步的足迹,对知识分子"为人民服务"的要求和期待,可谓越来越高,越来越丰富。可以说,"为人民服务"命题的形成确有很多文化的机缘,确有很深的文化情怀,也可以说,"为人民服务"命题形成确与知识分子有特定的历史情缘。

二 "为人民服务"思想内涵于知识分子有巨大的理论魅力

"为人民服务"既有政治方向和政治觉悟的根本内容,又有道德准则和道德境界的规定,还有思维方式和行为方式的蕴含,这些内涵从不同的角度,在不同的意义上指导和吸引着知识分子,使其成为革命知识分子、先进知识分子的依据,成为凝聚知识分子的巨大理论魅力所在。

(一)"为人民服务"的政治方向和政治觉悟使知识分子找到了民族复兴的正确道路

马克思主义认为,任何政党都是以一定的阶级为基础,在政治上代表本阶级的利益,并为本阶级的利益服务。因此,毛泽东《在延安文艺座谈会上的讲话》指出:"为什么人的问题,是一个根本的问题,原则的问题。"在《为人民服务》的演讲中,毛泽东开篇就讲"我们的共产党和共产党所领导的八路军、新四军,是革命的队伍,是为人民利益工作的"。毛泽东认为:"我们共产党人区别于其他任何政党的又一个显著标志,就是和广大的人民群众取得最密切的联系"和"全心全意为人民服务"。[①]一切从人民利益出发,一切向人民负责,是全心全意为人民服务的精髓。

---

① 毛泽东:《论联合政府》(1945年4月24日),《毛泽东选集》第3卷,人民出版社1991年版,第1094—1095页。

中国共产党、人民军队和人民政府的政治方向和根本宗旨就是为人民服务，党员、干部和国家工作人员的政治觉悟和政治情感就体现在为人民服务之中。

中国传统的知识分子，历来有为民造福、为民请命的责任感，尤其是子学时代的"元典知识分子"更是背负时代的使命，自视为民众的"精英"，强调士不可以不弘毅，任重而道远。① 经学时代的知识分子，虽然受制度化儒家的规制，修齐治平、忠君爱国的政治意识浓厚，但依旧具有百姓情感、爱民意识，这是中国传统知识分子的优秀品格。近代以来，面对国破家亡的境况，知识分子的现代转型是和探索救国救民的道路紧紧连在一起的。尤其是在五四运动和马克思主义传播的过程中，先进知识分子更是看到了无产阶级的革命精神和劳动群众的巨大力量。

当毛泽东旗帜鲜明地提出"为人民服务"的命题，中国共产党和人民军队忠诚地践行"为人民服务"的思想，革命根据地充溢"为人民服务"的精神，新中国形成"为人民服务"的氛围，一大批先进知识分子就在"为人民服务"政治方向的感召下，克服重重困难，冒着生命危险，奔赴解放区（据统计，延安时期的13年中，从全国各大中城市进入陕甘宁革命根据地的知识分子达到4万多人）；冲破重重阻力，舍弃优越生活条件，回到新中国的怀抱（据统计，仅新中国成立后的3年中，从世界各地回到新中国的知识分子达到4万多人）。这虽然是以爱国主义为核心的综合因素共同作用的结果，但"为人民服务"政治方向发挥了重要甚至关键作用。更重要的是，汇聚在党的旗帜下的广大知识分子，自觉地接受"为人民服务"的思想教育，积极改造自己的世界观，接受毛泽东倡导的，是否走与工农相结合的道路是检验革命青年和革命知识分子的根本标准，承认邓小平提出的，"世界观的重要表现就是为谁服务"。在"为人民服务"的政治思想引导和工作实践中，广大知识分子的政治觉悟有了根本改变。应该说，"为人民服务"，实现民族复兴，是连接党和知识分子的纽带，是推动知识分子大批走入党的队伍的重要动力。在全国现有的8000多万名党员中，大专以上学历的知识分子1.2亿人，党员知识分子3400多万人。②

---

① 雷家军：《知识分子与先进文化》，吉林人民出版社2004年版，第104—109页。
② 参见袁贵仁《高度重视知识分子工作》，《人民日报》2013年9月10日。

（二）"为人民服务"的道德准则和道德境界让知识分子获得了人格修养的根本途径

马克思主义认为，在私有制产生，阶级出现分化以后，人类的道德就是有阶级性的，在人类历史上，只有无产阶级能够形成代表绝大多数人利益的共产主义道德，在为绝大多数人谋求幸福解放的过程中不断提升共产主义道德境界。毛泽东在《为人民服务》的演讲中指出："为人民利益而死，就比泰山好重；替法西斯卖力，替剥削人民和压迫人民的人去死，就比鸿毛还轻。"又说："因为我们是为人民服务的，所以，我们如果有缺点，就不怕别人批评指出。不管是什么人，谁向我们指出都行。只要你说得对，我们就改正。"一个人的能力有大小，只要有全心全意为人民服务的精神，"就是一个高尚的人，一个纯粹的人，一个有道德的人，一个脱离了低级趣味的人，一个有益于人民的人"。[①] 在"为人民服务"的思想中，包含了明确的道德标准和修养途径，即以人民的利益为根本依据，既有在"服务"中的提升，也有在"改错"中的进步。

传统的中国知识分子注重道德人格修养，关注现实的世界是其突出的特点，但他们的道德标准，特别是封建时代的知识分子，却常常以统治阶级的需要为根本依据，以维护统治秩序和封建等级制度为标准，修养的途径主要是读经、崇圣、自省。当近代中国面临内忧外患，从封闭走向开放，从传统走向现代的过程中，越来越多的知识分子发现，这种道德准则和道德修养方式不能实现强国梦想。依靠有产者的"天下为公"，达不到"天下大同"，想建立有知识有道德的人主宰国家的"好人政府"，也落不到实处。离开最广大的劳动群众，仅仅依靠知识精英和政治精英的力量，战胜不了强大的敌人，改变不了民族的命运，也提升不了自己的道德境界。

当中国共产党提出"为人民服务"，强调在为无产阶级和广大劳动群众谋利益的过程中，锤炼自己的道德品行，将个人的道德行为与民众的命运，国家的前途紧紧连在一起，就开辟了知识分子道德修养的广阔前景和广大空间，找到了半殖民地半封建社会知识分子革命化现代化大众化的道德修养途径。无论在新民主主义革命、社会主义革命，还是在改革开放的

[①] 毛泽东：《纪念白求恩》（1939年12月21日），《毛泽东选集》第2卷，人民出版社1991年版，第660页。

新时期，中国的知识分子从来不排斥"为人民服务"的道德召唤，并将"为人民服务"作为思想信念基础，逐步坚定对马克思主义的信仰，坚定共产主义的崇高理想。尽管我们党曾经多次出现过"左"倾错误，在"群众"的名义下，"改造"知识分子的"灵魂"，造成许多伤害，但并没有动摇知识分子响应党的号召和"为人民服务"的道德信念。

（三）"为人民服务"的思维方式和行为方式给知识分子指出了成长进步的根本方向

马克思主义强调，有什么样的世界观，就会有什么样的方法论，人们把思考问题的立足点放在什么人那里，就会把解决问题的根本点放在什么人那里。无产阶级革命者认为，从来就没有什么救世主，要创造人类的幸福，全靠我们自己。毛泽东的"为人民服务"思想，在人民群众是历史创造者的基础上，将思想和行为的立足点都放在人民群众那里。

中国知识分子，有从民众中获得教益的传统，从《诗经》的形成，到《儒林外史》的创作，都有对民众文化的依赖、吸收和运用，但这却不能成为根本的占主导地位的思维方式和认识方法，更难于持久地落实到文化实践中。近代资产阶级的启蒙运动和文艺复兴中的知识分子，都曾标榜代表人民利益，并曾有一些感人的行动，1789年的法国资产者也曾宣称，资产阶级的解放就是全人类的解放。但这些进步的思想观点却不可能贯彻到资产阶级的全部行动上，在资产阶级夺取政权的过程中，也许会积极倡导，一旦获得政权，就会在政策和法律上虚化这些观念，而不能将人民性的思维方式和行为方式统一于实践中。谋求新思想，追求新生活的近现代中国知识分子，无疑会继承传统的"为公"和"民本"思维，吸收西方的"救赎"和"民主"行为，但在近代以来，中国先进知识分子的思想进步和实践探索中却发现，这些曾经很"先进"的思维方式和行为方式都不能"唤起工农千百万"，甚至连自身的发展权利也不能真正维护。

毛泽东"为人民服务"思想的价值就在于，面对"三座大山"的重压，人们思维的方式，首先是从人民群众中寻求力量源泉，在为人民服务中获得群众的拥护；行为的方式是走进人民群众之中，和人民群众建立最紧密的联系，形成鱼水深情，并在革命和建设的实践中将人民性的思维和行为统一起来。广大知识分子在长期的观察和思考中，看到了"为人民服务"思维的科学性、行为的先进性，看到了"为人民服务"带来民族的觉醒、群众的进步、政党的力量，他们不能不汇入"为人民服务"的时代潮流中，将个人的价值体现在"为人民服务"之中。自从"为人民服务"思想形成后，不论是封建贵族意识的浸染，还是资产阶级的个人主义侵袭，都没有无产阶级的"为人民服务"，对知识分子的影响更大且更具根本意义，因为这是现代知识分子发展的正确方向。五四以来，知识分子的思维方式不断革命化，行为方式不断大众化，这是与他们积极接受"为人民服务"的思想教育是密切相关的。

三 "为人民服务"精神传统对知识分子有重要的现实意义

坚持为了人民、依靠人民，诚心诚意为人民谋利益，从人民群众中汲取智慧和力量，始终保持同人民群众的血肉联系，这已经成为中国共产党、中国军队、中国政府和中国人民的核心道德观念和根本精神传统。"为人民服务"的传统，对于在中国社会生活中具有重要影响力的知识分子，仍具有重要的现实意义。

（一）坚持"为人民服务"是知识分子继承革命传统文化的重要体现

进入所谓"后革命时代"，国内外都出现了"告别革命"的思潮，历史虚无主义试图消解几代革命者的奋斗业绩。新中国成立后，毛泽东就反复告诫全党和全国人民，要有战争年代那么一股劲，那么一种革命精神，将革命进行到底。在改革的新时期，邓小平也高度重视革命传统教育，强调要让青年人了解近代以来中国人民不懈奋斗的历史，永远保持艰苦奋斗的革命精神。2011年10月18日，党十七届六中全会通过的《中共中央关于深化文化体制改革推动社会主义文化大发展大繁荣若干重大问题的决定》提出，要深入开展国情教育、革命传统教育，组织学习中国近现代史特别是党领导人民进行革命、建设、改革的历史，坚定广大干部群众对中国特色社会主义的信心和信念。中共中央办公厅印发的《关于培育和践行社会主义核心价值观的意见》再次强调："开展革命传统教育，加强对革命传统文化时代价值的阐发，发扬党领导人民在革命、建设、改革中形成的优良传统，弘扬民族精神和时代精神。"

作为工人阶级中掌握科学文化知识比较多的知识分子，如何继承革命传统文化，既是知识分子自身健康成长的问题，也是党和国家保持无产阶级本色和社会主义性质的重大问题。解决这一问题，虽然有着多种途径多种方法，但坚持"为人民服务"却有着特殊的现实意义。

坚持"为人民服务"，就能够坚守马克思主义信仰。在经济全球化、文化多元化、信仰多样化的社会背景下，知识分子如果坚持"为人民服务"的政治思想方向不动摇，就与马克思主义的阶级属性相一致，就与几代革命者牺牲奋斗的理想追求相一致，就能够经受得住各种复杂思想观念和理论思潮的冲荡，而不动摇先进知识分子为共产主义远大理想奋斗的信心和勇气。

坚持"为人民服务"，就能够保持不骄不躁、艰苦奋斗的优良革命作风。在中国改革取得巨大成就，物质生活发生根本变化的新世纪，知识分子的经济收入同改革初期相比，已经有了几十倍甚至上百倍的增长，知识分子的社会地位已经由资产阶级的"臭老九"，成为深受社会尊重的群体，社会声望不断提高。知识分子如果能够保持"为人民服务"的本色，就不会脱离实际、脱离群众，就可以继承革命知识分子走与工农相结合道路的传统，继承革命知识分子谦虚谨慎、吃苦耐劳、拜人民为师的作风。

坚持"为人民服务"，就能够保有高昂的革命精神和不断创新的革命热情。在生活越来越安适，生存的压力越来越小，信息越来越便捷，发展的途径越来越多的社会环境下，作为社会中坚阶层的知识分子，同样容易出现消极懈怠，缺乏斗志的精神状态。坚持"为人民服务"，心中装着广大的群众，承担人口大国文化发展的艰巨使命，就能够获得"革命人永远是年轻"的精神力量，就能够获得下定决心，不怕牺牲，排除万难，不断创新，去争取胜利的精神勇气。

（二）坚持"为人民服务"是知识分子抵制腐朽落后文化的有力武器

知识分子是文化的存在，但知识分子既可以站在进步阶级立场，运用进步的思想理论，维护和创造进步的文化成果，也可能站在剥削阶级立场，运用落后的思想理论，维护和创造腐朽的文化成果。对于知识分子来说，推动进步文化和抵制腐朽落后文化常常是一个问题的两个方面，知识分子的地位和作用主要也就表现在对这两方面问题的"立场"和"贡献"上。从根本的意义上说，每一个知识分子都希望能加速先进文化发展，问题的关键就在于依据什么，坚持什么才能让知识分子获得抵制腐朽落后文化的有力武器，从马克思主义中国化的思想理论看，坚持"为人民服务"就是最佳的选择。

坚持"为人民服务"，就能够增强鉴别腐朽落后文化的能力。在文化开放的中国，在网络技术快速发展的时代，有敌对势力为了从精神上瓦解中国的进步力量，弱化中国发展的斗志，有意制造用来毒害中国尤其是青年一代的反动落后文化,有文化市场竞争者为了获得经济利益,赢得更多媒体关注而制造腐朽的文化垃圾。这些腐朽落后的文化,常常会借助科学的名义,运用华丽的装束,走向文化的舞台,令人真假难辨。知识分子如果能以"为人民服务"为宗旨,就能够透过文化的外表,看清这种文化是否真正为人民群众所需要,满足的是什么人什么层次的需求,进而识别文化的真伪善恶。

坚持"为人民服务",就能够形成战胜腐朽落后文化的智慧。只要私有制还存在,只要人们的思想道德境界还没有得到极大的提高,腐朽落后文化就有其存在的社会空间。一切进步的阶级、阶层、政党和政权都会寻求战胜腐朽落后文化的方法和途径。知识分子如果能把"为人民服务"作为重要的思维方式,就可以突破仅仅以文化人自身的力量去和腐朽落后文化去战斗的堂吉诃德式的狭隘之举,而是依靠和动员最广大的人民群众的力量,形成抵制腐朽落后文化的群众大智慧,以此来推动文化发展繁荣。

坚持"为人民服务",就能够提高批判腐朽落后文化的勇气。在社会主义初级阶段,各种性质的文化并生并存是难于避免的,重要的是腐朽落后的文化是否能够受到有力的批判,是否能够尽快退出文化的舞台,科学的进步的文化能否得到有力的倡扬。知识分子如果能将"为人民服务"看得高于一切,就能够站在人民群众的立场和情感之上,坚定地依靠人民群众的支持,舍弃个人的名利,勇敢地同腐朽落后的文化展开斗争。尤其是面对知识分子队伍内部的学术不端以及某些消极腐败行为,也勇于冲破群体和阶层利益的局限,去进行大胆的批判,这是当代知识分子尤其需要的一种勇气。

(三)坚持"为人民服务"是知识分子建设先进文化和谐文化的重要动力

发展先进文化,建设和谐文化,推进中国特色社会主义文化事业,是当代中国知识分子的神圣使命。要不负时代,不辱使命,除了需要知识分子自身的不懈奋斗,还需要有能够被知识分子接受的思想、理论和精神方面的推动力量。长期的历史实践证明,通过"为人民服务",满足广大人民群众对先进文化的需求,实现人民群众的和谐文化愿望,是知识分子最持久最深厚的动力。

坚持"为人民服务",就能够获得先进文化建设的本质力量。在当代中国,建设先进文化,就是建设面向现代化、面向世界、面向未来的,民族的，科学的，大众的社会主义文化，以不断丰富人们的精神世界，不断增强人们的精神力量，不断满足人们的精神文化需求。"为人民服务"无疑居于先进文化的本质地位，坚持"为人民服务"，才能获得先进文化建设最本质的力量。只有最广大的人民群众的文化发展需求，才是知识分子所从事的科学文化事业的不竭的动力。如果不能站在人民群众的文化立场，促进人民群众的文化事业的发展需求，就难以保证文化发展的先进方向，更难以获得持续的力量。现在，一些文化人出现精神懈怠，部分文化成果出现方向偏颇，重要原因就是脱离实际，脱离群众，"为人民服务"的情感淡化。依靠金钱和名望支撑的力量，看似强大，却并不稳定。

坚持"为人民服务"，就能够把握和谐文化发展的内在力量。和谐文化，是指一种以和谐为思想内核和价值取向，以倡导、研究、阐释、传播、实施、奉行和谐理念为主要内容的文化形态、文化现象、文化性状和文化追求。和谐文化是全体人民团结进步的重要精神支撑，建设和谐文化，是构建社会主义和谐社会的重要任务，是知识分子在和谐社会建设中的重要使命。在社会主义市场经济背景下，致力于和谐文化建设的知识分子，如果不能超越各类矛盾纷争之上，就不能获得和谐文化建设的根本依据。只有坚持"为人民服务"，才能看到在复杂的利益和矛盾的背后，更为根本的是社会主义制度下，全体人民利益的一致性。只有创造出符合人民根本利益的和谐文化成果，才能获得和谐文化发展的内在力量。现在，我们在报刊媒体上常常能够见到的各种"暴露"或"抱怨"的文章或观点，究其思想根源，其中很大一部分是淡化"为人民服务"的思想的结果。

坚持为人民服务，就能够凝聚民族文化进步的精神力量。在五千多年的文明历史进程中，中华民族形成了自强不息、厚德载物、守道顺变等许多文化传统。"我们绝不可抛弃中华民族的优秀文化传统，恰恰相反，我们要很好地继承和弘扬，因为这是我们民族的'根'和'魂'，丢了这个'根'和'魂'，就没有根基了。"[①] 同时，我们也要看到，民族文化传统也在不断地发生着时代变迁，民族文化是民族性和时代性的统一。推进民族文化进步，凝聚民族文化精神，是当代知识分子的重要使命。只有坚持

[①] 习近平：《在广东考察工作时的讲话》（2012年12月7—11日），中央文献研究室：《论群众路线——重要论述摘编》，中央文献出版社、党建读物出版社2013年版，第125页。

"为人民服务"，才能在马克思主义指导下，融汇民族精神和时代精神的精华，让民族文化进步沿着广大人民需要的方向发展，知识分子自身也获得从事民族文化事业的巨大精神力量。现在，我们常能听到一些言说，要么把传统文化尤其是儒家文化置于至尊地位，要么把西方文化理论置于不当地位，出现这种混乱或错位的现象，重要的原因就是失去了"为人民服务"的标准，丢弃了对文化宗旨的判断。

  近代以来的中国历史发展证明，中国的知识分子与西方及其他许多国家的知识分子不同，他们始终保持着对人民群众的深切关注，保持着对现存进步政治的高度认同。毛泽东提出的"为人民服务"的经典命题和丰富思想，不仅推动了党和军队的建设，也促进了知识分子的进步；不仅引领了知识分子的政治方向，也指示了知识分子道德修养的路径；不仅产生了深远的历史意义，也有重要的当代价值。从知识分子与"为人民服务"的关系中，揭示知识分子的革命化、现代化、大众化的立场情感变化，理论宗旨变化，是研究中国近现代知识分子的一个重要视角。今天看来，知识分子与"为人民服务"之间的多重联系，仍需要我们深入关注和思考。

（作者单位：浙江农林大学马克思主义学院）

道德二维视域中的高校诚信教育路径之思

方建斌

一 大学生群体中的诚信危机

诚信是社会公德的基础，也是社会主义精神文明建设的重要内容，是每一位公民都应遵循的行为准则。诚信不仅关系着个人的道德品格，还关乎城市形象，甚至关系到一个国家的竞争力。美国政治家弗兰西斯·福山说过："一个国家的福利及其他参与竞争的能力，取决于一个普遍的文化特性，即社会本身的信任程度。"[①] 中国曾经是一个以诚信为美德的国家，祖先在漫长的历史中给我们留下了无数对诚信之德的论述和切实践行诚信之行的例子。但在我国的市场经济体制建立过程中，诚信缺失有如社会的"溃疡"，在社会生活的各个领域弥散，无法愈合，甚至在本应该为社会之表率的大学生群体中也出现了越来越严重的诚信危机。这既是社会不良风气的反映，同时又对这种风气的泛滥起到了推波助澜的作用。大学生群体中的诚信危机主要表现在以下几个方面。

首先，学业上的诚信缺失。有的大学生平时学习不努力，经常迟到、早退、旷课，一到考试就弄虚作假，抄袭作业、考试作弊甚至请人代考。尤其是考试作弊现象日渐泛滥，甚至日趋常态化，不少高校采取多种措施严厉打击仍难收成效。据2005年1月3日的《扬子晚报》报道，一项对南京大学、南京师范大学、南京理工大学等江苏七所高校的5000名在校大学生进行的一次调查显示，近一成的被调查者承认自己在考试中经常作

[①] ［美］弗朗西斯·福山：《信任——社会美德与创造经济繁荣》，彭志华译，海南出版社2001年版，第12页。

弊，95.5%的被调查者承认偶尔会作弊；而在即将到来的考试中，肯定不准备作弊的被调查者只占85.1%。这一调查反映了当代大学生的诚信状况确实堪忧。

其次，经济活动中的诚信缺失。不少大学生缺乏契约意识，恶意拖欠，甚至不还助学贷款等。助学贷款是国家为扶助困难学生完成学业而采取的一项政策，是完全意义上的信用贷款。但是，有的大学生毕业后用各种借口拖欠贷款，甚至隐瞒工作单位，不透露联系方式，以逃避归还贷款。更有甚者，恶意拖欠学费，夸大家庭贫困程度，以骗取特困生困难补助。有些大学生为了找到自己满意的工作，根据用人单位提出的条件，在简历上编造工作经历、涂改学习成绩、伪造获奖证书以及虚假的学生干部头衔等。还有少数大学生缺少诚信观念和契约意识，在就业过程中心猿意马，个个签约，然后根据个人的喜好随意毁约，全然不顾学校和个人信誉以及由此引起的法律后果。

最后，日常交往活动中的诚信缺失。有些大学生在与同学、老师的日常交往中心口不一，当面一套背后一套，阳奉阴违；功利思想严重，入党、评优、竞选学生干部等动机不纯，虚荣心强；虚报班级出勤情况。在网络交往中，有些大学生在网络虚拟世界里互相传播虚假信息，制造病毒，剽窃他人学术成果，甚至走上了网络犯罪的歧途。

有鉴于此，在今天的大学教育中，如何加强以诚实教育为重点的大学生德育，确是一项非常有意义的重大课题。近年来，中共中央高度重视公民诚信教育问题。2001年，中共中央将"爱国守法、明礼诚信、团结友善、勤俭自强、敬业奉献"列为《公民道德建设实施纲要》的基本道德规范。社会主义荣辱观作为社会主义核心价值体系的基础也有"以诚实守信为荣、以见利忘义为耻"的内容。党的十八大报告将社会主义核心价值观凝练为二十四个字，其中个人层面的要求是"爱国、敬业、诚信、友善"。

我们认为，当代大学生群体中的诚信危机其原因是多方面的，但高校诚信教育的效率低下也难辞其咎。伦理学是德育理论的哲学基础，任何德育理论都必须建基于对道德的正确理解之上。高校的诚信教育是高校德育的重要组成部分，要想真正提高效果必须正本清源，对道德的正确、全面的理解为基础和前提。由于传统的德性伦理学和规范伦理学将德性和规范作二元对立式理解的局限性，建基其上的德育理论也相应地具有不可避免的缺陷，这是高校诚信教育效果不佳的深层次原因。在当代伦理学的视域中，德性和规范作为道德的二维，不可或缺。高校诚信教育也应该从两个方面展开：既重视个人诚信品德的培养，也注重以制度规范、惩戒个人的失信行为。

二 道德的二维视域：德性和规范

伦理学史上存在德性伦理学和规范伦理学两种基本形态①。德性伦理又称美德伦理，曾在古代伦理学史上长期占据主流地位。它以行为者为中心，探讨"人是什么？"和"人应该成为什么样的人？"之类的问题。其基本观点是，人的道德行为出于德性，有德之人的行为自然会"从心所欲而不逾矩"。以其为指导的德育实践以人为中心，以培养受教育者健全、高尚的德性为目的。德性伦理的优点在于以人为中心，落实到德育实践中也就是以受教育者为中心，可以充分体现对受教育者的尊重。但是，在当代社会，其局限性也是明显的。

其一，德性伦理认为道德教育的目的在于培养人高尚的德性，但哪些德性是高尚的德性？或者，一个道德的人应该具备哪些德性呢？换言之，人应该成为什么样的人呢？这既是德性伦理探讨的主题，也是以其为指导的道德教育必须首先明确的问题。在现代社会的多元文化背景下，不同群体对这类问题往往不可能有一致的回答。

其二，德性伦理指导下的高校诚信教育往往过于理想化，脱离实际。德性伦理一般认为，德育的目的在于培养人的健全德性。而任何德性总是以具体人格为其载体，凝结在不同文化传统的理想人格典范之中，诚信品德也不例外。相应于此，高校诚信教育往往采取榜样示范的办法，试图通过榜样的道德力量产生以德服人的效果，从而达到感化学生，使学生努力效仿的目的。在这种德育理念指导下，我们给学生树立了一个又一个践行诚信之德的榜样和模范，如古代的曾子、商鞅，当代的诸多诚信楷模等。但是，我们树立的榜样作为诚信之德的化身，其事迹在不断的流传、演绎之中往往带有理想化的特征，当受教育者在现实社会中也找不到与其同样高尚的人时，他们的理想化特征就变成了"假、大、空"的代表，不但不能产生道德感召力，反而造成受教育者的逆反心理。此外，我们树立的诚

---

① 规范伦理学有广义和狭义之别，广义的规范伦理学相对于 20 世纪初兴起的元伦理学而言，包括狭义的规范伦理学和德性伦理学。本文中的规范伦理都是指狭义的规范伦理。

信榜样往往产生于特定的时空条件下,和当代大学生的生活和道德情境有相当的距离。当代大学生们即使受他们的感化,但在面临具体道德情境,需要作出选择时,他们仍会感到无所适从。

规范伦理一般认为行为的正当与否与德性无关,只要行为符合道德规范的要求,它就是道德的行为。在"人应该成为什么样的人?"这样的问题上,规范伦理一般保持沉默,它们认为:"做一个什么样的人是每个人自己的事情,每个人都有权利决定自己成为一个什么样的人,任何其他人、包括社会都没有权利干涉个人的这一权利;与此相应,伦理学也就没有必要去关注和研究人的内在道德品质,更不应当为所有的人提供某种共同的、普遍的道德品质的模式。"[①] 相对于德性伦理,规范伦理的道德观和自身定位显然更适应当代社会的多元文化和价值观并存的现状,因此,近代以来,规范伦理逐渐取代德性伦理成为占主流的伦理学形态,功利主义和义务论都属于规范伦理学。

但规范伦理学的指导下的高校诚信教育往往表现出智育化的弊端。规范伦理以行为为中心的道德观落实到高校诚信教育实践中必然导致对教育主体——人的忽视,并进而导致诚信教育智育化问题。因为,如果"人应该成为什么样的人?"之类的问题是私人问题,社会和他人无权干涉,那么诚信教育自然也不应该涉及此类的问题。如果这样的话,高校诚信教育的内容将仅局限于教会大学生知道、理解当今社会的诚信规范,诚信教育也就蜕化为规范教育或规则教育了。在诚信教育的过程中,规范或规则又总是以既定的"知识形态"出现,教师和学生都难免将对规范的理解、记忆与其他课程的知识内容相混同,诚信教育的智育化也就不可避免。智育化的高校诚信教育只能考察学生对道德知识的掌握程度,不能真正考察这些诚信原则的内化程度怎么样。概括言之,这种诚信教育是重知而轻行的。因此,学生往往在课堂上、考试中对诚信的意义、内涵等讲得头头是道,但这些课堂上接受的知识对日常生活却基本没有影响。

我们认为,德性和规范作为道德不可或缺的二维,并不是彼此排斥的,也非彼此悬隔,正如有学者指出的:"要克服德性论和规范论的缺陷,仅仅对二者做调和处理并不能从根本上解决问题,根本的方法和道路在于将道德作二维理解,而不是二元理解,即将'德性'和'规范'均理解为

---

① 崔宜明:《道德哲学引论》,上海人民出版社2006年版,第94页。

道德本身蕴含的维度，而且这两个维度不是分离互竞的关系，而是互生互成的辩证关系，是道德的一体两面。"① 德性和规范之间互生互成的关系表现在：一方面，离开规范来谈德性，这样的德性只能是无内容的、空洞的。传统德性伦理在"人应该成为什么样的人？"这样的问题上从未达成一致，其原因就在于离开规范来谈德性，使这一问题成为一个完全抽象的、空洞的问题，对它的回答也必然是形而上的和独断论的。此外，德性虽然是内在于人的，但又必须表现为外在的德行，正如杨国荣先生所言："如果德性是真实的，那么它就总是既凝于内，又显于外。"② 德性之外化为德行便不可避免地涉及规范。另一方面，规范若不能内化为德性，规范就是外在于人的、非道德的。道德规范和法律规范是现代社会的两种主要规范形式，二者的本质区别在于：法律规范具有明显的强制性，是外在于人的；而道德规范则不具有明显的强制性，它要求人的自觉遵守。只有以内在德性为保障，个人的行为才能自觉地符合道德规范的要求，这不仅要求其对道德规范的了解和熟知，更进一步要求个人将道德规范内化为德性。道德规范如果不能内化为德性，那它就和法律规范没有区别了，其本身就是非道德的了，不能称之为道德规范。

三 道德二维视域中的高校诚信教育路径

伦理学史上出现的这两种形态的伦理学理论对道德的理解各有偏蔽，这是建基其上的高校诚信教育缺乏实效的深层次原因。有鉴于此，不少研究者指出，指导当代高校诚信教育的应该是一种突破德性伦理学和规范伦理学各自局限的一种新型伦理学。如肖群忠就认为"单方面地依靠'自我限制伦理学'的'规范伦理'或'自我实现伦理学'的'美德伦理'均是不行的"。③ 还有研究者指出："（规范伦理和德性伦理）这种明显的不同并不表明二者互不相容，事实上它们表达了良好道德秩序建构和传承所需要的相辅相成的两条思路，一个和谐社会的道德教育和教化必须融通二者，使两种教育方式相互支持、相得益彰。"④

在道德二维的视域中，诚信既是一具体的德目，是个人德性的重要组

---

① 刘仁贵：《德性与规范：道德二维及其统一》，《吉首大学学报》2011 年第 3 期。
② 杨国荣：《伦理与存在》，上海人民出版社 2002 年版，第 154 页。
③ 肖群忠：《规范与美德的结合：现代伦理的合理选择》，《西北师大学报》1999 年第 5 期。
④ 刘美玲：《论美德伦理与规范伦理的和谐共融》，《青海社会科学》2009 年第 2 期。

成部分，又表现为一系列遵守诚信规范的行为。因此，诚信教育的展开应该是一个"化德性为规范"和"化规范为德性"相结合的双向过程。"化德性为规范"意味着受教育者必须将其内在的诚信之德外化为符合现代社会诚信规范的行为；"化规范为德性"则意味着诚信教育必须以培养受教育的诚信之德为目标。只有通过这一双向的过程，个人的诚信行为才能获得稳定的担保，个人也才能得到提升和完善。

首先，"化规范为德性"意味着高校诚信教育应该以培养大学生的诚信品德为目标。无论从个体还是社会的角度看，诚信教育如果只是使社会成员停留在熟知、遵守规范的层面显然是不够的。从社会的角度看，社会的维持需要社会成员对规范的自觉遵守，但个人对规范的遵守既有可能出于内在的德性，也有可能是出于某些外部的功利的原因。在后一种情况下，规范仅仅以外在于人的形式存在，其现实的作用本身往往缺乏内在的担保，是不稳定的，社会也难以达到完善的道德秩序。从个体的角度来看，大学生作为社会的精英群体，对他们应该有更高的要求，他们应该成为诚信的楷模和典型，为社会其他群体树立榜样，为推动社会诚信之风的建设做出贡献。从这一意义上讲，高校诚信教育也不能停留在使大学生熟知相关和遵守诚信规范的层面。只有当他们将外在的诚信规范内化为德性，成为人的第二天性，它才能"作为存在的一重规定"而存在。因此，高校诚信教育必须以"化规范为德性"为目标，只有这样，个人的诚信行为才能获得稳定的担保，个人也才能获得道德上的提升和完善。

为了实现这一目标，高校诚信教育应该充分借鉴、利用一切行之有效的教育方法，避免单纯智育化的教育和考核方式，既重言传更重身教，让诚信教育真正进入大学生的灵魂深处。身教的关键在于大学教师能否切实践行诚信之德，以自身体现的道德光辉来感染学生。教师的示范一方面使得规范具体化、人格化，并具有比理论更强的感染力和吸引力；另一方面，教师和大学生生活于同一时空中，对学生而言是一真实、鲜活的存在，比之那些不同时代树立的"高、大、全"的偶像来说具有更高的可信度，更能对学生起到潜移默化的影响。从这一意义上讲，大学诚信教育不仅仅是专职思想政治课教师和学生辅导员的事情，也是学校管理层和专业课教师的责任。事实上，我们往往发现这样的现象：思想政治理论课教师在课堂上通过各种教学方法和途径使学生达到对诚信的认同，却因为其他课程教师的一句话而前功尽弃。甚至某些教师受当前恶劣、浮躁的学术氛围的影响，本身在学术研究的过程中就存在很多的不诚信行为。如某些教师剽窃他人学术成果，甚至将学生的研究成果强行据为己有。这些行为对大学生的消极影响远大于社会层面，也是任何正面教育都难以消除的。因此，高校教育工作者更应该努力遵守诚信规范，做诚信的榜样，创造大学校园的诚信文化氛围，通过自己的言传身教来感化、引导学生。

其次，"化德性为规范"要求各高校建立完善的大学生诚信体系，运用刚性力量来规范大学生的不诚信行为。道德教育是实践性的学科，培养德性正如锻炼身体，必须德行合一。正如亚里士多德所说："我们通过造房子而成为建筑师，通过弹奏竖琴而成为竖琴手。同样，我们通过做公正的事成为公正的人，通过节制成为节制的人，通过做事勇敢成为勇敢的人。"[1] 大学生也只有行诚信之事才能成为诚信之人。诚信之德的养成不可能是纸上谈兵式的，而必须通过个体真切的诚信实践。诚信之德并非天生，而是在后天习得。当大学生的诚信之德还没有完全养成之时，通过各种规范、制度对其行为进行范导是必需的阶段。只有经过这一阶段，才能养成习惯，最终达到习与性成的境界。目前，大学生对于哪些行为是诚信的行为，哪些是失信的行为在认知上是能够明辨清楚的，问题是知而不行。其外在原因在于，我国高等学校关于大学生诚信方面的监督制度并不健全，对大学生违反诚信的行为，学校与社会没有实现信息共享。学校的不良记录无法影响其长远利益，所以大学生就容易铤而走险。而一旦获利没有受到惩罚，又会强化这种意识，致使周围诚信意识比较强的人产生强烈的心理冲突和困惑，一些意志薄弱的人就成为诚信缺失的俘虏。因此，建设大学生诚信体系已经刻不容缓，其内容包括以下几个方面。

其一，大学生失信惩罚制度。惩罚是保证一个制度能够具有刚性约束的重要手段，因此，对大学生的失信行为，要根据其情节的严重程度相应采取不同的惩罚措施，如记过、警告，乃至开除学籍等，对于触犯法律的失信行为应移送司法机关处理，绝不能护短、隐瞒。通过这些惩戒措施，使失信者一处失信，处处受制，从而既可以实现对违约者的惩罚，又可以对其他学生起到警戒作用，促进大学生信用观念的提高。

其二，大学生诚信档案的收集、管理制度。各高校应成立专门的诚信

---

[1] [古希腊] 亚里士多德：《尼各马可伦理学》，廖申白译，商务印书馆2003年版，第36页。

档案管理部门，负责对大学生个人诚信资料的建档、记录和保管，保证大学生个人诚信资料的准确、完整，而且要能够实现资料的及时收集和方便汇总与查询。大学生诚信档案的建立，一方面可以起到长期的警戒作用，另一方面，可以通过档案对有过失信行为的学生进行跟踪教育。对于某些程度不是特别严重的失信行为，在惩戒之后，如果学生在一定期限内没有再犯类似的错误，可以通过社区服务等方式而将其记录予以取消。

其三，大学生信用评估制度。各高校应成立专业部门对学生诚信档案中的记录、信息进行加工处理，对大学生的个人信用进行综合分析评价，最终获得对有关个人的总体信用评价。这个总体信用评价将作为大学生将来就业时用人单位判断该生是否值得聘用的重要依据。

其四，大学生诚信体系和社会个人诚信体系的兼容和信息共享。国务院办公厅早在2007年就发布了《关于社会信用体系建设的若干意见》，其中提到："社会信用体系是市场经济体制中的重要制度安排。党中央、国务院高度重视社会信用体系建设工作。"与此同时，地方政府积极开展了信用体系建设的实践工作，部分省市对信用体系建设高度重视，把信用体系建设作为进一步优化投资和贸易的软环境，促进经济社会协调发展的重要措施积极推动。提出了信用体系建设工作的总体思路，发展规划和具体措施。北京、天津、宁波、深圳、汕头等城市已建立了统一的信用信息查询平台。江苏、湖北、福建、湖南等省在一些重点领域开始了试点，成立了信用体系建设工作领导小组，负责协调推广地方信用体系的建设。大学生诚信体系应该和这些地方、行业的诚信体系实现兼容与信息共享，使大学生的诚信记录在走出校门后同样有效，以产生更大的震慑效果。

（作者单位：西北林科技大学思政部）

专题六　社会分层与社会公平问题

新型城镇化进程中社会救助
制度建设研究

满新英

社会救助在我国社会保障制度中居于基础性地位，它是维护社会成员的基本生存权益，从而促进社会底线公平的制度安排。社会救助可以提高贫困群体对贫富差距的容忍度，增强执政党执政的合法性。如何让公民享有包括社会救助在内的公共服务，是新型城镇化发展必须考虑的问题之一。当前，社会救助要突出解决的一个问题是增强公平性，解决碎片化问题。需要我们以"增强公平性、适应流动性、保证可持续性"为着眼点和着力点，对社会救助制度进行整合与完善。

一 社会救助制度的碎片化现状

推进新型城镇化是新一届中央政府的工作重心。党的十八大报告明确指出，我国要坚持走中国特色新型城镇化道路，推动工业化和城镇化良性互动、城镇化和农业现代化相互协调。新型城镇化的核心是人口城市化，这使我国城乡差别的社会救助制度面临新的问题和新挑战。

从1993年6月城市居民最低生活保障制度（以下简称"低保"）在上海诞生算起，我国新型社会救助制度已经历20年的发展时间。目前初步形成以低保、特困人员供养为基础，以医疗、住房、教育、就业等专项救助为辅助，以受灾人员救助和临时救助等为补充的综合型救助体系。截至2012年底，全国城镇和农村低保对象分别为2143.5万人次和5344.5万人次，低保平均标准分别为330.1元/月和172.3元/月（见表1）。中央财政对医疗救助拨款203.8亿元，全国城市和农村医疗救助分别为2077万人次和5974.2万人次。[①] 社会

---

① 民政部：《2012年社会服务发展统计公报》，2013年6月19日，http://cws.mca.gov.cn/article/tjbg/201306/20130600474746.shtml。

救助帮助贫困群体有效摆脱了生存危机或缓和生活贫困。但沿着社会救助的发展路径考察，可以发现我国新型社会救助走的是"问题导向"的发展模式。[①] 社会救助制度主要以解决眼前问题为主要目标，救助项目由原来没有项目，或者有项目，其救助理念、救助范围、救助标准在试点、探索过程中不断扩张，形成目前的社会救助体系。在不断的解决眼前问题的实践中，作为社会救助最重要的低保制度，总体推进路径是由城市到农村、由从业人员到非从业人员；各项制度规定较低的统筹层次，并赋予了统筹地区较大的自主权。由于制度建构不足，缺乏顶层设计，形成了当前社会救助制度的碎片化现象。主要表现为以下几个方面。

表1 2007—2012年城乡低保补助情况

年份	月人均保障标准（元）			月人均补助水平（元）		
	城镇	农村	城乡差距	城市	农村	城乡差距
2007	182.4	70.0	112.4	102.7	38.8	63.9
2008	205.3	82.3	123.0	143.7	50.4	93.3
2009	227.8	100.84	126.96	172.0	68.0	104.0
2010	251.2	117.0	134.2	189.0	74.0	122.0
2011	287.6	143.2	144.4	240.3	106.1	134.2
2012	330.1	172.3	157.8	239.1	104.0	135.1

资料来源：民政部：2007年、2008年、2009年民政事业发展报告；2010年、2011年、2012年社会服务发展统计公报，http://cws.mca.gov.cn/article/tjbg/。

（一）社会救助制度的城乡分割

在计划经济体制下，我国形成城乡二元经济结构和基于身份的社会管理模式，以低保为核心的社会救助制度也长期处于"城乡分治"状态。相比较而言，城市社会救助制度建立较早、较完善，农村社会救助发展普遍落后于城市，一些救助性福利覆盖不到农村。以城乡低保为例，两者在资源配置、管理体制、运行机制、救助范围、救助水平、操作方式等方面都存在明显差异。如表1所示，2007年低保制度覆盖城乡以来，城乡月人均保障标准和月补助水平差距有进一步扩大的趋势。如果再加上城镇低保对象在教育救助、医疗救助、住房救助等方面的叠加待遇，城乡低保对象的救助水平悬

---

① 关信平：《完善我国综合性社会救助体系的基本原则和主要议题》，《中国人民大学学报》2010年第5期。

殊更大。① 另外，现行社会救助制度与户籍挂钩，往往规定"提出最低生活保障申请的家庭，其居住地和户口应一致"，把有无本地身份成为社会救助资格和给付的依据。并没有规定户籍和居住地不一样的情况该向哪里提出申请，实际上将大量非户籍人口排斥在低保之外。将大量农村进城务工人员和各城市之间因退休、就业等原因在其他城市居住的人员被遗漏在制度之外。

（二）社会救助制度的地区分割

我国社会救助统筹层次比较低，绝大部分是县级统筹，加上各地区在社会救助制度建设方面有较大的自主权，导致区域差异很大，甚至出现"一市一策"、"一县一策"的现象。因此区域间差异明显，行政区域尤其是省成为地区差异的主要界线。例如2012年12月底，在全国36个大城市（31个内地省会城市和5个计划单列市）中，最高的上海地区低保标准为570元，而同期银川低保标准为265元，最高为最低的2.15倍。不可否认的是，在中国这样一个疆域广阔且地区发展极不平衡的国家，维持基本生活的内容差别非常大，产生低保标准的地区差异应属正常现象。但如果各地低保标准的差距过大，会阻碍社会救助体系的整合，直接导致各地区、各个人群之间社会救助权利差距以及人口跨地流动的困难。

表2　　　　　36个中心城市低保标准一览（2012年12月）　　　　单位（元/月·人）

城市	低保标准	城市	低保标准	城市	低保标准
北　京	520	福　州	420	昆　明	370
天　津	520	南　昌	380	拉　萨	400
石家庄	400	济　南	450	西　安	430
太　原	360	郑　州	380	兰　州	354
呼和浩特	430	武　汉	518	西　宁	313
沈　阳	440	长　沙	400	银　川	265
长　春	375	广　州	530	乌鲁木齐	311
哈尔滨	410	南　宁	360	大　连	480
上　海	570	海　口	390	青　岛	480
南　京	540	重　庆	330	宁　波	525
杭　州	525	成　都	330	深　圳	510
合　肥	360	贵　阳	380	厦　门	415

资料来源：中国社会救助网，http://www.cnsa.org.cn/sjzx/index.shtml。

---

① 祝建华、林闽钢：《福利污名的社会建构》，《浙江学刊》2010年第3期。

地区分割还进一步表现在同一省份不同地区之间。由于不同地区的社会救助制度发展进程不同，全国不少地区近年都进行了不同程度和范围的救助制度整合，从而造成同一省份内存在多种社会救助制度体系。以目前社会救助体系一体化建设走在全国前列的江苏省为例。其主要存在三种社会救助体系：一是以苏州市、无锡市、常州市为代表的一体化救助体系，将所有人群纳入统一的制度框架，统一管理、统一政策、统一资源；二是以徐州市、南通市、扬州市、镇江市、泰州市为代表的部分地区实行一体化救助体系，部分地区实行城乡二元救助体系；三是南京市、连云港市、淮安市、盐城市、宿迁市实行城乡二元救助体系。同一省份各地区之间救助标准差异很大。① 总体上看，苏南地区因为富裕程度高，相互之间差别相对较小，而苏南和苏北差别很大。另外，在实现城乡一体化的地区，不同地区救助标准存在较大差别。截至2013年7月，江苏省已有28个县（市、区）实现城乡低保标准并轨，占87个涉农县（市、区）的32%。② 如表3所示，各地并轨的保障标准各不相同，出现"一体多元"的现象。

表3　2013年1季度江苏省实现社会救助城乡一体化地区和保障标准　（单位：元）

	地　区	标准		地　区	标准
苏州市	虎丘区、吴中区、相城区	570	徐州市	云龙区	440
	吴江区、常熟市、太仓市	580	常州市	新北区	500
	昆山市	590	南通市	武进区、溧阳区、金坛市	420
	张家港市	600		崇川区、港闸区	480
无锡市	锡山区、惠山区	600	扬州市	广陵区、邗江区	485
	江阴市	480	镇江市	京口区、润州区、丹徒区、丹阳市	480
	宜兴市	490	泰州市	海陵区、高港区、靖江市	400

资料来源：《2013年2季度全省城乡低保基本情况》，2013年7月22日，江苏民政网（http://www.jsmz.gov.cn/skywcm/webpage/zwgk/zwgk_inner.jsp?sortId=2106&infoId=6748）。

（三）社会救助制度的部门分割

在政府系统，民政部门被定为社会救助的主管部门，但事实上，随着

---

① 厅社救处：《2013年2季度全省城乡低保基本情况》，2013年7月22日，江苏民政网（http://www.jsmz.gov.cn/skywcm/webpage/zwgk/zwgk_inner.jsp?sortId=2106&infoId=6748）。
② 同上。

社会救助项目的增多，特别是专项救助的建立，在现行体制下，社会救助涉及部门较多。首先民政部作为社会救助的主管部门，负责城乡低保、医疗救助、灾民救助、临时救助、应急救助和社会互助，但在民政部门内部又分属不同的机构。其次专项救助制度更是被不同的部门分割。教育救助、住房救助、就业援助、法律援助分别由教育部、建设部、人力资源和劳动保障部和司法部负责实施。此外，在党群系统，工会开展困难职工帮困；妇联和共青团分别参与妇女、儿童救助等事务。在社会组织方面，中国残疾人联合会被赋予管理残疾人社会救助的职能。这种横跨政府、党群和社会组织的管理机构，造成多头管理且职责交叉，责任边界不清，导致社会救助政策分割和资源分割。同时，由于社会救助管理权力的严重分化，作为社会救助主管机构的民政部门的监管职能极端弱化，不利于社会救助的统筹规划、顶层设计和顶层推动。可以说，缺乏统一监管和统一规划的管理格局，已经成为社会救助事业健康发展的重大障碍。

（四）社会救助制度的群体分割

我国社会救助根据不同的群体设计不同的制度，从而形成不同的救助项目。如同样是孤寡老幼，城乡之间分别由城镇福利院与农村五保制度解决。还有其他制度，客观上将低保群体或低收入群体分割成若干块，不同制度之间缺乏融合。如在分类施保中，主要根据低保家庭的困难程度，将低保对象划分为四个大类。其中有上学子女的或有残疾人低保家庭，通常做法是将低保金按月上调一定比例，通常是10%—30%，有的幅度差更大一些。从配套措施得到的实惠实际上已经超过低保金本身，[①] 直接导致了低保救助的"悬崖效应"，即一旦享有低保，其收入将大大高于临界于低保的边缘户的家庭收入。由于缺乏对贫困性质的考虑，只要是五保户、军烈属、残疾人等某一类型群体，不管其生活境况如何，大都能得到固定的社会救助，而因病致贫、因学致贫的群体却很难获得有效的救助。造成专项救助与临时救助、灾害救助与应急救助、政府救助与社会互助、低保与就业援助、扶贫开发等相互间的制度分割。

二 社会救助制度碎片化的危害

我国社会救助制度"碎片化"的背后，有着各种复杂的因素，如非均

[①] 王海燕、修宏方、唐钧：《中国城乡最低保障制度：回顾与评析》，载林闽钢、刘喜堂主编《当代中国社会救助制度完善与创新》，人民出版社2012年版，第117页。

衡发展战略带来的经济发展水平的区域与城乡差异、体制转轨的渐进性、计划经济时代的身份分割、行政管理体制条块分割，等等。但一个不容忽视的事实是，社会救助的不同项目，是在不同的时期，根据不同的目标设立，并由不同部门管理的。伴随着一系列政策法规的出台和覆盖面的不断扩大，其碎片化问题不言而喻。碎片化不仅形成了制度区隔，造成制度新的社会不公和难以覆盖全体人群，并带来效率的损失、资源的浪费，影响社会救助的可持续发展。

（一）造成新的社会不公，增加社会不稳定因素

社会救助的基本目标是政府通过公共开支对贫困者给予的物质供给、资金支持及相关服务，旨在维持社会成员的生存期，满足他们的生存需求，是保障社会成员生存权利的最后一道防线，对实现社会公平具有根本性的意义。在市场经济条件下，社会生活中的每一个人都有可能在某个时段，因个人、家庭或社会的因素陷入贫困，基本生活难以继续。如果政府和社会不能及时提供帮助，满足最基本的生活需求，可能会使陷入贫困的群体对社会产生不信任感，甚至通过非正常手段取得必要的生存资源。相反，如果他们能通过社会救助制度及时得到政府和社会的帮助，有助于他们对社会充满认同和信任，从而避免社会分裂，形成社会的稳定局面。

因此，社会救助作为一项优先体现向弱者倾斜的社会政策，应该覆盖各类弱势群体。但现行的社会救助制度只是在制度层面上覆盖了广大城镇人口和农村人口，而在实践中由于缺乏对非户籍人口的覆盖，客观上使得一些最需要保障的特殊群体和弱势群体被遗漏在制度之外。在同样条件下，城镇救助对象和农村救助对象享受不同水平的补助原则，导致城乡之间、不同区域之间、不同贫困群体之间过度分割，标准不一，同为一国公民，社会救助待遇却相差甚远，显著强化了社会不公，增加社会不稳定因素。

（二）难以实现人群全覆盖，不利于公民的自由流动和发展

现代社会救助的价值观念认为，生存权是社会成员最根本的权利，接受社会救助是贫困者的基本权利，提供社会救助是国家和社会义不容辞的义务。我国现行的社会救助制度实行户籍属地化管理，导致大量流动人口没有被社会救助制度所覆盖，造成制度的人群分割。与此同时，制度的人群分割反过来作用于社会救助制度，更加强化了城乡分割的特征，阻碍着社会救助覆盖面的进一步扩大，不利于实现由"制度全覆盖"到"人员全

覆盖"的转变，不利于公民的自由流动和发展。

随着工业化和城镇化的快速发展，居民居住地迁徙和劳动力流动性加剧，公民不在户籍地居住现象大大增加，社会救助制度必须适应这类人口的变化，对非户籍人口实施救助。事实上，不以户籍身份作为准入条件的情况在一些地方已开始实践。2010年7月，深圳实施《深圳市低收入居民社会救助暂行办法》，首次将居住满一年的非户籍居民纳入社会救助政策的考虑范围。2011年10月和2012年3月，浙江省杭州市和岱山县分别出台《杭州外来务工人员特殊困难救助试行办法》、《岱山县城乡居民临时救助实施办法（试行）》等地方帮扶文件，对外来人口纳入当地社会救助范围进行实验。这些制度化的社会救助制度，采取住地管理的方式，通过设立一定的附加条件，把城市中具有稳定职业和稳定居住的非户籍人员纳入社会救助的范围。但试点也存在很多问题，政策还有待于进一步精细化，需要对进入门槛、办理程序和救助项目进行完善，确保外来人口的社会救助待遇水平。而且此项政策要想取得实质性突破，还有赖于全国性的低保管理网络和信息系统的建立。

（三）救助项目分割，阻碍社会救助体系的整体救助效果

当前我国贫困出现新的特点。一是绝对贫困逐步减小，但相对贫困问题进一步加剧，并且逐步显示出贫困的长期化、区位化、代际传递等重要趋势（关信平 2003；张艳萍，2007；林闽钢、张瑞利，2012）。二是在未来的社会转型中，随着经济发展方式转变、快速城市化、快速人口老龄化，我国贫困问题呈现结构式贫困特点。儿童贫困、单亲妇女、老年人等特殊群体的贫困问题日益突出；在城里长期居住的进城务工人员中贫困者将越来越多；将来可能有越来越多的人缺乏能力导致贫困。因此未来社会救助的目标应该是：建立以"增能"为导向的，能够保障救助对象基本生活需求的综合性救助体系。重点是外来人口、老年人、残疾人、单亲家庭和贫困儿童等特殊群体。现行叠加在"低保"之上的分类救助，缺乏对救助对象的科学分类，低保制度和各专项救助制度之间缺少协调和衔接，难以适应贫困发展的新趋势。而且从社会救助方式看，低保救助主要提供现金救济或物质帮助，而忽视对低保对象提供服务救助，无法满足贫困群体个性化的救助需求，影响社会救助体系的整体救助效果。需要扩大社会救助覆盖面，降低社会救助门槛，以"低收入居民"为对象进行社会救助；将零散的各专项救助项目进行规范整合，以便于操作和执行；根据贫困家

庭的特殊需要，提供分类救助。

（四）统筹层次低，影响社会救助的可持续发展

1999年的《低保条例》规定，我国城市低保资金保障模式是地方政府为责任主体，中央财政向财政困难地区给予补贴。在实际运行中，社会救助一般以县级为单位统筹。各地依据本地的实际，制定或修订自己的社会救助规定和标准，致使各个地区的社会救助覆盖范围和保障水平在具体规定上差别巨大，缺乏统一完善的操作规则。但2002年以来，由地方负责低保资金的规定就已突破，中央政府在低保中的资金投入比例逐步上升。如在城市低保方面，中央财政资金投入比例从1999年的26%增至2010年的69.7%，地方财政的比重从1999年的74.03%下降至2010年的30.3%。[①] 2003年之后，为了落实科学发展观，中央财政比重一直在60%以上。虽然在我国，实行中央和地方分担基本上已形成共识，但中央和地方之间在资金保障方面的责任关系缺少法规或正式文件的约束，还没有形成比较健全的制度化关系，致使在实践中社会救助资金仍有难以落实的情况。造成每年年初时各级地方财政根据中央或省级配套的要求作出预算，而预算是否能兑现，则取决于地方经济发展和财政收入增加情况。对于发达地区来说，雄厚的财力足以支持低保工作的顺利开展，但对于不发达的地区来说，薄弱的财政状况使低保工作以钱定人和标准，出现因财力薄弱无力救助的情况，这与生存权理论存在矛盾，也不利于低保的可持续发展。我国的低保制度虽然提倡通过社会化方式多渠道筹集资金，但现实情况是民间零散的、可能的救助力量难以有效地聚合并发挥应有的积极作用。从事低保救助的公益性社会团体力量薄弱、资金稀缺，慈善组织和志愿者队伍发展还不完善。

（五）管理和经办资源分散，影响社会救助监管和服务效率

管理体制条块分割，经办和服务体系资源分散，不仅加大了管理和运作成本，而且导致运行效率低下。具体表现为：一是造成政策分割和公共资源分割，扭曲社会救助的实现路径。表面上看似分工有序，实际执行过程中，因缺少各个部分的协调和统筹，造成交叉重叠和残缺漏洞并存的无序状态。而且增加了社会救助的环节和运行成本，影响其正常功能的发

---

① 米勇生：《制度定型与制度规范》，载米勇生主编《社会救助与贫困治理》，中国社会出版社2012年版，第4页。

挥。二是造成多龙治水，缺乏有效监管。在一些交叉性的社会救助方面，有效监管缺乏状况非常明显。如在医疗救助中，实行民政部门主管，卫生部门落实，而劳动保障部门负责对家庭人均收入在城市职工最低工资与最低生活保障之间的困难企业患大病职工开展医疗救助。不同部门有着不同的制度目标，建立不同的经办机构、网络平台、信息系统和管理办法，分割独立，难以共享资源和信息，造成本来就有限的救助资源进一步分散化。也造成作为社会救助主管机构的民政部门的监督弱化。在实践中，民政部门依靠其下设的救灾救济处和低保中心统筹救助工作，缺乏法律层面的统一、明确的界定，加上民政部门的相对弱势地位，在统筹社会救助工作过程中难以发挥真正的主管或牵头职能。其后果是让社会救助的统筹规划、顶层设计、顶层推进难以实现，客观上已经成为社会救助健康发展的重大障碍。

三 实现城乡社会救助制度的衔接和整合的对策建议

尽管碎片化的社会救助为进一步的发展准备了基础，但其应急性、零散性和分割性的现状，不能适应时代的发展和民生升级的要求，也没有充分发挥其应有的功能。必须对社会救助各个零碎的制度整合成一个有机整体，将同一类型的不同社会救助项目整合起来，提高救助效力，形成更加具有公平性的社会救助制度，增进各个阶层之间的融合，促进整个社会的和谐发展。

社会救助制度的整合，目标是保障各个贫困阶层，帮助贫困群体解决生活中遇到的特殊困难。为了保证目标的实现，要从社会救助制度、管理体制和运行机制、组织服务网络三个基本方面进行整合。一是对社会救助制度进行补齐、规范、重组和协调，建立起救助项目齐全、针对性强，制度相对统一、责任明确的社会救助体系。二是把分布于各个部门的社会救助管理与职能加以整合，实现多种社会救助项目在管理、运行和服务等方面的协调发展，并逐步缩小保障水平差异，最终建立起统一规范的制度框架。

（一）我国社会救助制度整合的目标

1. 推进社会救助制度的横向整合，强化低保与专项救助、临时救助的衔接与配套

首先将低保制度发展为基本生活救助制度。目前中国已经建立以城乡低保为基础,包含专项分类救助和临时救助社会救助体系。社会救助制度的整合,无疑应基于最低生活保障制度作为核心,把低保制度发展为基本生活制度。同时根据不同贫困群体的贫困性质,实施相应的救助项目,将实物救助和非实物救助结合使用,满足不同贫困群体的不同需求。其次逐步完善专项救助制度。在确定救助标准和实施范围方面,要避免专项救助或优惠政策与低保资格的直接挂钩,而是根据每个单项制度的具体情况,确定各自的标准和范围。逐步完善各项救助制度,构建覆盖基本生活、医疗、住房、教育、就业援助等在内的救助网络,实现救助制度的功能整合同时,做好正式救助制度与临时救助政策的相互配套。

2. 推进社会救助纵向整合,建立城乡社会救助制度的一体化

首先建立健全农村低保制度,补全专项救助制度。纵向整合的核心是建立城乡一体化的最低生活保障制度。同时针对农村很多专项救助制度滞后于城市的现实,加快推进医疗、住房、教育、就业扶助等制度的全覆盖。其次缩小城乡救助差距,统筹城乡救助制度。城乡社会救助制度一体化的基础是统筹城乡社会救助制度发展,一体化是"统筹"而不是"统一",城乡标准允许存在差距和过渡,并最终走向统一。

3. 加强社会救助制度与相关制度的整合

随着整个社会保障体系的发展,要重新对社会救助的各项制度进行功能定位和范围梳理。逐步退出一些和社会救助自身职能不相称的领域,并逐步进入一些一直缺位的领域。比如,随着农村经济发展和养老保险制度的趋于完善,农村五保供养可以纳入最低生活保障制度并享受农民居民养老保险待遇,集中供养的将会转化为社会福利,最终五保制度应该消亡;随着义务教育制度的完善,应加大对贫困家庭子女的公共教育保障,提高贫困家庭子女的受教育程度,增强整个贫困家庭的脱贫能力和脱贫潜力;随着城乡医疗保险的日臻完善,医疗救助与城镇职工基本医疗保险和新农村合作医疗保险的关系要理顺。医疗保险要优于医疗救助,医疗救助应转变为经过医疗保险承保后仍难以承受个人费用支出并造成暂时贫困的人群。就业援助要加强对处于劳动年龄和具有劳动能力的救助对象管理和服务,通过职业技能培训和提供就业岗位,促进重新回到就业队伍。其他如住房救助、残疾人救助、灾害救助等,也必须重新进行功能定位和作相应的制度衔接。

（二）社会救助制度整合的配套措施

1. 整合社会救助职能，实现管理机构的一元化

作为一项保障性极强的社会保障工作，社会救助各项目虽然侧重点不同，但都是面向困难群体的制度安排，应当尽可能的归并到一个部门进行管理和监督。从社会救助的实践进程看，宜在中央政府层次，由民政部为主管部门；在民政部内部，扩大社会救助司职责范围，负责承担综合规划社会救助体系的任务，并统一监管全国的社会救助事务。相关部门配合民政部门在社会救助项目提供、实施以及社会救助制度建设中的担负不同的任务。具体可以分两步：第一步是建立统一社会救助的协调机制。目前为了加强社会救助工作的领导和协调，各地探索了社会救助工作联席会议制度。在中央层面，可以探索建立国务院社会救助工作联席会议制度，加强民政与发改委、财政部、教育部、住房与城乡建设部、人社部、卫生部、司法部等协调配合，提高救助的整体效益。各级政府应采取同一模式，增强社会救助工作的统筹和协调。第二步是将各项救助事务统一到民政部门，扩大社会救助司的职能，由其全面承担社会救助的管理和监督职责。

2. 整合社会救助资源，实现财政投入的常规化

公共财政投入是社会救助经费的主要来源和经济支柱，具有法定性和强制性。从中央到地方政府要明确财政投入优先用于社会救助，并重点向农村倾斜。因此，要进一步强化救助资金保障责任，建立和强化常规化的财政投入保障机制。根据最低生活保障标准的"刚性"增长规律和"联动机制"要求，把所需的保障资金列入各级政府预算，并实现与财政收入的同步增长机制。要建立制度化的中央与地方共同负责的社会救助财政保障机制，形成对中央和地方财政制度化的约束机制。要完善社会募捐机制，通过福利彩票募捐社会救助资金，并使之成为规范化的资金募集方式。大力发展社会慈善事业，通过社会捐助募集救助资金。

3. 整合社会救助服务体系，实现救助服务的专业化和信息化

社会救助服务体系专业化是社会救助事业科学发展的基础条件，也是提高社会救助服务质量的必由之路。专业化包括组织的专业化和工作人员的专业化。一是建立专业化的经办服务机制。在中央层面要建立专门的社会救助经办中心，其职责是管理具体社会救助业务。在省一级，要设置省、市、县、三级有行政编制的经办机构，其中省市二级的主要职责是指导下一级社会救助机构的工作；县级经办机构根据需要在街道和乡镇设立

派出机构,具体承办社会救助业务。二是在基层建立"一口上下"的社会救助服务平台。"上"就是所有救助问题可以通过平台向上反映,所有救助工作都通过这个平台进行落实,"下"就是所有救助资源通过这个平台进行发放。既可以避免救助重复和遗漏,又方便救助对象,降低运行成本。三是建立专业化的社会救助工作队伍。首先,采取有针对性的培训活动,集中学习社会救助的法规政策、基本理论、专业知识和专业技能,提高现职人员的专业素养。其次,补充科班出身的新成员。在每年国家机关工作和事业单位新进人员考试中,招聘社会工作、社会学、社会保障、心理学等专业毕业生,充实社会救助工作队伍,提升整个队伍的专业化水平。再次,引入社会工作方法。社会工作遵循"以人为本、助人自助"价值理念,有一套专业的工作方法,通过在社会救助工作中引入社会工作方法,是社会救助专业化建设的必由之路。最后,完善社会救助的运行机制。建立数字化管理平台及信息共享机制,实现救助工作的动态管理,提高操作的规范化;加强社会救助资金使用的瞄准机制,增强社会救助资金在缓解贫困方面的社会效益。

4. 整合社会救助方式,实现救助的多样化

由于贫困群体的情况千差万别,需求也丰富多样,决定了必须采取多元化的救助方式。从救助的性质看,新型社会救助应该是制度性的救助方式与非制度救助方式。[①] 物质性救助方式主要包括现金给付和实物发放、代金券和资产建设。低保救助是目前我国最典型的现金救助方式,它通过现金援助对救助者直接发放现金补贴,让受助者根据自身的实际需要灵活的支配补助金。实物发放主要包括食物、药品、油盐、衣服、被子、房屋等,可以直接满足救助对象的生活需求。代金券主要根据救助对象的实际需要设计和发放。在国外主要有教育券、食品券等,代金券一方面引入了竞争机制,一方面通过让救助对象直接消费或支付,提高社会救助的针对性和有效性。非物质性救助主要包括提供服务、心理援助和权利援助。服务供给可以为贫困群体提供多种类型的、有针对性的服务。心理援助主要是帮助受助者树立克服苦难的信心和勇气。权利援助主要是通过增权和赋能,发展受助者自我发展所需的能力。长期以来在社会救助中,以低保为

---

① 周沛、易艳阳:《新型社会救助方式探讨》,《华东理工大学学报》(社会科学版)2009年第4期。

主的现金救助一直处于基础性地位。但同时应该看到，物质救助方式和非物质救助方式各有自己的优点和不足，仅仅依靠单一救助类型不能满足救助对象的救助需求，可以根据贫困者的实际情况，组合使用不同的救助方式。政府应该扶持、鼓励社会组织的发展，加大对社会救助类社团和基金会的培植力度，通过政府购买服务的方式，对社会救助对象提供更加人性化、专业化的服务。

参考文献

［1］关信平：《现阶段中国城市贫困问题及反贫困政策》，《江苏社会科学》2003年第2期。

［2］张艳萍：《我国城市贫困演变趋势分析》，《经济问题》2007年第5期。

［3］林闽钢、张瑞利：《农村贫困家庭代际贫困传递研究》，《农业技术经济》2012年第1期。

（作者单位：中共山东省委党校）

中国共产党探求和谐社会的
理论与实践

刘 琳

实现社会和谐，建设美好社会，始终是人类孜孜以求的一个社会理想，也是包括中国共产党在内的马克思主义政党不懈追求的一个社会理想。中国共产党在中国经济连续近30年获得高速增长之际，提出构建社会主义和谐社会，表明我们党在执政半个多世纪之后，更加关注社会建设，更加注重社会和谐，更加关注社会公平和社会正义，更加关注人民群众的利益需求。中国共产党探求和谐社会的理论与实践，是我们党坚持中国特色社会主义道路、用发展着的马克思主义指导新的社会实践的重大成果，是中国共产党执政理念的重要升华。

一 和谐社会的提出和基本内涵

（一）和谐社会的提出

"构建社会主义和谐社会"概念的首次完整提出，是2004年9月十六届四中全会通过的《中共中央关于加强党的执政能力建设的决定》（以下简称《决定》），《决定》明确地完整地提出了构建社会主义和谐社会的任务，强调要适应我国社会的深刻变化，把和谐社会建设摆在重要位置，并明确了构建社会主义和谐社会的主要内容，将其正式列为中国共产党全面提高执政能力的五大能力之一。这一思想，在此前党的十六大报告论述全面建设小康社会时已有体现，把社会和谐作为我们党要为之奋斗的一个重要目标明确提出来，这在我们党历次代表大会的报告中是第一次。

构建社会主义和谐社会的命题，是我们党从开创中国特色社会主义事业新局面的全局出发提出的一项重大任务。自2004年9月党的十六届四中全会首次完整提出"社会主义和谐社会"以来，全面落实科学发展观，构建社会主义和谐社会，已成为当代中国的主流方向，这既体现了人类的共同价值追求和共产主义的崇高理想，又体现了全面建成小康社会进程中党和人民对社会和谐的迫切要求。

2005年10月党的十六届五中全会把加强和谐社会建设作为"十一五"规划建设的重要目标和原则之一，并就认真解决人民群众最关心、最直接、最现实的利益问题作出了具体部署，人们可以清晰地感受到，党中央关于构建社会主义和谐社会的思考在不断深化，和谐社会建设这个宏大命题，已逐步从初步破题进入操作、实践的新阶段。2006年10月党的十六届六中全会通过了《中共中央关于构建社会主义和谐社会若干重大问题的决定》，深入探讨和全面部署了我国和谐社会建设，是对构建社会主义和谐社会具有重大指导意义的纲领性文件，反映了建设富强民主文明和谐的社会主义现代化国家的内在要求。2007年10月党的十七大强调，构建社会主义和谐社会是贯穿中国特色社会主义事业全过程的长期历史任务，是在发展的基础上正确处理各种社会矛盾的历史过程和社会结果。要通过发展增加社会物质财富、不断改善人民生活，又要通过发展保障社会公平正义、不断促进社会和谐。2012年11月党的十八大强调，全面落实经济建设、政治建设、文化建设、社会建设、生态文明建设"五位一体"总体布局，"五位一体"总体布局是中国特色社会主义实践不断丰富发展的结果，对构建社会主义和谐社会提供了有力支撑。2013年11月党的十八届三中全会通过的《中共中央关于全面深化改革若干重大问题的决定》更是明确指出："紧紧围绕更好保障和改善民生、促进社会公平正义深化社会体制改革，改革收入分配制度，促进共同富裕，推进社会领域制度创新，推进基本公共服务均等化，加快形成科学有效的社会治理体制，确保社会既充满活力又和谐有序。"[1]

构建社会主义和谐社会这一战略举措，对建设中国特色社会主义、实现中华民族伟大复兴的中国梦具有里程碑的意义。

（二）和谐社会的基本内涵

构建社会主义和谐社会，首先需要在理论上全面、准确地把握社会主义和谐社会的**科学内涵**。党的十六届六中全会明确指出，"我们要构建的社会主义和谐社会，应该是民主法治、公平正义、诚信友爱、充满活力、

---

[1] 参见《中共中央关于全面深化改革若干重大问题的决定》，人民出版社2013年版。

安定有序、人与自然和谐相处的社会"。① 这就清楚地表明了和谐社会的六个基本特征,这几个方面既是相互联系的,也是相互作用的,既包括社会关系的和谐,也包括人与自然的和谐,体现了民主与法治的统一、公平与效率的统一、活力与秩序的统一、科学与人文的统一、人与自然的统一。这一系列的统一表明,和谐社会将是社会资源兼容共生的社会;是社会结构合理的社会;是行为规范的社会;是社会运筹得当的社会。概而言之,和谐社会应当是富裕社会、公平社会、有序社会、活力社会。

第一,和谐社会是富裕社会。邓小平同志说过,贫穷不是社会主义,落后也不是社会主义。他还指出,"社会主义的本质,是解放生产力,发展生产力,消灭剥削,消除两极分化,最终达到共同富裕"。② 因此,共同富裕是社会主义社会最鲜明、最本质的特征;构建社会主义和谐社会,应当紧紧围绕"富裕"、"共同富裕"来展开。"和谐社会"是建立在全面小康社会基础上的"和谐社会",而不是建立在贫穷落后基础之上的"和谐社会",是建立在发展基础上的"和谐社会",而不是建立在停滞不前基础上的"和谐社会"。经济发展,国家富强,群众富裕,才是一个和谐的社会。

第二,和谐社会是公平社会。所谓"公平正义",就是社会各方面的利益关系得到妥善协调,人民内部矛盾和其他社会矛盾得到正确处理,社会公平和正义得到切实维护和实现。公平和正义,是现代社会文明进步的重要标志,也是社会和谐稳定的两大基石。因此,中央提出,在加快发展的同时,要从利益协调入手,正确处理人民内部矛盾,维护社会公平正义,这既是构建社会主义和谐社会的重要任务,更是社会主义和谐社会的根本要求。

第三,和谐社会是有序社会。社会和谐,就是指社会处于协调有序的运行状态之中,在社会生活的各个方面,有章可循,有据可依,照章办事。社会的有序性,表现在多个方面:如,在政治生活领域,既广泛发扬民主,充分保障人民群众当家作主的政治权利,又加强法制建设,贯彻依法治国方略,建设社会主义法制国家;在精神生活领域,大力加强社会主义精神文明建设,以道德为支撑,以法律作保障,教育和引导人民群众互

---

① 《中共中央关于构建社会主义和谐社会若干重大问题的决定》,人民出版社2006年版。
② 《邓小平文选》第3卷,人民出版社1993年版,第373页。

帮互助，诚实守信，平等友爱，融洽相处；在经济生活领域，树立和落实科学发展观，切实转变经济增长方式，大力发展循环经济，建设节约型社会，寻求生产发展、生活富裕、生态良好的最佳结合点，等等。总之，社会安定有序，人民安居乐业，人与自然和谐相处，是衡量社会主义和谐社会的重要标准。

第四，和谐社会是活力社会。社会和谐是历史的，也是发展的。同时，和谐社会也是一个不断向更高层次迈进的过程。这其中，社会活力起着至关重要的作用。社会活力是历史进步与发展的源泉与动力。一个没有活力的社会是没有生命力与停滞的社会。和谐社会的活力，来自于社会成员的创造力，既表现为政治活力、经济活力、文化活力，又表现为人的发展活力。因此，必须全面激发社会活力，整体推进和谐社会建设。

党的十八大报告强调，我们要"充分调动各方面积极性，努力形成全体人民各尽所能、各得其所又和谐相处的局面"。[①] 党的十八届三中全会进一步强调，"必须更加注重改革的系统性、整体性、协同性，加快发展社会主义市场经济、民主政治、先进文化、和谐社会、生态文明，让一切劳动、知识、技术、管理、资本的活力竞相迸发，让一切创造社会财富的源泉充分涌流，让发展成果更多更公平惠及全体人民"。[②] 这就是我们所要建设的社会主义和谐社会。

二　和谐社会的视角和实现路径

（一）和谐社会的视角

构建社会主义和谐社会的一个关键在于追求并努力实现社会公平正义。需要指出的是，社会公平正义又是一个相对的概念，需要用辩证的思维来思考和对待。社会公平正义的问题之所以被广泛地得到重视，其前提正是因为社会存在着差别，存在着某种不平等的问题。由于社会公正所赖以实现的资源是稀缺的；国家作为社会共同体其社会公正原则的全面实现有操作化的先后秩序需要；社会成员对于社会公正具体内容的认同与接受需要一个过程等原因，在现实社会当中，社会公正的原则与其实际兑现之

[①] 《坚定不移沿着中国特色社会主义道路前进　为全面建成小康社会而奋斗》，人民出版社2012年版。

[②] 《中共中央关于全面深化改革若干重大问题的决定》，人民出版社2013年版。

间往往有着一定的差距。从现实来看，在我国社会生活的许多领域，社会公正程度有了大幅度的改善和提高。我们在看到维护社会公正方面取得巨大成就的同时，也应当看到，在现实中还不同程度地存在着一些不公正现象。其中，既有改革不完善和体制不健全的原因，又有政策执行不到位的因素；既有现实因素，又有历史原因。因此，确立一个辩证的公平正义观，需要建立以下几个基本视角：

一是，既要充分注意到社会不公问题的严重性及其影响，又要承认社会差别的客观存在及其意义。不可否认，就连像美国这样的现代化程度较高、市场经济很成熟的国家，不公正的问题也是比较明显的。在现代化程度和市场化程度较低的发展中国家，这种不公正的问题更为明显。但是也必须注意到，在任何情况下，资源分布不均以及其他种种原因所导致的社会差别的存在又是一个永恒的问题。甚至在某种程度上说，一定社会差别的存在还是社会发展的动力。在一个社会中，无论是个体还是群体，其自身的原因以及其对于各种机会的把握等，都有可能导致其占有社会资源的多寡，并由此而导致了社会差别的客观存在。因此，正视社会差别的存在，保持社会在一定差别基础上的动态平衡，是一个社会正常发展的基础。

二是，既要在价值、制度、政策等层面致力于维系社会公平正义的努力，又要积极培育社会成员对于社会差别的正确认知和认同。政府作为社会的公共权力，具有维系社会公正的主要的责任。因此，政府的职责正是在于通过其必要的行政的和法律的手段，来整合社会资源，平抑利益的差别，促成社会的共同富裕。但是另一方面，政府以及社会均有责任来积极培育社会成员对于差别的正确认知和认同，使所有社会成员均能清醒地认识到一定社会差别的存在对于社会健康发展的意义，并能够利用这种社会差别，找准自己的角色和位置，努力把握社会机会，来创造自己的良好的生活条件和生活环境。

三是，既要为社会公平和正义呐喊，又要倡导普遍的社会宽容、妥协以及相对满意度和幸福感。应该看到，社会的公平正义是能够得到社会广泛认同的价值取向，任何社会的不公正都会给社会带来直接的负面影响。因此，社会有必要积极地为社会公平和正义呐喊，为社会公平和正义的实现而进行不懈的努力。但是同时，也要倡导社会不同阶层、不同利益的宽容和妥协，使不同阶层和不同利益之间能够沟通互补。特别重要的是，对于所有的社会公众来说，需要倡导其确立相对的社会满意度和幸福感。从根本上来说，一个人的满意度和幸福感并不来源于其占有社会财富的绝对数量，而在于其相对于某个比较对象。俗话说，"比上不足，比下有余"，说的就是这个意思。在任何情况下，只要找准了比照的对象，就能获得相对的满意度和幸福感。

从上述几个基本视角出发，可以这样理解，所谓的社会公平正义，实质的问题并不是谋求同一、谋求均等，而是建立一系列以社会公平正义为基本原则的社会制度，以使各种本来就具有以及本来就应该有差别的社会成员之间能够各得其所、各安本分、相得益彰、共存共荣。

（二）和谐社会的实现路径

构建社会主义和谐社会，涉及社会的方方面面。需要做的事情大致说可以分为两类：一类是属于"治标"方面的事情，也就是说是对已经出现或者是即将出现的有碍于社会和谐的现象进行有效的干预和防范。比如，要建立起有效的社会风险预警系统，要形成高效运转的应急机制，要健全处理突发性事件的应对系统，等等。另一类则是属于"治本"方面的事情。"治本"的事情更加重要，因为它不但可以减少、缓解现有的社会不和谐的现象，而且还可以有效地防患于未然，从源头上减少减弱社会不和谐现象出现的数量以及社会不和谐现象的强度。党的十六大以来，我们党立足当代中国国情，着眼于人民群众的愿望，提出了科学发展观、构建社会主义和谐社会等一系列重大战略思想，强调要进一步转变发展观念、创新发展模式，用发展和改革的办法解决前进中的问题，更好地促进社会公正。党的十八大报告和党的十八届三中全会对此也作出了新的要求和新的部署。

当前，我国经济社会发展进入了新的阶段，经济的健康发展、社会的安全运行、体制的创新等都同社会公正紧密相关。因此，必须切实按照党的十八大和十八届三中全会的要求，在促进发展的同时，把维护社会公正放到更加突出的位置，采取有效措施，更好地维护和实现社会公正。在现阶段，维护和实现社会公正，关键是要逐步建立以权利公正、机会公正、规则公正、分配公正为主要内容的社会公正保障体系。

首先，要从法律上、制度上、体制上努力营造一个维护权利公正的制度环境。党的十八大报告强调："法治是治国理政的基本方式。"[①] 党的十

[①] 《坚定不移沿着中国特色社会主义道路前进 为全面建成小康社会而奋斗》，人民出版社2012年版。

八届三中全会鲜明指出:"深化司法体制改革,加快建设公正高效权威的社会主义司法制度,维护人民权益,让人民群众在每一个司法案件中都感受到公平正义。"① 为此,必须切实维护和落实宪法和法律规定的公民的各项权利,保证全体社会成员都能够比较平等地享有受教育的权利、工作就业的权利、参与社会政治生活以及其他法律规定的权利,努力为每个社会成员提供均等的发展机会。坚持法律和规则面前人人平等,任何人、任何团体都不能有超越法律和规则的特权,一切违反宪法法律的行为都必须予以追究。

其次,要高度重视解决收入分配差距过大的问题。党的十八大报告强调:"提高居民收入在国民收入分配中的比重,提高劳动报酬在初次分配中的比重。初次分配和再分配都要兼顾效率和公平,再分配更加注重公平。"② 在改革发展的进程中,社会成员之间存在一定的收入差距是难以避免的,但应保持在合理范围内。如果社会成员收入差距悬殊而又长期得不到解决,就不仅会挫伤人们的积极性,而且会影响社会安定团结。要合理调整国民收入分配格局,积极推进分配制度改革,进一步理顺分配关系,完善分配制度,着力提高低收入者收入水平,扩大中等收入者比重,有效调节过高收入,取缔非法收入,努力缓解地区之间和部分社会成员之间收入分配差距扩大的趋势,尽力向十八届三中全会强调的"逐步形成橄榄型分配格局"迈进。

最后,要努力建立正确处理各种利益关系的利益协调机制。党的十八大报告强调:"正确处理人民内部矛盾,建立健全党和政府主导的维护群众权益机制,完善信访制度,完善人民调解、行政调解、司法调解联动的工作体系,畅通和规范群众诉求表达、利益协调、权益保障渠道。"③ 党的十八届三中全会进一步强调了创新有效预防和化解社会矛盾体制的重要性。为此,必须把妥善协调各种具体的利益关系和内部矛盾、正确处理个人利益和集体利益、局部利益和整体利益的关系与维护社会公正结合起来,逐步建立深入了解民情、充分反映民意、广泛集中民智、切实珍惜民力的科学决策机制,建立正确处理人民内部矛盾的协调机制,建立社会矛

---

① 《中共中央关于全面深化改革若干重大问题的决定》,人民出版社2013年版。
② 《坚定不移沿着中国特色社会主义道路前进 为全面建成小康社会而奋斗》,人民出版社2012年版。
③ 同上。

盾纠纷调处机制以及社会预警机制,把维护和实现社会公正纳入多种机制有效运转的常态轨道。

社会公正,是人们永恒追求的美好憧憬。党的十八大报告将科学发展观同马克思列宁主义、毛泽东思想、邓小平理论、"三个代表"重要思想一道,列为我们党必须长期坚持的指导思想,实现了党的指导思想的又一次与时俱进,对构建和谐社会的实施和推进意义深远;党的十八大报告对中国特色社会主义"五位一体"总体布局的新拓展以及党的十八届三中全会提出的全面深化改革的总目标,吹响了维护社会公正的号角,加快了维护社会公正的步伐。通过长期坚持不懈的努力,亿万中国人民将沐浴在社会更加公正的春风里,以更加矫健的步伐去创造更美好的未来。

(作者单位:深圳市委党校)

关于中国特色社会主义公平正义理论和实践的思考

刘 会

公平正义是中国特色社会主义的内在要求，也是中国特色社会主义理论与实践的重要价值向度。随着中国改革开放的进一步深入，经济快速发展中社会矛盾开始较集中凸显，公平正义成为当前人们最为关注的焦点问题。在新的社会历史阶段，如何推进中国特色社会主义公平正义成为当代中国的重要主题。

一 关于公平正义观的历史考察

人类历史就是一部追求公平正义的历史，公平正义是人类最珍贵的精神禀赋，推动人类社会文明不断进步。通过对公平正义观的历史考察，可以更好地把握公平正义的内涵，深刻认识马克思主义公平正义观是对资产阶级公平正义观得超越。

（一）中国古代关于公平正义的认识

公平正义一般反映人们追求自由和平等关系特别是利益分配关系合理性的价值理念。在中国古代就有关于公平正义的思想，尧曰："天之历数在尔躬，允执其中"，告诫舜坚持不偏不倚的公正原则；老子对公平正义的理解是崇尚天道，效法自然；孔子的"不患寡而患不均，不患贫而患不安"，"恒老有所终，壮有所用，幼有所长，鳏寡、孤独、废疾者皆有所养"，最集中地体现了中国人对公平正义的心态和对公平正义的向往。中国古代思想家从中国传统伦理道德之维来认识公平正义，但是由于过于理想化并拘泥于社会历史条件而无法实现。

（二）西方的公平正义观

在古希腊，哲学家毕达哥拉斯最早提出了公平正义的理念，正义原则就是法律。早在古希腊，正义就被柏拉图当作一种存在社会有机体和谐关系之中的一种既定秩序，亚里士多德倾向于善和公共利益，第一次提出将正义和公平联系起来，看成一种公平的分配。欧洲中世纪是一种宗教公平正义观，上帝的旨意就是公平正义的标准，而这种公平正义是一种抽象的永恒。

近代启蒙思想家伏尔泰、孟德斯鸠、卢梭发起对自由、平等的思想狂飙，掀起资产阶级革命高潮。近代资产阶级思想家普遍把正义当作评价国家和社会制度的一种道德意义上价值标准。他们从社会契约论出发，如果国家遵守人民契约，保护公民的权利和自由，那这个国家和政府就是正义的，否则是非正义的。空想社会主义者充满对公平正义的向往，给我们构建了人类未来的理想社会。19世纪以来，功利主义者边沁主张正义意味着为最多的人谋取最多的快乐。自由主义者罗尔斯把正义作为社会制度的首要价值，体现在公民的基本权利和义务和其他利益上的分配公平，公平正义突出的是国家的"道德价值"，关注的是公民的自由和权利保障的问题，一方面，公共权利要具有合法性，就要做到如何充分保证和实现公民权利的实现；另一方面，要确保公权力合法性与合理性，就必须有公民权利优先于公共权力的制度安排和设计，公共权利的合法性和政治制度的合理性问题就被巧妙地构架起来。资产阶级公平正义理论成为西方政治文化传统，成为西方当代话语体系的核心价值。这些标榜着"自由、平等、民主"的资产阶级公平正义观虽然在历史上有着一定进步性，但是由于它从抽象的人性论出发，把理性作为衡量一切的唯一尺度来构建公平正义观念，并把公平正义归结为自由、平等和私有财产等权利的保障，忽略了正义原则的阶级性、历史性等问题，与西方自由主义普世价值观别无二致，因而具有社会历史局限性。

（三）马克思恩格斯公平正义观是对资产阶级公平正义观的超越

马克思、恩格斯把"自由"、"平等"、"正义"等资产阶级理论家津津乐道的概念称为"陈词滥调"，在掌握了"批判的武器"后对资产阶级公平正义观进行深刻批判和反思，完成了对人类现在和未来社会制度的理论与实践构建，超越了以往资产阶级的抽象公平正义观，实现了公平正义从抽象和空洞的虚幻走向具体社会现实的飞跃。

自由是每个思想家不可回避的"斯芬克斯"式提问。资产阶级把人的自由巧妙地和人的本质联系起来，把天赋人权作为自由的哲学基础。资本主义所谓政治上的自由和平等被证明是一种虚伪缥缈的形式后，成为一种对资本主义的戏谑嘲讽。马克思对资产阶级自由做了无情的批判；资本主义法律不是保护自由而是侵犯自由的工具，法律走向法律的对立面而成为特权的代名词。马克思从"现实的人"出发重新对自由进行了建构，恢复了自由的本真含义。"自由是人的本质"，康德的先验自由、萨特的自由选择、尼采的绝对自由也都证明了这个结论，但是马克思对于这个结论的前提和基础进行了变革，对实现自由的路径进行了大胆创新，用实践彻底改造了资产阶级唯心主义的自由观。"自由确实是人的本质，因此就连自由的反对者在反对自由的现实的同时也实现着自由。""现实的个人"是马克思主义自由观的出发点，正是在现实的人和现实的物质条件前提和基础上克服了资本主义自由的抽象性和虚假性。马克思用"异化劳动"理论揭示出资本主义社会人失去自由本质的深刻原因。在自由竞争中真正自由的并不是个人，而是资本。无产阶级在异化中不是灭亡，而是要在与异化的斗争中获得自由。马克思指出了实现人的自由之路的具体途径即如何消解劳动异化问题。当人类摆脱"人的依赖关系"、"物的依赖性"进入到"自由个性"阶段，人类就进入到真正的自由阶段。只有在共产主义社会下形成"自由人的联合体"，才能让人回归人的本质，实现真正的自由。

马克思批判了资产阶级平等观念的虚幻性，颠覆了西方资产阶级自由平等的现代神话。资产阶级用自我意识的原则来铲除现实中的不平等，如果平等是对自我意识的超越，那么资本主义阶级的对立和贫富的分化就是否定抽象平等原则的一种反证法。马克思强调劳动和资本之间的冲突，平等原则被限制在"法律上的平等"，而法律平等的前提实际上是财产的不平等。马克思认为平等不是观念意识的活动，应该理解为人在实践活动中存在的生产关系中的平等，那么平等就从单向的思维活动转变为人的感性实践和理性思考的统一。剩余价值的秘密被马克思揭露出来，"占统治地位的只是自由、平等、所有权"，平等交换背后体现的是剥削与被剥削的不平等关系。马克思揭示了劳动和资本之间冲突的真正原因所在，只有在消灭阶级差别和实现无产阶级专政的前提下才有其实现平等的可能性和现实性。马克思主义对资产阶级平等观进行批判和扬弃，"平等应当不仅仅是表面的，不仅仅在国家的领域中实行，它还应当是实际的，还应当在社会的、经济的领域中实行"。

正义是人类政治生活的首要价值，是衡量一个社会合理性的标志。在资产阶级革命早期正义主要论证社会契约下公民平等自由权利的正当性，在工业革命后主要关注对经济效率的追求，进而发展为功利主义代替了契约主义。西方资产阶级思想家把正义作为一种超越社会、超越历史的永恒价值，其功能就是为资产阶级鼓吹自由、平等来美化资本主义。马克思用唯物史观和政治经济学为基础，揭示资本主义制度是一个剥削、异化、奴役、最不公平正义的制度。从表面看起来，商品经济是最自由、最平等的，这种自由和平等和所有权都发生在表面的交换领域，进入到生产领域，这些表面的自由和平等就消失了，马克思通过剩余价值理论揭穿资产阶级的把戏。这种建立在生产资料私有制基础上的资本主义制度是一种不公平、不正义的制度，必然产生与之相适应的不公平、不公正以及阶级的对立，必然走向自己的反面。马克思、恩格斯指出唯一取得正义的前提条件是只有无产阶级取得政权，消灭雇佣劳动制度，消灭私有制。如果仅仅从公民个体出发来实现"做一天公平的工作，得一天公平的工资"目标是可能的，只有分配正义的表面形式是远远不够的，要实现社会的正义的目标绝不可能，"每当资产阶级秩序的奴隶和被压迫者起来反对主人的时候，这种秩序的文明和正义就显示出自己的凶残面目"。只有无产阶级联合起来，消灭剥削阶级才能实现社会公平正义。马克思、恩格斯确立正义的首要原则就是社会制度正义原则，这是在批判资本主义社会制度不正义的基础上从现实的生产力和生产关系运动中得出的结论。推翻不公正的资本主义制度，建立一个没有剥削压迫、没有强制劳动的公正的社会，马克思、恩格斯用理论和实践开辟了人类公平正义的"历史新场面"。

总而言之，马克思、恩格斯公平正义观是社会主义公平正义观的理论基石，体现在政治领域上社会成员平等享有权利和义务；经济领域实行生产资料公有制，人们平等享有生产资料；社会领域里人人都享有教育就业等社会权利，在分配上实行"按劳分配"，但是到了共产主义阶段将是"各尽所能，按需分配"，这是对资产阶级抽象公平正义观的超越，这是马克思主义理论能够占据理论制高点至今长盛不衰的深刻原因。

二　公平正义是中国特色社会主义的内在要求

公平正义作为一种社会核心价值，它不是西方资产阶级的价值专利，而是社会主义的本质要求，是中国特色社会主义的内在要求和重要内容。

（一）公平正义不是资本主义社会追求的价值专利，而是社会主义的本质要求

马克思主义关于公平正义的理论有其自身发展的内在逻辑和思想特质，它是中国特色社会主义公平正义的理论基石。公平是在平等的基础上实现，平等不是形式上的平等，首先是经济关系的平等，揭示了产生社会不公正的全部秘密。私有制的存在注定了资本主义是一个不公平的制度，资本的逻辑注定资本主义的公平正义是一种虚幻。社会主义制度消灭了剥削阶级，消灭了私有制，创造出更高的政治、经济等条件，让每个公民的权利得到保障。没有公平正义，就没有社会主义民主和法治，社会主义就会丧失其合法性和合理性的政治基础，就会失去人民权重的基础，从而陷入一种"恶"的社会，走向社会主义的反面。如果平等是一种事实和结果，那么公平正义则关注具体操作的过程、程序和规则。

社会主义公平正义观是建立在马克思主义社会公平观基础上的，是最能反映社会主义本质的理论。资产阶级启蒙先驱卢梭说："权利平等及其所产生的正义概念乃是出自每个人对自己的偏爱，因而也就是出自人的天性。"因而从资产阶级的人性论来阐释社会公平和正义。空想社会主义者托马斯·莫尔则提出"如果不废除私有制，产品绝不可能公平分配，人类不可能获得幸福。私有制存在一天，人类中绝大的一部分也是最优秀的一部分将始终背上沉重而甩不掉的贫困灾难担子"。空想社会主义最早提出了生产资料公有制、消灭剥削，是实现社会劳动者公平分配的原则。马克思看来，私有制的存在和资本的运动造就了两大对立阶级，注定了资本主义国家不民主、不公平、不自由的局面。在资本主义经济关系不平等的天平上是不存在真正的平等，真正的公平在于生产资料占有的公平，消灭等价交换、消灭阶级和实现生产力高度发达的"自由人联合体"。社会主义作为一种先进的社会制度，在理论和实践上都应该是超越资本主义。实现社会的公平正义，这是社会主义的本质要求。

（二）公平正义是中国特色社会主义的内在要求

中国走上了一条东方社会发展的"不通过资本主义制度的卡夫丁峡谷"直接过渡到社会主义的道路，但是由于对于社会主义新生事物缺少经验，在社会主义实现公平正义过程中中国遭遇到很多难以预料的挫折。社会主义公平正义并不是简单的建立一种理想化的社会就可以自然而然实现的，而是要在社会主义理论和实践的双重磨合过程中不断探索的过程。中

国特色社会主义是马克思主义中国化的当代形态,也是马克思主义中国化的最新成果。公平正义是中国特色社会主义的内在要求,也是中国特色社会主义建设的重要内容。

改革开放以来,加强了对社会主义本质的认识,打破了"平均主义"和"一大二公",实行了按劳分配为主多种分配方式并存的分配方式,体现了公平和效率。邓小平深刻认识到公平正义的社会主义应该建立在生产力高度发达的基础上,必须解放和发展生产力,消灭剥削和两极分化,实现共同富裕,这是社会主义的本质也是社会主义公平正义的目标;大力发展社会主义民主,加强社会主义法治建设,尊重和保障人民权利,这是社会主义公平正义的内在要求。江泽民提出"人民利益高于一切"的社会主义公平正义的价值标准,这也是社会主义公平正义的最显著的特点;他把这个思想贯彻到"三个代表"重要思想中,成为我们党执政为民的价值坐标,这种体现"人民本位"的执政思维;他提出要发展生产力、全面建设小康社会的目标,对社会的公平正义提出了切实可行的行动目标,要实现社会的全面进步;他提出"坚持效率优先、兼顾公平,既要提倡奉献精神,又要落实分配政策,既要反对平均主义,又要防止收入悬殊";特别提出通过分配制度改革来促进社会公平正义,"初次分配注重效率,发挥市场的作用,鼓励一部分人通过诚实劳动、合法经营先富起来。再分配注重公平,加强政府对收入分配的调节职能,调节差距过大的收入";他提出公民权力平等、阶层平等、可持续发展的代际公平新理念,提出加强社会保障的具体措施切实维护社会的公平正义;他提出"依法治国"和"以德治国"治理方式,成为社会主义公平正义的保障。胡锦涛把公平正义作为执政党的核心价值目标,把公平正义和社会现实紧密结合起来,把人民群众的民生问题、利益问题和权利问题摆在首位,提出构建社会主义和谐社会的目标,明确提出公平正义是社会主义和谐社会的基本特征和目标;他在十七大报告中是这样论述的:"实现社会公平正义是中国共产党人的一贯主张,是发展中国特色社会主义的重大任务";"要更加注重社会建设,着力保障和改善民生,推进社会体制改革,扩大公共服务,完善社会管理,促进社会公平正义";关注民生问题,建设和谐社会,是为实现社会主义公平正义提供了适合社会环境和保障;提出"以人为本""科学发展"把可持续发展和人的全面发展联系起来,提出走共同富裕道路,促进人的全面发展,做到发展为了人民,发展依靠人民,发展成果由人民共享，并且强调要加强公民意识教育，维护社会公平正义；在党的十八大报告中他提出"必须坚持维护社会公平正义"，对于彰显社会主义的道路、制度优势，增强中国特色社会主义凝聚力、向心力、感召力具有重要意义；在具体的实践中，实行西部大开发拉小地区差距，关注社会弱势群体、贫富差距等问题，取消农业税，进行社会主义新农村建设等新举措；十八大报告他明确提出公平正义中国特色社会主义的基本要求，要在"五位一体"总体布局得到充分体现，加快社会主义公平正义制度建设，"以权利公平、机会公平、规则公平为主要内容的社会公平保障体系"作为执政的重要目标之一，实现人民平等参与、平等发展、共享福祉的社会主义公平正义。公平正义是中国共产党一以贯之的主张，是中国特色社会主义的内在要求。

（三）公平正义是中国特色社会主义建设的重要内容

维护公平正义，不仅是民主法治建设的需要，也是和谐社会建设的需要。目前我国社会整体上处于一种和谐的状态，社会主义市场经济的发展创造了中国经济奇迹，也大大增强了中国人对中国特色社会主义的道路自信、理论自信和制度自信。在快速增长的发展中也存在一些影响社会公平正义的社会问题。在教育、医疗、社会保障方面的不平等现象依然存在，民生问题引发社会有不满和不安情绪，民主法治建设还不健全，公民道德失范，社会冲突数量呈上升趋势，在现阶段社会主义公平正义问题如此迫切地凸现出来。如何在发展的基础上正确处理各种社会矛盾，成为社会和谐的首要问题。一方面社会现有体制和治理方式还比较滞后，另一方面社会不公是一种长期以来制度积弊沉疴。人们把社会矛盾归结为公平正义问题，其主要表现在资源配置不均衡、收入分配不合理、权利保障缺失、权利责任义务不对等问题，这直接关系到人民群众的权益，反映了人民群众的基本诉求。这些问题严重影响社会主义的全局发展，势必影响社会的和谐发展和长治久安。如何回应公平正义问题，成为当前我们社会主义和谐社会建设的重大问题，也成为中国特色社会主义建设的重要内容。

三 如何推进中国特色社会主义公平正义

改革开放后，随着社会主义市场经济的发展，具有中国特色的"中国道路"创造了中国经济的奇迹。在新的社会历史阶段我国出现许多新情况、新问题，中国特色社会主义公平正义理论和实践面临挑战。如何推进中国特色社会主义公平正义成为当代中国的重要主题。

（一）培育和践行社会主义核心价值观，积极应对西方普世价值带来的冲击

全球化以"世界历史"的方式不断的打开世界的边界，文化也突破了原有的壁垒，在全球范围流动试图形成马克思所说的"世界的文学"图景。西方文化帝国主义的文化霸权论从来没有消失，如汤林森的"文化帝国主义"论试图用全球化消解文化的异质性而实现文化的同一性，亨廷顿的"文明冲突论"试图消解意识形态和经济的冲突，冠以"文明的冲突"是世界最危险的冲突；在福山的"历史终结论"展现的是冷战结束后西方国家推导的意识形态的终结，依据是西方自由主义战胜专制主义、法西斯主义和马克思主义，"战斗圈内的竞争者只留下一个人，即自由民主——个人自由和人民主权的学说"。我们可以看到他们的共同点：西方的自由民主成为西方输出全球的话语方式和普遍价值。面对西方一以贯之的逻辑路线，"自由、平等、民主"的西方普世价值大行其道，试图消解国家主权，试图让许多国家主流价值体系失去原来稳定的状态。在西方强势文化强烈的冲击下，一些民族国家的政治制度、经济、文化、意识形态、价值观念等发生了深刻变化，许多国家政党产生了"合法性危机"，给一些国家带来思想价值的混乱和社会无序状态，也给全球带来新的安全危机。

面对西方普世价值的嚣张气焰，个人主义、自由主义、实用主义思想在中国有很大的市场，新自由主义、民主社会主义、普世价值论、历史虚无论等思潮层出不穷，西方普世价值成为占领中国思想市场的重要理论。走西方民主道路，搞西方两党制，搞资本主义宪政等错误观点还有一定的市场，一些别有用心的人也试图用"两个否定"来对社会主义进行攻击和否定，甚至妄图对中国共产党和中国特色社会主义"妖魔化"，这种思想认识上的错误和混乱给中国带来的不是社会进步，而是一种历史的后退。我们要始终保持清醒的头脑，结合中国的具体情况和具体实践，大力建设社会主义核心价值体系，培育社会主义核心价值观，这必定成为中国破解西方普世价值的最好途径，成为促进社会最大共识的重要力量。积极培育和践行社会主义核心价值观，要把社会主义核心价值观贯彻到人们的现实世界，转化为人民群众的自觉追求和认识世界和改造世界的强大物质力量。我们要积极进行"三个倡导"，把国家层面、社会层面、个人层面的价值核心内在的统一在一起，具体深入到各个层面，统一人们的思想认

识，凝聚和激励人心。在培育和实践社会主义核心价值观的过程中，不断全面提高社会主义公民的思想道德素质，培育知荣辱、讲文明、树正气、促和谐的良好社会风尚，从而为中国特色社会主义建设提供思想道德基础和精神动力。

（二）加强制度设计，为公平正义建立制度性框架

公平正义总是以丰富现实社会生活为对象，公平正义的社会内涵丰富。社会公平正义一定意义上指社会资源、社会机会配置的制度性安排的公平和平等，与制度的合理性相生相伴。社会主义本身具有无比的制度优越性，要充分发挥社会主义制度的优越性，必须通过社会主义改革不断完善社会主义的各项体制制度，合理分配社会资源，合理调整利益关系，化解各种社会矛盾，才能维护社会公平正义。

如果社会体制和制度上安排合理，能够体现社会主义公平正义原则，那么社会资源分配就会不断拉小贫富差距，给予每个公民在教育、就业、医疗各种社会资源公平的待遇，给予每个公民自由的、开放的、透明的、可以公平竞争的社会环境，这样每个公民都有人生出彩的机会，人民群众安居乐业。加强制度的公平性，要把公平正义原则具体化到宏观的社会制度和微观的措施中。"加紧建设对保障社会公平正义具有重大作用的制度，逐步建立以权利公平、机会公平、规则公平为主要内容的社会公平保障体系，努力营造公平的社会环境，保证人民平等参与、平等发展权利。"建立合理开放的社会分层结构，建立合理公平的社会流动机制，消除制度性歧视，建立社会公平保障体系，使全体人民共享改革发展成果。只有建立在公平正义的基础上，才会有持续的经济增长和健康的社会发展，才有和谐安定的社会环境，为全面建设社会主义奠定良好社会基础。

（三）深化社会体制改革，紧紧扭住民生这个中心环节

改革开放以来，社会体制改革的理念不断更新，不断健全社会管理法规体系，不断调适和改良社会政策和规定，也取得一定成绩。在就业、居民收入、社会保障资金、高等教育学校，医疗医院，第三部门组织等总增量迅速，但在整体结构、利益分配关系等方面出现严重失衡。"城乡区域发展差距和居民收入分配差距依然较大；社会矛盾明显增多，教育、就业、社会保障、医疗、住房、生态环境、食品药品安全、安全生产、社会治安、执法司法等关系群众切身利益的问题较多，部分群众生活比较困难。"随着中国经济体制改革的进一步深入，人民内部的社会矛盾明显增

多，严重影响社会的稳定和谐。

深化社会体制改革，紧紧扭住民生这个中心环节。党的十六大以来，党和国家高度重视民生问题，在教育、医疗、就业、社会保障等方面做出了很大成绩，但是民生问题和人民群众的要求还有一定差距。执政为民是我们党执政的核心价值观，也是社会主义的内在要求。要解决好群众最直接的现实利益问题，要在改善民生中进行社会建设。深化社会体制改革的出发点和落脚点为维护最广大人民群众利益，保障每一位社会成员的合法权益，为每个人的自由、全面发展创造条件。我们必须坚决维护最广大人民群众的根本利益，走群众路线，了解"群众之所想、群众之所急、群众之所难"。教育、就业、收入、住房、医疗、社会保障等与人民群众生活息息相关，"学有所教，劳有所得，病有所医，老有所养"是每个人的切身利益。"一切空话都是无用的，必须给人民以看得见的物质福利。"民生问题涉及每个社会成员的社会权利，保障人民权利，缩小城乡差别、地区差别和群体差别，为各类主体提供利益诉求制度平台。党的十八大报告明确指出社会建设的具体内容是民生事业的建设，建设人民满意的教育制度，更高质量的就业制度，建设好收入分配和再分配制度增加居民收入，建设整合型社会保障制度，建设好健康保障制度。深化社会体制改革，要紧紧抓住民生这个中心环节，才能维护好人民群众利益；积极化解各种影响社会和谐稳定的社会矛盾，才能保障每个人的生存和发展的权利，实现社会的公平正义。

总之，公平正义是社会主义的本质特征，是中国特色社会主义的内在要求。建设中国特色社会主义，必须以公平正义为价值目标和原则要求，把公平正义贯彻到中国特色社会主义建设的具体实践中，凝聚社会共识和中国力量，实现中华民族伟大复兴的"中国梦"。

（作者单位：新疆师范高等专科学校）

邓小平的改善民生思想研究

韩喜平　庞　晶

民生即人民生计。在现代社会中，民生主要是指人民的基本生存和生活状态，以及人民的基本发展机会、基本发展能力和基本权益的状况。"改革开放的总设计师"邓小平的改善民生思想关涉解决人民温饱、教育、就业、收入分配、社会保障、医疗卫生、公平正义和民主法制等各个方面，关涉公民的生存权、受教育权、劳动权和发展权等各种权利，较系统地回答了改革开放时期必须解决的一系列重大的民生问题及基本政策。全面准确地认识和把握邓小平的民生思想，对于推动以增进人民福祉为出发点和落脚点的全面深化改革具有重要的价值和意义。

一　充分认识改善民生的重大价值

邓小平高度重视民生问题，他从马克思主义基本理论立场、社会主义本质、共产党的历史使命等方面多视角思索和剖析了民生问题的重要性，明确了改革开放的政策基础和政策价值目标就是要改善民生。

第一，坚持马克思主义基本原则构建民生思想

马克思主义唯物史观认为人民群众是历史的创造者。生产力是历史发展的最终决定力量。人民群众是生产力中最重要的因素，是社会生产方式的主体，是处理和变革社会制度的决定力量，社会主义制度变革是为了满足人民群众的基本需要的。马克思认为，一切人类生存的首要前提，也可以说是一切历史的首要前提，这就是："人们为了创造历史，必须能够生活。然而，为了生活就需要吃、喝、住、穿以及其他一些东西。所以，第一个历史活动就是生产满足这些需要的物质资料，也就是生产物质生活本身，正是这样的历史活动，一切历史的一种基本条件，人们只要是为了能够生活就不得不时时刻刻去完成它,现在和几千年前皆是如此。"① 发展生产力和提高人民的生活水平是马克思主义的基本原则。

但是,由于我国社会主义建设经验不足,对社会主义建设规律认识不够,在新中国社会主义建设过程中,出现了超越阶段的"左"倾性急的错误,甚至出现了"文化大革命","宁要穷的社会主义,不要富的资本主义",把极"左"错误发展到极端,正如有学者指出:"'文革'模式的社会主义说穿了就是'要人民安于贫困落后'。"② 有些人甚至认为百姓穷比富好,百姓越穷越革命,越富越反动。邓小平从马克思主义立场和观点出发反复强调发展生产力和提高人民生活水平的重要性,认为民富才能国强。他指出:"马克思主义认为,归根到底要发展生产力。我们太穷了,太落后了,老实说对不起人民。我们现在必须发展生产力,改善人民生活条件。"③ "马克思主义归根到底是要发展生产力,贫穷不等于马克思主义。以前我们犯过平均主义、吃大锅饭的错误,影响了生产力的发展。"④ 他坚定地指出:"马克思主义的基本原则就是要发展生产力。社会主义的首要任务是发展生产力,逐步提高人民的物质和文化生活水平。"⑤ 邓小平在坚持发展生产力和提高人民的生活水平的马克思主义基本原则的基础构建了自己的民生思想,"是对'文革'穷社会主义模式的根本否定,对几千年安贫乐道的价值观的彻底决裂",⑥ 发展了马克思主义民生观。

第二,从社会主义本质和优越性体系的角度重视民生

早在1977年12月,邓小平就尖锐地指出:"人民生活水平不是改善而是后退叫优越性吗?如果这叫社会主义优越性,这样的社会主义我们也可以不要。"⑦ 后来,他又多次强调这样的观点:"社会主义要显示它的优越性,它的优越性是发展生产力,提高人民生活水平,不然还要社会主义

---

① 《马克思恩格斯选集》第1卷,人民出版社1995年版,第78—79页。
② 萧诗美:《邓小平谋略学》,当代世界出版社2004年版,第100页。
③ 中共中央文献研究室编:《邓小平年谱(1975—1997)》,中央文献出版社2004年版,第381页。
④ 同上书,第791页。
⑤ 同上书,第1037页。
⑥ 萧诗美:《邓小平谋略学》,当代世界出版社2004年版,第102页。
⑦ 中共中央文献研究室编:《邓小平年谱(1975—1997)》,中央文献出版社1998年版,第250页。

干什么。"① "只有不断发展生产力和提高人民的生活水平，着力解决民生问题，才能显示社会主义的优越性，巩固社会主义制度，最终战胜资本主义。"② "社会主义的优越性归根到底要体现在它的生产力比资本主义发展得更快一些、更高一些，并且在发展生产力的基础上不断改善人民的物质文化生活。"③ 1992年南方谈话中，他更为深刻地指出，"社会主义的本质是解放生产力，发展生产力，消灭剥削，消除两极分化，最终达到共同富裕"。④ 这是从生产力目标和人民利益的价值目标界定了社会主义的本质，说明社会主义本质是以民生为价值目标的。他指出，"哪有什么贫困的社会主义、贫困的共产主义"。⑤ 解决贫困的首要的基础是发展生产力，只有发展生产力才能满足人民的物质和文化需求，只有发展生产力，才能满足人民群众日益增长的物质和文化需求，可见民生是目的。邓小平说："我的一贯主张是，让一部分人、一部分地区先富起来，大原则是共同富裕。一部分地区发展快一点，带动大部分地区，这是加速发展、达到共同富裕的捷径。"⑥ 必须把人民生活水准的提高看作是社会主义、共产主义的基本特征。

第三，以中国共产党的历史使命与责任推动改善民生

中国共产党坚持马克思、恩格斯关于无产阶级政党立党宗旨的基本原理，提出立党宗旨就是坚持全心全意地为人民服务。1945年毛泽东在中国共产党第七次全国代表大会上所作《论联合政府》的政治报告中，把共产党的宗旨进一步概括为：共产党的一切言论行动，必须以合乎最广大人民群众的最大利益，为最广大人民群众所拥护为最高标准。指明了全心全意为人民服务是中国共产党的根本宗旨。邓小平从执政党合法性的层面提出必须提高人民的生活水平。如果共产党执政后，经济长期得不到发展，人民群众的生活长期得不到改善，党的凝聚力就会削弱，威信就会下降，就会从根本上削弱党群关系的基础。"在社会主义国家，一个真正的马克思主义政党在执政以后，一定要致力于发展生产力，并在这个基础上逐步提

---

① 中共中央文献研究室编：《邓小平年谱（1975—1997）》，中央文献出版社2004年版，第531页。
② 同上书，第380页。
③ 《邓小平文选》第3卷，人民出版社1993年版，第63页。
④ 同上书，第373页。
⑤ 同上书，第228页。
⑥ 同上书，第166页。

高人民的生活水平。"① 1978年9月，他在一次讲话中明确指出："按照历史唯物主义的观点来讲，正确的政治领导成果，归根结底要表现在社会生产力的发展上，人民物质文化生活的改善上。"② 民生问题是衡量中国共产党执政能力和水平的重要尺度。能不能处理好民生问题，是对中国共产党执政能力和水平的一个重大考验，是否有利于提高人民的生活水平作为执政党制定路线、方针、政策的出发点和归宿。他在《解放思想，实事求是，团结一致向前看》的重要讲话中把"劳动者的个人收入和集体福利增加了多少"作为衡量党委善不善于领导、领导得好不好的重要内容。他指出社会主义根本任务是解放生产力和发展生产力，要一心一意搞建设，紧紧抓住经济建设这个中心不放，把是否有利于发展社会主义的生产力、是否有利于增强社会主义国家的综合国力、是否有利于提高人民的生活水平作为衡量一切工作的根本标准。

二 明确提出改善民生的具体对策

改善民生是一项复杂的工程。邓小平坚持勇于创新，提出了解决民生问题的基本思路，涵盖了解决民生问题的基础、基本原则、重点部署，构建了改善民生的战略框架。

（一）解决民生问题的基础是发展生产力

邓小平从历史唯物主义出发，阐明了发展生产力、发展经济与改善民生的基本关系。他认为，落后国家建设社会主义，在开始的很长一段时间内生产力水平不如发达的资本主义国家，不可能完全消除贫穷，所以社会主义必须大力发展生产力，逐步消除贫穷，不断提高人民的生活水平。以经济建设为中心大力发展生产力是解决一切民生问题的基础。只有经济不断发展，国家综合实力不断提高，国民收入才能提高，各种民生项目才能有经济支撑，民生才能得到根本改善。我国是在半殖民地半封建社会和一穷二白的基础上建立起社会主义制度的。人口多、底子薄、各地区发展不平衡、人民的生活水平比较低，尤其是"文化大革命"后，社会生产力遭到严重破坏，国民经济到了崩溃的边缘，邓小平明确指出，向全党指出："社会主义要消灭贫穷，

---

① 《邓小平文选》第3卷，人民出版社1993年版，第28页。
② 《邓小平文选》第2卷，人民出版社1994年版，第128页。

贫穷不是社会主义",①"我们的生产力发展水平很低,远远不能满足人民和国家的需要,这就是我们目前时期的主要矛盾,解决这个主要矛盾就是我们的中心任务"。② 为此,他强调以经济建设为中心的发展路线。"发展才是硬道理","先把经济搞上去,一切都好办",③"中国解决所有问题的关键是靠自己的发展"。④ 他的这些思想为党的十三大确定在社会主义初级阶段的"一个中心、两个基本点"的基本路线奠定了思想方法论的基础。1992年初邓小平南方讲话时反复强调党的基本路线"要管一百年,动摇不得",必须集中力量发展经济,深化改革开放,加快转变经济增长方式、完善社会主义市场经济体制,为改善民生提供物质保障。⑤

(二) 解决民生问题必须要进行体制改革

邓小平认为,解决民生的前提是发展生产力。而要发展生产力,经济体制改革是必由之路。由此逻辑推演,民生问题倒逼经济体制改革,体制不改革就会阻碍生产力发展,民生问题就解决不了,就有亡党亡国的危险。邓小平在深刻反思了社会主义建设经验教训的基础上,认识到我国的主要矛盾是总体上落后的生产力与人民不断增长的物质文化需求之间存在着矛盾。他既联系我国实践,又总结世界各国民生建设的经验与教训谈加强民生建设必须进行体制改革,指出:"世界上一些国家发生问题,从根本上说,都是因为经济上不去,没有饭吃,没有衣穿,工资增长被通货膨胀抵消,生活水平下降,长期过紧日子。"⑥ 如果我国"人民物质文化的生活水平得不到改善,那么,我们的社会主义政治制度和经济制度就不能充分巩固,我们的国家安全就没有可靠的保障"。⑦ 1978年10月11日,邓小平代表中共中央和国务院在中国工会第九次全国代表大会开幕式上致词,提出:"要大幅度地改变目前落后的生产力,就必然要多方面地改变生产关系,改变上层建筑,改变工农业企业的管理方式和国家对工农业企

---

① 《邓小平文选》第3卷,人民出版社1993年版,第116页。
② 《邓小平文选》第2卷,人民出版社1994年版,第182页。
③ 《邓小平文选》第3卷,人民出版社1993年版,第129页。
④ 《邓小平文选》第3卷,人民出版社1994年版,第265页。
⑤ 张弥:《论中国特色社会主义民生理论的初步形成》,《中国特色社会主义研究》2009年第6期。
⑥ 《邓小平文选》第3卷,人民出版社1993年版,第354页。
⑦ 《邓小平文选》第2卷,人民出版社1994年版,第86页。

业的管理方式，使之适应于现代化大经济的需要。"① 他警示："如果现在再不实行改革，我们的现代化事业和社会主义事业就会被葬送。"② "不坚持社会主义，不改革开放，不发展经济，不改善人民生活，只能是死路一条。"③ 邓小平强调经济体制改革的实质是社会主义基本经济制度的自我完善，指出"搞计划经济和市场经济相结合，进行一系列的体制改革，这个路子是对的。这样做是否违反社会主义的原则呢？没有。因为我们在改革中坚持了两条，一条是公有制始终占主体地位，一条是发展经济要走共同富裕的道路，始终避免两极分化"。④ 只有通过改革开放，才能为发展生产力和提高人民的生活水平提供制度保障。

（三）解决民生问题要坚持共同富裕的基本原则

社会主义本质论中最高层次的内容就是共同富裕。实现全国人民的共同富裕是社会主义的民生目标。共同富裕目标体现着人民利益至上的马克思主义政治立场。在 1985 年邓小平以中国的历史和现实国情为根据指出："一个公有制占主体，一个共同富裕，这是我们所必须坚持的社会主义的根本原则。"⑤ "社会主义与资本主义不同的特点就是共同富裕，不搞两极分化。"⑥ 1986 年邓小平又说："我们允许一部分人先好起来，一部分地区先好起来，目的是更快地实现共同富裕。"⑦ 1987 年 10 月 25 日，党的十三大报告在分配问题上提出，允许一部分人"先富起来，合理拉开收入差距，又要防止贫富悬殊，坚持共同富裕的方向，在促进效率提高的前提下，体现社会公平"。这是邓小平效率公平观第一次以理论的形态表述出来。1990 年底他又强调："社会主义不是少数人富起来、大多数人穷，不是那个样子。社会主义最大的优越性就是共同富裕，这是体现社会主义本质的一个东西。"⑧ 1992 年南方谈话，邓小平把共同富裕上升到社会主义目标的高度。要实现共同富裕，必须避免两极分化，1981 年邓小平就发出

---

① 《邓小平文选》第 3 卷，人民出版社 1993 年版，第 125 页。
② 《邓小平文选》第 2 卷，人民出版社 1994 年版，第 150 页。
③ 《邓小平文选》第 2 卷，人民出版社 1993 年版，第 370 页。
④ 中共中央文献研究室编：《邓小平年谱（1975—1997）》，中央文献出版社 2004 年版，第 1091 页。
⑤ 《邓小平文选》第 3 卷，人民出版社 1993 年版，第 111 页。
⑥ 同上书，第 123 页。
⑦ 同上书，第 172 页。
⑧ 同上书，第 364 页。

告诫:"坚持社会主义制度,始终要注意避免两极分化。要逐步增加人民收入,不允许产生剥削阶级,也不赞成平均主义。"① 1985 年邓小平又讲:"社会主义的目的就是要全国人民共同富裕,不是两极分化。如果我们的政策导致两极分化,我们就失败了;如果产生了什么新的资产阶级,那我们就真是走了邪路了。"② 1990 年邓小平指出:"只有社会主义,才能有凝聚力,才能解决大家的困难,才能避免两极分化。"③ 1992 年邓小平视察南方,把消灭剥削,消除两极分化当作体现社会主义本质的东西提了出来,形成了关于社会主义本质的光辉论断。邓小平明确强调:"只要我国经济中公有制占主体地位,就可以避免两极分化。"④ "在我们的发展过程中不会产生资产阶级,因为我们的分配原则是按劳分配。"⑤

(四)制定了把人民福利纳入社会发展目标的"三步走"发展战略

邓小平把发展生产力和提高人民生活水平作为党和国家制定经济社会发展战略的出发点和归宿。他提出了"三步走"发展战略,每一步都有相应的人民生活水平的标准,是实现现代化和解决民生问题摆脱贫穷走向富裕的基本路径。1987 年,他会见西班牙客人时,全面阐述了他对实现小康的构想。"实现这一目标意味着我们进入小康社会,把贫困的中国变成小康的中国。"⑥ 小康目标的每一步,都把经济发展的目标同改善人民生活和促进社会进步的目标有机地结合起来,体现了社会主义生产目的和为人民谋利益的根本宗旨,体现了发展成果由全体人民共享。正如邓小平指出的"我们奋斗了几十年,就是为了消灭贫穷。第一步,本世纪末,达到小康水平,这是不贫不富,日子比较好过的水平。第二步,再用三五十年的时间,在经济上接近发达国家的水平,使人民生活比较富裕,这是大局"。⑦ 到 20 世纪末,我国人民生活总体上开始达到小康水平。根据邓小平的设想,党的十三大正式提出:第一步,从 1980 年到 1990 年,国民生产总值翻一番,人民生活实现温饱;第二步,从 1991 年到世纪末再翻一番,人民生活达到小康;第三步

---

① 中共中央文献研究室:《邓小平年谱(1975—1997)》,中央文献出版社 2004 年版,第 790—791 页。
② 《邓小平文选》第 3 卷,人民出版社 1993 年版,第 110—111 页。
③ 同上书,第 357 页。
④ 同上书,第 149 页。
⑤ 同上书,第 255 页。
⑥ 同上书,第 226 页。
⑦ 同上书,第 109 页。

到21世纪中叶，人均国民生产总值达到中等发达国家水平，人民生活比较富裕，基本实现现代化。"三步走"发展战略把人民生活的改善放到重要地位，每一步都有明确的指标，第一步要解决人民的温饱问题，第二步使人民生活达到小康水平，第三步使人民生活比较富裕，对应的人均国民生产总值分别为500美元、1000美元、4000美元。邓小平采用以美元计算的"人均国民生产总值"代替了过去使用的"工农业总产值"的指标，以前单纯强调工农业总产值忽视了经济效益和人民生活水平这两个重要参数。"人均国民生产总值"全面反映了包括物质福利量和精神文明教育健康环境闲暇时间等非物质福利量在内的人民生活总体生活水平。这一指标的采用，把重视经济效益和人民生活水平提到了战略地位。人民生活水平因素作为战略发展的指标，反映了邓小平建设现代化的终极目标就是富国利民。

三 取得了巨大的实践成效

在邓小平民生福祉思想的指导下，党和政府以解决民生为目标按三步走战略进行了系列改革和建设。如：其一，建立和完善社会主义市场经济体制；其二，优先发展农业；其三，改革收入分配制度；其四，千方百计扩大就业；其五，重视社会保障，改善卫生条件和人居环境；其六，发展教育、科学文化事业；其七，维护社会稳定，创造发展和改善民生的社会环境；等等。从现实情况看，我国民生措施的施行使人民生活实现了由贫困、温饱到小康的历史性跨越。20世纪70年代末至80年代末，人民群众的温饱问题在改革开放和经济发展基础上逐步得以解决。到20世纪末，我国人民的生活明显改善，总体上达到小康水平。1978年至2000年，"城乡恩格尔系数分别由57.5%和67.7%下降到39.2%和49.1%。群众消费由追求基本生活资料数量的满足发展到注重生活质量的提高，消费结构从以农产品消费为特点的温饱型进入以工业品消费为特点的小康型。城乡贫困人口大幅度减少，2.5亿农村贫困人口中有85%以上已经脱贫，贫困人口占农村总人口的比重由30.7%降到3%"，[①] 这是世界消除贫困历史上的伟大壮举。

进入21世纪，2002年，党的十六大明确提出中国共产党作出了在新

---

① 朱民荣：《为什么说人民生活总体上达到小康水平是中华民族发展史上一个新的里程碑？》，《中国教育报》2003年1月16日第4版。

世纪头 20 年建设全面小康社会的战略部署。2004 年党的十六届四中全会提出了构建社会主义和谐社会的战略思想和社会建设的概念。民生建设是社会建设中的一个重要组成部分。党进一步加深了对改善民生、加强社会建设重要性的认识。建设小康社会、和谐社会就是使全体人民都能够更加充分、更加稳定地享受小康生活。在上述一系列部署指引下，我国以改善民生为重点的社会建设得到大力推进，主要体现在以下方面：其一是优先发展教育；其二是实现充分就业；其三是加快推进收入分配制度改革；其四是加快建立覆盖城乡居民的社会保障体系；其五是强化公共卫生服务；其六是完善社会管理。由于采取上述一系列措施，2010 年城镇和农村居民家庭恩格尔系数分别为 35.7% 和 41.1%，保持不断下降的趋势。居民拥有的家用汽车数和住房面积不断增加和扩大，电话和互联网普及率不断提高。① 人民生活更加宽裕，生活质量大幅度提高，加快向全面小康迈进。

对党和政府改善民生、加强社会建设的工作，人民群众给予了充分肯定。但城乡居民对继续改善生活仍有很多的期待，他们认为，教育医疗等方面的生活压力有所缓解，但物价上涨和就业压力增加；覆盖城乡的社会保障体系初步建立，但非公经济组织中的社会保障状况亟待改善；社会安全感总体水平较高，但食品和交通的安全状况令人担忧；居民对当地政府工作基本满意，但在环境保护和惩治贪官腐败等方面有更多期待。②

2013 年 5 月，习近平在天津调研保障和改善民生工作时强调，保障和改善民生是一项长期工作，没有终点站，只有连续不断的新起点。新时期，党和政府必须总结历史经验和教训的基础上，将经济发展与民生改善紧密联系起来，把党的十八大强调的以保障和改善民生为重点的社会建设放在突出的地位上，坚持以人为本、促进人的全面发展的方向，努力办好人民满意的教育，推动实现更高质量的就业，千方百计增加居民收入，统筹推进城乡社会保障体系建设，提高人民健康水平，加强和创新社会管理。解决好人民最关心最直接最现实的利益问题，在"学有所教、劳有所得、病有所医、老有所养、住有所居"上持续取得新进展，努力让人民过上更好生活。

---

① 国家发展和改革委员会编写：《〈中华人民共和国国民经济和社会发展第十二个五年规划纲要〉辅导读本》，人民出版社 2011 年版，第 34 页。

② 李培林等：《当代中国的民生》，社会科学文献出版社 2010 年版，第 31—45 页。

参考文献

［1］《马克思恩格斯选集》第 1 卷，人民出版社 1995 年版。

［2］中共中央文献研究室编：《邓小平年谱（1975—1997）》，中央文献出版社 2004 年版。

［3］萧诗美：《邓小平谋略学》，当代世界出版社 2004 年版。

［4］《邓小平文选》第 3 卷，人民出版社 1993 年版。

［5］《邓小平文选》第 2 卷，人民出版社 1994 年版。

［6］张弥：《论中国特色社会主义民生理论的初步形成》，《中国特色社会主义研究》2009 年第 6 期。

［7］张爱武：《论邓小平的民生思想——〈邓小平年谱（一九七五——一九九七）〉解读》，《毛泽东邓小平理论研究》2008 年第 7 期。

［8］瞿晓琳：《新时期邓小平的民生思想初探》，《理论月刊》2008 年第 7 期。

［9］王强：《试论邓小平的民生思想》，《理论探讨》2008 年第 4 期。

［10］王金水：《邓小平民生思想探析》，《中国井冈山干部学院学报》2009 年第 1 期。

［11］臧乃康：《中国特色社会主义民生思想的历史演进》，《马克思主义中国化的理论实践》2008 年第 9 期。

［12］苏献启、窦孟朔：《邓小平民生思想研究》，《邢台学院学报》2008 年第 12 期。

（作者单位：韩喜平，吉林大学马克思主义学院；庞晶，齐齐哈尔大学马克思主义学院）

专题七　环境保护与生态文明问题

物质文明与生态文明的冲突与协调

王小元

胡锦涛同志在党的十八大报告明确指出:"建设生态文明,是关系人民福祉、关乎民族未来的长远大计。面对资源约束趋紧、环境污染严重、生态系统退化的严峻形势,必须树立尊重自然、顺应自然、保护自然的生态文明理念,把生态文明建设放在突出地位,融入经济建设、政治建设、文化建设、社会建设各方面和全过程,努力建设美丽中国,实现中华民族永续发展。"这进一步表明,十八大后中国共产党执政理念的生态化转向。党的十四大以来,我国经历了建设和完善社会主义市场经济体制的两个阶段。目前,我国仍然在为完善社会主义市场经济体制而不懈努力,经济领域的各项改革正在加紧实施。处理好完善市场经济体制与推进生态文明建设的关系,具有重大战略意义。

一 物质文明与生态文明建设的冲突

我国是由落后的东方国家进入社会主义的国家,经过60多年的经济建设,我国仍然处于社会主义初级阶段,人口多、底子薄、人均GDP少、经济发展方式粗放等局面没有根本改变。大力发展社会生产力,尽可能满足人们日益增长的物质和文化需要依然是我国社会主义生产的重要目标。然而,在过去的物质文明建设过程中,我国的生态环境承受能力受到严重挑战,推进生态文明建设仍然存在明显的困境。

(一)大力发展生产力与改善生态环境的冲突

改革开放以来,我国依据国际国内形势的发展,先后制定了"发展是硬道理"、"发展是第一要务"、"一心一意谋发展,聚精会神搞建设"等政策。其中心思想就是要坚持以经济建设为中心,大力发展生产力。经过30多年的发展,我国实现了社会生产力、人们生活水平和综合国力等方面的提高，小康社会局面基本形成。

但是，在发展过程中，地方政府一味强调增加 GDP 总量，没有考虑自然资源的价值和生态环境的保护。严重忽视了社会公平正义和自然生态平衡的价值观，以社会分化和环境恶化为代价去换取一时一地的经济发展，最后，甚至掉入唯 GDP 论的泥淖，使经济发展蜕变成了残酷剥削劳动力和疯狂掠夺资源的一场野蛮的恶性竞赛。[①] 这种发展模式的后果是：生产力虽然大大提高了，但生态环境的承受力却大大降低了。资料表明，我国一共有七条大江河，从南到北依次是珠江、长江、淮河、黄河、海滦河、大辽河和松花江。这七条江河中，除了珠江和长江水量充沛外，其他江河都出现了不同程度的断流，且长江和珠江都出现了大面积污染。在今后的发展中，是继续以经济建设为中心，牺牲生态环境；还是加大环境保护力度，适当减慢经济发展速度产生了巨大冲突，成为中央和地方政府的艰难选择。

（二）提高人们生活水平与节约资源的冲突

新中国成立以来，人们日益增长的物质和文化的需要和落后的社会生产力之间的矛盾一直是我国社会的主要矛盾。尽可能满足人们日益增长的物质和文化需要依然是我国社会主义生产的重要目标。经过 60 多年的发展，中国物质文明建设硕果累累。据 IMF2013 年的统计资料表明，我国人均 GDP 已达到 6700 美元，人民的衣食住行都大为改善，手机、电脑普及率世界第一，汽车已经进入寻常百姓家。

但是，在人们生活水平提高的过程中，由于收入差距的扩大和西方错误消费理念的渗透，奢侈消费、讲阔气、比排场渐渐进入中国消费阶层，中国传统的艰苦朴素和勤俭持家往往成为人们的笑柄，被大部分人抛之脑后。一些富裕阶层大肆在国外抢购奢侈品，大肆消费高贵名酒、名车；一些中产阶层抱着"旧的不去，新的不来"的理念，随意处理尚能使用的商品，不断"与时俱进"，购进新潮商品；大部分国民不愿意接受他人的实物捐赠。这些现象使中国成为典型的"未富先奢"国家。有人早就预言过：占世界人口 4.6% 的美国人就消费了世界 25% 的能源。这种情况如果持续下去，第三世界就不可能过上像样的生活。[②] 这些不科学的消费理念，加剧了中国资源的紧张程度，使我国生态环境经受着严峻考验。

[①] 杨东昌：《社会主义市场经济条件下的经济伦理研究》，《农村经济与科技》2009 年第 3 期。
[②] [美] 杰里米·里夫金：《熵，一种新的世界观》，上海译文出版社 1987 年版，第 170 页。

(三) 充分发挥资本的作用与建设生态文明的冲突

我国的改革开放是在资金和技术等短缺的基础上开始的,因此外资成为改革开放初期资本的重要来源。随着一部分人率先富裕,内资也成为20世纪90年代以后我国的资本的又一来源。索托从亚当·斯密关于资本的表述中得到启示,他认为,资本不是积累下来的资产,而是藏匿在资产中的潜能,它能推动新的生产,也就是说,资本的最大价值特征就是价值增殖。

因此,外资和内资投资中国,大部分情况下绝非是出于对中国的友好,其最大的冲动是用资本在中国实现有利可图,甚至唯利是图。在外资和内资的作用下,中国经济的确创造了奇迹,同时也夸大了资本在我国经济与社会发展的作用,"资本的逻辑"这一现象不断强化。这些资本在中国紧紧盯住"利润",无视或者轻视环境污染。地方政府为追求所谓GDP的快速增长,实现相互之间的进位赶超,对这些资本敢怒不敢言。最后地方政府主动承担治理环境污染的任务,由人民买单。这种发展模式使资本所得越来越多,劳动报酬所得越来越少,严重挫伤了劳动者的积极性,进一步强化了"资本的逻辑",给我国推动生态文明建设带来了很大阻力。

(四) 地方政府的政绩考核与建设生态文明的冲突

改革开放以来,我国始终坚持以经济建设为中心的发展战略。这一战略曾经起到了很好的作用。但是,随着我国经济社会的发展,这一发展战略渐渐被地方政府官员异化。中国经济发展成为优惠条件和GDP总量的大比拼。政府官员为得到一份漂亮的政绩单,往往不计自然资源价值,不计生态环境代价,在维护人民根本利益的幌子下,放弃甚至危害人民的根本利益。一些地方政府官员还没有将现有项目的环境污染治理好,却忙于派人外出招商引资。近几年来,地方官员甚至无视国内产业过剩的现实,想方设法向央企要钢铁项目,动辄近千亿的投资。当前,这种竞争不仅存在于企业与企业之间,也存在于国与国之间、国内各级政府之间。国内难以根治的淮河问题,就是地方保护主义和地方领导政绩观在作祟。[①] 这些项目的投资对于增加人们的福祉,提高人民的生活水平没有太大好处,对快速增加地方GDP总量却具有立竿见影的效果,同时严重破坏了生态环境。

---

① 郭强、刘伟坤:《论社会主义市场经济条件下的生态文明建设》,《政治经济管理干部学院学报》2005年第2期。

二 生态文明与物质文明的协调

到2013年,我国GDP总量已经超过9万亿美元,在世界经济总量中的比重超过了10%,稳居世界第二大经济体。在这种大形势下,赶超美国,成为世界第一大经济体只是时间问题。因此,着眼于21世纪的发展,中国人应该有新的更大的贡献。坚持科学发展观思想,采取各种措施,推动中国由工业文明后期向生态文明转变,由以物质文明为中心向"五位一体"协调发展转变。

(一)大力推进生态文明意识教育

所谓生态文明是指人与自然、人与人、人与社会、人与自身形成的和谐圆融,良性持存,全面发展的文明生态,它是人类文明从渔猎文明到农业文明再发展到工业文明后出现的一种新的文明样式,是对人类既有文明的超越,也是迄今为止的人类文明的最高形式。① 是人类建设有序的生态运行机制和良好的生态环境所取得的物质、精神和制度方面成果的总和。

加强生态文明建设,必须加大力度推进生态文明观教育,它涉及到普通人们的思想意识,尤其是哲学世界观、方法论与价值观,其核心是价值观念与思维方式。②

一种观念要成为人们的思想和行动指南,需要从知、情、意、行四个方面着手。

1. 要告诉人们生态文明观的内容

生态文明观是一种蕴含着平等、均衡互补与和谐的文化价值观念。它告诉人们,在人类的发展进程中,不仅人是主体,自然也是主体;不仅人有价值,自然也有价值;不仅人有主动性,自然也有主动性;不仅人依靠自然,所有生命都依靠自然,所以,倡导人与自然要和谐发展。③ 具体来说,就是要让普通民众知道,什么是符合生态文明的生产方式、生活方式和消费方式,要形成什么样的生产理念、生活理念和消费理念。

2. 要让人们体验按照生态文明观行事的价值

只有当人们有较高的生态文明素养,人们才能够自觉按照生态文明要求

---

① 何为芳:《生态生产与绿色消费:生态文明时代的经济伦理观》,《伦理学研究》2011年第4期。
② 黄顺基:《建设生态文明的战略思考》,《教学与研究》2007年第11期。
③ 林莎等:《生态文明的经济发展方式:生态文明建设理论的一个重要命题》,《南京林业大学学报》(人文社会科学版)2008年第3期。

行事,感受优美的生存环境、低碳的生活方式,并且从中体验到生态文明的快乐。

3. 要让人们始终坚持生态文明观行事

按照生态文明观生活和生产归根结底是快乐的。但是,在这过程中,却难免有反复和挫折。部分官员按照科学发展观招商引资,发展了生产,保护了环境。虽然 GDP 增长的速度慢了些,但是人们拥护和支持这种发展方式;部分官员坚持唯 GDP 的发展理念,GDP 增长的速度确实快了些,但是,人们得到的实惠很少,环境污染严重,资源消耗巨大,经济发展质量和效益低下,人们坚决反对这种发展方式。人们依据自己对生态文明观的认识和坚持,自觉衡量各级人大代表和政府官员是否称职,最终促进政府决策的科学化和生态化。

(二) 努力提高科技的生态转向

培根深刻地改变了科学研究的性质和意图,根据他的观点,自然应该成为奴婢,应该受到审讯,科学家的任务就是通过严刑拷打,逼迫自然界说出她的秘密。[1] 工业革命以来,科学技术的确取得了突飞猛进的发展,人类对自然界的征服越来越快速、广泛和深入,自然界的呻吟也越来越猛烈和持久,它对人类的报复也越来越可怕。恩格斯曾经说过,我们不要陶醉于对大自然的胜利,对于这样的胜利,大自然每次都报复了我们。他还告诫人们:"我们必须时时记住,我们统治自然界决不像征服者统治异族人那样,决不像站在自然界之外的人那样;相反地,我们连同我们的肉、血和大脑都存在于自然界之中。"[2] 当前,人类文明由工业文明向生态文明迈进,科学技术必须出现生态转向。要放弃尽自然奥秘的野心,倾听自然言说,或像高普利津所说那样与自然对话。[3]

1. 大力发展生态农业科技

生态农业是生态产业的重要组成部分。通过提高农业科技含量,发展生态农业,尽量节约农业资源,合理保持现有河流、土壤、森林、草场等自然条件,既要避免工业化带来的污染,又要避免工业化给农业带来的破坏,注重耕地资源的有效利用和动态平衡。

---

[1] 庄穆:《生态环境危机之根源分析》,《马克思主义与现实》2004 年第 2 期。
[2] 《马克思恩格斯选集》第 3 卷,人民出版社 1972 年版,第 518 页。
[3] Hya Prigogive, *The End of the Certainty Time. Chaos, and the New Laws of the Nature*, New York: The Free Press, 1997, p. 57.

2. 大力发展生态工业科技

科学技术是第一生产力,通过发展生态工业科技,不是向自然界要更多的资源来发展生产,而是在现有资源情况下,尽量减少工业生产对林地、草场和耕地的占用和破坏,对空气和水体的污染,尽量节约各种矿产资源法和能源,提高其使用效率,改变传统的非线性循环经济生产方式,形成"资源—产品—废物—再生资源"循环型生产模式,多生产绿色产品和有机食品。

(三) 加快生态法制建设

1995年,中国共产党提出了依法治国的理念。经过十几年的发展,我国依法治国取得了很大成绩。但是,在资源环境保护的执法过程中,存在有法不依,执法不严,违法不究,打击不力,执法不及时、不到位等现象。[1] 我国的社会主义市场经济是法治经济,在这种条件下推进生态文明建设,必须加快生态法制建设。

1. 明确生态法制建设的指导思想

重视法治对生态环境的保护是国外建设生态文明的基本经验。在我国,加快生态法制建设,必须要以生态文明作为其指导思想,建立一套完整的生态法律体系来推进生态文明的发展。

2. 加快生态立法进程

我国生态立法起步较晚,至今仅有《环境保护法》等少数几部法律。这些法律很难涉及生产生活的各个领域和环节,形成了生产和生活发展中生态环境保护的许多空白。今后,相关立法部门,要依据我国社会主义市场经济发展的情况和生态文明建设的需要,继续加快立法,形成以《宪法》相关论述为核心,以《环境保护法》为基本大法,《森林法》、《草场法》、《水法》、《渔业法》、《矿产资源法》等法为依托的完整生态文明法律体系,确保生态文明建设过程中有法可依。

3. 加大环境保护执法力度

环境保护部门一定要以事实为依据,以法律为准绳,对模范遵守环境保护法律法规的地方政府、企业、个人给予褒奖;对违反相关法律法规的地方政府、企业、个人依据造成损失的程度给予严格法律制裁。形成有法必依、执法必严、违法必究的局面,引导地方政府、企业和个人自觉遵守相关环境保护的法律法规。

---

[1] 任书体:《生态文明法律制度构建》,《人民论坛》2010年第11期。

(四) 积极倡导生态消费模式

现代社会认为，高消费是积极发展的重要动力。[①] 我国是社会主义国家，我们的生产目的是为了满足人们日益增长的物质和文化需要。同时，我国现有生产力水平和资源都制约着这一目标的实现。因此，倡导生态消费模式是当前推进生态文明建设的重要选择。

1. 尽可能提高劳动报酬在收入分配中的比重

当前，我国收入分配差距很大，基尼系数达到 0.51，大大超过国际通行的警戒线水平。不平衡的分配格局阻碍了生态消费模式的形成。但是，如果实行新的"均贫富"政策将严重打击先富人群的积极性，甚至导致大规模资本外流。因此，只要公民现有财富取得方式合法，国家应一律予以承认，并且以法律形式予以保护，确保其财产神圣不可侵犯。在此基础上，改革现有不公平的分配方式，将"重资本，轻劳动"的方式逐步过渡到"兼顾劳动和资本，适度向劳动倾斜"的分配方式，促进国民收入分配方式的公平公正，为倡导生态消费模式奠定物质基础。

2. 要形成适量消费的理念

长期以来，我国人民收入低下，人们对过去既记忆犹新，又非常后怕。因此，一旦收入得到迅速提高，放纵消费心态特别明显。为此，政府要旗帜鲜明地反对疯狂消费、讲排场和摆阔气等奢靡之风，积极引导人们继续保持艰苦朴素、勤俭持家的传统，多消费绿色食品和有机食品，适度消费，杜绝浪费。对于那些可以继续消费的商品，应该穷尽其价值，发挥其最大效用。

3. 要崇尚精神消费

引导人们以知识和智慧替代物质，鼓励人们多参加科学和艺术活动，多亲近自然，体验自然，多消费精神商品，从中体验生态文明的快乐。

4. 要培养慈善之心

中国已经进入中等收入国家，为防止掉入"中等收入陷阱"，推动生态消费模式，培养人们的慈善心理非常重要。当前，我国已是世界第二大经济体，按照购买力平价原则（PPP 原则），我国的经济总量更大。因此，通过献爱心的捐赠活动，引导富裕阶层习惯于向社会弱势群体捐钱捐物，

---

① 余谋昌:《建设生态文明，实现社会全面转型》,《深圳大学学报》（人文社会科学版）2008 年第 5 期。

推动国民收入进行再分配,既是我国启动国内市场和促进社会稳定的需要,也是体现我国社会文明进步的重要标志。

(五) 健全地方政府政绩考核体系

地方政府官员加快本地经济发展,为人民谋取利益本无可厚非。从2008年起,中国地方省级官员已经形成向中央上交节能答卷,如果成绩单未能及格,将面临问责和"一票否决"。这是中央对节能减排工作最严厉的考核,"一票否决"彰显国家对节能减排的决心。[1] 当前我国大部分地方政府官员还在为拼GDP的排名绞尽脑汁,乐此不疲。但是,它们拼GDP排名的动力却不完全是为了人民利益着想。因此,政府应该从以下几个方面健全地方政府政绩考核体系。

1. **完善考核指标**

上级政府在考核下级政府的时候,不仅要看经济发展的速度,而且要看效益,看经济发展方式转变是否到位,看居民收入分配是否均衡,看经济发展与社会稳定情况、环境治理及保护情况,从而体现绿色GDP的考核倾向,并据此完善地方政府政绩考核指标。

2. **严格考核**

上级政府对下级政府考核要严格进行,要按照又好又快的标准,全面评估地方政府经济发展情况,对于发展情况良好的政府和相关负责人要及时褒奖,做好榜样推广工作;对于在发展过程中只顾GDP增长,不顾人们利益和生态环境的政府和官员要严厉批评和训诫,指出不足,责令整改。考核中要实事求是,防止弄虚作假。

3. **考核结果要运用于地方政府官员的升迁**

考核下级政府和官员既是为了人民利益着想,也是为了选人用人,要把愿做实事、会做实事的干部放到更大的舞台上去发挥更大的作用,为人民做更多更好的实事。因此,上级政府要改变以往将政绩考核结果只用于选人用人的参考,不作为提拔任用依据的考用分离状况,将考核结果与选人用人结合起来。[2]

(作者单位:江西理工大学思想政治部)

---

[1] 黄顺基:《建设生态文明,转变发展方式》,《河南大学学报》(社会科学版)2008年第6期。
[2] 皆长秋、张慧:《以科学发展观为指导,创新干部政绩考核体系》,《学习论坛》2010年第1期。

中国的生态文明建设基本路径选择

滕明政

党的十七大首次将"生态文明"写进党的报告,标志着中国共产党把生态文明建设纳入自己的执政理念。党的十八大报告指出,建设中国特色社会主义,总布局是经济建设、政治建设、文化建设、社会建设、生态文明建设"五位一体",标志着中国共产党对生态文明认识的深化和生态文明建设进入大规模实施阶段。但自从生态文明提出以来,围绕生态文明建设的争论就从未停止过。学者们基于自己的身份立场、实践经历、知识涵养和价值取向等纷纷提出了自己的看法,一方面促生了许多新观点新思想,但另一方面也使得某些陈旧思想沉渣泛起。因此有必要对当前学术界有关生态文明建设的基本问题进行研究和评析。

一 价值理性还是工具理性

当前学术界对生态文明概念的界定主要依循着两种思路,一种是主张把生态文明看作是独立的文明系统,认为生态文明是工业文明之后的一种文明形态,即"替代论"。另一种则是主张把生态文明看作是整个文明的子系统,当作整个社会文明建设的一部分,与物质文明、精神文明、政治文明等并列,即"补充论"。

"替代论"又可以分为"第三形态论"、"第四形态论"、"第五形态论"。"第三形态论"认为如果说农业文明是"黄色文明",工业文明是"黑色文明",那生态文明就是"绿色文明"。[①]"第四形态论"认为人类文明走过三个转变期:丛林·原始社会→土地·农业社会→市场·工业社会。……既然市场·工业社会一旦出世,就暴露出这么多的缺点,那

[①] 潘岳:《论社会主义生态文明》,《绿叶》2006年第10期。

么肯定还有更好的社会选择在后面。这个社会叫"市场·生态社会",全称是"市场的生态工业社会"。① "第五形态论"认为渔猎文明（A 文明）、农业文明（B 文明）、工业文明（C 文明）、信息文明（D 文明）是原有的文明形态,而全新的生态文明是 E 文明,是人类实现人口、资源、环境、生态协调进化的优化范型;是人类为了可持续发展,在经过渔猎文明、农业文明、工业文明、信息文明四次选择后进行的第五次选择。② 总之"替代论"的核心就是认为生态文明是一种更高级的社会形态,代表了人类社会的发展方向,它将生态文明作为一种更高的价值追求,即体现为"价值理性"。

"补充论"认为提出生态文明的概念,是为了使人们从人类文明的战略高度认识保护自然环境、维护生态安全、促进可持续发展工作的重大意义……使生态文明与物质文明、政治文明、精神文明之间相互促进、协调发展③。强调中央提出的生态文明是把建设社会主义生态文明与建设社会主义物质文明、精神文明、政治文明相并列,来构建一个比较完整的治国理念体系。其中,"生态文明"侧重于指向建立和谐的人与自然的关系,是被作为一种当前可实际应用的治国手段来看待的。不宜把他看作是将要取代现代文明的未来文明形态。也就是说,从使用这个概念的本意来说,它不是论述一种价值,而是论述一种实用性。④ 总之"补充论"的核心就是认为现代文明缺少了生态这一部分,只要补上就可以了,它更多的是作为一种社会建设的手段服务于整个中国特色社会主义事业的总体目标,即体现为一种"工具理性"。

虽然两者在强调环境保护、走可持续发展之路等方面有共识,但是两者的目标指向毕竟差别很大。目标会决定行动方向、行动方略。对于一个工业化未完成、但又面临着信息化压力的国家,将生态文明作为一种独立的文明形态追求,是不具有现实操作性的,并且评判一种社会形态主要的依据是生产力,尤其是生产工具,就目前而言,人们并不能明确地指出代表"生态文明"的生产工具,这也就暴露了这种观点的不足。因此,就目前来说,生态文明应该被当作我国社会主义建设总布局的一部分来对待,

---

① 盛邦和:《市场·工业社会向何处延伸》,《解放日报》2007 年 9 月 8 日第 5 版。
② 李兆清:《生态文明:新文明观》,《高科技与产业化》2007 年第 9 期。
③ 何增科:《生态文明给城市带来了什么?》,《中国环境报》2008 年 8 月 25 日第 2 版。
④ 夏光:《"生态文明"概念辨析》,《环境经济》2009 年第 3 期。

并在此认识下制定我们建设的具体方略,这是与十八大精神相吻合的,也是与当代中国发展的现状相适应的。

二 生态中心主义还是人类中心主义

长期以来,生态中心主义者和人类中心主义者在生态问题上一直争论不休。生态中心主义者认为人只是生物链的一个环节,并不是自然的统治者。未来的社会发展应该以自然为本位。自然是人类的导师,生态先于一切,在人与自然的关系中,自然居于中心的地位,人类的一切行动都应当适应自然和自然法则。而传统的人类中心主义则强调人类主宰自然,人是自然的主人,自然是人类征服、掠夺的对象,它是建立在人与自然的关系二元对立的理论基础上的。认为只有人才具有内在价值,其他自然存在物只有在它们能满足人的兴趣或利益的意义上才具有工具价值。它的价值法则是:对人有价值还是没有价值。

以莱奥波尔德为代表的"大地伦理学"、以奈斯为代表的"深层生态伦理学"、以罗尔斯顿为代表的"自然价值论生态伦理学",这些生态中心主义的观点基于对现实的反思,高呼自然本身的价值,虽然对唤起人们尊重自然、保护自然具有合理性。但实际上他们都不由自主地放弃了人类主体的地位,以求得人与自然的和谐。这是其致命的缺陷,人类的主体地位不是自封的,而是整个自然界进化的结果。生态问题是由人造成的,也必须由人来解决,没人参与就无所谓生态问题。另一方面,传统的人类中心主义由于无法回应现实中环境问题,不得不对自己的理论进行修正,于是以墨迪为代表的"现代人类中心主义"、以 J. 帕斯莫尔和 H. J. 麦克洛斯基等人为代表的"开明人类中心主义"、以 B. G. 诺顿为代表的"弱人类中心主义"便产生出来,这种新的人类中心主义观点在强调人的主体地位的基础上,更加重视人对自然的责任和义务,强调人无法离开自然而独立存在,对自然界的为所欲为应该被禁止。[①]

生态中心主义和人类中心主义的问题是我们在建设中国生态文明时需要直面的问题,对这一问题的不同回答决定了我们不同的实践路径。生态中心主义中对"自然权利"和"自然价值"的看重是正确的,但反之如果我们仅仅做到以"生态"为中心,过分强调自然的主体性,而把自然凌驾

---

① 傅华:《西方生态伦理学研究概况(上)》,《北京行政学院学报》2001 年第 3 期。

于人类之上，把生态文明与人类现代文明对立起来，这显然与人类进步与发展的大趋势相背离，在实际操作中也不可能实现；而传统的人类中心主义则太过分强调人类的主体作用，认为人类是自然界的主人和拥有者，是现存世界的中心和目的，忽视和否定自然本身的价值及其合理性。在这种思想下的指导下必会导致对自然界的无限索取和过度开发，实践的惨痛教训已经证明了传统人类中心主义的破产。反观历史和现实，美国哲学家B. G. 诺顿提出的"弱人类中心主义"给我们提供了很好的思路，与传统的人类中心主义（诺顿将之视为"强人类中心主义"）相反，"弱人类中心主义"更强调要把生态文明建立在人类整体利益和长远利益的基础上，主张从经过人类理性审视和评价过的理性意愿出发，处理和协调人与自然的关系，既考虑同时代的人如何公正合理地分配和处理自然资源，也考虑代际间的人们如何继承和移交自然资源。在人与自然的关系上，不但承认自然界具有人类所需要的价值，而且还承认自然界具有的"转换价值"，即满足人类各种需要的多层次的价值。① 这种多层次的生态理论无疑是具有生命力的，也是具有可持续性的。

三 生产生态还是消费生态

近代以来，由于中国长期处于"老师打学生"的状态，渴望独立与富强成了压倒一切的时代命题，在相当长的时间里生态问题并未进入我们关注的视野。随着新中国成立后工业化进程的加速，环境污染和生态破坏的问题逐渐引起了人们的注意，于是人们开始从环保的角度去关注生态问题。随着大规模、高速度的现代化进程开展，高投入、高污染、高能耗的经济发展方式对环境的破坏由局部转向全面，粗放型经济发展的红利式微，于是人们开始从经济的角度去关注生态的问题。但无论是从环保还是从经济的角度关注生态问题，都属于生产生态的范畴，消费生态的问题未引起人们的重视。

随着我国经济总量的攀升，人民的物质生活条件越来越得到改善，消费生态的问题越发暴露出来。今天要想实现可持续发展的生态文明之路，就必须在消费领域实行彻底的变革。其实早在1992年联合国环境与发展

---

① Bryan G. Norton, "Why I am Not a Anthropocentric: callicott and the Failure of Monistic Inherentism", *Environmental Ethics*, Vol. 17, 1995, pp. 341—358.

大会通过的《21世纪议程》中就已经指出:"消费问题是环境危机问题的核心","解决全球环境危机问题,必须从改变消费模式入手。"① 2002年,人民日报社旗下的《市场报》曾报道,一个美国人一生中的总需求是一个印度人的60倍,一个美国人一生中使用的汽油超过一个卢旺达人使用的汽油的1000倍,若全世界的人都像美国人那样生活,则人类需要20个地球。② 这给我们这个占世界人口1/5的发展中国家提出了严肃的命题:美国式的消费方式不适合中国,更不适合全球。因为它不可持续,它必须被替代。

然而现实中,商家们借助网络、电视、广播、报纸等向大众兜售消费主义文化:不消费经济就会衰退、社会就会退化;"不充分的信息和消费者时间的缺乏,商品的量的扩张是以牺牲体验其他需要为代价。简单的量的追求使人们对满足和事物本身的关注减少"③,即人们不需要关注产品质量,甚至不需要关注产品是什么,只需记住一句话:越多越幸福!这种异化的消费必须被改造,求质而不求量应该成为我们改造消费的切入点。要让大家认识到:"量的增加并不必然改善整个人类的命运,由量的标准到质的标准是社会进步的紧迫要求。"④ 应该使消费和幸福感脱钩,否则欲望无限而资源有限,其结果必定是生态的破坏。

总之,生产和消费犹人之双臂、鸟之两翼,任何一方都不可偏废。一方面我们要严把入口关,实现生产的生态化。继续实施新型工业化战略,走绿色工业化道路,降低新增环境压力;促进传统工业流程再造,加速环保产业的发展,降低工业污染;继续推进循环经济,降低资源消耗,建设资源节约型经济等。另一方面我们要严把出口关,实现消费的生态化。运用各种媒介传播生态消费理念,尤其是要传播绿色消费理念,强化绿色消费意识,使人们从物质享受第一过渡到精神追求第一;积极培育绿色消费者及其意见领袖,营造绿色消费的良好氛围;运用经济手段,对进行绿色消费的消费者进行适当奖励和补助,对超高消费者征收适当的消费税等。

---

① 许正隆:《绿色消费与生态文明》,中国环境科学学会编:《生态文明学术沙龙文集》,中国环境科学出版社2012年版,第49页。
② 郭耕:《假如全世界的人都像美国人那样生活人类需求20个地球》,《市场报》2002年1月18日第9版。
③ William Leiss, *The limits to Satisfaction: An Essay on the Problem of Need and Commodities*, McGill: Queen's University Press, 1988, p. 90.
④ Ibid., p. 104.

美国超前的消费方式是诱发美国次贷危机的重要原因,我们应当引以为戒,坚持从实际出发,量入为出,理性消费。

四 经济优先还是生态优先

先发展经济还是先保护环境一直是中国学者、官员、老百姓等关注的重点和热点问题。作为一个后发现代化国家,不发展经济肯定不行,甚至经济发展慢了,民众都不买账。而另一方面,传统的先污染后治理的经济发展方式已经被证明是死路一条。这就是当今中国生态文明建设中的两难选择。

主张生态优先的人们认为,中国"生态足迹"增加的速度远高于生物承载力增长的速度,"生态赤字"正在逐年扩大。① 2007年,我国单位GDP(按汇率计算)一次能源消费量是世界平均水平的2.7倍,为主要发达国家的3—8倍;单位GDP化石燃料二氧化碳排放量是世界平均水平的3.4倍,为主要发达国家的4—10倍;单位产品的能源消耗,我国一般比国际先进水平高出20%—40%②。至2020年,中国人口预期控制在14.5亿人以内,城市化率将达到55%;2050年,人口将达到15亿人,城市化率将达到70%以上。未来50年,随着人口的继续攀升、城市化的快速发展、经济的高速增长,中国必将面临更为严重的环境挑战③。因此,中国的生态文明建设必须树立生态优先的原则。

主张经济优先的人们认为,近代以来我们之所以挨打,就是因为我们落后。因此发展尤其是经济发展应该成为我们的重中之重,要毫不动摇地坚持以经济建设为中心,强调"发展才是硬道理"。他们甚至极力赞扬刘易斯的经济增长理论,强调:"首先,应该注意的是,我们的主题是增长,而不是分配……其次,我们关心的主要不是消费,而是产出。"④ 也有人强调,不断赋予人民实实在在的利益,尤其是经济利益,是中国共产党不断

---

① 杨东平:《中国环境发展报告》(2011),社会科学文献出版社2011年版,第274—276页。
② 参见曲格平《曲之探索:中国环境保护方略》,中国环境科学出版社2010年版。
③ 中国科学院生态与环境领域战略研究组:《中国至2050年生态与环境科技发展路线图》,科学出版社2009年版,第1页。
④ [英]刘易斯:《经济增长理论》,周师铭、沈丙杰、沈伯根译,商务印书馆2009年版,第1页。

赢得人民支持，维系和增强自身执政的合法性的重要手段①，因此经济优先的方针不能被放弃。还有人认为，当今世界的生态环境问题主要是由发达资本主义国家造成的，它们不仅是它们本国生态环境问题的罪魁祸首，而且借助全球化将国内生态环境问题转嫁广大发展中国家，造成全球性的生态环境问题。因此在解决全球生态问题时，他们应该承担主要责任。然而现实中他们不但拒绝承担这种责任，反而提出征收"碳关税"的概念，这是一种新形式的"生态帝国主义"②，我们应当高度警惕，不应该轻易地高呼生态优先，否则就会落入西方发达国家的圈套中。

由此，中国的生态文明建设应该兼顾经济和生态，实现经济生态化和生态经济化，而不是单纯的强调哪一个优先。一方面要遵循生态的原则来发展经济，使经济的发展不以耗竭资源、牺牲环境和破坏生态为代价，致力于实现经济发展的轻量化、绿色化和可持续化；另一方面要贯彻经济的原则来维护生态，将生态的保护与基本经济规律结合起来，实现生态的资产化、价值化和付费化。

五　科技至上还是科技困境

科学技术是把双刃剑，它治愈了人类也伤害了人类。科学技术极大地提高了人类认识世界和改造世界的能力和水平，它创造了极大的物质财富。因此马克思热情颂扬了资本主义在促进科技进步，发展生产力方面的重要意义，指出："资产阶级在它的不到一百年的阶级统治中所创造的生产力，比过去一切世代创造的全部生产力还要多，还要大。"③机器的采用，铁路的通行，电报的使用等依靠的就是科学技术的"法术"。进入近代以来，尤其是知识经济时代，科学技术对经济的推动作用更加直接、更加巨大。科技进步在经济增长中的贡献份额，已从20世纪初的5%—20%、20世纪中叶的50%，上升到20世纪80年代的60%—80%④。特别是在发生国际金融危机后，世界主要发达国家更是豪赌科研，将科研视为

---

① 齐卫平、郝宇青：《中共执政合法性模式的转换：现状与前瞻》，《太平洋学报》2010年第11期。
② 顾玉清、李永群：《法国碳税法案被批"生态帝国主义"》，《人民日报》2010年1月12日第21版。
③ 《马克思恩格斯选集》（第1卷），人民出版社1995年版，第277页。
④ 连玉明：《学习型政党》，中国时代经济出版社2004年版，第9页。

走出金融危机、实现新生的救命稻草,2009 年美、日、德政府财政科技投入预算分别增加了 3%、1.1% 和 5.9%。美国将把研发投入占 GDP 的比值提高到 3%,并承诺研发税收抵免政策永久化。欧盟 27 国共同承诺将研发投入占 GDP 的比值提高到 3%①。与此同时,科学技术也极大的丰富了人们的精神世界。随着计算机和互联网的出现,知识传播和普及更加广泛,人们获取信息更加便捷、沟通更加自由,各种精神文化活动越来越多。人们无时无刻不感受到科学技术的"福音",以至于将科学技术等同于进步,将其无限抬高,甚至神圣化,提出了这样的观点"将来的粮食也可以在工厂里合成,即使地球上没有动植物了,人类也不会饿死;即使地球彻底不可居住了也没有关系,人类可迁往别的星球"。②

正是这种思想作祟,人类的悲剧也开始上演了。正如恩格斯所警示的那样,"我们不要过分陶醉于我们人类对自然界的胜利。对于每一次这样的胜利,自然界都对我们进行报复。每一次胜利,起初确实取得了我们预期的结果,但是往后和再往后却发生完全不同的、出乎预料的影响,常常把最初的结果又消除了"③。比如,人们发明了化肥、农药,实现了农业大丰收,却造成了土壤板结;人们发现了原子的裂变与聚变,实现了人类能源史上的巨大飞跃,但与之相伴随的是战争灾难和切尔诺贝利等的悲剧;人们发明了汽车、轮船、飞机,实现了人们出行的方便,但却造成了大气污染;人们发明了电脑、手机等,实现了人们生活工作的极大便利,但却造成了严重的电磁辐射;人们开发了海洋却也威胁了海洋;等等。因此,罗马俱乐部的主要发起人贝切伊就直言,滥用科学技术是当前全球性危机深化的主要根源,强调那些相信科技进步可以克服全球危机的人们是"一种集体的糊涂"④。

因此,在建设生态文明的时候,一定警惕"科技至上"的观念。就科学技术本身及其运用而言,它不是万能的。它无法避免自身"发展"中的

---

① 陈晓华、刘亮:《金融危机后主要发达国家科技发展战略走向》,《世界科技研究与发展》2011 年第 6 期。

② 卢风:《市场经济、科学技术与生态文明——"全国生态文明与环境哲学高层论坛"述评》,《哲学动态》2009 年第 8 期。高文武、王虎成:《简论生态文明所需要的科学技术》,《江汉论坛》2012 年第 2 期。

③ 马克思、恩格斯:《马克思恩格斯选集》(第 4 卷),人民出版社 1995 年版,第 383 页。

④ [意] 奥利略·贝切伊:《世界的未来——关于未来问题一百页》,中国对外翻译出版公司 1985 年版,第 61 页。

负效应，它也无力消除运用环节的不可控性，科学技术的发现发明虽然是科学家和发明家的事情，但是科学技术的运用却往往不受他们的支配，而更多地听从政治家和商人的意愿，这就导致科学技术可能遵循政治的、经济的逻辑而不是"科学"的逻辑。特别是在经济全球化背景下，经济的逻辑或曰资本的逻辑凸显，呈现出科学家和发明家只是"打工仔"，资本才是"大老板"，这样一种荒诞但又真实存在的景象。而资本的本性是追逐剩余价值，于是科学技术便成了资本追逐利益的工具，导致对科学技术毫无节制的运用，使技术进步和技术革新反过来进一步加速了对自然资源的掠夺，造成严重的全球性的生态危机。

与此同时，在建设生态文明的时候，也不能因为科技的困境而认为"科技无用"。事实上，正如发展中的问题要靠发展来解决一样，科技发展的问题也要靠科技发展来解决，或许"科技不是万能的，离开科技是万万不能的"两句话才是我们对待科学技术的基本态度，是运用科学技术时需要把握的"度"。在当下，我们在科技革命过程中全面引入生态学思想，综合考虑科学技术对环境、生态的影响和作用，既要保证科技发展的经济价值，又要确保环境清洁和生态平衡的生态价值，以实现人类发展和自然环境之间和谐共生、可持续发展的最终目标。[1]

六 传统复归还是现代新路

在解决生态危机的问题上，有两种不同的倾向，一种积极主张从中国传统文化中汲取营养，一种则侧重于从生态学马克思主义中吸收精华。

主张从中国传统文化中汲取营养的认为，中国传统文化中的生态智慧主要包括"天人合一"的和谐整体自然观，尊重生命、仁爱万物的生态伦理价值理念，取之有度、永续利用的生态资源保护思想等内容，并在实践中设置专门的政府机构——虞衡来保护自然资源和生态环境；制定保护生态环境的法规和措施，如西周的《伐崇令》、秦代的《田律》；依循"天时地利"选择和营造生存环境，如城市和道路的规划、房屋的选址；发展自然循环的有机农业等。中国传统生态智慧具有超越时代、超越国度的合理因素和永恒价值，给现代人类解决日益严重的生态问题提供了极其宝贵

---

[1] 冯留建：《科技革命与中国特色社会主义生态文明建设》，《当代世界与社会主义》2014年第2期。

而深刻的启示。① 他们对中国传统文化中生态思想充满希望,弥漫着一种乐观的情绪,认为中国传统智慧之光定能照亮现代生态文明之路,坚信如果我们能够这样做,就一定能够建构一个和谐、和美的人和、天和的生态文明世界。② 但是传统文化的生态思想就其产生而言,它是过去的,而当今的生态问题是现在的,世殊时异,过去只能为现在提供一种可借鉴的思路,不可能完全适用于今日之问题。就其应用而言,即使传统文化中真的具有超越时代的永恒价值,那么具有普适性价值与能否实现其普适性价值在实践层面还是两个问题。以利益为主导的现代文化同伦理为中心的传统文化之间的冲突是最根本的障碍,再加上目前的传统文化转化始终没有摆脱西方立场和西方视角,并且我们在进行现代转化的过程中缺乏足够的智慧和创造性,这些都是传统文化中生态思想资源现代转化所面临的重大难题。③ 因此,建设生态文明不能靠简单的传统复归。

主张从生态学马克思主义中吸收精华的人们认为,西方生态学马克思主义继承和发展了经典马克思主义的资本主义危机理论,认为生态危机的主要根源在于资本主义制度及其生产方式;解决全球性生态危机、化解人与自然之间矛盾的根本途径是变革资本主义制度、实施生态转化战略,走向生态社会主义。客观评析生态学马克思主义的生态危机理论,对于我们解决中国社会主义现代化建设中生态环境问题,具有一定的现实意义。④ 西方的生态马克思主义对异化消费的批判,对控制自然观念的批判,对片面强调科学技术的批判,尤其是对资本逻辑的批判都具有振聋发聩的作用,他们在相当程度上号准了资本主义条件下生态危机的命脉,指出"资本主义导致了与增长、技术和消费相关的生态问题。资本主义是这样一个体系,其内在逻辑是专注于增长,而长期的增长将会使绿色技术或绿色消费主义最终受到限制。这使得资本主义变得生态不可持续"⑤。这些本身都具有重要的启迪意义,但与此同时,他们也都不约而同认为生态危机将取

---

① 张秉福:《中国传统生态智慧及其现代价值》,《北京行政学院学报》2011年第2期。
② 张立文:《中国传统文化与生态文明》,《科学对社会的影响》2006年第4期。
③ 原丽红、朝克:《中国传统文化中生态思想资源现代转化的可能性思考》,《理论学刊》2009年第9期。
④ 陈食霖:《当代西方生态学马克思主义生态危机理论评析》,《武汉大学学报》(人文科学版)2008年第6期。
⑤ [美]安德鲁·W.琼斯、[中]蔡万焕:《资本主义生态问题的解决:资本主义和社会主义条件下的可能性》,《管理学刊》2011年第6期。

代经济危机成为资本主义的主要危机,主张用小规模的技术去取代高度集中的、大规模的技术,使生产过程分散化、民主化,进而建立一种近乎"无增长"的"恒稳"经济模式。这些观点很大程度都背离了马克思主义的基本精髓,并且与现代社会的发展不相符,流露出了"乌托邦社会主义"的色彩。

因此,中国传统文化对中国的生态文明建设只能是一种借鉴,完全依靠传统智慧、向传统复归是解决不了当今中国的生态问题;西方生态学马克思主义更只是一种参考,对其合理性成分应该予以吸收,而对于其不合理的内容则应该坚决的予以抛弃。一定要在马克思主义的指导下,坚持以我为主、为我所用,取其精华、去其糟粕,走出一条适合中国国情的生产发展、生活富裕、生态良好的中国特色社会主义生态文明发展之路。

总之,建设生态文明,是关系人民福祉、关乎民族未来的长远大计。[①] 如何将生态文明融入经济建设、政治建设、文化建设、社会建设各方面和全过程,建设美丽中国,实现中华民族永续发展的确需要全社会的共同努力。而理论是行动的先导,因此首先对生态文明建设的一些基本问题作出科学的、令人信服的解答是学者们义不容辞的责任,相信在不断的学术争鸣和实践探索中,中国的生态文明建设之路会愈加明晰、愈加完善、愈加科学,人的发展和社会发展也会愈加得到重视、愈加得到推进、愈加得到实现。

(作者单位:中国人民大学马克思主义学院)

[①] 胡锦涛:《坚定不移沿着中国特色社会主义道路前进 为全面建成小康社会而奋斗——在中国共产党第十八次全国代表大会上的报告》,《人民日报》2012年11月9日第1版。

专题八　政党政治与党的现代化建设

试析实践党的实事求是思想路线的当代命题

杨 奎

党的十八届三中全会《决定》指出:"改革开放的成功实践为全面深化改革提供了重要经验,必须长期坚持。……坚持解放思想、实事求是、与时俱进、求真务实,一切从实际出发,总结国内成功做法,借鉴国外有益经验,勇于推进理论和实践创新。"[①] 全面深化改革的新起点、新形势、新问题和新任务,都对如何正确坚持和发展党的实事求是思想路线提出了新的命题。

一 坚定理想信念,保持共产党人的政治本色

坚定共产主义理想是马克思主义政党的崇高宗旨。习近平总书记指出:"坚定理想信念,坚守共产党人精神追求,始终是共产党人安身立命的根本。对马克思主义的信仰,对社会主义和共产主义的信念,是共产党人的命脉和灵魂。"1848年2月,马克思和恩格斯在为共产主义者同盟撰写的第一个政治纲领性文件《共产党宣言》中指出:"过去的一切运动都是少数人的或者为少数人谋利益的运动。无产阶级的运动是绝大多数人的、为绝大多数人谋利益的独立的运动。"[②] 马克思主义政党是为实现人类社会的最高理想即共产主义社会而奋斗的政党,是先进的、民主的政党。纯洁政治灵魂是马克思主义政党先进性的必然要求。习近平总书记指出:"理想信念就是共产党人精神上的'钙',没有理想信念,理想信念不坚定,精神上就会'缺钙',就会得'软骨病'。现实生活中,一些党员、

[①] 《中共中央关于全面深化改革若干重大问题的决定》,《人民日报》2013年11月16日。
[②] 《马克思恩格斯选集》第1卷,人民出版社1995年版,第283页。

干部出这样那样的问题，说到底是信仰迷茫、精神迷失。"坚定信念、纯洁灵魂是保持马克思主义政党先进性的必然要求。为了维护和纯洁马克思主义政党的思想，19世纪末，在应对以杜林和苏黎世为代表的"三人团"公开挑战时，恩格斯指出了抵制资产阶级、小资产阶级思潮影响对于党的腐蚀性的重要性："小资产者和农民的大批涌入……这对运动也是危险的……既然他们是带着小资产阶级和农民的思想和愿望来的，那就不能忘记，无产阶级如果向这些思想和愿望做出让步，它就无法完成自己的历史的领导使命。"① 邓小平说过："为什么我们过去能在非常困难的情况下奋斗出来，战胜千难万险使革命胜利呢？就是因为我们有理想，有马克思主义信念，有共产主义信念。"② 20世纪80年代末以来，复杂多变的国际环境使世界上很多大党、老党迷失了方向，纷纷失去执政地位。这给我们党提出了一个严峻的警示：一个政党过去先进不等于现在先进，现在先进不等于永远先进。建党90多年来，"推进伟大工程"与"推进伟大事业"相互呼应，相互促进，共同构成了中国共产党人的基本实践活动。能否在当今世界大发展大变革大调整的环境中把握社会主义正确的前进方向，能否沉着面对"四个考验"，战胜"四个危险"，是中国共产党率领全国人民举什么旗、走什么路，提高党的执政能力建设需要解决的首要问题。

　　精神支柱是否牢固是检验共产党员先进性和纯洁性的标准。习近平总书记指出："没有远大理想，不是合格的共产党员；离开现实工作而空谈远大理想，也不是合格的共产党员。衡量一名共产党员、一名领导干部是否具有共产主义远大理想，是有客观标准的，那就要看他能否坚持全心全意为人民服务的根本宗旨，能否吃苦在前、享受在后，能否勤奋工作、廉洁奉公，能否为理想而奋不顾身去拼搏、去奋斗、去献出自己的全部精力乃至生命。"对我们这样一个拥有8000多万名党员、在一个13亿人口大国长期执政的党，党的先进性和纯洁性要靠千千万万名党员的先进性和纯洁性来体现，党的执政使命要靠千千万万名党员卓有成效的工作来完成。一个行动胜过一打纲领。理想信念是否坚定，一个干部是否坚守自己的精神追求，大多能从他的行动上判断出来。有的共产党人在寻常时候就看得出来、在关键时刻能站得出来、在生死关头豁得出来，归根到底就是有自

---

① 《马克思恩格斯选集》第4卷，人民出版社1995年版，第639—640页。
② 《十一届三中全会以来重要文献选读》（下），人民出版社1987年版，第834页。

己坚定的理想信念。中国正处在矛盾凸显期与改革攻坚期,我们每一位共产党员都必须积极投身建设和发展中国特色社会主义的伟大实践,忠实代表人民利益,自觉从人民群众的伟大实践中汲取智慧和力量;自觉学习马克思主义理论、学习党的历史,讲党性、重品行、作表率,提高处理复杂矛盾和问题的本领;敢于开拓、勇于担当,多做顺民意、解民忧、惠民生的好事实事;时刻注意清扫思想灰尘,保持清正廉洁,恪守为政底线,勇于同一切消极腐败现象作斗争;在忠诚服务人民的实践中保持政治本色,解决好精神指南和凝聚人心的大问题。

二 一切从实际出发,切实把握社会主义初级阶段的基本特征

中国特色社会主义道路来之不易,它是在改革开放30多年的伟大实践中走出来的,是在中华人民共和国成立60多年的持续探索中走出来的,是在对近代以来170多年中华民族发展历程的深刻总结中走出来的,是在对中华民族五千多年悠久文明的传承中走出来的,具有深厚的历史渊源和广泛的现实基础,是中国历史和中国人民的选择。邓小平同志曾指出:"我们总结了几十年搞社会主义的经验。社会主义是什么,马克思主义是什么,过去我们并没有完全搞清楚。"[①] 过去我们对科学社会主义存在严重的误解是造成我国社会主义出现严重挫折的根本原因,同时也深刻地揭示出必须从中国实际出发对社会主义进行再认识的极端重要性。"什么是社会主义,如何建设社会主义。我们的经验教训有许多条,最重要的一条,就是要搞清楚这个问题。"[②] 中国特色社会主义是社会主义而不是其他什么主义,科学社会主义基本原则不能丢,丢了就不是社会主义。我们党经过长期的探索和深刻地反思,终于寻找到"把马克思主义的普遍真理同我国的具体实际结合起来,走自己的道路,建设有中国特色的社会主义,这就是我们总结长期历史经验得出的基本结论"[③]。事实胜于雄辩,党的十一届三中全会以来35年改革开放和社会主义现代化建设所取得的辉煌成就,是中国历史上任何一个时期都无法相比的,也是世界上任何一个国家发展进程未曾有过的。尽管中国当前还处在社会主义初级阶段,仍然是一个发

[①] 《邓小平文选》第3卷,人民出版社1993年版,第137页。
[②] 同上书,第116页。
[③] 同上书,第3页。

展中的社会主义国家,与资本主义发达国家仍然存在着很大的发展差距。但我们可以预言,只要坚定不移地沿着中国特色社会主义道路走下去,既不走封闭僵化的老路、更不走改旗易帜的邪路,逐步实现全体人民共同富裕,建设富强民主文明和谐的社会主义现代化国家,缩小并最终超越资本主义发达国家只是一个时间问题。

  习近平指出:"没有调查就没有发言权,没有调查也没有决策权。"[①]坚持一切从实际出发,需要我们清醒认识和准确把握中国特色社会主义初级阶段的基本国情,从中国面临的问题出发,充分看到中国发展中的困难、问题和不利因素。比如:发展中不平衡、不协调、不可持续问题依然突出,科技创新能力不强,产业结构不合理,发展方式依然粗放,城乡区域发展差距和居民收入分配差距依然较大,社会矛盾明显增多,教育、就业、社会保障、医疗、住房、生态环境、食品药品安全、安全生产、社会治安、执法司法等关系群众切身利益的问题较多,部分群众生活困难,形式主义、官僚主义、享乐主义和奢靡之风问题突出,一些领域消极腐败现象易发多发,反腐败斗争形势依然严峻,等等。这些现实存在的问题,时刻提醒我们要保持头脑冷静,既不要犯脱离实际、超越阶段、急于求成的错误,也不要犯意志消沉、随波逐流、无所作为的错误,切实做到既改革开放又和谐稳定,既尽力而为又量力而行,既破除阻碍发展的利益藩篱又推进改革全面有序进行。这是社会主义初级阶段发展面临的重大问题。对新时期世情国情党情发生的巨大变化,如何正确认识和积极顺应中国和世界和平、发展、合作、共赢的发展大势,把握富强、民主、文明、和谐的国内大势,正确认识和妥善处理党和国家面临的大事,是中国把握主动权,跟上时代前进步伐,推动事业顺利发展唯物主义前提和基础。增强"三个自信",践行中国特色社会主义共同理想,重在"知"贵在"行"。只有在中国特色社会主义实践中始终坚持"一个中心、两个基本点"不动摇,坚决抵制抛弃社会主义的各种错误主张,自觉纠正超越阶段的错误观念和政策措施,做到自信不自满,不让改革患上"疲劳症";自信不自负,防止中国道路走向"僵化";自信不自封,让中国发展与世界进步相"融合",才能真正做到既不妄自菲薄,也不妄自尊大。中国特色社会主义事

---

  ① 习近平:《2012年5月16日在中央党校春季学期第二批入学学员开学典礼上的讲话》,《学习时报》2012年5月28日。

业才能不断发展，中国特色社会主义理论体系才能在实践中不断丰富，中国特色社会主义制度才能在改革开放中不断完善。

三 理论联系实际，在改革开放实践中构建科学思维方式

邓小平指出："实事求是，是无产阶级世界观的基础，是马克思主义的思想基础。过去我们搞革命所取得的一切胜利，是靠实事求是；现在我们要实现四个现代化，同样要靠实事求是。"① 回顾我们党90多年的历史可以清楚地看到，什么时候坚持实事求是，党就能够形成符合客观实际、体现发展规律、顺应人民意愿的正确路线方针政策，党和人民事业就能够不断取得胜利；反之，离开了实事求是，党和人民事业就会受到损失甚至严重挫折。习近平强调，改革开放是我们党和人民大踏步赶上时代前进步伐的重要法宝，是坚持和发展中国特色社会主义的必由之路，也是决定当代中国命运、实现"两个一百年"奋斗目标、实现中华民族伟大复兴的关键一招。梦在前方，路在脚下。改革开放只有进行时，没有完成时。深化改革，摸着石头过河和加强顶层设计是辩证统一的，推进局部的阶段性改革开放要在加强顶层设计的前提下进行，加强顶层设计要在推进局部的阶段性改革开放的基础上来谋划。

坚持理论联系实际，要善于从问题出发，以我国改革开放和现代化建设的实际问题、以我们正在做的事情为中心，着眼于对实际问题的理论思考，着眼于新的实践和新的发展，树立大局意识、机遇意识和责任意识。当前的改革是由问题倒逼出来的，解决新问题需要新的思想、新的思维方式。党的十八届三中全会《决定》提出的十六大方面60项攻坚克难的任务，对我们如何坚持唯物辩证法，贯彻实事求是思想路线，构建科学思维体系提出了新的要求：一要树立战略思维。要客观认识当代中国和外部世界，胸怀大局，把握大势，着眼大事。探索新方法，占领制高点，不断增强工作的科学性、预见性、主动性。二要丰富辩证思维。坚持"两点论"，既看到有利条件和积极因素，也看到各种困难和严峻挑战，始终保持清醒头脑，积极应对，趋利避害，及时防范和化解各种风险。三要健全系统思维。牢牢抓好党执政兴国的第一要务，始终代表中国先进生产力发展的要求，坚持以经济建设为中心，在经济不断发展的基础上，协调推进政治建

---

① 《邓小平文选》第2卷，人民出版社1994年版，第143页。

设、文化建设、社会建设、生态文明建设以及其他各方面建设。四要强化创新思维。要抓好理念创新、手段创新、基层工作创新。只有永远保持创新的精神，才能适应新形势，应对新挑战，开创新局面。五要构建底线思维。善于运用底线思维的方法，就是从坏处准备，争取最好的结果，从而守住底线，防患于未然。有备无患，牢牢把握主动权，才能永远立于不败之地。践行科学思维方式，需要我们立足中国发展的阶段性特征，把握社会主义初级阶段基本国情在新世纪新阶段的具体表现。要求我们在坚持"三个自信"的同时，自觉从我国现在处于并将长期处于社会主义初级阶段这一中国最基本的国情实际出发，从人民群众新的需要出发，而不能从主观愿望出发，不能从这样那样的外国模式出发，不能从对马克思主义著作中个别论断的教条式理解和附加到马克思主义名义下的某些错误观点出发。

四　坚持党的群众路线与实事求是思想路线的实践统一

从马克思主义认识论法和方法论的视角来看，党的群众路线与坚持实事求是思想路线是相互作用、内在统一的。一方面群众路线是实事求是的认识和实践基础。即实事求是是在实践基础上认识世界和改造世界的过程，这一过程要通过"从群众中来"和"到群众中去"才能实现；另一方面实事求是又是践行群众路线的思想指南。践行群众路线是党员领导干部在实事求是思想指导下，全心全意为人民服务的过程，这一过程要通过"一切为了群众"和"一切依靠群众"的理念指导才能实现。坚持实事求是，必须始终坚持一切为了群众、一切依靠群众，从群众中来、到群众中去的群众路线。35年改革开放的经验表明，我们党正确的路线方针政策和每一项重大改革决策措施都不是凭空而来的，而是从人民群众的实践经验中总结出来的。也正是因为尊重人民的主体地位，尊重人民的首创精神，自觉从人民群众中吸取智慧、凝聚力量，广泛依靠群众、服务群众和发动群众，才使党得到人民的充分信赖和拥护，始终发挥领导核心作用。

未来的几年是我国小康社会全面建成的倒计时，十八大报告在提出全面建成小康社会的目标的同时，进一步提出了"两个同步"的目标。这不仅意味着中国吹响了全面建成小康社会的号角，同时也确定了国民收入倍增的奋斗目标，它充分体现了实现发展成果由人民共享的科学社会主义本质和思路。坚持实事求是思想路线与群众路线在中国特色社会主义实践过程的统一，一要坚持人民主体地位，做到问需、问计、问效的"三问于民"。要时刻把群众冷暖放在心上，及时准确了解群众所思、所盼、所忧、所急；在决策的各个环节都要倾听民声、反映民意、集中民智，推进协商民主；切实把群众工作做实、做深、做细、做透。二要加快社会事业改革，深化教育领域综合改革、医药卫生体制改革，健全促进就业创业体制机制，形成合理有序的收入分配格局，建立更加公平可持续的社会保障制度，满足人民需求。三要坚持依法治国基本方略，建设法治中国，加快建设公正高效权威的社会主义司法制度，维护社会主义法治的统一、尊严、权威，让人民群众在每一个司法案件中都感受到公平正义。四要坚持党要管党、从严治党方针。坚决反对官僚主义、形式主义、享乐主义和奢靡之风，厉行节约、反对浪费，要以踏石留印、抓铁有痕的劲头抓好反腐倡廉建设，让权力在阳光下运行，把权力关进制度的笼子里，铲除腐败现象滋生蔓延的土壤，以实际成效取信于民。

今天的中国经济正在平稳高速有序地引跑着世界，中国持续年均10%的经济增长率主导了人类历史上最耀眼的经济革命，改变了世界1/4人口的生活状态和生活方式。责任重于泰山，事业任重道远。全面深化改革，建设中国特色社会主义是一篇大文章，需要一代又一代中华儿女的薪火相传、细心描绘、精心续写。中国共产党唯有解放思想、实事求是、开拓创新，化"人民至上"观念为意志和实践，才能用13亿人的智慧和力量汇集起不可战胜的磅礴力量！

（作者单位：北京社会科学院科学社会主义研究所）

参政党民主监督的政治学分析

冯 霞

政党间相互监督是现代国家防止专制，控制权力滥用，遏制腐败，促进政治民主化的一种重要手段。西方国家的竞争性政党制度是以"执政党"和"在野党"相互对峙的方式来防止执政党和公共权力完全重合，以竞争来保证政党居于民众和公共权力之间的位置，这种党际间的竞争式监督是西方资产阶级分权和制衡的政治文化孕育的结果。中国共产党领导下的多党合作和政治协商制度中，也蕴含了中国共产党和各民主党派之间相互监督的功能与职责，作为参政党的民主党派对执政的中国共产党的民主监督成为参政党重要的政治功能和价值体现，这种制度设计既适合中国国情和政治生态环境，也契合了现代民主政治的发展要求。然而，在我国"共产党领导，多党合作，共产党执政，多党派参政"的合作型政党关系格局中，参政党如何有效地对执政党进行监督，是一直以来中国民主政治发展面临的重大课题。分析我国参政党民主监督的政治功能、内在政治机理和外部运行机制，厘清影响参政党民主监督效果的各种因素，对促进参政党民主监督政治功能的履行，提升党际监督实效，推进我国民主政治发展有着重要意义。

一　参政党民主监督的政治功能定位

民主监督具有广义和狭义之分。由于我国是人民民主专政的国家，国家的结构形式、权力架构、政治制度安排，包括国家的监督体系，从根本上讲都是国体的体现形式，是社会主义民主政治的重要组成部分，因而，在广义上我国的各种监督形式，都属于民主监督。狭义的民主监督，是指民主党派对共产党实行的一种监督，即民主党派在中国共产党领导下，以亲密友党和参政党的影响力，在国家政治生活中就重大问题，通过提意见、建议和批评的方式实施的一种异体监督。

中国共产党领导下的多党合作和政治协商制度，是我国的一项基本政治制度，从民主监督角度看，它还是一种有效的政党之间互相监督的制度。由于中国共产党是执政党，民主党派是参政党，所以主要体现为参政党对执政党的监督。我国参政党对执政党民主监督的政治功能定位，既是民主党派自身发展价值追求的结果，也是中国政党制度的内在规制，反映了中国民主政治发展的客观需求。

（一）参政党民主监督政治功能彰显了民主党派自身的民主价值追求

从历史的视野来看，民主党派自成立以来便以追求民主为目标。五四运动以后，我国政治舞台上发生了巨大变化，先后出现了三种类型的政党：代表大地主大资产阶级的中国国民党；代表工人阶级和全国人民根本利益的中国共产党；介于国共两党之间，代表民族资产阶级和小资产阶级及知识分子利益的各民主党派。在国民党一党专政的条件下，各民主党派虽在意识形态方面与中国共产党有所不同，但在反帝爱国、反对专制、追求民主等方面，与中共有着共同的政治要求，争取民主成为其政治主张的集中体现。

民主党派同中国共产党在共同探索适合国情的政党制度时，有一个基本共识：即建立民主联合政府，联合政府是中国和平、民主、团结、统一的惟一途径。它们主张创造一种中国型的民主，"在我们所要为中国树立的民主制度上，我们没有所谓偏'左'偏右的成见，我们亦没有资本主义民主、社会主义民主这些成见。我们对于别人已经实验过的制度，都愿平心静气地取其所长，弃其所短，以创造一种中国的民主"。民主党派是以中间道路和第三党的身份进入中国政党体系的，它没有国共两党的强意识形态和军队，各民主党派自成立之时起，就不曾有过夺取政权的想法，也没有夺取政权的可能。自新中国成立，中国共产党领导的多党合作和政治协商制度的确立，中国共产党就确立了其执政党的地位，民主党派自觉接受了中国共产党的领导，以参政党身份参与国家政治生活。政党不执政的前提下，民主监督就成为其对民主政治追求的重大使命。在建国前后的政治实践活动中，中国共产党就明确了民主党派在新民主主义向社会主义过渡时期的政治功能，其中一点就是"对共产党和国家机关的工作发挥监督作用"。中共八大明确制定了中国共产党与各民主党派实行"长期共存、互相监督"的方针，这一方针一直是处理中共与民主党派之间关系的基本方针，是中国共产党同民主党派政治关系中的最重要的内容。因此，在中国共产党取得政权后，民主党派作为参政党对执政的中国共产党进行民主监督，既符合中国共产党和民主党派实现民族独立、人民解放、国家统一富强的共同政治目标，也是民主党派自身政治价值追求的自觉选择。

（二）参政党民主监督政治功能契合了中国政党制度的内在规制

政党所具有的政治功能主要是通过政党制度的运作来发挥的。政党制度的结构性安排制约着政党功能的具体形式，政党的功能则从另一个方面体现了一个国家政党制度的本质规定。因此，在不同的政党制度下，非执政的政党组织，其政治功能是完全不同的。民主党派作为政党，具有政党的监督功能共性；但民主党派作为中国政党制度的一个组成部分，其在实践中表现出来的监督政治功能是由中国共产党领导的多党合作与政治协商的政党制度决定的。

中国共产党领导的多党合作和政治协商政党制度的运作特征是：共产党执政，多党派参政；共产党领导，多党派合作。在这种政党制度结构中，民主党派在民主集中制的根本原则指导下完善其自身的组织结构、组织制度和权力结构以及指导思想，逐步形成了其自身的体制特征和民主监督的政治功能。民主党派的参政党地位决定了它的政党功能不指向执政，而是指向参政；不是对抗与竞争，而是协商与合作；不是权力相互制衡，而是民主监督。作为参政党，不以谋取现行执政党地位为目的，因此，在其政党功能中没有竞争性或替代性的要求；相反，民主党派是中国共产党的"诤友"或"盟友"，两者长期奉行"长期共存、互相监督、肝胆相照、荣辱与共"方针，为了确保执政党的长期执政，共产党非常需要听到各种不同的意见和批评，充分发挥民主党派的监督作用，在根本利益一致的前提下与执政党形成合力，让中国共产党更好地执政为民。这种监督模式既避免多党制、两党制政治动荡的弊端，同时又可以避免一党包揽一切，缺少制约的弊端，是符合我国基本政治制度和政党制度基本要求的监督模式。

（三）参政党民主监督政治功能体现了中国特色民主政治发展的客观要求

近代中国对民主政治的追求经历了一个艰难曲折的探索过程，在对西方民主政治制度的扬弃和结合中国国情的实践探索中，中国终于找到了适合本国的民主政治发展道路，并独创了中国式民主政治发展模式。中国改革开放30多年的实践证明，正是这种民主政治发展模式确保了中国在急剧的社会经济变迁中平稳地实现着社会转型。而民主党派与中国共产党的政治协商、合作和民主监督是中国特色民主政治模式的一个重要特征，参政党对中国共产党的民主监督则是保证共产党民主执政和促进中国政治民主化的重要因素。

由于民主党派与共产党的根本利益一致，有共同的政治基础，新中国成立后，各民主党派自觉接受了共产党的领导，承认共产党的执政地位，共产党同时也自觉接受民主党派的监督，承认由历史形成的民主党派的参政地位，彼此结成爱国统一战线，同时又相互接受对方的监督。因此，民主监督是多党合作的政治前提，也是长期共存的根本目的和政治需要，如果执政党拒绝参政党的民主监督，其执政的合法性将难以成立，社会主义民主也无从体现。毛泽东同志指出："为什么要让民主党派监督共产党呢？这是因为一个党同一个人一样，耳边很需要听到不同的声音。"邓小平同志指出："更加需要听取来自各个方面包括各民主党派的不同意见，需要接受各个方面的批评和监督，以利于集思广益、取长补短、克服缺点、减少错误。"江泽民同志指出："在当代中国，共产党处于执政党地位，需要始终接受一直与自己保持密切合作的各民主党派的监督和批评。"胡锦涛指出："要积极探索和完善民主监督机制，畅通民主监督渠道，建立健全制度。"习近平也指出，"要继续加强民主监督。对中国共产党而言，要容得下尖锐批评"。可见参政党对中国共产党民主监督对于中国民主政治发展的意义是不可忽视的，通过这种监督，执政党可以听到各方面对党和国家的决策和实施情况的反映、批评和建议，避免决策的失误，防止脱离群众及官僚主义的危险，是中国特色民主政治健康发展的客观需要。

二 参政党民主监督的内在政治机理

参政党民主监督是中国政党制度的重要内容，也是中国政治监督体系的重要组成部分，参政党民主监督蕴含的内在政治机理既体现了中国共产党和各民主党派长期共存相互监督的制度特点，又体现了中国政治监督体系的多层次性和中国政党相互监督的特殊形式及优势。其蕴含的内在政治机理主要有：

（一）警示纠错机理

在现代政党政治中，各政党都代表一定的利益集团，有自身特殊的利益存在，因此，在政党政治中，无论采取怎样的政党制度形式，各政党之间客观上存在一种相互监督的政治关系，其目的与自身政治利益紧密相连，或通过监督发现执政党的错误以便在适当时机取而代之；或通过监督为本政党谋求更大自身利益；或通过监督帮助执政党调整、改变和完善治国的路线方针政策，以促进国家走向繁荣和文明。在我国，参政党与执政的中国共产党的根本政治利益是一致的，因此，参政党的民主监督主要表现在帮助执政党调整、改变和完善治国的路线方针政策，以促进国家走向繁荣和文明，实现参政党和执政党共同的政治利益。其监督的功能机理主要表现为它既是社会咨询、反馈机制，又是一种警示、纠错机制，即在重大决策的协商过程中提出政策性意见和建议，对决策方案进行推敲，对不符合实际的方面提出修改意见，或提供决策选择方案，使决策更能够反映各方面利益、愿望和要求，更具科学化民主化；对决策或决策实施过程中出现的失误，对各项方针政策贯彻中出现的问题，对一个时期突出的社会问题提出意见和批评，引起党和政府的高度重视，起到警示纠错作用。

（二）遏制腐败机理

政治权力是人类政治生活得以可能的具有公共性和强制性力量。而在现实社会中，人类却往往面临这样的悖论：以公共利益为目标设置的政治权力却成了一些公职人员谋取私利的基本手段，导致公共权力的非公共运用，也即腐败。这种背离公共利益的腐败现象必然受到公共社会的抵制，因此，人类社会对腐败现象的遏制是永恒的课题，而解决这一难题的基本途径就是民主监督。

遏制腐败是民主监督的基本使命，民主监督中也内涵了遏制腐败的基本政治机理。民主监督的本质是对权力的制约和平衡。从历史延续来看，民主制度下的权力制约方式主要有三种：以权力制约权力、以权利制约权力、以社会制约权力。我国参政党民主监督内涵着两种权力制约形式，一是结构性的内在权力制约，二是终极意义上的权利制约。

参政党对执政党的民主监督虽然是非国家权力性质的监督，但它是政党之间的拥有对等权力的具有政党制衡作用的监督，是现行制度结构内的权力制约。参政党监督是多党合作长期历史实践沉淀所凝聚的制度力量，中国共产党领导下的多党合作与政治协商制度结构中，中国共产党和各民主党派在政治上是平等的，拥有相互监督的对等权力。在实践中，这种权力制约和监督的实现主要要保证民主党派中的成员成为国家权力的参加者。当前,民主党派中的人大代表和人大常委通过人民代表大会的权力监督实施,另外,在监察部门安排民主党派成员担任领导职务已经是一种惯例,在国家、省、市、县的层面有大量的民主党派成员担任监察部门领导,他们实际上就在行使权力监督权力,尽管他们是以个人身份进入监督部门的。

义务因权利而生,法律义务的存在为权利的实施设定了一种界限,它以权利的实现为自己的存在的前提。在国家权力向公民权利分流的过程中,因国家权力而生并受到法律义务所保障的公民的法律权利的行使,反过来制约国家权力的扩张。这就是权利制约公共权力的机理。之所以说民主党派能以权利来监督权力,是因为它有权利来实行有效的监督,权利的具体形式是法律,民主党派可通过推动相关法律的制定、修改或实施,如可推动《监督法》来进一步规范监督的权利和义务,推动民主监督的广度和深度,对违法乱纪、贪污腐败的行为进行遏制。

(三) 协商民主机理

参政党的民主监督是一种特殊的监督,其特殊性在于它的政治性,在于由于中国政党制度的基本定位,决定了民主党派的监督不同于其他权力监督形式,而是一种"在协商中监督和在监督中协商"的民主监督。寓民主监督于政治协商、参政议政之中是参政党民主监督制度设计的一大特色和优势。中国共产党领导的多党合作与政治协商民主制度体现了中国协商民主的特色和优势。从政治文明的角度看,协商民主代表着政治文明的发展方向,是现代民主的核心所在。事实上,任何民主形式都内涵了协商合作的精神和形式,内涵了民主监督的要求。民主本身不是要制造竞争和冲突,相反,它是谋求协商与合作的一种机制;同时民主蕴含着公平与正义,势必要求对权力进行约束,对权力的使用进行监督。因此,协商合作和民主监督是民主政治的真正本质和要求所在。

参政党民主监督是中国式协商民主的重要内容和基本特征之一,中国式协商民主是协商、合作和民主监督的统一。而协商、合作和民主监督在实践中又是相互作用,相互融通的。在参政党民主监督的过程中,民主党派由于其特定的性质和监督内容的规定性而实行以协商讨论和批评建议为主要形式的监督,这种监督方式与西方政党之间的监督有着本质区别,它不是培育体制性的反对力量,不倡导竞争性政党关系,而是借助各种体制、制度和组织资源,不断建立参政党和各种新兴社会力量与执政党和政府的制度化联系机制,通过人民政协的组织形式和组织优势,将各党派及不同的社会力量吸纳到人民政协中来,通过人民政协实现共产党与其他党派的政治协商和民主监督。这种监督是高层次的、高质量的监督。这种民主监督模式所蕴含的政治机理既有利于制约公共权力,又有利于有效整合各种社会力量、保持和谐稳定的政治局面,体现了协商民主的基本要求和中国特色民主政治的价值追求。

三 参政党民主监督的外部运行机制

参政党民主监督能否产生实效,关键取决于有没有一个规范监督行为并落到实处的运行机制。民主监督运行机制是参政党参与国家政治生活、发挥监督职能作用的组织平台、行为载体、活动程序、方式方法、行为路径、运行动力等的总和。科学健全的民主监督运行机制是参政党发挥民主监督政治功能的制度保障,实体、程序和动力的统一是该机制发挥作用的必要条件。

(一)参政党民主监督的实体机制

参政党民主监督实体机制是指参政党作为国家政治生活的重要主体对国家政治生活的哪些方面有权进行监督。在2005年2月18日颁布的《中共中央关于进一步加强中国共产党领导的多党合作和政治协商制度建设的意见》中明确规定了参政党民主监督的主要内容:"国家宪法和法律法规的实施情况;中国共产党和政府重要方针政策的制定和贯彻情况;党委依法执政及党员领导干部履行职责,为政清廉的情况。"这一规定体现了参政党民主监督的内容呈现以下特点:

第一,监督的全面性。参政党民主监督的范围包括执政党在执政过程中的全部职能,即对领导中国人民进行改革开放与现代化建设及同民主党派长期共存、团结合作等全部活动与过程进行全方位的监督,是一种包括政治、经济、文化与社会生活各领域的全面监督。第二,监督的层次性。从上述规定可以看出参政党监督的内容体现出一定的层次性,一是法律实施层面的监督,执政党是否在宪法和法律规定的范围之内依法执政,是否超越并影响了参政党的政治自由、组织独立和法律平等;二是政策制定贯彻层面的监督,在领导经济建设与社会发展过程中,执政党是否正确决策、民主决策、科学决策。三是职责履行层面的监督。执政党是否勤政廉政,是否积极预防、遏制与消除腐败现象,党的领导干部、国家机关工作人员是否履行职责、遵纪守法、为政清廉,在维护安定团结政治局面与民主法制建设过程中是否发生重大失误等。从以上监督的内容可以看出,参政党民主监督的实质是从对政党执政权力运行偏离正确轨道的可能性及其后果予以防范和矫正的角度,对执政党权力的运行给予肯定和维护。

(二) 参政党民主监督的程序机制

程序是与实体相对应的,它指的是实现目标过程中的先后顺序及其有关的制度性规定。一般而言,实体关心的是目标或者价值,程序关心的是实现目标的步骤、方式与进程。法制、公正和效率是程序的特征和内在要求,有力公正合理的程序才能保证实体价值目标的实现。程序的实质在于通过对程序参与者的角色定位而明确其权利(权力)义务(职责),使其既可以各司其职而又互相牵制,从而对主体绝对权利(权力)进行必要的限制;程序可以以一种固定化的处理流程来关注整个监督的过程,确保过程的实施到位和结果的公正性。

在我国的政治实践中,参政党民主监督的程序和方式主要包括:在政治协商过程中,民主党派就党和国家重大方针政策的制定提出意见、建议和批评;在高层次、小范围谈心会上,民主党派主要领导人就重大问题向中共中央和地方党委主要负责人提出意见、建议和批评;在政协会议上,民主党派以党派名义就各方面的问题提出意见、建议和批评;民主党派的政协委员在政协各种会议上发言,并通过视察、调查、提交提案来实行监督;民主党派在调查研究的基础上就国家政治、经济、社会生活中的重大问题提出意见、建议和批评;民主党派参加政府有关会议和活动、参与国家有关法律的制定,发表意见和建议;民主党派成员应邀担任政府有关部门的特约检察院、审计员、教育监督员、土地监察专员、税务监察员等,发挥监督作用。从监督程序和方式看,参政党的民主监督程序机制是非制衡的"柔性"监督机制,具有较大灵活性。

(三) 参政党民主监督的动力机制

实体和程序机制为民主监督的实际运行提供了基本规制,而民主监督要真正落到实处并持续产生实效还有赖于激发和推动参政党监督行为的动力机制。调动参政党民主监督积极性和主动性的力量主要来自两个方面:一方面来自参政党内部,即内部动力机制;另一方面来自参政党外部,即外部动力机制。

参政党的自身宗旨和职能以及党派成员的民主意识构成参政党民主监

督的基本内在动力。政党的价值追求和宗旨是其存在的合法性前提，而政党职能的发挥及效果是其获得社会认可并长期存在的基础，政党一经产生必然为其宗旨而奋斗，并不断创造条件将其内在要求转化为外在的自觉行为，进而实现本党目标。各民主党派在其纲领中都阐明了坚持与中国共产党"长期共存、互相监督、肝胆相照、荣辱与共"的方针，明确了其在国家政治生活中积极发挥参政议政、民主监督作用的政治职能，这就意味着各民主党派都以民主监督为职责，以促进共产党民主执政科学执政为己任，致力于共同推动中国民主化进程，这种生存意识和民族使命感正是参政党民主监督的最深层动力。同时，各党派成员都来自社会各界精英，大都有强烈的爱国之心、民族责任感和民主意识，这些都构成参政党民主监督的内在力量。

参政党民主监督除源自参政党自身的自觉因素外，还取决于外部的刺激、压力、支持和在此基础上形成的社会环境和氛围。根据外部推动主体的不同，外部动力机制主要包括以下三个方面：一是来自执政党的推动机制。执政的中国共产党对民主党派监督作用和意义的肯定和支持是参政党发挥监督作用的根本影响因素，这是因为在中国政党制度中，中国共产党始终是居于主导地位的，没有中共的支持和推动，参政党民主监督的内在动力则很难转化为现实推动力。执政党对民主党派行使监督权力的推动机制在形式上主要体现在：直接制定和颁布相关文件；中国领导人的充分肯定，例如，习近平指出："中共各级党委要主动接受、真心欢迎民主党派和无党派人士监督，切实改进工作作风，不断提高工作水平。"这一论断凸显了参政党民主监督的重要性；通过人力、物力和财力的支持；通过营造有利的社会氛围，等等。二是来自参政党之间的竞争机制。在我国多党合作的政治架构下，除了执政党和参政党这对主要党际关系外，参政党之间也存在相互学习、借鉴、比较和竞争的互动关系。这种竞争表现为"比贡献、比建言献策质量、比民主监督效果"等的良性竞争，是推动参政党民主监督的有效机制。三是社会力量的推动机制。参政党各自代表不同的社会利益群体，承载着来自社会各方的期待和要求，在使其联系对象的利益得到合理保障的前提下，追求社会公平正义，保障社会整体利益最大化是参政党得到社会认可的重要条件。因此，社会成员的期望值、社会舆论的压力、社会群体的认可程度等也成为参政党民主监督的重要外部力量。

参考文献

［1］郭道久：《以社会制约权力——民主的一种解析视角》，天津人民出版社 2005 年版，第 149 页。

［2］张东荪：《一个中间性的政治路线》，《再生》1946 年版，第 118 页。

［3］李维汉：《回忆与研究》下卷，中共党史出版社 1986 年版。

［4］《毛泽东文集》第 7 卷，人民出版社 1999 年版，第 235 页。

［5］《邓小平文选》第 2 卷，人民出版社 1994 年版，第 205 页。

［6］《在庆祝中国人民政治协商会议成立五十周年大会上的讲话》（1999 年 9 月 22 日），《人民日报》1999 年 9 月 23 日。

［7］胡锦涛：《在庆祝中国人民政治协商会议成立 60 周年大会上的讲话》，人民出版社 2009 年版，第 24 页。

［8］参见 2013 年 2 月 6 日习近平同党外人士共迎新春座谈会上的讲话。

（作者单位：厦门大学马克思主义学院）

论中国特色多党合作制的三维结构特征[*]

黄小钫

多党合作制是具有中国特色的政党制度，规范着政党与国家、政党与政权、政党与社会、政党与政党等之间关系，担负着重要的政治功能。但是，多党合作制能否有效发挥其政治功能，又取决于其是否具有健全和完善的政治结构。多党合作制具有复杂而又独特的三维政治结构，包括主体结构、内部结构和外部结构。其中，主体结构指政党制度自身所形成的关系模式，涉及的主体只有政党制度本身；内部结构指政党制度的组成要素所形成的关系模式，涉及的主体是共产党和各民主党派；外部结构指政党制度与外部制度所形成的关系模式，涉及的主体包括政党制度、人大制度以及人民政协。多党合作制的三维结构属性，是中国政党制度的基本特征和重要优势，三种结构相辅相成，互为补充，构成了统一不可分割的制度整体。

一　多党合作制的主体结构

中国多党合作制的基本要素是中国共产党和各民主党，前者属于执政党；后者则属于参政党，两者具有不同的政治地位和作用。就政党组织结构而言，各民主党派的严密程度不如中国共产党，但在有些方面却是一致的——拥有各自的党章、完善的组织体系以及明确的职责分工，这其实就是中国多党合作制的主体结构，它表现为三个方面：

（一）政党的"准入门槛"高

《中国共产党党章》（以下简称《党章》）第一条就规定了入党条件，

---

[*] 本文为北京市哲学社会科学"十一五"规划项目"当代中国多党合作制度与世界政党制度比较研究"（06BaKD022）的阶段性研究成果。

即"年满十八岁的中国工人、农民、军人、知识分子和其他社会阶层的先进分子,承认党的纲领和章程,愿意参加党的一个组织并在其中积极工作、执行党的决议和按期缴纳党费",这是成为一名中共党员的基本要求。为了全面考察入党对象的表现,《党章》还对入党程序作了严格的要求,就是申请入党的先进分子,须填写入党志愿书并有两名正式党员作介绍,然后经支部大会通过和上级党组织批准,由此才能成为一名预备党员,而后再有一年的预备考察期,经考察合格方可成为正式党员。在提高"准入门槛"的同时,党还建立了制度化和规范化的退出机制,包括对党员制定了"警告、严重警告、撤销党内职务、留党察看和开出党籍"等五种处分形式,以及对党组织制定了"改组和解散"等两种处理措施,这为维护党的团结统一发挥了重要的作用。比照中国共产党,各民主党派的入党条件从表面上看较为宽松,但实际上要求更为苛刻。例如,《中国民主同盟会章程》第十三条规定,"从事文化教育以及科学技术和其他工作的中国知识分子,自愿遵守中国民主同盟章程"即可申请入盟;《中国民主建国会章程》第一条规定:"凡经济界人士以及其他方面的专家学者,愿意履行行会的章程"即可申请入会。换而言之,各民主党派的成员,须是科学技术、文化教育和医药卫生等领域的中高级知识分子。当然,各民主党派也制定了入会的程序,要求申请人填写申请表,并要有介绍人,再经基层组织考察、讨论通过后,报上一级机构审核批准。

(二) 政党的组织体系严密

中共的组织体系包括三个层面:一是中央组织层面,包括党的全国代表大会、党的全国代表会议、中央委员会、中央政治局等组织机构,其中,党的全国代表大会和中央委员会是党的最高领导机关。二是地方组织层面,包括党的地方各级代表大会和党的地方各级委员会,其中,前者是党的地方各级领导机关,每五年举行一次;党的地方各级委员会是本地区的领导核心,它们是连接中央和基层的枢纽。三是基层组织层面,包括基层委员会、总支部委员会和支部委员,它们是党执政的组织基础和党的组织体系的基础,是"党在社会基层组织中的战斗堡垒,是党的全国工作和战斗力的基础"[1]。为了保持党的中央组织、地方组织和基层组织三者之间在思想上的一致、政治上的团结以及行动上的统一,中国共产党建立了以

---

[1] 《中国共产党章程》,人民出版社2012年版,第21页。

民主集中制——"党员个人服从党的组织,少数服从多数,下级组织服从上级组织,全党各个组织和全体党员服从党的全国代表大会和中央委员会"①——为核心的制度体系和组织原则,有力地确保了党内政治生活的制度化和规范化。同中共的组织体系相似,各民主党派也包括三个层面:一是中央组织层面,包括各民主党派的全国代表大会、中央委员会、中央常务委员会等,是各民主党派的最高领导机关。二是地方组织层面,包括各民主党派的地方各级代表大会和其所产生的地方各级委员会,是各民主党派的地方各级领导机关。三是基层组织层面,包括基层委员会、总支部委员会和支部委员会。同时,民主集中制原则也是各民主党派的组织制度,是保证各民主党派的中央组织、地方组织和基层组织形成一个有机整体的中枢制度。例如,《中国民主同盟章程》明确规定:"个人服从组织、少数服从多数,下级组织服从上级组织,全盟服从中央",并要求"上级组织实施对下级组织的领导,并经常听取下级组织和盟员的意见,了解情况,及时处理他们提出的问题。下级组织要贯彻执行上级组织的决定,向上级组织反映,请示和汇报工作,同时也要独立处理职责范围内的事务。上下级之间要互通信息,互相监督"。②可见,各民主党派也建立了严密的组织体系。

(三)政党的职责分工明确

《中国的政党制度》白皮书明确指出,中国共产党是执政党,处于领导和执政地位,是多党合作制中的"主角";各民主党派处于参政党的地位,在多党合作制中相对于中国共产党而言是"配角"。由此可见,它们在多党合作制中的地位、作用及职责是非常清晰和明确的。其中,作为领导党和执政党,《中国共产党党章》已明确指出,中国共产党"领导人民发展社会主义市场经济,……领导人民发展社会主义民主政治,……领导人民发展社会主义先进文化,……领导人民构建社会主义和谐社会,……领导人民建设社会主义生态文明,……坚持对人民解放军和其他人民武装力量的领导"。③中国共产党领导和执政地位的实现,表现为党的意志通过人民代表大会上升为国家意志。作为参政党的地位,《中国的政党制度》

---

① 《中国共产党章程》,人民出版社 2012 年版,第 14 页。
② 《中国民主同盟章程》,中国民主同盟网(http://www.dem-league.org.cn/mmgk/zhangcheng/15673.aspx)。
③ 《中国共产党章程》,人民出版社 2012 年版,第 5—7 页。

也作了明确的规定,即"参加国家政权,参与国家大政方针和国家领导人选的协商,参与国家事务的管理,参与国家方针政策、法律法规的制定和执行。参政党的地位和参政权利受到宪法和法律的保护"。① 各民主党派参政地位的实现,则表现为各民主党派成员当选为各级人大代表和担任政府和司法机关领导职务。因此,中国共产党和各民主党派是主次有别、分工明确,这为形成严密的政党制度奠定了基础。

二 多党合作制的内部结构

中国共产党和各民主党派之间的关系构成了多党合作制的内部结构,它决定了双方在中国政治体系中的地位及其作用:即中国共产党是执政党,掌握着国家政权并负责组织政府;各民主党派是参政党,是接受并且拥护中国共产党领导的亲密友党。虽然中国共产党是执政党或领导党,但是,它对民主党派的领导并不是依靠下命令、发指示等行政手段或方式,而是通过党的政治主张、领导能力和执政水平等途径来实现的。中国共产党和各民主党派之间的领导与被领导、监督与合作的党际关系,是中国政党制度的特色及其优势,也是区别于西方政党制度的重根本特征。诚如江泽民同志所说:"我国政党制度的显著特征在于:共产党领导、多党派合作,共产党执政、多党派参政,各民主党派不是在野党和反对党,而是同共产党亲密合作的友党和参政党,共产党和各民主党派在国家重大问题上进行民主协商、科学决策,集中力量办大事,共产党与各民主党派互相监督,促进共产党领导的改善和参政党建设的加强。"并指出:"这既避免了多党竞争、相互倾轧造成的政治动荡,又避免了一党专制、缺少监督导致的种种弊端。我国政党制度的巨大优势就在这里,同国外一党制和多党制的根本区别也在这里。"②

(一) 政党之间的领导与被领导关系

中国共产党与各民主党派之间的领导与被领导关系,被认为"是与西方竞争性政党关系有着根本区别的新型政党关系,是我国政治制度和政党制度特点和优势的集中体现"。③ 众所周知,中国共产党的领导地位,是经

---

① 新华网(http://news.xinhuanet.com/politics/2007-11/15/content_7085239_1.htm)。
② 《江泽民文选》第3卷,人民出版社2006年版,第144页。
③ 刘延东:《论中国共产党领导的多党合作和政治协商制度》,《求是》2006年第13期。

过长期斗争考验形成的,既是历史的必然也是各民主党派的自觉郑重的选择,是处理中国共产党和各民主党派关系的核心原则和形成多党合作制的政治基础。只有坚持中国共产党的正确领导,才能保持多党合作的政治方向,使各民主党派在与共产党的团结合作中不断取得历史性的进步,把社会主义现代化事业不断推向前进。当然,必须明确的是:中国共产党的领导主要是一种政治领导——政治原则、政治方向和重大方针政策的领导,并不是组织上的行政领导——中国共产党无权干涉民主党内部的事务。也就是说,中国共产党要充分尊重各民主党在宪法和法律规定范围内的政治自由、组织独立和法律地位平等,支持各民主党派独立自主地开展工作和作出决定。各民主党派并不是中国共产党的附属或次级组织,它们之所以接受中国共产党的领导,主要是基于对中国共产党正确的路线方针和政治主张、卓越的执政能力和高超的执政水平的认可和赞同。因此,中国共产党与各民主党派的领导与被领导关系,是一种互动的双向关系。

(二) 政党之间的监督关系

它主要是指中国共产党和各民主党互相监督,但更多地表现为各民主党派对国家宪法和法律法规的实施情况、党和政府重要方针政策的制定和贯彻执行情况、党委依法执政及党员领导干部履行职责和为政清廉情况等方面的监督。政党之间的互相监督是多党合作的基本方针和重要内容,也是多党合作制的重要特征。对于执政的中国共产党而言,各民主党派的监督更显迫切,这有助于加强和改善党的执政能力,巩固党的执政地位。对此,毛泽东在新中国成立初期撰写的《关于正确处理人民内部矛盾的问题》一文中曾指出:"为什么要让民主党派监督共产党呢?这是因为一个党同一个人一样,耳边很需要听到不同的声音,大家知道,主要监督共产党的是劳动人民和党员群众。但有了民主党派,对我们更为有益。"[①] 改革开放之后,邓小平再次强调:"由于我们党的执政党的地位,我们一些同志很容易沾染上主观主义、官僚主义和宗派主义的习气。因此,对于我们党来说,更加需要听取来自各个方面包括各民主党派的不同意见,需要接受各个方面的批评和监督,以利于集思广益、取长补短、克服缺点、减少错误。"[②] 可见,多党合作制下的政党监督,同西方国家政党监督存在本质

[①] 《毛泽东文集》第7卷,人民出版社1999年版,第234—235页。
[②] 《邓小平文选》第2卷,人民出版社1994年版,第205页。

上的区别：即前者是一种非权力性监督，主要目的是加强和改善共产党的领导，帮助共产党更好地执政为民，并不是要反对、代替或取消共产党的领导；后者是一种权力性监督，主要目的是夺取政权而成为执政党，更好地维护自己政党所代表的阶层利益。

（三）政党之间的合作关系

这表现为中国共产党就重大方针政策和重要事务同各民主党进行政治协商，共同致力于中国特色社会主义现代化建设的伟大事业。中国共产党同各民主党派的合作关系，始于民主革命时期，发展到今天已经历经70多年的历史。在此期间，党的领导人多次强调，要取得中国革命的胜利，必须不断加强和发展政党之间的合作关系。例如，在抗日抗争时期，毛泽东就说："对于共产党以外的人员，不问他们是否有党派关系和属于何种党派，只要是抗日的并且是愿意和共产党合作的，我们便应以合作的态度对待他们。"[①] 在此思想的指导下，中国共产党创建了"三三制"民主政权，对政党合作进行了广泛的实践，为抗日战争的胜利奠定了坚实的基础。在解放战争期间，中国共产党与各民主党派携手合作，同国民党的反动独裁统治进行了斗争，为推翻旧政权建立新政权发挥了重要的作用。从某种意义上而言，没有中国共产党和各民主党派的团结合作，革命、建设乃至改革的伟大事业就不可能取得成功。多党合作制下的政党合作，同西方两党制或多党制下的政党合作也存在本质的区别：前者的合作是一种长期的合作，合作的目的是建设富强、民主、文明、和谐的社会主义现代化国家；后者的合作是一种临时性的利益合作，缺乏稳定性，合作的目的是维护资产阶级的统治。

三　多党合作制的外部结构

政党制度是现代民主政治的三大支柱性制度之一，与议会制度具有密切的联系。就西方民主政治的历史经验来看，议会制度是政党制度产生的基础，政党制度反过来又促进了议会制度的完善。与西方政治发展道路所不同的是，中国的政治发展历史是先有政党制度，后有议会制度（即人民代表大会制度），两者具有密切的联系。除此之外，中国多党合作制同人民政协也存在紧密的联系，这是中国多党合作制重要特征和优势。

---

① 《毛泽东选集》第2卷，人民出版社1991年版，第742页。

（一）多党合作制与人民代表大会制度的关系

虽然多党合作制属于是我国基本政治制度，人民代表大会制度则是我国的根本政治制度，但两者同属于中国特色社会主义政治制度的组成部分，是发扬社会主义民主的主要途径和形式。胡锦涛指出："把人民代表大会制度坚持好、完善好，把中国共产党领导的多党合作和政治协商制度坚持好、完善好，对于发展社会主义民主政治、建设社会主义政治文明，对于巩固我们党的执政地位和我国社会主义制度，对于充分调动各方面的积极因素共同建设中国特色社会主义制度，意义十分重大。发展社会主义民主政治，建设社会主义政治文明，最重要的是坚持和完善人民代表大会制度，要坚持和完善中国共产党领导的多党合作和政治协商制度。"[①] 因此，正确认识和妥善处理多党合作制与人民代表大会制度的关系，既有助于更好地发挥我国政党制度的特点和优势，增强政治体制的活力，也有助于更好地实现人民当家作主，维护人民群众的根本利益，切实使协商民主与选举民主统一于中国特色社会主义民主政治的实践之中。

1. 多党合作制和人民代表大会制度相辅相成，互为补充、互为支持

人民代表大会制度作为根本政治制度，决定着国家社会政治生活的各个方面和其他各种具体制度，是国家整个政权体系的基础。也就是说，根本政治制度的运行，需要基本或具体政治制度的支持，基本或具体政治制度的运行，则需要根本政治制度的保障。目前，我国人民代表大会制度实现多党合作制的价值或功能的主要做法是：在各级人民代表大会，无论是人大代表，还是常委会组成人员、专门委员会组成人员，以及领导班子成员中都安排了一定比例的民主党派成员和无党派人士参加。他们以人大代表的身份，表达和反映各种民意诉求，提出各种建议和批评，充分发挥参政议政和民主监督的作用，促进了人大通过的法律法规和作出的决定决议更加科学合理，充分发挥各民主党派在中国现代化事业中的作用。

2. 多党合作制和人民代表大会制度的目标和任务是一致

多党合作制和人民代表大会制度涉及的内容、规范的对象以及所处的政治地位并不相同，其中，多党合作制涉及的内容包括中共与各民主党、国家政权的关系以及各民主党派与国家政权的关系等，规范的对象是政党，属于基本制度；人民代表大会制度是根本政治制度，涉及的内容包括

[①]《人民政协重要文献选编》（下），中央文献出版社2009年版，第672页。

党与人大、人大与人民、中央与地方国家机构职能划分关系等，规范的对象是国家机关，属于根本制度。尽管如此，多党合作制和人民代表大会制度价值取向或者说制度设计的出发点却是相同的，即都是为了实现和维护最广大人民群众的根本利益、发展社会主义民主政治进而巩固人民民主专政的国家政权。就多党合作制而言，中国共产党所代表的是人民群众的根本利益和长远利益，各民主党派所代表的是社会不同阶层和不同方面的具体利益和眼前利益，两种利益既有相同亦有不同，由此产生了利益矛盾和冲突。为此，需要设计一种能够融合或整合两种不同利益的制度。这就是多党合作制度。即如李金河教授所说："中国共产党和各民主党派之间的制度化合作既代表和反映了人民群众的根本利益，又兼顾和包容了社会各方面成员的具体利益。因此，它是一种新型的执政方式。"① 就人民代表大会制度而言，我国法律规定，人大代表必须保持同人民群众的密切联系，倾听人民呼声，反映各个阶层、各类群体的利益诉求，统筹兼顾各方面群众的具体利益，确保最广大人民群众的根本利益得到实现。

(二) 关于多党合作制与人民政协的关系

多党合作制是具有中国特色的政党制度，人民政协是中国人民爱国统一战线的组织，是中国共产党领导的多党合作和政治协商的重要机构，它们自创建以来，就紧密地联系在一起，相伴而生，密不可分。正是依托人民政协这个载体和平台，多党合作制的优势及作用才得到充分发挥和体现。也就是说，多党合作制同人民政协的关系，其实就是一种制度与制度组织载体或平台的关系。正如李鲁烟所言："人民政协作为中国共产党领导的多党合作和政治协商的重要机构，是我国政党制度的重要载体、实践政党制度的重要场所、体现和发挥政党制度特点和优势的重要舞台。"②

1. 人民政协是实践多党合作制的组织形式

人民政协作为中国共产党领导的各党派、各团体、各民族、各阶层大团结大联合的组织，既要解决中共与各民主党派之间的政治关系，也要处理好各民主党派与各人民团体、少数民族人士以及各界爱国人士的政治关系。总体而言，中共与各民主党派的政治关系是居于更为主要的地位。毛

---

① 李金河：《中国多党合作制度的价值》，《当代世界与社会主义》2011年第4期。
② 李鲁烟：《人民政协在我国政党制度建设中的独特地位和重要作用》，《理论学刊》2010年第3期。

泽东就曾指出:"人民政协是全国各民族、各民主阶级、各民主党派、各人民团体、国外华侨和其他爱国民主人士的统一战线组织,是党派性的,它的成员主要是党派、团体推出的代表。"① 在人民政协中,中国共产党与各民主党派坚持"长期共存、互相监督、肝胆相照、荣辱与共"的方针,积极履行各项职能,不断推进社会主义民主政治建设。首先,围绕着国家和地方的大政方针以及政治、经济、文化和社会生活中的重要问题进行政治协商,不断提高决策的科学化水平。其次,围绕着国家宪法、法律法规以及重大方针政策的贯彻执行等内容开展民主监督,不断加强和改善党的领导。最后,围绕着政治、经济、文化和社会生活中的重要问题以及人民群众普遍关心的问题积极参政议政,不断提高党政决策的民意基础和群众基础。

2. 人民政协是发挥多党合作制功能的重要舞台

《中国的政党制度》认为,中国多党合作制的价值和功能主要表现为五个方面,即"政治参与、利益表达、社会整合、民主监督、维护稳定"。回顾人民政协的发展史,它在发挥上述功能方面,具有其他组织无可比拟的优势:第一,政党作为政治参与的主要单位,通过人民政协这个组织载体,中国共产党和各民主党不仅实现了政治参与的有序化、制度化和程序化;而且使政治参与的广度、深度及其强度都达到一个新的高度。第二,政党作为利益表达和聚合的主要形式,人民政协为充分反映中国共产党和各民主党派所代表的各种意愿、呼声和利益要求提供了充分的平台,促进了利益表达的有序化和合法化。第三,政党作为社会整合的主要方式,人民政协可以整合不同阶层、不同群体、不同党派、不同民族和不同信仰的社会力量,使它们紧密团结在中国共产党周围,为实现中国特色社会主义的目标而一道奋斗。第五,人民政协可以发挥政协委员的代表性优势,及时了解不同阶层和群体的利益诉求,并有针对性地开展工作,引导其所代表的阶层和群体依法有序地反映和表达其意愿和要求,有效地实现社会的和谐与稳定。

(作者单位:北京市委党校政治学教研部)

---

① 《毛泽东文集》第6卷,人民出版社1999年版,第385页。

把践行群众路线贯穿于全面提高党的建设科学化水平全过程

李兴元

中国共产党是靠群众工作起家并发展壮大执政的党,"群众路线是我们党的生命线和根本工作路线"[1] "是永葆党的青春活力和战斗力的重要传家宝"[2],"全面提高党的建设科学化水平"[3] 是党的十八大推进党建伟大工程和伟大事业的总纲领。胡锦涛同志关于"提高党的建设科学化水平,必须坚持以人为本、执政为民理念,牢固树立马克思主义群众观点、自觉贯彻党的群众路线,始终保持党同人民群众的血肉联系"[4] 的科学论断和党的十八届三中全会关于"坚持以人为本,尊重人民主体地位,发挥群众首创精神,紧紧依靠人民推动改革,促进人的全面发展"[5] 的重要经验及习近平总书记关于"中国要飞得高、跑得快,就得依靠13亿人民的力量",为我们把践行群众路线与推进党建伟大工程、实现党的奋斗目标相统一奠定了思想理论基础。无论是巩固党的"执政资格"[6]、"推进国家治理体系和治理能力现代化"[7]、实现"中国梦",还是建设开放、

---

[1] 《习近平在党的群众路线教育实践活动工作会议上的讲话》,新华通讯社新疆生产建设兵团网(http://bt.xinhuanet.com/2013—08/05/c_116811873_3.htm)。

[2] 《习近平在党的群众路线教育实践活动第一批总结暨第二批部署会议上强调扎实开展第二批教育实践活动》,《人民日报》2014年1月21日第1版。

[3] 本书编写组:《十八大报告辅导读本》,人民出版社2012年版,第11页。

[4] 本书编写组:《庆祝中国共产党成立90周年胡锦涛同志"七一"重要讲话辅导读本》,学习出版社2011年版,第7页。

[5] 本书编写组:《中共中央关于全面深化改革若干重大问题的决定辅导读本》,人民出版社2013年版,第11页。

[6] 本书编写组:《十七届四中全会〈决定〉学习辅导百问》,人民出版社2007年版,第10页。

[7] 本书编写组:《中共中央关于全面深化改革若干重大问题的决定辅导读本》,人民出版社2013年版,第11页。

富裕、和谐、美丽"四个宁夏"①,都迫切要求我们,必须紧紧围绕党的建设主线、总体布局、目标任务,紧紧抓住党的建设出发点、着力点、落脚点和重点、难点,把践行群众路线作为扬正气、接地气、聚人气、添福气的固本强基之举和执政为民、兴党兴国的重中之重贯穿其中,内化于心、外化于行。

一 践行群众路线与提高党建科学化水平是辩证统一的正相关关系

毛泽东同志曾指出:"共产党的路线,就是人民的路线。"② 从本质上说,提高党建科学化水平与践行群众路线是根本一致的。因为二者的根本目的目标相一致,党建科学化提出推进的过程,就是党致力于实现中国梦,把马克思主义"群众史观"与中国革命建设改革实践相结合、坚定不移地宣传发动、组织依靠群众、与群众同甘共苦同仇敌忾、为群众谋幸福的过程。

(一)党的执政合法性和建设水平的提高源自对群众路线的执着坚守

1. 践行群众路线是党应对严酷斗争环境,从弱到强、从革命党到执政党的坚实基础

早在《抗战十五个月的总结》中毛主席就指出,"依靠民众则一切困难能够克服,任何强敌能够战胜,离开民众则将一事无成"③。从井冈山根据地的创建到解放战争的速胜,从形成"两大理论成果"到实现"三个历史性转变"④,正因有了正确的群众观点和工作方法,党才带领人民星火燎原。据统计,仅支援淮海战役60万解放军的民工就高达543万。可以说,新中国的缔造和共产党执政是党和人民的胜利,也是群众路线的胜利。

2. 践行群众路线是党及其基层组织规避风险、永葆先进性的根本保证

"党执政后的最大危险是脱离群众"⑤,"巩固党的执政基础和执政地

---

① 李建华:《保障和改善民生,创新社会治理,建设和谐宁夏》,《宁夏日报》2014年1月1日第1版。
② 毛泽东:《在解放日报改版座谈会上的讲话》,《毛泽东文集》第2卷,人民出版社1993年版。
③ 中共中央文献研究室:《论群众路线——重要论述摘编》,中央文献出版社、党建读物出版社2013年版,第6页。
④ 本书编写组:《庆祝中国共产党成立90周年胡锦涛同志"七一"重要讲话辅导读本》,学习出版社2011年版,第7页。
⑤ 《中国共产党章程》,人民出版社2012年版,第11页。

位靠什么？最重要的就是靠坚持党的群众路线、密切联系群众。"[1] 当前，面对严峻尖锐的"四大考验"、"四大危险"、"四风之害"，党要继续当好"三个代表"，就必须吸取苏共败亡的教训，无条件践行群众路线，让基层组织与干部及全体党员的先进作用"都充分发挥"[2]，切实把"衣食父母"当亲人、放心上，把感恩之心转化为"发展成果由人民共享"的实际行动。

3. 践行群众路线是党团结带领人民夺取改革开放新胜利、实现中国梦的必由之路

"中国梦归根到底是人民的梦"[3]。当前，虽然我国已成为世界第二大经济体，但深化改革、攻坚克难，实现"两个一百年"目标，只是万里长征走完了第一步，并且越是形势好、发展快、矛盾多、反腐形势严峻，越不能忘记"来自人民、植根人民、服务人民，是我们党永远立于不败之地的根本"[4]，越需要用13亿人的智慧和力量汇集起实现中国梦的磅礴力量。

（二）群众路线的确立发展和大放异彩源自党的长期实践和弘扬优秀文化基础上对人民群众的大爱

"为了谁、依靠谁、我是谁"和"建设什么样的党、怎样建设党"这两个根本目标一致的大问题是任何政党自产生之日起都必须直面的重大问题。群众路线不仅体现了马克思主义的认识论、方法论和历史观、价值观、实践观[5]，而且体现了党与其他政党的本质区别，具有当代现实价值。

1. 从群众路线和"党的建设科学化"的历史渊源看二者的统一性

（1）群众路线是党基于党的建设宗旨与奋斗目标对中国优秀历史文化传统和马克思主义理论的继承和发扬

中国古代传统的重民、贵民、安民、恤民、忧民、亲民、爱民等"民本思想"既是治国安邦之道，也是群众路线最早的理论来源。

---

[1]《习近平在党的群众路线教育实践活动工作会议上的讲话》，新华通讯社新疆生产建设兵团网（http://bt.xinhuanet.com/2013—08/05/c_116811873_3.htm）。

[2] 胡锦涛：《在中共中央政治局就加强党的基层组织建设问题进行第二十一次集体学习时强调》，新华网（http://news.xinhuanet.com/politics/2010—06/22/c_12247867.htm）。

[3] 习近平：《在十二届全国人大一次会议闭幕会上的讲话》，新华网（http://www.gov.cn/ldhd/2013—03/17/content_2356344.htm）。

[4] 本书编写组：《庆祝中国共产党成立90周年胡锦涛同志"七一"重要讲话辅导读本》，学习出版社2011年版，第7页。

[5] 周培清：《党的群众路线的哲学内涵》，《人民日报》2014年3月27日第7版。

马克思恩格斯列宁关于党的学说与党的建设、党群关系理论观点既是群众路线最直接的理论来源，也为党提出"党的建设科学化"奠定了思想基础。早在《共产党宣言》中，马克思恩格斯就庄严宣告："无产阶级的运动是绝大多数人的、为绝大多数人谋利益的独立的运动。"①

（2）群众路线及"党的建设科学化"是以毛泽东为代表的中国共产党人长期摸索实践的理论结晶

毛泽东同志早在1929年和1943年就分别指出：党的工作要"在党的讨论和决议之后，再经过群众路线去执行"②。"群众观点是共产党员革命的出发点与归宿"③。1929年他还最先提出"使党员的思想和党内的生活都政治化，科学化"④。江泽民同志也强调"不断推进决策的科学化、民主化"⑤。

2. 从群众路线和"党的建设科学化"的正式确立与内涵看二者的统一性

八大《党章》首次写入"群众路线"概念。群众路线最权威最完整的表述是《党章》讲的"五句话"⑥。其中，"一切为了群众"讲的实际上是建党的根本目标问题，也就是"建设什么样的党"，"一切依靠群众"则讲的是实现党建目标的手段和党的执政基础问题，也就是"怎样建设党"；而"从群众中来，到群众中去"讲的是党的科学理论、决策的源头和应采取的基本领导、工作方法及党科学、民主、依法执政的路径；"把党的正确主张变成群众的自觉行动"讲的是用先进的理论政策引领群众并实现党的奋斗目标的必由之路问题。

党的十七届四中全会首次提出"提高党的建设科学化水平"⑦，十八大

---

① 中共中央文献研究室：《论群众路线——重要论述摘编》，中央文献出版社、党建读物出版社2013年版，第6页。

② 《群众路线》，百度百科（http://baike.baidu.com/link?url=ZjnlkbtN4Dkfvcc2URdW6uDMovT-EBH6WJCW47q3_b0obb6OtbCLQGMXMeG96PF3）。

③ 中共中央文献研究室：《论群众路线——重要论述摘编》，中央文献出版社、党建读物出版社2013年版，第6页。

④ 施芝鸿：《努力提高党的建设科学化水平》，求是理论网（http://www.qstheory.cn/tbzt/sqjszqh/zyls/200910/t20091029_14021.htm）。

⑤ 江泽民：《在庆祝中国共产党成立八十周年大会上的讲话》，人民出版社2001年版，第7页。

⑥ 《中国共产党章程》，人民出版社2012年版，第11页。

⑦ 李建华：《保障和改善民生，创新社会治理，建设和谐宁夏》，《宁夏日报》2014年1月1日第1版。

就"科学化"作出重大部署,特别强调"以人为本、执政为民是检验党一切执政活动的最高标准",等等①,既标志着科学建党的认识在深化、举措在深入,也警示我们,科学化水平是不是全面提高,关键还是要看践行群众路线、让人民过上好日子的实效。

二 全面提高党建科学化水平与践行群众路线有落差

建党90多年来,党坚持推进党建科学化与保持党同群众血肉联系、造福群众相统一,提出并形成了一个由科学规律、科学理论、科学制度、科学方法、科学态度、科学精神、科学执政、科学决策、科学运筹、科学管理、科学发展等构成的指导、保障、谋划、推进党建科学化的理论体系,使党的"五大建设"的科学化水平日益提高,但推进党建科学化与践行群众路线仍有差距,既存在一些"不适应"、"不符合"、"不平衡"、"不协调"、"不如意"的问题,也存在一些党员干部不相信或不联系依靠、不发动凝聚、不服务造福群众等诸多脱离、损害群众的现象及一些群众不相信党组织和党员干部、造成逆反心理的问题。其主要表现是:

(一)思想建设的科学化与践行群众路线之间有落差

1. 科学理论技术武装工作与时代发展、环境变化及不同层面的干群欲求不够适应

一是一些党员干部的"总开关"有了病灶,为捞政绩工作还是为群众服务没从根上解决,有的甚至把组织和领导凌驾于群众与法律之上。二是宣传教育的大众性实效性不强、模式方法手段跟不上群众工作环境复杂化、对象多样化、手段智能化的新形势。有的宣传报道不接地气、了无生气,用核心价值观凝魂聚气缺乏实质进展,有的宣传思想文化阵地不为党服务不为民叫好,出现了低俗化庸俗化媚俗化态势,有的宣传思想文化工作者在大是大非面前,不敢发声亮剑。

2. 机关干部的思想境界和群众工作艺术水平与时代发展、环境变化及不同层面的干群欲求不大符合

主要是一些单位及党员干部学风不正,不深入群众、不拜群众为师,群众工作"本领恐慌",在推进改革中患得患失、讨价还价,奉行"摆平就是水平、搞定就是稳定",常常把领导和上级主管部门及自我的满意、

---

① 本书编写组:《十八大报告辅导读本》,人民出版社2012年版,第11页。

高兴、答应作为最高标准。有的一离开权力、"秘书"等资源就不会做群众工作，一离开送"慰问金"等传统的物质满足的方式就不懂得该怎样惠及群众，要么到基层"说不上去、说不下去、说不进去、给顶了回去"①，要么在网络媒体上失语雷语。

（二）组织建设的科学化与践行群众路线之间有落差

1. 党员发展重组织培养考察，轻群众监督淘汰

虽然党员发展快、规模大、进多出少，党员增长率（1949—2009年全国为26.5%，宁夏2006—2011年为3.32%）明显高于人口增长率（全国为2.4%，宁夏为1.19%）②，但党员数量的增加并未自然带来质量的增长，相反"四不"党员增多。

2. 干部选任公信力不强，群众参与度满意度不高

主要是干部工作存在一定的封闭性和"神秘化"色彩，一些党委（党组）的集体领导作用和干部竞争性选拔被异化，一些负责人评判干部的是非标准缺失，存在"由少数人选人"和"在少数人中选人"、"由不知情人选人"和"选不知情人"、"破格"与"出格"提拔、唯"亲"唯身边人选干和唯票唯分唯GDP选干"四个并存"，不重视干部日常表现和"考德"与量化考核等问题。民主推荐考评也是程序看上去很美，但"技术处理"有误导致群众不敢反映真实意见，且群众和服务对象参与不够、质量不高、意见权重太轻。

3. 基层党建与时代变化和群众的发展需求存在"四个不够适应"

主要是基层党建教育、党建活动、党建服务跟不上城乡和"两新组织"的变化速度，与日益增强的党员职工的社会流动性、差异性不够适应，与公民意识的大觉醒和社会治理结构的新变化不够适应，与市场化网络化条件下影响群众需求与思想观念因素增多的新形势不够适应，与执行"八项规定"等禁令不够适应，党建资源分布不均、城乡要素固化、单位地域行业界限和条块分割明显，党群工作面临"两低三缺九难"。即非公经济组织党群组织覆盖率低、党员覆盖率低；一些党组织缺阵地、缺经费、缺活动时间，积极分子培养难、入党对象发展难、党员身份掌握难、

---

① 习近平：《浙江省委专题学习会上的讲话》，《人民日报》2005年5月30日第10版。
② 闵杰：《中共控制党员规模》，搜狐新闻网（http：//news.sohu.com/20130301/n367544997.shtml，2013-03-01）。

流动党员监管难、组织机构设置难、阵地全面覆盖难、党建活动开展难、活动效果保证难、发挥引领群众的表率作用难。

4. 群众有序政治参与和协商民主实践存在缺陷

由于机制不健全、信息经验不对称、利益相关度不高、连带责任不落实，客观上制约了群众政治参与的能力和范围，造成参与的低效与混乱。由于协商民主制度体系不完备、一些地方不重视、政协社情民意直接来自群众的不多，导致协商民主质量不高、效果不好。

（三）作风建设的科学化与践行群众路线之间有落差

主要是：有的地方、单位和党员干部热衷于走"上层路线"，一些干部只对领导个人负责而不对组织和群众负责，身入基层心在他方，用参观代替调研，用通话代替见面，用上网代替上门，用汇报代替办结，存在着忽视甚至漠视群众情绪、群众经验、群众利益、群众创造、群众急难等倾向和较为严重的伤害群众感情、损害群众利益与党群干群关系、损害党在群众中的形象的"四风"之垢。有的不但"慵懒散软奢"俱全，不作为、慢作为、乱作为并存，搞一言堂、一支笔、一阵风、一任一"蓝图"、三年两"规划"，兴作秀风、攀比风、浮夸风、枕边风，一些事关群众的事情就是拖着推着顶着不办，搞开门整改不扎实，搞截"访"堵"访"有一套，而且党群之间应有的血肉关系变成了油水、蛙水关系，甚至是水火关系。

（四）反腐倡廉建设的科学化与践行群众路线之间有落差

1. 群众对腐败现象仍然呈现"前腐后继"的态势不大满意

案件查办数量和党员干部查处数量涛声依旧往上升，一些地方腐败案件频发，一些当权者丢责任、失良心，一些案件被压着不报不办，一些群众就对"三清"目标的加速实现产生怀疑。

2. 群众对党风廉政责任制落实不好、纪检监察机关主业不突出、群众监督作用不大有意见

主要是一些党组织以签订"责任书"代替主体责任的落实，一些纪检监察机关或部门副业过多，督查"三重一大"、"党务政务公开"、"责任追究"、"招投标管理"等雷声大、雨点小，一些部门权力过于集中、交叉不清、公权私用，凌驾于群众和法律之上，"上级监督太远，下级监督太险，同级监督太难，纪委监督太软，组织监督太短，法律监督太晚"未有较大改观，一些领导对违纪苗头线索不表态不查处，一些"老实人"得不到重用，而一些不守纪律者却得势得利。

3. 群众对党建管理中的"粗放经营"、奢侈浪费不满意

主要是有的党的机构臃肿、重复设置、人浮于事，一些例行公事的活动及文山会海、烦琐的程序，导致工作复杂化、成本扩大化；纪检监察没有形成监督合力；干训规模和力度很大，但实效性不强；一些党组织生活虚空甚至庸俗化。

（五）制度建设的科学化与践行群众路线之间有落差

1. 制度建立"两重两轻、三多三少"较重

主要是重数量轻质量，重建立轻实效，宏观粗线条安排多，依靠职能部门制定的多，应付照搬、充装门面的多，依靠多数群众制定的少，真正量化管用能问责可操作的少，长效化的更少。

2. 制度体系不健全不完备

一是依法进行社会治理的体制机制不健全，群众有序有效的政治参与渠道不畅、权重太低，导致一些深层次社会矛盾由静到动，一些局部矛盾演变为群体性事件。二是民主集中制细化不够，一些地方对党群关系热点难点问题的处理带有随意性。三是干部考评机制导向有偏差，造成有些干部不愿做群众工作。四是专项资金监管和社会矛盾调处机制不健全，致使问题不断，群众积怨加深。

3. 制度落实不到位

不少制度"处处高压线、处处不带电"。很少有人去严格执行制度、去督查制度执行、去主动追责，以至于有的群众感言"制度千万条，不如领导的批条"，对制度执行由失望变为麻木。

三 全面提高党建科学化水平必须在更高起点上践行群众路线

古人云："问渠哪得清如许，为有源头活水来。"对党和国家的事业来讲，这个源头，除了思想理论就是人民群众。工作中，必须唯物辩证地看待和分析提升党建科学化水平与践行群众路线的关系，在实现"中国梦"的伟大征途中让二者结合得更紧密、更高效。

（一）着力把群众路线贯穿于党的思想建设科学化全过程

"思想理论建设是党的建设的根本"[①]，党建科学化首要的是思想建设

---

① 李建华：《保障和改善民生，创新社会治理，建设和谐宁夏》，《宁夏日报》2014年1月1日第1版。

特别是思想观念、立场态度、指导思想的科学化。面对当前改革已进入攻坚期和深水区的新形势，推进思想建设科学化必须加强理论武装、宣传教育和舆论引导工作，在全社会真正形成"紧紧依靠人民群众……全面深化各领域改革……让全体人民共享改革发展成果"①的良好局面和"善治"的力量。

1. 始终坚持党性和人民性相统一

"党性和人民性的统一，是马克思主义的一个基本观点。"② 坚持党性和人民性相统一必须创新载体，首先抓好"生命线"和"凝魂聚气的基础工程"入脑入心，深刻阐释党与群众、党的权力和群众权力、发挥党的作用和发挥群众作用、推进党建科学化与践行群众路线"四个关系"，深刻揭示践行群众路线是确保人民当家作主、党获得长久执政合法性的根本源泉。坚持党性和人民性相统一最急迫的是要把发挥群众的主体能动和创新创造作用作为长期执政的"看家本领"，以群众关注的焦点和生活的难点痛点为着力点，大力深化能给群众带来可持续现实利益的改革，做到搞规划作决策既合党意，又随民愿。

2. 牢固"树立以人民为中心的工作导向"③

坚持以经济建设为中心，实质是"以人民为中心"。"树立以人民为中心的工作导向"，关键是要坚持党的宣传思想阵地、人才干部培养殿堂必须坚持为党服务与为人民服务相统一，深入研究不同群体的思想心理和文化需求，充分发挥党的思政优势和"智库"、"耳目"、"喉舌"的发现、研判、先导、引领作用，始终坚持"两巩固"、"三贴近"、实践"三深入"、深化"走转改"，多加生动宣传报道群众的呼声心声、改革带给群众的实惠，理直气壮地弘扬主旋律、传播正能量，采取男女老幼易于便于接受的现代方法，准确生动地阐释党的理论政策法规，注意深化地域精神"六进"活动，用发生在群众身边的典型人物、典型案例、典型单位引领风尚、弘扬核心价值观；注意通过地方公共文化服务设施向社会免费开放，为农村社区"种文化"等措施把先进文化服务和惠民政策落到实处。

---

① 李克强：2014 年《政府工作报告》，中国共产党新闻网（http://cpc.people.com.cn/n/2014/0305/c64094—24536194.html）
② 秋石：《坚持党性和人民性相统一》，《求是》2013 年第 22 期。
③ 习近平：《在全国宣传思想工作会议上强调胸怀大局把握大势着眼大事》，《新华每日电讯》2013 年 8 月 21 日第 1 版。

（二）着力把群众路线贯穿于党的组织建设科学化全过程

党的组织建设是完成党的历史任务的基石，把群众路线贯穿于党的组织建设科学化全过程，关键是要抓住五个重点：

1. 坚持以质量优化、群众评判监督推进党员发展清退工作的科学化

既要严把党员"入口关"，对党员规模比例实施限量控制，通过扩大群众参与，完善落实发展党员的预审、票决、公示和群众测评、责任追究制度，确保发展党员的纯洁性和先进性，又要下决心疏通党员"出口关"，建立并严格执行"四不"等不合格党员自然淘汰机制。

2. 坚持在践行群众路线中选用干部与优选践行群众路线的好干部相统一

"选什么人就是风向标"①。选用干部一要把践行群众路线作为看人用人的首要标准、监督干部的有效举措。务必多加深入基层底层、服务对象、信访群众中考察干部；务必建立"以德为先"②、重用善用老实人而不让其吃亏的具体机制和体现全面历史辩证地看干部的考评指标体系，提高日常考评和分管领导、服务对象在选干中的权重，完善群众放心监督干部的实现形式。二要找到组织委任和群众选任、组织满意和群众满意的结合点。坚持更多地用知情群众客观的态度、评价和合理需要与利益满足去评价干部、考虑其进退留转。

3. 坚持以"五个以"推动构建城乡一盘棋的开放式互动式"订单式"大党建服务格局

党建科学化的重点、难点、突破口都在基层，必须适应群众观念、结构、心理、差别、行为习惯变化，善用信息化社会化等手段，不断增强群众工作本领，以满足群众需求、引领群众发展为目标，以构建服务格局、拓展服务领域、增强服务实效、促进公平正义为重点，以党组织的有形有效全覆盖推进服务改革发展、服务党员群众、服务民生的全覆盖，以将分散化的党建资源、平台、工作整合为可开展信息化、"网格化"管理和专业化、多样化、个性化、常态化的综合便民服务平台，打造群众服务体系的升级版，以党建内容、形式、方法、手段、阵地、载体、管理创新推进

---

① 习近平：《在全国组织工作会议上强调建设一支宏大高素质干部队伍》，新华网（http://news.xinhuanet.com/2013—06/29/c_116339948.htm）。

② 同上。

服务创新，根据生产力布局和管理服务对象的流向与需求，采取城乡社区企业党组织"联建"、党员"公管"、群众"共帮"、信息资源服务"共享"及流动党员流入地托管等方式，建立产业、区域、网络、合作社、城乡接合部党组织、联合党组织、远程党组织，采取摸底建档和年检销号并举等方式突出抓好非公经济组织党建工作。

4. 坚持推进以党内民主带动协商民主、社会治理和人民民主

"人民民主是社会主义的生命。"[①] **一是**应大力推进协商民主的制度化、规范化、程序化及配套系统建设。不断健全协商的程序性、实体性制度和评价监督体系与平台，规范协商的内容形式，增加协商密度，切实以落实"三在前、三在先"增强协商实效。加快建设国家和地方两级社情民意调查系统，做到社情民意信息办理情况全反馈。**二是**切实提高民主集中制的落实效果。既赋予公民"四权"（知情权、选举权、监督权、罢免权），又保证其权利的自由平等；既实行民主，又坚持法治公平，明确多数也得保护少数、服从少数的底线。

5. 坚持激发社会力量共同参与社会治理的活力

社会治理实质是群众治理，必须牢牢把握系统、依法、综合、源头治理"四项原则"，把以促进社会参与为着眼点、以激发社会活力为着力点、以增进人民福祉为落脚点，实现"为民代民作主"向"由民作主"的转变；大力整合社会资源，充分发挥政府、市场、社会等多元主体在治理中的协作协同、互动互补作用，特别是基层自治组织、"四类社会组织"在治理中的主体、依托作用，深入开展以社区居民议事协商、村监会等为主要形式的民主治理实践[②]，推广农村社区"四民主工作法"[③]，坚持用正向的预期疏导社会情绪，把社会矛盾燃点拉高。

（三）着力把群众路线贯穿于党的作风建设科学化全过程

"作风建设是党的建设的永恒课题"和重点，必须贯彻落实习近平总书记关于"贯彻群众路线没有休止符，作风建设永远在路上"[④]、要"三

---

① 本书编写组：《十八大报告辅导读本》，人民出版社2012年版，第11页。
② 本书编写组：《中共中央关于全面深化改革若干重大问题的决定辅导读本》，人民出版社2013年版，第11页。
③ 陈奕威：《用好民主与法治两大"法宝"》，《人民日报》2014年3月25日第5版。
④ 《习近平在党的群众路线教育实践活动第一批总结暨第二批部署会议上强调扎实开展第二批教育实践活动》，《人民日报》2014年1月21日第1版。

严三实"的要求,倍加依靠群众的参与监督评价,大力提升制度执行力,"努力创造经得起实践、人民、历史检验的实绩"①。

1. 把牢固树立群众观点作为检验作风建设科学化的首要标志

要查看群众观点是不是在全体党员干部中入耳入脑入心。检验入耳入脑入心关键是要看核心价值观是不是在党员干部身上得到确实体现,谋划工作是不是首先想到群众的冷暖安危和利益维护与保障,决策部署是不是让老百姓首先成为受益者和最大利益获得者。

2. 把始终保持党同群众的血肉联系作为检验作风建设科学化的直接表现

必须与群众面对面、心换心,加强党组织和党员领导干部《直接联系服务基层和调研点扶贫点及困难群体制度》落实情况的督查,狠刹基层干部一下班就唱"空城计",大力推进调查研究、宣传文化、信访接待、现场办公。惠民项目"五下基层"和"四访"(定期接访、重点约访、带题下访、上门回访)活动有形有效覆盖,深入开展"两代表三委员"进驻企业社区农村征集社情民意、专家教授科技骨干"三下乡"、志愿者服务活动,把回应群众关切及群众满意度作为考核选用干部的重要依据。

3. 把整改落实、造福人民的实际效果作为检验作风建设科学化的重要标准

马克思说得好:"人们奋斗所争取的一切,都同他们的利益有关。"②当前,**一要**根据群众最讲实际的特点,采取向群众征集年度民生实事、老旧乡村社区容貌改善计划和一把手亲自督办等措施,让各层面群众最需要的物质、政治、文化"三大利益"得到有效可持续的满足。**二要**增强以问题倒逼整改、整改"只有进行式,没有完成式"的意识③,以落实一年一度的从广大干群最不满意的地方改起的整改限时办结计划和销号机制等为保障,推进开门整改经常化长效化,力求整改"每项工作都让群众参与、受群众监督、让群众评判"④,直至群众满意。

---

① 《习近平谈三严三实》,新华网(http://news.xinhuanet.com/politics/2014—03/09/c_119680052.htm?prolongation=1)。
② 《马克思恩格斯全集》第1卷,人民出版社1956年版。
③ 《习近平在党的群众路线教育实践活动第一批总结暨第二批部署会议上强调扎实开展第二批教育实践活动》,《人民日报》2014年1月21日第1版。
④ 同上。

（四）着力把群众路线贯穿于党的反腐倡廉建设科学化全过程

反腐倡廉建设是党的建设的重大政治任务，"关系人心向背和党的生死存亡"[1]，必须竭力把依靠职能部门与依靠群众以法治、新媒体方式反腐败有机结合，不断增强教育的说服力、制度的约束力、监督的制衡力、惩治的威慑力，以心灵和行为的干干净净为经济社会发展提速、提质、提效保驾护航。

1. 突出抓好主业主责，进一步取信于民

继续创新纪检监察管理体制，试行地方纪委直接对党委一把手负责、下级纪委直接对上级纪委负责制，增强纪委（纪检组）监督权的相对独立性和权威性，确保工作不受干扰、案件有报必查必复、不压不拖。认真落实"两责任""两为主"，坚决清理规范纪检监察部门的辅责，保证"三转"到位。加快派驻、巡视"两个全覆盖"，实施巡视"轮作制"，形成资源优势和监督合力。切实发挥反腐倡廉教育、研究、评价"三大中心"作用，让其成果成为倒逼各级党政抓廉政的有效举措。切实改进信访问责工作，确保件件有查办有回复。

2. 大力推进"六权"行动，彰显阳光下的群众监督力量

"阳光是最好的防腐剂"，"只有让人民来监督，党和政府才不敢松懈，才不会人亡政息"[2]。一方面要打造立体化的权力运行制约监督体系，更多地让第三方、利益相关方和普通群众代表进入容易滋生腐败的政府采购、招投标等领域，让群众成为无处不在的"巡视组"。另一方面要以推进"六权"行动[3]，把权力置于群众的视线里。包括要依法"确权"、改革"限权"、科学"配权"、按规范、便民、高效的流程图"行权"、公开"晒权"（推进电子监察等"科技反腐"公开系统互联互通，加大决策、管理、服务、结果等公开情况的督查）、全程"控权"（以透明细化、公开到底层科目的预算管理遏制"支出式腐败"、以发挥市场在资源配置中的决定作用遏制"审批式腐败"）。

3. 持续开展"三个回头看"，不断提高群众参与度满意度

着力通过内部审计、专项审计、查验制度"废改立"、群众访谈、设

---

[1] 本书编写组：《庆祝中国共产党成立90周年胡锦涛同志"七一"重要讲话辅导读本》，学习出版社2011年版，第7页。

[2] 黄炎培：《延安归来第二篇"延安五日记"》，重庆国讯书店1945年版，第7页。

[3] 李秋芳：《中国反腐倡廉建设报告》，社会科学文献出版社2014年版，第1页。

立举报箱、聘请群众监督员查访、公开"回头看"结果、对号问责，确保"回头看"见实效。**一要**依靠群众，开展与中央"八项规定"及其配套制度（主要是17项"禁令"）相匹配的地方部门制度建立执行情况"回头看"。重看执行中有无"阳奉阴违"、搞"变通"、"复辟"、不达标情况。**二要**依靠群众，开展"党员领导干部个人重大事项报告制度"执行情况和申请福利性住房情况"回头看"。重看全国联网的不动产登记制的推进情况及干部报告等事项是否属实、全面、公开，并对漏报、隐瞒、弄虚作假者和举报人，分别予以处理、奖励。**三要**开展一把手"六不直接分管"情况"回头看"。重看是否假放手、真插手。

（五）着力把群众路线贯穿于党的制度建设科学化全过程

制度建设是党的建设的根本保证，事关国家治理体系的现代化。要践行群众路线、提高党建科学化水平的常态化长效化，必须最大限度最大范围地让群众进入制度的设计、监督环节，健全完善成熟定型管用的制度体系，大力推进规范化、流程化、信息化的民主决策、民主监督、民主管理、社会治理制度建设，实施制度建设"三个一批"工程，为提高制度执行力奠定基础。

1. 切实分类建立完善一批联系依靠群众和社会力量有效推进和监督党的工作常态化长效化的机制平台

一是能有效分层次分领域扩大公民有序政治参与、促进社会治理的制度平台。如：建立国家民意征询系统，以信息对称性、利益相关性、责任连带性为标准的公民政治参与（如列席党代会、党委全会、常委会、听证会）办法。**二是**能有效扩大群众知情权、参与权和监督权的制度。如：《必须上会、须邀部分群众参与、须经全员议决事项清单制度》《政府购买服务办法》。**三是**由群众评判党组织和党员干部为民务实清廉效果的制度。如：《党群关系与党组织书记抓党建工作评价指标体系》《党组织及其负责人"双述双评"制度》。**四是**能有效发挥群众对公权、公共资金使用等进行监督的制度。如：《预算公示制》《省市县三级"权力清单"公开制度》《行政审批公共服务事项"权力清单"公开制度》《网络微博回应群众关切制》。**五是**能有效联系群众接地气的制度。如：《"两代表三委员进驻企业社区农村工作室"制度》《第三方征求意见建议制度》。**六是**能有效保障群众权益的制度。如：《领导干部亲自接访下访群众制度》《重大项目风险评估制》《突发事件和环境污染预警应急处置机制》。

2. 切实推广落实一批帮扶群众、树立党的形象的常态化长效化机制

如："红心港湾"经验、"枫桥经验"、"电视网络微博问政"、宁夏的"三建四关心""三同六帮六送""五有一好"党建服务品牌创建等党内关怀激励帮扶制度。

3. 切实梳理废止一批不利于群众、不利于发展的低效无效失效机制

如与落实中央"八项规定"及"禁令"配套但难操作、无法有效问责的制度，缺乏有效保障群众"四权"的制度，不利于疏导群众的"堵访""截访"等规定。

（作者单位：宁夏社会科学院）

"精神党建"与中国特色政党伦理的重构

朱宪臣

党的建设的科学化一方面要求党从整体性层面对党的建设各个方面进行顶层设计,一方面要注重各个基层党组织面对新形势的创新性探索,更要关注党组织的主体——党员自身道德素养和精神境界的提升,这是执政主体德性对于提高执政党的执政能力和执政水平的关键和根本所在。可以说,执政党的执政价值观对于执政实践有重要的导向性和决定作用,而执政价值观的形成则有赖于执政主体执政过程中的基本价值立场、价值态度等价值取向。执政党的执政行为和执政思维要在逻辑上与执政价值观实现自洽,就要在遵循执政党意识形态的前提下,实现执政主体的道德自觉,彰显执政党的政党美德。在中国社会现代化的转向中,中国共产党秉持的社会主义核心价值体系以理论为主导,统领理想、精神、道德等不同层面,是党执政伦理的基本规范。

一 马克思主义的政党伦理观

马克思运用辩证唯物主义和历史唯物主义阐释了道德的科学内涵,认为道德与哲学、宗教等一样属于社会意识形态范畴,道德的社会意识形态本质论形成了马克思主义的伦理学的基本内容,其目的是要建立共产主义道德体系来规范人们的社会生活。它的逻辑起点是实现和维护工人阶级的根本利益,"无产阶级的运动是绝大多数人的、为绝大多数人谋利益的独立运动"。[①] 共产主义道德的目标是人的自由而全面的发展,这也是无产阶级政党伦理的重要体现。

马克思主义的政党伦理属于马克思主义伦理学的范畴,后者对于道德

[①] 《马克思恩格斯选集》第1卷,人民出版社1995年版,第283页。

的起源、发展和演变的规律,道德同经济基础和上层建筑其他因素相互作用的规律,道德的历史继承与革命变革的规律,道德行为的发生、评价和道德心理活动的规律,共产主义道德的形成和发展的规律,社会主义道德原则、规范的作用的规律等都进行了科学的阐释和论述。共产主义是马克思主义道德思想的集中体现,是其伦理思想的重要组成部分。共产主义道德以集体主义为基本原则,其主要内容是坚持国家、集体和个人的利益相结合,促进社会和个人的和谐发展,倡导把国家、集体利益放在首位,充分尊重和维护个人的正当利益。当国家、集体和个人利益发生冲突时,个人利益应服从国家和集体利益。马克思主义的政党伦理作为马克思关于政党执政过程中的道德学说,是共产主义道德原则在党的组织中的实践和运用,它的显著特色是强调政党的道德观念和道德行为受当时的社会经济关系的制约,同时,执政党的执政道德又反作用于社会经济关系以至整个社会生活。

列宁在阐释政党伦理时把它与共产党员的党性、道德和良心联系起来,他认为无产阶级政党的先进精神和道德应体现时代性与人民性的统一,要代表广大人民群众的根本利益,"我们的道德完全服从无产阶级斗争的利益"[1]。无产阶级政党的每个党员作为党组织的主体,都应该是良好道德品行的践行者。讲真话不说假话,"吹牛撒谎是道义上的灭亡,也势必引向政治上的灭亡"[2]。摒弃利己主义的旧道德,建立共产主义的新道德,共产主义者的"全部道德就在于这种团结一致的纪律和反对剥削者的自觉的群众斗争"[3]。在个人品德建设方面,列宁认为,"工人阶级……必须有自我牺牲的精神和铁的纪律"[4]。党员要发挥先锋模范作用,千万不能脱离人民群众。列宁关于政党伦理的思想为俄国无产阶级政党建设提供了科学的价值引导、伦理支撑和道德动力,也为中国共产党探索有中国特色政党伦理建设提供了重要的指导原则。

二 中国共产党政党伦理的实践与嬗变

共产党作为社会主义社会的管理者和领导者,其自身的伦理建设对于

---

[1] 《列宁选集》第4卷,人民出版社1995年版,第289页。
[2] 《列宁全集》第11卷,人民出版社1987年版,第331页。
[3] 《列宁专题文集》(论无产阶级政党),人民出版社2009年版,第288页。
[4] 《列宁全集》第38卷,人民出版社1986年版,第350页。

社会的文明和发展，具有举足轻重的意义。中国共产党从革命党到执政党的地位转换，也昭示着党在时代变迁中走向成熟的同时，其政党伦理也更加符合中国的基本国情。

（一）为人民服务：中国共产党政党伦理的逻辑起点

为什么人的问题是执政党安身立命最核心最关键的问题。中国共产党自成立时起，就把全心全意为人民服务作为党的根本宗旨。"为人民服务"思想作为马克思主义执政党的精神形态和价值观，从提出到践行都彰显着中国共产党先进的政党伦理意蕴，这句朴实的话语九十多年来一直被全体党员奉为圭臬而执着坚守。

把"为人民服务"设为中国共产党政党伦理的逻辑起点，原因有三：（1）"为人民服务"是中国共产党道德体系中最简单、最普通、最基本的"元素"或"内核"，它作为共产党一切活动的出发点和落脚点，直观地表明了党的成立与发展的目的是为了人民群众的切身利益，而不是为了某个集团或自身的狭隘利益；（2）"为人民服务"本身包含着社会主义运动过程中的一切矛盾和运动规律，新民主主义革命、社会主义革命和社会主义建设、改革开放的实践充分表明，中国共产党什么时候坚持这一观点，我们的事业就比较顺利，什么时候偏离这一观点，我们的事业就遭到挫折；（3）"为人民服务"与人类认识客观事物的历史发展进程相一致，在历史与逻辑上达到了统一，中华民族重振和复兴过程中的共产党人在探索和磨砺中找到了这一真理。

中国共产党"为人民服务"的利益观，树立了中国共产党的良好形象。党也正是相信群众、依靠群众，从群众中来到群众中去，奠定了坚固的群众基础，在革命、建设和改革中赢得了人民的拥护，这一内涵马克思主义基本要求的政党伦理观，既契合了广大人民群众的根本利益，又在合道德性上实现了党的政治导向和利益调节功能，在民众的思想意识层面得到普遍认同，并使之在行动上密切配合中国共产党各个阶段目标的推进，有力地验证了党执政的合法性。

（二）从"民本"到"民生"：中国共产党政党伦理的逻辑进路

"民本"作为中国传统的执政伦理观，包含有以民为本、人民是国家的根本的朴素的执政理念和人道主义色彩，中国共产党在社会主义革命、建设和改革的过程中，创造性地将其与马克思主义的执政伦理观结合起来，强调"民本"要坚持正确的指导思想，站稳人民的立场，为人民谋福祉，走群众路线，赋予"民本"思想新的时代内涵；"民生"简单而言即为民众的生存、生活和发展，中国共产党的民生观，亦是从全心全为人民服务的执政理念出发的现代意义上"为民"、"富民"、"利民"观念的重要体现。具有中国特色的政党伦理在时空变幻中经历了从"民本"到"民生"的逻辑演进。

中国共产党政党伦理观"民本"思想的超越，把尊重人民作为根本的出发点，"人民，只有人民，才是创造世界历史的动力"[1]。始终遵循"一切为了群众，一切依靠群众，从群众中来，到群众中去"的群众路线，尊重人民群众的首创精神和历史主动性；视人民群众的利益为党的历史责任，"真心真意地为群众谋利益，解决群众的生产和生活问题"，[2] 把改善人民生活作为社会主义建设的战略地位，"党的一切工作，必须以最广大人民的根本利益为最高标准"[3]。执政主体树立全心全意为人民服务的理念，实质上就是把民众作为真正的社会主体，为人民群众谋利益，"共产党人的一切言论行动，必须以合乎最广大人民群众的最大利益，为最广大人民群众所拥护为最高标准"，[4] 在工作中理顺与人民群众的关系；"民本"思想的真正实现还要赋予人民民主权利，使其能够实现管理国家事务的愿望，人民的当家作主才能使党和国家的决策实现民主化和科学化，建立起中国特色的民主政治。"发展社会主义民主政治，建设社会主义政治文明，是社会主义现代化建设的重要目标。"[5]

人民的生存、发展和生活改善作为民生要义的基本点，中国共产党的民生思想与"民本"相伴而生。孙中山先生民生主义中"社会革命"的理论内涵了关怀劳动人民社会福利的内容，"民生就是人民的生活——社会的生存、国民的生计、群众的生命便是"。[6] 中国共产党在借鉴这一思想的同时，把它与马克思主义民生思想的解决民生问题是为人民谋利益的重要手段相结合，形成了独具特色的民生观。毛泽东认为，"为民"就是帮助老百姓解决柴米油盐、孩子读书、妇女生孩子等生产生活中的具体问题；

---

[1]《毛泽东选集》第3卷，人民出版社1991年版，第1031页。
[2]《毛泽东选集》第1卷，人民出版社1991年版，第138页。
[3]《十五大以来重要文献选编》（下），人民出版社2003年版，第1910页。
[4]《毛泽东选集》第3卷，人民出版社1991年版，第1096页。
[5]《十五大以来重要文献选编》（下），人民出版社2003年版，第2416页。
[6]《孙中山选集》，人民出版社1981年版，第802页。

邓小平深刻把握社会主义的本质，把从物质上改善人民生活看成民生问题的根本，"社会主义的本质是解放生产力，发展生产力，消灭剥削，消除两极分化，最终达到共同富裕"。① 江泽民深化了党关于民生问题的理解，要求共产党人时刻要把"人民群众的安危冷暖放在心上，关心群众疾苦，努力为群众办实事、办好事"。② 胡锦涛则把社会主义民生发展的价值取向定位为以人为本，"保障人民群众的经济、政治和文化权益，让发展的成果惠及全体人民"。③

中国共产党政党伦理从"民本"到"民生"逻辑演进的过程，并非其执政理念的截然转换，而是党在长期的中国特色社会主义探索过程中认识阶段思想的发展变化。无论是以民为本抑或以人为本，都抓住了政党伦理的关键点：永远把人民的民生权益、民生幸福作为执政为民的重要内容。"群众利益无小事。凡是涉及群众的切身利益和实际困难的事情，再小也要竭尽全力去办。"④

（三）执政为民：改革开放以来政党伦理的逻辑旨归——政治文明

政治文明，是指人类改造社会的政治成果总和，是人类政治活动的进步状态和发展程度的标志，其核心是自由、平等、民主、法治等。⑤ 改革开放以来，中国共产党实现了执政党的现代性转型，执政理念、执政方式、执政行为、执政方略逐渐走向成熟、规范和理性，这标志着党执政为民的实践既符合中国的实际国情，又符合社会主义政治文明的发展路向。

政治文明内涵着对政治生活中人的关怀。现代政治是政党政治，政党又是有单个的人组成，关怀政治生活中的人，不仅仅是执政党本身或其组织个体，而应包括全体民众，其出发点和落脚点就是要保障人的全面而自由的发展。民众的政治诉求渠道通畅，民众在政治运行过程中的参与得到秩序保障，民众对待政治生活要合乎理性，不偏激不极端。科学和秩序是政治文明的两个基本要素。政治文明的科学性就要求政党在执政过程中要加强顶层设计，从整体性、系统性上规划国家的政治生活规则，充分调动民众参与的积极性和主动性；政治文明的秩序性是对政治生活划定清晰的

---

① 《十六大以来重要文献选编》（中），中央文献出版社2006年版，第151页。
② 《十五大以来重要文献选编》（下），人民出版社2003年版，第1910页。
③ 《十六大以来重要文献选编》（上）中央文献出版社2005年版，第850页。
④ 同上书，第372页。
⑤ 李建华、刘激扬：《政治文明的伦理分析》，《伦理学研究》2003年第6期。

边界，规定什么事情可以做，什么事情是有限度地做，什么事情完全不能做，提高政治生活参与主体在公权与私权、自由与秩序上认知度，从而实现"德治"与"法治"的辩证统一。

政治文明的道德内涵是指它作为上层建筑在意识形态方面的外化，一方面，执政党主导下的政治文明和执政党的阶级利益相联系，它的政治主张和政治行为都体现了该阶级的道德原则、道德评价标准和道德规范；另一方面，政治文明的发展程度也影响着社会道德水平的高低，社会生活中民众进行经济、政治和文化活动产生的各种思潮、学说和价值观念受政党倡导和排斥的影响，在话语体系和参照模式上就会出现相异性。同时，道德的先进性在某种条件下也能以其思想观念的潜移默化成为政治文明的有力推动器，实现政治文明与道德的同步向前，达到治国理念与实践的高度统一，实现国家力量的整体提升。

三 "精神党建"在政党道德治理中的建构：价值与可能

"精神党建"是复旦大学任军锋先生提出一个的概念，他认为，"任何组织本身吸纳新成员的能力（即'组织党建'）毕竟是有限的，但该组织的精神感召力（即'精神党建'）却可能是无限的。新时期中国共产党在进行组织党建的同时，应该更加注重精神党建。精神党建所针对的目标群体不仅包括党员干部，而而且包括广大的非党员群众，这就要求执政党执政精神的改变"[①]。"精神党建"的内涵其实是党的建设理论中的思想建设，但它却开拓了政党治理中的道德建设视野，探讨执政党治理的"德治"，无疑会为党的建设的大厦提供更多的理论素养。

（一）现代政党"道德治理"的必要性与可能性

毋庸讳言，社会中占主导地位的道德是执政党及统治阶级所倡导的道德，政党自身建设中使用"道德治理"的武器来形成和维护良好的党内秩序进而影响社会道德的良性发展，可以说是具有得天独厚的条件。

道德治理在党的建设中所以必要，一方面是由于党内的不良风气，形式主义、官僚主义、享乐主义和奢靡之风等严重地侵害了党的肌体，而执政党的党风关系到党的生死存亡，道德治理可以利用其"软约束"效力对

---

① 任军锋：《"后物质主义价值"时代的情感共鸣——高端服务业基层党建的社会学解读》，《人民论坛》2008年第8期。

每一个党组织成员形成心理上的压力感，违反了党的伦理底线就会受到道德的谴责；另一方面，某些党员干部利用手中掌握的权力获取利益，搞权力寻租、贪污、受贿，腐化堕落，党德官德缺失，道德治理可以通过道德的自律性提升党组织成员的道德水平，通过个人内心的信念、社会舆论来规范他们的行为。另外，市场经济的等价交换原则与价值规律催生的拜金主义、功利主义不可避免地影响着党组织成员的思想和认识水平，使一些意志薄弱者丧失了信仰和定力，道德治理重在用"善"的标准约束人们的行为，提高他们明辨是非的能力。

道德治理能力的提升是执政党国家治理水平提高的重要标志，探索政党道德治理的可能性可以为国家治理的现代化提供经验借鉴。当前，虽然在道德治理方面没有形成体系，但遵循道德治理的规律，在以下几个方面探索党道德治理之策还是可能的。其一，在党内形成正确的利益导向氛围。虽然说中国共产党除了人民群众的利益之外，没有自己的特殊利益。但从党组织的个体来说，党员个人利益具有客观性，"党允许党员在不违背党的利益的范围内，去建立他个人的以至家庭的生活，去发展他个人的个性和特长"[①]。这是对党组织个体正当利益的维护，和党追求广大人民群众的利益并行不悖。其二，道德治理仍需形成道德力提升的制度机制。将普遍的道德规范和要求用制度规定下来，而不是靠党组织个体的纯粹自觉性，这也是对市场经济条件下"经济人"假设的制度防范。良好的制度设计可以使人们的道德行为更加符合现代社会的理性追求，避免或减少不道德行为的发生。

（二）中国共产党员"精神"层面"钙"缺失的流弊

共产党人坚持政治信仰，就是要坚定理想信念，坚守共产党人的精神追求。以习近平为总书记的党中央把这一点看的很重。他把共产党员的理想信念看作是"思想和行动的'总开关'"。当前在一些党员干部中出现的种种问题，追根溯源是由于动摇和丧失了共产党人的理想信念。[②] 习近平把理想信念形象地比喻为"共产党人精神上的'钙'"。坚定理想信念，坚守共产党人精神追求，始终是共产党人安身立命的根本。对马克思主义

---

① 《刘少奇选集》上卷，人民出版社1981年版，第135页。
② 习近平：《关于建设马克思主义学习型政党的几点学习体会和认知》，《习近平在中央党校论学习学风问题》中央党校研究室，2013年3月，第27页。

的信仰，对社会主义和共产主义的信念，是共产党人的政治灵魂，是共产党人经受住任何考验的精神支柱。形象地说，理想信念就是共产党人精神上的"钙"，没有理想信念，理想信念不坚定，精神上就会"缺钙"，就会得"软骨病"。①

共产党员的思想纯洁，"最重要的是保持对共产主义的坚定信仰、对中国特色社会主义的坚定信念。"② 对于领导干部来说，"要做共产主义远大理想和中国特色社会主义共同理想的坚定信仰者和忠实践行者。我们既要坚定走中国特色社会主义道路的信念，也要胸怀共产主义的崇高理想，矢志不移贯彻执行党在社会主义初级阶段的基本路线和基本纲领，做好当前每一项工作。"③ 而一些领导干部蜕化变质、堕落为腐败分子，根本原因在于放松了世界观改造和思想道德修养，"背弃了共产党人的理想信念。无论社会怎么发展，无论经济怎么繁荣，如果放弃了对崇高理想信念的追求，我们的国家、我们的民族就不可能巍然屹立于世。这个真理，各级领导干部要始终铭记"。④

（三）坚守党员的精神家园：政党伦理建设的必由之路

精神家园是一个人在文化认同基础上产生的精神寄托和心灵归宿。对一个政党来说，精神家园就是全体党员共有的思想观念、理想信念、目标追求的凝结。共产党人的精神家园是共产党人在长期奋斗过程中形成的心理、情感、精神的统一，是共产党人的世界观、人生观、价值观的体现。精神家园是我们党凝集力量、推动事业发展的精神支柱。⑤ 补好精神的"钙"，在党员的精神层面加强党的建设，就是要求共产党员坚守自己的精神家园，强化道德意识，把理想信念作为共产党人精神家园的核心和灵魂。

现代执政党道德之维的应有之义就是作为一个政党组织必须具备政党伦理，"政党之要义，在为国家造幸福，人民谋乐利"。⑥ 而政党伦理则由

---

① 习近平：《紧紧围绕坚持和发展中国特色社会主义学习宣传贯彻党的十八大精神》，《人民日报》2012年11月19日。
② 习近平：《扎实做好保持党的纯洁性各项工作》，《求是》2012年第6期。
③ 习近平：《在新进中央委员会的委员、候补委员学习贯彻党的十八大精神研讨班开班式上的》，《人民日报》2013年1月6日。
④ 习近平：《领导干部要树立正确的世界观权力观事业观》，《学习时报》2010年9月6日。
⑤ 林培雄、王玉周：《坚守共产党人的精神家园》，《光明日报》2012年7月4日。
⑥ 《孙中山全集》第3卷，中华书局1984年版，第43页。

党组织的每位个体（即党员）道德品行来体现，这就要求党员在思想上正确处理个人利益、集体利益和国家利益的关系，修己之德，在行为上表现党员的风范；树立正确的世界观、人生观和价值观，"立心做大事，不要立心做大官"，[①] 并以此作为政党伦理的目标。在政党伦理的原则上，坚持全心全意为人民服务，以此为原则引领社会的道德风向；在政党伦理的行为规范上要严格遵守党的纪律，维护党的中央组织的权威，共产党员"都要增强纪律意识，切实把党的政治纪律、组织纪律、经济工作纪律、群众工作纪律和廉政纪律的规定转化为自己的行为规范。"[②] 加强自身道德修养，积极投身于社会主义革命、建设和改革开放的伟大实践，提升为党为国服务的能力和水平。

综上所述，重构新时期中国共产党的政党伦理，其意义不仅在于党组织"精神"层面达到凝聚力的新境界，使党团结得如同一人，而且是执政党面临现代性转换中实现"执政"到"善政"的层级跃升，使党的执政智慧更加契合中国社会的实际国情。

（作者单位：中共新疆维吾尔自治区党委党校党史党建教研部）

[①] 《孙中山全集》第5卷，中华书局1985年版，第263页。
[②] 习近平：《扎实做好保持党的纯洁性各项工作》，《求是》2012年第6期。

健全改进作风常态化制度的成效、问题及对策研究

周敬青

党的作风建设关系党的形象,关系党和人民事业成败。制度对于党的作风建设具有决定性作用。科学、合理的制度设计和安排,是转变作风的关键性因素。"政欲速行,以道御之;民欲速服,以身先之",十八大以来,着眼于党的作风制度建设,以"八项规定"为突破口完善作风制度,凸显出党的作风制度建设的重要地位,促进了风清气正的局面的形成。

一 制度化:党的作风建设的治本之路

党的作风,就是中国共产党在长期的革命、建设以及改革开放的实践中,由全体成员在思想、工作和生活等方面表现出来的态度或行为的特色或风格的高度凝练和概括。它是党的性质、宗旨、纲领、路线的重要体现,是党的世界观在行动中的表现,也是党的社会形象的集中展示。科学、合理的制度设计和安排,是转变作风的关键性因素。要以法治思维和方法抓作风建设,实现作风建设制度化、规范化、常态化。

(一) 总结历史和现实经验教训得出的必然结论

党的作风制度的内容并不是一成不变的,要结合不同时代、不同历史时期党所处的历史方位、承担的历史任务和使命、对党员和干部的行为要求、所要集中解决的突出问题等客观环境和形势,进行与时俱进的发展与革新。中国共产党成立90年多来,根据自身历史方位和中心任务的变化,卓有成效地推进党的作风建设,为革命、建设和改革的伟大事业提供了有力保证。如:党成立初期,确立了无产阶级先锋队的性质,提出了宣传群众、组织群众、依靠工人、领导工人的作风建设思想;土地革命战争时期,提出了实事求是、一切从实际出发、理论联系实际的思想路线,提出

了相信群众，依靠群众的群众路线；延安整风运动中，第一次正式提出"党风"的概念，提出了"反对主观主义以整顿学风，反对宗派主义以整顿党风，反对党八股以整顿文风"的任务，逐步认识了党风建设的基本问题、基本规律，使党的作风建设理论和实践逐步成熟起来；解放战争胜利前夕，党的七届二中全会郑重提出"务必使同志们继续地保持谦虚、谨慎、不骄、不躁的作风，务必使同志们继续地保持艰苦奋斗的作风"；新中国成立之初，先后开展了整党整风运动、"三反"运动，防止腐蚀，密切党群关系、干群关系，建立纪律检查机构，加强对党组织和党员的监督检查，加强马克思主义教育，轮训高级干部，"为更高的共产党员的条件而斗争"。但是，在"文化大革命"中由于我们单纯强调思想建设的作用和依靠政治运动解决党在作风方面的问题，忽视了制度建设的作用，结果导致了作风建设方面一系列弊端长期不能解决。当前，在一些地方、部门和领导干部中存在的官僚主义、形式主义和享乐主义、奢靡之风等作风方面的问题，固然有思想教育不到位的因素，但主要也是制度跟不上的原因。一些领导干部犯错误，固然与他们的思想作风和个人素质有关，但制度方面的漏洞更严重。党的作风建设制度化，是总结历史和现实经验教训得出的必然结论。

（二）由制度自身的本质特征及党的制度建设与作风建设之间的关系决定的

从制度自身的本质特征来看，制度对于党的作风建设具有决定性作用。制度具有普适性和强制性，决定了制度一经形成，任何人都必须遵守，否则就会受到制裁；制度具有稳定性和连续性，党的制度是在实践中把好的经验、行之有效的做法固定化而形成的，一经形成便不易变动，从而减少个人意志的支配作用；制度具有明确性和具体性，它规定了党员、干部和国家公务员的行为准则，界定了正确行为与错误行为的界限，便于在实践中操作；制度具有根本性和全局性，党的制度不是只与党的工作的某一具体方面相联系，而是和党的性质、宗旨、纲领、路线密切联系在一起的，是全党共同意志和共同利益的体现。制度问题更带有根本性、全局性、稳定性和长期性。党的制度建设融合于党的作风建设中，对其起支撑、保护的作用。科学的、合理的制度，会为制定正确的政治路线和及时地纠正错误路线提供有力的保证；才能为形成有战斗力的、坚强的组织提供有力的保证；才能在党内造成一个又有集中又有民主、又有纪律又有自由、个人心情舒畅、生动活泼的政治局面；才能有效地防止和遏制各种腐败现象和不正之风。制度不健全、存在严重缺陷，会在党内造成思想僵化、不求进取、官僚主义、以权谋私等痼疾。党的作风建设与党的制度建设密切相关，党的作风建设离不开党的制度建设保驾护航。实现作风建设的制度化，就是把作风建设的要求上升为制度。党风建设的基础是立章建制，必须把作风建设纳入制度化的轨道，通过完善制度给优良作风提供可靠保障。

（三）新时期坚持党的宗旨和"党要管党从严治党"的重大抓手

"党要管党从严治党"最重要的一项就是需要改进加强党的作风，没有过硬的作风保障，就难以走得快、走得远，甚至亡党亡国。加强作风建设是密切党群干群关系的重要途径。要得到人民群众的拥护和支持，就必须始终围绕密切党群干群关系，切实解决作风方面存在的问题，这既是时代的呼唤，也是人民群众的期盼。"没有规矩，不成方圆"。制度是党员意志的集中体现，是全体党员和党的组织都必须遵守的行为准则。在作风建设过程中，要把党的制度细化为全党的行为规范，全党各级组织和全体党员干部都要做到严格按照具体的制度办事，按照党内政治生活准则和党的各项规定办事。只有把作风建设的要求上升为制度，把制度细化为规则，才能以制度规范约束党员干部的思想和行为。从根本上来说，端正党风的关键在于建立和巩固一整套便利、管用、有约束力的制度和机制，使党的各级组织对党员干部实行有效的管理和监督，使他们坚持党的宗旨，把"党要管党从严治党"落到实处。

二 十八大以来党的作风建设制度化的具体举措

按照《中国大百科全书》的解释，制度化的具体过程可以概括为：形成共同的价值观念和一致的价值趋向；根据共同的价值需要制定规范；建立保证规范实施的组织机构和体制。党的十八大以来，着眼于健全改进作风常态化制度这一价值趋向，找准完善作风制度的突破口，着眼于直接联系服务群众制度建设，完善党内立法，改革纪委领导体制和工作机制，推进党的作风建设制度化。

（一）以"八项规定"为突破口完善作风制度

"风成于上，俗行于下"，"上有好者，下必甚焉"。党的十八大强调，坚持以人为本、执政为民，始终保持党同人民群众的血肉联系，以优良党风凝聚党心民心、带动政风民风。党的十八大以来，新一届中央政治局作出了改进工作作风、密切联系群众的八项规定，从改进调查研究到精简会议、改进会风，从精简文件简报、切实改进文风到规范出访活动，从改进警卫工作到改进新闻报道，从严格文稿发表到厉行勤俭节约，八项规定涉及方方面面，规定详细具体，令人耳目一新。中央率先垂范，各地各部门积极跟进，结合实际情况贯彻落实"八项规定"。中央和国家机关也纷纷行动起来，制定相应实施细则。中央军委出台更详细的"十项规定"，最高人民法院、环保部、外宣办、侨联等众多中央和国家机关都向本部门本系统下发了贯彻落实"八项规定"的意见、措施、规定、办法或细则；多个省份向社会公布了具体实施细则，许多规定从细节入手，具有可操作性。"八项规定"贯彻落实情况开局良好，作风建设呈现新的气象，赢得了人民群众拥护。

党的作风体现在各个方面，人民群众往往从自己接触到的党员和党的干部来评价党的作风和形象。当前党员干部的作风总体是好的，但也存在很多问题，特别是一些地方和单位存在形式主义、官僚主义、奢侈浪费等不良风气，群众很反感，甚至痛恨至极。会风、文风、话风问题，看起来似乎都是一些小事，与党和国家一些重大决策相比，好像分量不是那么重，但实际上它映照着领导干部对群众的态度，反映了一些领导干部高高在上、俯视民众的傲慢，久而久之，就会像一座无形的高墙把我们党与人民群众隔开，群众就对党和政府失去理解和信任。加强和改进党的作风建设，必须解决好这些积弊已久、群众反映强烈的会风、文风、话风问题。中央作出改进工作作风、密切联系群众的"八项规定"，充分彰显了我们党坚持党要管党、从严治党的坚定信念，充分表明了我们党坚持立党为公、执政为民宗旨的坚定决心。

(二) 群众路线教育，着眼于反对"四风"，着眼于直接联系服务群众制度建设

习近平在党的群众路线教育实践活动工作会议强调，这次教育实践活动的主要任务聚焦到作风建设上，集中解决形式主义、官僚主义、享乐主义和奢靡之风这"四风"问题。"四风"问题群众最反感，究其原因，主要是这些问题最常见，损害了群众感情、群众利益，影响了党群干群关系。党的群众路线教育实践活动就是针对"四风"问题，让党员干部"照镜子、正衣冠、洗洗澡、治治病"，真正做到为民务实清廉。党员干部要

在群众路线教育实践活动中改进作风，首要的是树立正确的价值观标准，自我发掘作风上存在的问题和不足，端正思想和行为。要务实作风，不要形式主义。党员干部的一言一行是落在纸上、嘴上，还是当下、脚下，是画饼充饥，还是真抓实干，与群众利益攸关，群众最在乎、最关心。面子工程，文山会海，最终贻误的是事业，受损的是百姓。要为民行动，不要官僚主义。为民行动是防治官僚主义的一剂良药，将行动定格在为民上而非庙堂上，是党员干部的责任和使命，也是党员干部最应该注意的问题。要有进取精神，不要享乐主义。若流连于声色犬马、花天酒地，势必会失去人生方向，精神萎靡不振，党性宗旨丧失。要坚持勤俭之习，不要奢靡之风。勤俭之风纯洁社会风气，奢靡之风败坏社会风气，取前而舍后才能塑造正确的社会价值观。

（三）完善党内立法

《中国共产党党内法规制定条例》（以下简称《制定条例》）、《中国共产党党内法规和规范性文件备案规定》（以下简称《备案规定》）于2013年5月公开发布。这两部党内法规的制定和发布，对于推进党的建设制度化、规范化、程序化，提高党科学执政、民主执政、依法执政水平，具有十分重要的意义。党员从事活动的基本遵循。《制定条例》共分七章、三十六条，对党内法规的制定权限、制定原则、规划与计划、起草、审批与发布、适用与解释、备案、清理与评估等作出了明确规定。《备案规定》共十八条，对党内法规和规范性文件备案的原则、范围、期限、审查、通报等提出了具体要求。《制定条例》及《备案规定》的制定与发布，使党有了第一部正式、公开的党内"立法法"，对推动以党内法规建设为核心环节的党的制度建设，提升党的建设的科学化水平，丰富拓展执政党建设的新路子具有重要意义。

2013年至今中央先后出台十余个文件通知，以"严禁"、"严查"的口吻砍除公务员的"灰色利益"。据统计，15道禁令所消除的"灰色利益"包括：豪华超规格办公楼、党政机关文艺晚会、一般公务用车、会员卡、公款旅游、公款宴请吃喝、公款发放赠送月饼、年货等节礼、公款印刷赠送贺年卡、公务接待使用鱼翅燕窝或高档香烟酒水、赠发土特产、领导干部在企业兼职等，其中大部分与普通公务员日常工作和生活直接相关。中央在发布禁令的同时，大多还配套了问责措施。

（四）改革纪委领导体制和工作机制

推进纪检监察工作改革创新，是促进国家治理体系和治理能力现代化的重要内容。党的十八届三中全会提出改革纪委领导体制和工作机制：推动党的纪律检查工作双重领导体制具体化、程序化、制度化，强化上级纪委对下级纪委的领导。查办腐败案件以上级纪委领导为主，线索处置和案件查办在向同级党委报告的同时必须向上级纪委报告。各级纪委书记、副书记的提名和考察以上级纪委会同组织部门为主。全面落实中央纪委向中央一级党和国家机关派驻纪检机构，实行统一名称、统一管理。派驻机构对派出机关负责，履行监督职责。改进中央和省区市巡视制度，做到对地方、部门、企事业单位全覆盖。健全反腐倡廉法规制度体系，完善惩治和预防腐败、防控廉政风险、防止利益冲突、领导干部报告个人有关事项、任职回避等方面法律法规，推行新提任领导干部有关事项公开制度试点。健全民主监督、法律监督、舆论监督机制，运用和规范互联网监督。加强反腐败体制机制创新和制度保障。加强党对党风廉政建设和反腐败工作统一领导。改革党的纪律检查体制，健全反腐败领导体制和工作机制，改革和完善各级反腐败协调小组职能。落实党风廉政建设责任制，党委负主体责任，纪委负监督责任，制定实施切实可行的责任追究制度。各级纪委要履行协助党委加强党风建设和组织协调反腐败工作的职责，加强对同级党委特别是常委会成员的监督，更好发挥党内监督专门机关作用。一些专家学者也呼吁纪检体制"大部制"改革，设立类似"国家反腐委"的纪检机构，整合纪检力量。根据中国反腐败的需要，可以考虑对现有分散在纪检监察机关（预防腐败局）、检察机关（反贪污贿赂局）等的反腐败专门机构进行整合，建立"国家反腐败委员会"，作为反腐败相对独立的专门机构。

三 党的作风制度执行成效及存在的问题

优良的党风是凝聚党心民心的巨大力量，也是维护党的清正廉洁的重要保障。应当肯定，从总体上说，党的作风制度的执行成效明显，党的组织和党员干部队伍的作风是总体上是好的。但党的作风制度执行方面也存在一些问题，如果看不到问题的存在，认识不到问题的严重性，丧失警惕，不下大气力加紧解决，也是极其危险的。党的作风制度的创新与执行中还存在着一些问题。全国党建研究会的一份报告指出："制度规范是党员领导干部党性党风建设的重要保障。从问卷调查的结果看,'监督制度不健全'与'制度执行不力、落实不力'两项相加,有近60%的被调查者把干部党性党风出现问题原因归为制度方面,制度建设成为最受关注的一个因素。"因此,分析党的作风制度执行过程中的问题对于党风建设有着重要的意义。

(一)党的作风制度实体制度多,程序制度少

长期以来,党的作风制度建设方面取得了一定的成效。但是值得注意的是,在这些制度当中,大多是针对某一具体方面的实体性制度,关于如何执行这些制度的程序性制度却寥寥无几。以规范领导干部生活作风的制度为例,仅2010年一年,为坚决制止以公务为名、行公款出国(境)旅游之实的歪风,中央出台了《用公款出国(境)旅游及相关违纪行为适用〈中国共产党纪律处分条例〉若干问题的解释》和《用公款出国(境)旅游及相关违纪行为处分规定》,为配合"小金库"专项治理工作,规范财政秩序,严肃财经纪律,中央出台了《设立"小金库"和使用"小金库"款项违法违纪行为政纪处分暂行规定》。为促进党员领导干部廉洁自律,提高管党治党水平,修订出台了《中国共产党党员领导干部廉洁从政若干准则》。为加强廉洁征兵工作,纯正征兵风气,制定出台了《关于加强廉洁征兵工作的意见》,为完善领导干部报告个人有关事项制度,修订出台了《关于领导干部报告个人有关事项的规定》。为加强对配偶子女均已移居国(境)外的国家工作人员的管理,制定出台了《关于对配偶子女均已移居国(境)外的国家工作人员加强管理的暂行规定》。这些制度都为构筑思想堤防,抵制腐朽思想侵蚀,自觉抵制拜金主义、享乐主义、极端个人主义的侵蚀,自觉防腐倡廉、拒腐防变起到了重要的作用,但如何执行这些制度的程序性制度不多,"应该怎么样"讲的多,不这样做应当怎样处罚没有明确的细则。缺乏详细的配套措施的结果往往是在实践应用中无从把握。这就很容易导致党的作风制度建设与实际贯彻落实存在脱节。

(二)党的作风制度的执行成效受多方面因素干扰

多方面的因素干扰了党的作风制度的执行成效。一是一些党的作风制度本身缺乏约束力、可操作性。长期以来,作风建设主要是从思想建设入手,着重抓教育,这是党的作风建设的优良传统,也是党的优势所在,但是也带来了制度建设和运行中的一些问题,表现在很多作风制度特别是涉及到教育制度本身的制定往往随意性大,遇到一个问题,制定一套制度,

各部门、各系统各从各的需要出发定制度，政出多门，既缺乏系统性，又有很大重复性，并且制度的制定还容易脱离实际，不了解基层的实际情况，操作性不强，到了基层根本无法执行，其约束力可想而知。二是一些党的作风制度缺乏执行力。党的作风制度建设制度执行力不强一方面是由于制度自身存在缺陷，即对于制度的执行过于倚重领导干部的自觉性。另一方面，个别领导干部制度意识不强，带头破坏制度，制度执行因人而异，从而使制度的权威受到藐视，尊严受到挑战，公信受到怀疑，制度的执行力大打折扣。

（三）长期以来的压力型体制影响了党的作风制度建设

所谓压力型体制是指一级政权组织为了实现经济赶超，完成上级下达的各项指标，而采取的数量化任务分解的管理方式和物质化的评价体系。这种体制的核心是以任务的完成来衡量干部的政绩，决定干部的升迁，成为滋生不良作风的重要原因，进而影响了党风建设。

与这种体制相对应的考评是对各级领导绩效的考评，现在采取的考核办法一般主要是个人述职、逐级向上汇报、组织部门了解、一定范围内的量化打分等，最后由上级部门对下级领导集体和个人做出评价。由于存在着考核评价干部政绩组织程序不够严密科学，看显性政绩多，看隐性政绩少；做定性评价的多，做量化评价的少；听"官方"意见多，听群众意见少，因此，对干部的政绩不能做出客观真实的反映，间接助长了个别人沽名钓誉、不干实事的不良风气。这样的考核，尽管有着各种参考材料，但领导的个人情感起着非常重要的作用。从而使一些对名利因素考虑较多的下级有倾向于采取一些不正当办法。例如：在感情投资上大做文章。这些为不实事求是的作风不断蔓延留下了活动空间。

以上这些问题的消极影响和后果不可低估。历史和现实一再告诉我们，执政党不注意作风制度建设，将会使不正之风轻而易举侵蚀党的肌体，损害党群关系和干群关系，就会失去民心，甚至会丧失政权。制度规范是作风建设的保障，它能防止不好风气的产生、保证好作风的传承。制度规范又是作风建设的具体要求，它告诉我们提倡什么、赞成什么，反对什么、制止什么。加强作风建设，密切党同人民群众血肉联系，必须着眼于根本和长远，高度重视制度建设和长效机制建设，注重用制度规范去防范可能出现的问题，去解决已经存在的问题，去巩固和发展作风建设的成果。

四 党的作风制度建设的新思路

党的作风方面存在的各种突出问题,都可以从某些制度、体制机制方面找到原因,加强和改进党的作风建设,归根到底有赖于制度的改革和完善。"加强和改进党的作风建设,要服务大局,整体推进,从严要求,标本兼治。坚持一靠教育,二靠制度,严格要求、严格教育、严格管理、严格监督,从源头上预防和治理各种不良作风。"制度问题带有根本性、全局性、稳定性和长远性,制度建设是加强和改进党的作风的关键。必须进一步改革和完善党的领导制度、组织制度、干部人事制度尤其是权力制约监督制度,从制度体系上保证党的优良作风的弘扬,以健全的制度确保党在严峻挑战和考验中永远立于不败之地。

(一)拓宽监督渠道,前置党的作风制度中的监督程序

长期以来,党的作风制度中的监督机制作用发挥得不充分。由于领导干部尤其是主要领导所处地位的特殊性,上级情况不明不便监督,同级怕得罪人不愿监督,下级'怕穿小鞋'不敢监督。针对这种情况,要按照强化预防、及时发现、严肃纠正的要求,健全干部监督工作机制,进一步加强对领导干部特别是主要领导干部作风状况的监督。

建立党的作风建设领导责任制。形成党委统一领导,纪检监察和组织人事部门全面负责,各单位主要领导同志具体负责,党员干部本人自负其责的党的作风建设领导责任制。建立党的作风"一票否决"制度。对于作风上出现大的问题的党员干部,在考核和提拔时坚决执行"一票否决"制度,政绩再突出也不予考虑。建立党的作风建设巡视制度。由纪检监察部门、组织部门组成巡视组,定期或不定期地对各地的党的作风建设情况进行巡查,发现问题及时上报处理。建立党的作风建设诫勉谈话制度、询问和质询制度。对党的作风建设中出现的苗头性问题要通过有针对性的诫勉谈话,将其解决在萌芽状态。要构筑监管网络,健全党的作风建设的多层次、全方位、立体式监督制约机制。有效预防党的作风建设中可能出现的问题,必须加强监管网络建设,构筑多层次、全方位、立体式的监督制约机制。在对党的作风建设的监管中,要将各种层次的监督形式统一起来,使党内监督、社会监督、舆论监督、人大监督、政协监督、检察监督形成监督合力,使党纪监督、政纪监督、法纪监督呈现有序格局。将党的作风建设的各个方位都纳入监管之中,形成对党员干部思想作风、学风、工作

作风、领导作风和生活作风的全方位监督，形成对党员干部八小时以内监督和八小时以外监督的闭合体系。将对党的作风建设的监督贯穿于党的干部任职的立体过程，抓好对党员干部任前、任中和任后的作风监督，及时提醒在作风上已经出现问题或可能出现问题的党员干部。认真落实党内监督各项制度，坚持诫勉谈话制度和函询、领导干部述职述廉、向干部群众如实报告履行职责和廉洁从政等情况，严格执行领导干部报告个人有关事项等方面的制度。尤其是会同纪检机关加强和改进巡视工作，加强对与领导干部作风密切相关的关键环节的监督，前移监督关口，及时发现和纠正领导干部作风方面的问题。拓宽监督渠道，完善"便利、安全、高效"的举报机制，切实发挥群众的监督作用。

（二）以干部选拔任用机制建设推动党的作风制度的有效运行

只有按照德才兼备、以德为先原则和干部工作实绩选拔任用干部，才能形成正确的用人导向，使勤政为民、求真务实的干部得到褒奖和重用，使好大喜功、弄虚作假的干部受到批评和惩戒。干部作风不实，会给党和人民的事业带来严重的危害。对那些不能做到求真务实、经过组织教育和帮助又不愿改正、群众反映强烈的干部，要坚决从领导岗位换下来，更不允许"带病上岗"和"带病提职"。要不断完善干部选拔任用制度，对管用的制度认真坚持。领导干部要带头遵守这些制度，以扩大干部人事工作中的民主为重点，进一步推进民主推荐、组织考察和讨论决定等各个环节的科学化、规范化、程序化。民主推荐要注重群众参与，广泛听取群众意见，注重群众公论。组织考察要坚持定期考察和平时考察相结合、座谈考察和实地考察相结合、定性考察和定量考察相结合，防止考察失真、失实。要带头执行民主集中制的各项制度，发展党内民主，坚持集体领导，落实集体领导下的个人分工负责制，不断提高全党和各级党组织的创造力、凝聚力和战斗力。

（三）在党的作风制度中突出维护群众权益机制

政党的稳定取决于政党与民众的联系和民众对政党的支持。"处于现代化之中的政治体系，其稳定取决于其政党的力量，而政党强大与否又要视其制度化群众支持的情况，其力量正好反映了这种支持的规模及制度化程度。"这充分说明了民众支持对政党存在发展的重要性。

要培育与新的形势和环境要求相适应的现代领导作风，其主要特点是强调民主与被领导者参与，通过沟通和协调、正确地选人用人，形成民主平等而又富有效率的领导作风。党的作风制度建设应当更加注重爱惜人力、财力、物力，着力解决国家和人民群众的当务之急，禁止搞华而不实和脱离实际的"形象工程"、"政绩工程"。涉及群众切身利益的决策，要充分听取群众意见。不准向下级提出不切实际的要求，不准强迫命令，严禁欺压百姓，切实解决作风粗暴、办事不公的问题。党员干部必须时时处处重实际、求实效，创造性地开展工作，想群众之所想，急群众之所急，忠诚地为群众谋利益。健全联系群众的制度，是新形势下坚持党的群众路线的重要课题。要拓宽反映社情民意的渠道。在任何时候任何情况下，与人民群众同呼吸共命运的立场不能变，全心全意为人民服务的宗旨不能忘，始终把体现人民群众的意志和利益作为我们一切工作的出发点和归宿，始终把依靠人民群众的智慧和力量作为我们推进事业的根本工作路线。

（四）完善党的作风的考核、评价制度，形成自觉遵守制度的价值理念

要从根本上推进党的作风建设，必须建立一整套科学合理的考评制度、标准和方法，形成科学评价体系，全面准确地评价干部的工作成绩，为正确识别和使用干部提供科学依据，从而在全党形成自觉遵守制度的价值理念。主要可以从以下几个方面着手：一是要按照科学发展观的要求建立科学的政绩测评系统。科学发展观就是坚持以人为本，树立全面、协调、可持续的发展观。各级党员干部特别是领导干部凡是按照科学发展观的要求树立的政绩，都应该是实绩；凡是违背科学发展观的要求树立的政绩，就不应该算作实绩。二是按照正确政绩观则是指要用全面的、群众的、历史的观点来看待和评判党员领导干部的政绩。用全面的观点看政绩，就是评判党员领导干部政绩既要看经济指标，又要看社会指标、人文指标和环境指标等，注意从经济建设成果、社会进步成果、发展可持续性、党建成效等多方面评定。用群众的观点看政绩就是要以人民群众的满意度来评定党的干部政绩；用历史的观点看政绩，就是要求党员领导干部政绩必须能够经得住时间和历史的检验。符合正确政绩观要求的政绩就是实绩，偏离正确政绩观要求的政绩就不应该算作实绩。三是按照科学的考评工作方法评价党员领导干部的政绩。多方面听取意见，如听取上级、同级和服务对象以及相关单位的意见。

按照科学发展观、正确政绩观和科学的考评工作方法的要求建立起党

员干部的政绩测评体系,才能够解决由于党员干部政绩测评体系和评价标准不科学引发的党的作风问题,同时也会为培育良好的党的作风指明方向。只有使干部的工作成绩得到各个方面全面、客观、公正的评价,才能进一步营造求真务实的良好氛围。

总之,党的作风制度建设是党风建设的重要内容,同时也是巩固和维护党风建设成果的有力保障。作风问题,就党员个体而言是党性和世界观问题,但对党的组织和全党来说,则是一个制度机制问题。把党的作风建设纳入制度化的轨道,通过健全和完善制度为弘扬党的优良传统作风提供可靠保障,是党的作风建设着眼于根本和长远的治本之策。完善和创新党的作风制度意义重大并且任重道远。

参考文献

系列规章制度:

［1］《中央党内法规制定工作五年规划纲要》(2013—2017年)。
［2］《关于在干部教育培训中进一步加强学员管理的规定》。
［3］《关于在全国纪检监察系统开展会员卡专项清退活动的通知》。
［4］《关于党政机关停止新建楼堂馆所和清理办公用房的通知》。
［5］《关于落实中央八项规定精神坚决刹住中秋国庆期间公款送礼等不正之风的通知》。
［6］《中央和国家机关会议费管理办法》。
［7］《关于严禁公款购买印制寄送贺年卡等物品的通知》。
［8］《党政机关厉行节约反对浪费条例》。
［9］《关于进一步规范党政领导干部在企业兼职(任职)问题的意见》。
［10］《关于严禁元旦春节期间公款购买赠送烟花爆竹等年货节礼的通知》。
［11］《关于严格规范党报党刊发行工作 严禁报刊违规发行的通知》。
［12］《党政机关国内公务接待管理规定》。
［13］《关于党员干部带头推动殡葬改革的意见》。
［14］《关于领导干部带头在公共场所禁烟有关事项的通知》。

系列参考书目:

［1］中共中央纪委法规室:《中国共产党党内法规选编》(2007—2012),法律出版社2014年版。
［2］《党政领导干部选拔任用工作条例》,人民出版社2014年版。
［3］《中国共产党章程》,人民出版社2012年版。
［4］中央纪委宣传教育室、中央组织部干部教育局、中央宣传部宣传教育局:《领

导干部从政道德启示录》，中国方正出版社2013年版。

　　[5] 人民日报社评论部：《党的群众路线教育实践活动重要言论汇编：人民日报论加强作风建设》，人民日报出版社2013年版。

　　[6] 人民日报社评论部：《党的群众路线教育实践活动重要言论汇编：人民日报论解决"四风"问题》，人民日报出版社2013年版。

　　[7] 祝灵君：《群众工作新解：源于调查研究的49点启示》，党建读物出版社2013年版。

　　[8] 秦露：《互联网时代如何执政与为官》，党建读物出版社2012年版。

（作者单位：中共上海市委党校党史党建部）

关于新形势下严明党的政治纪律的研究

钦建军

一 当前严明党的政治纪律的内涵、要求与意义

党章规定:"党的纪律是党的各级组织和全体党员必须遵守的行为准则,是维护党的团结统一、完成党的任务的保证。党组织必须严格执行和维护党的纪律,共产党员必须自觉接受党的纪律的约束。""严守党的纪律"作为党员入党誓词中的主要内容,必须严格遵守。在党的纪律中,党的政治纪律作为党的各级组织和党员政治活动和政治行为的规范与必须遵守的行为准则,在党的纪律中处于"至尊"地位,它是关系党和中华民族命运和人民利益的根本原则和规定,是遵守党的全部纪律的基础,是规范党员和党的各级组织的"高压线"。从内涵上讲,政治纪律就是要求党员坚持党的基本理论和基本路线不动摇,在政治上同党中央保持一致,保证中央的政令畅通。在当前,严明政治纪律的核心就是要自觉维护党的团结和中央的权威,在思想上政治上行动上同党中央保持高度一致,坚决贯彻执行中央的路线方针和重大部署,齐心协力,共同担负起民族、人民和党赋予我们的重大历史责任,把我们党建设成为带领人民实现中华民族伟大复兴中国梦的坚强领导核心。

纪律严明是我们党的光荣传统和独特优势。习近平总书记在党的十八届中纪委二次全会上强调指出:"党面临的形势越复杂、肩负的任务越艰巨,就越要加强纪律建设,越要维护党的团结统一,确保全党统一意志、统一行动、步调一致前进。"党要担负起光荣的历史使命,必须具有严明的纪律,而遵守党的政治纪律,是遵守党的一切纪律的基石。

第一,严明党的政治纪律,是坚持和维护党的政治原则、政治方向和政治路线的前提基础。党的政治纪律是党的指导思想和党的性质、思想、

宗旨以及党的政治路线的原则和规定，是党的组织和党员在政治言论、政治行动方面同党的路线方针政策保持高度一致的规范，是保证全党在思想上、政治上统一的基础。政治纪律要求党的各级组织和每个党员牢记党的宗旨，坚持党的基本理论、路线、纲领和经验，在贯彻党的路线、方针、政策过程中要立场坚定、旗帜鲜明。这既是政治纪律的内在要求，又是政治纪律的核心内容。如果不强调政治纪律，党的指导思想和党的性质、纲领就得不到维护和体现，党就不可避免地会脱离正确的政治原则和政治方向，从而也就失去马克思主义政党的先进性。能否遵守党的政治纪律是维护党的政治纲领、政治路线、政治方向的根本问题。

第二，严明党的政治纪律，是维护党的团结统一、保证政令畅通的基本保证。对于我们这样一个拥有 8000 多万名党员、420 多万个基层组织的大党来说，党的团结更是至关重要，党的团结统一是党的力量之所在，而这又是建立在严明的政治纪律之上的。邓小平同志说过："我们这么大一个国家，怎样才能团结起来、组织起来呢？一靠理想，二靠纪律。"如果纪律涣散，必然会造成内耗，导致小圈子或小派系出现，阻碍我们党形成统一团结的整体；如果纪律涣散，必然会让上下不贯通、政令中梗阻，造成"肠梗阻"现象，阻碍政策方针的实现；如果纪律涣散，政党就会成为乌合之众，党章就会形同虚设，导致"破窗效应"，使党的章程、原则、制度、部署丧失严肃性和权威性，党就会沦为各取所需、自行其是的"私人俱乐部"。当前，由于我国正处于经济社会大变革、大发展的态势之下，协调各方面各地区各行业利益更加复杂和困难，而个别领导干部由于缺乏必要的大局意识和组织观念，没有厘清保证中央政令畅通和立足实际创造性开展工作的关系，在此背景下，政治纪律更容易被保护主义、本位主义消解和侵蚀。他们或者公开发表文章或演说，反对四项基本原则，或者架空中央政策，拒不执行党中央制定的重大方针、政策，有令不行、有禁不止，上有政策、下有对策，做出与中央方针、政策相违背的决定，或者听信、传播政治谣言，造成恶劣影响，所有这些严重影响了党在思想上的团结。面对这一状况，只有严明政治纪律，才能实现党在思想上、政治上和行动上的统一，保证中央令行禁止、政令畅通，使党成为一个有机整体，形成强大的凝聚力和战斗力。

第三，严明党的政治纪律，是实现党的领导、提高党的执政能力的重要保证。政治纪律决定政党力量，是决定执政能力的生命线。作为一个拥有 13 亿人口、56 个民族的发展中大国，国家统一、民族团结、社会和谐、经济发展，都离不开中央的权威和政令的畅通。然而，行使政令的"肠梗阻"现象的最大危害就在于消解了中央权威，侵蚀了党的执政能力。同时，在新形势下，我们党的规模也在不断扩大，如此庞大的一个政党要承担起艰巨的历史使命，建设中国特色社会主义，实现中华民族伟大复兴的中国梦，就要靠全党上下、全国人民同心协力，不断增强执政能力。而要做到这一点就必须靠严明的政治纪律作保证。"纪律是胜利之母"。如果党内纪律松弛，我们党就谈不上是一个纪律严明、作风严谨的执政党，也称不上先锋队和领导核心，更无力带领全体人民实现我们的奋斗目标。只有坚决维护、自觉遵守政治纪律，才能保证党的路线、方针、政策的贯彻，保证建设中国特色社会主义的信念不动摇。因此，严格遵守党的政治纪律，既是党对每个党员提出的根本政治要求，也是共产党员党性的自觉体现，是党提高执政能力的必然要求。

第四，严明党的政治纪律，是保持共产党员先进性和纯洁性、深入推进党风廉政建设、减少腐败问题产生的重要条件。在党的纪律中，政治纪律起着主导作用，遵守党的政治纪律是衡量党的组织和党员思想政治素质的重要标志。如果一名党员不遵守党的政治纪律，必然导致在政治方向、政治立场方面出现偏差，甚至滑向违法乱纪、消极腐败。在社会主义市场经济和改革开放向纵深发展的前提下，党员干部面临着更多"糖衣炮弹"的诱惑，加之在开放的信息时代，各种思想观念交融甚至交锋，冲击着党员信仰，甚至挑战着部分党员干部的思想底线，致使一些人出现了在政治纪律问题上要求不严、心存侥幸、甚至刻意规避的现象。事实证明，丧失党的廉洁本色是极其严重的政治危害，保持党的廉洁本质是极其重要的政治纪律。一些党员领导干部之所以走上违纪违法道路，就在于领导干部自身不正，遵守和执行政治纪律的意识淡化，自由散漫，缺乏政治敏感性和政治鉴别力，从而政治信念发生动摇，置党的利益于不顾，和党的路线相抵触，从而出现违反政治纪律的现象。当前我们正处于反腐倡廉的关键时期，党中央明确提出要坚决反对腐败，坚持以为民务实清廉为主的群众路线，建设干部清正、政府清廉、政治清明的廉洁政治。而严明的政治纪律是保障党组织肌体健康的"正能量"，是让"潜规则"无处容身的"达摩克利斯剑"。严明党的政治纪律，有利于加强党风廉政建设，提高党员的拒腐防变能力。而提高党员的拒腐防变能力，必须在全党进一步严明党的政治纪律,不断提高党的各级组织和全体党员遵守党的政治纪律的自觉性和坚定性。

二 新形势下严明党的政治纪律存在的主要问题

严格的政治纪律对于无产阶级政党来说是必不可少的,是党的事业取得胜利的重要条件和可靠保证。在追求中华民族伟大复兴,实现中国梦的新的历史时期,世情、国情、党情的深刻变化,使得我们党既面临前所未有的发展机遇,也必须要迎接来自国内外的各种挑战。在复杂的国际环境和艰巨的国内任务面前,只有加强政治纪律,才能永葆党的先进性、纯洁性、战斗力和凝聚力。当前,从总体上看,我们党的绝大多数党员和各级领导干部是遵守党的政治纪律的,这是我们逐步迈向现代化的首要前提,但也应该看到,个别党员仍存在政治意识淡薄、不按中央的要求办事、脱离群众、我行我素、消极应付等问题,如果任其发展下去,势必会严重侵蚀党的肌体,损害党的形象,因此,我们党必须高度警觉并重视这些问题,从而为中国特色社会主义事业奠定坚强的领导基础。

1. **党章意识不强,政治立场出现摇摆**。维护党的政治纪律,最根本的是要遵守和维护党章。党章作为党的根本大法,是全党必须遵循的总规矩,是党全部纪律的基础。党章的权威性和严肃性,要求每名党员都要学习党章、遵守党章,在任何情况下都要做到政治信仰不变、政治立场不移、政治方向不偏。但在当前形势下,有些党员包括有些领导干部的党章意识却有所放松,他们没有很好地学习马列主义、毛泽东思想和中国特色社会主义理论体系,不能运用科学的世界观和方法论去分析、解决实际问题,以致在纷繁复杂的工作、学习和生活中迷失方向,出现偏差和错误,无视党章中明确规定的各项权利和义务,甚至丧失党性原则,忘记了自己是一名共产党员的身份,忘记了党员的政治责任和历史使命,使得"有的党员干部在报刊书籍和论坛上,对党的路线方针政策,对中央已经做出的重大理论问题和历史结论,公开发表反对意见。有的公然歪曲党的历史,诋毁党的领袖人物和党的优良传统,散布违反马克思主义的错误观点,在干部群众中和意识形态领域造成了恶劣影响。"同时,党章意识和纪律意识的淡薄,也使一些党员的政治立场出现摇摆,在原则问题和大是大非面前旗帜不鲜明,态度不坚决,容易跟着错误的东西跑,严重阻碍了党的团结统一,不利于执政党的长期稳定发展。

2. **政治纪律松弛，搞政治上的自由主义**。党章中明确规定全党服从中央，是处理党的各级组织、全体党员与党中央关系的最高准则。要自觉同党中央保持高度一致，坚决贯彻党的路线方针政策，维护党的形象，保证中央政令畅通。但在一些党员、干部看来，强调纪律就是束缚手脚，就是思想僵化，他们有意无意地将党的基本政治原则和政治纪律抛之脑后、束之高阁，想怎么干就怎么干，在这样的思想意识支配下，必然出现政治纪律松弛、政治纪律涣散的现象，而这种现象最突出的表现就是自由主义和形式主义，最终导致一些党员、干部不能在思想上、政治上和行动上与中央保持一致，在事关全局的重大问题上，不听中央的指挥，不按中央的要求办事，各自为政，我行我素，极端民主化和无政府主义盛行；有的不是全面、正确地理解中央精神，而是片面曲解原意，甚至把自己的不正确理解说成是中央精神，使之在贯彻执行中变形走样；有的对党的方针政策和中央的重大决策采取阳奉阴违的态度，合意的执行，不合意的不执行，对符合自身利益的就执行，对不符合自身利益的就不执行，使得一些中央和上级的政策规定在贯彻落实上大打折扣；有的有令不行，有禁不止，搞"上有政策、下有对策"，无视中央政令的统一性、权威性；有的甚至超越自身的权限，自立章法，在本单位、本部门追求个人说了算，不仅破坏了党的政治纪律，也严重削弱了党的吸引力和凝聚力。

3. **群众观念薄弱，腐败现象滋生蔓延**。全心全意为人民服务是我们党的根本宗旨，人民群众不仅是我们党取得革命胜利的重要支撑，也是新形势下开创社会主义事业新局面的重要力量。但随着改革开放步伐的加快和社会主义市场经济的推进，个别党员、干部出现思想混乱、信念动摇等问题，他们没有经受住糖衣炮弹的考验和国际敌对势力的侵蚀，开始不遵守党的政治纪律，长期下来，不仅无法真正做到全心全意为人民服务，甚至根本不为群众服务，而是单纯地以追求个人经济利益和政治升迁为目标。有的党员、干部为了讨好上级组织和领导的赏识，好大喜功，作表面文章；有的欺上瞒下搞所谓的"亮点工程"或"形象工程"；有的不顾群众利益，多报产值、利润、人均收入等，在直接关系群众利益上各自为政，滥用权力，严重挫伤了群众的积极性，也助涨了自身的腐败思想，使腐败现象滋生蔓延。近年来，我国腐败现象更是呈现出集团化、高端化、部门化、年轻化、落势化、家族化等特征，同时，涉案金额越来越大，一些贪官涉案金额动辄上千万元，甚至几亿元、十亿元、几十亿元。有些干部不断强调自己的"特殊化",将个人利益放在群众利益之上,形式主义、官僚主义顽症久治不愈,脱离群众、脱离实际、做官当老爷现象,已经成为腐败的突出表现形式。清正廉洁,反对腐败,关系着党的性质和宗旨,本质上也是党的政治纪律的要求,物必先腐而后虫生,腐败现象的出现表明一些党员干部违背了党的政治纪律的要求,而要反对腐败,做到清正廉洁,也就必须提高政治纪律的约束力,更加严明党的政治纪律。

4. 责任意识缺乏,置党纪国法于不顾。当前,一些党员、干部在具体工作中,思想僵化、观念陈旧,缺乏干事的朝气和创新的锐气,往往只是安于现状,对自己要求不严,自由散漫,不思进取,不求有功,但求无过,得过且过,精神萎靡不振,争先意识不强,工作主动性差,工作没有激情,对于中央和上级下发的各项任务大都只是敷衍了事,总是抱有旁观者的冷漠态度,责任意识缺乏,没有担负起人民幸福、国家富强的历史重任。一些党员、干部甚至无视党纪国法,明知故犯,有的擅自泄露党和国家秘密,给党和国家工作造成严重损失;有的不负责任地道听途说,传播政治谣言,在干部群众中造成不良影响;有的长期不参加组织活动,不缴纳党费,起不到党员的先锋模范作用;有的对重大事项决策,不坚持民主集中制原则,搞独断专行,个人说了算,把自己凌驾于组织之上;有的对单位内部出现的违纪违法问题视而不见,不过问,不查处,这些都是党的事业发展和党的纪律所不允许的,并且已经严重影响党的团结统一和行动一致,涣散党的组织,严重妨碍党的路线方针政策的贯彻执行,也严重影响党的其他方面纪律的贯彻执行。

三 加强党的政治纪律的思路及对策

(一) 总体思路

党的政治纪律是党的根本纪律,因为政治纪律本身不仅是党的全部纪律的重要组成部分,更重要的是因为党的政治纪律是我们党能够成其为一个马克思主义政党的政治行为准则,是党的政治本色的根本体现,遵守党的政治纪律是遵守党的全部纪律的基础。政治纪律的核心之要是"政治"二字,这是党的政治纪律区别于党的其他各项纪律的根本之处,党的政治纪律规定着党的政治方向、政治立场、政治观点,体现着共产党人的政治鉴别力和政治敏锐性,特别是共产党人的政治觉悟和政治素质。因此,加强党的政治纪律就不能就纪律谈纪律,那样会使我们落入治标不治本的境地。要想从根本上提高广大党员遵守政治纪律的自觉性，必须紧紧抓住政治建设这个根本，从提高党员的政治理论素养和党性修养入手，使广大党员在明确党的政治纪律的内涵的同时，使广大党员在思想上、理论上认识到党的政治纪律对于建设一个坚强有力的马克思主义执政党的决定性意义，认识到政治纪律涣散对于一个无产阶级政党的根本性损害，同时辅以科学的纪律要求和监督管理等内外部执行贯彻机制，才能长久确保党员干部自觉维护和坚持党的政治纪律的威权性和严肃性，共同致力于建设一个高度统一意志、统一行动和步调一致的强大政治共同体。我们认为，进一步加强党的政治纪律应坚持以强化政治素质教育为基础、以形塑良好的党风和政治生态为前提、以推动党的政治纪律体系科学化为抓手、以党的群众路线教育与实践等集中治理活动为载体、以加强政治纪律的执行与惩处为保障、以提高广大党员的党性修养为目的的总体思路，采取切实可行的针对性举措，才能将中央加强党的政治纪律的党建重任落到实处。

(二) 具体对策

1. 加强党员的思想理论教育，提高党员的思想政治素养，增强党员的政治敏锐性和鉴别力，为党员自觉遵守党内政治纪律奠定思想政治基础。 透过党的政治纪律的内涵和要求，我们可以得出这样的结论，即党的政治纪律主要是管理党员的政治方向、政治观点、政治立场等党的意识形态核心问题的，这部分内容反映在党员干部的行为中，但根本上是党员干部内在的政治信仰、政治思想和理论在发挥支配性作用。党员干部队伍在政治纪律执行层面反映出的种种问题很大程度上是由于部分党员干部政治信仰松动、政治思想滑坡致使政治立场不坚定、政治敏锐性和鉴别力下降造成的。因此，加强党的政治纪律建设，必须从加强党的思想政治教育入手，将提高广大党员的思想政治理论水平作为基础工程，与加强党员干部队伍的政治思想建设协同进行。一是要坚持用马克思列宁主义、毛泽东思想尤其是中国特色社会主义理论体系武装党员干部队伍，在广大党员干部的大脑中打牢马克思主义理论根基、筑牢马克思主义防线；二是要教育和引导广大党员干部自觉运用马克思主义原理、方法、立场认识、分析和处理新的历史条件下出现的新形势、新问题、新任务，促使广大党员干部不仅要信马列、学马列，更要自觉用马列。很多涉及政治纪律的问题，只要是经过马列思维的检验和思考都会迎刃而解。三是要创新党的思想政治教育方式方法，不仅要强化日常思想理论学习，更要充分抓住党的群众路线教育与实践活动这样的规模性、长期性党建工作的有利契机,通过集中与分散相结合、理论与实践相结合,将对党员干部的思想政治教育置于实际政治社会环境中、现实政治活动中,通过具体问题、具体主题、具体任务,对广大党员进行贴近现实、贴近工作、贴近群众的思想政治教育,使广大党员自觉领会思想理论的强大作用,自觉增强自身的思想政治锻炼。

2. 加大党的作风建设力度,加强党员干部腐化治理力度,为广大党员自觉遵守党内政治纪律营造良好政治环境和政治生态。分析部分党员中间存在的政治纪律涣散现象的成因,不可否认有个别党员政治素质不强等个体因素的原因,但也有部分党员是受党内外不良风气和舆论的影响以及受不良利益趋动的原因。江泽民同志早在一九九九年就曾指出:"有的党员干部对党的路线方针政策公开发表反对意见,任意散布不信任情绪,或者被海外反动舆论牵着鼻子跑,传播政治谣言,当人家的传声筒;还有的对党的方针、政策和中央的重大决策采取阳奉阴违的态度,合意的就执行,不合意的就不执行。"[①] 这些都是党的政治纪律所明令禁止的。打铁还需自身硬。这些现象之所过去有,现在在部分党员干部中也不同程度的存在,从深层次上分析,主要是由于部分党员干部贪污腐化,某些党员干部受不良风气影响,对党丧失信心,心理天平倾斜所致。这其中既有利益攀比因素,也有心理放大因素,但归根到底,是党风不纯,党内政治环境和政治生态出现偏差所致。因此,要在新的历史条件下严格党的政治纪律,必须坚决贯彻"党要管党、从严治党"的方针,将加强党的政治纪律与严抓党风廉政建设结合起来,协同进行。一是要加大反腐败斗争力度,坚持"老虎""苍蝇"一起打,加强对权力运行的制约和监督,把权力关进制度的笼子里,以踏石留印、抓铁有痕的劲头进行反腐败斗争,以实际成效取信于民、取信于广大党员。二是坚决贯彻《十八届中央政治局关于改进工作作风、密切联系群众的八项规定》,扎实开展好党的群众路线教育与实践活动,把各级党组织和广大党员的政治参与热情调动起来,自觉抵制"四风",在全党大力弘扬艰苦奋斗、勤俭节约之风,切实改进文风会风,以优良党风凝聚党心民心、带动提升和优化政风文风。通过在全党营造风清气正、充满正能量的党风,全力改善和优化党内政治环境和生态,为广大党员自觉遵守党内政治纪律营造大环境。

[①] 江泽民:《论党的建设》,中央文献出版社2001年版,第338页。

3. 加强党内政治纪律教育，明确党的政治纪律要求，增强党员的政治纪律认同感。习近平总书记在第十八届中央纪委第二次全体会议上突出强调，要加强对党员遵守政治纪律的教育。这一下子就点到了党政治纪律建设的要害处。我们党现在有 8000 余万名党员，而且党员队伍每年都在以百万人以上的规模不断发展壮大。党员群体大了，党员队伍的结构和素质构成就复杂了，尤其没有了党在革命时期那种血与火的考验，党员队伍的政治纪律建设因客观情况的变化而有所淡化。一方面，我们有大量的新党员需要加强政治纪律管理；另一方面，老党员老同志也需要不断加强政治纪律要求和约束。因为任何事情都是具体的历史的，过去政治纪律性强，不代表现在政治纪律性强，今天政治纪律执行得好，也不代表明天政治纪律还会得到严格贯彻，况且政治纪律虽是一贯的，但具体要求又总是会为形势的发展赋予不同的内涵和要求。多种情况汇集到一起表明，不论是现在还是未来，要建设一个具有强大统一意志、统一步调的马克思主义执政党，必须时刻强调政治纪律，不断灌输政治纪律。我们建议，一是党的各级组织要高度重视对《党章》的组织学习。党章是党的总章程，集中体现了党的性质和宗旨、党的理论和路线方针政策、党的重要主张，规定了党的重要制度和体制机制，是全党必须共同遵守的根本行为规范，严明政治纪律首先要从遵守和维护党章入手。要通过学习党章，抓住遵守政治纪律的核心问题，在思想上政治上行动上同以习近平同志为总书记的党中央保持高度一致。尤其是党的十八大通过的新党章，充分反映了这些年我们党推进中国特色社会主义伟大事业和党的建设新的伟大工程中取得的重大实践成果、理论成果、制度成果。党章会告诉党员，什么是坚持党的领导，什么是坚持党的基本理论、基本路线、基本纲领、基本经验、基本要求，明白了这些，就抓住了遵守政治纪律的核心。[①] 二是汇编印发《关于党的政治纪律要求的文献汇编》单行册。要将《党章》和党的经典作家关于政治纪律问题的论述，特别是我们党几代中央领导散落于党的各重要文献中的关于政治纪律问题的要求，尤其是习近平总书记近期针对党的建设新形势提出的关于加强党的政治纪律的各项要求，汇编成册，印发全党，推动广大党员在明确党的政治纪律要求的基础上，理解党的政治纪律对于整个党的建设的重大意义，使广大党员不仅明了党的政治纪律，更要对党的政

---

① 孙志勇：《始终把严明党的政治纪律放在首位》，《前线》2013 年第 4 期，第 31—32 页。

治纪律自觉形成认同。三是结合党的群众路线教育与实践活动，将党的政治纪律学习与贯彻落实纳为教育与实践活动的必修课，推动党的政治纪律真正深入每名党员的内心，外化为每名党员的实际行动。

4. 加强党的政治纪律的科学化研究，健全和完善党的政治纪律体系，提高党的政治纪律的有形化、具体化和可操作性。 党历来重视政治纪律问题，每到关键时刻，中央都格外强调政治纪律的重要性。但不可否认的是，在党的政治纪律方面，我们存在重视但缺乏系统研究、强调却缺乏可操作性的问题。从党的政治纪律体系上看，党的政治纪律的相关要求集中体现在《党章》和党的部分文献之中，主要是包括三个方面的内容：一是坚持党的领导，坚持党的基本理论、基本路线、基本纲领、基本经验、基本要求，同党中央保持高度一致，自觉维护中央权威。二是在指导思想和路线方针政策以及关系全局的重大原则问题上，全党必须在思想上政治上行动上同党中央保持高度一致。三是要求各级党组织和领导干部要牢固树立大局观念和全局意识，正确处理保证中央政令畅通和立足实际创造性开展工作的关系，任何具有地方特点的工作部署都必须以贯彻中央精神为前提，决不允许"上有政策、下有对策"，决不允许有令不行、有禁不止，决不允许在贯彻执行中央决策部署上打折扣、做选择、搞变通。受政治纪律本身特殊性的影响，政治纪律的要求涵盖内容比较宽泛，很多时候需要具体问题具体对待、具体情况具体要求。党的政治纪律主要是涉及党员思想和政治观念和政治方向的要求，不论是《党章》还是党的相关文献对党的政治纪律的论述常给党员领导干部以党的政治纪律过于笼统且"可以意会，难以言传"的感觉，而在实际执行和操作层面，也常会给党员和纪律监督部门带来不具体、不好把握的困扰，在遇到具体情况时，多数党员干部需要有一个理解和领会的过程，在一定程度上放缓了对党的政治纪律的贯彻和执行。因此，我们建议党的纪律监察机关应就加强党的政治纪律科学化问题进行深化研究，以科学化为目标，以有形化、具体化、系统化为导向，对党的政治纪律的内容和执行过程中的监管程序、标准进行细分化研究，尽全力将一些模糊认识和要求加以明确，增强党的政治纪律表述的体系化和具体化，提高党的政治纪律的可操作性和可控性。

5. 加强党的政治纪律监督，强化党员违反政治纪律的惩处，增强党的政治纪律的权威性和约束性，使党的政治纪律真正硬起来。 严格党的政治纪律不仅要靠教育，更要靠执行。而强化党的政治纪律执行不仅要靠自觉，还要靠督查；不仅要有党纪可依，还要有纪必依、执纪必严。只在加强党的政治纪律教育有同时，加大执行政治纪律力度，才能切实增强党的政治纪律的权威性和约束性，使党的政治纪律真正硬起来。一是加强党的巡视制度。巡视制度是党章设置的加强党的政治纪律的重要制度，对于从上到下维护党的政治纪律的权威性具有重要作用。省级以上要加强巡视，建议省级以下党的组织也应借鉴这一做法，加强对下级党组织的纪律执行情况，尤其是党的政治纪律的执行情况的巡视。二是党的各级纪律检查机关要坚决贯彻习近平总书记的指示精神，把维护党的政治纪律放在首位，加强对政治纪律执行情况的监督检查。要不断健全和完善党内政治纪律制度，细化政治纪律监督程序和办法，定期或不定期开展针对党的政治纪律的专项督查，使各级党组织和广大党员真正将贯彻执行党的政治纪律置于工作、施政和履行党员义务与权利的首要位置。三是要加强党的政治纪律在党员吸纳和干部任用考核中的考察力度和分量，将政治纪律执行情况作为考察党员干部的一项硬性指标，在干部政绩评估、任职升迁中实行政治纪律一票否决制，坚决刹住无视党的形象只顾个人痛快、无视党的纪律传信政治谣言、无视明令禁止当面一套背后一套等侵蚀党的机体的不良政治言行。四是要严肃查处违反政治纪律的行为和案件。不管谁触犯了党的政治纪律，也不管他的位置有多高、政绩有多大，都要依据党纪给以严肃处理，通过加大对违反政治纪律的惩处力度，使广大党员干部真正将政治纪律这根弦装到心里，真正在心里树立起党的政治纪律碰不得的思想意识。

6. 加强党员的党性锻炼，提高党员的党员意识，重视和发挥党员作为遵守和执行党的政治纪律的主体作用。党的政治纪律最终要靠党员来执行、来体现，只有广大党员将党的政治纪律内化于心、外化于行，严格党的政治纪律才能落到实处。反过来讲，党员能否严格执行党的政治纪律既是党员党性的重要体现，也是党员个体政治意识的集中体现，更是一个马克思主义政党能否同进退的根本标志。因此，要加强党的政治纪律建设，强化和发挥党员作为遵守和执行党的政治纪律的主体作用就成为一个重要的研究议题。而要强化和发挥党员的这种主体作用，根本的是要充分运用各种组织手段和组织生活，不断增强党员的党性，不断提高党员的党员意识。一是要充分运用党员会议、三会一课、民主生活会、党校干校培训、主题教育以及党员权利行使等日常组织活动，强化党员的政治归属感和政治纪律性，教育和引导广大党员科学认识党所处的历史方位和党的目标任务，自觉用政治纪律来约束自己，来同经济社会生活中的消极现象作斗争。二是要灵活把握广泛性与先进性相结合的原则，引导广大党员自觉树立党员就是应当比普通群众做得更好一些、对自己要求更严一些的党员意识，自觉树立正确的世界观和政治立场，自觉做解放思想、实事求是的模范，做艰苦奋斗、无私奉献、勤奋工作、坚决执行党中央决策部署、全心全意为人民服务的模范。三是要引导广大党员干部将执行党的政治纪律与加强党的先进性、纯洁性和执政能力建设结合起来，自觉投身党的群众路线教育实践活动，在服务群众、联系群众、宣传群众、组织群众的过程中，自觉接受群众监督，自觉接受政治锻炼。四是要引导党员自觉开展党性定期分析，把党员执行政治纪律的情况纳为党性分析的重点内容，充分发挥党性修养与政治纪律的双向促进作用，切实将执行党的政治纪律化为优良党性养成的重要基础和动力。只要全党同志都这样做，积以时日，我们党的队伍的整体素质就会大大提高，党的政治纪律建设也会得到极大提升。

（作者单位：中共天津市委党校）

专题九　当代中国与世界

社会主义社会发展动力与中国改革开放的世界历史意义

余品华

经过 30 多年，中国改革开放的世界历史意义已昭然若揭：它谱写了人类发展史上的新篇章，开创了新的现代化道路和模式；它使人类 1/5 的人口告别贫穷，开始走上逐步富裕的康庄大道；它使古老中国用几十年时间走完西方发达国家几百年所走的发展道路，从而创造了人类发展史上的奇迹；它使实现中华民族伟大复兴的中国梦，从未有过的近在中国人民眼前；它作为中国特色社会主义的最鲜明标志，终结了西方甚嚣尘上的"历史终结论"，使之黯然失色而退出历史语境；它使马克思、恩格斯所憧憬的社会主义大旗仍然高高在世界飘扬；最终，它使"改革开放"这一新现象、新话语体系，成为 20 世纪末至 21 世纪响彻云霄的新福音。

中国改革开放究竟在人类发展史、社会主义发展史、马克思主义发展史和中国发展史上具有何种历史作用、价值和地位，对人类社会发展提供了什么思考，中国特色社会主义的改革与其他国家社会改革相比，具有什么不同特色，这就涉及到中国改革开放究竟回答和解决了人类社会发展的何种根本问题。

人类社会发展动力问题，是一个根本问题。

中国的改革开放对马克思主义哲学、政治经济学和科学社会主义理论都有全面重大发展，而它首先是对马克思主义历史唯物主义关于社会基本矛盾、关于人类社会发展动力的经典理论的发展和创新。它主要回答了社会主义社会的发展动力问题。

马克思、恩格斯创立历史唯物主义的标志，就是提出了人类社会基本结构和社会发展的基本规律的学说，指出所有社会均存在经济结构、政治结构和意识形态结构三大部分。生产关系和生产力构成社会的经济基础即社会的经济结构,而社会的政治结构和意识形态则构成社会的上层建筑。生产关系必须适合生产力性质的规律,上层建筑必须适合经济基础发展要求的规律,以及社会存在与社会意识相互作用的规律,是一切社会的普遍规律。生产力和生产关系、经济基础和上层建筑之间的矛盾运动,是人类社会的基本矛盾,也是人类社会发展最普遍、最基本的规律。在阶级社会中,只有通过代表先进生产力的先进阶级进行阶级斗争,引发革命,变革旧的生产关系,建立新的生产关系,消灭旧的经济基础和上层建筑,建立新的经济基础和上层建筑,这一社会基本矛盾才能从根本上得以解决。马克思说:"革命是历史的火车头",表明在阶级社会中进步革命阶级和反动统治阶级的阶级斗争,最终必然引发政治革命,成为阶级社会发展的直接动力。马克思主义创始人在生前没有看到社会主义社会建立,因此他们只是指出社会基本矛盾运动是一切社会形态发展的普遍规律,但在社会主义社会中这一普遍规律如何运作,其运作和解决方式与阶级社会有何不同,他们则没有可能直接论述。

毛泽东对社会主义社会发展动力问题的伟大贡献和严重失误。

社会主义社会是否也存在生产力与生产关系、经济基础与上层建筑的基本矛盾,历史唯物主义关于人类社会发展的基本规律对社会主义社会是否也适用,社会主义社会的发展动力是什么,对此在苏联社会主义社会建立后长期并没有搞清楚。1956年中国实现所有制的社会主义改造、建立社会主义制度后,毛泽东的伟大贡献就是提出了"社会主义社会基本矛盾"的学说。他在1956年到1957年上半年发表的《论十大关系》、《关于正确处理人民内部矛盾的问题》和《在省市自治区党委书记会议上的讲话》等,就是这方面的代表作。

当时,毛泽东与斯大林在什么是社会主义,怎样建设社会主义的认识上的重大分歧,首先就表现为是否承认社会主义社会存在矛盾并且存在马克思所说的社会基本矛盾。毛泽东在《关于正确处理人民内部矛盾的问题》中指出:"在社会主义社会中,基本的矛盾仍然是生产关系和生产力之间的矛盾,上层建筑和经济基础之间的矛盾。"不过同旧社会相比,这些矛盾"具有根本不同的性质和情况罢了"。[①] "总之,社会主义生产关系已经建立起来,它是和生产力的发展相适应的;但是它又还很不完善,这

---

① 《毛泽东文集》第7卷,人民出版社1999年版,第214页。

些不完善的方面和生产力的发展又是相矛盾的。除了生产关系和生产力发展的这种又相适应又相矛盾的情况以外,还有上层建筑和经济基础的又相适应又相矛盾的情况"。他说:"我们今后必须按照具体的情况,继续解决上述的各种矛盾。当然,在解决这些矛盾以后,又会出现新的矛盾,新的问题,又需要人们去解决。"①

1957年3月他在南京、上海党员干部会议上的讲话非常正确地指出:"现在处在转变时期:由阶级斗争到向自然界斗争,由革命到建设,由过去的革命到技术革命和文化革命"。"许多人还不认识,还企图用过去的方法对待新问题",要"分清两类矛盾:不能用解决第一类矛盾的方法去解决第二类矛盾"。他强调,应当"公开承认矛盾,列宁承认社会主义社会存在矛盾"。"斯大林不承认,混淆两类问题,直到死前才在理论上承认,但实际做又是一回事"。② 斯大林其所以不承认社会主义社会存在矛盾,是因为他强调社会主义社会消灭了剥削阶级,人民利益根本一致,因而是一个统一和团结的社会;社会主义社会如果出现什么问题和矛盾,那只能是外部的敌我矛盾和斗争,是敌人的破坏,仍然要用处理敌我矛盾的方法去解决。由于他不承认社会主义社会中大量存在的是人民内部矛盾,因而采取了肃反扩大化等极端做法。毛泽东说他"直到死前才在理论上承认",是指斯大林五十年代发表的《苏联社会主义经济问题》一书提到社会主义社会的矛盾。

1959年底毛泽东在《读苏联〈政治经济学教科书〉的谈话》中,进一步提出和回答了社会主义社会发展的动力问题。他指出:"教科书在这里承认社会主义社会中生产关系和生产力的矛盾的存在,也讲要克服这个矛盾,但是不承认矛盾是动力。"③《教科书》中说:"批评和自我批评是社会主义制度下新旧斗争的基本形式之一,是社会主义社会发展的强大动力。批评和自我批评可以⋯⋯克服社会主义的矛盾。"④ 毛泽东指出:"这一段说批评和自我批评是社会主义发展的强大动力,这个说法不妥当。矛盾才是动力,批评和自我批评是解决矛盾的方法。"他还指出,《教科书》"只说社会主义社会的特点是'团结一致,十分稳定',不说社会主义社会

---

① 《毛泽东文集》第7卷,人民出版社1999年版,第215页。
② 同上书,第289页。
③ 《毛泽东文集》第8卷,人民出版社1999年版,第133页。
④ 苏联《政治经济学教科书》修订第三版下册,人民出版社1959年版,第453页。

内部的矛盾；说精神上政治上的一致，是社会主义国家强大的社会发展动力，不说社会矛盾是社会发展的动力。这样一来，矛盾的普遍性这个规律，在他们那里被否定了，辩证法在他们那里就中断了。没有矛盾就没有运动。社会总是运动发展的。在社会主义时代，矛盾仍然是社会发展的动力。因为不一致，才有团结的任务，才需要为团结而斗争。如果总是十分一致，那还有什么必要不断进行团结的工作呢？"① 毛泽东因而认为，这本苏联《教科书》"特别是写法不好，不从生产力和生产关系的矛盾、经济基础和上层建筑的矛盾出发，来研究问题，不从历史的叙述和分析开始自然得出结论，而是从规律出发，进行演绎"。② 斯大林提出社会主义社会有计划按比例发展的规律，作为计划经济的主要特征，认为社会主义经济能有计划地、平稳地发展，而毛泽东则提出事物的发展总是不平衡的，平衡和不平衡的矛盾不断地产生、不断地解决。"生产力和生产关系之间，生产关系和上层建筑之间的矛盾和不平衡是绝对的。上层建筑适应生产关系，生产关系适应生产力，或者说它们之间达到平衡，总是相对的"。"如果只有平衡，没有不平衡，生产力、生产关系、上层建筑就不能发展了，就固定了。矛盾、斗争、分解是绝对的，统一、一致、团结是相对的，有条件的。有了这样的观点，就能够正确认识我们的社会和其它事物；没有这样的观点，认识就会停滞、僵化"。③

毛泽东的极其高明之处，是提出了社会主义社会基本矛盾的学说。他关于社会主义社会生产力与生产关系、经济基础与上层建筑的基本矛盾是社会主义社会发展的强大动力的思想，是对马克思主义的社会基本矛盾学说的重大发展，也是对社会主义社会发展动力认识的宝贵成果。进一步的问题是，社会主义社会的基本矛盾如何解决，通过什么方式、途径、招数和手段来加以解决，具体体现这一基本矛盾解决方式的社会主义社会发展动力究竟是什么。对此毛泽东却没能进一步正确解决。他认识到社会主义社会基本矛盾的解决方式与私有制社会、与阶级社会应有所不同，正是因此，他提出区分不同性质的革命。他说："社会主义制度下，虽然没有一个阶级推翻另一个阶级的革命，但是还有革命，技术革命、文化革命，也

---

① 《毛泽东文集》第8卷，人民出版社1999年版，第133页。
② 同上书，第138页。
③ 同上书，第131页。

是革命。从社会主义过渡到共产主义是革命,从共产主义的这一个阶段过渡到另一个阶段,也是革命"。① 表明当时他认为社会主义、共产主义社会的革命,不是那种阶级斗争性质的革命。

那么,毛泽东提出解决社会主义社会基本矛盾的途径、方法、招数是什么呢?他先是提出"大跃进"、人民公社化运动,继而提出"文化大革命",作为社会主义社会发展的动力。"大跃进"虽是企图从大力发展生产力着手来解决社会生产力落后于新的生产关系和上层建筑的矛盾,但是"大跃进"的方法完全违背生产力发展的客观规律,所以必然失败。而人民公社化运动则着重从所有制、从生产关系方面进行脱离中国实际的"一大二公"的变革,所以也彻底失败。60年代初毛泽东又提出以"阶级斗争为纲",直至发动十年"文化大革命",企图用上层建筑领域的政治和意识形态革命,来推动社会主义社会基本矛盾的解决。这种做法给党和国家带来了严重伤害。

总起来看,毛泽东在社会主义社会发展动力问题(即社会主义社会基本矛盾解决的途径和方式)上的错误,源自两方面:

1. 在解决社会主义社会基本矛盾时,过分偏重解放生产力而忽视发展生产力,也就是说过分强调变革生产关系和上层建筑以解放生产力的一面,而忽视了社会主义制度建立后首先应大力发展生产力的一面。这样党的工作中心自然放在搞政治运动上,而非以发展生产力作为中心。其实解放生产力与发展生产力在社会主义社会不仅是相辅相成的同一过程,而且发展生产力更是重中之重,这既因为解放生产力本来就是为了发展生产力,也因为社会主义社会与资本主义等阶级社会有所不同,在阶级社会中,解放生产力往往更先于发展生产力。正如毛泽东在《读苏联〈政治经济学教科书〉的谈话》中指出的那样:"从世界的历史看,资产阶级工业革命,不是在资产阶级建立自己的国家以前,而是在这以后;资本主义的生产关系的大发展,也不是在上层建筑革命以前,而是在这以后。都是先把上层建筑改变了,生产关系搞好了,上了轨道了,才为生产力的大发展开辟了道路,为物质基础的增强准备了条件。当然,生产关系的革命,是生产力的一定发展所引起的。但是生产力的大发展,总是在生产关系改变以后"。英、法、德、美、日等国"都是经过不同的形式,改变了上层建

---

① 《毛泽东文集》第8卷,人民出版社1999年版,第108页。

筑、生产关系之后,资本主义工业才大大发展起来"。他说:"首先制造舆论,夺取政权,然后解决所有制问题,再大大发展生产力,这是一般规律。"①

但是毛泽东却忽视了中国当时已建立起新的社会主义生产关系,面临的是邓小平所说的"解放了生产力以后如何发展生产力"的大问题。他过多强调社会基本矛盾解决的一般规律,而忽视了社会主义社会这一基本矛盾运作的特殊规律,在社会主义社会新的生产关系和上层建筑建立后,仍过多强调"改造落后的生产关系"、"确立新的生产关系"对解放生产力的作用,而忽视了大力发展生产力;而且他要确立的又是脱离社会主义初级阶段现实的"一大二公"的生产关系。对此1987年邓小平进行过很好的回顾与总结。他指出:"经过28年新民主主义革命,中国人民推翻了三座大山。一九四九年取得全国政权后,解放了生产力,土地改革把占人口百分之八十的农民的生产力解放出来了。但是解放了生产力以后,如何发展生产力,这件事做得不好。主要是太急,政策偏'左',结果不但生产力没有顺利发展,反而受到了阻碍。"他还说:"毛泽东同志是伟大的领袖,中国革命是在他的领导下取得成功的。然而他有一个重大的缺点,就是忽视发展社会生产力。不是说他不想发展生产力,但方法不都是对头的,例如搞'大跃进'、人民公社,就没有按照社会经济发展的规律办事。"②

2. 毛泽东的更大失误是没有找到解决社会主义社会基本矛盾的正确方式方法。他提出了处理人民内部矛盾的正确方法,但是对社会主义社会基本矛盾如何处理和解决,却步入歧途。1957年3月他还明明讲:"现在处在转变时期,由阶级斗争到向自然界斗争,由革命到建设,由过去的革命到技术革命和文化革命",③ 但到1957年下半年,"左"的错误开始发生,到60年代初强调"阶级斗争年年讲、月月讲",最后发展到把"文化大革命"看作"无产阶级专政下的继续革命"即继续"过去的革命",继续过去的阶级斗争性质的"革命"。他没有找到社会主义制度自我完善的方法,反而使社会主义的优越性无从发挥,使生产力这一最积极、最活跃的因素

---

① 《毛泽东文集》第8卷,人民出版社1999年版,第131—132页。
② 《邓小平文选》第3卷,人民出版社1993年版,第116页。
③ 《毛泽东文集》第7卷,人民出版社1999年版,第214页。

受到了破坏。

改革开放——邓小平的伟大创造

邓小平继承和发展了毛泽东关于社会主义社会基本矛盾的学说,他的伟大之处是纠正了毛泽东的上述失误,找到了解决社会主义社会基本矛盾的正确方法和途径,从而解决了社会主义社会发展的动力问题。中国从此进入改革开放的新时期。改革开放作为当代中国最鲜明的特色、中国特色社会主义最鲜明的特征和中国共产党最鲜明的旗帜,从此彪炳于史册。

早在1974—1975年邓小平的改革开放思想即已开始产生和试验。他在1987年同外宾谈话时说:"说到改革,其实在1974年到1975年我们已经试验过一段"。"一九七五年我主持中央常务工作。那时的改革,用的名称是整顿,强调把经济搞上去,首先是恢复生产秩序。凡是这样做的地方都见效"。"一九七六年四五运动,人民怀念周总理,支持我的也不少。这证明,一九七四年到一九七五年的改革是很得人心的,反映了人民的愿望。粉碎'四人帮'以后,十一届三中全会重新确立了实事求是的思想路线,确定了以发展生产力为全党全国的工作中心,改革才重新发动了"。[①] 1978年十一届三中全会上,邓小平已提出"改革"二字,他说:"尤其是生产关系和上层建筑的改革,不会是一帆风顺的,它涉及的面很广……一定会遇到重重障碍。"[②] 1979年中共中央召开工作会议,提出对整个国民经济实行"调整、改革、整顿、提高"的方针,决定用三年时间完成经济调整。这一调整其实也就是对内改革、对外开放。1980年起邓小平明确大讲改革。他在9月会见日本客人时说:"我国的改革工作刚刚开始","改革就是要充分调动职工包括管理人员的积极性,培养和选拔科学技术和管理等各个方面的人才。通过改革,克服吃'大锅饭'的弊端"。[③] 他对中央一些同志讲:"总之,现在愈来愈看得清楚,我们过去的那一套不适应今天和以后的任务,非改不行。这个问题,我还在继续考虑,也请同志们好好考虑一下,要进行试验,取得经验。"[④] 实际上,1979年从农村实行农业生产责任制开始,中国已开始改革。

[①] 《邓小平文选》第3卷,人民出版社1993年版,第255页。
[②] 《邓小平文选》第2卷,人民出版社1994年版,第152页。
[③] 《邓小平思想年谱(一九七五—一九九七)》,中央文献出版社1998年版,第168页。
[④] 同上书,第173页。

邓小平其所以能形成改革开放这一战略决策、这条"路子"和"关键的一招",是因为在生产力与生产关系、经济基础与上层建筑的基本矛盾中,他认为生产力与经济基础是矛盾的主要方面,不仅生产关系和上层建筑的变革是革命,生产力方面的变革更是革命。他说:"革命是要搞阶级斗争,但革命不只是搞阶级斗争。生产力方面的革命也是革命,而且是很重要的革命,从历史的发展来讲是最根本的革命。"[①] 这是他的一个根本观点,即不仅搞阶级斗争、搞政治革命是革命,发展生产力也是革命,而且是"最根本的革命"。这就是说,有搞阶级斗争的革命,也有不搞阶级斗争而仅仅是为了发展生产力的革命,如18世纪英国的工业革命那样。后者其所以是"最根本的革命",是因为这种生产力方面的革命在任何社会形态中都存在,而通过阶级斗争进行的革命则只在阶级社会中才存在。他强调"任何革命都是扫除生产力发展的障碍",革命本身不是目的,而是手段,必须把发展生产力作为解决社会基本矛盾的主要方面来抓。社会主义社会生产力的不断发展,要求生产关系和上层建筑相适应不断进行变革。这种社会主义制度的不断自我完善,正是社会主义比资本主义具有更大优越性的体现。他说:"搞社会主义,中心任务是发展生产力"。[②] "社会主义首先要发展生产力"。社会主义的本质首先就是解放和发展生产力。"社会主义同资本主义怎么比较?是比生产力的发展,不是比打砸抢"。[③] "社会主义不发展经济,还叫什么社会主义"。[④] 变革社会主义社会的生产关系和上层建筑,目的正是为了进一步解放和发展社会生产力,这是矛盾的主要方面和次要方面的关系,不能本末倒置。如果只顾生产关系和上层建筑领域的变革、革命,而忽视甚至影响和破坏社会生产力的发展,这种对矛盾对立面的主次不分,就容易陷入一个阶级推翻另一个阶级的"过去的革命"的窠臼,陷入大搞群众性的政治运动、政治革命的窠臼。他强调,社会主义社会如果还要讲什么阶级斗争,那么"社会主义优越于资本主义,是最大的阶级斗争";[⑤] 建设"富的社会主义"而不是"穷的社会主义",才是无产阶级和资产阶级

[①] 《邓小平文选》第2卷,人民出版社1994年版,第311页。
[②] 《邓小平文选》第3卷,人民出版社1993年版,第130页。
[③] 《邓小平思想年谱(一九七五——一九九七)》,中央文献出版社1998年版,第123页。
[④] 同上书,第243页。
[⑤] 同上书,第126页。

"最大的阶级斗争"。正是从这个基本观点出发，邓小平对以经济建设为中心、坚持四项基本原则、坚持改革开放的必要性、必然性、目的、原则、方法、步骤和政策，特别是其理论与实践意义，都作了深刻阐述，表明他是名副其实的中国改革开放的"总设计师"。

邓小平进一步提出了社会主义社会初级阶段理论。1983年他领导制定的中共中央《关于建国以来党的若干历史问题的决议》指出：1956年后我国已进入社会主义社会，但还处在社会主义社会初级阶段，社会的主要矛盾仍是人民日益增长的物质文化需要同落后的社会生产之间的矛盾，党和国家工作的重点必须转移到以经济建设为中心的社会主义现代化上来，大大发展社会生产力，并在这个基础上逐步改善人民的物质文化生活。《决议》还指出："我们过去所犯的错误，归根到底，就是没有坚定不移地实现这个战略转移，而到了'文化大革命'期间，竟然提出了反对所谓'唯生产力论'这样一种根本违反历史唯物主义的荒谬观点"。邓小平提出的"发展才是硬道理"，说的就是"发展生产力才是硬道理。"这是从社会主义初级阶段的主要矛盾这个最大实际出发，实事求是地得出的科学结论，《决议》总结建国后的正反面历史经验，强调"社会主义生产关系的变革和完善必须适应于生产力的状况，有利于生产的发展"。而"大跃进"、人民公社运动特别是"文化大革命"的所谓变革和"革命"，却不仅不适应生产力的状况，更不利于生产力的发展。

鉴于毛泽东对社会主义社会基本矛盾解决途径的不成功探索，在搞清什么是社会主义、怎样建设社会主义这个大前提下总结建国后的正反面经验特别是"文化大革命"的沉痛经验时，邓小平思考的中心正是通过什么方式大力发展社会主义中国的生产力。1984年他说："我们是社会主义国家，社会主义应该是生产力发展比较快的制度。建国后，如果说我们有错误，最大的一条就是不重视发展生产力，所以我们国家落后了。"[①] 1985年，他说："十一届三中全会以后，我们探索了中国怎么搞社会主义。归根结底就是要发展生产力，逐步发展中国的经济。第一步，到本世纪末翻两番，达到小康水平。第二步，再花三十年到五十年时间，接近发达国家的水平。目标确定了，从何处着手呢？就要尊重社会经济发展规律，搞两

---

① 《邓小平思想年谱（一九七五—一九九七）》，中央文献出版社1998年版，第286页。

个开放，一个对外开放，一个对内开放。……对内开放就是改革。"① 可见，改革开放是他确定中国经济发展目标后提出的根本手段。那么，什么是改革呢？

（一）改革是社会主义社会发展的动力

邓小平指出，改革就是开放，开放就是改革。改革开放就是搞活，就是突破过去僵化的体制、机制，调动人民群众的积极性。"无论是农村改革还是城市改革，其内容和基本经验都是开放，对内把经济搞活，对外更加开放"。②"改革就是搞活，对内搞活也就是对内开放，实际上都叫开放政策"。③"对外开放也是改革的内容之一，总的来说都叫改革"。④"对内搞活经济，是活了社会主义，没有伤害社会主义的本质"。⑤"我们总结了经验，就是要对外开放，打破闭关自守，对内搞活，调动全国人民的积极性。不这样，生产发展不起来。搞平均主义，吃'大锅饭'，人民生活永远改善不了，积极性永远调动不起来"。⑥ 这就是说，改革开放是为了激活广大人民的活力，调动全国人民的积极性，这是社会主义社会发展的最大动力。1985 年他说："一九七八年底十一届三中全会以来我们走的是一条新路。所谓新路，就是两个开放，对内开放和对外开放。两个开放的作用，就是加速或者说比较快地发展我们的经济，发展我们的生产力，我们叫社会主义社会生产力。这是一种试验。不搞改革，不坚持开放政策，我们的发展战略目标就不可能实现。这是一个关，这个关必须过"。⑦ 可见，增强社会主义社会发展的活力、动力，是他寻找改革这条路子、方法的初衷。他指出，从 1958 年到 1976 年我国"整个社会处于停滞状态"，"文革"后"还有两年徘徊"。"中国真正活跃起来，真正集中力量做人民希望做的事情"，是在十一届三中全会以后。"改革开放使中国真正活跃起来"。⑧ 30 多年来全国人民生活大为改善，大大调动了人民建设社会主义

---

① 《邓小平文选》第 3 卷，人民出版社 1993 年版，第 117 页。
② 《邓小平文选》第 3 卷，人民出版社 1993 年版，第 82 页。
③ 同上书，第 98 页。
④ 同上书，第 256 页。
⑤ 同上书，第 135 页。
⑥ 同上书，第 157 页。
⑦ 《邓小平思想年谱（一九七五——一九九七）》，中央文献出版社 1998 年版，第 327—328 页。
⑧ 同上书，第 232 页。

的积极性，社会主义中国因而充满活力、动力，正在努力实现中华民族复兴的伟大中国梦。

（二）改革是"中国的第二次革命"，是"一场广泛而深刻的革命"，是党在新的时代条件下带领人民进行的"新的伟大革命"

它又不同于阶级社会的暴力革命或毛泽东发动的"文化大革命"，而是另一种性质和形式的革命。

说改革是一场革命，是因为改革的性质、功能和作用同过去的革命一样，"革命是解放生产力，改革也是解放生产力"。①"改革的性质同过去的革命一样，也是为了扫除发展社会生产力的障碍，使中国摆脱贫穷落后的状态。从这个意义上说，改革也可以叫革命性变革"。②

但是改革又不同于一般意义上的革命。资本主义社会的基本矛盾集中体现为私人占有制和社会化大生产的矛盾。这种矛盾仅仅依靠生产力方面的革命如新科技革命，或仅仅依靠资本主义制度的自我改革与调整，根本不可能解决，只有通过工人阶级与资产阶级的阶级斗争，直至推翻资本主义制度、建立社会主义制度，才能根本解决。这是马克思提出"两个必然"论的基本依据。社会主义社会则不同，改革虽然也是革命性变革，也是广泛而深刻的革命，但它表现为社会主义制度的自我调整与完善。它是自我革命而非革他人的命，革命对象和革命主体合而为一；它不通过阶级斗争进行，不表现为疾风骤雨式的暴力革命；它在社会主义制度内进行，以巩固和发展社会主义制度为根本前提和目的，而非推翻和破坏这一制度。

邓小平指出："我们把改革当作一种革命，当然不是'文化大革命'那样的革命。"③ 在社会主义制度建立后，如果为了解决社会主义社会的基本矛盾而仍然去发动阶级斗争式的革命，甚至仍以"阶级斗争为纲"，臆想出一个走资本主义道路的当权派与人民大众的矛盾，坚持"造反有理"，要造整个社会主义经济基础和上层建筑的反，要重新夺权，这种"文化大革命"就必然不是任何意义上的革命，而只能是社会主义社会的动乱。毛泽东发动"文化大革命"的错误根源就在于虽然他也强调社会主义社会的

---

① 《邓小平思想年谱（一九七五——一九九七）》，中央文献出版社1998年版，第370页。
② 同上书，第135页。
③ 《邓小平文选》第3卷，人民出版社1993年版，第82页。

基本矛盾"同旧社会相比","具有根本不同的情况和性质",而且两者的处理方式不同,但最后仍堕入混淆资本主义与社会主义社会基本矛盾的解决方法、途径的深坑。

(三)改革不仅是"决定中国命运的一招",而且是"我们从未做过的事业",是人类发展史上史无前例的伟大试验,具有世界历史意义

改革对中国和世界的意义,邓小平早有预估。他指出,改革开放"这是一件大事,表明我们已经开始找到了一条建设有中国特色社会主义的路子"。[①] "中国一定要坚持改革开放,这是解决中国问题的希望"。[②] 中国是否坚持改革开放,是生死攸关的问题。"我们走第一步是靠改革和开放,第二步也是靠改革和开放,第三步更要靠改革和开放。这个政策几十年不变。"[③] 1989年他对新组成的第三代领导集体说:"无论如何要给国际上、给人民一个改革开放的形象,这十分重要"。[④] "中国一定要有一个具有改革开放形象的领导集体,这点请你们特别注意。改革开放放弃不得"。[⑤] "要把进一步开放的旗帜,打出去,要有点勇气"。[⑥] "特别要注意,根本的一条是改革开放不能丢,坚持改革开放才能抓住时机上台阶"。[⑦]

他认为,中国的改革开放对马克思主义的发展、对世界的发展变化都有重大意义。1984年在通过《中共中央关于经济体制改革的决定》时,他说:"这个决定,是马克思主义的基本原理和中国社会主义实践相结合的政治经济学。我有这么一个评价,但是要到五年之后才能够讲这个话,证明它正确。"[⑧] 1985年美国基辛格在会见他时说:像中国这样大规模的改革是任何人都没有尝试过的,世界上还没有别的国家尝试过把计划经济和市场经济结合起来。这是一个有历史意义的事件,因为你们的尝试是一个全新的试验。如果你们成功了,就将从哲学上同时向计划经济国家和市场经济国家提出问题。他回答说:"不说是个伟大的试验,但确实是个重大的试验。我们的经验是,要发展社会主义社会生产力,必须改革,这是

[①] 《邓小平文选》第3卷,人民出版社1993年版,第142页。
[②] 同上书,第284页。
[③] 《邓小平思想年谱(一九七五——一九九七)》,中央文献出版社1998年版,第381页。
[④] 《邓小平文选》第3卷,人民出版社1993年版,第316页。
[⑤] 同上书,第318页。
[⑥] 同上书,第313页。
[⑦] 同上书,第368页。
[⑧] 《邓小平思想年谱(一九七五——一九九七)》,中央文献出版社1998年版,第297页。

唯一的道路"。① 1987 年他说："我们现在所干的事业是一项新事业，马克思没有讲过，我们的前人没有做过，其他社会主义国家也没有干过，所以没有现成的经验可学"。② "我们是在一个贫穷的大国里进行改革的，这在世界上没有先例"。③ "这不但是给占世界四分之三的第三世界走出了一条路，更重要的是向人类表明，社会主义是必由之路，社会主义优于资本主义"。④ 他自豪地宣布："总之，现在我们干的是中国几千年来从未干过的事，这场改革不仅影响中国，而且会影响世界。"⑤

习近平总书记在党的十八届三中全会上对改革开放对中国的重大历史和现实意义进行了新的总结。他指出："改革开放是我们党在新的时代条件下带领人民进行的新的伟大革命，是当代中国最鲜明的特色，也是我们党最鲜明的旗帜"。"改革开放是决定当代中国命运的关键一招，也是决定实现'两个一百年'奋斗目标，实现中华民族伟大复兴的关键一招"。他还明确论述改革开放就是中国社会主义社会发展的强大动力。他说："改革开放的最主要成果是发展了中国特色社会主义，为社会主义现代化建设提供了强大动力和有力保障"。"35 年来，我们靠什么来振奋民心，统一思想，凝聚力量？靠什么来激发全体人民的创造精神和创造活力？靠什么来实现我国经济社会快速发展、在与资本主义竞争中赢得比较优势？靠的就是改革"。他强调十七大提出的"只有社会主义才能救中国，只有改革开放才能发展中国、发展社会主义、发展马克思主义"的科学论断，指出改革开放与当代中国、与社会主义、与马克思主义等三个层面的关系，不仅进一步阐明了改革开放对中国的重大意义，而且表明了它的重大世界历史意义。

总之，中国改革开放的历史地位、价值和作用问题，实际上就是人类社会的发展动力问题，是人类社会基本矛盾如何解决的根本问题。它因而不仅是社会主义社会的根本问题，也是当今一切社会需要面对的共同问题。西方资本主义国家三百年来也进行过多次改革，甚至从社会主义国家借鉴过许多东西，如福利社会、累进所得税制、凯恩斯主义的宏观经济调

---

① 《邓小平思想年谱（一九七五——一九九七）》，中央文献出版社 1998 年版，第 345 页。
② 《邓小平文选》第 3 卷，人民出版社 1993 年版，第 258 页。
③ 同上。
④ 同上书，第 225 页。
⑤ 同上书，第 118 页。

控论等。它们还通过发动世界大战等各种战争，重新分配世界资源和财富，以及通过跨国公司转移国内矛盾到国外，掠夺非西方世界的财富等方法，来企图解决资本主义私人占有制和社会化大生产的根本矛盾。但是福利社会难以为继；多党制的选举民主造成议而不决和政府短期行为；财富分配不公现象更是愈益突出。面对提供社会发展动力的"中国模式"的崛起，面对 2008 年以来的美国金融危机，西方有识之士惊呼"资本主义自由市场经济和选举政治的民主政治体系是资本主义发展的强大动力"的传统观点破产。而以美国为首的西方国家从西方普世价值观出发，对当今世界上的发展中国家所开出的解决社会基本矛盾的种种药方，如以反恐为名发动推翻伊拉克、利比亚等国政权的侵略战争，发动"颜色革命"或"阿拉伯之春"等等，也都一概破产。所有这些不发达国家都更加陷入长期动乱之中。现实和历史证明，只有中国共产党根据马克思主义的社会基本矛盾和社会发展动力学说，不断探索找到了中国式改革开放的独特路径，风景因而这边独好。这就是中国改革开放的世界历史意义。

东方风来的伟大启迪
——纪念邓小平同志诞辰 110 周年

田鹏颖

"东方风来满眼春"。

36 年前，邓小平——这位总设计师，以解放思想的强劲东风和改革开放的历史杠杆，撬动了古老的东方神州，天地间，春潮滚滚，征途上，风帆浩浩；以批判的实践智慧和全新的理论创造，让亚细亚这个太阳升起的地方，展开了一幅百年崭新画卷，春风化雨，滋润华夏故园；以敢闯敢试敢冒风险的政治勇气和独具匠心的"摸着石头过河"，为完善和发展中国特色社会主义制度，推进国家治理体系和治理能力现代化，实现中华民族伟大复兴的"中国梦"，提供了珍贵的历史经验和伟大的现实启迪。

一 坚定马克思主义信仰和中国特色社会主义理论自信

何谓信仰？

从哲学的概念理解，信仰是对世界观、人生观、价值观的坚定持有，对信仰的不同选择和不同态度，决定一个人生命的宽度和厚度。

从政治学视角考虑，信仰则是一个政党的精神旗帜，是此政党区别于其他政党的政治标识，对于信仰的不同选择和不同态度，决定了一个政党的政治品格和政治命运。

就是这种信仰——对马克思主义的信仰，在中国共产党第一代领导集体重要成员、第二代中央领导集体核心——邓小平的灵魂深处，不但从未动摇，而且历久弥坚。

德国，摩泽尔河畔特里尔一个千年古镇，那座灰白色三层小楼里经常出现黑头发黑眼睛的东方拜谒者，他们庄严驻足，深情凝望，敬畏留言：

"伟人长逝，思想永存——"不正是以邓小平为代表的中国共产党人对马克思主义坚定信仰的生动写照吗？

不错，马克思主义这个具有世界意义的伟大理论，自诞生以来便一直在"批判"、"斗争"中演进和发展，在人类思想发展史上，似乎没有哪一种理论像马克思主义那样博得广泛支持和恶意质疑。特别是第二次世界大战硝烟尚未消散，由于理论和历史的双重"裹挟"，马克思主义出现了多元化演进的新格局，冠以"马克思主义"的各种思想流派纷至沓来、悉数登场，风云际会，"各领风骚"。尤其是苏东剧变以后，具有鲜明政治倾向的一些西方政要、学者极力试图单方面解除意识形态之争，阻断马克思主义对人类现在和未来的理论、政治影响，声嘶力竭地以各种形式人为加剧"冲突"与"终结"的话语炒作，叫喊人类历史将以整个马克思主义被送上祭坛而告终。

马克思主义真的寿终正寝了吗？马克思主义向何处去？马克思主义的生命力究竟在哪里？国内外确有人为马克思主义的命运而担忧。邓小平则"不管风吹浪打，胜似闲庭信步"："我坚信，世界上赞成马克思主义的人会多起来，因为马克思主义是科学。它运用历史唯物主义揭示了人类社会发展的规律。封建社会代替奴隶社会，资本主义代替封建主义，社会主义经历一个长过程发展后必然代替资本主义。这是社会历史发展不可逆转的总趋势，但道路是曲折的。资本主义代替封建主义的几百年间，发生过多次王朝复辟。所以，从一定意义上说，某种暂时复辟也是难以完全避免的规律性现象。一些国家出现严重曲折，社会主义好像被削弱了，但人民经受锻炼，从中吸取教训，将促使社会主义向着更加健康的方向发展。因此，不要惊惶失措，不要认为马克思主义就消失了，没用了，失败了，哪有这回事"[1]，"如果我们不是马克思主义者，没有对马克思主义的充分信仰，或者不是把马克思主义同中国自己的实际相结合，走自己的路，中国革命就不能成功，中国现在还会是四分五裂，没有独立，也没有统一。对马克思主义的信仰，是中国革命胜利的一种精神动力"[2]。

这是一种哲学智慧，这是一种战略眼光，这是一种政治信仰！这更是一种科学态度。

---

[1] 《邓小平文选》第3卷，人民出版社1993年版，第382—383页。
[2] 同上书，第63页。

20世纪90年代初,邓小平说:"最近,有外国人议论,马克思主义是打不倒的。打不倒,并不是因为本子多,而是因为马克思主义的真理颠扑不破,实事求是是马克思主义的精髓。要提倡这个,不要提倡本本……,马克思主义是很朴实的东西,很朴实的道理。"① 但是,"马克思主义必须是同中国实际相结合的马克思主义"②。

　　这些话语掷地有声,今天看来也许并不新颖,因为,中国人民的思想已经从长期"左"的思想桎梏中解放出来了。但是,在30多年前那个历史瞬间,邓小平所谓"马克思主义必须是同中国实际相结合的马克思主义"则绝对是一个伟大的时代命题,把中国人民从"马克思主义是什么"和"我们如何对待马克思主义"的哲学困惑中解放了出来。

　　邓小平是继毛泽东之后又一位主张马克思主义中国化的东方巨人,马克思主义中国化是中国特色社会主义得以开创的逻辑和历史起点。

　　在邓小平的视野中,马克思主义不是一种纯粹学院式的抽象、地域性学术理论,而是一种具有鲜明实践性、世界性的社会批判哲学。这一哲学由于其本身对人之存在的终极关怀和对社会历史进程的自觉介入,因而从来没有也不可能使其本身封闭在纯粹的学术王国之中,从来没有也不可能因时代的文化精神冲突而自娱自乐、自言自语、自给自足,而是不断地以其开放的胸怀、包容的心态、审视的眼光,与不断发展变化的世界历史和时代文化相辉映。

　　正是邓小平这一时代命题,使一个多世纪的马克思没有想到——他与他的思想会成为一面伟大旗帜引领一个经济文化落后——世界1/5人口的东方大国的历史命运从此改变!没有想到世界东方的邓小平,始终站在改革开放的前列,热情支持、鼓励、保护、引导人民群众的伟大创造,领导中国共产党立足中国而又面向世界、总结历史而又正视现实,在研究新情况、解决新问题的过程中进行锲而不舍的理论探索,创造了邓小平理论,为马克思主义百花园中增加了具有里程碑意义的一抹新绿。

　　"春雷唤醒了长城内外,春晖暖透了大江两岸"。"思想的闪电一旦彻底击中这块素朴的人民园地,德国人就解放成为人。"③ 马克思25岁时曾

---

①　《邓小平文选》第3卷,人民出版社1993年版,第382页。
②　同上书,第63页。
③　《马克思恩格斯选集》第1卷,人民出版社1995年版,第16—17页。

经给予自己哲学历史价值的评判,在 160 多年后的中国,以邓小平理论的横空出世得以再现——报道了中国特色社会主义事业的伟大黎明。中国特色社会主义为人类社会主义理想进行了重新建构,向世人展示了中国特色社会主义的理论自信。

二 坚定社会主义原则和中国特色社会主义道路自信。

由马克思主义催生的世界科学社会主义运动的历史进程,决定了社会主义与马克思主义同呼吸、共命运的必然逻辑。

世界社会主义 500 年,波澜壮阔、曲折发展,无数人为之或放弃高官厚禄,或拯救民生于水火,或革命、改革义无反顾……谱写了一曲曲扣人心弦的人生悲歌,上演了一幕幕感天动地的历史活剧。

20 世纪 90 年代,国际社会主义运动由于苏东剧变而陷入低潮。社会主义真的寿终正寝了吗?社会主义向何处去?社会主义的生命力究竟在哪里?

在这一世纪和世界难题面前,持"欧洲中心论"或"西方中心论"者固执地认为,肇始于欧洲的现代文明进程不仅充满活力,而且是唯一成功和正确的发展逻辑。他们不仅相信文明具有传导性和输出性,而且认为西方人是世界上唯一掌握人类进入现代化大门钥匙者,甚至认为相对于早就进入现代文明的欧洲人而言,亚洲人和非洲人是野蛮民族、文明的边远地区,需要通过从西方文明中心向文明边缘拓展、征服、殖民、教化,才能走进所谓"现代文明"。

在这一世纪和世界难题面前,以邓小平为代表的中国共产党人,独立自主,另辟蹊径,创造性地做出了完全不同于"西方中心论"者的历史回答——"把马克思主义的普遍真理同我国的具体实际结合起来,走自己的道路,建设有中国特色的社会主义,这就是我们总结长期历史经验得出的基本结论"[①]——给予了"西方中心论"以最有力的驳斥。

在这一世纪和世界难题面前,中国共产党人立足于 60 多年前毛泽东的伟大探索,在邓小平领导下开始了接力创新,不断把"我们总结长期历史经验得出的基本结论"从理论抽象上升到"思维具体"。如果说,马克思给我们提供了对资本主义令人信服的批判,但并没有提供人类替代资本

[①] 《邓小平文选》第 3 卷,人民出版社 1993 年版,第 3 页。

主义的具体方案；如果说毛泽东已经开始"以苏为鉴"，对"中国式社会主义道路"进行了有益探索，而对传统社会主义体制尚未进行全面反思，那么邓小平则坚持科学社会主义理论和实践的基本成果，抓住了"什么是社会主义、怎样建设社会主义"这个根本问题，既追问了不同于前苏联的"斯大林模式"，又探索了不同于传统社会主义模式的发展模式，开创了中国特色社会主义道路，从而把人们对社会主义本质的认识提高到新的科学水平。

有人说，一个国家只有正确认识自己的历史，才能在现实奔腾的浪潮中把握方向；一个民族，只有正确理解自己的道路，才能在不断的社会变革中走向进步。

在邓小平的视野中，现代化不仅仅是生产方式的转变或科学技术的进步，而且是一个民族文明结构的重塑，是经济、社会、政治、文化等全方位的转型，期间必然蕴含它们在各自文化视野中，对现代化的不同价值取向和模式选择。但"中国搞现代化，只能靠社会主义，不能靠资本主义"。"照抄照搬别国经验、别国模式，从来不能得到成功。这方面我们有过不少教训"[①]。

我们阅尽《邓小平文选》，读到最多的词汇就是"走自己的路"。为什么改革开放会有如此神奇的力量？为什么当代中国会发生如此巨大的变化？为什么劳动、知识、技术、管理、资本等要素的活力会如此竞相迸发？最重要的就在于我们走出了一条适合中国国情的现代化道路，即中国特色社会主义道路。正所谓"道路决定前途命运"。

改革开放36年来，中国人民在"世界历史"已经形成，人类现代化、全球化步伐不断加快的背景下，开始逐步创新了具有中国特色的实现现代化的"中国模式"。而创新"中国模式"的前提是，破除对西方话语体系的道路他信，坚定中国特色社会主义道路自信。

邓小平说："社会主义原则，第一是发展生产，第二是共同致富。我们允许一部分人先好起来，一部分地区先好起来，目的是更快地实现共同富裕。"[②] 人民高兴不高兴，人民满意不满意，人民拥护不拥护，人民赞成不赞成，人民答应不答应——承载着一切信仰社会主义的人们真挚的寄

[①] 《邓小平文选》第3卷，人民出版社1993年版，第2—3页。
[②] 同上书，第172页。

托，使科学社会主义在世界的东方闪耀璀璨的光芒。

连德国前总理施密特都承认，西方工业化国家"意识到自己的责任，但是他们在履行责任时却带有家长式的姿态"[①]。但邓小平对此则不屑一顾："如果中国不搞社会主义，而走资本主义道路，中国人民是不是也能站起来，中国是不是也能翻身？让我们看看历史吧。国民党搞了二十几年，中国还是半殖民地半封建社会，证明资本主义在中国是不能成功的，中国共产党人坚持马克思主义，坚持把马克思主义同中国实际结合起来的毛泽东思想，走自己的路，也就是农村包围城市的道路，把中国革命搞成功了……我们多次重申，要坚持马克思主义，坚持走社会主义道路……但社会主义必须是切合中国实际的中国特色的社会主义"。[②]

邓小平这一历史经验的深刻总结，使中国人民的思想从对马克思主义错误的和教条式的理解中解放出来了，从那些不适时宜的观念、体制的束缚中解放出来了，从对"西方模式"和道路他信中解放出来了，进而开辟了科学社会主义新境界。1992年，邓小平南方谈话："社会主义的本质，是解放生产力，发展生产力，消灭剥削，消除两极分化，最终达到共同富裕"。这是在前人理论探索基础上对科学社会主义本质认识的新高度。

36年弹指一挥间，36年改革开放，36年探索创新。面对全面深化改革的"深水区"、"硬骨头"，我们必须有坚定走中国特色社会主义道路的清醒头脑和战略定力。

三　坚定中国共产党领导和中国特色社会主义制度自信

漫步、瞻仰历史长廊，回望、探寻改革开放，不无惊奇地发现，邓小平开启的这场新的伟大革命，之所以成为36年不变的时代呼声，根本原因在于解放思想，解放和发展社会生产力、解放和增强社会活力的动力；巩固和发展中国共产党执政能力的动力；完善和发展中特色社会主义制度、推进国家治理体系和治理能力现代化的动力——"三大动力"的有机契合。

[①] 赫尔穆特·施密特：《全球化与道德重建》，柴方国译，社会科学文献出版社2001年版，第237页。

[②] 《邓小平文选》第3卷，人民出版社1993年版，第62—63页。

第一动力，事关人的全面发展。第二个动力，事关执政党的命运。第三个动力，事关社会主义的前途。"三大动力"瞄准的目标却聚焦于——实现中华民族伟大复兴的"中国梦"。

美国经济学家诺斯说过："制度比技术更重要"。如何把中国特色社会主义道路，融入一个相对稳定、完善、定型的制度框架中，这一邓小平早在20世纪80年代末关注的重大理论和实践问题，合乎逻辑地成为今天我们全面深化改革的总目标。

1987年，邓小平《在改革的步伐要加快》中指出："改革不能离开社会主义道路，不能没有共产党的领导，这两点是相互联系的，是一个问题。没有共产党的领导，就没有社会主义道路"①。1989年，邓小平反思我们党十三大确定的"一个中心、两个基本点"的基本路线问题："我最近总在想这个问题。我们没有错。'四个坚持'本身没有错，如果说有错误的话，就是坚持四项基本原则还不够一贯"。"搞现代化建设使中国兴旺发达起来，第一，必须实行改革、开放政策；第二，必须坚持四项基本原则，主要是坚持党的领导"。②

伟人毕竟是伟人。在加强和改善党的领导，进而坚定走好中国特色社会主义道路的时候，邓小平则清醒地意识到党和国家的领导制度需要改革，他认为："党和国家现行的一些具体制度中，还存在不少的弊端，妨碍甚至严重妨碍社会主义优越性的发挥。如不认真改革，就很难适应现代化建设的需要。"③ 现代化建设应当包括党和国家领导制度现代化。

不是嘛，究竟如何治理人类发展史上全新的社会主义社会，以"安顿"那个曾经"在欧洲徘徊"的"幽灵"，马克思、恩格斯作为创始者没有遇到全面治理一个社会主义国家的生动实践，他们关于未来社会的若干"原理"很多只能是预测性的设计；列宁在俄国十月革命后不久过世，没来得及深入探索；苏联进行了探索，但尚未解决根本问题。我们党在全国执政以后，探索积累了丰富经验，改革开放36年的进展尤为显著。但"相比我国经济社会发展需要，相比人民群众期待，相比当今世界日趋激烈的国际竞争，相比国家长治久安，我们在国家治理体系和治理能力方面

---

① 《邓小平文选》第3卷，人民出版社1993年版，第242页。
② 同上书，第305页。
③ 《邓小平文选》第2卷，人民出版社1983年版，第327页。

还有许多不足,有许多亟待改进的地方"。①

诚哉斯言。早在1993年,邓小平就高瞻远瞩:"恐怕再有三十年的时间,我们才会在各方面形成一套更加成熟更加定型的制度。在这个制度下的方针、政策,也将更加定型化。"②

因此,改革必然是全面的改革,不仅要进行经济体制的改革,而且还要进行政治体制及其他方面改革。"不搞政治体制改革,经济体制改革难于贯彻。"③"我们政治体制改革的总的目标是三条:第一,巩固社会主义制度;第二,发展社会主义社会的生产力;第三,发扬社会主义民主,调动广大人民的积极性"④,核心是"始终保持党和国家的活力"。但是推进政治体制改革,发展和完善中国特色社会主义制度,必须"根据自己的特点,自己国家的情况,走自己的路"。"既不能照搬西方资本主义国家的做法,也不能照搬其他社会主义国家的做法。"⑤他明确提出政治体制改革的长远目标,是建立高度民主、法制完备、富有效率、充满活力的社会主义政治体制。他认为,"这个任务,我们这一代也许不能全部完成,但是,至少我们有责任为它的完成奠定巩固的基础,确立正确的方向"。⑥

这里,寄托了这位世纪伟人对社会主义的美好向往,对中国特色社会主义的制度自信:"我们党和人民浴血奋斗多年,建立了社会主义制度。尽管这个制度还不完善,又遭受了破坏,但是无论如何,社会主义制度总比弱肉强食、损人利己的资本主义制度好得多。我们的制度将一天天完善起来,它将吸收我们可以从世界各国吸收的进步因素,成为世界上最好的制度。"⑦邓小平对此抱有深深的期待!

以习近平同志为总书记的中央领导集体,刚刚开启的"全面改革"的历史大幕,把发展和完善中国特色社会主义制度,推进国家治理体系和治理能力现代化作为总目标,不仅仅宣示和体现了在新的历史条件下,坚持邓小平开启的改革开放的决心、信心和高度自觉,而且宣示和体现了面向

---

① 习近平:《切实把思想统一到党的十八届三中全会精神上来》,《新华文摘》2014年第5期,第1页。
② 《邓小平文选》第3卷,人民出版社1993年版,第372页。
③ 同上书,第177页。
④ 同上书,第178页。
⑤ 同上书,第256页。
⑥ 《邓小平文选》第2卷,人民出版社1983年版,第343页。
⑦ 同上书,第337页。

未来，坚定邓小平发展和完善党和国家领导制度的决心、信心和高度自觉。

四　坚定敢于"啃硬骨头"的改革精神和"抓铁有痕"的工作作风

1843年，马克思的至理名言——"批判的武器当然不能代替武器的批判，物质的力量只能用物质去摧毁"①　在今天的中国，仍然闪烁着真理的光辉。邓小平这位东方巨人，绵里藏针，雷厉风行，以其非凡的革命阅力、卓越的政治智慧，推动着中国改革开放的巨轮奋然前行。但他智慧地发现"现在有一个问题，就是形式主义的东西多"。1992年，他发出了向形式主义、官僚主义"亮剑"的呼喊。

这年初春，邓小平视察南方时指出："电视一打开，尽是会议。会议多，文章太长，讲话也太长，而且内容重复，新的语言并不很多。重复的话要讲，但要精简。"这位久经考验的政治家对他深恶痛绝的形式主义展开严厉批评："形式主义也是官僚主义。要腾出时间来多办实事，多做少说。毛主席不开长会，文章短而精，讲话也很精练。"②，一位太平洋彼岸的作家对此作了记载："他提到了这种情况：省委书记去农村考察一个星期回来，文件就堆成了山，让他头痛，邓小平一向反对空话、长篇的报告和不做准备的会议讲话"③，反对形式主义，崇尚求真务实。

我们穿越时光隧道，把历史定格在1992年，邓小平第二次来到中国的南海边，写下千古不朽的崭新诗篇："改革开放胆子要大一些，敢于试验，不能像小脚女人一样，看准了，就大胆地试，大胆地闯。深圳的重要经验就是敢闯。没有一点闯的精神，没有一点'冒'的精神，没有一股气呀、劲呀，就走不出一条好路，走不出一条新路，就干不出新的事业。"④

这是一位政治家以其特有的实践智慧，对时代进行的哲学把握——加快改革，扩大开放，大胆试验，勇于创新，不靠本本。"神话般地崛起座座城，奇迹般地聚起座座金山"。正是这升华了时代精神的改革创新哲学，把古老的东方大国带入一个飞速发展、翻天覆地的伟大时代。

---

① 《马克思恩格斯选集》第1卷，人民出版社1995年版，第9页。
② 《邓小平文选》第3卷，人民出版社1993年版，第381—382页。
③ [美]傅高义：《邓小平时代》，冯克利译，生活·读书·新知三联书店2013年版，第620页。
④ 《邓小平文选》第3卷，人民出版社1993年版，第373页。

谁都不能否认，从贫穷走向富庶，从封闭走向开放，从落后走向进步，从蒙昧走向文明——65年、36年，中国人民走过了西方国家几百年的现代化发展历程，生动演绎了中华民族发展史册上自强不息的伟大传奇，它将100多年的苦难和困厄、几代的迷茫与彷徨甩到了身后。

有人说这是一个充满激情与梦想的时代，也有人说，这是一个变革与重构交织、海水与火焰交融的时代。而这个时代对中国的光顾，大概关键在于历史选择了邓小平。美国时代周刊早在1978年，就将邓小平评为年度人物，并破天荒地用48页系列文章，介绍邓小平和由他打开大门的中国，其开篇之作的标题是《中国的梦想家》。

也许，当时对"中国梦"持怀疑态度的人不在少数，甚至有人质疑，能让一个人口众多的民族在极短时间内来一个180度大转弯，就如同让"航空母舰"在硬币上转圈，难以置信。可是36年后，中国的发展竟冲破了许多预言家的设想，这艘"航空母舰"真的就在硬币上来了好几个"华丽转身"。

一个国家、一个民族，一旦丧失了政治自觉，那将是极其危险的。

21世纪的今天，面对世情、国情、党情的深刻变化，面对"执政的考验、改革开放的考验、市场经济的考验、外部环境的考验"，面对"精神懈怠危险、能力不足危险、脱离群众危险、消极腐败危险"，面对全面深化改革的"硬骨头"和"深水区"，是敢闯敢试，还是畏葸不前？是走封闭僵化的老路、改旗易帜的邪路，还是继续坚定地走中国特色社会主义道路？是坚决反对形式主义、官僚主义、享乐主义和奢靡之风？还是任其泛滥、蔓延……执政党面临重大历史抉择。

大道至简。

党的十八大以来，以习近平同志为总书记的中央领导集体，站在历史和全局的高度，以博大胸襟和高超智慧，开辟了治国理政的新境界：面对世界多极化、经济全球化、文化多样化、社会信息化的开放执政环境，面对竞相发声的"改革药方"，从容刚毅，坚定中国特色社会主义的道路自信、理论自信、制度自信；面对"四大考验"和"四大危险"，树起自身硬的标杆，抓住自身硬的根本，坚定自身硬的自觉，强化自身硬的保证。对作风之弊、行为之垢，进行大排查、大检修、大扫除，"踏石留印，抓铁有痕"……

2014年，又是一个春天。

全面深化改革大幕已经拉开,中华民族伟大复兴的"中国梦"离我们越来越近。

"长风破浪会有时,直挂云帆济沧海"。中华民族,东方风来,春光满目,又是一个壮丽的日出!

(作者单位:沈阳师范大学马克思主义学院)

全球化视野下的中国特色社会主义
道路研究评述

雷江梅

全球化是一个全新的历史时代，同时也是一个全新的认识视角，逐渐形成为中国学术界重要的学术话语之一。如果脱离全球化的世界图景，中国特色社会主义就会变成一种自身的逻辑演绎。因为，全球化的历史语境与中国特色社会主义形成和发展的历史进程紧密相连。那么，就需要我们站在全球化的制高点上，把中国特色社会主义放置于全球化这一人类文明发展的过程中，来研究全球化与中国特色社会主义道路。这不仅可以使我们对中国特色社会主义的认知获得一种新的更为宽阔的视角——正如雷默在《北京共识》中写道："中国目前正在发生的，不只是中国的模式，而且已经开始在经济、社会以及政治方面改变整个国际发展格局……"[1]，此外，还可以在一定程度上丰富"中国特色社会主义"的命题，从而推进中国特色社会主义道路在全球化这一无法回避的实践平台中得到更为广阔的发展天地。近年来，国内外学者围绕"全球化与中国道路"展开了广泛而深入的研究，"中国道路"主要是指中国特色社会主义道路。下面将研究中形成的各种观点进行综述。[2]

一 问题的提出及其学术背景

关于全球化。国内外对全球化问题的系统研究在20世纪90年代达到了高潮，应该说在世纪之交那一时期对于全球化问题的研究形成为至今为

---

[1] ［美］雷默：《北京共识》，《中国与全球化：华盛顿共识还是北京共识》，社会科学文献出版社2005年版，第51页。

[2] 文中的"中国道路"均指代"中国特色社会主义道路"。

止有关这一问题的主要学术成果①。这些成果运用不同方法和从不同视角分别对全球化的概念、特征、内容、表现和后果进行了较为系统和深入的研究，无疑为我们进一步研究全球化问题提供了丰富的理论资源。理论上的创新和突破，总是力求如何从新的角度和新的方法切入研究的具体问题。事实上，对于理论活动来说，"新"不能仅仅从时间上进行界定；恰恰相反，在理论探索的过程中，我们往往会在"温故"中实现"知新"。近几年国内外有关全球化问题的研究大多基于已有研究成果的基础上，将"全球化"与具体研究领域的问题相结合加以研究。诸多学者更多的是将全球化作为研究问题的一个背景，在政治、经济、文化、社会等领域分析全球化所带来的效应，诸如：蔡拓的《建构主义视角下的文化全球化——兼论中国传统文化的作用》；达尤西·杜斯特的《聚合空间：全球化与文化政治》；王南湜：《全球化时代生存逻辑与资本逻辑的博弈》等。对于"全球化"与"反全球化"问题，在本世纪初有关这一问题研究一系列成果的基础上又有继续深入讨论，比较典型的有：汪信砚的《全球化与反全球化——关于如何走出当代全球化困境问题的思考》；史蒂芬·罗奇的《中国的全球挑战》等。

关于中国道路。党的十七大之后，理论界迅速形成了关于中国特色社会主义道路和中国特色社会主义理论体系研究的热潮。有关中国特色社会

---

① 国外主要成果有：美国罗兰·罗伯森的《全球化——社会理论和全球文化》（上海人民出版社 2000 年版），德国汉斯-彼得·马丁和哈拉尔特·舒曼的《全球化陷阱》（中央编译出版社 1998 年版），法国雅克·阿达的《经济全球化》（中央编译出版社 2000 年），德国乌·贝克、哈贝马斯等的《全球化与政治》（中央编译出版社 2000 年版）以及英国阿兰·鲁格曼的《全球化的终结》（生活·读书·新知三联书店 2001 年版）等。国内主要成果有：俞可平的《全球化：西方化还是中国化》（社会科学文献出版社 2002 年版）、《全球化时代的"马克思主义"》（中央编译出版社 1998 年版）、《全球化与政治发展》（社会科学文献出版社 2002 年版），刘康的《全球化/民族化》（天津人民出版社 2002 年版），王列、杨雪冬的《全球化与世界》（中央编译出版社 1998 年版），李惠斌的《全球化与公民社会》（广西师范大学出版社 2003 年版），杨雪冬的《全球化：西方理论前沿》（社会科学文献出版社 2002 年版），马陵的《疆界的终结：全球化》（新华出版社 2001 年版），胡元梓、薛晓源的《全球化与中国》（中央编译出版社 1998 年版），靳辉明的《中国特色社会主义理论体系研究》（海南出版社 1998 年版），韩保江的《全球化时代》（四川人民出版社 2000 年版），蔡拓等的《当代全球问题》（天津人民出版社 1994 年版），庞中英的《全球化、反全球化与中国——理解全球化的复杂性与多样性》（上海人民出版社 2002 年版。专门研究经济全球化的著作，诸如刘力的《经济全球化与中国崛起》（中共中央党校出版社 2004 年版）、刘杰的《经济全球化时代的国家主权》（长征出版社 2001 年版）、李坤望等的《经济全球化：过程、趋势与对策》（经济科学出版社 2000 年版）等。

主义道路和中国特色社会主义理论体系的论著纷纷涌现，大量的研究成果从不同学科、不同角度深化了我们对中国特色社会主义道路的认识。概括而言，主要表现在以下四个方面：一是从中国特色社会主义道路形成的历史背景和实践基础出发，论述中国特色社会主义道路形成的历史必然性，强调两个三十年之间的内在关联，如《毛泽东思想与中国特色社会主义理论体系》、《中国特色社会主义的实践基础》等；二是以中国特色社会主义道路的科学内涵和重大意义为研究对象，论述科学发展观的提出与中国特色社会主义的关联，如《科学发展观与中国特色社会主义的发展》、《科学发展观对中国特色社会主义认识的深化》等；三是从比较研究的视角论述"中国道路"、"中国模式"与苏联社会主义模式、民主社会主义模式的区别，以求划清与它们的界限。如《中国特色社会主义与民主社会主义是两股道上跑的车》、《苏联模式与中国特色社会主义模式》等。四是从马克思主义中国化最新成果的角度出发，论述中国特色社会主义与马克思主义一脉相承的关系，如《马克思主义中国化的最新理论成果》《中国特色社会主义与马克思主义基本原理的关系——兼论关于我国社会主义初级阶段基本经济制度的若干认识问题》等。其中，世界历史及全球化的视野作为中国特色社会主义道路研究的一个重要维度，也为一些学者所关注[①]。论者认为，一方面，全球化与中国特色社会主义价值追求具有契合性，当代全球化的历史语境与中国特色社会主义形成和发展的历史进程紧密相连，为中国特色社会主义的理论创新和实践推进提供了不竭的源泉；另一方面，中国特色社会主义不仅是全球化的产物，同时又可以看作是全球化的指针

[①] 近几年主要著作有：黄平主编：《中国与全球化——华盛顿共识还是北京共识》（社会科学文献出版社2005年版）；郑永年：《全球化与中国国家转型》（浙江人民出版社2009年版）；复旦大学发展与政策研究中心编：《全球化与中国发展》（上海人民出版社2007年版）；蔡拓主编：《全球化与中国政治发展》（中国政法大学出版社2008年版）；张宇燕等著：《全球化与中国发展战略》（社会科学文献出版社2008年版）；李惠斌：《全球化与中国大战略》（社会科学文献出版社2008年版）；中国21世纪议程管理中心、可持续发展战略研究组著：《发展的外部影响——全球化的中国经济与资源环境》（社会科学文献出版社2009年版）；张宇主编：《中国模式：改革开放三十年以来的中国经济》（中国经济出版社2008年版）；迟福林、殷仲义主编：《后危机时代发展方式转型与改革 新兴经济体的新挑战、新角色、新模式》（华文出版社2010年版）；李慎明：《全球化背景下的中国大党建》（人民出版社2010年版）；李慎明：《全球化背景下的中国国际战略》（人民出版社2011年版）；[美]约翰·奈斯比特：《中国大趋势》，魏平译，（中华工商联合出版社2010年版）；张维为：《中国模式——一个"文明型"国家的崛起》（上海人民出版社2011年版）等。

和方向。从根本上讲，中国特色社会主义的生命力、理论的发展创新以及实践的拓展，归根结底取决于对全球化提出的重大历史课题的认知水平和解决全球化时代重大历史课题的能力。

二 国内外关于全球化与中国道路关系的研究

对于全球化与中国特色社会主义关系的研究，学者们一致认为全球化与建设中国特色社会主义是双向互动的过程。有学者认为，当下全球化的发展使中国特色社会主义的"和谐"价值追求重放异彩。从与全球化相契合的角度看，"和谐"无疑是中国特色社会主义的重要价值追求。中国特色社会主义"和谐"价值是"双和"价值，即对内构建"和谐社会"，对外共建"和谐世界"，二者统一于中国特色社会主义的全过程。在全球化背景下，国内事务和国际事务已经不可分割地联系在一起，对内构建"和谐社会"，离不开对外共建"和谐世界"，对外共建"和谐世界"也离不开对内构建"和谐社会"。"和谐社会"和"和谐世界"同为中国特色社会主义的价值追求。反过来，中国特色社会主义关于和谐的价值追求本身就是全球化的一种重要认同，将为促进全球和谐打开新的认识视野。"和谐"作为社会主义价值范式，真正站在全人类根本利益的高度解决人类社会一切问题，克服当代社会的弊端，这无疑是一种超越。中国特色社会主义的"和谐"价值追求鼓励更多的主体对全球化的参与，有助于在全球化进程中建立起更加平等的参与和对话关系，也易为大多数全球化主体所接受，从而推动着全球化向着更加多元、多维的方向发展。① 也有学者从全球化的视角把我们党带领中国人民所走的道路概括为和平发展道路。就是说，中国既争取和平的国际环境来发展自己，又利用自己的发展来促进世界的和平与发展。这是一条有利于中国、也有利于世界各国的"互利双赢"的阳光大道。② 还有学者这样谈到，如果把当代中国发展道路比作一辆汽车的话，时代特征与发展阶段就是它的定位系统，"一个中心、两个基本点"就是它的控制系统和动力系统，"四位一体"格局及其外延部分

---

① 徐艳玲：《全球化与中国特色社会主义》，《学习论坛》2011年第6期。
② 赵曜：《高举中国特色社会主义伟大旗帜 坚定不移地走中国特色社会主义道路》，《中共中央党校学报》2007第12期。

就是它的底盘和框架，党的领导就是它的操作系统。① 而这个时代特征解答的是中国与世界的关系问题，也就是邓小平反复指出，并经几次党的全国代表大会报告强调的"和平与发展是当今世界的两大主题"。中国作为社会主义大国向外部世界开放并积极地参与经济全球化进程已经是一个不可逆转的过程。同时中国对全球化的参与也形成了全球化进一步发展的巨大动力。②

对于全球化之于中国特色社会主义道路的机遇与挑战，学术界普遍认为中国改革开放30多年来之所以取得了举世公认的进步与成绩，与全球化赋予中国特色社会主义道路的难得机遇是密不可分的；同时学者们普遍认同在机遇面前，艰难的挑战也无时无刻不存在。国外经济学家史蒂芬·罗奇分析到，全球化赐予一些东西，同样也会带走一些东西。从全球商业周期的角度来看，这是正确的。从全世界集体致力于全球化建设的角度来看，这也是正确的。在日趋不受约束的跨国贸易、资本、信息和劳动力流动中，中国所获得的利益比任何一个经济体都要多。但是如今，顺风很可能将变成逆风。对于中国来说，全球化这把双刃剑既是最大的机遇，也是最大的挑战。中国需要抓住这次机会，并且把注意力加倍地集中在改革上，尤其是在那些能为需求已久的消费导向型增长提供支持的改革上。外向型的中国经济现在又一次到了把握时机的关头。中国将面对眼前的全球挑战，从而应对世界商业周期中的下行阶段。③ 约瑟夫·斯蒂格利茨认为，在中国经济取得成功之后，我们还看到一些新的挑战。首先是中国社会不断增长的不平等的问题；第二个挑战，是全球经济放缓的背景之下，面临着不断增长的全球保护主义的危险；第三个主要挑战，就是环境方面的压力。④ 还有学者认为，中国的成就是公认的。然而与毫无疑义的成就一样，不能不注意到中国在发展过程中，在解决刻不容缓的经济发展问题和提高人民生活水平的同时，也产生了一系列新的重大矛盾、挑战和困难。首先是在社会政治、经济和文化发展中出现的重大矛盾。最近几年社会问题尤其尖锐，出现了六个方面的脱节：失业现象在增长、城市和农村发展不平

---

① 李捷：《中国特色社会主义与当代中国发展道路》，《毛泽东邓小平理论研究》2009年第2期。
② 徐艳玲：《全球化与中国特色社会主义》，《学习论坛》2011年第6期。
③ ［美］史蒂芬·罗奇：《中国的全球挑战》，《中国发展观察》2008年第4期。
④ ［美］约瑟夫·斯蒂格利茨：《中国需要新的改革》，《中国发展观察》2008年第4期。

衡、东西部地区发展不协调、社会和财富两极分化、全国性社会保障、医疗保健和教育系统的建立等重大问题。在具体经济发展上,问题体现得越来越明显。近十年来,中国粗放型的和赶超型的经济增长模式,有赖于两个因素:第一,为了最大限度地增加出口,大量地利用了极其廉价的劳动力、廉价或无偿的自然资源;第二,为了增加出口商品的生产、获得现代化技术和积累货币财富,千方百计地吸引外国资本。但是,富有活力的国家在现代化和全球化的进程中,需要的是技术熟练的而非廉价的劳动力。[①]总之,中国的成就是划时代的、杰出的,但是改革的代价也是巨大的。

  国外学者站在不同国度的分析无疑对我们能正确看待经济全球化给中国带来的机遇和挑战打开了视野。国内学者进而指出,"9·11"事件给21世纪初的世界格局和国际形势的深刻变化带来一系列新的契机,同时也为我国建设中国特色社会主义提供难得的历史性机遇。在未来的世界格局中,我国如能像第一、二次世界大战中的瑞士一样,相对处于中立国的立场,成为烽烟四起中的"世外桃源",中华民族的振兴与发展会有一个从未有过的极其良好的外部环境。[②] 提出这一观点的学者将当今中国在全球化背景下面临的国际机遇概括为八个方面:一是和平与发展仍然是当今时代的主题;二是世界多极化和经济全球化趋势继续发展;三是科技革命迅猛发展;四是美国称霸全球的"雄心"遇到难以逾越的障碍;五是美国经济潜伏着严重的危机;六是世界社会主义思潮已开始有所复兴;七是世界上的矛盾多得很、大得很,可利用的矛盾也多得很。八是美国等西方强国有求于我的方面不少。中国面对的国际挑战主要有:一是以美国为首的西方国家西化、分化我国的战略企图决不会改变;二是加入WTO后对我国的挑战;三是捍卫国家主权和领土完整问题;四是近年来我国面临着输入型恐怖势力的威胁。[③]

  国内学者试图从马克思东方社会理论中寻求应对经济全球化对策的思想资源。认为,马克思东方社会理论的精华是其晚年提出的跨越资本主义"卡夫丁峡谷"的设想,其目的是想使东方社会可以通过非资本主义的方式来实现现代化。对中国而言,社会主义制度已经建立,已实现社会形态

---

  ① [俄] М. Л. 季塔连科:《前进中的中国——纪念新中国成立60周年及展望21世纪中国发展前景》,《中国社会科学》,2009年第5期。
  ② 李慎明:《全球化背景下的中国国际战略》,人民出版社2011年版,第17—20页。
  ③ 李慎明:《全球化背景下的中国大党建》,人民出版社2010年版,第102—108页。

的跨越式发展，因此我们当前所面临的问题是生产力的跨越式发展。生产力的跨越式发展必须是开放的，当今经济全球化的浪潮为后发国家和地区生产力的跨越式发展提供了巨大的可能性。当前我国生产力的跨越式发展集中体现在从传统社会向信息社会的转型，要完成这一转变必须注意其双重性、过渡性、赶超性、开放性等特点。跨越式发展要求抓住全球化所提供的新技术和新发明广泛传播的历史机遇，因此后发国家只有提高对外交往能力，积极吸收人类文明的成果，才能实现跨越发展。我们在实施传统社会向信息社会的跨越发展战略时，必须把对外开放摆在非常突出的地位，我国历史上的"盛唐气象"告诉我们，只有海纳百川地虚心学习别人的优秀成果，才能创造辉煌。① 对于经济全球化带来的政治方面的挑战与应对，有学者指出，由于经济全球化在国民国家之外产生了各种新的权力结构与过程，国家权力的范围及其行使空间受到了明显限制，并且出现了"民主赤字"以及政治权力结构向上和向下转移等现象。但是，由于国民国家是现代社会唯一一种能够对其成员拥有合法强制力的政治组织，因而它在经济全球化过程中仍然必须发挥不可替代的作用。因此，国家不能单纯地强化或者削弱其权力，而必须根据全球化带来的新变化，对自身的权力结构与过程进行灵活的调整，以应对来自各方面的挑战。② 对于文化全球化带来的挑战与应对，有学者认为，在全球化过程中，文化全球化实际上是一个双向的过程。当全球问题日益凸显，原有的国际规则和国际体系形式已经难以适应治理的需求时，我们迫切需要对旧有的规则和体系进行改造以适应新的形势。在这种改造过程中，我们应当抓住机遇，充分发挥文化全球化中本土文化对全球文化的建构作用，使中国传统文化中的"和而不同"理念能为新的全球治理机制和规则接纳，为治理全球化提供一种有益的指导作用。③

三 国内外关于中国模式的研究

学术界对于中国模式、中国道路和中国经验的研究在不断推进，实际

---

① 王培暄：《全球化视野中的东方社会理论》，《南开学报》（哲学社会科学版）2010 年第 4 期。
② 唐士其：《经济全球化的政治影响》，《当代世界与社会主义》2006 年第 2 期。
③ 蔡拓：《建构主义视角下的文化全球化——兼论中国传统文化的作用》，《南开学报》（哲学社会科学版）2009 年第 6 期。

上,"模式"、"道路"、"经验"虽提法不同,但都是中国特色社会主义的实践形式,与"中国道路"密切相连,也是"中国道路"研究的内容。很多时候"模式"也是"道路"进程的一种静态的反映,但主张提"道路"为宜,不必急于定性中国模式。

对于中国模式意义的讨论,有学者指出,中国模式的崛起可以说是21世纪国际发展的一件大事。同时,中国模式是中国改革开放政策的产物。因为改革开放包括对内改革和对外开放这两个互相依存的方面,讨论中国模式就应把改革开放置于中国和国际发展这两个维度中去探讨其意义。中国模式不仅属于中国历史,也属于世界历史。[①] 由于种种原因,中国的崛起在西方总是很有争议的。许多西方的中国问题专家自信地对中国做了许多悲观的预测。但事实证明,中国并没有像他们所说的那样崩溃了,而"中国崩溃论"却崩溃了。有学者提出用"中国模式"来解释中国的显而易见的总体成功,并将中国模式概括为八个方面的特点(即实践理性、强势政府、稳定优先、民生为大、渐进改革、顺序差异、混合经济、对外开放)以及八大理念(即实事求是、民生为大、整体思维、政府是必要的善、良政善治、得民心者得天下与选贤任能、兼收并蓄与推陈出新、和谐中道与和而不同)。[②] 如果说中国模式对于发展中国家来说更多的是发展经验问题,那么对西方国家尤其是对美国来说则更多是一种价值问题。对很多西方人来说,中国模式就是对西方价值的挑战和竞争。有西方学者就认为,中国的崛起已经让美国人惴惴不安,而把中国的崛起上升为一种理论更让很多美国人忧心忡忡。从"中国军事威胁论"到"中国经济威胁论"再到"中国政治不确定论",等等,循环反复,从未间断过。当然,跟随着各种威胁论的是各种应对中国的策论,"围堵"、"遏制"、"抗衡"、"对冲"和"接触"等,不一而足。当他们意识到中国的崛起不可遏制和围堵,意识到中国事实上已经崛起的时候,西方又抛出了"大国责任论"和"利益相关者"论,等等。[③] 可见,无论是"中国崩溃论"还是"中国威

[①] 郑永年:《国际发展格局中的中国模式》,《中国社会科学》2009年第5期。
[②] 参见张维为《一个奇迹的剖析:中国模式及其意义》,《前进论坛》2011年第5期。
[③] 对20世纪90年代盛行于西方的各种"中国威胁论"的讨论,见 Zheng Yongnian, *Discovering Chinese Nationalism in China*: *Modernization, Identity and International Relations*, New York and Cambridge: Cambridge University Press, 1999。另一方面,也有很多人预测中国的解体,例如 Gordon G. Chang, *The Coming Collapse of China*, New York: Random House, 2001。

胁论",无论是善意的赞扬还是恶意的贬低,所依据的因素大都与中国发展道路的基本理念有关。即使在西方,那些对美国和西方模式不再感兴趣的西方人也开始看重中国模式。前些年所谓的要以"北京共识"取代"华盛顿共识"的讨论起源于西方而非中国。① "北京共识"提出的一个重要意义在于它同中国发展模式联系在了一起。因此,雷默提出"北京共识"无论是不是一个陷阱,都为国内外深入研究中国模式创造了一个契机。

基于全球化的视角,对于"北京共识"与"中国模式"的关系问题,有学者指出,应该说中国模式同雷默所说"北京共识",并不是同一回事情。雷默对中国模式的概括,虽然含有若干合乎实际之处,特别是由此拉开了世界各地对中国模式高度关注的序幕,引发了世界各大主流媒体展开对中国模式的广泛讨论;但他把中国模式概括为与"华盛顿共识"相对立意义上的"北京共识",却与中国模式的本意和宗旨背道而驰,因为中国模式只着重于总结自身的经验,阐释中国是如何在改革开放中取得成功的,而并不把自己看成就是与其他国家一道的"共识",更不把自己看作是像"华盛顿共识"那样要往外推销的东西,而只是认为可供它国借鉴和参考罢了。② 国外学者提出,必须区分"中国模式"和"北京共识"这两个概念。在第一个层面,两者都意在总结中国发展经验,但一旦置于国际政治的背景中,两者的意义就具有本质上的不同。"中国模式"只是着重于总结中国本身的经验,意在解释中国是如何取得改革开放的成功的。"北京共识"则不同,它更进一步,不仅是对中国经验的总结,而且带有浓重的向其他国家推销中国经验的味道。总结中国本身发展的经验无可厚非,也很重要,但如果把中国的经验上升为"北京共识",甚至像"华盛顿共识"那样向外推广,那就大错特错了,这将是霸道的开始。实际上,中国发展的最主要经验就是实事求是,不接受任何所谓"共识",也不根据各种所谓的"共识"来指导自身的改革。在国际政治舞台上,中国领导层现在所强调的是"和而不同",追求各国发展经验的多元性。中国现在所面临的并非把现有的经验上升为"北京共识",而是如何发展和完善

---

① 最早把"华盛顿共识"和"北京共识"相对的讨论见 Joshua Cooper Ramo, *The Beijing Consensus*, London: The Foreign Policy Centre, 2004。作者认为"北京共识"可以取代"华盛顿共识"。之后,在中国有很多讨论,例如黄平、崔之元主编《中国与全球化:华盛顿共识还是北京共识》,社会科学文献出版社 2005 年版。

② 徐崇温:《关于如何理解中国模式的若干问题》,《马克思主义研究》2010 年第 2 期。

"中国模式",使这个模式能够可持续。① 国内学者针对这一观点,发表了自己的看法,这种对于推广"北京共识"可能产生霸道的担忧是不难理解的,但它是建立在对"中国模式"的绝对特殊化假定基础之上的,它意味着在中国发生的事情只属于中国。然而,在一个日益全球化的世界,这种假定的合理性本身恰恰是最值得怀疑的。全球化已经使这个世界上每一个国家所发生的事情都必然影响到其他国家,虽然影响的程度有大小之别。正如人们所认识到的:一方面,中国的发展离不开世界;另一方面,中国的发展也必然会影响世界。② 雷默在他的《北京共识》报告的第三部分,明确提出了"具有中国特色的全球化"概念,其核心观点是:中国竭力希望"控制和管理自己在全球化世界的未来"。③ 他注意到,20世纪后期以来,人们对全球化进程普遍感到担忧,在全球化的同时本土化也在加强,全球化和本土化概括了世界和中国复杂的当代关系,而"北京共识"正是在这个过程中诞生的。有学者试图从根本上给"中国模式"一个合理的说法,以此来纠正国外对于"中国模式"的不成熟的见解,并划清"中国模式"与"北京共识"的界限,其观点是,"中国模式"实质上就是中国作为一个发展中国家,在全球化背景下实现现代化的一种战略选择,它是中国在改革开放过程中逐渐发展起来的一整套应对全球化挑战的发展战略。从20世纪80年代开始,中国就提出建设"具有中国特色的社会主义现代化"的目标。"中国特色的社会主义现代化",就是中国在全球化背景下实现国家现代化的一种战略选择。④ 正如一个人只能走自己的路一样,一个国家也只能走一条适合自己的道路,中国没有照搬别国的路,而是走了一条属于自己的独特的道路。

对于全球化与中国模式的关联,有学者认为,以全球视野考察中国模式,既要反对抽象的普遍主义立场,也要反对抽象的特殊主义立场,坚持

---

① 《中国须慎言"北京共识"》,《参考消息》2008年2月22日。
② 杨学功:《全球化与"中国模式"——兼谈雷默的"北京共识"》,《学术界》2010年第1期。
③ [美]雷默:《北京共识》,《中国与全球化:华盛顿共识还是北京共识》,社会科学文献出版社2005年版,第32页。
④ 杨学功:《全球化与"中国模式"——兼谈雷默的"北京共识"》,《学术界》2010年第1期。

具体普遍论，主张普遍与特殊具体的历史的统一。① 正如有学者指出的，任何一种具有活力、具有生命力、具有生长空间的发展模式，都一方面包含着特定地域特定国度所特有的文化、传统、环境、资源、人口等国情条件所形成的特质和特色；另一方面包含着在应对发展难题、应答人类生存和社会进步问题、解决社会组织和制度安排等方面所形成的具有普遍性的文化价值和意义。② 许多学者都认识到，"模式"这个概念固然首先意味着是一种特殊性，但并不排斥其中所蕴含的普遍性。换言之，如果存在"中国模式"，那么它应该蕴含有对于人类社会进步与全球发展的普遍性的价值和意义。中国模式不仅对中国未来的发展具有深远意义，而且对世界的发展尤其是对发展中国家的发展也具有借鉴意义。张维为教授以自己亲历一百多个国家的经历，结合对中国现实的考察，分析到：在一个人口比美国、日本、俄罗斯、整个欧洲之和还要多的国家，进行了一场翻天覆地的工业革命、技术革命、社会革命，没有走西方殖民主义和帝国主义侵略和扩张的老路，在自己内部消化所有伴随现代化而来的各种错综复杂的问题，整个社会保持了基本稳定，并使中国成为带动世界经济增长的重要力量。中国究竟怎么做到这一切的？全世界都想知道。西方一些有识之士也开始反思，为什么西方自己的模式在发展中国家收效甚微，而中国没有采用西方的模式却能够如此迅速地崛起。实际上，中国的发展模式远非十全十美。恰恰相反，中国模式有不少缺点，甚至还衍生出不少棘手的问题，需要我们认真处理。但与西方主导的发展模式相比，中国模式还真是不错。③ 这一论断凸显了中国模式与西方模式的比较意义。站在人类世界历史、全球化的高度观察"中国模式"，不难发现，中国模式的未来与社会主义的命运休戚相关。苏联解体、东欧剧变之后，"历史终结论"甚嚣尘上。正如弗雷德里克·詹姆逊极具洞察力地论及的那样，再也没有人严肃认真地考虑可能用什么来取代资本主义了，就好像即使在全球性生态灾难的境况下，自由资本主义也仍然是一个注定存在下去的"实在"。④

---

① 《中国特色研究范式：内涵、特征与实质——李景源访谈》，《中国社会科学院院报》2008年5月8日。
② 《"中国模式"的理论诉求——衣俊卿教授专访》，《中国社会科学报》2009年7月31日。
③ 张维为：《关于中国发展模式的思考》，《学习月刊》2008年第1期。
④ [斯洛文尼亚] 斯拉沃热·齐泽克等：《图绘意识形态》，方杰译，南京大学出版社2002年版，第1页。

对于中国模式的完善,有学者指出,中国模式是一种发展中的模式,是世界经验和中国本身经验的累积。中国模式的进步对中国和世界同样重要。在席卷全球化的金融危机中,中国社会主义市场经济模式虽然显现了其优势,但也表现出一些弱势。不管怎样,中国模式仍然处于发展过程之中。如果能够从本国和国际以往的经验中学到足够的教训,那么非常有利于这个模式的发展。在社会改革成为主体改革的今天,中国模式的改进关键在于通过社会改革而确立社会制度。[①] 这一观点旨在强调社会改革的重要性。因为一套良好的基本社会制度都是保障其市场运行和社会稳定的制度基础。从这个角度来说,中国的政治改革也在产生其动力机制,因为只有通过有效的政治改革,这些社会制度才能建立起来。还有学者提出,正确认识和处理发展生产力与巩固和完善社会主义的关系应该是完善中国模式的理论主轴,他为此提出了"两个不能动摇":"从根本上说,发展和完善社会主义制度最终要靠生产力和科学技术的巨大发展,这一点是不能动摇的。而只有不断发展和完善社会主义制度才能在越来越大的程度上避免或消除发达国家工业化和现代化过程中所出现的普遍异化,这一点也是不能动摇的。"[②] 就此而言,在全球化背景下探索完善中国模式的未来征程中,没有什么课题比社会主义与市场经济的结合更为重要了。

另有学者提出了从概念和分析工具方面建构"中国模式"的理论框架。现代中国处在古今(传统与现代)东西(东西方文明)矛盾的交叉点上,原本存在着时空差距的问题同时出现在当下的中国。因而,对中国问题的研究必须考虑综合性的和历史性的因素,任何单一的或纯粹的理论范式都不可能是普遍适用的。从事社会学研究的中国学者黄平曾感叹道:一旦真把这个"中国特色"总结出来,用自己的概念、理论真正把它说清楚,就是了不起的学问了。那就很可能不是简单说中国这不行、那不行,也许恰恰相反:这里发生很多鲜活的经验、独特的做法,和不同类型的发展可能性。当然不只是中国的经验,印度、非洲等都会遇到源自西欧、北美的理论的解释力度或合理性的问题。[③] 很显然,这是在对西方理论的普适性表示质疑的同时,提出了中国哲学社会科学研究必须通过切入中国问

[①] 郑永年:《国际发展格局中的中国模式》,《中国社会科学》2009年第5期。
[②] 王绍光:《大转型:1980年代以来中国的双向运动》,《中国社会科学》2008年第1期。
[③] 黄平:《"北京共识"还是"中国经验"》,《中国与全球化:华盛顿共识还是北京共识》,社会科学文献出版社2005年版,第22页。

题来实现理论创新的要求。事实上，虽然中国学者对"中国模式"和"北京共识"的反应保持了相当低调的姿态，但随着中国发展道路日益引起国际社会的重视，如何从理论上真正说清楚"中国特色"的内涵所在，已经对哲学社会科学研究提出了新的要求。从概念和分析工具等方面建立起足以充分阐释"中国模式"的理论框架，是一条中国社会科学摆脱对西方话语的简单移植，从而取得真正有原创性成果的道路。① 这种原创性的研究对于提升中国学术的国际地位无疑具有重大的历史意义。

四 国内外关于中国道路的世界意义与未来的研究

新中国成立60多年来，中国走过了不平凡的路程，特别是改革开放30多年，这一复杂的具有历史独创性的社会变迁，不仅深刻地改变了中国社会的面貌，而且深刻地影响了世界，构成世界历史发展中的重要内容。中国特色社会主义道路不仅仅是一个国家意义上的道路，而是构成整个人类社会追求探索发展道路的一个重要内容。中国特色社会主义道路的世界意义因此得以凸显。

有学者指出，对中国在西方规则处于强势地位的时候，能够坚持自己的道路，使世界上出现了非西方的发展成功经验，本身就是一种世界性的胜利，能将西方发达的经验融入社会主义发展的框架之中更是对人类文明的贡献。② 另有学者指出，从党的十一届三中全会开始，中国共产党领导我国人民开辟了中国特色社会主义道路。这是继毛泽东领导中国人民把半殖民地半封建的旧中国变为社会主义新中国的伟大革命之后，把中国由不发达的社会主义国家变成富强民主文明和谐的社会主义现代化国家的又一场伟大革命，是马克思主义中国化发展历程中的又一次历史性飞跃，具有世界意义。首先，中国特色社会主义的和平发展道路，是人类追求文明进步的一条新路。其次，中国特色社会主义道路在发展经济、摆脱贫困上，给第三世界指出了奋斗方向。最后，中国特色社会主义道路将向人类表明：社会主义是必由之路、社会主义优于资本主义。③ 进而有学者指出，中国特色社会主义道路，为社会主义国家巩固、建设和发展社会主义提供

---

① 杨学功：《全球化与"中国模式"——兼谈雷默的"北京共识"》，《学术界》2010年第1期。
② 周弘：《全球化背景下"中国道路"的世界意义》，《中国社会科学》2009年第5期。
③ 徐崇温：《中国特色社会主义道路的世界意义》，《红旗文稿》2009年第15期。

了成功的范例,对发展中国家摆脱贫困、加快发展也产生着积极的影响,发挥着榜样效应,同时也为整个世界提供了新的发展经验和建设理念。[①]因此,2014年4月1日国家主席习近平在比利时布鲁日欧洲学院发表重要演讲时指出:"随着中国改革不断推进,中国必将继续发生深刻变化。同时,我也相信,中国全面深化改革,不仅将为中国现代化建设提供强大推动力量,而且将为世界带来新的发展机遇。"[②]

国内学者认为,就和平发展的国际战略来说,中国坚持走和平发展道路,既是由中国坚持社会主义制度的国情所决定的,也是由和平与发展成为时代主题,科技进步日新月异,世界多极化和经济全球化在向前发展等世情所促成的。[③] 还有学者认为,中国的发展道路必然是和平主义性质的,这种和平主义虽然与中国的文化传统有着密切的联系,但本质上是由中国近代以来的历史性实践为其制定方向的。由于这条道路不可能依循现代资本主义的基本建制来为自己取得全部规定,所以它在批判地澄清现代冲突与战争之主要根源的同时,为中国和平主义传统的复活与重建提供了现实的可能性。中国发展的和平主义道路将具有这样一种世界历史意义:它把不以扩张主义为出发点也不以霸权主义为必然归宿的发展前景启示给人类向着未来的历史筹划。[④] 对于这一问题,国外学者认为,当代中国已经达到了这样的水平和发展进程,即停止改革和现代化过程是不可能的——它已经具有了不可逆的特点。在坎坷不平的道路上,中国必将继续前进的脚步。"科学发展观"把注意力转向人,说明了在国家经济建设中人的因素的增长,回答了国际上对中国破坏人权的指责。"科学发展观"命题,就是关于解决改革开放政策中出现的问题的综合、系统的理论,是马克思主义中国化的新阶段。中国在世界上的威望和国际地位的不断提高,主要来自于中国自身的和平发展,国家有能力凭借"软实力"完成宏伟的任务。特别重要的是,这个政策的重点是中国将致力于"共同发展"和"共同繁

[①] 秦刚:《中国特色社会主义道路的创新性及其国际意义》,《当代世界与社会主义》2008年第4期。
[②] 《习近平在欧洲学院发表重要演讲》,人民网,2014年4月2日。
[③] 徐崇温:《中国特色社会主义理论体系研究》,重庆出版社2011年版,第616页。
[④] 吴晓明:《论中国的和平主义发展道路及其世界历史意义》,《中国社会科学》2009年第5期。

荣",这会在世界的发展中产生深远的影响。①

由此,有学者提出,对中国道路价值和意义的讨论,应该置于世界社会主义运动的视野之中。只有上升到这一高度,才能更充分体会中国道路对于人类进步事业的重大意义,才能更全面检视完善中国模式所需要面对的一系列重大问题。中国道路的探索和完善的过程,应该是一次高扬社会主义的理想性和价值性之旅。社会主义不仅具有导向性的功能,而且赋予我们以超越资本的精神力量和勇气。正如有学者所认为的,历史经验告诉我们,建设社会主义最重要的不是有没有详尽的蓝图,而是有没有认清社会主义方向的视野,有没有不相信历史已经终结的睿智,有没有不折不挠地迈向社会主义未来的勇气,有没有不断探索实现社会主义理想新途径的胆略。② 只要坚持社会主义的方向,未来的道路就一定会越走越宽广。

对于全球化背景下中国特色社会主义道路的未来,美国学者约翰·奈斯比特,站在全球的高度,精辟地提出了中国新社会的八大支柱理论,并由此总结出中国发展的大趋势——中国在创造一个崭新的社会、经济、政治体制,它的新型经济模式已经把中国提升到了世界经济的领导地位;而它的政治模式也许可以证明资本主义这一所谓的"历史的终结"只不过是人类历史道路的一个阶段而已。至于中国未来的道路将如何继续,领导权仍然掌握在政府和中国共产党手中。中国政治体系的成熟在于塑造出一个基于中国价值观和中国人需要的纵向民主体系。③ 早在20世纪末国内就有学者指出,建设有中国特色的社会主义的未来探索重点在两个方面:其一,建立社会主义市场经济和与之相应的法治社会;其二,重建中国文化。通过这两个方面的建设,中国社会将获得一种自我批判、自我更新的能力,以一种具有鲜明个性特征和充满生机活力的形象,进入当今人类文明发展的大道。④ 论者认为这一对中国特色社会主义道路未来探索的论断,在今天仍然可以发挥它的作用。

改革开放以来,中国是一个"学习型国家"。这里的"学习"至少有

---

① [俄] М. Л. 季塔连科:《前进中的中国——纪念新中国成立60周年及展望21世纪中国发展前景》,《中国社会科学》2009年第5期。
② 王绍光:《坚守方向,探索道路:中国社会主义实践六十年》,《中国社会科学》2009年第5期。
③ [美] 约翰·奈斯比特:《中国大趋势》,中华工商联合出版社2010年版,第216页。
④ 何萍:《全球化与中国未来》,《江海学刊》1999年第5期。

两方面的意义。一方面,指的是中国向世界各国学习。另一方面,"学习"也指中国向自己的经验学习。中国向各国学习,这里有积极的经验,也有负面的教训。因此,有学者认为,不管怎样,中国特色社会主义道路仍然处于发展过程之中。如果能够从本国和国际以往的经验中学到足够的教训,那么非常有利于这条道路的发展。目前最大的问题在于,中国的政治经济体制还存在诸多问题。金融危机的确为进行社会改革和建立社会制度提供了好机会,中国迫切需要在危机中继续寻求新的力量的生长点。努力的方向和重中之重应当是中国的政治改革。① 针对以上观点,另有学者持乐观态度,认为:即使在不那么完善的制度下,在所谓"政治改革滞后"的情况下,我们都可以与任何一个采用西方模式的非西方国家竞争而胜出,并使整个西方受到了强烈的震动,下一步的改革当然不是像戈尔巴乔夫那样否定自己的制度,而是要首先肯定我们成功的制度因素,然后在这个基础上集思广益,不断改进和完善我们的制度,最终实现对西方模式的全面超越,就像今天上海超越纽约那样。②

综合学者们的观点,全球化背景下中国特色社会主义道路未来探索有两个方面是必须毫不动摇的:一是坚持社会主义,二是坚持马克思主义同中国具体实际的结合。顺应时代发展潮流,拓展世界眼光,在吸取和借鉴当代人类创造的文明成果的基础上,建设对资本主义具有优越性的社会主义。③ 无论是建立社会主义市场经济和与之相应的法治社会、重建中国文化,还是探寻中国民主政治制度改革的道路,需要秉持两个基本原则,一是坚持继承与改革的统一。二是坚持普遍性与特殊性的统一。正如胡锦涛同志明确指出的,世界上没有放之四海而皆准的发展道路和发展模式,也没有一成不变的发展道路和发展模式。我们既不能把书本上的个别论断当作束缚自己思想和手脚的教条,也不能把实践中已见成效的东西看成完美无缺的模式,④ 必须适应国内外形势的新变化、顺应人民过上更好生活的新期待,结合自身实际、结合时代条件变化不断探索和完善适合本国情况的发展道路。

---

① 郑永年:《国际发展格局中的中国模式》,《中国社会科学》2009 年第 5 期。
② 张维为:《中国模式——一个"文明型"国家的崛起》,上海人民出版社 2011 年版。
③ 徐崇温:《中国特色社会主义道路的世界意义》,《红旗文稿》2009 年第 15 期。
④ 胡锦涛:《在纪念党的十一届三中全会召开 30 周年大会上的讲话》单行本,人民出版社 2008 年版。

应该看到,学术界对于"全球化与中国特色社会主义道路"问题的讨论成果颇丰,从不同视角、不同维度都有对这一课题研究的不断推进。总体而论,大多从改革开放 30 多年来的世界与中国的横向对比中作文章;而对人类世界历史以及中国近现代历史进程的纵向研究比较少,应该说还是十分欠缺。论者十分赞同这一观点:"我们在研究中国特色社会主义道路时,应该把 1978 年以来发生的历史性变动,与 1956 年、1954 年、1949 年所进行的探索联系起来,做全面的考察。"[①] 同时,站在世界历史的高度审视全球化进程中的中国发展道路,还应该追溯到中国近代以来被动接受全球化的历史中去,而不仅仅只是在改革开放 30 多年中作文章。对于全球化视野下中国特色社会主义道路的认识,应该联系和追溯到历史和人民选择中国共产党、选择马克思主义、选择社会主义道路、选择改革开放的历史必然性;只有这样才能全面、深刻认识中国社会主义发展道路,从而丰富和拓展全球化与中国特色社会主义道路的研究内容。

(作者单位:武汉理工大学)

[①] 李君如:《我对"中国道路"的几点看法》,《北京日报》2009 年 11 月 16 日第 17 版。

中国共产党理想人格的时代要求[*]
——深入领会习近平系列重要讲话的思想精髓与精神品格

奚洁人

人类在实践中不断地认识世界、改造世界的同时，也不断地认识自我和改造自我，通过化理想为现实，既创造了有真、善、美价值的文化，改变了现实世界，同时也发展和完善了自我，培养了以真、善、美统一为理想的自由而自觉的人格。人格，也是人们在社会适应中形成的相对稳定的思想、情感、意志和行为风格等心理品格。所以，理想人格既是知、情、意、行的统一，又是真、善、美的统一。政党，既是政治共同体，也是一个文化共同体，其成员所共同追求和拥有的信仰与信念、价值观、情感倾向、行为方式和社会形象，就是一定政党的集体人格、理想人格，是该政党党性的集中表现，也是社会识别该政党的重要标志。马克思主义认为，共产主义的人格理想与社会理想是统一的，同时又是具体的历史的。因此，一方面，共产党作为工人阶级的先进政党，具有自己不同于其他阶级和政党的理想人格，其最高境界就是未来共产主义社会中的人的自由而全面发展的人。另一方面，在不同的历史阶段，面对不同的环境和任务，具有共同而又不完全相同的具体内涵和历史要求。中国共产党根据党的性质、宗旨和历史使命，以及党在不同历史时期具体的历史条件和斗争环境，曾经提出的许多对共产党员的要求，其实都是该时代党的理想人格的重要内涵。例如，在革命时期，我们党曾经要求我们的共产党员，既要有

---

[*] 本文为作者在由全国中国特色社会主义理论研究会召开的首届中国特色社会主义论坛上的发言。

远大的共产主义理想，又要有为新民主主义革命胜利而奋斗的现阶段理想。共产党员应该是实事求是的模范，具有远见卓识的模范，最富于牺牲精神，最坚定，而又最能虚心体会情况，依靠群众多数，得到群众的拥护；应该襟怀坦白，忠诚，积极，以革命利益为第一生命；等等。改革开放以来，我们党又提出过许多与新的历史时期环境和任务相适应的对共产党员的政治要求。如，坚持共产主义远大理想与社会主义共同理想的统一，要有解放思想、开拓创新精神和世界眼光、战略思维等素质和品格等，体现了新时期党的理想人格的时代特点和历史内涵。

党的十八大以来，习总书记发表了一系列重要讲话，提出了富有创造性的新思想新观点新论断新要求，深刻地回答了在新形势下党和国家事业发展面临的一系列重大理论和现实问题。讲话高瞻远瞩，内涵丰富，思想深邃，"贯穿着坚定信仰追求、历史担当意识、真挚为民情怀、务实思想作风和科学思想方法的精神品格"，"是新一届党中央领导集体执政理念、工作思路和信念意志的集中反映，是坚持和发展中国特色社会主义的最新理论成果"[1]，也是中国共产党人理想人格和品质修养的时代要求。概括地说，就是坚定自信、担当勇毅、务实亲民、开明睿智的精神品格。

坚定自信，就是当代中国共产党人对中国特色社会主义的信仰忠诚和理论自觉，是党的理想人格的政治灵魂和精神之"钙"。

"自信心"是一种健康的个体或群体的心理品格。中国特色社会主义的"三个自信"，即道路自信、理论自信、制度自信，是当代中国共产党人对于我们自己所选择、开辟、创立和追求的道路、理论、制度和梦想的自信和坚定。它包含着并已超越了个体的心理品格，是当代中国共产党人的党性、党的集体人格的集中体现，我们对"三个自信"的认识和坚守，是以信仰忠诚和理论自觉为基础和特征的。习总书记强调，"我们说的道路自信、理论自信、制度自信，来源于实践、来源于人民、来源于真理。"[2] 说来源于实践，是因为这条道路来之不易，经历了漫长的历史实践过程。"它是在改革开放30多年的伟大实践中走出来的，是在中华人民共和国成立60多年的持续探索中走出来的，是在对近代以来170多年中华民族发展历程的深刻总结中走出来的，是在对中华民族五千多年悠久文明

---

[1] 《习近平总书记系列重要讲话读本》，学习出版社、人民出版社2014年版，第2页。
[2] 习近平在政治局第七次集体学习时的讲话。

的传承中走出来的,具有深厚的历史渊源和广泛的现实基础。"① 说来源于人民,是因为 90 多年来,我们党始终紧紧依靠人民,才从根本上改变了中国人民和中华民族的前途命运,找到了一条适合中国国情的正确发展道路;是因为始终保持同人民群众的血肉联系,真诚地反映人民群众的意愿,也得到了人民的真诚认同、支持和拥护。说来源于真理,是因为"中国特色社会主义,是科学社会主义理论逻辑和中国社会发展历史逻辑的辩证统一"②。就是说,中国特色社会主义既坚持了科学社会主义作为普遍真理必须与各国实际相结合的理论逻辑,又顺应了资本主义道路在中国走不通,只有社会主义能救中国的历史事实和社会发展逻辑,把实现共产主义的崇高理想与坚持发展中国特色社会主义的共同理想自觉地结合和统一起来。所以,我们的信仰和忠诚,我们的坚定和自信体现了对科学社会主义的理论自觉,深深扎根于中国大地,具有坚实的实践基础和深厚的群众基础。这就是我们坚定自信强大的精神支柱,是我们走向未来之骨气和底气的精神之"钙"。

当然总书记强调,"我们说坚定制度自信,不是要故步自封,而是要不断革除体制机制弊端,让我们的制度成熟而持久。"③ 因为"我们也清楚地知道,前途是光明的,道路是曲折的。"所以,我们自信、自豪而不自满,我们是清醒而自觉的、富有进取精神的坚定自信。

担当勇毅,就是历史担当意识与改革的胆略智慧,是中国共产党理想人格的政治品质与奋斗精神。

讲话始终充溢和穿透出一种强大的精神气质,具有鲜明的担当勇毅的坚强品格,这就是中国共产党人敢于革命、开拓创新、勇于担当的政治品格与奋斗精神。应该强调,中国共产党人的这种精神气质从源头上说,是由我们党自身的历史任务和艰苦的斗争环境所铸造的,甚至从党成立那天起,她就已经孕育着这种基因,也是党在长期的革命、建设和改革的历史实践中形成和积淀起来的。历史的接力棒传到了今天,不断地开创中国特色社会主义事业发展新局面的政治任务,改革进入攻坚期全面深化改革的历史课题,领导中华民族实现"中国梦"的伟大使命必然要求当代中国共

---

① 习近平在第十二届全国人大一次会议闭幕会上讲话。
② 习近平在新进中央委员会的委员、候补委员学习贯彻十八大精神研讨班开班式上讲话。
③ 习近平在省部级主要领导干部学习贯彻十八届三中全会精神全面深化改革专题研讨班开班式上讲话。

产党人，在新的历史条件下更好地坚守和发扬中国共产党人敢于革命和勇于担当的政治品格与奋斗精神。

  这种政治品格与奋斗精神，首先是一种执政理念，是对民族、对人民、对党的崇高责任与庄严承诺。习近平明确指出："我的执政理念，概括起来说就是：为人民服务，担当起该担当的责任。"① 可以说，这是他个人，也是党的执政理念。这样的理念，有强烈的事业心和责任感，有勇于负责的心理品格和认真负责的行为方式是担当的本质和核心。其次也是一种执政能力，尤其是勇于改革的自觉性和攻坚克难的胆略，是推进全面深化改革的勇气、毅力和智慧。改革是一场深刻的社会革命，现在又进入深水区和攻坚期，因此，当代中国共产党人的担当精神十分重要的是体现在对待全面深化改革开放的责任、胆识和智慧上。所谓改革开放的胆识和智慧，一是对改革开放的远见卓识和当前形势、问题的科学判断。强调，"改革开放是我们党的历史上一次伟大觉醒"，"改革是由问题倒逼而产生，又在不断解决问题中而深化"，改革需要牢固树立进取意识、机遇意识和责任意识，以抢占未来发展制高点。改革更是"是决定当代中国命运的关键一招，也是决定实现'两个一百年'奋斗目标、实现中华民族伟大复兴的关键一招"；二是准确把握全面深化改革开放的理念创新和战略部署的能力和魄力。强调，"全面深化改革必须以理论创新为先导"②，把全面深化改革的总目标定位于完善和发展中国特色社会主义制度，推进国家治理体系和治理能力现代化。强调改革是全面的系统的整体性改革，但又突出重点，把经济体制改革作为重点，把"使市场在资源配置中发挥决定性作用和更好发挥政府作用"统一起来；三是为推进全面深化改革开放凝聚思想共识和破解难题的勇气智慧和领导艺术。强调"全党要坚定改革信心，以更大的政治勇气和智慧、更有力的措施和办法推进改革"③。坚持解放思想与凝聚共识相一致，努力寻找"最大公约数"，最大限度凝聚改革共识，形成改革合力。这种政治品格与奋斗精神，体现了我们党自我完善、永葆青春的政治机制和精神涵养。习总书记首次与中外媒体记者见面，就以"打铁还需自身硬"这一掷地有声的话语，向世界表明了中国共产党"坚

---

  ① 习近平在接受俄罗斯电视台专访时讲话，《人民日报》2014年2月9日。
  ② 习近平关于《中共中央关于全面深化改革若干重大问题的决定》的说明，《人民日报》2013年11月15日。
  ③ 同上。

持党要管党、从严治党"的方针,并以"自我净化、自我完善、自我革新、自我提高"的"四自"精神加强自身建设,永葆党的先进性和纯洁性,并不断提高执政能力的坚强决心和坚守理想信念,不断强筋壮骨的精神品格。

务实亲民,就是坚持实事求是与群众路线,是中国共产党理想人格的思想精髓和政治情怀。

实事求是和群众路线是党的优良传统和作风,是毛泽东思想活的灵魂的基本组成方面,也是中国特色社会主义理论的灵魂与精髓。习近平强调,"群众路线是我们党的根本工作路线,它同党的实事求是的思想路线是相辅相成、在本质要求上完全统一的"①。两者都"是我们党的基本思想方法、工作方法、领导方法"②。并且身体力行,以自己一系列富有个性的行为方式,向全党和全国人民展示了党的这种集体人格的时代形象。

"务实",作为贯穿讲话的重要思想命题和富有鲜明特色的语言表达,实质上是对实事求是思想路线的坚持、丰富和发展。习总书记首先认为务实是信念、本领、作风和行为方式的统一。他强调,"我们要自觉坚定实事求是的信念、增强实事求是的本领,时时处处把实事求是牢记于心、付之于行"③。这个信念,就是要突出"坚持实事求是,就是坚持一切从实际出发来研究和解决问题"和"不脱离中国基本国情,这一最大的实际"的大原则;这个本领,就是能够按照实事求是的原则解决问题的能力。这个作风,就是"做老实人、说老实话、干老实事,襟怀坦白,公道正派。"④其次,务实就是提倡实干精神。他反复强调"空谈误国,实干兴邦"。要求"各级领导干部要坚持为民务实清廉,切实转变工作作风,做到讲实话、干实事,敢作为、勇担当,言必信、行必果。"⑤ 再次,务实是执行力,也是政绩观。明确令行禁止的执行纪律。提倡锲而不舍的执行理念。他在许多场合都以钉钉子为形象生动的比喻,倡导钉钉子精神和这种锲而不舍执行理念。他说过,"我们要有钉钉子的精神,钉钉子往往不是一锤

---

① 习近平在中共中央政治局第一次集体学习时的讲话,《人民日报》2012年11月18日。
② 习近平在纪念毛泽东同志诞辰120周年座谈会上的讲话,《人民日报》2013年12月27日。
③ 同上。
④ 习近平在参加十二届全国人大二次会议安徽代表团审议时的讲话,《人民日报》2014年3月10日。
⑤ 习近平:《在中央经济工作会议上的讲话》(2012年12月15日)。

子就能钉好的,而是要一锤一锤接着敲,直到把钉子钉实钉牢。"① 提倡"政贵有恒"和"功成不必在我"的正确政绩观。真正做到一张好的蓝图一干到底,不折腾,不反复,切实干出成效来。最后,务实是"踏石留印,抓铁有痕"务见实效的绩效观。强调"抓而不紧,等于不抓;抓而不实,等于白抓"。"要以踏石留印、抓铁有痕的劲头抓下去,善始善终、善作善成。"最后,务实,就是坚持"仗怎么打,兵就怎么练"的一切从实战出发的军事训练理念,是他重要的治军理念之一。推而广之,实战化训练理念也是一种重要的教育理念,人才培养理念,旨在突出人才培养中的现实针对性和教育的实践性原则,其本质就是一切从实际出发的工作理念。

"亲民",就是习近平总书记强调的"亲近群众"②。亲近群众,是贯穿系列讲话"真挚为民情怀"思想精髓和精神品格的本质概括和最好注释,也是习近平同志坚持发展党的群众路线的重要特色。所谓"亲近群众","近",即不脱离群众,不疏远群众,不违背群众意愿,是深入群众,联系群众,贴近群众,服务群众,坚持从群众中来,到群众中去;"亲",就要自觉认清党和群众的血亲关系,始终关心群众利益、群众情绪、群众困难,切实满足群众需要,在实践中不断增强对人民群众间的感情。如果"近",是指在与群众关系上空间的和心理的距离,那么"亲",就是指与群众关系的本质属性及其表方式现。所以,我们对待群众的关系应该有一种建立在血亲关系上特殊情感,即热情、真情、深情及感恩之情。习近平多次强调"首先要对人民群众有真挚感情"③。

我认为习近平总书记的"亲民"思想,一是"为民",就是始终坚持全心全意为人民服务的根本宗旨、执政为民的执政理念和努力为人民谋福祉的领导价值观。他强调,"人民对美好生活的向往,就是我们的奋斗目标"④。"以百姓心为心",要解决好"为了谁,依靠谁、我是谁"这个根本问题。二是"爱民",就是始终坚持群众路线以人为本的核心立场、知

---

① 习近平在党的十八届二中全会上讲话,《党的群众路线教育实践活动学习文件选编》,党建读物出版社 2013 年版,第 94 页。

② 习近平:《论群众路线——重要论述摘编》,中央文献出版社 2013 年版,第 121 页。

③ 习近平:《深入学习中国特色社会主义理论体系 努力掌握马克思主义立场观点方法》,《求是》2010 年第 4 期。

④ 习近平在十八届中央政治局常委同中外记者见面是讲话,《党的群众路线教育实践活动学习文件选编》,党建读物出版社 2013 年版,第 18 页。

行统一的党性修养准则和对人民要极端负责、极端热忱的人格要求。强调"党性和人民性从来都是一致的、统一的"①。"我们共产党人对人民群众的疾苦更要有这样的情怀,要有仁爱之心、关爱之心。"② 要把"爱民"这种正确的价值立场内化于心,外化于行,在知行统一的实践中提升党性修养的境界,还强调要重视领导干部的情商修养。三是"惠民",要始终树立以人民为中心的工作导向、不断提高服务群众的工作本领和坚持让人民得实惠为结果导向的评价标准。要努力做到"民有所盼,我之所向,民有所呼,我有所应;民有所忧,我有所为;民有所恶,我必祛除"。四是"敬民",就是始终保持对人民的敬畏之心,"要心存敬畏、手握戒尺、慎独慎微、勤于自省"③。因为人民是历史创造的主体;因为"任何政党的前途和命运最终都取决于人心向背。'人心就是力量'"。④ 因为我们的权力是人民赋予的,我们的党只是人民的领导工具,我们的领导干部是人民的公仆。

开明睿智,就是当代中国共产党人的眼界胸襟和思维方式,是党的理想人格的政治气度和领导风范。

"眼界要非常宽阔,胸襟要非常宽阔。"邓小平当年认为这是对领导干部"最根本的要求"。⑤ 上海的城市精神原来是"海纳百川,追求卓越",习近平同志任上海市委书记时又加了八个字"开明睿智,大气谦和"。体现了他对此精神品格的欣赏和倡导。眼界胸襟、开明睿智、大气谦和,其实都在强调人的精神品格和思想境界,是对领导干部的政治气派、思想方法和领导智慧的战略要求,也丰富了马克思主义立场、观点和思想方法论的时代内涵。

首先,就是强调唯物辩证的历史观和方法论的统一,体现了当代中国共产党人的历史眼光、政治气度与领导智慧。涉及用什么样的思想武器观察世界,以什么样的胸怀吸纳智慧。习近平总书记强调,马克思主义哲学"在当今时代依然有着强大生命力,依然是指导我们共产党人前进的强大

---

① 习近平在全国宣传思想工作会议上讲话,《人民日报》2013 年 8 月 20 日。
② 习近平:《论群众路线——重要论述摘编》,中央文献出版社 2013 年版,第 128 页。
③ 习近平:《参加十二届全国人大安徽代表团审议时的讲话》,《人民日报》2014 年 3 月 9 日。
④ 习近平在纪念毛泽东同志诞辰 120 周年座谈会上的讲话,《人民日报》2013 年 12 月 27 日。
⑤ 《邓小平文选》第 3 卷,人民出版社 1993 年版,第 299 页。

思想武器"。要"从前人留下的思想宝库中汲取治国理政的珍贵滋养,从人类创造的最新文明成果中寻找登高望远的思想阶梯"。体现在对社会主义理论与实践发展脉络把握上,从 500 年前的空想社会主义思想源头讲起,直至中国特色社会主义创立发展等六个阶段科学阐述的历史大视野,以及不能把改革开放前与改革开放后两个历史时期相割裂,必须坚持两者相统一的历史辩证法,做好坚持和发展中国特色社会主义这篇大文章的历史观。表现在对党面临的机遇和挑战十分深邃的历史性思考。习总书记强调,"全党要牢记毛泽东同志提出的'我们决不当李自成'的深刻警示,牢记'两个务必',牢记'生于忧患,死于安乐'的古训,着力解决好'其兴也勃焉,其亡也忽焉'的历史性课题"[1]。意为告诫全党,我们面临的"赶考"远未结束,彰显了对党和国家长治久安的忧患意识和进取精神。

其次,提倡"底线思维"的决策理念和战略定力,底线思维既是一种思想方法,也是一种意志品格。要求我们在政治方向和重大原则问题上的坚定和执着,也包含着丰富的辩证法思想。如:强调"中国是一个大国,决不能在根本性问题上出现颠覆性错误",我们决不拿国家核心利益做交易的坚定原则。从最好处争取和最坏处准备的"两点论"和"极点论"的辩证思想。所谓战略定力,是一种在复杂情景下抵制诱惑、排除干扰、把注意力集中在主要目标,以及在重大战略执行中不为风险、干扰所动的持续和坚定,始终具有明确的方向感、方位感等战略意识和强大的承受力、忍耐力等心理品格。习近平几次引用郑板桥"千磨万击还坚劲,任尔东西南北风"的诗句[2],来形容这种战略定力。

再次,要善于掌握运用法治思维、法治方式治国理政的现代领导理念和领导方式。"公正是法治的生命线",坚持法治思维一是要强化公正、公平的价值理念,在法律和党内法规面前人人平等,反对任何的特权思想;二是要明确树立权力与义务相统一观念,强化规则意识和程序观念,判断问题,理政办事要讲原则、守规矩,要坚持依法办事,按制度办事,严格规范权力边界,坚决消除、防止权力寻租;三是自觉地捍卫宪法法律的尊

---

[1] 习近平在纪念毛泽东同志诞辰 120 周年座谈会上的讲话,《人民日报》2013 年 12 月 27 日。
[2] 郑板桥《竹石图》题诗:"咬定青山不放松,立根原在破岩中,千磨万击还坚劲,任尔东西南北风。"

严，以法律与党内法规规范自己行为，严于律己，带头遵纪守法，促进全社会社会主义法治精神和法治文化的形成发展。

最后，就是主张树立涵养作为驾驭全局的思想方法和领导艺术的战略思维。战略思维一般是人们指对于长远的、全局性的、高层次的重大问题以及事物发展规律的做谋划思考的思维方式，其价值取向和思维特征是重在整体性、前瞻性、进取性、创新性和应变性。习总书记要求全党同志在全面深化改革决中必须"坚持从大局出发考虑问题"。因为"全面深化改革是关系党和国家事业发展全局的重大战略部署，不是某个领域某个方面的单项改革"。同时强调，要从党和国家事业长远发展出发考虑问题。"要真正向前展望、超前思维、提前谋局"。突出了战略思维的整体性、全局性和前瞻性、超前性，增强工作的预见性、系统性。他还说过党的各项工作，"一定要把围绕中心、服务大局作为基本职责，胸怀大局、把握大势、着眼大事，找准工作切入点和着力点，做到因势而谋、应势而动、顺势而为"①。等精辟的语言，则是强调了战略思维中的围绕中心、把握关键、顺应趋势、尊重规律等方面的战略思维要求。这些也正是习近平曾强调的那种，"知关节，得要领，把握规律，掌握节奏，举重若轻"②的思想方法和领导艺术。

总之，坚定自信、担当勇毅、务实亲民、开明睿智的精神品格，是我们党的理想人格的时代要求，是当代中国共产党人的政治品质和党性要求的集中体现，也洋溢着总书记个人鲜明的思想风格和人格魅力，认真品读"讲话"蕴含的精神气韵，深入感悟"讲话"显现的人格内涵，是我们涵养高尚精神，锤炼人格品质，充盈思想智慧，提升领导能力的最好营养剂。

（作者单位：中国浦东干部学院）

---

① 习近平在全国宣传思想工作会议上讲话，《人民日报》2013年8月21日。
② 习近平：《之江新语》，浙江人民出版社2007年版，第27页。

全面深化改革，加强国防和军队建设
——论习近平"以强军目标引领国防和军队改革"的理论指导意义

崔向华

中共十八届三中全会上，中共中央把国防和军队改革纳入国家改革战略全局，宣布了深化国防和军队改革的一系列措施，明确了国防和军队改革的方向和任务。党的十八大以来，习近平同志着眼坚持和发展中国特色社会主义、实现中华民族伟大复兴中国梦，围绕强军兴军提出一系列重大战略思想、重大决策部署，深刻阐述了国防和军队建设带根本性方向性全局性的重大问题，丰富发展了党的军事指导理论，是新形势下加快推进国防和军队现代化的科学指南。今年3月11日，习近平主席在参加十二届全国人大二次会议解放军代表团全体会议时强调：实现强军目标，必须抓住战略契机，深化国防和军队改革，解决制约国防和军队建设的体制性障碍、结构性矛盾、政策性问题。习近平主席的重要讲话，理论性、指导性很强，为我军实现强军目标指明了方向和根本途径。本文仅就国防和军队建设的重要性谈几点认识。

一 党在新形势下的强军目标，是习近平主席治军方略的集中体现，是党的军事指导理论发展的最新成果，是我军各项工作和建设的根本遵循

习近平主席关于强军目标重要思想，是党的军事指导理论的丰富和发展，体现了我们党新形势下建军治军的总方略。中国的改革开放已走过30年的光辉历程。30年风雨激荡，30年铸就辉煌。跨越20、21两个世纪的改革开放给中国带来了无限生机，谱写了中华民族自强不息、顽强奋进的壮丽篇章。改革开放30年，是人民解放军经受各种复杂环境考验、始终

保持人民军队革命本色的 30 年，是自觉在国家建设大局下行动、积极支持国家经济社会发展的 30 年，是人民解放军全面建设快速发展、实现历史跨越的 30 年。党的十八大报告指出，建设与我国国际地位相称、与国家安全和发展利益相适应的巩固国防和强大军队，是我国现代化建设的战略任务。当今世界，求和平、谋发展、促合作成为时代潮流，同时国际形势继续发生深刻变化，我国仍面临多元复杂的安全威胁和挑战，维护国家统一、领土主权、海洋权益和发展利益的任务更加艰巨，要求国防和军队建设有一个大的发展。《中共中央关于全面深化改革若干重大问题的决定》从党和国家事业发展全局出发，对深化国防和军队改革作出全面部署，意义重大而深远。

党的十八大以来，党中央、习近平主席高举中国特色社会主义伟大旗帜，统筹国内国际两个大局，统筹伟大事业伟大工程，励精图治、攻坚克难，推动党、国家和军队事业开创新局面。建设巩固国防和强大军队事关中国特色社会主义事业大局。习近平主席提出的努力建设一支听党指挥、能打胜仗、作风优良的人民军队这一党在新形势下的强军目标，有着重大的实践意义和明确的实践要求，是军队各项建设的统领。今年 3 月 11 日，习近平主席在出席解放军代表团全体会议时强调，实现强军目标，必须勇敢承担起我们这一代革命军人的历史责任。习近平主席着眼实现中国梦强军梦，对在新的历史起点上深化国防和军队改革作出了全面系统阐述。习近平主席指出：不改革是打不了仗、打不了胜仗的；改革是我们回避不了的一场大考；改革的目标是构建中国特色现代化军事力量体系。习近平主席的一系列重要论述体现了对国防和军队建设规律的科学把握，为深化军队改革提供了科学指南和根本遵循。军队改革进入攻坚期和深水区，我们不能长期停留在理论满足、概念陶醉和表态快感阶段，军队组织结构改革必须进入实质性实施进程。

习近平主席指出："要积极适应新形势新任务，把握强军目标新要求，毫不动摇坚持党对军队的绝对领导，坚持不懈抓好中国特色社会主义理论体系武装，持续培育当代革命军人核心价值观，大力发展先进军事文化，不断加强各级党组织能力建设和先进性建设，把思想政治建设抓得更加富有成效。"

这些重要论述是习近平主席系列讲话精神的"军事篇"，是对毛泽东军事思想、邓小平新时期军队建设思想、江泽民国防和军队建设思想、胡锦涛国防和军队建设思想的继承和发展，为在新的历史起点上加快推进国防和军队现代化提供了根本遵循。强军梦想在变革中实现，打赢能力在创新中提升。思想的禁锢是改革的最大障碍。推进改革，首先要抓住解放思想这个根本。只有破除思维定势、突破利益藩篱，把思想从一切不合时宜的条条框框中解放出来，树立与强军目标要求相适应的思维方式和思想观念，才能跨过强军征程上的道道沟壑，走出一条具有中国特色的改革路子。

习近平主席在党的十八届三中全会上，论及改革条件和目的时，把"解放思想"列于首要位置，并特别强调其"总开关"作用。解放思想不是解决问题的权宜之计，而是一以贯之的思想路线；对于改革开放实践而言，解放思想不是一步到位的终点，而是继续前行的起点。改革、发展中遇到的问题，只能靠进一步改革的办法解决。当前，改革已经进入攻坚期和深水区，必须解放思想，以更大的勇气和智慧，深化国防和军队改革。眼下，每一位干部都知道要继续解放思想。但解放什么？如何解放？改革越来越深入，发展的难题也就会越来越艰难。老经验不管用了，出现了必须解决的新矛盾、新问题。面对这样的新形势，我们仍要牢牢抓住解放思想这个根本。解放思想不是坐而论道，要破除思维定式，突破利益藩篱，把思想从一切不合时宜的条条框框中解放出来，树立与强军目标要求相适应的思维方式和思想观念，走出一条具有我军特色的改革路子。

战争，已经伴随了整个人类文明发展数千年。翻开卷帙浩繁的历史典籍，一幕幕波澜壮阔、血与火交融的战争画卷便呈现在眼前。究竟是毁灭的灾难还是融合的机遇，是对人性的践踏还是正义的伸张，人们都难以准确地进行评论，但无论毁誉与否，它都存在于那历史的长河中。战争，必然还将存在下去，无关科学技术的迅猛发展，也无视人们对和平的良好愿望。强权总展现着种种虚伪善变的面目，以强盗的逻辑迷惑善良的百姓，却不断地用战火提醒着人们：在以和平与发展为时代主题的今天，战争的威胁始终存在，"化剑为犁"依然是个遥远的梦想！

进入新世纪新阶段，国内外形势发生了深刻的变化。习近平主席站在时代和战略高度，以深邃的世界眼光、科学的辩证思维和前瞻的创新意识，科学判断我军所处的历史方位，全面把握时代发展和国家战略全局对军事力量建设的客观要求，坚决落实强军目标重大战略思想，保持部队建设正确方向；落实能打仗打胜仗的核心要求，把军事斗争准备推进到新阶段；落实创新军事战略指导的重要指示，科学运筹和平时期军事力量运用；落实解放和发展战斗力的重要思想，不断深化军队改革；落实加强作风建设的决策部署，加大依法治军从严治军力度。

战斗力是军队的价值所在，是部队建设的永恒课题。习近平主席强调指出："实现强军目标的基础在基层，活力也在基层。要抓住基层这个大头，推动贯彻落实强军目标向基层拓展、向末端延伸。"当前国际战略格局深刻调整，世界新军事革命快速发展，战争基本形态加速向信息化演变，我国安全和发展形势更趋复杂，我军军事斗争准备任务繁重艰巨，军队首先是一个战斗队，能战方能止战，兴训实训才能不辱使命。强军首先是强政治，实现强军目标首先要从思想上政治上建设和掌握部队。思想的禁锢是改革的最大障碍。没有思想的先导，就不会有行动的跟进；思想上能否破冰，直接决定着行动上能否突围。因此，要切实从思想上政治上牢牢掌握部队，要切实在深化改革上取得新突破。

适应变化，深化改革，是大势所趋、人心所向。在全面深化改革中，既要有担当、敢作为，也要克服盲目"抢跑"的浮躁心态。"深化改革，不能脚踩西瓜皮，滑到哪里算哪里。必须找准改革的突破口。找准了突破口，等于牵住了改革的'牛鼻子'，就不会眉毛胡子一把抓。"改革的突破口就是制约战斗力建设的重难点问题。深化改革必须坚持问题导向，抓住制约战斗力建设的重难点问题，以重点突破带动整体推进，打好"组合拳"，形成"次第花开"的改革局面。

"天下之事，虑之贵详，行之贵力。"深化国防和军队改革，必然是准确、有序、协调的行动，必然是求真务实蹄疾而步稳。唯有有针对性地做好思想教育工作，营造有利于改革的良好氛围，凝聚起改革的正能量，才能蹚过深水区，啃下"硬骨头"。习近平主席坚持以强军目标引领改革，围绕强军目标推进改革，为建设巩固国防和强大军队提供有力制度支撑。他强调，深化国防和军队改革，要把思想和行动统一到党中央和中央军委的决策部署上来，坚持用强军目标审视改革、以强军目标引领改革、围绕强军目标推进改革。习近平在讲话中指出，国防和军队改革是全面改革的重要组成部分，也是全面深化改革的重要标志。军委对贯彻落实党的十八届三中全会精神高度重视、抓得很紧，各级各部门迅速行动，全军上下形成了拥护支持改革的浓厚氛围。要因势而谋，顺势而为，狠抓落实，确保深化国防和军队改革工作起好步、开好局。要继续加强教育和引导工作，使全军从全局和战略高度认识和把握深化国防和军队改革的重大意义和丰富内涵，把思想和行动统一到中央和军委的决策部署上来，形成深化国防和军队改革的强大合力。

习近平主席强调，要着眼实现强军目标，正确把握深化国防和军队改革的指导原则。要牢牢把握坚持改革正确方向这个根本。深化国防和军队改革是中国特色社会主义军事制度自我完善和发展，是为了更好发挥中国特色社会主义军事制度的优势。改革是要更好坚持党对军队的绝对领导，更好坚持人民军队的性质和宗旨，更好坚持我军的光荣传统和优良作风。要牢牢把握能打仗、打胜仗这个聚焦点。坚持以军事斗争准备为龙头，坚持问题导向，把改革主攻方向放在军事斗争准备的重点难点问题上，放在战斗力建设的薄弱环节上。要牢牢把握军队组织形态现代化这个指向。没有军队组织形态现代化，就没有国防和军队现代化。要深入推进领导指挥体制、力量结构、政策制度等方面改革，为建设巩固国防和强大军队提供有力制度支撑。要牢牢把握积极稳妥这个总要求。该改的就要抓紧改、大胆改、坚决改。同时，重大改革举措牵一发而动全身，必须稳妥审慎。改革举措出台之前，必须反复论证和科学评估，力求行之有效。

建设巩固国防和强大军队事关中国特色社会主义事业大局。军队是国家的安全支柱；军队稳固则国家稳固，军队不稳固则国家不稳固。当前，我国发展仍处于可以大有作为的重要战略机遇期，但重要战略期内涵和条件发生新的变化，国际形势和我国安全环境更趋复杂，维护国家安全和发展利益任务艰巨繁重，迫切要求国防和军队建设有一个大的发展。习近平主席重要论述，准确把握世界大势和时代发展脉搏，科学阐明了为什么要强军、强军目标是什么、怎样走中国特色强军之路等重大问题，赋予党的军事指导理论新的时代内涵。我们要充分认清习近平主席系列重要讲话的重大政治意义、理论意义、实践意义；从理论与实际的结合上深刻感悟贯穿讲话的坚定信仰追求、历史担当精神、真挚为民情怀、务实思想作风、科学思想方法。要学以寻策，围绕实现强军目标这篇大文章，坚持问题导向，找准理论进入实践的对接点，把学习成果转化为科学思路和务实举措，推动部队建设向更高水平迈进。

二 改革创新，强军兴军，坚定不移深化国防和军队改革

深化国防和军队改革，是实现党在新形势下的强军目标的必由之路。习近平主席着眼坚持和发展中国特色社会主义、实现中华民族伟大复兴中

国梦，鲜明提出党在新形势下的强军目标，确立了军队建设新的起点和标准。改革是我军发展的不竭动力，强军兴军根本出路在改革。我军从建军那天起，就在党的坚强领导下，适应形势任务发展变化，不断创新具有我军特色的军事制度和组织体制，不失时机进行改革，推动我军由小到大、由弱到强，从胜利走向胜利。可以说，一部人民军队建设发展的历史，就是一部不断改革发展的历史。新的历史条件下，走中国特色强军之路，实现强军目标，是一项开拓性的伟大事业。只有抓住深化改革这关键一招，着力破解国防和军队建设深层次矛盾和问题，才能有效应对前进道路上面临的新情况新挑战，为实现强军目标提供强大动力和体制机制保障。

习近平主席强调："要破除思维定式，树立与强军目标要求相适应的思维方式和思想观念。"他提出要营造有利于改革的良好氛围。深化国防和军队改革是一项艰巨的任务，必须有敢涉险滩的精神，有攻坚克难的勇气。只要我们积极适应世界新军事革命加速发展的新潮流，适应国家全面深化改革的新形势，适应部队建设发展的新要求，积极稳妥推进国防和军队改革，不断在重要领域和关键环节实现改革新突破，就一定能建设与我国国际地位相称、与国家安全和发展利益相适应的巩固国防和强大军队。

纵观人类历史，强国的重要支撑在军队，军队的发展在改革。在当代中国，必须紧紧围绕强军目标深化国防和军队改革，使之辩证统一于实现中国梦、强军梦的伟大实践。军队改革是为了强军，所有的编制体制都要为战斗力服务，我们一切改革的落脚点都在于此。深化国防和军队改革，是实现中国梦强军梦的历史抉择，也是一场"攻坚战"。啃硬骨头、攻难关、涉险滩，我们既面临各种困难和风险的考验，也必然经受利益调整甚至局部利益受损的"阵痛"。军队改革是国家改革的一部分，已经进入深水区和攻坚期。体制编制调整改革是带有战略性、全局性、结构性的改革，会有阵痛，但必须推进。那么军队改革的难点是什么？改革的阵痛在哪里？

党的十八大报告明确提出："深入推进军队组织形态现代化，构建中国特色现代化军事力量体系"。深刻把握时代和实践要求推进军事理论创新并用以指导国防和军队建设，是我们党领导军事工作的根本经验。当今世界，军事变革浪潮风起云涌，各主要大国纷纷加快军事变革，抢占军事战略制高点，争夺军事竞争新优势。习近平主席关于国防和军队建设重要论述，深刻阐明了新形势下国防和军队建设的一系列重大理论和现实问题，把我们党对军事力量建设和运用规律的认识提升到新高度。只有紧紧抓住战略契机，因势而谋、顺势而为、趁势而上，积极推进改革、全面深化改革，才能在世界军事变革中走在前列，打赢明天的战争。

党的十八届三中全会《决定》提出，优化军队规模结构，调整改善军兵种比例、官兵比例、部队与机关比例，减少非战斗机构和人员。依据不同方向安全需求和作战任务改革部队编成。加快新型作战力量建设。深化军队体制编制调整改革，必将构建中国特色现代军事力量体系，使我军从庞大走向强大。国防部发言人杨宇军在去年底的一次记者会上表示，"建立联合作战指挥体制是信息化条件下作战的必然要求"，"下一步我们将在充分研究论证的基础上适时深化改革，走出一条具有中国特色的联合作战指挥体制改革之路。""从世界各国的经验来看的话，所谓'强国'，它一定有一支强大的军队；而根据各军种所执行的使命任务来看，要加强新型作战力量建设，像海军、空军、二炮，就应该要优先发展。"现代化战争是一种全新战争形态，在陆、海、空、天、电等全维空间里展开，多军兵种一体化。但是，当前由于编制体制问题，还没有形成真正意义上的联合作战的指挥体制。"比如，我们平时组织的临时演习中，由于成立了临时的三军联合组织机构，可能我们搞某一个战役的演习很成功；但是演习过后，却没有把联合作战指挥体制捋顺，并形成常态化。"举例说，"如果作战单元起了变化，比如，减少指挥层次，增强联合程度，效果就很明显。可见，只要有改革的动作，就有变化"。实践证明，体制编制上重质量，军队建设就能规模适当；体制编制上重结构，战斗力就会系统集成；体制编制上平战结合，军费就可能用出高效益。紧紧围绕建设一支听党指挥、能打胜仗、作风优良的人民军队这一党在新形势下的强军目标，着力解决制约国防和军队建设发展的突出矛盾和问题。深入学习贯彻习近平主席系列重要讲话精神，更加注重铸牢强军之魂、聚力强军之要、夯实强军之基。要集聚拥护和推进全面深化改革正能量，保证深化军队改革顺利实施，积极稳妥推进政治工作领域改革，为实现中国梦强军梦做出新贡献。

我军是执行党的政治任务的武装集团，必须始终以党的旗帜为旗帜、以党的方向为方向。我们党和国家的战略目标，就是实现"两个一百年"奋斗目标、实现中华民族伟大复兴的中国梦。政治决定军事，政略决定战略。强军的路上充满风险和挑战。敌对势力对我实施西化、分化的战略图谋从未改变，围堵、遏制、诋毁和破坏更为猖獗，无形战场的交锋更加复杂激烈。要增强居安思危的忧患意识，下好先手棋、打好主动仗，牢牢掌握意识形态工作的领导权、管理权、话语权，有效排除各种干扰和影响，集中精力聚焦强军目标搞建设抓落实。

就目前我军现状而言，还必须加大调整改革的力度，规模数量上还要作进一步地压缩，实现精兵合成的要求；在组织类型上还需作优化调整，其功能定位粗放且没有与我军新时期的使命完全对应；在力量结构上存在短板，适应信息化战争需要的新质作战力量比例偏低；在编成结构上各种力量的融合度低，作战功能的耦合能力弱；在指挥结构上存在层级臃肿，联合指挥的效率与信息化战争的需求不相适应。所有这些，都要通过扎实推进军队改革才能加以解决。

国家的改革发展是国防和军队改革的重要基础。中国的军事变革，必须力争在和平时期完成。从国内环境来看，中国经济总量已跃居世界第二位，国防和军队改革不会是"无米之炊"。从国际环境看，大国关系在不断调整，国际力量在重新组合，新的战争形态尚未最后定型，正是后发赶超的"窗口期"，必须抓紧"补课"。不改不行，改慢了也不行。畏首畏尾、犹豫彷徨只会错失良机。部队官兵说："每个军人都要自觉挑起这副担子，以只争朝夕的精神推进国防和军队改革，这既是党和人民的期望，也是当代革命军人应有的政治品格。"去年以来，部队广泛开展"中国梦·强军梦·我的梦"主题实践活动，官兵们自觉围绕实现强军目标制定成长路线图，岗位建功、学习成才蔚然成风。

党在新形势下的强军目标，彰显了我们党强军兴军的坚定决心，极大鼓舞了全军将士的高昂士气，提振了民族凝聚力、自豪感和自信心。目标昭示方向，目标凝聚力量。强军目标为我们更加清晰准确具体地指明了国防和军队建设的前进方向，进一步明确了加强军队建设的聚焦点和着力点。听党指挥是灵魂，决定军队建设的方向；能打胜仗是核心，反映军队的根本职能和军队建设的根本指向；作风优良是保证，关系军队的性质、宗旨、本色。必须从根本上牢固确立强军目标的统领地位，各项建设都朝着强军目标来加强，各项改革都着眼强军目标来展开，各项准备都围绕强军目标来进行，各项工作都依据强军目标来检验，把强军目标贯彻落实到部队建设的各领域全过程。

中国正在快速发展。我们正在从事前人没有从事过的伟业。中国人民解放军的职责使命、发展思路、能力需求、行动范围、运用方式都已出现或将出现重大变化。面对新世纪历史使命,要建设一支与中国国际地位相称、与国家安全和发展利益相适应的强大军队,差距是不言而喻的。着力解决制约国防和军队建设发展的突出矛盾和问题,中央决心很大,思路很清,方向很明。党的十八届三中全会通过的《中共中央关于全面深化改革若干重大问题的决定》提出,"深化军队体制编制调整改革""推进军队政策制度调整改革""推动军民融合深度发展",涵盖领域之全面、包含内容之详尽,为历次中央会议所未有,为全军将士如何切实贯彻指明了方向。

深化国防和军队改革,是提高信息化条件下作战能力、有效履行我军职能使命的战略举措。军队是为打仗而存在的,必须坚持战斗力这个唯一的根本的标准,一切建设和工作向能打胜仗聚焦。经过一代代人不懈奋斗,国防和军队建设取得巨大成就,我军履行使命任务能力显著增强。同时要清醒看到,我军正处于机械化建设尚未完成、信息化建设加速发展阶段,军队现代化水平与国家安全需求和世界先进军事水平相比还有较大差距。解放和发展生产力靠改革,解放和发展战斗力同样靠改革。加快建设信息化军队,实现我军现代化建设跨越式发展,必须深入推进改革,下大力气突破制约战斗力建设的体制性障碍、结构性矛盾、政策性问题,不断提高我军打赢信息化条件下局部战争能力,坚决维护国家主权、安全、领土完整,保障国家和平发展。

改革的确有阻力,但不像一些人想象的那么大。今天深化国防和军队改革,已成为全军将士发自内心的呼唤。勇于改革者,肯定会得到拥护。阻碍改革者,肯定会失去拥护。这是我们应该具有的信心。另一方面也要看到改革的复杂性和难度,并不像一些人想象的那样简单。如果下一个大决心诸多难题就都迎刃而解,也轻看了这场军事革命。它必然要深刻地涉及到力量的重新组合,深刻地涉及到战斗力生成模式新一轮转变,深刻地涉及到过去的主角要成配角、过去的配角要变主角这样重大的角色调整,对现有军事结构、现有军事观念冲击巨大。即便是改革最坚定的拥护者,也要为承受这些冲击做好充分准备。随着改革步步深入,矛盾要聚向"人"这一核心要素:思想能否跟上?观念能否更新?意识能否提升?邓小平同志当年说"不换脑筋就换人",揭示的就是"换脑筋"的重要与艰难。但再艰难,也必须推进。核心就是习近平主席那句话:要始终坚持战斗力这个唯一的根本的标准,全部心思向打仗聚焦,各项工作向打仗用劲。这是推动国防与军队改革的最强动力，是这一改革的全部出发点和最终归宿。

中国军队改革有利保障和平。只有通过改革才能提升我军战略攻防作战能力。现代战争是大数据背景下的战争，战场从有形空间发展到了无形空间，"三无"战争即将走上人类战争的舞台，战争打击目标和打击手段都发生了革命性的变化，这都是军队面临的重大问题，这些问题只有靠改革来解决。改革就要解放思想、更新观念，就要勇敢地抛弃以往经验和传统做法。同时要找出与时代背景和条件相适应的对策措施，科学地推进军事斗争准备深入发展，这样才能适应新的战争样式，才能不断提高人民军队战略攻防作战能力，才能更好地保卫国家领土、领海、领空和发展利益不受侵害。

只有通过改革才能激活官兵爱军精武活力。近年来，部队部分官兵特别是基层部队一些官兵，出现怕吃苦、不安心服役、爱军精武热情低的情况。出现这些情况除了国家层面教育引导不够、收入待遇低等因素外，部队的措施对策也不到位。解决这些问题也需要采取与时代相适应的措施方法。要进一步加强当代革命军人"忠诚于党，热爱人民，报效祖国，献身使命、崇尚荣誉"核心价值观教育，想方设法解决官兵遇到的实际困难和问题，营造广大官兵当兵成才的良好环境，真正使爱军营、爱国防、爱军精武成为官兵自觉行为，为实现强军目标提供强大的精神动力。

习近平主席强调，实现强军目标，必须勇敢承担起我们这一代革命军人的历史责任。面对新的形势任务，必须以只争朝夕的精神推进国防和军队现代化。我们希望和平，但任何时候任何情况下，都决不放弃维护国家正当权益、决不牺牲国家核心利益。现在，强军的责任历史地落在了我们肩上，要挑起这副担子。必须敢于担当，这既是党和人民的期望，也是当代革命军人应有的政治品格。各级党委和领导干部要把带领部队实现强军目标作为重大政治责任，一心一意想强军、谋强军，增强贯彻落实强军目标的能力。广大官兵要自觉践行社会主义核心价值观和当代革命军人核心价值观，坚定信念、忠诚使命，努力在强军兴军征程中书写出彩的军旅人生。

三　切实掌握新形势下强军兴军的强大思想武器，抓住战略契机深化国防和军队改革

历史赋予重托，奋斗创造未来。党的十八届三中全会上，中共中央把

国防和军队改革纳入国家改革战略全局，宣布了深化国防和军队改革的一系列措施，明确了国防和军队改革的方向和任务。拥有230多万名官兵的中国军队，如何落实三中全会提出的改革举措？深刻把握时代和实践要求推进军事理论创新并用以指导国防和军队建设，是我们党领导军事工作的根本经验。习近平主席关于国防和军队建设重要论述，深刻阐明了新形势下国防和军队建设的一系列重大理论和现实问题，把我们党对军事力量建设和运用规律的认识提升到新高度。强军首先是强政治，实现强军目标首先要从思想上政治上建设和掌握部队。思想的禁锢是改革的最大障碍。没有思想的先导，就不会有行动的跟进；思想上能否破冰，直接决定着行动上能否突围。因此，要切实从思想上政治上牢牢掌握部队，要切实在深化改革上取得新突破。

抓住时机加快改革步伐关系军队发展和未来。实现强军目标是习近平主席建军治军的核心思想，是我军建设的时代主题。学习贯彻习近平主席重要论述，必须在武装头脑、指导实践、推动工作上见到实效。我们要充分认清深化国防和军队改革的重要性和紧迫性。纵观历史风云，有多少国家和军队乘改革之机而走向强盛，又有多少国家和军队因错失良机而滑向衰败。中国古有赵武灵王胡服骑射的变革佳话；更有近代闭关自守，用长矛大刀对付巨舰大炮的惨痛经历。思想的禁锢是改革的最大障碍。没有思想的先导，就不会有行动的跟进；思想上能否破冰，直接决定着行动上能否突围。孙子曰："兵者，国之大事，死生之地，不可不察也。"国无防不立，民无防不安。作为一个国家、一个民族，最重要的无非两件大事：一个是安全问题，一个是发展问题。国防关系到国家和民族生死存亡的根本大计。习近平主席主持军委工作以来，对国防和军队改革高度重视。他在军委扩大会议上说："我之所以希望在三中全会决定中把国防和军队改革单列一部分，主要考虑是纳入全面深化改革总体布局、上升为党的意志和国家行为后，可以更好统一思想、凝聚共识、形成合力。"据此，党的十八届三中全会对深化国防和军队改革作出了部署。

2003年8月，美国前国防部长布朗、前太平洋总部司令布鲁赫两人联名向美国国会提交了一份《中国军事力量》报告，其中有这样一段话："尽管中国的军事变革至少落后美国和其他发达国家20年，但是中国关于军事变革研究的理论文章总数量居世界第一。"

现在离这份报告出炉已经过去10余年。尽管布朗、布鲁赫二人当时的本意是中国为军事变革做好了充分准备,千万不要小看他们,但对我们的提示也是明显的:国防和军队改革不能再沉浸于理论满足、概念陶醉阶段了,必须进入实质性实施进程。马克思说:人的思维是否具有客观真理性,并不是一个理论问题,而是一个实践问题。

然而最难的,就是实践。理论演绎和实践操作是完全不同的两回事。一旦进入实践,现实问题排山倒海般涌来:必须照顾利益、必须兼顾平衡、必须关心进退、必须保持稳定……多少雄心勃勃的改革计划,就这样被一个又一个"必须"捆缚得步履蹒跚。

打破这些"必须",只有最后、也是最强有力的一个"必须":必须夺取战争胜利。

当前面那些"必须"让人心力交瘁的时候,只有最后这个"必须",能够让我们真正振作起来。军队是干什么的?要军队为了什么?如果前面那些"必须"成为最后这个"必须"的障碍,还有什么成为"必须"的资格?

在新的历史起点上,我们这一代军人如何肩负这种担当?有五个实现途径:一是靠思想武装引领,深刻把握习近平主席系列重要讲话精神尤其是关于国防和军队建设重要论述,悉心体悟蕴含其中的科学立场和观点方法,用以指导军事实践,确保军队建设和军事斗争准备的正确方向。二是靠必胜信念激励,大力培育想打仗敢打仗的战斗精神,始终保持运筹帷幄、决胜千里的谋战状态,箭在弦上、引而待发的备战状态,闻战则喜、不畏生死的敢战状态,以能打仗的豪情壮志和打胜仗的必胜信念,坚决捍卫国家主权、安全、发展利益。三是靠过硬能力支撑,紧跟新军事变革发展态势,准确把握信息化战争制胜机理,牢牢把握军事竞争和军事斗争主动权,不断提高军事训练实战化水平,做到随时能打仗、确保打胜仗。四是靠改革创新推动,敢于突破思想观念的束缚和利益固化的藩篱,着力解决体制性障碍、结构性矛盾和政策性问题。五是靠实干实备实现,坚持战斗力标准,运用底线思维,强化问题导向,以钉钉子的精神狠抓工作落实,抓一项成一项、成一项巩固一项,积小胜为大胜,促进部队战斗力不断提高。

在中日钓鱼岛争端处于僵局、南中国海岛礁争议时有发生的背景下,中国政府决定将今年的国防预算增加12.2%,达到约8082亿元人民币,军费增幅创下近几年的新高。同时,中国加快军事装备研发,海军、空军、二炮和陆军不断更换新式装备，频繁举行大规模联合军事演习，军队现代化水平明显提升。

习近平主席说，实现强军目标，必须坚持问题导向，坚持战斗力标准，深入研究现代战争特点规律和制胜机理，抓住制约战斗力建设的重难点问题，以重点突破带动整体推进，让一切战斗力要素的活力竞相迸发，让一切军队现代化建设的源泉充分涌流。习近平强调强军只争朝夕。"必须以只争朝夕的精神推进国防和军队现代化"，"一心一意想强军、谋强军"。

早前有分析称，习近平时代中国的军事战略方向发生了大幅度的变化，开始逐步转向"主动防御"。另有分析认为，解放军第四次重大改革即将开始，本轮改革的重点在于军队的体制及机制问题，从习近平昨日的讲话来看，上述分析似乎得到了印证。

只有通过改革才能解决深层次的矛盾。我军长期处于和平环境、处于市场经济快速发展和科学技术日新月异的时代，这使军队的军事战略、指挥体制、兵员结构、武器研发、部队管理、军事训练等方面不能及时适应时代要求，出现了与打赢信息化条件下战争不相适应的问题，积累了一些深层次矛盾。解决这些深层次矛盾没有什么捷径可走，只有依靠党的军队指导理论，坚持正确的改革方向，集中广大官兵智慧，进行大胆改革试验才能有效解决。如：新的形势下怎样建设军民一体、平战结合、高度协调的国防科研体系，更好更快地研发新的武器装备？怎样保障军队指挥体制能更好地适应信息化条件下作战指挥的要求？等等。

习近平主席强调，实现强军目标，必须同心协力做好军民融合深度发展这篇大文章，既要发挥国家主导作用，又要发挥市场的作用，努力形成全要素、多领域、高效益的军民融合深度发展格局。军队要遵循国防经济规律和信息化条件下战斗力建设规律，自觉将国防和军队建设融入经济社会发展体系。地方要注重在经济建设中贯彻国防需求，自觉把经济布局调整同国防布局完善有机结合起来。要深入做好新形势下双拥工作，加强国防教育，健全国防动员体制机制。各级党委和政府要支持军队建设和改革，配合军队完成多样化军事任务，为实现强军目标提供有力保障。

习近平主席指出，实现强军目标，必须抓住战略契机深化国防和军队改革，解决制约国防和军队建设的体制性障碍、结构性矛盾、政策性问题，深入推进军队组织形态现代化。要坚持改革正确政治方向，坚持贯彻能打仗、打胜仗要求,坚持以军事战略创新为先导,进一步解放思想、更新观念,进一步解放和发展战斗力,进一步解放和增强军队活力,为实现强军目标提供体制机制和政策制度保障。要破除思维定式,树立与强军目标要求相适应的思维方式和思想观念。必须坚持问题导向,坚持战斗力标准,深入研究现代战争特点规律和制胜机理,抓住制约战斗力建设的重难点问题,以重点突破带动整体推进,让一切战斗力要素的活力竞相迸发,让一切军队现代化建设的源泉充分涌流。要有针对性地做好思想教育工作,营造有利于改革的良好氛围,凝聚起改革的正能量,确保部队高度稳定和集中统一,确保改革顺利推进和各项任务圆满完成。

习近平主席强调,实现强军目标,必须同心协力做好军民融合深度发展这篇大文章,既要发挥国家主导作用,又要发挥市场的作用,努力形成全要素、多领域、高效益的军民融合深度发展格局。军队要遵循国防经济规律和信息化条件下战斗力建设规律,自觉将国防和军队建设融入经济社会发展体系。地方要注重在经济建设中贯彻国防需求,自觉把经济布局调整同国防布局完善有机结合起来。要深入做好新形势下双拥工作,加强国防教育,健全国防动员体制机制。各级党委和政府要支持军队建设和改革,配合军队完成多样化军事任务,为实现强军目标提供有力保障。

党的十八大报告提出,建设与我国国际地位相称、与国家安全和发展利益相适应的巩固国防和强大军队,是我国现代化建设的战略任务。按照国防和军队现代化建设"三步走"战略构想,力争到2020年基本实现机械化,信息化建设取得重大进展。随着全球化的发展,国家安全的内容和形势也在发生着深刻变化。当前,我国安全面临内外双重压力,在内部,藏独、疆独等分裂势力破坏国家、民族安定团结;在外部,钓鱼岛争端、南海问题等不断制造事端,威胁国家领土和主权完整。确保国家安全,构建和谐稳定的发展环境,必须建立一支立场坚定,听党指挥,人民信赖,关键时刻拉得出、冲得上、打得赢的军队。只有强大的军队,才能为实现伟大中国梦提供强大的安全保障,为推动发展改革带来勇气和底气!

我们究竟该如何实现强军目标?习近平主席指出,实现强军目标,必须承担起革命军人的历史责任。面对新形势、新任务,必须以只争朝夕的精神推进国防和军队现代化。我们希望和平,但任何时候任何情况下,都决不放弃维护国家正当权益、决不牺牲国家核心利益。现在,强军的责任历史地落在了我们肩上,要挑起这副担子,必须敢于担当,这既是党和人民的期望，也是当代革命军人应有的政治品格。实现强军目标，必须解决制约国防和军队建设的体制性障碍、结构性矛盾、政策性问题。要坚持改革正确政治方向，坚持贯彻能打仗、打胜仗要求，坚持以军事战略创新为先导，进一步解放思想、更新观念，进一步解放和发展战斗力，进一步解放和增强军队活力，为实现强军目标提供体制机制和政策制度保障。坚持战斗力标准，深入研究现代战争特点规律和制胜机理，抓住制约战斗力建设的重难点问题，以重点突破带动整体推进，让一切战斗力要素的活力竞相迸发。实现强军目标，必须努力形成全要素、多领域、高效益的军民融合深度发展格局。军队要遵循国防经济规律和信息化条件下战斗力建设规律，自觉将国防和军队建设融入经济社会发展体系。要深入做好新形势下双拥工作，加强国防教育，健全国防动员体制机制。

为此，要做到四个坚持：

1. **坚持用党中央、习近平主席决策指示统一思想和行动**。要认真学习宣传贯彻党的十八届三中全会精神和习近平主席一系列重要指示，深刻认识国防和军队改革的重大意义和部署要求，凝聚全军官兵拥护支持改革的共识和力量。充分发挥党委领导核心作用，把强有力的思想政治工作贯穿始终，强化各级的政治意识、大局意识、责任意识，自觉做改革的促进者推动者。严格政治纪律、组织纪律，确保政令军令畅通，行动步调一致，坚决维护党中央、中央军委和习近平主席权威，坚决实现党中央、中央军委和习近平主席的战略意图和决策部署。

2. **坚持攻坚克难务求突破**。国防和军队改革已进入深水区和攻坚期，必须发扬啃硬骨头的精神，抓住时机，迎难而上。紧紧围绕能打仗、打胜仗的要求，把主攻方向放在解决军事斗争准备中的重点难点问题上、战斗力建设的突出薄弱环节上，着力破解牵一发而动全身的矛盾症结。要坚决冲破传统观念的束缚，突破利益固化的藩篱，以逢山开路、遇河架桥的勇气，不断在重要领域和关键环节取得改革新进展。

3. **坚持改革的系统性、整体性、协同性**。深化国防和军队改革是一项复杂的系统工程，必须加强顶层设计，搞好总体筹划，全面协调推进。坚持把军事、政治、后勤、装备各领域改革作为有机整体，把握各项改革任务内在关联性，区分轻重缓急，通盘考虑，统筹实施。对重大改革任务要深入研究论证，广泛听取意见，集中各方智慧，力求决策科学可行，积极稳妥推进。坚持服从服务国家改革大局，使国防和军队改革与国家改革进程相一致，与国家有关政策制度改革相衔接。深化国防和军队改革离不开地方党委政府和人民群众大力支持，要在全社会营造关心国防、热爱国防、建设国防浓厚氛围，为军队改革创造良好环境。

4. 坚持改革创新和弘扬优良传统相统一。我军在 80 多年实践中培育形成的一整套光荣传统，集中体现了人民军队的特色和优势，必须在新的形势下不断发扬光大。特别是党对军队绝对领导的根本原则和制度，全心全意为人民服务的根本宗旨，任何时候都必须毫不动摇地坚持，不能有丝毫削弱。要解放思想、开阔视野，注意学习借鉴外军和地方有益经验，但不能简单照抄照搬，必须立足国情军情，走中国特色的军队改革发展路子。要正确处理推进改革与保持稳定的关系，在深化改革中增强部队战斗力，保持部队高度集中统一和稳定，确保部队召之即来、来之能战、战之必胜，随时能够完成党和人民赋予的各项任务。

（作者单位：解放军总政治部）

习近平改革观对邓小平改革观的
继承与发展

高云坚

一 从"摸着石头过河"到"顶层设计"与"摸着石头过河"相结合

邓小平提出改革开放的时候，正当是我国处于刚刚粉碎"四人帮"，处于拨乱反正、百废待兴的时候，一方面，长期的内乱和贫困，使人们深深地认识到，只有改变现状，中国才有出路，于是提出了"改革也是解放生产力"的论断，另一方面，在开展真理大讨论的过程中，人们深刻地认识到了"两个凡是"不符合毛泽东思想，不符合辩证法，必须解放思想，从而为改革注入了思想活力，打下了思想基础。但具体改什么、怎么改则没有成型的思路和固定模式，需要大胆探索，需要"摸着石头过河"。所以小平同志说"我们搞的实质上是一场革命。从另一个意义上来说，我们现在做的事情都是一个试验。对我们来说，都是新事物，所以要摸索前进。既然是新事物，难免要犯错误。我们的办法是不断总结经验，有错误赶快改，小错误不要变成大错误"[①]。现在回过头来看，很多东西确实是在"摸索前进"，譬如，家庭联产承包责任制就是在全面总结安徽省凤阳县小岗村 18 位农民冒死将村内土地分开承包经验基础上在全国铺开的，至今这种模式仍然延续着；深圳、珠海、汕头、厦门等经济特区本质上就是几块改革开放的实验田，积累经验后再向全国铺开的。因为当时社会主义初级阶段这种情况下的改革，古今中外都没有过，所以可以借鉴的东西不多，只能边摸索边前进。

然而，改革开放到今天已经走过了 36 个年头，已经步入"深水区"，能改的都改得差不多了，剩下的都是难啃的"硬骨头"，面对如此复杂的

---

① 部卓绮：《邓小平的语言艺术》，中国文史出版社 2013 年版，第 350 页。

形势，以习近平为总书记的党中央审时度势，在全面观照过去 30 多年改革实践和经验的基础上，适时召开了党的十八届三中全会，提出了全面深化改革的构想，这一构想中提出加强顶层设计和摸着石头过河相结合论断，也就是，国家层面在事关改革的重大问题上，必须统揽抓总，解决制度层面的全局性问题，同时在具体的改革实践中继续尊重人民的主体地位，发挥群众的首创精神。其最终目的，就是要"最大限度集中全党全社会智慧，最大限度调动一切积极因素，敢于啃硬骨头，敢于涉险滩，以更大决心冲破思想观念的束缚、突破利益固化的藩篱，推动中国特色社会主义制度自我完善和发展"①。

二 从"管理国家"到"治理国家"的转变

计划经济时代，党和政府的职能是至高无上的，可以说是"全能政党"、"全能政府"，党和政府对社会和老百姓无论是宏观还是微观，都一个字"管"，党和政府包揽的事务过细，权力过于集中，因此"权力寻租"现象也就在所难免。在当时的经济领域，邓小平已经意识到这个问题的严重性，他认为："现在我国的经济管理体制权力过于集中，应该有计划地大胆下放，否则不利于充分发挥国家、地方、企业和劳动者个人四个方面的积极性，也不利于实行现代化的经济管理和提高劳动生产率。应该让地方和企业、生产队有更多的经营管理的自主权。"② 尽管如此，伴随着改革开放的进程，管理重于服务，党政不分、政企不分、党政权力过大过于集中的现象依然大量存在，其直接的后果就是权力寻租、滋生腐败、效率低下，难以让一切劳动、知识、技术、管理、资本的活力竞相迸发，难以让一切创造社会财富的源泉充分涌流。

"管理"变"治理"是十八届三中全会确定改革目标的一大亮点。"管理"与"治理"虽是一字之差，内涵却迥异。"治理"更强调主体的多元性，强调政府与不同主体的合作，强调在广泛协商基础上的"共同意愿"。从"管理"到"治理"是我国治国方略的升华，也是共产党执政为民方式的转变，是新的历史条件下我国治国理政在理念、方式、手段、路径等多方位的变革。"管理"变"治理"之后，政府将转变职能，放松管

---

① 《中共中央关于全面深化改革若干重大问题的决定》，人民出版社 2013 年版，第 7 页。
② 《邓小平文选》第 2 卷，人民出版社 1994 年版，第 145 页。

制，让渡更多权力，减少对经济社会的直接干预，增加更周到的服务，把更多的精力集中到科学合理的宏观调控上来。政府将由过去对社会管理的"独舞"变成"领舞"，引导和激发社会各阶层各主体有序参与社会事务，凝聚共识，迸发活力，为共同的中国梦的实现各得其所，各尽其能。

三 从"计划和市场都是经济调节手段"到"市场在资源配置中起决定性作用"的转变

计划和市场的关系，本质上是政府与市场的关系，如何处理好政府与市场的关系，是一直以来摆在当政者面前的重大课题，随着社会主义市场经济向纵深发展，这个问题变得越来越明晰了。改革开放之初，邓小平已经认识到，完全由政府主导的计划经济，不仅不可能释放生产力的巨大潜能，而且会束缚生产力的发展。他说："我们过去一直搞计划经济，但多年的实践证明，在某种意义上说，只搞计划经济会束缚生产力的发展。把计划经济和市场经济结合起来，就更能解放生产力，加速经济发展。"[①] 在此基础上，邓小平还创造性地提出了"计划和市场都是经济手段"的著名论断，从而彻底厘清了人们过去普遍认为的社会主义等于计划经济，资本主义等于市场经济的错误思想，同时指出，发展社会主义必须借鉴人类社会一切文明成果，他认为"计划多一点还是市场多一点，不是社会主义与资本主义的本质区别。计划经济不等于社会主义，资本主义也有计划；市场经济不等于资本主义，社会主义也有市场。计划和市场都是经济手段……总之，社会主义要赢得与资本主义相比较的优势，就必须大胆吸收和借鉴人类社会创造的一切文明成果，吸收和借鉴当今世界各国包括资本主义发达国家的一切反映现代社会化生产规律的先进经营方式、管理方法。"[②] 这就为后来社会主义市场经济理论的提出和社会主义市场经济体制的建立指明了方向。

社会主义市场经济体制的确立在社会主义国家中是一件新生事物，在我国各项改革中具有里程碑意义，但具体如何搞，一直也是众说纷纭的，究竟是政府的计划多一点还是市场要素多一点或者相反一直没有厘清，总体上还是在"摸着石头过河"，边做边总结边前进。党的十八届三中全会

[①] 《邓小平文选》第3卷，人民出版社1993年版，第148页。
[②] 同上书，第373页。

在全面总结30多年改革经验特别是实行社会主义市场经济20多年的基础上，提出："经济体制改革是全面深化改革的重点，核心问题是处理好政府和市场的关系，使市场在资源配置中起决定性作用和更好发挥政府作用。市场决定资源配置是市场经济的一般规律，健全社会主义市场经济体制必须遵循这条规律，着力解决市场体系不完善、政府干预过多和监管不到位问题。"[1] 这个论述至少告诉我们三点，第一，这次全面深化改革的重点领域是经济领域，是经济体制改革，其中处理好政府与市场的关系是重中之重；第二，市场决定资源配置是市场经济的一般规律，我们不能违背这个规律，必须使市场在资源配置中起决定性作用，同时也要更好地发挥政府作用；第三，有了这些认识之后，接下来就要解决市场体系不完善、政府干预过多和监管不到位问题。按照这个论述，今后，资源配置的事主要交给市场去管，政府主要做好服务和监管，主要当好"裁判员"，而不是既当"裁判员"又当"运动员"。这样，作为市场，只要不在"负面清单"上的事都可以放手去做，从而大大激发市场活力；作为政府，只要不在"权力清单"上的事，就不可为，从而可以从源头上有效遏制政府乱作为和权力寻租等腐败问题。这就标志着我国从"计划和市场都是经济调节手段"相对模糊的认识跃升到了"市场在资源配置中起决定性作用"的清晰认识，标志着我国对社会主义市场经济规律的认识和把握有了一个质的飞跃。

四 从"一部分地区、一部分人可以先富起来"到"全面建成小康社会"的转变

改革的目的是什么？在邓小平看来，改革就是为了解放和发展生产力，就是为了发展，而发展归根结底就是要改善人民生活，最终达到共同富裕的目标。当时"文革"刚结束，人民被"左"的东西贻害至深，苦怕了，穷怕了，急盼过上好日子，因此，这一时期国家要发展民族要振兴人民要富裕的愿望比其他任何时期都更加急迫和强烈。邓小平高瞻远瞩提出："一部分地区、一部分人可以先富起来，带动和帮助其他地区、其他的人，逐步达到共同富裕。"[2] 后来在南方谈话中，邓小平更是归纳总结

---

[1] 《中共中央关于全面深化改革若干重大问题的决定》，人民出版社2013年版，第5—6页。
[2] 《邓小平文选》第3卷，人民出版社1993年版，第149页。

道："社会主义的本质，是解放生产力，发展生产力，消灭剥削，消除两极分化，最终达到共同富裕。"[①] 小平同志的这些谈话，一方面给我们揭示了社会主义的本质，另一方面给我们指出了实现共同富裕的方式和步骤。改革的实践也证明，小平同志的论断是正确的，为之后我们党提出"全面建设（成）小康社会"的战略构想奠定了思想基础。

小康社会是介于温饱与富裕之间的一个特定发展阶段，虽然"小康社会"是邓小平在20世纪70年代末80年代初在规划中国经济社会发展蓝图时提出的战略构想，但在那个年代，小康仍然是十分初级的，惠及面是十分有限的，正如党的十二大提出到20世纪末要使人民生活达到小康水平，所谓小康水平，其实重点就是解决温饱。跟邓小平提出的小康社会（不是单纯的物质文明，还包括精神文明和政治文明等）是有差别的。后来，我们党提出了"全面建设小康社会"的命题，把"小康社会"提升到更高的级别和更大的面，但何时能建成，仍然是没有时间表的。直到党的十八大，才正式提出"确保到二〇二〇年实现全面建成小康社会宏伟目标"，正式给出了时间表。直到党的十八届三中全会，为实现这一宏伟目标进行了全面深化改革的总部署，细化了各项改革的时间表，描绘了改革路线图。其标志性成果就是中央出台了《中共中央关于全面深化改革若干重大问题的决定》。如能根据改革的时间表和路线图稳步推进，可以预料，到2020年，实现国内生产总值和城乡居民人均收入比2010年翻一番的目标一定可以实现，经济建设、政治建设、文化建设、社会建设、生态文明建设等将明显增强，改革开放的"红利"将惠及十几亿人，人民的总体富裕程度和幸福感将大大提升。

探析习近平的改革观，我们可以看到，（一）它传承了邓小平改革观的坚定性。即继续高举中国特色社会主义伟大旗帜不动摇，自觉做到理论自信、制度自信和道路自信；（二）更加注重改革的系统性、整体性和协同性。党和国家战略布局由原来的"经济建设、政治建设、文化建设"的"三位一体"调整为"经济建设、政治建设、文化建设、社会建设、生态文明建设"的"五位一体"；（三）更加注重改革成果惠及人民。习近平认为，人民的期盼就是共产党的奋斗目标，要让一切劳动、知识、技术、管理、资本的活力竞相迸发，让一切创造社会财富的源泉充分涌流，让发

[①] 《邓小平文选》第3卷，人民出版社1993年版，第373页。

展成果更多更公平惠及全体人民；（四）更加注重改革的国家主导性。无论是顶层设计也好，还是设立改革领导小组习近平亲任组长也好，都可看到这一点；（五）更加具有紧迫性。习近平的改革观是具有时间表和路线图的改革观，必须保证到 2020 年，在重要领域和关键环节改革上取得决定性成果，完成各项改革任务，并确保全面建成小康社会。因此，改革更具有紧迫性。

邓小平的改革观形成于十一届三中全会，而习近平的改革观则成型于十八届三中全会，如果说十一届三中全会是中国人民从"站起来"到"富起来"的宣言书的话，那么，十八届三中全会就是中国人民从"富起来"到"强起来"的集结号。改革的确是党在新的历史条件下带领全国各族人民进行的新的伟大革命，是当代中国最鲜明的特色。

（作者单位：广东外国语外贸大学高级翻译学院）

胡锦涛经济发展伦理思想的三个维度

沈昊驹

自工业文明以来，人类全球范围内渐次出现了技术危机、科学危机、环境危机和生存危机。胡塞尔（E. Edmund Husserl）晚年在分析欧洲科学危机时所提出的"生活世界"（the life world）和马丁·海德格尔（Martin Heidegger）在追问技术时所提出的"去蔽状态"（Un-entborgenheit），都是对现代性境遇的集中阐述。国内外学界展开的对这些人类性问题的伦理思考，无论是"环境伦理学"、"生态伦理学"还是"普世伦理学"，都体现了试图解决这些问题的哲学努力。同时，人们在对当下经济发展的观念和经济发展的理论进行理性思考的同时，又赋予其价值内涵，经济发展的这种价值内涵就是经济发展伦理（Ethics of Economy Development）。经济发展伦理是对经济发展的目标、手段和结果的价值判断和价值取向，是研究人们在社会经济发展中完善人生和协调人与人、人与物以及人与社会的各种利益关系的道德原则和规范的科学。在经济学中，保罗·斯特瑞顿（Paul Streaten）和阿玛蒂亚·森（Amartya Sen）这两位经济学家，运用按照伦理原则确立起来的发展概念，来审视和抨击现实社会中存在的种种不平等的、欠发展的现象，并致力于将经济学和伦理学有效地结合起来以处理人类发展所面临的亟待解决的问题。在此基础上，"发展伦理学之父"德尼·古莱（Denis Goulet）提出了发展伦理学的概念，认为发展的目标是改善人类生活和社会安排，以便为人们提供广泛的选择来寻求共同的和个人的福祉。刘福森则从西方文明的危机所表现出来的传统与现实的矛盾、工业、技术与自然的矛盾以及心灵与外部实在的矛盾这样一个角度探讨了发展的合理性，在国内第一个提出发展伦理学的概念，并且认为，"能够做"与"应当做"的问题是发展伦理学的基本问题之一。

"经验表明，一个国家坚持什么样的发展观，对这个国家的发展会产生重大影响,不同的发展观往往会导致不同的发展结果。"① 正是在这种背景下,以胡锦涛同志为总书记的党中央创造性地提出了科学发展观这一新的重大战略思想,并且提出,在当今新的时代条件下,应该坚持以人为本,实现全面、协调、可持续的发展。科学发展观经济伦理思想把发展作为第一要义,在坚持以经济建设为中心的同时强调又好又快发展,实现了对马克思主义经济伦理的继承与创新。科学发展观坚持以人为本,统筹城乡发展、统筹区域发展、统筹经济社会发展、统筹人与自然和谐发展、统筹国内发展和对外开放,做到全面、协调、可持续发展。"科学发展观是指导发展的世界观和方法论的集中体现,是运用马克思主义的立场、观点、方法认识和分析社会主义现代化建设的丰富实践,深化对经济社会发展一般规律认识的成果,从而成为我们推进经济建设、政治建设、文化建设、社会建设必须长期坚持的根本指导方针。"② 科学发展观第一次系统地将发展赋予伦理内涵,具有重要意义。

具体来讲,胡锦涛的经济发展伦理思想体现了三个维度:

一 包容性增长的经济发展伦理追求

包容性增长(inclusive growth),也称为共享式增长,是一个与单纯追求经济增长相对立的概念。亚洲开发银行2007年10月组织了一次以"新亚太地区的共享性增长与贫困减除"为主题的国际研讨会,会议形成了如下共识:增长必须具备共享性、可持续性以及更为民众所认同;贫困人口可以而且应该成为经济增长和社会发展的积极推动者并且为经济增长做出贡献,而不应该是消极被动的受助者和被怜悯者;要通过经济增长创造就业和其他发展机会,强调发展机会的均等;既要通过保持经济的高速与持续增长,又要通过减少与消除机会不均等,来促进社会的公平与共享。③ 上述增长理念的发展表明,人类对增长的认识愈来愈把伦理的因素置于其中,包容性增长最基本的伦理含义是倡导机会平等的增长,公平合理地分享经济增长,最终目的是要把经济发展成果最大限度地让普通民众来受益。

包容性增长的理念迅速得到了中国领导人的响应。2009年11月15

---

① 胡锦涛:《推进合作共赢,实现持续发展》,《人民日报》2004年11月21日。
② 胡锦涛:《在中央经济工作会议上的讲话》,《人民日报》2006年12月5日。
③ 林毅夫等:《以共享式增长促进社会和谐》,中国计划出版社2008年版。

日，国家主席胡锦涛在亚太经济合作组织上发表题为《合力应对挑战推动持续发展》的重要讲话，强调"统筹兼顾，倡导包容性增长"。2010年9月16日，第五届亚太经合组织人力资源开发部长级会议在北京人民大会堂举行，胡锦涛出席开幕式并发表题为《深化交流合作，实现包容性增长》的致辞。胡锦涛在致辞中强调，"实现包容性增长，切实解决经济发展中出现的社会问题，为推进贸易和投资自由化、实现经济长远发展奠定坚实社会基础，这是亚太经合组织各成员需要共同研究和着力解决的重大课题"。胡锦涛指出，"实现包容性增长，根本目的是让经济全球化和经济发展成果惠及所有国家和地区、惠及所有人群，在可持续发展中实现经济社会协调发展。我们应该坚持发展经济，着力转变经济发展方式，提高经济发展质量，增加社会财富，不断为全体人民逐步过上富裕生活创造物质基础；坚持社会公平正义，着力促进人人平等获得发展机会，不断消除人民参与经济发展、分享经济发展成果方面的障碍；坚持以人为本，着力保障和改善民生，努力做到发展为了人民、发展依靠人民、发展成果由人民共享"。

由此看来，胡锦涛关于包容性增长思想的基本伦理内涵第一是要最大多数人共享，是包容更多的人群和地区的增长，在包容性增长思想的指导下，改革和经济发展的成果所惠及的就不仅仅是一部分人、少数人甚至个别人，经济发展的实惠应该为最广大的普通百姓所享受；第二是要公平共享，即除了要让更多的人享受全球化成果，还要"让弱势群体得到保护"，使他们能公平合理地分享到国家经济发展的成果。胡锦涛提出的"包容性增长"新概念，更加注重平等公义，更加注重社会和谐，应成为正确处理当下各种人民内部矛盾的指导原则。

二 以人为本的经济发展伦理选择

科学发展观的核心就是以人为本。所谓以人为本，"就是坚持全心全意为人民服务，立党为公、执政为民，始终把最广大人民的根本利益作为党和国家工作的根本出发点和落脚点，坚持尊重社会发展规律与尊重人民历史主体地位的一致性，坚持为崇高理想奋斗与为最广大人民谋利益的一致性，坚持完成党的各项工作与实现人民利益的一致性，坚持发展为了人民、发展依靠人民、发展成果由人民共享。以人为本，体现了马克思主义历史唯物论的基本原理，体现了我们党全心全意为人民服务的根本宗旨和我们推动经济社会发展的根本目的。"① 我们的社会主义现代化建设之所以要坚持以人为本，是因为经济与社会的可持续发展之最深层的动力是具有优良人格素质和高度理性良知的现代人，而这就要求给予人以深切的眷注和关怀。

如何坚持以人为本？胡锦涛提出，"坚持以人为本，就是要以实现人的全面发展为目标，从人民群众的根本利益出发谋发展、促发展，不断满足人民群众日益增长的物质文化需要，切实保障人民群众的经济、政治和文化权益，让发展的成果惠及全体人民"②。同时，我们还应当认识到，我们的事业在发展，社会在进步，人民群众的利益需求也在发展。实现群众的愿望，满足群众的需要，维护群众的利益，是一个动态的不断发展的过程。

"以人为本"的伦理价值取向反映了科学发展观的本质特征，即人在经济与社会发展中理当占据的主体性地位，人不仅是自然界的产物，而且人又将自然界对象化而成为发展的主体；这种双重身份决定了人永远不可能完全摆脱自然界的束缚，又不甘于这种约束而不断地努力以便超越自然界。恩格斯在论述人与自然的关系时就曾论道："我们统治自然界，决不象征服者统治异民族一样，相反地，我们连同我们的肉、血和大脑都是属于自然界，存在于自然界的；我们对自然界的整个统治，是在于我们比其他一切动物强，能够认识和正确运用自然规律。"③ 因此，"以人为本"，并不意味着人类可以凌驾于自然界之上，随心所欲地向它索取，也不表现为人们可以摆脱"人人为我，我为人人"的社会伦理规范，去寻求所谓绝对自由。相反，"以人为本"的伦理价值取向无论在人与自然的关系，还是在人与人的社会关系的范围内，均提示着人的责任和义务。只有在面对自然时和身处社会中均能具有高度责任意识和强烈义务感的人们，他们才能全面地挖掘自身在思想道德、科学文化、心理认知、生活审美等各方面的潜力，于不断地推动经济与社会和谐发展的同时，也逐步地实现自身的全面发展。倡导"以人为本"的伦理价值取向，意在矫正以往经济发展中见物不见人的发展偏差，张扬"人"作为社会历史发展主体的能动性，从而在将"人为自然立法"纳入"人为自己的行为立法"的过程中，使人的

---

① 胡锦涛：《在新进中央委员会的委员、候补委员学习贯彻党的十七大精神研讨班上的讲话》，《人民日报》2007年12月17日。
② 胡锦涛：《在中央人口资源环境工作座谈会上的讲话》（2004年3月10日），《十六大以来重要文献选编》上，中央文献出版社2008年版，第850页。
③ 马克思、恩格斯：《马克思恩格斯选集》第3卷，人民出版社1972年版，第518页。

行动上的道德自由与自然界的必然性更为一致。我们可以看到，在科学发展观中所蕴含的"以人为本"的伦理价值取向，既有"让发展的成果惠及全体人民"的现实社会意义，更有"人的全面发展是可持续发展的核心要素"的历史文化价值。

三　以和谐为主导的经济发展伦理目标

科学发展观的另一个伦理内涵就是和谐发展。所谓和谐发展，是指社会——生态系统的竞争、共生和自生机制的完善结合，环境合理、经济高效、行为合拍、社会文明、系统健康地发展。和谐发展强调系统物质、能量、信息的高度综合和合理竞争，共生与自生能力的结合，生产、消费与还原功能的协调，社会、经济、环境的耦合，时、空、量、构、序的统筹，以及哲学与工程学的完美结合，实现社会关系和生态关系的协调。胡锦涛指出，我们所要建设的社会主义和谐社会，应该是民主法治、公平正义、诚信友爱、充满活力、安定有序、人与自然和谐相处的社会。这些基本特征是相互联系、相互作用的，需要在全面建设小康社会的进程中全面把握和体现。胡锦涛进一步具体解释了和谐社会的这六个特征："民主法治，就是社会主义民主得到充分发扬，依法治国基本方略得到切实落实，各方面积极因素得到广泛调动；公平正义，就是社会各方面的利益关系得到妥善协调，人民内部矛盾和其他社会矛盾得到正确处理，社会公平和正义得到切实维护和实现；诚信友爱，就是全社会互帮互助、诚实守信，全体人民平等友爱、融洽相处；充满活力，就是能够使一切有利于社会进步的创造愿望得到尊重，创造活动得到支持，创造才能得到发挥，创造成果得到肯定；安定有序，就是社会组织机制健全，社会管理完善，社会秩序良好，人民群众安居乐业，社会保持安定团结；人与自然和谐相处就是生产发展，生活富裕，生态良好。"[①] 胡锦涛强调，构建社会主义和谐社会，同建设社会主义物质文明、政治文明、精神文明是有机统一的。要通过发展社会主义社会的生产力来不断增强和谐社会建设的物质基础，通过发展社会主义民主政治来不断加强和谐社会建设的政治保障，通过发展社会主义先进文化来不断巩固和谐社会建设的精神支撑，同时又通过和谐社会建设来为社会主义物质文明、政治

[①] 胡锦涛：《坚定不移沿着中国特色社会主义道路前进　为全面建成小康社会而奋斗》（党的十八大报告），人民出版社2012年版。

文明、精神文明建设创造有利的社会条件。

和谐发展的基本要求是要全面协调可持续。实现发展目标，发展要有新思路，必须更好地把握和运用现代化建设规律。科学发展观的根本着眼点，就在于用新的发展思路实现又好又快的发展。以科学发展观为指导，辩证地认识和处理经济建设、政治建设、文化建设和社会建设之间的关系，促进生产关系与生产力、上层建筑与经济基础相协调；坚持走文明、和谐发展道路，建设资源节约型、环境友好型社会，实现速度和结构质量效益相统一、经济发展与人口资源环境相协调，使人民在良好的生态环境中生产生活，实现经济社会永续发展。

和谐发展的根本方法是统筹兼顾。随着改革开放的深入和现代化建设的推进，我们面对的社会利益主体更多，领域更广，利益关系也更复杂。我国经济社会发展还不够全面，城乡二元经济结构局面亟待改变，地区发展很不平衡，经济的快速增长对资源、环境的压力日益加大。这就要求我们的发展要更加注重统筹兼顾，做到城乡协调发展、区域协调发展、经济社会协调发展、人与自然和谐发展、统筹国内发展和对外开放，推进生产力和生产关系、经济基础和上层建筑相协调，推进经济、政治、文化建设的各个环节、各个方面相协调。这样，我们才能更好地妥善处理当前各方面突出矛盾、协调好各种利益关系，最终实现经济社会、自然和人的和谐发展。

四　评述

什么样的经济发展才是符合伦理的发展？人类发展实践上出现了"我们的发展速度越来越快，但我们却迷失了方向"的价值与伦理的缺失现象。现实和理论的发展都需要对这一问题进行解答。马克思就资本主义经济发展的目标、手段和结果进行了深刻的伦理批判，认为资本主义经济发展的非伦理性导致了人与人、人与自然以及人与社会关系的异化，这种不平等的经济发展结果是不可持续的。马克思认为经济发展的目标应该是人的全面自由的发展。有利于促进人的自由全面发展的经济发展，才是真正的发展。科学发展观就是适应中国这样处于社会主义初级阶段的发展中国家在新的历史条件下解决实现什么样的发展、怎样发展这一基本问题应运而生的科学发展观坚持和发展了马克思列宁主义、毛泽东思想、邓小平理论和"三个代表"重要思想，"总结了二十多年来我国改革开放和现代化建设的成功经验，吸取了世界上其他国家在发展进程中的经验教训，揭示了经济社会发展的客观规律,反映了我们党对发展问题的新认识"①。以人为本,实现全面协调可持续的和谐发展,是其经济发展伦理思想的终极关怀,这是科学发展观的核心伦理内涵。

发展的价值判断是发展概念本身题中应有之义。马克思较早地关注经济发展与伦理的关系,他从经济基础和上层建筑之间辩证运动的角度出发,认为财产的任何一种社会形式都有各自道德与之相适应。一切以往的道德论归根到底都是当时的社会经济状况的产物。马克斯·韦伯(Max Weber)重视伦理道德因素在经济发展中的重要作用,他认为经济活动如果不灌注一种精神或者缺乏道德规范,那么就容易变成一种纯物质利益的冲动和暴发挥霍。埃米尔·迪尔凯姆(Emile Durkheim)把是否重视道德因素作为判断经济观正确与否的标志,如果一个人忽略了经济发展中的道德原因,他就会形成完全错误的经济发展观。德尼·古莱认为,"最大限度地生存、尊重和自由"② 是发展的三大核心价值观。针对传统的经济发展概念,波士顿大学教授、世界发展研究所所长保罗·斯特里登(Paul Streeten)认为,"发展必须重新下定义,应叫作向当今世界主要'敌人':营养不良、疾病、文盲、贫民窟、失业和不平等开战。若按总增长率来衡量,则发展已取得了显著成绩,但若是按工作、公平和消除贫困来衡量,发展则是失败的或仅仅取得了局部成功。"③ 美国未来学家阿尔温·托夫勒(Alvin Toffler)也认为,"今天世界迅速认识到,在道德、美学、政治、环境等方面日趋堕落的社会,不论它多么富有和技术高超,都不能认为是个进步的社会。进步不再以技术和物质生活标准来衡量。社会不会只沿着单一轨道发展,丰富多彩的文化是衡量社会的标准。"④ 美国经济学家迈克尔·P. 托达罗(Michael P. Todaro)认为,"发展必须被视为是一个既包括经济增长、缩小不平等和根除贫困,又包括社会结构、国民观念和国家制度等这些主要变化的多元过程。发展的核心价值是基本生活需求、自尊和

---

① 胡锦涛:《在中央人口资源环境工作座谈会上的讲话》(2004年3月10日),《十六大以来重要文献选编》上,中央文献出版社2008年版,第850页。
② [美]德尼·古莱:《发展伦理学》,高铦等译,社会科学文献出版社2003年版,第49页。
③ [美]迈克尔·P. 托达罗:《经济发展与第三世界》,印金强、赵荣美译,中国经济出版社1994年版,第50—51页。
④ [美]阿尔温·托夫勒:《第三次浪潮》,朱志焱等译,上海三联书店1984年版,第30页。

自由。它们代表了所有个人和社会追求的共同目标。"[①] 但是长期以来，人们将发展等同于增长，在经济发展过程中极力简单地追求经济的增长，唯GDP是图，在国内外经济发展史上带来了深刻的历史教训。

以胡锦涛同志为总书记的党的领导集体将人作为发展主体的创造性和利益主体的受惠性统一起来，提出了科学发展观。"党的十六届三中全会提出的科学发展观是在全球化宏伟背景下，我党对当代中国发展问题的新认识、新概括，是发展观演变史上的一场时代性革命，是马克思主义发展观中国化的实践成果和理论结晶。科学发展观既不是对传统发展观的彻底颠覆，也不是关于发展的理论终结，科学发展观是以对人类以往发展观的内涵嬗变与价值扬弃的方式实现了发展观的历史超越和时代确证。"这种"内涵嬗变与价值扬弃"就是在翔实的发展实践蓝本和丰富的发展问题领域的基础上赋予发展理论以深刻的伦理意蕴。这既是对马克思主义经济发展伦理的继承和发展，又是对当代中国发展的伦理指引。

党的第四代领导集体以科学发展观为指导的经济发展思想，不仅为我国经济建设实践提供了理论指导，还为其他国家尤其是广大发展中国家如何结合自己本国国情来发展提供了重要借鉴意义。正如巴西共产党中央委员马丽亚·科埃略（Maria Coelho）所言，中国共产党在深刻认识中国社会多样性和复杂性的基础上，注重"马克思主义中国化"，提出了科学发展观这个创新理论，同时又通过开展学习实践活动来贯彻，这些经验对世界各国共产党具有积极的借鉴意义。科学发展观坚持以人为本为核心，要求全面协调可持续发展和统筹兼顾的方法，同样为其他国家所重视。秘鲁阿普拉党（Partido Aprista Peruano，又译人民党）宣传书记、总书记顾问赫尔曼·鲁纳（Herrmann Luna）就认为，中国共产党在国家建设和发展中以人为本、注重环境保护与和谐发展，以科学的态度应对发展中的难题和挑战，不仅为世界社会主义的发展做出了积极贡献，对推动全人类的发展也具有深远意义。古巴亚大研究中心副主任、中国问题专家爱德华多·雷加拉多（Eduardo Regalado）也认为，科学发展观是新形势下中共领导人提出的创新理论，必将为中国如何建设社会主义奠定理论基础。

（作者单位：华中科技大学马克思主义学院）

[①] ［美］迈克尔·P. 托达罗：《经济发展》，中国经济出版社1999年版，第15页。

"中国特色"视角下"西藏特点"的理论建构

王东红

1950年邓小平在一次讲话中指出:"我们对少数民族地区确定了一个原则,就是在汉族地区实行的各方面的政策,包括经济政策,不能照搬到少数民族地区去,要区分哪些能用,哪些修改了才能用,哪些不能用。要在少数民族地区研究出另外一套政策,诚心诚意地为少数民族服务。比如贵州的少数民族,大多住在山上,如果我们能够给他们解决吃盐的问题,那就一定能够得到他们的拥护。又如西康现在还不通汽车,怎样在经济上同内地沟通,从内地进什么货,他们的东西怎么运出来,价格如何,怎样使他们有利可得,这些都要妥善处置。"[①] 作为物质实体的汽车在当时难以到达一些少数民族地区。直到2013年10月31日,西藏墨脱正式摆脱了"全国唯一不通公路县"的历史。然而,"理论的汽车是可以在不同的地域奔驰的"。改革开放以来中国共产党所形成的理论就在各地指导着实践,西藏也坚定不移走中国特色、西藏特点的发展路子。学界已对这条路子的提出、内涵和构成等进行了解读,但还需更深入研究。在此,从中国特色社会主义视野对"西藏特点"加以建构性分析。

一 对"西藏特点"的依据和历史要全面考察

"中国特色社会主义,是科学社会主义理论逻辑和中国社会发展历史逻辑的辩证统一,是根植于中国大地、反映中国人民意愿、适应中国和时代发展进步要求的科学社会主义,是全面建成小康社会、加快推进社会主

---

① 《邓小平文选》第1卷,人民出版社1994年版,第167页。

义现代化、实现中华民族伟大复兴的必由之路。"① 中国特色、西藏特点的发展路子则体现了中国特色社会主义理论逻辑和西藏社会发展历史逻辑的辩证统一，具有深厚的理论根据和广泛的现实基础。

（一）"西藏特点"形成的理论根据

"西藏特点"的形成遵循着社会发展规律。"西藏特点"的形成符合社会的进步性规律，是社会主义初级阶段的中国社会形态存有叠加的结果，是西藏社会发展继承性的产物。"任何解放都是使人的世界即各种关系回归于人自身。"② 人类社会的发展必然使越来越多的人逐渐朝向自由全面发展。西藏就经历了由传统的农牧业经济到现代市场经济，由政教合一到政教分离，由专制到民主，由迷信到科学，由封闭到开放的进程。当前，西藏正在从加快发展转向跨越式发展，从相对封闭转向全面开放，从单一农牧业转向多元经济共同发展，从自然保护为主转向全面加强生态环境建设，从解决温饱转向全面建成小康社会。但是一定的社会中各事项的发展往往具有不平衡性。马克思多次以不同地质层系的叠复来说明社会形态的复杂性。"正像各种不同的地质层系相继更迭一样，在各种不同的经济社会形态的形成上，不应该相信各个时期是突然出现的，相互截然分开的。在手工业内部，孕育着工场手工业的萌芽，而在有的地方，在个别范围内，在个别过程中，已经采用机器了。后面这一点在真正工场手工业时期更是如此，工场手工业在个别过程中采用了水力和风力（或者还采用了只是作为水力和风力的代替者的人力和畜力）。"③ 晚年马克思还指出，不能将所有的原始公社混为一谈，"地球的太古结构或原生结构是由一系列不同年代的叠复的地层组成的。古代社会形态也是这样，表现为一系列不同的、标志着依次更迭的时代的类型。俄国农村公社属于这一链条中最近的类型"④。幅员辽阔又快速转型的中国，在社会主义初级阶段，各地各种生产方式并存，"西藏特点"所反映的生产方式就是其中一种。"历史的每一阶段都遇到一定的物质结果，一定的生产力总和，人对自然以及个人之间

---

① 《习近平同志在新进中央委员会的委员、候补委员学习贯彻党的十八大精神研讨班上的讲话（2013年1月5日）》。参见李章军《毫不动摇坚持和发展中国特色社会主义在实践中不断有所发现有所创造有所前进》，《人民日报》2013年1月6日第1版。
② 《马克思恩格斯文集》第1卷，人民出版社2009年版，第46页。
③ 《马克思恩格斯文集》第8卷，人民出版社2009年版，第340页。
④ 《马克思恩格斯全集》第25卷，人民出版社2001年版，第472—473页。

历史地形成的关系,都遇到前一代传给后一代的大量生产力、资金和环境,尽管一方面这些生产力、资金和环境为新的一代所改变,但另一方面,它们也预先规定新的一代本身的生活条件,使它得到一定的发展和具有特殊的性质。由此可见,这种观点表明:人创造环境,同样,环境也创造人。"① 西藏各族人民面对的自然环境和社会条件及其在此基础上所创造的历史就构成了"西藏特点"的重要内容基础,这在多元一体的中华民族中更显示出特殊性。西藏作为中国的欠发达的边疆民族地区,由于和整体中国的推拉牵引相互作用,实现了由封建农奴制到社会主义的跨越。但在制度总体跨越后,现实生产方式的跨越就要求从理论和实践结合上系统回答在具有诸多特殊性的西藏建设什么样的社会主义、怎样建设社会主义的根本问题,使西藏与全国一道快速发展起来,使西藏人民生活水平与全国人民一道快速提高起来。因此,西藏走中国特色、西藏特点的发展路子是人类社会发展现实与发展理想统一的体现,特别是反映了一定阶段社会发展的不平衡性和发展目标一致性的统一。

"西藏特点"的形成是理论发展规律的体现。"马克思主义者必须考虑生动的实际生活,必须考虑现实的确切事实,而不应当抱住昨天的理论不放,因为这种理论和任何理论一样,至多只能指出基本的、一般的东西,只能大体上概括实际生活中的复杂情况。"② 中国特色、西藏特点发展路子是中国特色社会主义道路在西藏的具体化,也是在中国特色社会主义理论指导下对西藏建设社会社会主义实践的理论表达。一般来说,"中国特色"与"西藏特点"之间体现了一般与个别、全局与局部、共性与个性、普遍与特殊的关系。"正确的理论必须结合具体情况并根据现存条件加以阐明和发挥。"③ "西藏特点"是一个语言表达精准、思想内涵丰富、传播使用广泛的提法,其所反映的西藏及其发展过程都是客观存在而不是一个虚幻的生造概念,已经产生了利远远大于弊的效果。理论的要点就是要旅行,不断去超越其界限,去移居,去保持某种意义上的在他乡,而在不同的场所(locales)、地点(Sites)和情境能动地激活运用理论是可能的,且能免

---

① 《马克思恩格斯文集》第1卷,人民出版社2009年版,第544—545页。
② 《列宁专题文集 论马克思主义》,人民出版社2009年版,第169页。
③ 《马克思恩格斯全集》第47卷,人民出版社2004年版,第35页。

于轻率的普世主义（Universalism）和笼统的总体化（Totalizing）①。"西藏特点"就是"中国特色社会主义"在西藏的本土化，其实践及其表述都丰富了中国特色社会主义的内容。可见，"西藏特点"这一总括性提法体现了理论的产生、传播和发展的规律。

"西藏特点"的形成反映了中国特色社会主义规律。党的十八大报告明确提出了"中国特色社会主义规律"概念。这既是对认识和把握中国特色社会主义市场经济、民主政治、先进文化、和谐社会、生态文明等建设规律的提升，也是探索和运用共产党执政规律、社会主义建设规律和人类社会发展规律的结晶。毛泽东曾指出："要使马克思列宁主义的理论和中国革命的实际运动结合起来，是为着解决中国革命的理论问题和策略问题而去从它找立场，找观点，找方法的……我们要从国内外、省内外、县内外、区内外的实际情况出发，从其中引出其固有的而不是臆造的规律性，即找出周围事变的内部联系，作为我们行动的向导。"②邓小平在改革开放之初也指出："我们认为社会主义道路是正确的。我们现在进行一系列改革，仍然坚持四项基本原则，其中有一条就是坚持社会主义道路。各个国家应该根据自己的特点来实行社会主义的政策。像中国这样的大国，也要考虑到国内各个不同地区的特点才行。"③将社会主义普遍性、中国特色特殊性和具体实际个别性结合起来，把握时代发展要求，顺应人民共同愿望，做到实事求是和共建共享是中国特色社会主义规律的重要内容。"西藏特点"发展路子就是依照中国特色社会主义规律而进行的创新道路。

（二）"西藏特点"形成的现实根据

西藏的基本区情是"西藏特点"提出的根本依据。西藏区情是西藏社会状况和自然情况的系统体现，历史发展和现实阶段的总体呈现，毗邻周边环境与内地省区环境的比较显现。综合来讲，西藏是世界上海拔最高、面积最大、地形最为复杂的高原，是影响全国、东亚乃至全球气候与生态的敏感区域。面积大、山川大、草场大，林多、水多、矿多，是中国西南边陲的重要门户，素有"世界屋脊"、"地球第三极"之称，但又高寒缺氧、交通不便、生态脆弱。同时，西藏是中国人口最少、密度最小、民族

---

① Edward W. Said, *Reflections on Exile and Other Essays*, Cambridge, Massachusetts: Harvard University Press, 2000, pp. 451 – 452.
② 《毛泽东选集》第3卷，人民出版社1991年版，第801页。
③ 《邓小平文选》第2卷，人民出版社1994年版，第313页。

众多、藏族最集中①、民族群众普遍信教的省区。从9世纪晚期到1959年3月,长期实行政教合一的封建农奴制的政治统治,各族人民的思想觉悟和生活状况还需不断改观。这些区情构成了西藏的基础性特点,在一定时期内有劣势和优势之分。当前西藏的社会主要矛盾是人民群众日益增长的物质文化需要同落后的社会生产之间的矛盾,还存在着各族人民同以达赖集团为代表的分裂势力之间的特殊矛盾。边界问题和对西藏的自然和精神情结,以及国际相关力量将西藏作为牵制中国的重要因素等使得西藏地位特殊。世界关注、中央关怀、全国关心使得西藏必须坚定不移地走中国特色、西藏特点的发展路子。

中国共产党西藏工作正反两方面经验和改革开放以来西藏社会主义现代化的实践是"西藏特点"形成的历史根据。中国特色社会主义道路,"它是在改革开放30多年的伟大实践中走出来的,是在中华人民共和国成立60多年的持续探索中走出来的,是在对近代以来170多年中华民族发展历程的深刻总结中走出来的,是在对中华民族5000多年悠久文明的传承中走出来的"②。拥有悠久历史文化的藏族在近代以来与中华民族共命运。公元7世纪前半叶,松赞干布统一了青藏高原上藏族各部,所建立的吐蕃王朝就与唐朝皇室建立了密切联系。③ 1791年清政府派大军入藏并与西藏人民共同征讨廓尔喀侵藏。19世纪下半叶,英国殖民主义分子力图使西藏半殖民地化,西藏军民进行了英勇抵抗。俄国、日本、印度、美国乃至盘踞在我国台湾的国民党等也干涉西藏地方,破坏西藏民族内部团结。但经西藏人民与其他各族人民、中央政府的努力,最终清除了外部势力的影响,维护了国家的安全和统一。在中国共产党的领导下,"进军西藏和经营西藏"④依据西藏实际而展开,并在20世纪50年代就有了"西藏特殊"、"照顾西藏的实际需要"等认识。如1950年毛泽东在获阅"西藏情况"的汇报后指出"西藏人口虽不多,但国际地位极重要,我们必须占

---

① 2010年第六次全国人口普查显示,西藏全区常住人口为3002166人;藏族和其他少数民族人口占91.83%,其中,藏族人口占90.48%,其他少数民族人口占1.35%;每10万人中具有大学文化程度的有5507人。参见西藏自治区统计局《西藏自治区2010年第六次全国人口普查主要数据公报(2011年5月3日)》,《西藏日报(汉)》2011年5月4日,第3版。
② 习近平:《在第十二届全国人民代表大会第一次会议上的讲话》(2013年3月17日),《人民日报》2013年3月18日,第1版。
③ 王贵、喜饶尼玛、唐家卫:《西藏历史地位辨》,民族出版社2003年版,第1页。
④ 《毛泽东文集》第6卷,人民出版社1999年版,第36页。

领,并改造为人民民主的西藏。"① 1951年的《时事手册》第16期还发表了《西藏民族解放的道路》②。经和平解放和平定上层反动集团武装叛乱,1965年成立的自治区标志着民族区域自治制度在西藏的全面确立和西藏走上了社会主义道路。"文革"时期的西藏,党的民族、经济、宗教、统战、干部政策和群众工作都出现了"左"的错误,民族区域自治制度遭到了破坏。党的十一届三中全会和全国民族工作拨乱反正以后,1980年在北京召开的西藏工作座谈会明确指出:西藏"是政治、经济、文化和自然条件都具有特殊重要性的民族自治区",并"考虑到西藏的特殊情况",提出了八项方针。③ 但是贯彻座谈会过程中,在干部政策等方面也出现了一些失误。1984年第二次西藏座谈会明确提出了"西藏特点"、"建设具有西藏民族特点的社会主义精神文明"等,并指出了西藏在自然、社会、民族、宗教上的特殊性表现。同年,中共中央和国务院批转的《胡启立、田纪云同志赴西藏调查研究的报告》提出了"一个解放"、"两个为主"、"两个长期不变"、"两个转变"等方针政策。1985年胡启立在庆祝西藏自治区成立二十周年干部大会上强调:"要把西藏的事情办好,必须坚持党的实事求是的思想路线,不断深化和丰富对客观实际的认识,正确掌握西藏同全国各地之间的共同性和西藏本身的特点。这是三十多年的经验总结。"④ 但是之后的有些政策又助长了当时社会兴起的宗教狂热,拉萨还出现严重骚乱。1990年自治区党委明确提出了"一个中心,两件大事,三个确保"的西藏工作指导思想⑤。经过1994年和2001年第三、四次西藏座谈会的完善,2005年中央政治局专题研究西藏工作,指出西藏要"以坚持用科学发展观统领经济社会发展全局,走出一条符合西藏实际、具有区域特色的生产发展、生活改善、生态良好、资源节约、全面协调可持续发展的道路。"2007年西藏经济工作会议将其概括为"建设有中国特色、西藏特点

---

① 《毛泽东文集》第6卷,人民出版社1999年版,第36页。
② 中国人民解放军华东军区第三野战军政治部编印:《关于和平解放西藏办法的协议(新五辑)》,1951,第35—39页。
③ 《十一届三中全会以来重要文献选读》(上),人民出版社1987年版,第193—198页。
④ 中共中央文献研究室、中共西藏自治区委员会编:《西藏工作文献选编(一九四九—二〇〇五年)》,中央文献出版社2005年版,第389页。
⑤ 胡锦涛:《团结全区各族人民 坚持党的基本路线 为实现西藏长治久安和繁荣进步而奋斗——在中国共产党西藏自治区第四次代表大会上的报告(一九九〇年七月十一日)》,《西藏日报(汉)》1990年7月20日第1—3版。

的发展路子"。对此,2008年和2009年胡锦涛参加十一届全国人大西藏代表团审议时予以肯定。2010年第五次西藏座谈会和2011年西藏第八次党代会对这条路子进一步加以确认。① 2013年《西藏的发展与进步》白皮书指出"西藏特点"的经济、政治及其法律制度逐步发展形成。2014年的西藏自治区政府报告对"西藏特点"的发展路子进行了一系列新论述。可见,"西藏特点"的发展路子的思想肇始于1950年谋划解放西藏,实践起点是1980年中央西藏工作座谈会,理论初始是2007年西藏经济工作会议。

西藏的阶段性特征是提出"西藏特点"的现实基础。虽然西藏已经实现了基本小康,但其发展呈现出一系列新的阶段性特征。西藏经济总量稳步提升,但起步晚、底子薄、积累少、实力弱状况依然没有根本改变;人民生活明显改善,但部分城乡居民特别是一些农牧民生活还比较困难,社会事业总体水平相对滞后,农牧区公共服务基础差、社会保障能力低等问题比较突出,经济社会发展不协调、城乡发展不平衡状况依然存在;健康文明的生活方式逐步形成,但市场经济意识和商品意识还很薄弱,封建农奴制残余思想在有的社会成员头脑中依然存在;环境保护成效显著,但生态和发展的矛盾日益显现,生态安全形势依然严峻;社会大局保持稳定,但反分裂斗争依然尖锐复杂。② 要适应当前西藏发展的阶段性特征,建设社会主义新西藏,就必须更自觉地走中国特色西藏特点的发展路子。

二 对"西藏特点"的内涵和实质要准确概括

理论总是同历史发展状况与现实主体的成熟程度相适应的。"西藏特点"是一个颇具包容性的概念,应根据语境科学使用。"西藏特点"发展路子是发展理念与发展实践的统一,总体道路与具体路子的统一,是不断继承和逐渐完善的统一。不断坚持中国特色和强化西藏特点,社会主义的西藏发展路子就会越走越宽广,经济社会必然全面发展进步。

---

① 王东红:《东方特型、中国特色、西藏特点:中国特色社会主义道路的文化位置》,《湖北民族学院学报》(哲学社会科学版)2013年第3期。
② 《中共西藏自治区委员会关于制定"十二五"时期国民经济和社会发展规划的建议——2010年11月5日中共西藏自治区第七届委员会第七次全体会议通过》,《新西藏》2011年第1期,第27—28页。

（一）"西藏特点"的内涵

"西藏特点"概念要防止误用。首先，"西藏特点"有特定的指代，不能混同或固化。西藏特点是对西藏区情（情况）、西藏实际（现实）、西藏特（独）有、西藏特殊、西藏敏感、西藏传统等的扬弃，是对西藏经验、西藏做法等的提升。"西藏特点"还是一个不断发展的概念，具体所指不能简单地开列几条，或将其化约为西藏的自然环境特点和人文社会特点，或者经济特点、政治特点、文化特点、社会特点、生态特点。其次，"西藏特色"是一个中性甚至是褒义的词汇，不能对其庸俗附加。把办事效率不高、封闭落后、等靠要、远苦险等反讽为"西藏特点"，或者将日常生活领域对西藏及其人民的刻板印象，如"糌粑酥油茶"或"高原红脸蛋"、"普遍信教"等作为"西藏特点"也是片面的。最后，不能将"西藏特点"进行割裂误判。如将"中国特色"和"西藏特点"割裂对立。即要么只承认西藏的特殊性，不承认西藏同全国其他各地的共同性，甚至非常错误地认为西藏可以"独立"；要么只承认西藏同全国各地的共同性，忽视甚至否认西藏的特殊性。与之相反，恰恰应在共同性中看到特殊性，在中国特色社会主义的实践中，借鉴全国其他各地的经验，进一步认识和丰富"西藏特点"。再如将"西藏特点"与社会主义对立。即要么认为社会主义在西藏实践带来了所谓"人权"、"民族宗教"、"传统文化"、"生态环境"等问题，社会主义的"西藏特点"是个大杂烩、挡箭牌，甚至认为西藏的未来是复古到旧西藏（如全面信教、驱逐其他非世居民族）或者汉（儒）化、西化；要么认为社会主义在全国其他各地带来了很多问题，"西藏特点"就是要"另辟蹊径"。事实上，只有从实际出发建设社会主义新西藏，西藏的各种问题才能在发展中得到更好地解决。

"西藏特点"在内容上有广义、中义、狭义之分。广义的"西藏特点"包括西藏自然生态环境和人文社会环境所呈现出的独特之处；从西藏实际出发，在继承西藏历史文化与借鉴其他地域文明成果基础上，社会主义在西藏经具体化实践和理论化提升而形成的最优存在方式和演化方向；西藏与中国其他四省藏区以及国外藏族聚居区相较所产生的发展经验。中观层面的"西藏特点"指中国特色社会主义在西藏的具体化，即社会主义的"西藏特点"。现阶段，就是坚持从西藏区情实际出发，以民族团结为保障，以改善民生为出发点和落脚点，以长治久安为着眼点和着力点，坚持打牢农牧业和基础设施两个基础、突出特色产业和生态文明建设两个重点、加强民生改善和基本公共服务两个保障、激活改革开放和对口支援两个动力、强化科技和人才两个支撑、巩固民族团结和社会稳定两个基石这"六对抓手",不断强化民生先动、市场推动、项目带动、金融撬动、创新驱动、环境促动这"六动措施",坚守和谐稳定、生态保护、安全生产这"三条底线",突出区域特点、民族特点、时代特点,全力推进经济社会跨越式发展和长治久安,着力建设富裕、和谐、幸福、法治、文明、美丽的社会主义新西藏。① 狭义的"西藏特点"就是这西藏特点的经济发展路子,即在力求遵循客观规律、符合西藏发展阶段性特征、充分把握西藏自然特点和产业特色基础上形成的经济发展方式,是对中国共产党领导下西藏所探索形成的经济发展做法、经验和思路的概括。具体而言,主要是坚持"一产上水平、二产抓重点、三产大发展",推动特色优势产业加快发展,实现生产发展、生活富裕、生态良好的文明发展路子。

"西藏特点"的内涵需辩证地看待。首先,全面地理解"西藏特点",其是一个理论和实践相结合的体系。不能简单地认为"西藏特点"是"中国特色"的降格,"发展路子"是"发展道路"的降格。"中国特色"既可指代中国特色社会主义的旗帜、实践或事业乃至道路、理论体系、制度等,也可表征中国特色社会主义在经济、政治、文化、社会、生态等现实社会生活过程的具体领域和具体表现。② "道路"一般而言是实现路径,但在中国文化中,"道路"是由"道"(Tao, doctrine, track)和"路"(path, road, way)两字所构成的。"道路"即符合"道"的路或以"道"为根据的路。③ "道"有终极真理、运动规律、思想体系、正当事理、方法技艺等含义,"路"有通行之处、思想或行动的方向、种类等含义。"道路"合用还内含着不断求索、正大之义,与邪路、老路等相对,"道"、"路"也是中国古代的一种行政区划制度。因此,"西藏特点"(发展路子)既指发展思路,是西藏发展的行动指南;也指发展道路,是西藏发展的实现路径;还指发展规制,是西藏发展的制度安排,三者统一于西藏发展实践。其次,发展地看待"西藏特点",其是相对静止和绝对运动的统

---

① 洛桑江村:《政府工作报告——2014年1月10日在西藏自治区第十届人民代表大会第二次会议》,《西藏日报(汉)》2014年1月18日第1—3版。

② 王东红:《"中国特色"辨正:来源、使用和发展》,《中共石家庄市委党校学报》2014年第1期。

③ 李君如:《中国道路与中国梦》,外文出版社2014年版,第42页。

一。既要坚持和巩固已有的"西藏特点",也要不断深化和创造西藏发展应当具有的或必须具有的,以及目前还未充分显现的"西藏特点",进而使西藏特点丰富成熟乃至定型。同时要认识到,曾经具有"西藏特点"的事物,会随着实践和时代的发展以及他域的借鉴,丧失其鲜明的"特点",如内地班(校)、对口支援等。而一些不是或曾经不属于"西藏特点"的事物,也可能转化为"西藏特点",如在交通便利后,融地域、民俗、科技一体的高原特色农牧新产品、旅游方式等。"西藏特点"所指的内容正越来越丰富,向具体领域不断延伸。其强调重点也从最早的摆脱旧西藏有点(些)社会主义特色,发展到不照搬内地经验,再到全球化、市场化、信息化和民主化浪潮中接续西藏文化传统,传承创新藏民族特色,以及创新多民族国家欠发达地区发展模式,促进中华民族共同团结奋斗,共同繁荣发展。最后,联系地认识"西藏特点",其是吸收比较和凝练共识的产物。"西藏特点"应放置到参照系中去考察。从社会形态角度来看,"西藏特点"是社会主义性质的,而非资本主义的、封建主义的,它是对当代西藏进入社会主义社会各方面成功探索的归纳和概括,其重点强调("西藏"的)"社会主义特点",即社会主义新西藏。从地域特色来讲,其是西藏这一区域根据实际而生成的成功实践与理论探索,其重点强调("社会主义特点"的)"西藏",即西藏特有的自然人文环境。西藏的"这种"特色可能和其他藏区或民族自治区有相似情况,但由于实现途径和文化传统等而不能排除其所具有的特点。比较中的"中国特色",既包含本质性差异的特点,也包括发展多样性的非本质特点。可见,"西藏特点"既是对西藏主导思想和基本经验的凝炼概括,也是对西藏发展主要原因和根本道路的对外表达。

(二)"西藏特点"的实质

中国特色、西藏特点发展路子是一个历史、政治与学术交织的命题。首先,中国特色、西藏特点发展路子表明了西藏的领土、民族、历史、文化等都是中国的一部分。西藏自古以来是中国不可分割的一部分,西藏是中华人民共和国的一个自治区,藏族人是中国人的一部分,藏族是中华民族的一部分,勤劳、朴实、勇敢、智慧的西藏各族人民是中华民族大家庭不可或缺的成员。西藏是重要的国家安全屏障、生态安全屏障、战略资源储备基地、高原特色农产品基地、中华民族特色文化保护地、世界旅游目的地。西藏工作关乎中国核心利益。中国特色、西藏特点发展路子的提出是中国共产党西藏工作的理论与实践创新，是全面建成小康社会与实现科学发展、和谐发展、和平发展的需要，是维护民族团结、社会稳定、祖国统一、国家安全的需要。其次，中国特色、西藏特点发展路子表明了中国的社会主义性质。"决不能让西藏从祖国分裂出去，也决不能让西藏长期处于落后状态。只有社会主义才能救中国和发展中国，也只有社会主义才能救西藏和发展西藏。"① 社会主义中国的各民族之间是平等、团结、互助、和谐的关系，实现共同富裕是社会主义的本质要求。"如果不搞社会主义，而走资本主义道路，中国的混乱状态就不能结束，贫困落后的状态就不能改变。所以，我们多次重申，要坚持马克思主义，坚持走社会主义道路。但是，马克思主义必须是同中国实际相结合的马克思主义，社会主义必须是切合中国实际的有中国特色的社会主义。"② 走中国特色、西藏特点发展路子就体现了社会主义新型民族关系和社会主义本质的要求，是西藏各族人民实现社会主义现代化的必然选择。最后，中国特色、西藏特点发展路子是多民族国家欠发达地区存异求同的发展模式。"各个国家应该根据自己的特点来实行社会主义的政策。像中国这样的大国，也要考虑到国内各个不同地区的特点才行。"③ 因此，西藏的社会主义事业发展必然有自身的特点。而判断中国的民族政策和西藏工作，"关键是看怎样对西藏人民有利，怎样才能使西藏很快发展起来，在中国四个现代化建设中走进前列"。④ 中国特色、西藏特点发展路子为中国这一多民族国家的欠发达地区按照自身特点与全国一道实现共同的奋斗目标提供了典范。

"西藏特点"要生成西藏优势。首先，要增强对中国特色、西藏特点发展路子的自信。近代以来不同主体治理西藏的历史，特别是在中国共产党领导下历经和平解放、民主改革、自治区成立、改革开放所取得的伟大成就；对比与西藏自治区相邻的缅甸、印度、不丹、尼泊尔、克什米尔等南亚国家和地区，其他多民族发展中国家欠发达地区及其少数民族聚居区，当代西藏的经济社会发展水平有目共睹；西藏的发展与稳定，既是中央的战略部署和明确要求，也是西藏各族干部群众的强烈愿望和共同责

---

① 《江泽民文选》第 1 卷，人民出版社 2006 年版，第 394 页。
② 《邓小平文选》第 3 卷，人民出版社 1993 年版，第 63 页。
③ 《邓小平文选》第 2 卷，人民出版社 1994 年版，第 313 页。
④ 《邓小平文选》第 3 卷，人民出版社 1993 年版，第 247 页。

任，这都说明中国特色、西藏特点发展路子是党中央和西藏各族人民60多年奋斗、创造、积累的根本成就，需要倍加珍惜、始终坚持、不断完善，坚定对这一发展路子的自信。其次，在全面深化改革中坚持和强化社会主义的"西藏特点"。这就要求持续学习和运用马克思主义基本原理，并不断调查研究搞清西藏各方面的实际；进一步贯彻和实践中国特色社会主义，并不断吸收来自国内其他地区和世界各国的先进文明成果；将社会主义制度的优势和市场经济体制的优势等结合起来，在全面深化改革中，通过西藏各级党委政府在指导思想、顶层设计、运作环节、实际效果上对西藏发展进行积极探索，各族人民群众根据历史基础、现实状况、发展期待，在各领域、地域、时域中具体化实践，达到发展强效力、高效率、优效益的共建共享，进而经广泛借鉴和主动提升，进一步发掘和铸就西藏特点，生成西藏优势。最后，通过中国特色、西藏特点发展路子凝聚西藏各族人民群众的共同理想，实现其现实利益。西藏自治区内部由于自然与历史原因，不同文化区域、行政区划、地理区位使得地区、城乡、行业、群体发展不平衡。要通过中国特色、西藏特点发展路子的认同教育和现实途径，倡行以"爱国、团结、和谐、发展、文明"为主要内容的西藏核心价值观，使各族人民和睦相处、和衷共济、和谐发展的局面更巩固，并使奋斗中的每个人在更好的教育、更稳定的工作、更满意的收入、更可靠的社会保障、更高水平的医疗卫生服务、更舒适的居住条件、更优美的环境中成长、工作和生活。

针对性地积极消减关于"西藏特点"的误解。首先，深入揭批长期流亡海外的十四世达赖集团政治上的反动性、宗教上的虚伪性和手法上的欺骗性。达赖以"西藏人民代言人"、"宗教领袖"自居，粉饰其政教合一的封建农奴制度，鼓吹"西藏独立"、"藏族已是西藏少数民族"、"中国在西藏杀了120万藏人"；把党和政府发展现代科学教育文化说成是"有意灭绝西藏传统文化"；散布各种"西藏环境遭到破坏"的论断；阻碍和干扰藏传佛教与社会主义社会相适应等。这些打着"民族"、"宗教"、"人权"等旗号的言论及其不断变化手法实施的渗透破坏策略，阻挠了西藏发展进步。因此，要进一步揭批达赖集团的所言所行、所作所为，使广大僧俗群众自觉地反对分裂，促进西藏稳定发展。其次，针对反华和被蒙蔽的国外人士，要讲好西藏故事，传播好西藏声音。出于帝国主义政治思维、现实利益的考量和意识形态的敌视，"双重标准"和"选择性失忆"、对中国历史和现实的无知、对西藏存有神秘想象[①]，以及西方媒体信息的单向化，达赖集团长期歪曲性的策划宣传，使得许多国外人士对中国特色、西藏特点发展路子不了解，甚至充满偏见。如2013年12月28日，法国国民议会"西藏小组"40名议员中的19人联名签署的所谓《西藏问题提案》就谴责中国政府"对西藏语言、文化、宗教、遗产和环境的威胁"等[②]。因此，创造条件通过"走出去、请进来"，积极发挥智库、非政府组织、海外侨界等的作用，使国外公众、政治与学术界更加理解中国的涉藏立场，能够更多以客观、历史、多维的眼光观察西藏，真正认识一个全面、真实、立体的西藏，防止对社会主义新西藏的"妖魔化"。最后，针对存有误解的国内群众，要消除民族与地域等偏见。由于社会的和个人的原因，特别是地域、风俗习惯、语言文字、经济、政策等的差异和国情知识的不足以及个别的负面印象，国内极少数人对于中央西藏工作、西藏及其西藏同胞在认知、情感和行为上存有一定的偏见。因此，在坚持中国特色、西藏特点发展路子过程中，要加强国情知识普及，增进各地交往，树立汉族离不开少数民族、少数民族也离不开汉族、各少数民族之间互相离不开的思想，增强各族人民对伟大祖国、中华民族、中华文化和中国特色社会主义道路的认同，防止少数民族中地方民族主义和大民族主义的滋生，特别是要纠正民族宗教工作中主观主义、官僚主义的工作作风，以及对优惠政策的援例攀比。

三 对"西藏特点"的价值和挑战要客观把握

"西藏特点"发展路子的提出和实践对当前及其今后的西藏发展具有直接重大的指导价值，有助于认识西藏的历史和现实，繁荣发展当代藏学，传播西藏及其整体中国的形象。它还对对国内各地区的发展、国际相关问题的解决以及中国特色主义的坚持和发展都有积极影响。但"西藏特点"发展路子必须解决好面对的各种挑战，才能使其有更大的价值和更好的未来。

---

① 朱维群：《对抗没有出路——涉藏涉疆问题的西方立场剖析》，《江苏省社会主义学院学报》2014年第2期。

② 梁晓华：《比学者揭露美网站谎言——〈西藏是我家〉法文译者拉克鲁瓦的公开信》，《光明日报》2014年1月23日第8版。

(一)"西藏特点"发展路子的价值

"西藏特点"发展路子具有重要的国内价值。首先,"西藏特点"发展路子是创造西藏各族人民美好生活的必由道路。独特的文化传统、历史命运和基本区情,决定了西藏要走适合自己特点的发展道路。道路决定前途命运。"西藏特点"发展路子使得西藏经济又好又快、民生持续改善、生态环境良好、民族团结进步、宗教和睦和顺、社会和谐稳定,是西藏跨越式发展和长治久安的唯一正确道路。2012年西藏人口达到308万人,2013年西藏农牧民人均纯收入6520元,城镇居民人均可支配收入20192元。2014年西藏机动车保有量达32.5万余台、驾驶人数为24.7万余人,平均每10人就拥有一辆汽车。拉萨市机动车数量达15万余辆,其中80%都是私家车,平均不到6人就有一辆车。其次,"西藏特点"发展路子有助于中国其他四省藏区的发展。西藏与其他同类地区特别是藏族聚居区的发展经验是可以相互借鉴的。毛泽东在1956年就指出:"对西藏地区的土地改革要采用不同的办法,要采用云南的办法。云南有土司,他们也是贵族,是通过和平协商的办法进行土地改革的,人民满意,土司也满意。总之,贵族的生活不变,照老样子,可能还有些提高。宗教信仰也全照老样子,以前信什么,照样信什么。"[①] 1980年以来的西藏座谈会虽然以西藏为主,但每次也会注重西藏与其他藏区的关系。要么强调会议精神适用于其他藏族自治地方,但要根据实际对具体内容仅供参考;要么强调不能攀比,但又要统一步调,互相支持,形成合力。如第五次西藏工作座谈会就指出:四川、云南、甘肃、青海省党委和政府要切实把本省藏区工作摆到重要议事日程,作为本省经济社会发展的重点任务来抓,动员全省各方面力量支持这些地区发展。中央要加大政策支持力度,推动四省藏区发展迈出新步伐。[②] 2012年贾庆林在总结涉藏工作经验时也指出:必须在科学发展的轨道上推进跨越式发展,真正走出一条具有中国特色、西藏和四省藏区特点的发展路子[③]。西藏作为藏族人口最集中,中央和全国支援力度最大的藏族自治地方,其发展路子对于其他藏区的发展提供了示范。特别是达赖集

[①] 《毛泽东文集》第7卷,人民出版社1999年版,第4页。
[②] 本报北京1月22日电:《中共中央国务院召开第五次西藏工作座谈会》,《人民日报》2010年1月23日第2版。
[③] 《贾庆林强调扎实做好西藏和四省藏区发展稳定各项工作,以优异成绩迎接党的十八大胜利召开》,《人民日报》2012年10月20日第1版。

团提出了所谓"大藏区"等主张,分裂破坏活动已经渗透到其他藏区。"西藏特点"发展路子为其他藏区的民族团结、社会稳定提供了借鉴。再次,"西藏特点"发展路子有助于其他民族自治区的发展。"建设社会主义工业化的国家,是任何民族都不能例外的。我们不能设想,只有汉族地区工业高度发展,让西藏长期落后下去,让维吾尔自治区长期落后下去,让内蒙古牧区长期落后下去,这样就不是社会主义国家了。我们社会主义国家,是要所有的兄弟民族地区、区域自治的地区都现代化。"[①] 在当前,"西藏特点"发展路子就为民族地区的现代化提供了经验。特别是西藏经验教训表明,"西藏不适宜搞较大规模的工业,不应该追求各种工业门类的齐全,更不应该将发展工业作为西藏实现跨越式发展的重点。"[②] 西藏逐步走出的以能源产业、优势矿产业、建筑业、藏医药业、高原特色食品业、民族手工业为主的适度新型工业化路子,就为自然生态环境相对脆弱、民族特色产业优势突出的民族地区现代化提供了启示。另外,面对复杂的自然和社会形势,西藏积累的党政军警民联防联动等工作经验,对于加强和创新民族地区社会治理也有参考价值。

"西藏特点"发展路子具有一定的世界意义。首先,"西藏特点"发展路子是人类社会追求正义与幸福的进取精神和创造能力的体现。在旧西藏,"接受过规范教育的西藏学者并不比目不识丁的农奴更懂得那些千百年来在全世界范围内丰富人类智慧和思想、改善人类日常生活的知识。"[③] 达赖集团至今一直以十四世达赖家族为代表的上层僧俗贵族组成,普通的流亡藏人依旧处在被奴役的地位。而经过艰苦努力,政教合一的封建农奴制的西藏地方政权早被中国共产党领导下西藏各族人民自己建立的民主政权所代替,僧俗群众在政治、经济、社会、继承传统文化和宗教信仰等方面享有广泛的自由权利。世界社会主义思想近500年的历史,表明了人类对于正义与幸福的追求。社会主义的西藏实现了"一步跨千年",是维护世界和平与促进人类进步的光辉一页,其发展路子为西藏人民美好愿景的实现提供了途径。其次,"西藏特点"发展路子为多民族国家和地区现代

---

① 《周恩来选集》下卷,人民出版社1984年版,第266页。
② 罗绒战堆:《非公经济与西藏的跨越式发展》,拉巴平措、格勒主编:《当代藏学研究的几个理论问题》,中国藏学出版社2002年版,第70页。
③ [法]马克西姆·维瓦斯:《并非如此"禅":达赖隐匿的另一面》,西藏人民出版社2011年版,第17页。

化提供了思路。"由于西藏情况特殊,做好民族、宗教、统战工作不仅对加快西藏建设有重要的意义,而且在台湾、港澳,在东南亚各国乃至全世界都会产生重要的政治影响。"[①] 早在解放西藏过程中,中央政府作出了西藏传统的社会制度"暂时维持现状不变"的决策,这在一定时期较好地解决了维护中国主权和治权统一的问题。中国是世界上最大的发展中国家,在改革开放以来,作为欠发达的边境民族聚居区的西藏逐渐走出的中国特色、西藏特点发展路子对于推进多民族国家和发展中国家的国家治理体系和治理能力现代化具有启示,也有利于解决一些历史争端问题。如处理好中央和地方的关系、主流意识形态与多元社会思潮的关系、本土宗教与社会世俗的关系、少数族群与主体民族的关系,以及扶贫与脱贫问题、国家安全与统一问题等。最后,"西藏特点"发展路子凸显了社会主义的优越性。长期以来,"社会主义失败论"盛行。苏联在人民物质生活改善以及民族、宗教等问题上留下了深刻教训,也使得社会主义形象受损。当今世界中,发达资本主义、民主社会主义等都对科学社会主义提出了挑战。改革开放之初,邓小平指出:对于怎样建设社会主义,"我们确实还缺乏经验,也许现在我们才认真地探索一条比较好的道路。但不管怎么样,社会主义制度的优越性已经得到了证明,不过还要证明得更多更好更有力。我们一定要、也一定能拿今后的大量事实来证明,社会主义制度优于资本主义制度。"[②] 而"我们是社会主义国家,社会主义制度优越性的根本表现,就是能够允许社会生产力以旧社会所没有的速度迅速发展,使人民不断增长的物质文化生活需要能够逐步得到满足。"[③] "西藏特点"发展路子就在经济社会发展速度和效果上发挥了社会主义的集中力量办大事等的优势,有力地证明了社会主义的优越性。

"西藏特点"发展路子有助于坚持和发展中国特色社会主义。首先,"西藏特点"发展路子有助于坚定中国特色社会主义道路自信、理论自信、制度自信。"西藏特点"发展路子是中国特色主义道路在西藏既不封闭僵化、又不改旗易帜的创新。它反映了既不忘老祖宗、又敢于讲新话的理论

[①] 《珍惜已有的成就,放眼未来的繁荣——班禅额尔德尼·确吉坚赞在庆祝西藏自治区成立二十周年干部大会上的讲话(一九八五年八月三十一日)》,西藏自治区人民政府编:《为建设团结富裕文明的新西藏而奋斗》,西藏人民出版社1986年版,第20页。
[②] 《邓小平文选》第2卷,人民出版社1994年版,第250—251页。
[③] 同上书,第128页。

自觉，是马克思主义中国化的最新成果武装头脑、指导实践、推动工作的体现。"西藏特点"发展路子也是在人民代表大会制度的根本政治制度，中国共产党领导的多党合作和政治协商制度、民族区域自治制度以及基层群众自治制度等基本政治制度，中国特色社会主义法律体系，公有制为主体、多种所有制经济共同发展的基本经济制度，以及建立在这些制度基础上的经济体制、政治体制、文化体制、社会体制等各项具体制度中不断开拓和发展中走出来的。因此，有充分的理由和充足的底气增强中国特色社会主义自信。其次，丰富了中国特色社会主义的实践特色、理论特色、民族特色、时代特色。"西藏特点"发展路子推进了中国特色社会主义的区域化。"中国有960万平方公里国土，56个民族，13亿多人口，经济社会发展水平还不高，人民生活水平也还不高，治理这样一个国家很不容易……中国从东部到西部，从地方到中央，各地各层级方方面面的差异太大了。"[①] 中国特色社会主义必然要通过区域实践才能落到实处，经总结提升的区域化经验和理论也是中国特色社会主义的有机组成部分。各区域经过改革开放的实践，多形成了本土化的发展模式。如上海就提出了开拓一条具有"中国特色、时代特征、上海特点的社会主义发展新路"。在宽松多样的体制环境中，经过中央的支持和全国的支援，特别是西藏各族干部群众发挥主体创造精神而不断奋斗，在发展经验积累和各种独特性结合中生成了"西藏特点"发展路子。这不仅深化、细化和具体化了中国特色社会主义，而且充实了中国特色社会主义道路、理论体系和制度，在民族、宗教、统战等工作中尤为明显。最后，"西藏特点"发展路子为中国特色社会主义事业的发展提供良好的国际环境。西藏是陆地国界线长4000多公里的边境地区，与其相接壤的印度和不丹是我国陆地邻国中仅有还未解决边界问题的两国，不丹也是我国所有边界接壤国中唯一未建交的国家。西藏还是世界上环境质量最好的地区之一，大部分区域仍处于原生状态，西藏的传统文化与宗教也在国外有不少影响。"从国际政治斗争的角度看，西藏自鸦片战争以来就是外国侵略势力企图瓜分中国、分裂中华民族的一个突破口。"[②] 在中国快速和平发展的过程中，达赖集团和逃往国外的相关势力以及国际敌对势力，欺骗不明真相的人们和国际社会，制造所谓"西

[①]《习近平接受俄罗斯电视台专访》，《人民日报》2014年2月9日第1版。
[②]《江泽民文选》第1卷，人民出版社2006年版，第390页。

藏问题",并企图使之"国际化"。"西藏特点"发展路子进一步促进了中国西藏的稳定、发展和安全,反映了中国国家发展的迈向,所取得的各领域成就也有利于传播西藏乃至整个中国的真实形象,为实现"两个一百年"奋斗目标提供了良好的国际环境。

(二)"西藏特点"发展路子的挑战

"西藏特点"发展路子的合法性问题必须澄明。这里的合法性主要包括其生效范围、符合某种规范和客观标准,以及得到公众的普遍认可的程度。质疑"西藏特点"发展路子合法性的三种主要观点都是不科学的。首先,因"西藏特点"发展路子独特性产生的表面相反但结论相同的两种争论是片面的。一种观点认为"西藏特点"发展路子是极具特殊性地方的发展经验,在西藏之外,其不具有"可复制性",因而没有理论和推广价值,无须进行如此冠名;一种观点认为,"西藏特点"发展路子无任何特殊性,其发展方式必然要与内地接轨,因而无任何创新可言,"西藏特点"发展路子的提法也是无效的。其次,认为"西藏特点"发展路子政治基础或理论基础不成立的两种观点也是错误的。一种社会思潮对于坚持社会主义道路、人民民主专政、中国共产党领导以及马克思列宁主义、毛泽东思想的"四项基本原则"进行否定,必然对中国特色、西藏特点发展路子加以否定;还有从理论和后果上来讲,认为中国特色社会主义无须地域化,特别是中国特色社会主义在中国大陆地区普遍适用,否则56个民族、30余个省市自治区以及不同的文化区域与城乡地区,将会出现民族主义、地方主义、小团体主义,不利于中国的团结统一和社会总目标的实现,进而否定"西藏特点"发展路子存在的合理性。最后,将西藏发展带来的后果归于"西藏特点"发展路子,而把西藏发展产生的成就归于其他,进而不认同"西藏特点"发展路子,甚至提出各种所谓"新"道路。这些历史直线论、历史虚无主义的观点夸大了改革开放以来西藏工作的失误,将西藏发展归因于国际舆论的压力、自然进化或偶然进步,掩盖了西藏发展的主流和本质。事实上,"西藏特点"发展路子是客观存在并具有重要的价值,其符合理论与实践的发展。但目前需进一步深化"西藏特点"发展路子的研究和宣传,引导各种社会思潮和故意误解,使更多的人认识、认同和支持"西藏特点"发展路子。

"西藏特点"发展路子的可持续性问题必须清醒。这里的可持续性主要包括在一定状态下得以维持的能力、完善成熟的程度、长远的美好愿景。质疑"西藏特点"发展路子的可持续性主要有三类证据。首先，中国本身存在太多的不确定性导致"西藏特点"发展路子的不可持续。这种观点认为，中央政府治边治藏等政治理念和扶贫区域等经济政策的调整，政治体制改革和经济高速发展日趋增多的负面效应，社会问题和国际环境的不稳定等都会影响甚至否定"西藏特点"发展路子的可持续性。其次，"西藏特点"发展路子是一厢情愿因而不可持续。这种观点认为，"西藏特点"发展路子是无视市场经济、"举国体制"和"无限政府"的产物，忽视了长期居住在西藏的本地人、对口援助单位和省市的主动性、积极性和创造性，终会因单一主体而使"西藏特点"发展路子成为宣传口号。最后，"西藏特点"发展路子不成熟但目标空泛应慎提以避免固化。这种观点认为西藏是欠发达地区，"西藏特点"发展路子设定的目标宏大缺乏可操作性而终会成为乌托邦，特别是"西藏特点"发展路子的探索是一项长期艰巨的历史任务，这条路子还远未形成，使用和宣传"西藏特点"发展路子便会在妄自尊大中失去完善的动力，并会回避存在的问题，将一些非常时期的做法常态化而作为"西藏特点"发展路子的内容。这些观点指出了坚持和完善"西藏特点"发展路子的一些问题，应在实践中得以注意，但其又与"西藏特点"发展路子的实际境况相去甚远。以习近平为总书记的党中央所提出的"治国必治边、治边先稳藏"和"依法治藏、长期建藏"等战略要求与中国共产党西藏工作的精神一脉相承。一贯注重培养和任用民族干部，发挥各族群众的能动性，按照"框架一致、体制衔接、积极稳妥、循序渐进、适当变通"原则，将政策转化为西藏各族人民和西藏工作各条战线人员自觉自愿的共同行动是西藏工作的重要经验。同时，必须给予"西藏特点"发展路子长远眼光，发掘西藏发展的潜在优势。认识和实践"西藏特点"发展路子都是永无止境的，只要胸怀理想、坚定信念，不动摇、不懈怠、不折腾，顽强奋斗、艰苦奋斗、不懈奋斗，"西藏特点"发展路子就有光明的前景。

"西藏特点"发展路子的现实性问题必须化解。西藏在发展过程中确实面临着一系列具体的现实问题。归纳起来，主要有涉及经济发展、社会稳定、综合改革的三类问题。首先，经济发展问题主要包括西藏经济发展的质量问题、特殊优惠政策与对口支援下经济发展的内在动力、项目建设带动经济发展的效应、三大产业结构的调整优化、科技进步创新与转化普及等，这些问题会影响西藏发展的速度和收益。其次，社会稳定问题主要包括各类分裂破坏活动的频率与程度、突发公共安全事件的处置、寺庙和谐、地区城乡行业的收入差距、农牧地区公共服务的均衡获得、意识形态领域的斗争、传统文化的传承、精神文明的创建、生态环境的保护、自然灾害的防御、党员干部腐败的惩治和预防、国防和军队的可靠等，这些问题直接关系着西藏各族人民群众的幸福生活。最后，综合改革问题主要包括非公有制经济的发展、行政体制的效率、人事制度的改革、基层组织的巩固、思想观念的解放、对外开放水平的提升、发展环境的改善、基础设施的建设、反分裂长效机制的建立等，这些问题涉及到西藏未来的走向。西藏的赶超战略和跨越式发展，在复杂的地域和较短的时域中，正在走内地其他地区较长时期走过的路子，这种"时空压缩"必然导致一系列现实性问题。这其中既有个别长期性根本性深层次矛盾和问题逐渐显露和一些新的阶段性矛盾集中显现，并在将来还会遭遇各种难以预料的风险和挑战。但在看到问题凸显和挑战前所未有的同时，更要看到成就巨大和机遇前所未有，且机遇大于挑战。只要西藏各族人民永远跟党走，有建设美好家园的坚定信心，与党员干部一道认清形势、明确任务、抓住机遇、努力奋斗，"西藏特点"发展路子的现实性问题必将会在全面深化改革中得以有效化解。

（作者单位：西藏民族学院马克思主义学院）

观点综述

首届中国特色社会主义理论与实践论坛综述

孙雅芳　谢　诺

2014年8月25至26日，由新成立的中国特色社会主义理论研究会举办、中国文化研究院协办的"首届中国特色社会主义理论与实践论坛"在中央党校举行，论坛主题为"中国特色社会主义和全面深化改革"。中央党校原常务副校长郑必坚作主题报告，求是杂志社社长李捷、中央党史研究室副主任李忠杰、中央文献研究室副主任陈晋等在论坛演讲，中央编译局局长贾高建出席。来自中国特色社会主义研究会及各省级党校、社科院所、高等院校等从事中国特色社会主义理论教学研究的120多位专家学者参加论坛。与会人员就当前中国特色社会主义理论与实践诸多问题展开了充分的研讨和交流，主要内容概括综述如下：

一　关于科学评价邓小平的历史贡献、坚持和发展中国特色社会主义

郑必坚援引了习近平总书记在纪念邓小平同志诞辰110周年的座谈会上的讲话指出："邓小平同志留给我们的最重要的思想和政治遗产，就是他带领党和人民开创的中国特色社会主义，就是他创立的邓小平理论"。邓小平在以党的十一届三中全会前后为新起点的最后20年中，是邓小平人生中最辉煌的一段，他为党和人民做出了两大历史性贡献。一是拨乱反正，领导全党正确总结建国以来的历史经验，彻底否定"文化大革命"，同时科学评价毛泽东的历史地位和毛泽东思想的指导意义；二是改革开放，领导全党和全国人民成功打开了建设中国特色社会主义的全新战略道路，并在这个艰难战斗和伟大创新历程中创立了邓小平理论。邓小平理论对中华民族直到21世纪中叶的伟大复兴，提供着常新的精神动力和智力支持。没有邓小平，我们党和人民可能至今还要在贫穷落后中挣扎苦斗。

面对重大历史关头,邓小平清醒把握国内国际两个大局,坚持实事求是,不断开拓创新,打开了中国特色社会主义的全新道路。坚定不移沿着邓小平为中国特色社会主义打开的全新战略道路开拓前进,就是对他的最好纪念。

李捷认为,邓小平为改革开放和中国特色社会主义作出的历史性贡献,集中体现在五个方面:第一,冲破"左"的指导思想的长期羁绊,依靠实事求是和改革开放这两大动力,不断推动实践创新,开创中国特色社会主义正确道路。第二,高度警惕"左"的思想长期影响,坚决抵制放弃党的领导、放弃马列主义毛泽东思想的各种错误思潮,不断推进实践创新基础上的理论创新,创立了中国特色社会主义理论体系的第一个成果——邓小平理论。第三,科学判断时代主题和时代特征,开启了沿着和平发展道路实现中华民族伟大复兴的伟大历程。第四,科学总结现代化建设的成功经验和教训,通过规划现代化建设总目标和三步走发展战略,开启了全面建成小康社会进而实现社会主义现代化的伟大历程。第五,从毫不动摇地贯彻执行党在社会主义初级阶段总路线的要求出发,提出从严治党、党要管党,全面加强执政党建设。邓小平领导改革开放和现代化建设给我们的启示有:必须实事求是、一切从实际出发,寻找切实可行的道路和解决方案,既不能搞教条主义、理想主义,更不能毕其功于一役;必须坚持发展是硬道理的战略思想,毫不动摇地坚持以经济建设为中心;必须始终坚持共产主义理想,志存高远,又必须从社会主义初级阶段这个基本国情出发,脚踏实地。

李忠杰围绕"坚持"和"发展"两个词,谈到了几点思考和认识。第一,为什么要坚持,怎样才是真正的坚持。30多年的成就充分证明了中国特色社会主义是当代中国发展进步的唯一选择、唯一旗帜、唯一道路、唯一方向,所以面向未来我们当然必须继续坚持中国特色社会主义。要坚持最基本的方向、道路、理论、原则不动摇,要处理好变与不变的辩证统一关系,要用实践成效来解决信心和决心的问题,要在全面深化改革中坚持中国特色社会主义。第二,为什么要发展,怎样科学地发展。李忠杰援引恩格斯在《路德维希·费尔巴哈和德意志古典哲学的终结》中关于"过程"的著名论述,指出中国特色社会主义不能停留在某一个阶段、某一个层面上,它始终要向前发展、进步,不仅要坚持,而且要发展。要在全面深化改革中发展,要在继续解放思想中发展,要在完善制度、改善治理中发展，要在中国与世界的双向互动中发展。

陈晋围绕这轮改革新出发的背景和特点，认为，当今中国的一个基本共识是，没有改革就没有今天中国的发展，也不会有未来中国的发展。第一，中国改革是分阶段展开的过程，这轮改革新出发的突出标志是明确了改革开放的总目标。由于中国改革是一个长时期的历史进程，其向前推进的鲜明特点必然是，以问题为导向，分阶段深化；第二，中国改革是不断总结经验的过程，这轮改革新出发既全面又深化的顶层设计，体现了对改革开放前进规律的认识和运用提高到了一个新的水平。这轮改革的特点，一是全面，二是统筹，三是在方法论上特别强调"摸着石头过河"，主要是摸规律，并且要同顶层设计结合起来。第三，中国改革是先易后难进行利益调整的过程，这轮改革新出发要突破的难关也是改革的重点，是协调利益分化，破除利益固化，让社会变得更加公平正义。这轮改革明确提出要"破除利益固化的藩篱"，把促进社会公平正义、增进人民福祉作为改革的出发点和落脚点，就是为了解决邓小平此前预见到的利益分配和调整这个难题。

二 关于深化中国特色社会主义理论研究

中国人民大学教授秦宣列举了当前中国道路、理论、制度不自信的具体表现，并深入剖析了产生的原因。例如，在道路上，改革出现了不少问题，付出了极大的代价（环境、道德、秩序），方针政策缺乏稳定性，并常常遭到西方国家的攻击、诟病。在理论上，理论滞后于现实或理论脱离实际，理论与现实、应然与实然反差较大。在制度上，相关制度不健全、不完善，理论的刚性约束不够。关于如何坚定"三个自信"，秦宣指出，要做到坚持道路自信，一是继续坚持党在社会主义初级阶段的基本路线，坚持以经济建设为中心，坚持改革开放和四项基本原则；二是坚持发展，正确处理好改革发展稳定的关系；三是要正确认识改革，保证改革政策和措施的稳定性。要做到坚持理论自信，一是加强对马克思主义的研究，回望马克思，重读马克思，把握马克思主义的精髓；二是加强对中国特色社会主义理论逻辑的研究，阐释其科学性；三是加强对中国特色社会主义历史逻辑的研究，阐述其历史渊源和思想基础；四是加强对中国特色社会主义与科学社会主义关系的研究，阐释其理论的独特贡献；五是加强对重大现实问题的研究，为推进其发展提供理论支撑；六是加强前瞻性问题的研究；七是加强对内对外的宣传教育。要做到坚持制度自信：一是坚持现有的基本制度；二是坚持和完善中国特色社会主义制度，实现国家治理体系和治理能力的现代化，更好地推进党、国家、社会各方面事务治理的制度化、规范化、程序化。

中国浦东干部学院原常务副院长奚洁人认为，习近平总书记系列重要讲话高瞻远瞩、内涵丰富、思想深邃，科学地回答了在新形势下党和国家事业发展面临的一系列重大理论和实践问题。系列重要讲话贯穿了"坚定信仰追求、历史担当意识、真挚为民情怀、务实思想作风和科学思想方法"的思想精髓。这一思想精髓既继承发扬了我们党的优良作风和光荣传统，又集中体现了当代中国共产党人独特的精神品格和思想智慧，是我们党的党性和党的理想人格的时代要求。可以概括为：坚定自信、担当勇毅、务实亲民、开明睿智。坚定自信是对中国特色社会主义的信仰忠诚和理论自觉，担当勇毅是历史担当意识与改革的胆略智慧，务实亲民是坚持实事求是与群众路线的思想品质和政治情怀，开明睿智是当代中国共产党人应该具备的宽阔的眼界胸襟和科学的思维方式。上海的城市精神原来是"海纳百川，追求卓越"，习近平同志又加了八个字"开明睿智，大气谦和"，在强调人的精神品格和思想境界的同时，也是对领导干部的政治气派、思想方法和领导智慧的战略要求，体现了他对马克思主义立场、观点和思想方法论的深刻把握：强调唯物辩证的历史观和方法论的统一，提倡"底线思维"的决策理念和战略定力，主张梳理涵养作为驾驭全局的思想方法和领导艺术的战略思维。

中央党校教授刘毅强认为，中国特色社会主义事业受益于哲学思维的三个优先，具体包括：实践理念优先、特殊理念优先、哲学理念优先。实践理念优先表现在，毛泽东之所以能够在延安整风当中取得全党的共识，跟他选择实践论、矛盾论有关。邓小平领导的改革开放的破题是"实践是检验整理的唯一标准"。特殊理念优先表现在，毛泽东之所以成功，就是在于将中国半殖民地半封建这个国情抓得非常到位，尤其是对农民的认识，对民族资产阶级的认识，由此开创了农村包围城市的道路。哲学理念优先表现在，改革是一场利益调整，打破了原有的利益格局，这个调整在短时间内实现有一个时空压缩，特别是多元化的激烈震荡。邓小平领导的改革让一切社会活力都参与到社会变革中。贯穿中国特色社会主义事业有三点方法论：第一，解放思想论。我们有五次大的思想解放，党的十一届三中全会冲破两个凡是的束缚，南方谈话打破计划经济的束缚，十五大冲破"姓公"、"姓资"束缚，打破公有制的垄断，十六届三中全会打破对GDP的崇拜，中国开始走向科学发展的道路，十八大冲破对道路、方向迷茫，打破固步自封和外部的困扰，确立"三个自信"。第二，生产力论。毫不动摇地坚持党在社会主义初级阶段的基本路线。第三，人民主体论。中国共产党坚持群众路线的过程，也是实现中国梦的过程，反腐败是坚持群众路线的直接举动。执政党对群众路线的坚持，有两点要重新定位，第一点，要敢于示弱，毛泽东说向人民群众学习就有办法了，习近平也反复说这个问题。第二点，要向人民感恩，改革开放是党的事业，更重要的是人民的事业。

辽宁大学马克思主义学院院长房广顺认为，马克思主义是科学的思想体系，中国优秀传统文化是五千年的历史积淀，二者源头不同，产生时代背景不同，发展理念不同，但二者在价值判断和演进规律的基本点上，却有高度的契合。20世纪初期中国选择马克思主义是由马克思主义和中国优秀传统文化的共同本质决定的。第一，中华优秀传统文化本身具有特殊品质，坚持和强调自强不息、和谐友善、向往大同等核心理念，具有高度的融通性、高度的自我修复性。第二，马克思主义本身的科学性、价值性、目的性、开放性，决定了在世界各种社会思潮中，马克思主义是唯一能够与中华文化相契合并发展成为新兴文化的科学理论，给中华文化的发展提供了科学的世界观和方法论。第三，中国共产党的主体地位在这种契合中发挥了决定性的作用。当代中国正处于意识形态的选择期，提出了推动马克思主义与中国优秀传统文化契合的时代任务。必须坚定不移地坚持马克思主义的指导地位不动摇，必须坚定不移地立足于中华优秀传统文化的深厚根基，在中华优秀传统文化的基础上坚持和发展马克思主义。明确马克思主义与中国优秀传统文化相契合的主导因素是实现二者正确契合的基本前提。第一，关于以谁为主导推进二者契合的问题。不是中国优秀传统文化主导当代中国的文化走向，而是以马克思主义或者社会主义核心价值体系领当代中国文化的发展，在马克思主义的基础上实现中华文化的高度自觉。中国传统文化的历史命运不是取决于传统文化本身，而是取决于能否运用马克思主义去改造、重塑传统文化。第二，关于实现二者正确契合问题上，必须防止和反对两种倾向。一种是对传统文化的挖掘、传承、弘扬，切忌走封建社会后期中国文化发展的旧路和悲剧。另一种是对马克思主义的坚持、继承和发展，要防止打着发展的旗号反对和否定马克思主义和打着坚持的旗号把马克思主义变成僵死的教条。第三，在坚持二者高度契合的可能性与必然性方面，我们要有高度的自信。一是要有高度的民族自信。二是要有高度的理论自信。三是要有高度的文化自信，核心是要有高度的价值观自信。

三 关于推进全面深化改革，把中国特色社会主义这篇大文章写下去

重庆社会科学院吴大兵认为，在全面深化改革进程中，腐败问题是事关改革成败的重大问题。他通过对腐败现象滋生的路径与形态分析，提出科学管用预防腐败机制的架构，以防患于未然，从源头上消除腐败，确保在全面深化改革中，做到"干部清正，政府清廉，政治清明"。第一，从思想认只上，建立健全不愿腐的机制。加大干部队伍的思想教育，不断创新学习形式，发挥主渠道、主阵地的作用。第二，从整体设计上，建立健全不能腐的机制。着眼于剪除权力腐败之"芽"，建立健全领导权力行为规范机制；着眼于斩断权力腐败之"桥"，建立健全社会组织活动规范机制；着眼于摧毁权力腐败之"路"，建立企业廉洁经营规范机制；着眼于根除权力腐败之"床"，建立健全公共权力制度完善机制。第三，从监管惩戒上，建立健全不敢腐的机制。着眼于建好防腐之"网"，建立健全公权运行立体监督机制；着眼于亮好防腐之"剑"，建立健全腐败行为预警惩戒机制。

北京外国语大学宫玉选认为，十八届三中全会通过的《中共中央关于全面深化改革若干重大问题的决定》指出，要"使市场在资源配置中起决定性作用和更好发挥政府作用"。这一新的重要论述较之此前一直强调的市场"基础性"作用有了重大改变。这个提法是要求纠正政府这种过多干预，把资源配置的功能更多的交给市场。"使市场在资源配置中起决定性作用"首先要把市场机制的作用放在主要位置上，其次是处理好政府和市场的关系。这一提法的现实要求是：第一，要尊重市场规律及其自发秩序。第二，要对市场的配置作用和决定性作用要全面理解，不仅是指市场决定价格的机制，更重要的是指市场决定资源配置。第三，要发挥市场配置资源的决定性作用，必须有一个完善的市场体系。另外一个很重要的方面是建立公平竞争、优胜劣汰的机制。

光明日报社高级编辑倪迅认为，社会主义协商民主和社会主义市场经

济,是中国特色社会主义对人类文明的卓越贡献。协商民主和选举民主相结合是中国特色社会主义民主的"特色"之所在。任何一个国家实行什么样的民主制度,决非主观可以决定的,而是历史的选择、人民的选择。协商民主的魅力来自于中国民主政治的实践。协商民主是在中国共产党领导的统一战线实践中形成和发展起来的,初创于协商建国的人民政协。协商民主和选举民主相结合的民主政治制度,形成于我国从新民主主义到社会主义过渡的历史转变中,完善和发展于改革开放伟大实践。中国特色的协商民主是在中国革命、建设和改革的实践中形成的,有着巨大的生命力和独特的魅力,对人类文明做出了独特的贡献。

李君如作了题为《要把中国特色社会主义这篇大文章写下去》的总结发言。第一,要在邓小平改革思想的指导下,推进中国特色社会主义伟大事业步入新的阶段,即全面深化改革阶段。对邓小平同志最好的纪念,就是始终坚持和发展他开创的中国特色社会主义,坚持和发展他开创改革开放的伟业。第二,要深入研究以习近平为总书记的党中央全面深化改革的新思想。全面深化改革是全方位、综合性的理念,包括治国理政思想,治理怎样的国家,怎样治理国家;攻坚期、深水区的改革思想,以经济体制改革为特点的各项改革协同推进全面改革思想。习近平总书记强调的改革不是一项改革接一项改革地线性推进改革,而是系统推进改革。第三,坚持科学方法论改革的思想,将摸着石头过河与顶层设计相结合。习近平同志从哲学认识论的高度肯定摸着石头过河就是摸规律,就是在实践中获得真知。要在顶层设计的前提下,推进阶段性的、局部性的改革试验,在局部改革试验中坚持顶层设计。第四,按照中国改革客观规律引导改革的思想。习近平总书记在湖北的谈话,要求我们搞好五大关系,要求我们处理好解放思想和实事求是的关系、整体推进和重点突破的关系、顶层设计和摸着石头过河的关系、胆子要大和步子要稳的关系、改革发展稳定的关系。第五,坚持思想正确方向和改革思想。党怎么处理好与群众的关系,引导民众正确对待利益、观念等问题。第六,以完善中国特色社会主义制度,实现国家治理体系和治理能力现代化国家为目标的改革思想。这一阶段改革是新出发点的改革,基本目标就是国家治理体系和治理能力的现代化。第七,以社会主义核心价值观为支撑的改革思想。整个改革要靠人来推动的,允许多元利益、多元思想的存在,但是要有一个规律性的东西,即24字核心价值观。李君如列举了理论研究中的十大问题,要求专家学者加强理论学习,注重联系实际,研究人类文明经验,以务实的态度寻找破解改革难题的办法,以反省的精神思考理论和自身不足的问题,以马克思主义的自信完成中国特色社会主义的使命。

(作者单位:中共中央党校研究生院)

2014 年中国特色社会主义理论研究综述

迟晓蕾

2014年是全面深化改革的开局之年。这一年世界经济复苏仍然缓慢，新兴经济体面临新的困难和挑战。全球经济格局深度调整，国际竞争更趋激烈。我国经济发展也进入到了"新常态"。面对复杂的国内外形势，党中央、国务院锐意推进改革，出台了一系列重大改革举措，很多重大的改革措施逐步落实。随着群众路线教育活动的进行，形式主义、官僚主义、享乐主义和奢靡之风有了较为明显的改善。党中央加强了反腐败斗争的力度。这一年，随着中国特色社会主义实践的不断先前推进，中国特色社会主义理论体系的研究也在不断深入发展。广大理论工作者不断思索时代和实践所提出的新问题，丰富了中国特色社会主义理论的内容。以下从不同方面综述2014年中国特色社会主义理论体系的研究状况。

一 关于坚持与发展中国特色社会主义的新要求

在国内国际形势发生深刻变化情况下，党中央提出全面建成小康社会、全面深化改革、全面推进依法治国和全面从严治党的方略，这标志着中国特色社会主义进入到一个新的发展阶段。在这一阶段，面对新条件和新任务，坚持和发展好中国特色社会主义需要有哪些要求就成为研究者们讨论的重要内容。

关于中国特色社会主义发展对基础理论的要求。有学者提出中国特色社会主义实践是前无古人的事业，必须有理论支撑。而相应的基础理论研究尚未达到与改革实践良性互动的状态，表现为：成功的经验未能及时在理论的高度加以总结；而理论也未能对实践中的问题进行理论层面的解读，并以普遍化的规则对实践加以指引。所以在新形势下，坚持发展中国特色社会主义必须把理论研究的方向和重点放到全面深化改革和坚定不移推进中国特色社会主义建设上,少说空话多务实,注意研究真问题、回答真问题。在对待资本主义的问题上,要超越一切与资本主义对着干和现代化就是资本主义化两种错误倾向,实现借鉴与超越并重。必须坚持党性与人民性的统一的导向,坚持解放思想,在综合把握有神论和无神论两种信仰形式,才能建构出真正的"信仰"理论。必须改革现有的具有明显计划经济惯性的哲学社会科学体制。

为深化中国特色社会主义研究,有研究者提出理论研究必须"面向生活",才能丰富对中国特色社会主义的体认和感知;要从初级阶段的"两层含义",深化对中国特色社会主义的认识和创新;当下尤其需要深入领会十八届三中全会《决定》精神,正确把握中国特色社会主义最新成果。

关于如何对待中国特色社会主义理论的不断发展。有研究者提出不能把中国特色社会主义称作是一种"全新的社会主义",而是把中国特色社会主义看作是科学社会主义基本原则与当代中国具体实际相结合的产物,是继承和发展的关系,不可把两者对立起来。在发展过程中基本原则与其具体实现形式相区分,前者是理解中国特色社会主义的重要方法论。只有坚持科学社会主义基本原则,才能牢牢掌握中国特色社会主义的本质。

在新形势下坚持中国特色社会主义必须注意方法论的指引作用。有研究者认为在坚持中国特色社会主义过程中必须坚持用历史唯物主义的基本原理和方法论。具体而言就是运用历史唯物主义的基本原理和方法论来研究和推进我国全面深化改革。探讨改革问题必须从我国社会的实际出发,因为社会存在决定社会意识,而不是相反;要运用生产力与生产关系、经济基础与上层建筑的矛盾运动的观点来分析改革的问题;在改革的方法上,必须尊重群众的实践经验,把群众路线同顶层设计结合起来,这样的改革方法才符合历史唯物主义的原理,才能保证我国的改革健康、顺利地开展。

管如何推进全面深化改革。研究者认为在全面深化改革的关键时期,夺取改革开放和社会主义现代化建设新的胜利。在经济方面,要坚持以新型工业化道路为指针,转变发展方式为主线。结构调整为重点,科技创新为支撑,改革开放为动力,正确处理国民经济运行中的各项比例关系。增强经济活力,提高竞争水平,推动经济社会持续健康发展。在政治方面。要解决改革开放的目的、宗旨和方向问题;要坚持"党委集体领导与个人分工负责相结合"的制度;要坚持群众路线的领导方法和工作方法。树立马克思主义的劳动观点、群众观点、阶级观点、辩证唯物主义和历史唯物主义观点；要在全党开展马克思主义的理论教育、群众路线教育，整党整风，反对腐败，纯洁党的组织，优化干部队伍。在意识形态领域，要对各种非马克思主义思潮，进行有理有据、有说服力的批判，决不可任其泛滥。

也有学者认为在新时期坚持发展中国特色的社会主义现代化建设事业就必须改进党政关系。其中的关键内容，就是要把党组织的活动重心前移、强化。在重心靠后并且党的领导机构热衷于代行政府权力的情况下，加强党的领导必然体现为权力边界的扩张；越强调加强党的领导，权力就越缺乏约束。只有重心前移，才能把加强党的领导和加强对权力的约束统一起来，真正达到"善于领导"、"科学领导"的境界。改革必须与发展相匹配；改革要加强顶层设计；改革要坚持"摸着石头过河"；各项改革要协同有序推进；理解和执行各项改革政策要将辩证法；着眼于维护公平正义和促进人民福祉；改革必须要继续解放思想；改革的关键在于落实。

在新形势下坚持中国特色社会主义必须凝聚共识。在要不要改革，如何改革的问题上需要继续凝聚共识，即坚持原则和底线，在解放思想中凝聚共识，在改革开放中，通过改革成果换回共识。党的十八届三中全会做出全面深化改革的战略决策意味着中央领导集体已对如何推进中国未来的改革形成了政治共识。然而，全面深化改革、推进国家治理现代化是在中国社会关系结构和社会生态环境已经发生了极其深刻而广泛变化的条件下开展的，要取得改革的胜利，就不仅要有中央领导集体的政治共识，还需要寻求和凝聚社会的共识。社会共识的凝聚需要注意价值共识、制度共识和政策共识。有研究者总结改革开放以来我国凝聚共识的基本经验，提出只有解放思想、凝聚共识才能推进改革开放；解放思想、凝集共识必须反对形式主义错误和避免极端化倾向；解放思想、凝聚共识是一个不断发展的过程。

二 中国特色社会主义理论与毛泽东思想的关系

习近平总书记在毛泽东同志诞辰120周年座谈会上发表的重要讲话，对毛泽东同志为中国人民解放和幸福、为中华民族独立和振兴做出的不可磨灭的历史贡献做出了高度评价。理论界围绕着中国特色社会主义理论与毛泽东思想的关系有了进一步的思考，形成了系列研究成果。

关于如何理解毛泽东思想与中国特色社会主义的关系。在奋斗目标上，毛泽东思想和中国特色社会主义理论体系是马克思主义中国化两大理论成果，其共同点在于：两者都以实现中华民族的伟大复兴为自身的奋斗目标。在方法论层面。毛泽东思想是马克思列宁主义在中国的创造性运用和发展，是辩证唯物主义和历史唯物主义在中国革命和建设中的集中体现和丰富发展。毛泽东思想是指引全党全人民夺取中国革命胜利的强大理论武器，也是中国社会主义事业的思想理论基础。毛泽东在对中国特色社会主义制度的探索中，坚持运用唯物辩证法特别是对立统一的思想方法观察和研究社会主义社会，深刻揭示了社会主义社会基本矛盾的普遍性和特殊性，初步构建了较为系统的关于社会主义社会矛盾的理论体系。科学阐述了中国特色社会主义制度自我完善和发展的理论前提、理论基础和理论主题。以独创性的思想丰富和发展了马克思主义，不仅在当时为党领导人民巩固和完善社会主义制度的实践发挥了重要指导作用，而且为后来中国的改革实践奠定了基本原则，提供了重要思想资源和宝贵历史经验。从共产主义发展的阶段性上，有学者指出社会主义需要十几代人努力，每一代社会主义者有自身的历史任务。中国第一代共产党人在毛泽东带领下圆满地完成了反帝反封建的民族民主革命任务，探索了在中国建设社会主义社会的道路。任何无视中国新民主主义革命道路同中国社会主义道路不可分割的联系、无视中国新民主主义革命理论与中国社会主义理论的紧密联系的观点，都是片面和有害的。所以，要正确处理改革开放前和改革开放后两个历史时期的辩证关系，要正确处理毛泽东思想和中国特色社会主义理论体系的辩证关系。这两个历史时期是辩证关系，既有明显的区别，又有内在的联系。后者是对前者的坚持、发展和继承、创新。

关于毛泽东对中国特色社会主义的理论贡献。在理论贡献方面，毛泽东对中国特色社会主义的理论贡献主要表现在：毛泽东思想活的灵魂——实事求是、群众路线和独立自主及其在新中国成立后的运用和发展，为中国特色社会主义提供了理论源泉；围绕什么是社会主义、如何建设社会主义，毛泽东对中国社会主义建设道路的探索及其思想结晶，为中国特色社会主义提供了理论准备和宝贵经验。系统阐发社会主义社会基本矛盾和社会发展动力的学说，提出社会主义的根本任务是解放和发展生产力，初步提出了社会主义发展的阶段论和中国实现现代化的战略设想，创造性地提出了发展社会主义商品生产和重视价值规律的理论观点，鲜明地作出了正确处理国民经济和社会发展中重大关系的论述，开始提出了经济体制和管理体制改革的科学论断，强调提出有分析有批判地向国外学习的思想，以及围绕走中国自己的社会主义建设道路，还提出了社会主义政治建设、文化建设、党的建设等一系列重要理论。在实践方面，毛泽东领导中国人民很快走上了社会主义道路。虽然期间中国社会的发展走了弯路，但毛泽东是中国特色社会主义道路的引路人，为中国特色社会主义提供了重要的思想基础。

三 中国特色社会主义理论的奠基理论邓小平理论研究的新进展

2014年是邓小平同志诞辰110周年，也是我国全面深化改革的开局之年。在这个特殊的年份里，理论界、学术界围绕着纪念世纪伟人邓小平的生平、思想和业绩，特别是邓小平思想对当前的全面深化改革的指引和现实意义，形成了深入学习和研究的新高潮，发表了一批高水平的理论成果。

关于邓小平对中国色社会主义制度建立和道路选择的研究。学界公认，邓小平对于中国特色社会主义制度的建立和中国特色社会主义思想理论的丰富和发展有巨大贡献。有研究者提出邓小平1978年12月13日中央工作会议闭幕式上的讲话是中国特色社会主义政治发展道路的理论起点。

邓小平实际上提出了"中国特色社会主义制度"问题。在开创中国道路的过程中，面对各种议论和选择，邓小平总是有针对性地进行回答，围绕为什么要走这条路而不能走其他的路，这条路的主题内容作了丰富论述，彰显出坚定的道路自信。邓小平的道路自信最根本的支撑点，是他的信仰。邓小平的道路自信，对我们今天更好地坚持和发展中国特色社会主义具有深刻的启发作用。中国的社会主义建设的"中国特色"。邓小平认为科学社会主义事业在中国能否成功，关键在于它有无"中国特色"；建设"有中国特色的社会主义"，搞清楚"什么是社会主义、怎样建设社会主义"这个基本问题；"中国特色"的显著标志是坚定不移"走自己的道路"；"中国特色"可以参考借鉴，但不能照搬照套。随着我国社会主义事业的日益发展，"中国特色"也在不断变化，内容越来越丰富。

关于邓小平理论的方法论及其意义。邓小平的思想方法对当前的全面深化改革具有重要的启迪意义。其一，坚持解放思想与实事求是辩证统一的思想方法，要求改革以解放思想开道，以实事求是规范和校正，实现二者的长效互动。其二，坚持矛盾的普遍性与特殊性辩证统一的思想方法，要求改革既发展市场经济，又充分发挥"中国特色社会主义"的特殊优势。其三，坚持突出重点和统筹兼顾辩证统一的思想方法，必须坚持正确方向，沿着正确道路推进；必须坚持正确的方法论，在不断实践探索中推进；必须坚持全面改革，各项改革协同配合中推进。其四，坚持主动应变与保持相对稳定辩证统一的思想方法，要求改革既善于主动应变，又重视优化的平稳推进，在二者的有机结合中实现持续健康发展。其五，邓小平把党和国家工作重心放在社会主义现代化建设上，开启了认识和解决"中国问题"的新觉醒，确立了实现马克思主义中国化第二次飞跃的关键支点。其六，改革必须深刻总结社会主义发展乃至人类社会发展的历史经验。其七，改革预期的确定性及其可兑现性是中国改革的基本特征。这个特征的彰显是顶层设计的结果。邓小平采取"摸着石头过河"与顶层设计相结合的改革方法，实际上改革系统工程的实施了整体筹划。邓小平对改革开放的顶层设计突出体现在坚定的指导思想、积极培育改革理念、渐进式的改革模式、用中央权威驾驭改革局势、安定团结为改革护航。

关于邓小平的改革思想的内容研究。邓小平改革思想是由改革目的、改革性质、改革内容、政治保障、领导力量、依靠力量、步骤方法、评价标准等构成的完整思想体系，是全面系统的改革观。对改革话语的建构，邓小平综合运用马克思主义理论、实践智慧、历史经验和域外经验等多种资源，遵循了以问题为中心、以国情为依据、以事实为支撑、以时代为参照、以包容为策略、以大众化为取向的内在逻辑，从而推动了中国改革的实际进程，塑造了中国共产党的改革形象，使中国赢得了国际社会的认同，并形成了中国化马克思主义的理论成果。在改革评价标准方面，邓小平提出并完善了"三个有利于"思想，使这一思想成为判断我国改革得失成败的标准。全面把握邓小平"三个有利于"思想，既要从历史发展的角度把握其不同之处，也要从改革的内在一致性来把握其共性。我国当前要推进全面深化改革的精神和目标与邓小平的"三个有利于"的改革思想是一脉相承的，是邓小平开创的改革历史进程的继续和深化。只有全面把握邓小平的"三个有利于"思想，我们才能够坚持我国改革的正确方向，实现中华民族伟大复兴的中国梦。

邓小平理论中关于党的建设的思想。以党建促进社会稳定。其逻辑是，把党的思想理论建设放在首位，以四项基本原则保证党的领导以及社会主义基本制度的稳定,是社会稳定的根本政治保障;在此前提下,提高党制定和运用路线、方针、政策治国理政的能力,把政局稳定、人民团结作为衡量政策正确与否的重要标准,实现基本制度的稳定性与政策的灵活性的统一;党的思想路线政治路线依靠组织路线来保障,辅之以党的作风建设、制度建设,构成党的建设的完整体系。这种社会稳定与党的建设的思想和实践模式至今仍发挥主导作用。关于加强中央政治局建设,有学者研究了邓小平这个政治交代中的政治意义,邓小平认为党的建设最重要的是抓好中央政治局的建设,新的中央领导机构要让人感到面目一新,要胸襟开阔,形成集体领导;新的中央机构开展工作时不能让经济滑坡、要做几件让人民满意的事,要维护中国的独立自主;而退出领导岗位的领导干部支持新的领导集体的方式是,如果需要可以帮忙,但是绝不过问,绝不干涉新集体的工作。正确理解党政分开。党政关系是我国政治体制改革的核心问题,邓小平从历史经验和执政规律的角度,提出了党政分开的观点。邓小平强调党政分开的要义不在于单纯地确立党政之间的权责划分,核心在于对于权力的监督。在没有权力监督的情况下,党政之间的分与合都不足以解决问题。

另外,邓小平实事求是地引导全党审慎而全面地评价毛泽东,使中国共产党成功地经受住了这场历史的考验。邓小平主持起草的《关于建国以来党的若干历史问题的决议》,集中反映了中国共产党对自己的领袖毛泽东功过是非的评价,进一步肯定了毛泽东思想的指导地位。这不但为正确对待历史提供了范例,而且对我们正确总结历史经验具有方法论的指导意义,也是我们坚持党的领导和社会主义制度,抵制各种错误思潮特别是历史虚无主义思潮的有力武器。

四 习近平系列重要讲话与中国特色社会主义的坚持发展

习近平总书记系列讲话是中国特色社会主义理论新的理论创新成果。学习习近平总书记系列讲话精神是当前的一项重要任务。

有研究者认为习近平系列讲话是在继续回答"什么是社会主义、怎样建设社会主义","建设什么样的党、怎样建设党","实现什么样的发展、怎样发展"的基础上,比较集中而系统地进一步回答了"进行什么样的改革、怎样改革"这一问题。

关于习近平全面深化改革的思想。有研究者概括为:改革的价值论,即改革开放是当代中国的进步活力之源，是赶上时代步伐的法宝，是坚持中国特色社会主义的必由之路；改革是"进行时"与"完成时"的辩证统一，是长期性与阶段性的结合；全面改革是一个系统工程；改革的总目标是完善和发展中国特色社会主义制度、推进国家治理体系和治理能力的现代化；改革开放要坚持社会主义方向；深化改革的条件包括：进一步解放思想、解放和发展社会生产力、进一步解放和增强社会活力；改革需要凝聚共识，通过解放思想、寻找最大公约数、搞好改革试点、协调改革措施来实现这一目标；改革的方式是以调查研究为基础，加强顶层设计和整体规划，处理好解放思想与实事求是的关系、处理好整体推进与重点突破的关系、处理好全局与局部的关系、处理好顶层设计与摸着石头过河的关系、处理好胆子大与步子要稳的关系、处理好改革发展稳定的关系；改革的主体论，是坚持和尊重人民的主体地位，充分发挥人民群众在改革中的积极性、主动性和创造性；改革的任务越繁重，越要加强和改善党的领导，确保党始终成为中国特色社会主义事业的领导核心，成为改革开放的保障。

有学者总结习近平治国理政思想的十个方面：关于中国特色社会主义性质和自信思想、实现中国梦思想、全面深化改革思想、国家治理现代化思想、市场与政府关系思想、打铁还需自身硬思想、依法治国思想、文化软实力与掌握意识形态话语权思想、进行伟大斗争思想和分析解决问题的哲学方法论。

在经济方面，习近平注重运用从"国民经济的事实"出发到"问题意识"，再从"问题意识"到"问题倒逼"的方法，注重从历史、现实与未来内在联系的视域上揭示经济改革和发展理论的真谛。

在习近平关于科学发展的思想中，发展仍然是解决我国所有问题的关键，在改革攻坚时期，要坚持稳中求进的工作总基调，创新是突破发展瓶颈的根本出路，促进人的全面发展是科学发展得根本目的，必须建立科学合理的政绩考核体系。

习近平总书记系列重要讲话中蕴含着担当意识。历史担当意识表现为责任意识、接力意识等，是实现伟大历史任务和应对复杂局势的要求，反映了共产党的性质和宗旨，传承了优秀历史文化。担当意识要落实到工作的各个方面，融入到用人的机制之中。

习近平总书记关于防止公仆变主人的思想和实践表现为：一是从根本

上摆正公仆与主人的关系，在实践中领导全党开展党的群众路线教育实践活动；二是解决"公仆"的腐败问题，在实践中坚持"老虎"、"苍蝇"一起打，带领全党建立制度铁笼；三是解决有损公仆形象和党群干群关系的作风问题，在实践中制定和带头遵守作为党风切入口的八项规定，带领全党重在建章立制；四是鲜明地强调"自我净化、自我完善、自我革新、自我提高"的新要求，以确保党的先进性和纯洁性；五是伸张和弘扬正气，一以贯之、频繁直接使用"公仆"概念，并在实践中树立公仆标杆，重申党员、干部是人民公仆的角色定位。

五 全面深化改革与中国特色社会主义道路与制度建设

关于全面深化改革与完善和发展中国特色社会主义的关系。改革开放与坚持和发展中国特色社会主义是一个问题的两个侧面，要充分认识全面深化改革、完善和发展中国特色社会主义制度的重大意义，准确把握全面深化改革、完善和发展中国特色社会主义制度的路径。全面深化改革必须始终高举中国特色社会主义伟大旗帜，坚持以中国特色社会主义理论体系为指导，以社会主义核心价值观为引领，不断拓展中国特色社会主义道路，完善中国特色社会主义制度，坚持和完善党的领导，自觉抵制改变中国特色社会主义性质的各种图谋。

全面深化改革必须完善和发展中国特色社会主义制度，即要坚持"顶层设计和摸着石头过河相结合，整体推进和重点突破相促进"；"注重改革的系统性、整体性、协同性"；在深化改革的攻坚期，要"敢于啃硬骨头，敢于涉险滩"。改革的主攻方就是"破除体制机制弊端"和"突破利益固化的藩篱"。首先需要明确区分识别性质成因完全不同的"市场性不平等"和"体制性不平等"。作为全面深化改革主攻方向，铲除体制性不平等的难度和阻力不容低估，时间不容拖延，必须以最大的决心组织实施阶段性战略决战。

全面深化改革的总目标是完善和发展中国特色社会主义制度，重点是推进国家治理体系和治理能力现代化。推进国家治理体系和治理能力现代化是一个在社会主义发展史上和实践中并没有解决好的重大课题。推进国家治理体系和治理能力现代化既是全面深化改革总目标的重要内容，又是中国特色制度模式的基本内涵。推进国家治理体系和治理能力现代化提升了社会主义制度建设的新高度，坚持社会主义市场经济的改革方向与深化政治体制改革实现了统一,把促进社会公平正义作为全面深化改革的出发点和落脚点,体现了中国特色社会主义的内在要求。

关于如何认识国家治理体系和国家治理能力现代化。有学者提出国家治理体系,本质上是以利益关系结构为基础的政治权力主体与公民权利主体体系,现实地体现为以国家治理制度体系为主体,以国家治理的行动和价值体系为匹配的系统;国家治理体系的现代化集中体现为按照科学、民主、依法和有效的现代化取向,适应时代变化,改革不适应实践发展要求的体制机制,不断构建新的体制机制,实现党、国家、社会各项事务治理制度化、规范化、程序化。国家治理能力是政治权力和公民权利主体运用国家制度体系,进行国家治理和参与治理的能力;国家治理能力现代化,是这些主体的能力构成要素和实现利益效能的现代化,而完善和发展科学适用的国家治理能力评估体系,则是衡量治理能力现代化程度和效能的途径。有学者认为国家治理是在扬弃国家统治和公共管理,再吸收善治和治理理论后提出的一种包括国家政权所有者、管理者和利益相关者等多元行动者在一个国家的范围内对公共事务的合作管理。

关于中国国家治理体系和治理能力的优势,具体体现在四个方面:党的领导,以党的纯洁性和先进性建设防范利益集团的影响,使治理体系始终能为最大多数人谋利益;立足于中国特色社会主义制度,坚持效率与公平相兼顾、民主与集中相结合、活力与秩序相统一、人的全面发展与社会文明进步相促进的优势发挥出来;扎根传统,能够内生演化和不断进步;强调依法治国,能够在法治的基础上实现国家的长治久安。

要在深化改革总目标的指引下,从四个方面推进国家治理体系和治理能力现代化。要用全面深化改革总目标统领改革分目标;把实现国家治理体系和治理能力现代化作为宏大的系统工程来抓;发挥好制度效能,提高治理能力;要培育社会主义核心价值观。要进一步放权和分权,让各类治理主体在国家治理中发挥更大的作用;以民主责任制建设为方向完善国家治理结构;健全国家治理过程中的副反馈调节机制,实现可持续发展;发展决策咨询系统,提高公共决策质量;培养职业政治家、职业文官、法官、律师,推动国家治理的专业化和职业化;推动核心价值体系的内化和普及化,夯实国家治理体系的基础。

必须形成全面深化改革的决策机制:包括形成适应全面深化改革的思维;方式和领导方式,关系到应对改革的艰巨性、复杂性、关联性、系统性问题。全面深化改革政策的制定和实施,需要各个利益相关者参与。庞大而复杂的决策系统,需要高度重视数据治理。要通过数据分析引领政府决策和社会进步。政策制定要考虑总体设计、统筹协调;实施要重视整体推进、督导落实;对其效果要科学评估,逐步建立和完善。

有学者认为解决中央与地方的财税关系是全面推进改革的枢纽环节和优先选择。作为国家治理的重要基础和支柱,深化财税体制改革关系到推进国家治理体系和治理能力现代化这一全面深化改革的总目标的实现。从此战略高度出发,进一步探讨完善财税立法、明确事权、改革税制、稳定税负、透明预算、提高效率、建立现代财政制度、发挥中央和地方两个积极性。

有研究者提出必须将党的建设纳入总体性改革的范畴。而党在推进自身建设的时候,也必须自觉运用马克思主义总体方法论,一方面要按照适应市场经济的原则改革和改善党的权力运行机制、改革和完善党的领导方式,不断提高党对市场经济的政策供给能力;另一方面要节制资本,防止党从人民利益的代表异化为资本利益的代表,防止党员从人民公仆异化为资本同谋。

有学者认为经济体制改革是全面深化改革的重点;坚持和完善基本经济制度是社会主义市场经济体制的根基;加快完善现代市场体系是发挥市场"决定性"作用的基础;加快转变政府职能是发挥社会主义市场经济体制优势的内在要求;深化财税体制改革是全面深化改革的关键一役;健全城乡发展一体化是全面建成小康社会、加快推进社会主义现代化必须解决的重大问题;构筑开放型经济是"以开放促改革"的必然要求;就业机制、收入分配机制和社会保障制度改革是经济社会体制改革的重要内容;深化经济体制改革加快生态文明建设。

有研究者认为通过完善的制度有力推进国家治理体系和治理能力现代化。纵观中国制度发展进程,虽有过多次"变法",但皆因机制缺陷、动力不足等明显局限而成效不显。国家治理体系和治理能力现代化本质上是法治化。全面深化改革固然需要勇于突破,但必须依赖法治思维和方式,坚持依法"变法",先立后破,确保法治全程参与,在法治的轨道上推进经济体制、政治体制、文化体制、社会体制、生态文明体制、党的建设制度改革以及深化国防与军队改革,保证改革举措与法律立、改、废同步推进。

六 社会主义核心价值观的研究建设

自党的十八大提出"三个倡导"以来，对社会主义核心价值观的内涵、培育的研究就成为学术界探讨的热点。2014 年中共中央办公厅印发《关于培育和践行社会主义核心价值观的意见》。习近平总书记在北京大学师生座谈会上发表《青年要自觉践行社会主义核心价值观》的重要讲话，使理论界更加重视对推进社会主义核心价值体系建设，建设中华民族的共有精神家园的研究，形成了一批有深度的研究成果。

关于对社会主义核心价值观的研究和理解。社会主义核心价值观是社会主义核心价值体系中的一组核心的观念群。社会主义核心价值是社会主义核心价值观中最根本、最核心的价值。要在凝练社会主义核心价值观的基础上凝练出社会主义的核心价值。必须深刻理解社会主义核心价值观内涵是其思想前提；以确立内在信仰是其最终目标；不断扩大社会共同利益是其现实根基；现代化的国家治理体系是其制度保障。社会主义理想是社会主义核心价值观一以贯之的主轴线，贯穿着社会主义核心价值观的全部内容。中国特色社会主义实践是培育和弘扬社会主义核心价值观的源泉，是当代中国共产党人和中国人民以马克思主义为指导、运用中西文化的思想资源对时代任务和时代问题的价值阐释。社会主义核心价值观同中国传统价值观、资本主义价值观有着重大区别，具有二重超越性；既立足于中华传统文化，汲取中华传统价值观的思想精华，又抛弃了中华传统价值观中的糟粕，实现了对中华传统价值观的超越；既吸收了西方资本主义价值观的合理内容，又克服了西方资本主义价值观的历史局限性，实现了对西方资本主义价值观的超越。必须深化对核心价值观内在统一逻辑的人的主体根据意义的理解。社会主义核心价值观归根结底可以"还原"为人的价值观维度，人的价值观根本在于人本身，在当代中国语境下，人的价值观的人本身内涵恰当定位是利己与利他的统一，在此意义上，社会主义核心价值观的内在逻辑得以真正融通。中国梦是民族复兴梦，也是世界梦，社会主义核心价值观要在与中国梦有机融合、相互贯通和共同推进中，对内集聚中国精神、凝聚中国力量，对外走向世界、占领价值观制高点。

关于社会主义核心价值观的宣传和培育。有效培育和弘扬社会主义核心价值观，能够奠定全国人民团结的共同思想基础。有学者认为"为人民服务"是社会主义核心价值观最合适的宣传口号。有学者认为社会主义核心价值体系的构建机制至少包括协商对话机制、接受认同机制、传播同化机制和制度保障机制。有学者强调培育与践行社会主义核心价值观也需要发挥仪式的教育作用。建构社会主义核心价值观教育的仪式载体，应该推动核心价值观的符号化、象征化与象征符号的生活化，构建核心价值观教育的仪式时空，建立与完善核心价值观教育仪式的体系与制度，开发与转化中国传统礼仪资源。学者提出需要给予社会主义核心价值观研究以科学的规范和方法。

有学者认为邓小平在不同历史时期，结合党章修改、坚持四项基本原则和精神文明建设的语境，集中论述了关于社会风气的三个基本观点：改善社会风气需要群众的自觉自愿行动；需要党员干部的示范行动；需要和经济建设协调发展。邓小平从理论上阐明了社会风气和群众、党风、经济建设的关系，回答了为什么要促进社会风气改善、如何促进社会风气改善的问题。从方法论上看，邓小平的社会风气观给我们的启示在于：第一，要用辩证法审视社会风气的变化；第二，要结合时代环境来观察社会风气的变化。在此基础上，我们要从作为潮流和潜流的社会风气、现实世界和虚拟世界的社会风气结合的角度把握当今社会风气的内涵，并从三个视角论述如何以社会风气滋养核心价值观，一是从改善普通人的凡言凡行做起，二是从净化家风和校风做起，三是借鉴传统的面子文化。

七　其他若干热点领域研究现状

关于生态文明建设与中国特色社会主义的研究。生态建设为人发展的终极价值目标的实现创造条件。生产力发展为生态问题的产生提供了客观的实践基础，但只是在工业社会条件下才会造成现实的生态危机。生态问题根本上是一个现代性问题，进行生态建设必须坚持历史进步论的立场和观念。要给当代生态建设以合理的历史价值定位，肯定其重大历史意义，但不能把这种意义无限放大。

有学者认为生态文明意味着人与生态以及人与人之间的和谐共生，从而中国特色社会主义理论内含着生态文明的价值意蕴：唯物史观是中国特色社会主义的理论基石，强调关注人与自然的关系；"共同富裕"倡导在社会经济生活中人们公平地享有发展的权利，"三个代表"重要思想中体现的生态文明观，以及科学发展观中以人为本、人与自然和谐发展，都体现了深刻的生态文明价值意蕴。

有学者认为社会主义生态文明的"社会主义"前缀绝不是一种无意义的、可有可无的修饰，而恰恰体现了我国在生态文明建设上的意识形态指向。生态文明的"社会主义"意涵体现在：在资本主义国家与社会主义国家的环境状况比较中，认识资本主义生态文明是一种矛盾修辞；在生态文明不同建设理路的比较中，阐明了马克思主义是生态文明建设的指导思想；在公有制与私有制的比较中，既要坚持自然资源公有制和健全自然资源资产产权制度，又要保持国有制的社会主义性质。

有学者认为实现美丽中国梦的根本是坚持和开拓生态文明道路；行动指南是坚持和丰富生态文明理论；根本保障是坚持和完善生态文明制度。只有坚持生态文明道路、理论和制度的统一才能实现美丽中国梦的结论。面对日益恶化的生态环境，政府作为国家"公权"的代表，应发挥其主导作用，大力推进生态文明建设。政府应从价值引领、制度建设和行政监管三个方面来定位政府在生态文明建设中应发挥的主导作用。

关于反腐败斗争与中国特色社会主义的研究。有学者认为，党的十八大以来，中央提出建设社会主义廉洁政治，实现了腐败治理目标创新；将腐败治理作为国家治理体系的重要组成部分，实现了腐败治理定位创新；建立"政党主导共治型"治理结构，实现了腐败治理结构创新；运用法治思维和法治方式反对腐败，实现了腐败治理路径创新；严密程序、规范流程、解决"灯下黑"问题，实现了腐败治理程序创新；以"小切口"解决"大问题"，实现了腐败治理方法创新。有研究者认为反腐败有利于巩固党的执政资源。当前要警惕党的社会资本存量的流失及其对廉政建设造成的不利影响。要切实推进廉政建设，必须把壮大党自身的社会资本摆在重要位置，通过完善宣传教育、领导方式、相关制度和多元参与等途径，为中国共产党的廉政建设奠定坚实的社会资本根基。有学者认为单一路径的防止腐败和反腐败不能治本，必须把防范和治理相互结合，因而需要制度反腐、过程反腐和文化倡廉并举、协同治理，构成中国特色反腐倡廉的有机内涵和创新维度。

关于全面推进依法治国。依法治国、建设社会主义法治国家是党中央领导集体准确把握当代世界发展趋势的具体体现。完善和发展中国特色社会主义制度必须全面推进依法治国。依法治国，建设法治中国，就是要推动中国特色社会主义制度的法治化和规范化。全面推进依法治国，重在具体实践中全面落实中国特色社会主义制度。建设社会主义法治国家是坚持和发展中国特色社会主义必须一以贯之的基本方略。全面推进依法治国,是全面建成小康社会和全面深化改革开放的必然要求,这"三个全面"有着内在的逻辑联系。全面推进依法治国关键在于建设社会主义法治体系,必须从法规治党、宪法实施、立法质量、法治政府、司法公正、法治精神等多个维度总体推进。

(作者单位:中共辽宁省委党校)

后　　记

　　2014年是一个值得记录的年份，8月底在北京西郊的中共中央党校，中国特色社会主义理论研究会宣告正式成立。这是第一个以研究中国特色社会主义理论为己任的全国性学术团体。中国特色社会主义理论研究会汇集了全国各大高校、各省党校、社科院专家学者和中央有关研究机构的高层智囊，致力于对中国特色社会主义理论的研究、学习和宣传，致力于为中国马克思主义理论界提供一个学术的交流平台，同时积极关注并推进中国特色社会主义道路的发展和中国特色社会主义制度的完善。研究会首届会长由中国特色社会主义理论研究著名专家、中共中央党校原副校长李君如教授担任，副会长为中共中央党校薛广洲教授、北京大学夏文斌教授、中国人民大学徐志宏教授、国防大学夏兴友教授、浦东干部学院奚洁人教授，秘书长为中共中央党校刘能杰教授。

　　中国特色社会主义理论研究会将坚持马克思列宁主义、毛泽东思想、邓小平理论、"三个代表"重要思想和科学发展观的指导，高举中国特色社会主义伟大旗帜，为中国当代马克思主义的发展，创建一个有利于国内中国马克思主义理论研究界相互交流的平台。为此，研究会将以"中国特色社会主义理论与实践论坛"的形式每年召开一次学术研究会，同时出版年度中国特色社会主义理论研究文集和年度中国特色社会主义理论体系研究综述，团结全国各高校、社科院、党校及干部管理学院的中国马克思主义研究队伍，促进研究会的良好发展。

　　《中国特色社会主义与全面深化改革》一书以中共十八大和三中全会精神为指导，全方位地分析了改革开放进入攻坚期和深水区所面临的问题和挑战，探讨了中国特色社会主义理论与实践的发展和意义。论文集集国内马克思主义理论研究的众多专家学者的努力研究成果，从当代中国的主题和中国特色社会主义的基本问题、全面深化改革的重点、难点和着力点问题、深化经济体制改革问题、民主政治与法治国家问题、现代文化建设与中华文化发展问题、社会分层与社会公平问题、环境保护与生态文明问题、政党政治与党的现代化建设、当代中国与世界等九个方面全面阐释了中国特色社会主义理论体系，对中国特色社会主义理论体系的进一步发展具有积极地参考和启示。

本文集以中国特色社会主义理论研究会于2014年的年度论坛征文为主，同时反映了研究会理事、会员的当年研究成果。无疑，文集并没有将我国理论界当年的研究成果全部反映出来，而且现有的成果也自然会存在各方面的不尽如人意之处，但本着学习、交流的目的，我们还是愿意提供给学界讨论，以利研究的推进。另外，尽管文责自负，但若有选编不妥之处，当在我们编辑之过。

本文集的出版得到中国文化书院胡从经院长、李佳羲秘书长的大力支持，得到中国社会科学出版社赵剑英社长、马克思主义理论出版中心田文主任的大力支持，在此表示诚恳的感谢！本文集以中共中央党校原副校长李君如教授为主编，中共中央党校刘能杰教授为本文集的征集、整理和框架设定做了大量的工作，中共中央党校薛广洲教授通阅了全部文稿并对文集的结构做了调整。我们期望这本文集能够为中国马克思主义理论研究贡献一点有益的力量。